THE LEGEND OF ZELDA™

PERFECT EDITION

THE MINISH CAP
PHANTOM HOURGLASS

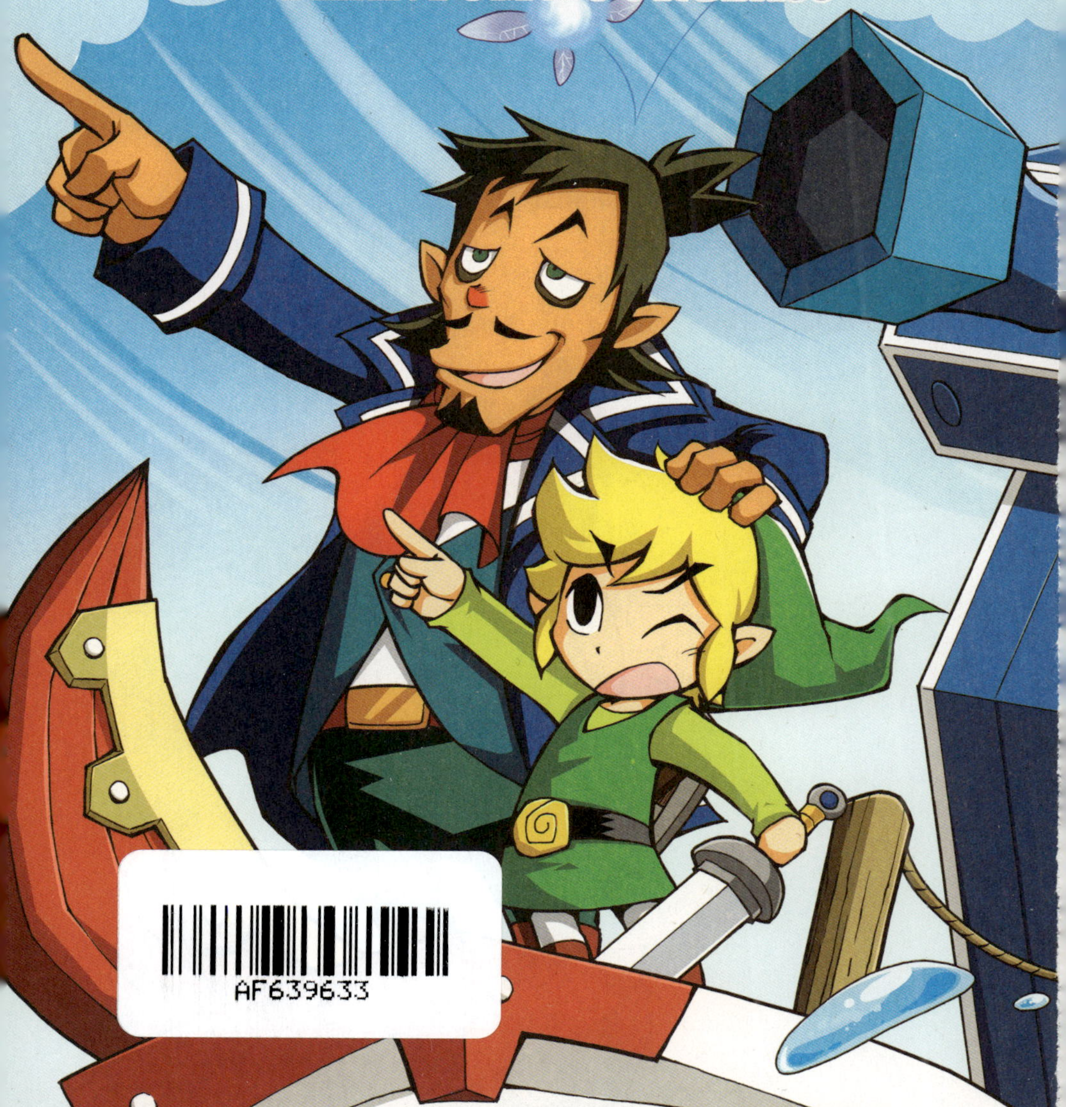

Akira Himekawa

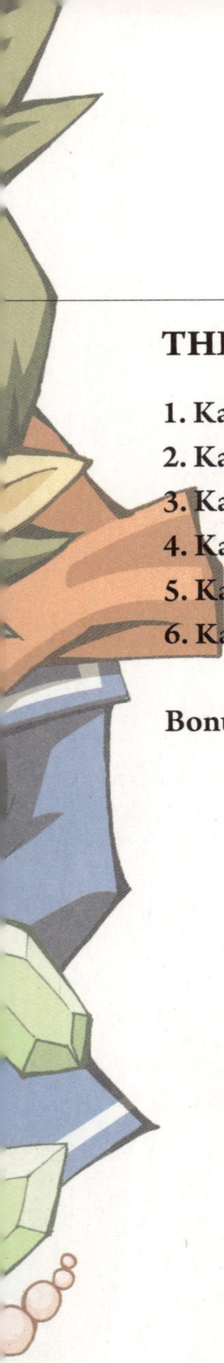

Inhalt

THE LEGEND OF ZELDA

THE MINISH CAP

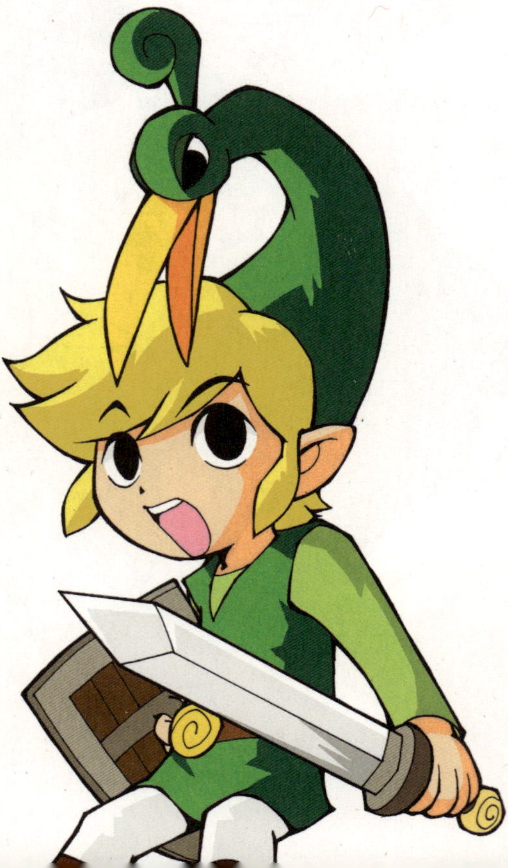

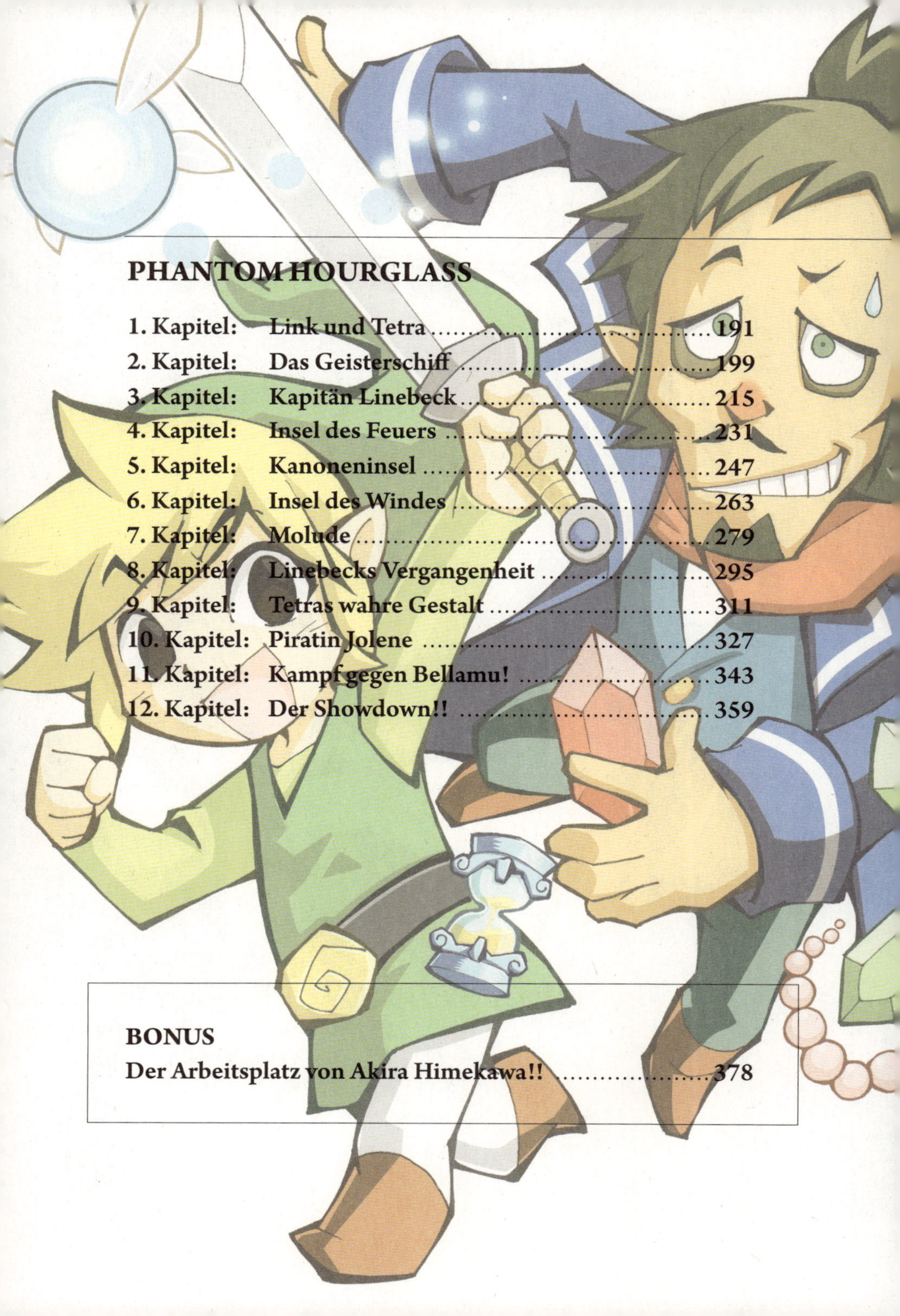

PHANTOM HOURGLASS

BONUS

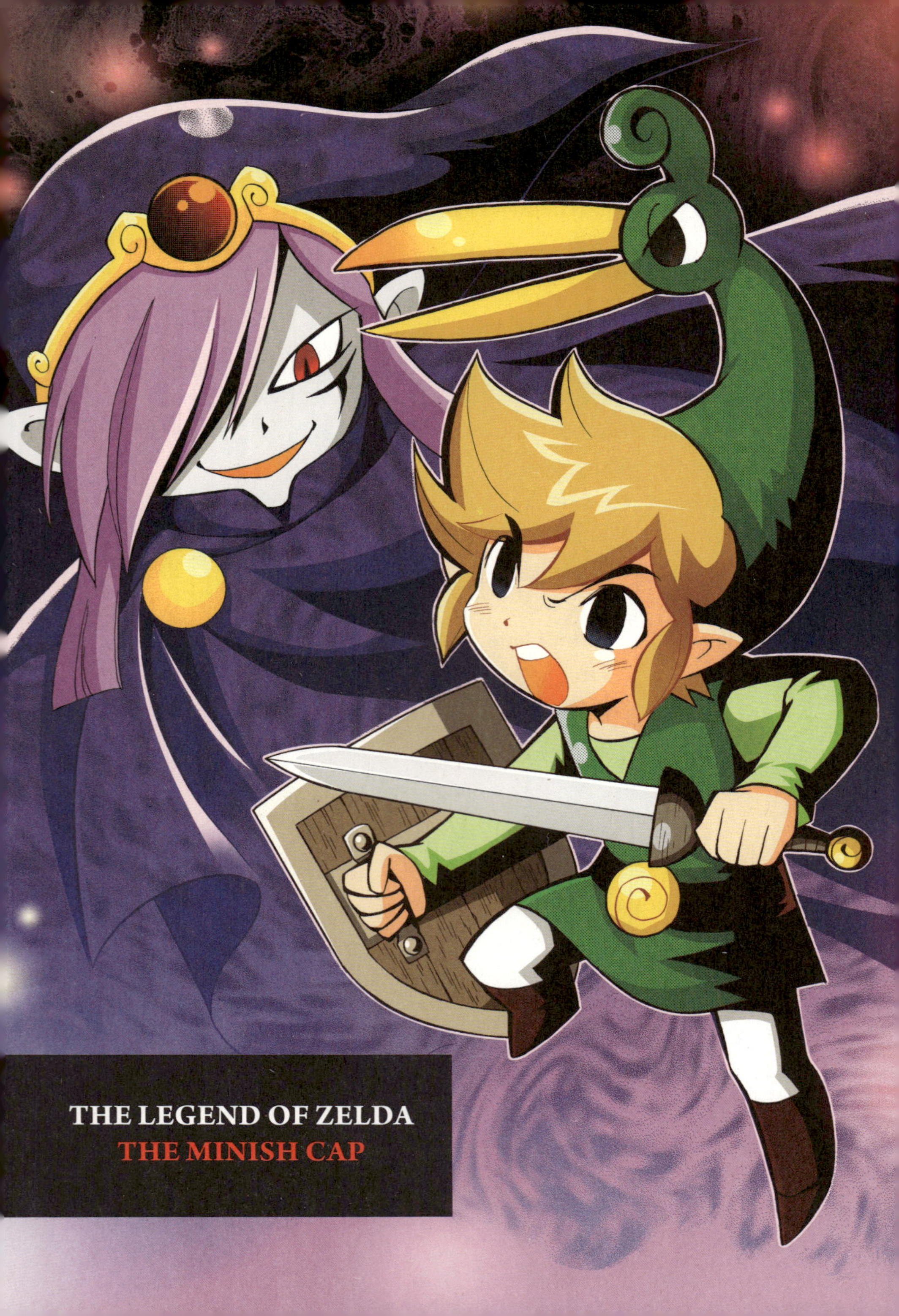

THE LEGEND OF ZELDA
THE MINISH CAP

1. Kapitel: Link und Vaati

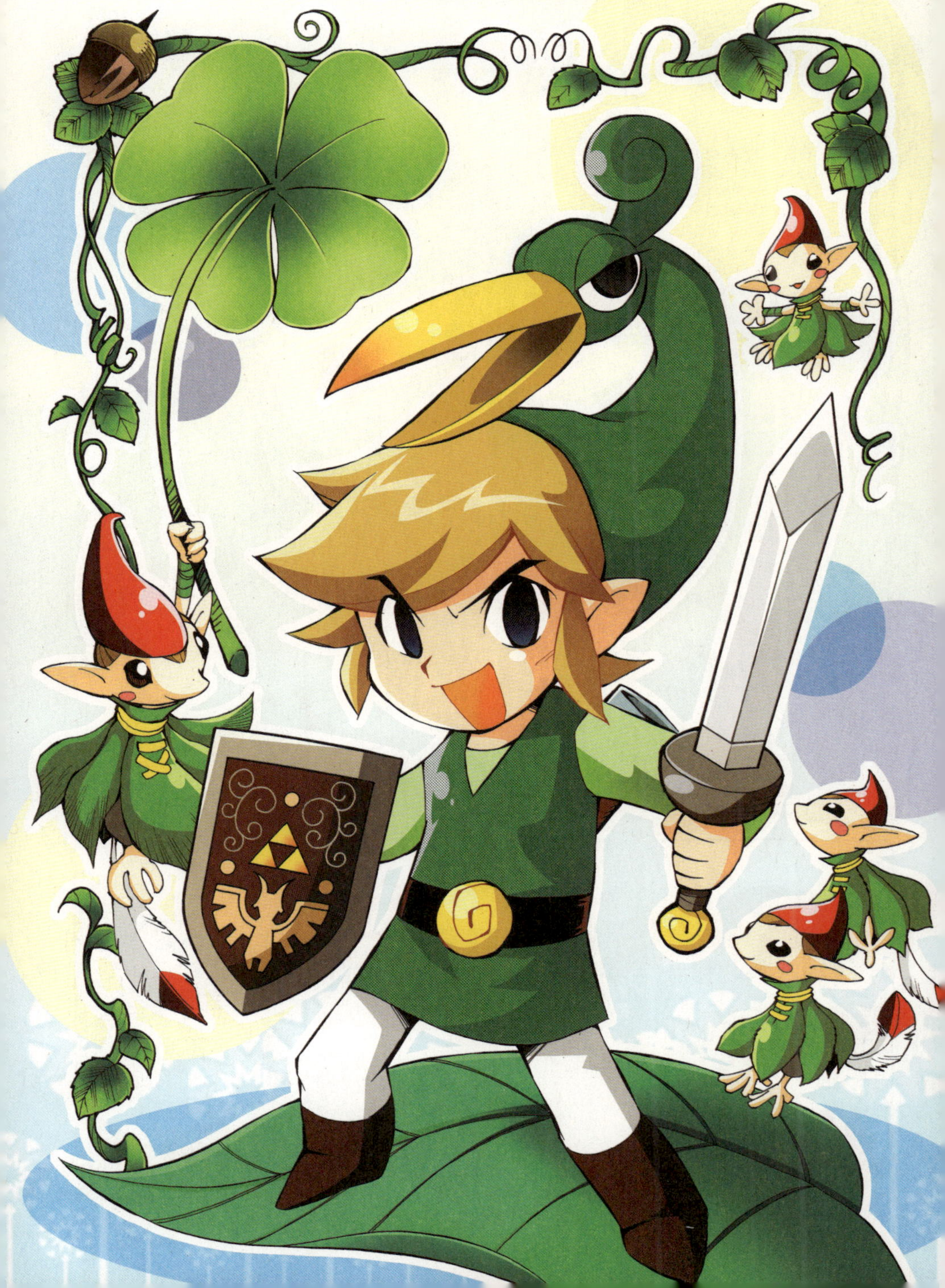

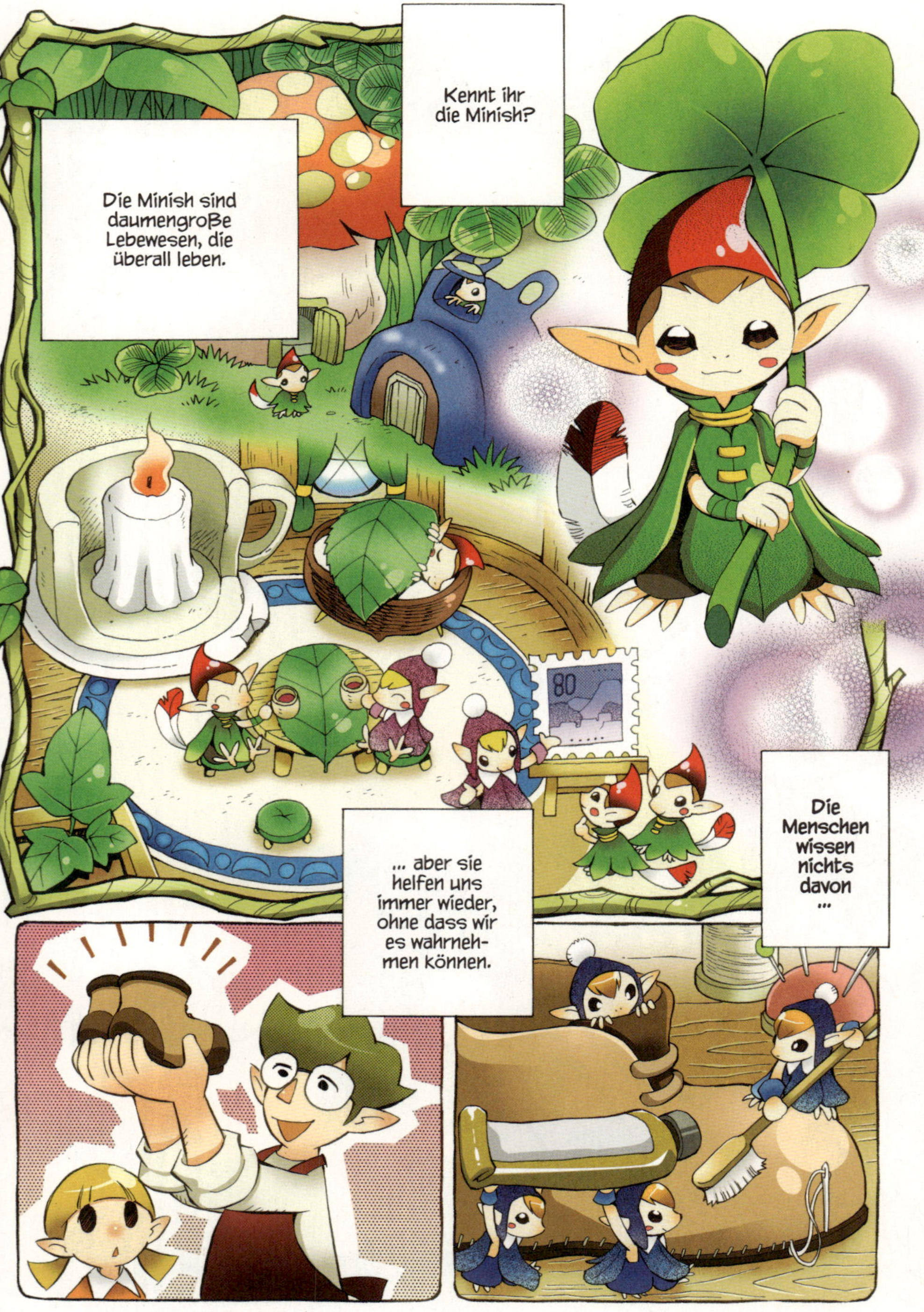

Kennt ihr die Minish?
Die Minish sind daumengroße Lebewesen, die überall leben.
Die Menschen wissen nichts davon ...
... aber sie helfen uns immer wieder, ohne dass wir es wahrnehmen können.

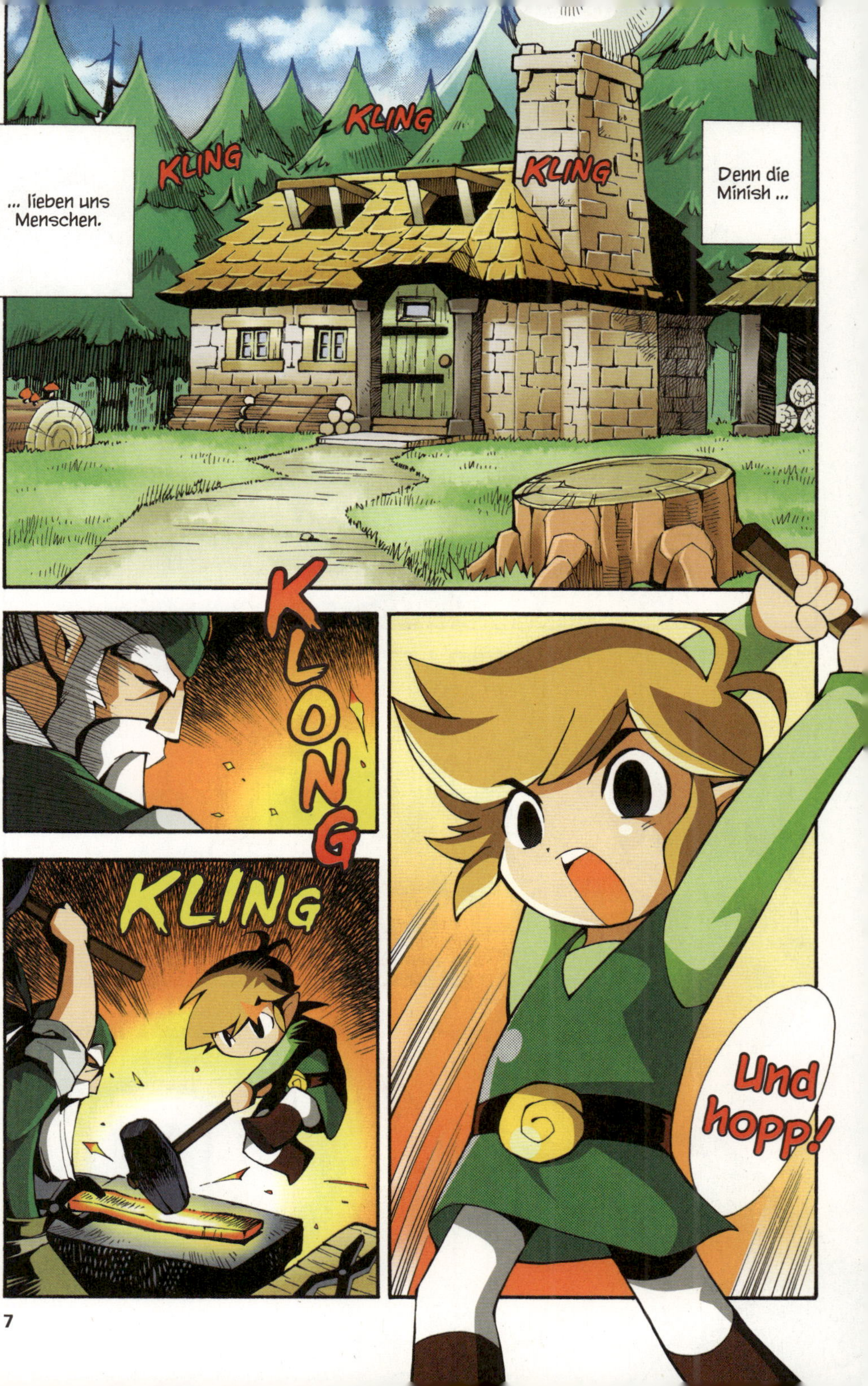
Denn die Minish ...
KLING
KLING
KLING
... lieben uns Menschen.
KLONG
Und hopp!
KLING

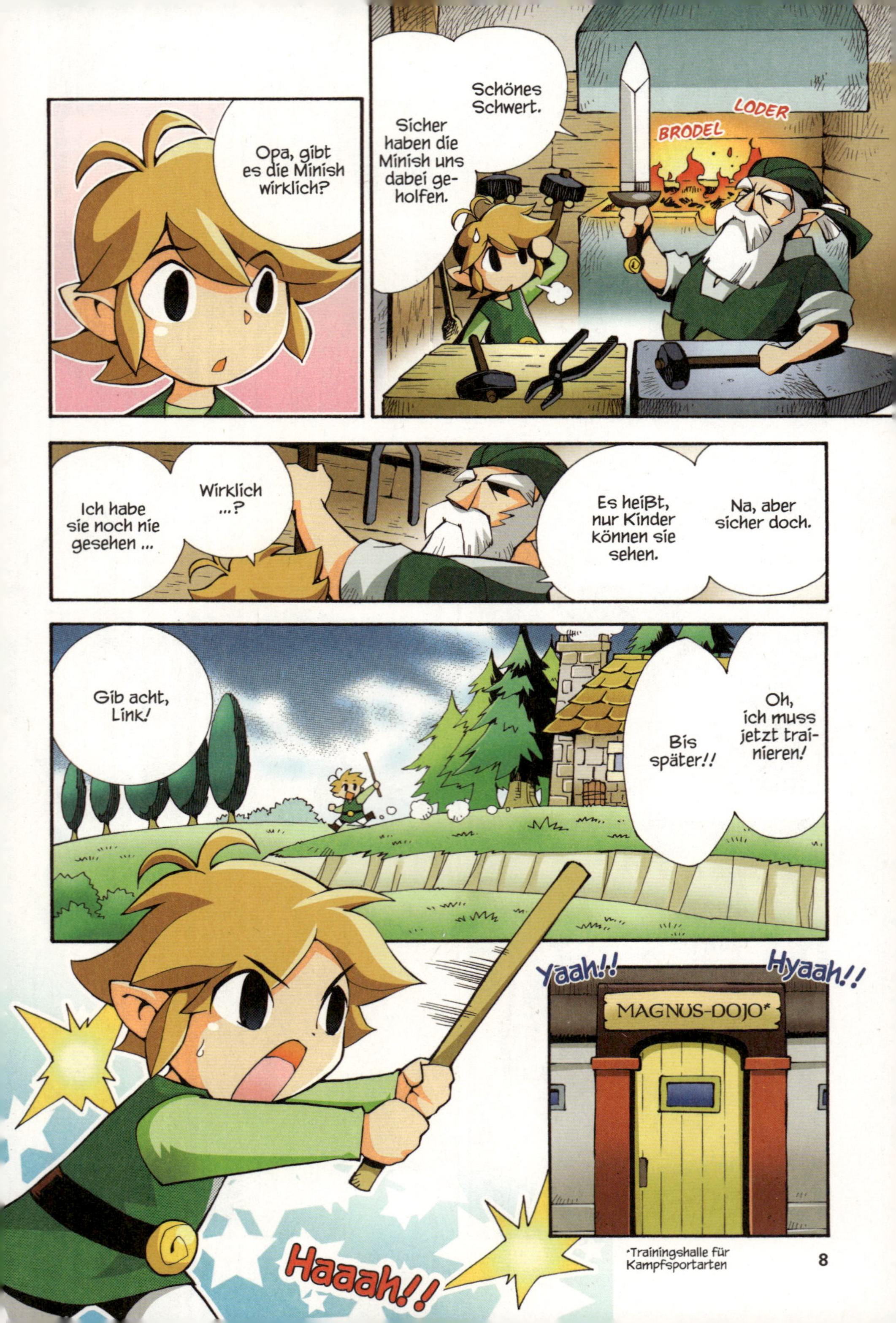

*Trainingshalle für Kampfsportarten

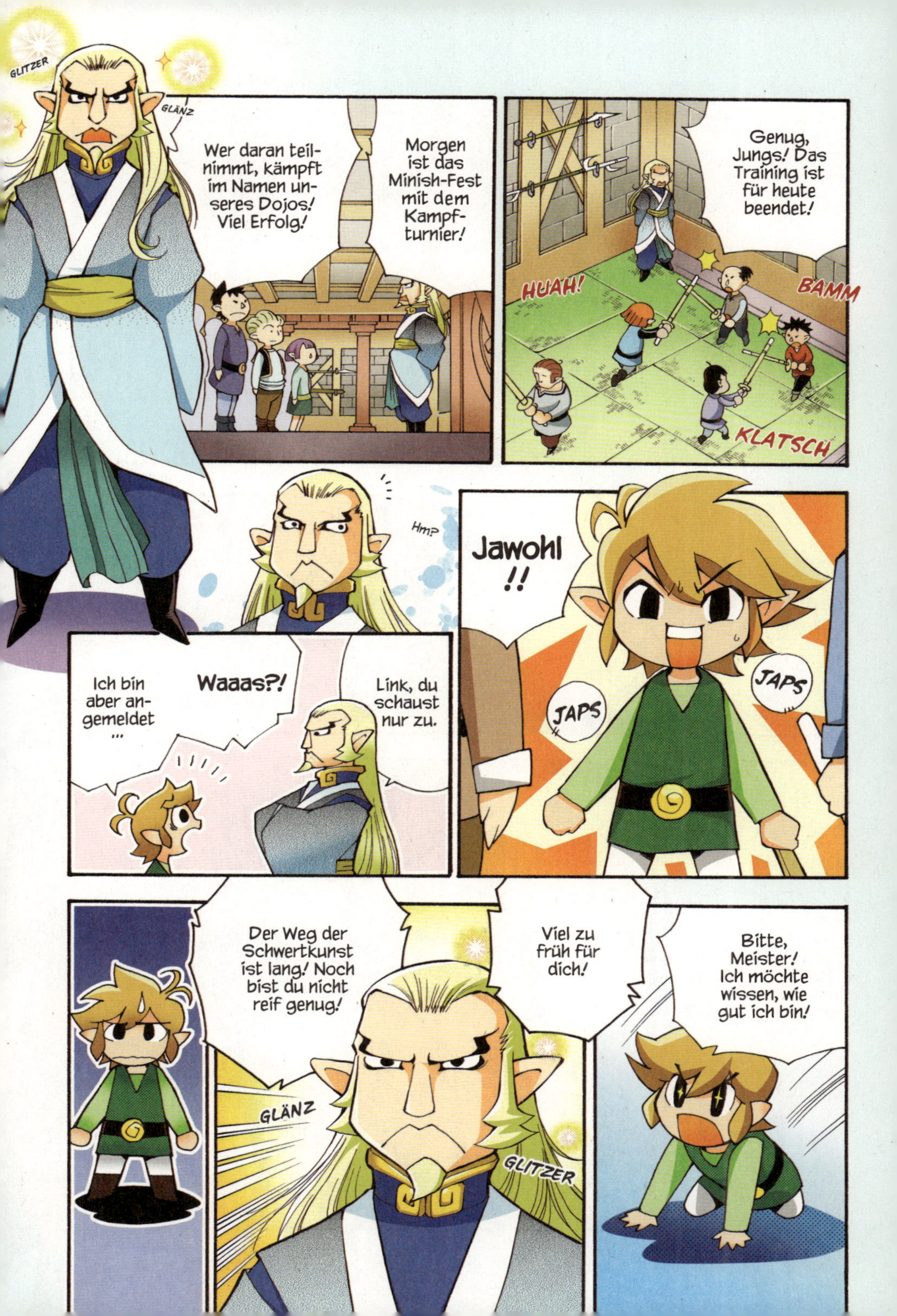

Genug, Jungs! Das Training ist für heute beendet!
HUAH!
BAMM
KLATSCH
Morgen ist das Minish-Fest mit dem Kampfturnier!
Wer daran teilnimmt, kämpft im Namen unseres Dojos! Viel Erfolg!
GLITZER
GLÄNZ
Jawohl !!
JAPS
JAPS
Hm?
Link, du schaust nur zu.
Waaas?!
Ich bin aber angemeldet ...
Bitte, Meister! Ich möchte wissen, wie gut ich bin!
Viel zu früh für dich!
Der Weg der Schwertkunst ist lang! Noch bist du nicht reif genug!
GLÄNZ
GLITZER

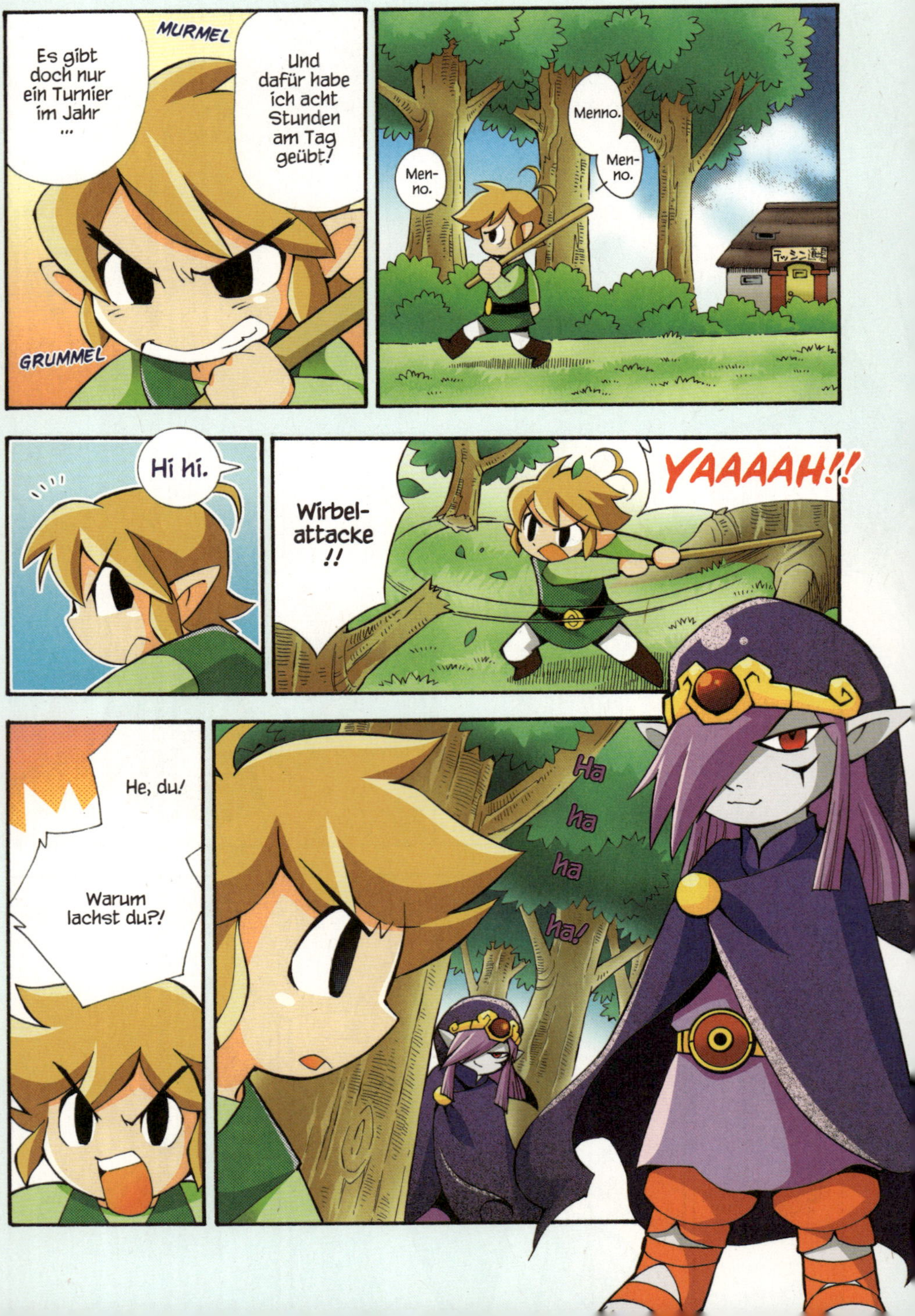

Es gibt doch nur ein Turnier im Jahr ...
MURMEL
Und dafür habe ich acht Stunden am Tag geübt!
GRUMMEL
Menno.
Men-no.
Men-no.
Hi hi.
Wirbel-attacke !!
YAAAAH!!
He, du!
Warum lachst du?!
Ha ha ha ha!

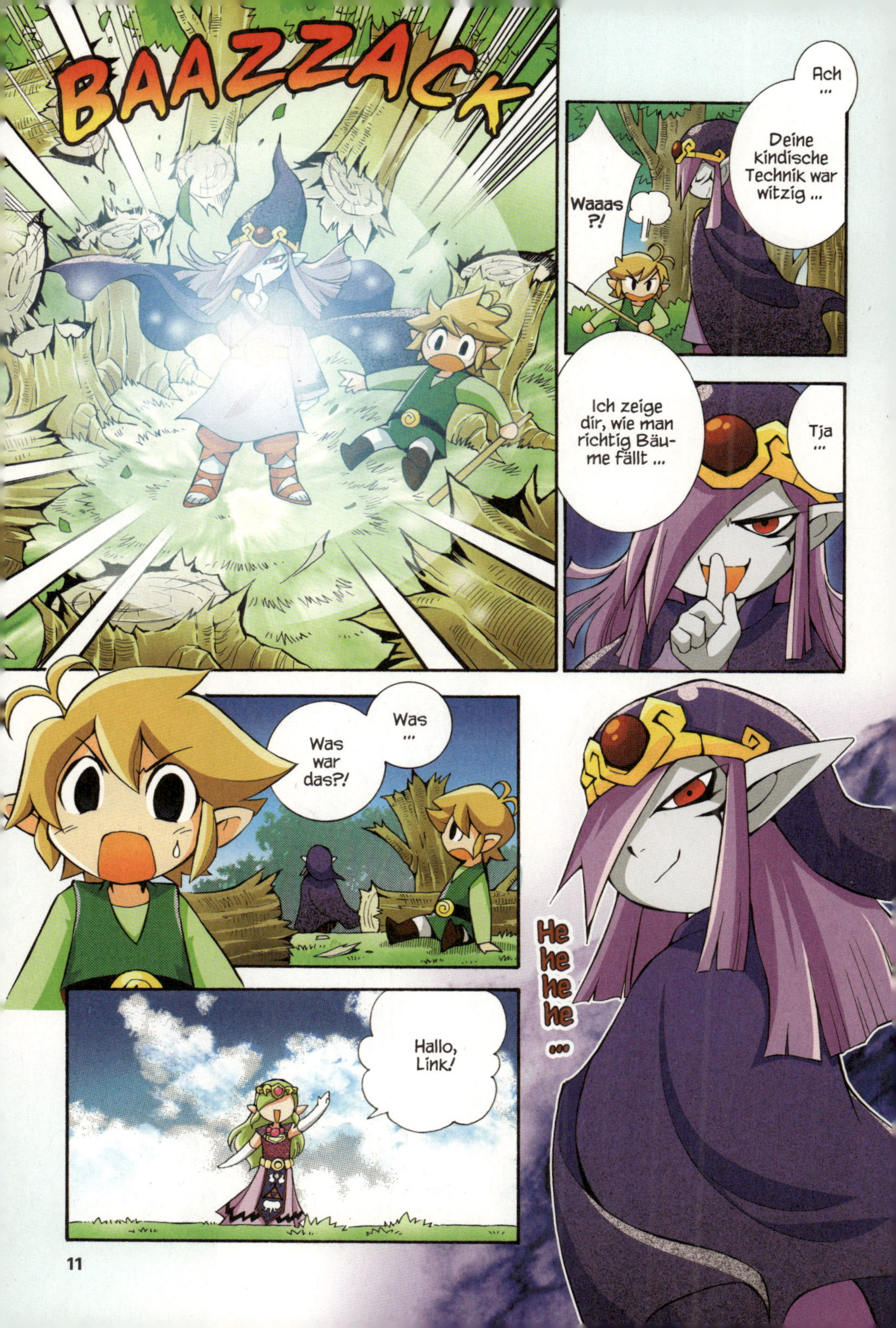
Ach ...
Deine kindische Technik war witzig ...
Waaas ?!
Tja ...
Ich zeige dir, wie man richtig Bäu-me fällt ...
BAAZZACK
Was ...
Was war das?!
He he he he ...
Hallo, Link!

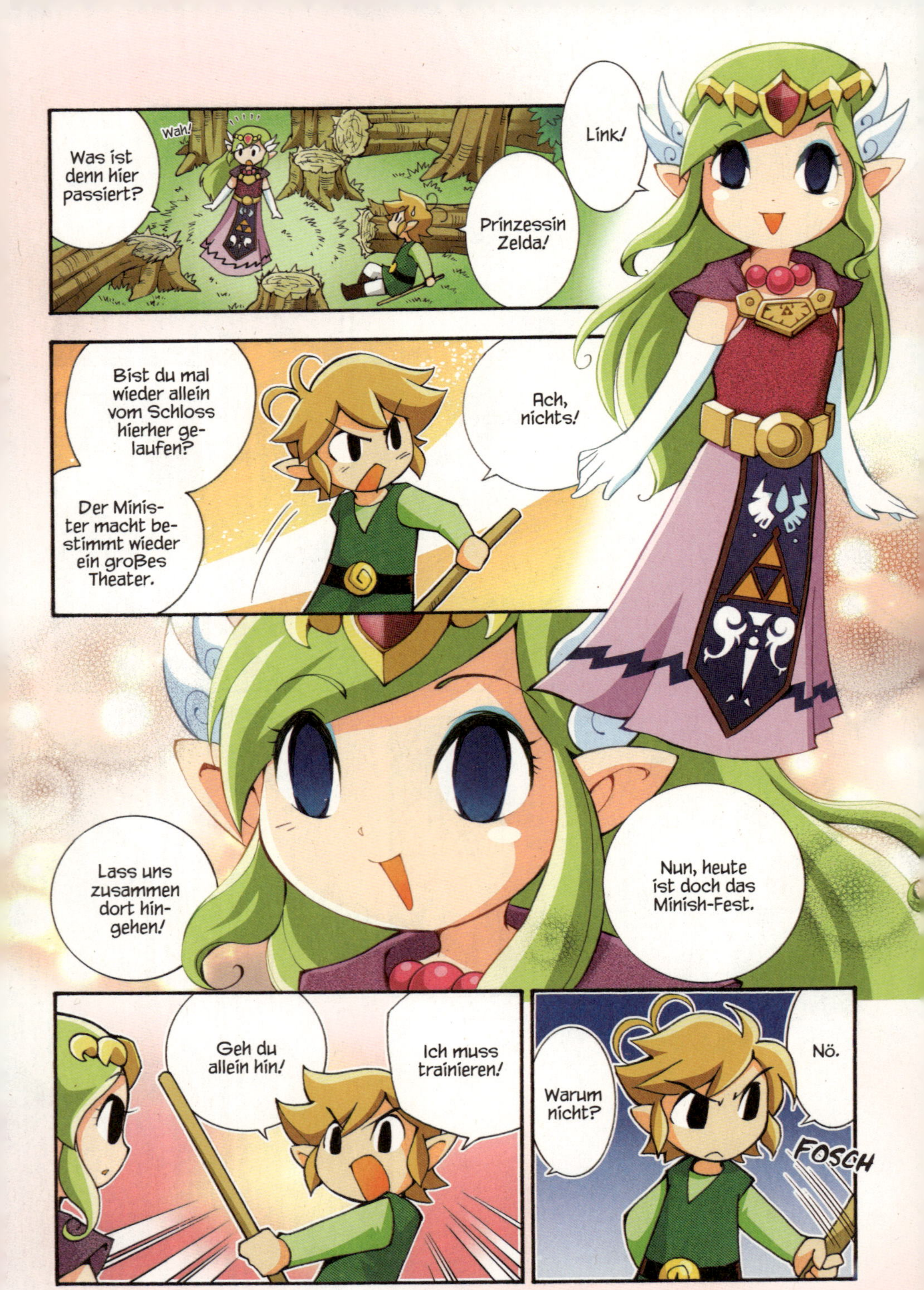
Wah!
Was ist denn hier passiert?
Link!
Prinzessin Zelda!
Bist du mal wieder allein vom Schloss hierher gelaufen?
Der Minister macht bestimmt wieder ein großes Theater.
Ach, nichts!
Nun, heute ist doch das Minish-Fest.
Lass uns zusammen dort hingehen!
Geh du allein hin!
Ich muss trainieren!
Nö.
Warum nicht?
FOSCH

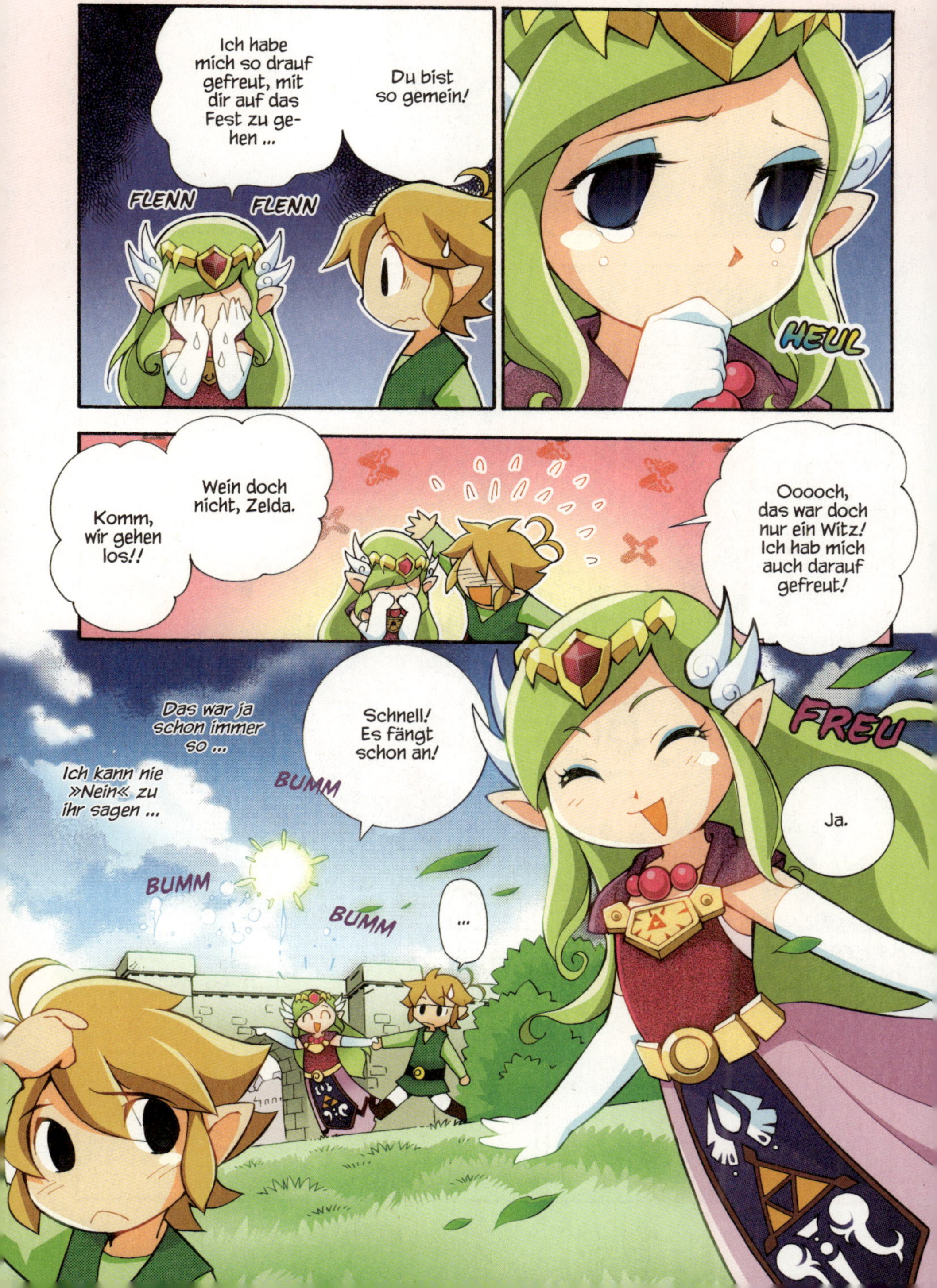
Ich habe mich so drauf gefreut, mit dir auf das Fest zu gehen ...
Du bist so gemein!
FLENN
FLENN
HEUL
Wein doch nicht, Zelda.
Komm, wir gehen los!!
Ooooch, das war doch nur ein Witz! Ich hab mich auch darauf gefreut!
FREU
Ja.
Schnell! Es fängt schon an!
BUMM
BUMM
BUMM
...
Das war ja schon immer so ...
Ich kann nie »Nein« zu ihr sagen ...

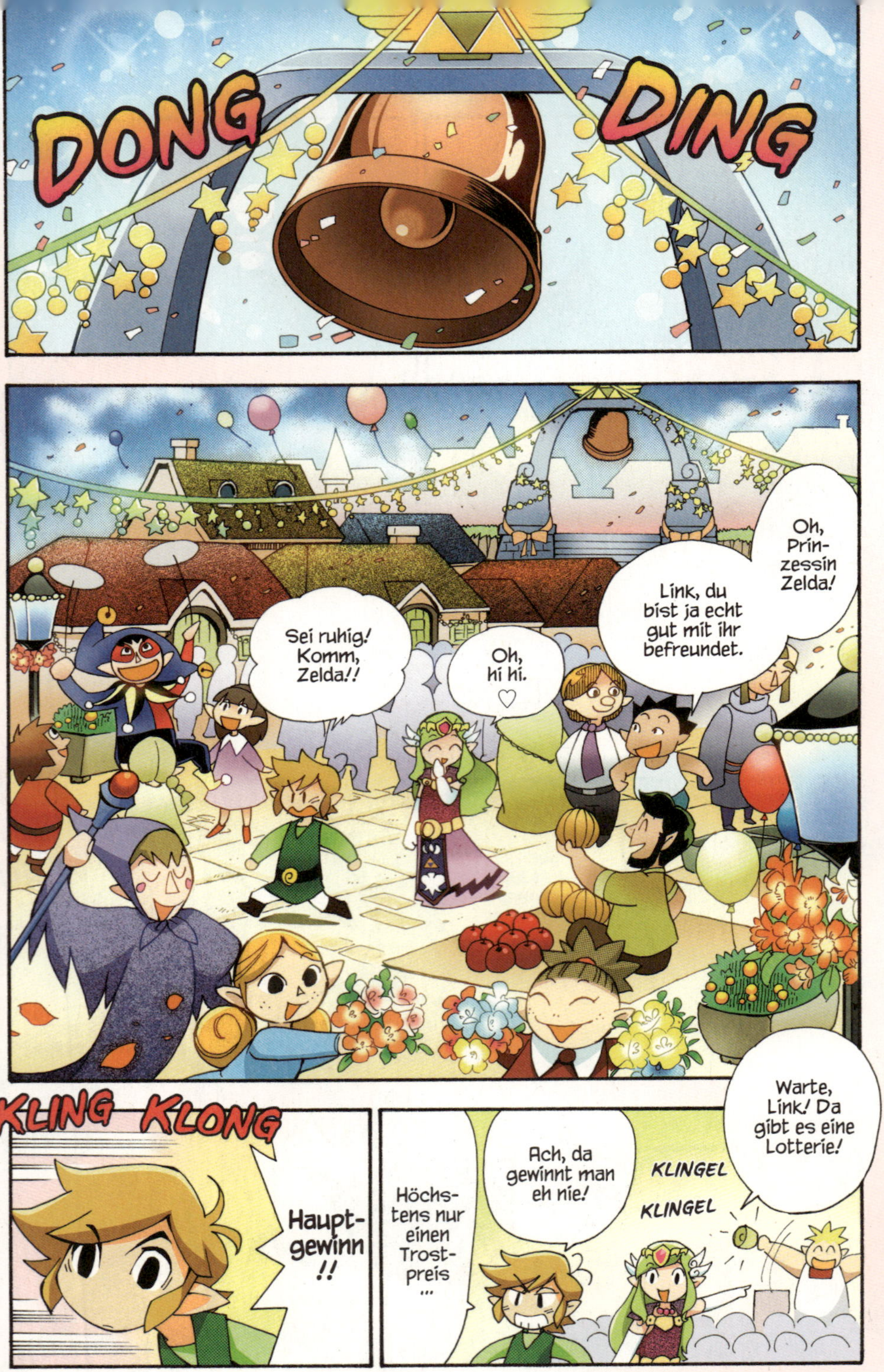
DONG
DING
Oh, Prinzessin Zelda!
Link, du bist ja echt gut mit ihr befreundet.
Sei ruhig! Komm, Zelda!!
Oh, hi hi. ♡
KLING KLONG
Warte, Link! Da gibt es eine Lotterie!
KLINGEL
KLINGEL
Ach, da gewinnt man eh nie!
Höchstens nur einen Trostpreis ...
Hauptgewinn!!

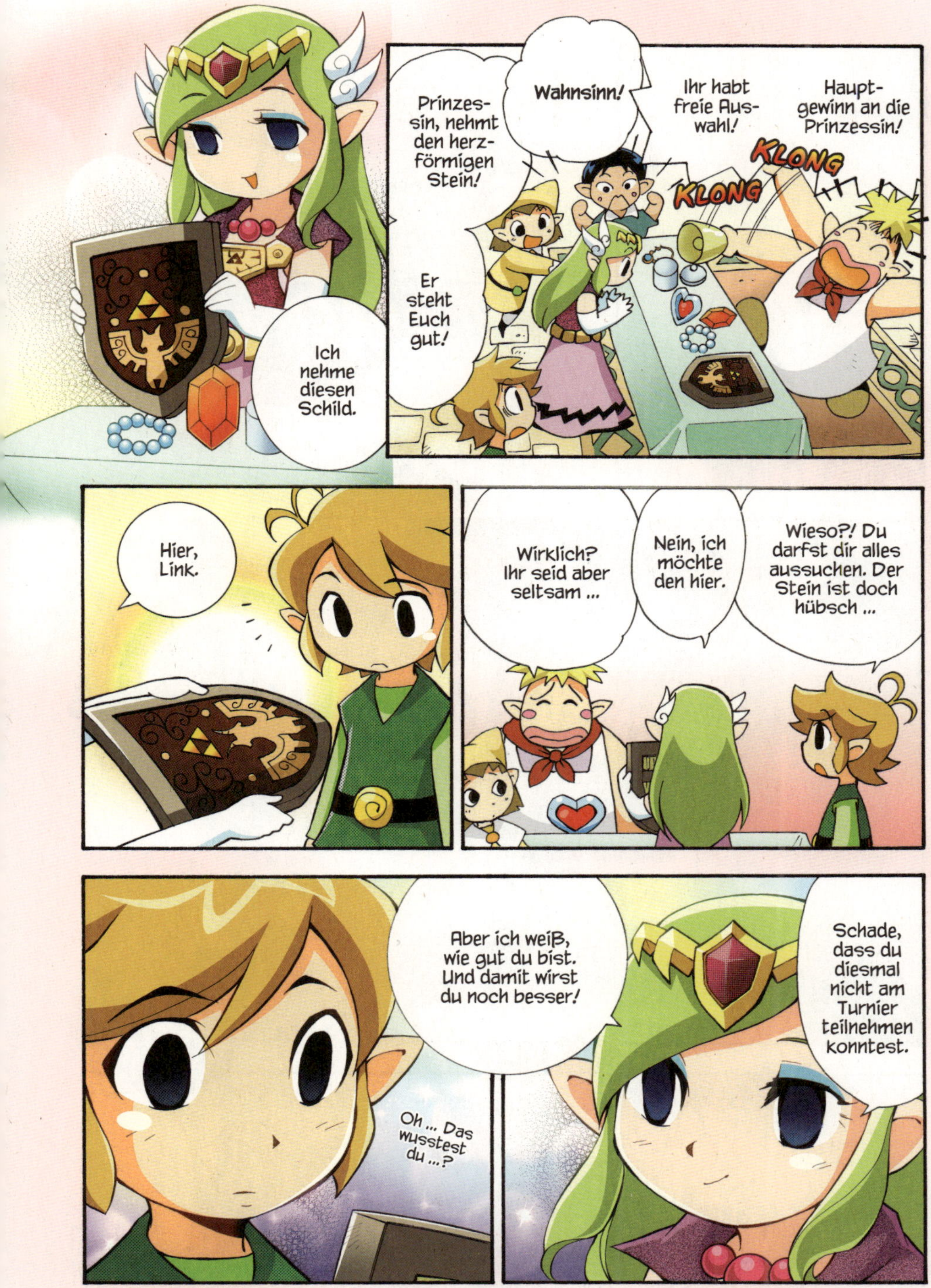
Ich nehme diesen Schild.
Prinzessin, nehmt den herzförmigen Stein!
Er steht Euch gut!
Wahnsinn!
Ihr habt freie Auswahl!
Hauptgewinn an die Prinzessin!
KLONG
KLONG
Hier, Link.
Wieso?! Du darfst dir alles aussuchen. Der Stein ist doch hübsch ...
Nein, ich möchte den hier.
Wirklich? Ihr seid aber seltsam ...
Schade, dass du diesmal nicht am Turnier teilnehmen konntest.
Aber ich weiß, wie gut du bist. Und damit wirst du noch besser!
Oh ... Das wusstest du ...?

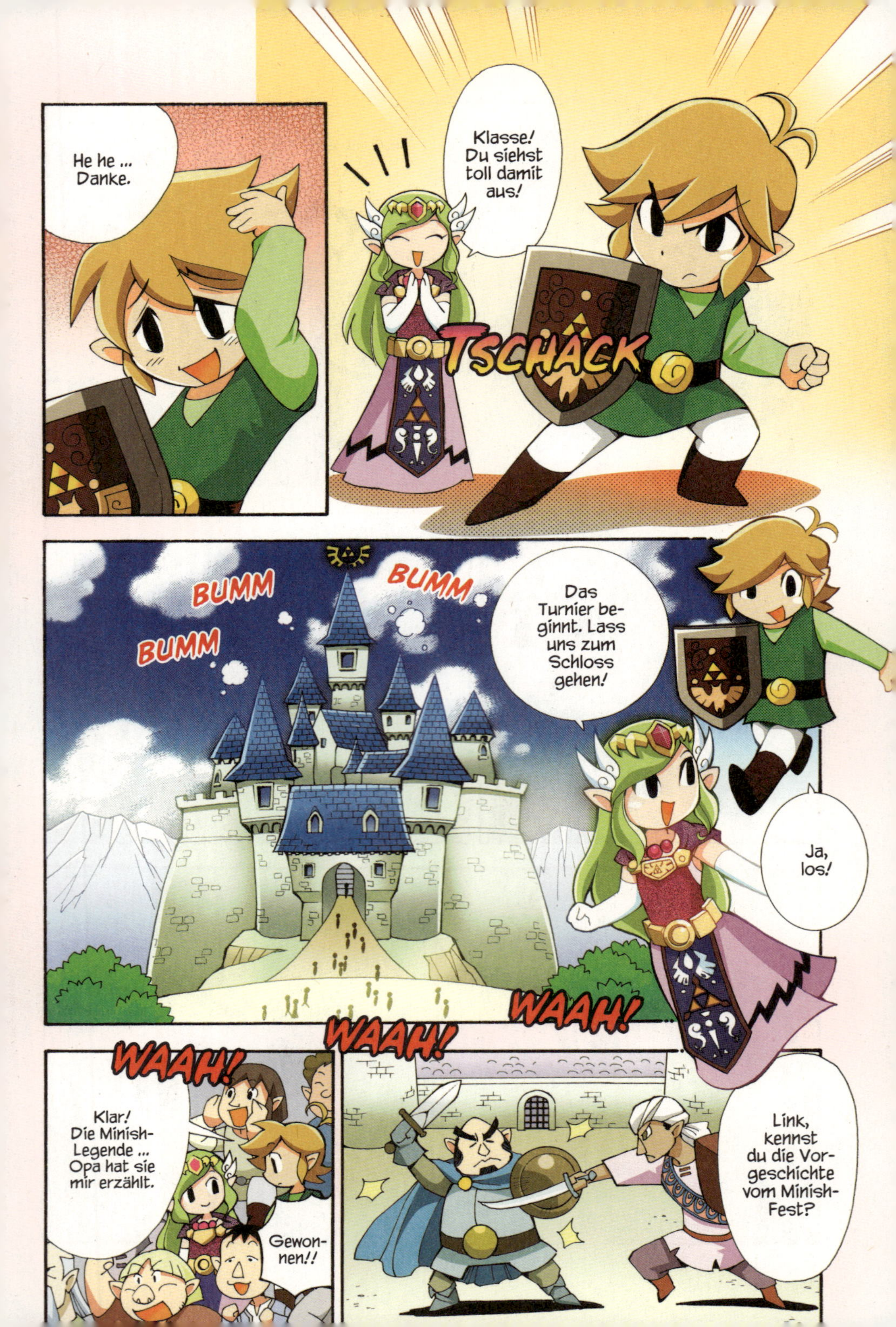

Klasse! Du siehst toll damit aus!
TSCHACK
He he ... Danke.
BUMM
BUMM
BUMM
Das Turnier beginnt. Lass uns zum Schloss gehen!
Ja, los!
WAAH!
WAAH!
WAAH!
Link, kennst du die Vorgeschichte vom Minish-Fest?
Klar! Die Minish-Legende ... Opa hat sie mir erzählt.
Gewonnen!!

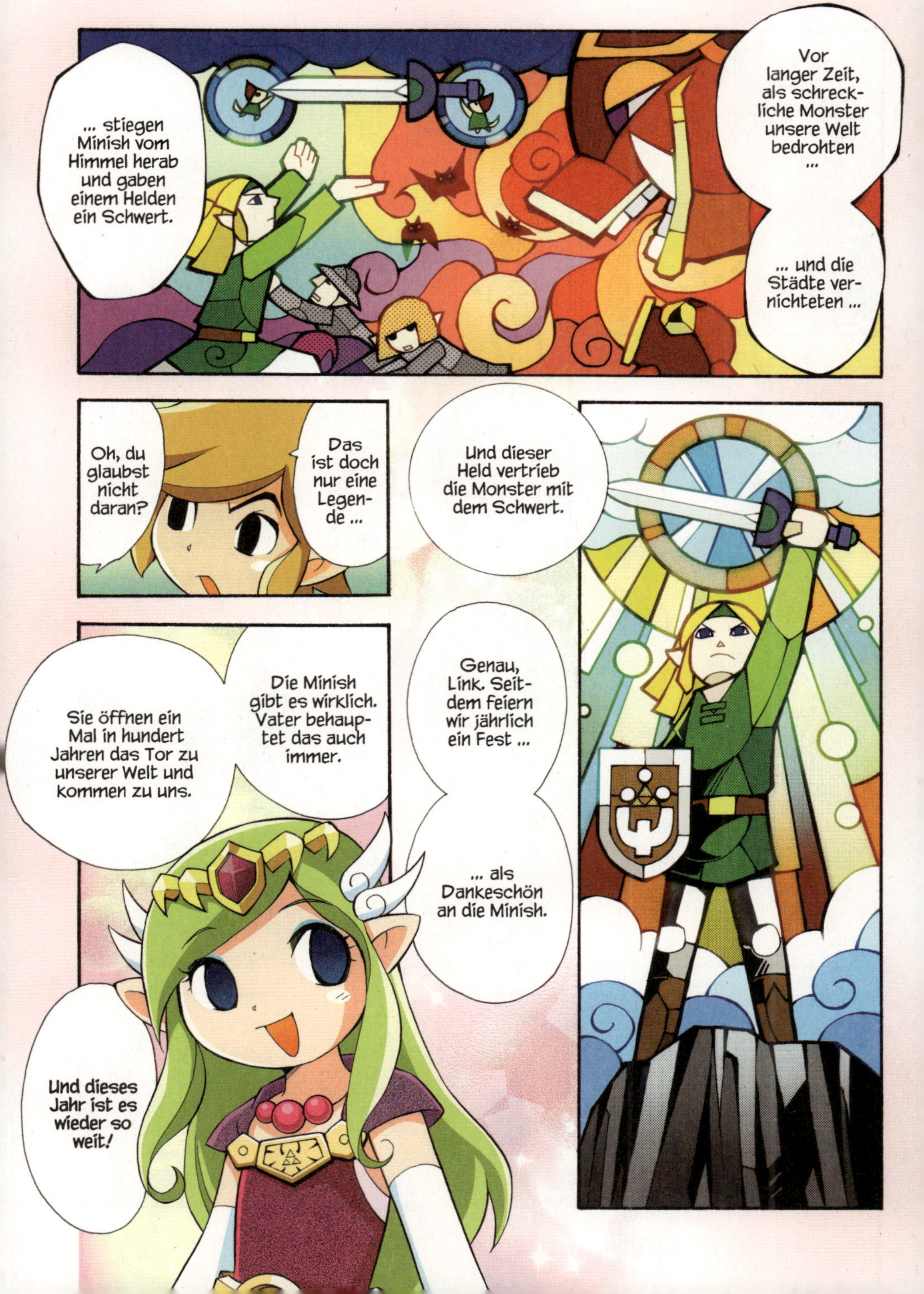
Vor langer Zeit, als schreckliche Monster unsere Welt bedrohten ...
... und die Städte vernichteten ...
... stiegen Minish vom Himmel herab und gaben einem Helden ein Schwert.
Und dieser Held vertrieb die Monster mit dem Schwert.
Das ist doch nur eine Legende ...
Oh, du glaubst nicht daran?
Die Minish gibt es wirklich. Vater behauptet das auch immer.
Sie öffnen ein Mal in hundert Jahren das Tor zu unserer Welt und kommen zu uns.
Genau, Link. Seitdem feiern wir jährlich ein Fest ...
... als Dankeschön an die Minish.
Und dieses Jahr ist es wieder so weit!

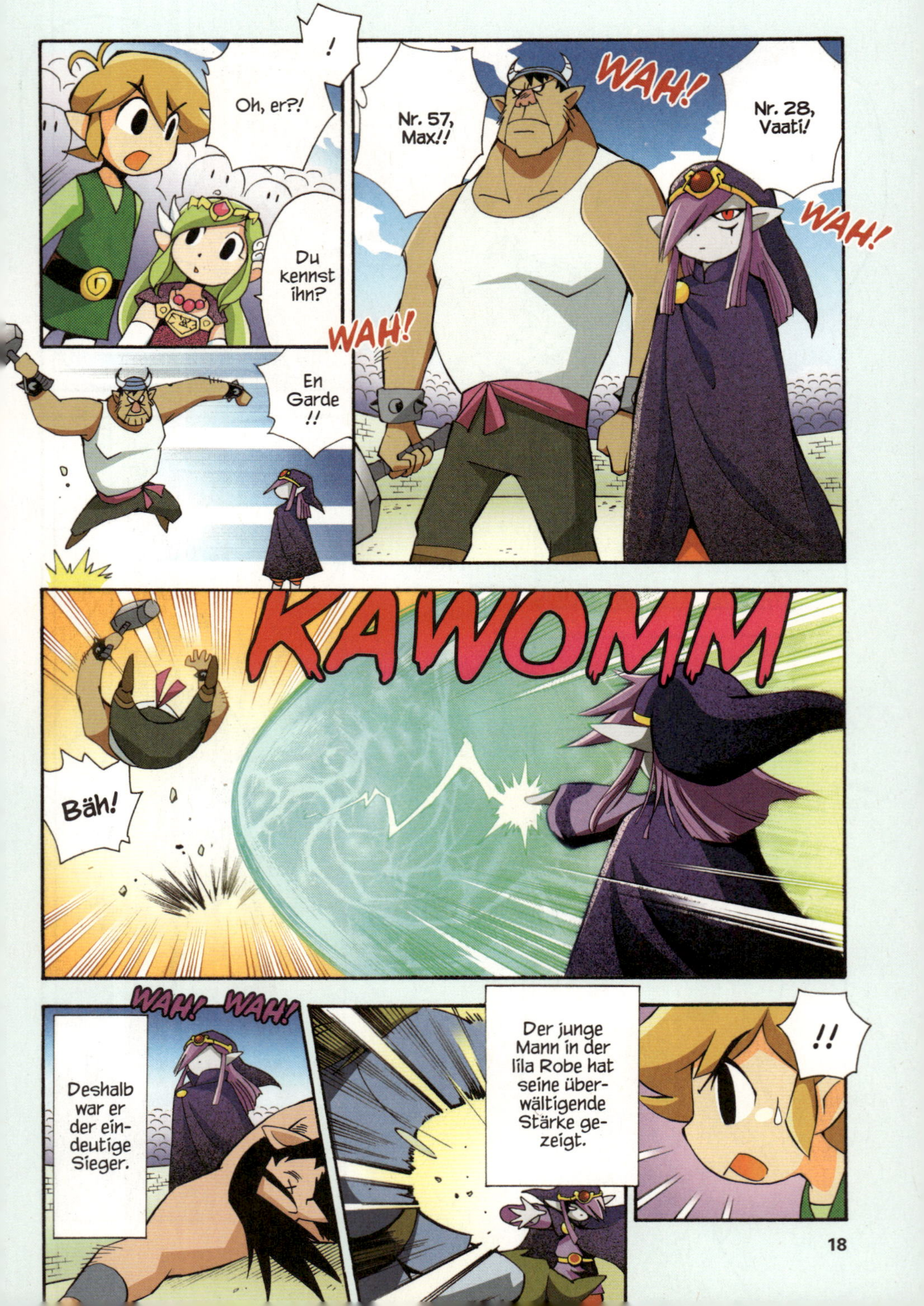

!
Oh, er?!
Du kennst ihn?
Nr. 57, Max!!
WAH!
Nr. 28, Vaati!
WAH!
WAH!
En Garde !!
KAWOMM
Bäh!
WAH! WAH!
Deshalb war er der eindeutige Sieger.
Der junge Mann in der lila Robe hat seine überwältigende Stärke gezeigt.
!!

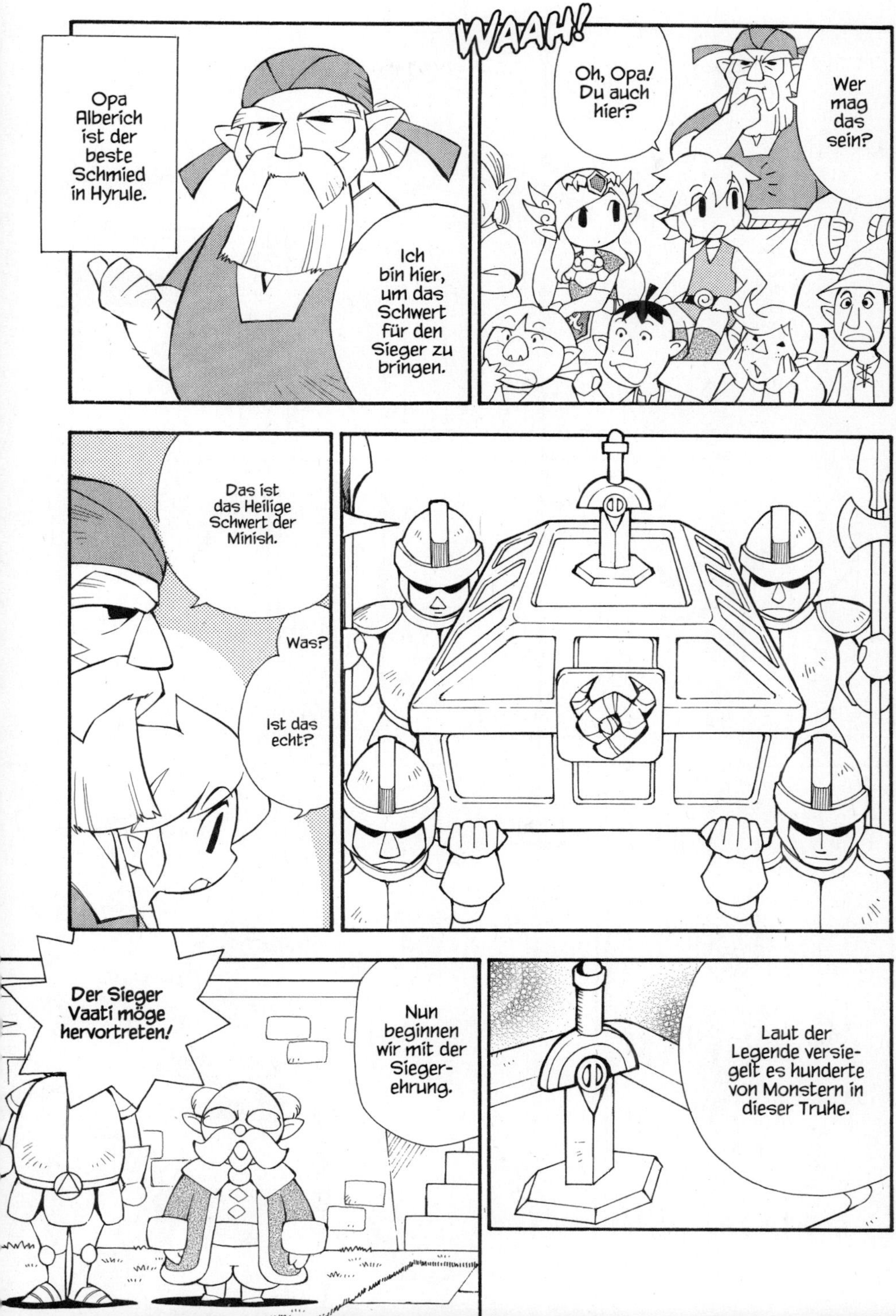
Opa Alberich ist der beste Schmied in Hyrule.
Ich bin hier, um das Schwert für den Sieger zu bringen.
WAAH!
Oh, Opa! Du auch hier?
Wer mag das sein?
Das ist das Heilige Schwert der Minish.
Was?
Ist das echt?
Der Sieger Vaati möge hervortreten!
Nun beginnen wir mit der Siegerehrung.
Laut der Legende versiegelt es hunderte von Monstern in dieser Truhe.

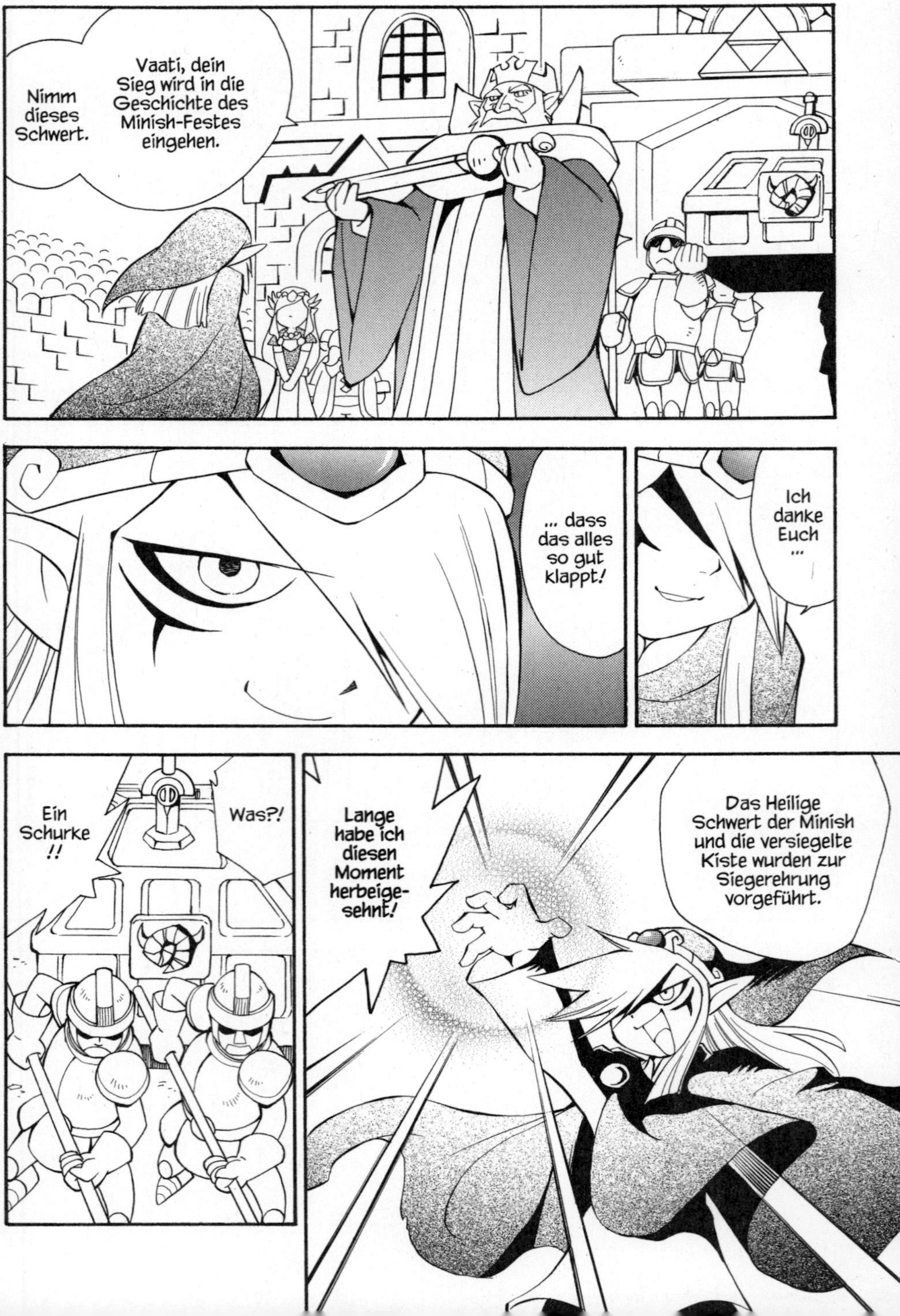

Vaati, dein Sieg wird in die Geschichte des Minish-Festes eingehen.
Nimm dieses Schwert.
Ich danke Euch ...
... dass das alles so gut klappt!
Das Heilige Schwert der Minish und die versiegelte Kiste wurden zur Siegerehrung vorgeführt.
Lange habe ich diesen Moment herbeigesehnt!
Was?!
Ein Schurke !!

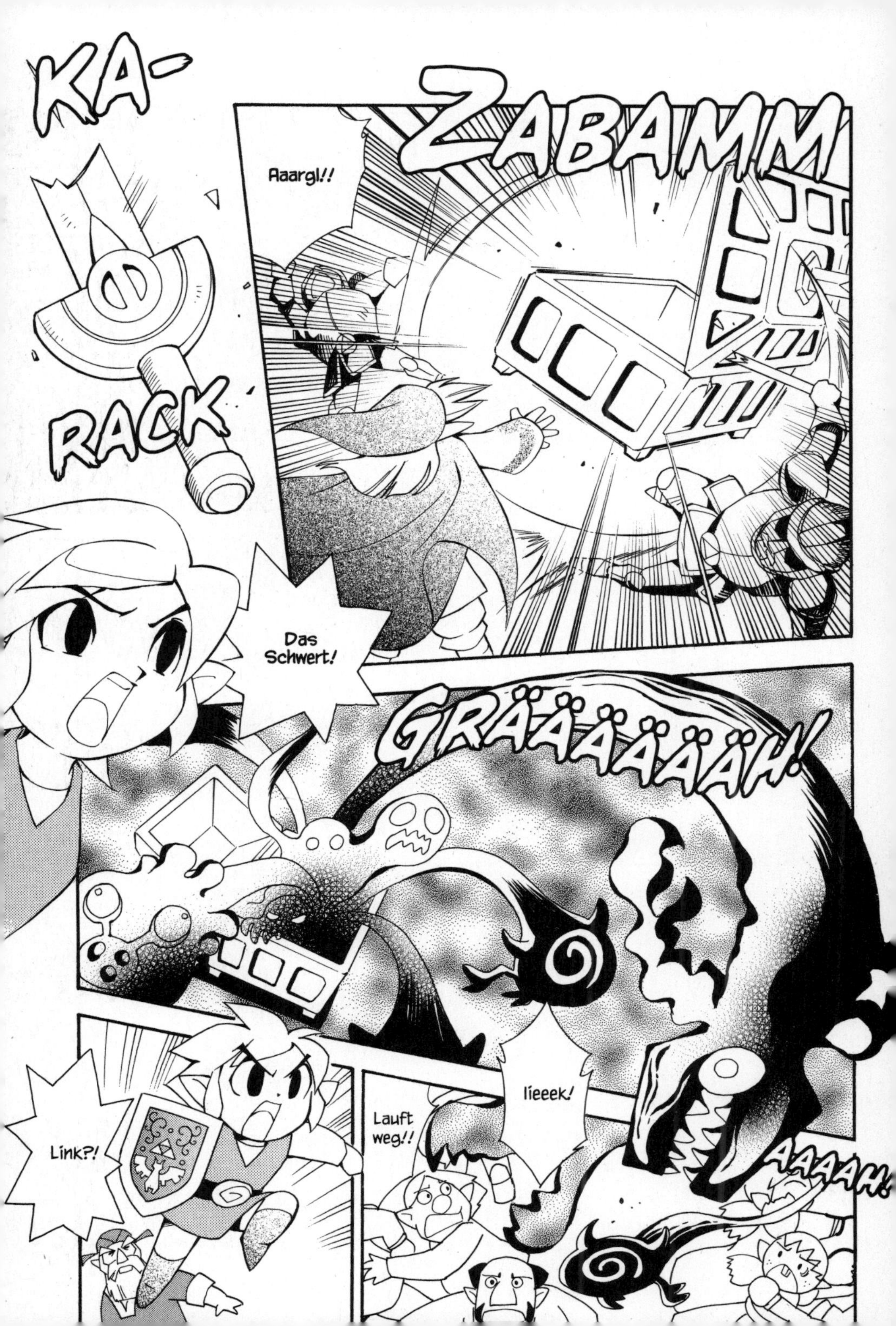
KA-
RACK
ZABAMM
Aaargl!!
Das Schwert!
GRÄÄÄÄÄÄH!
Link?!
Lauft weg!!
Iieeek!
AAAAAH!

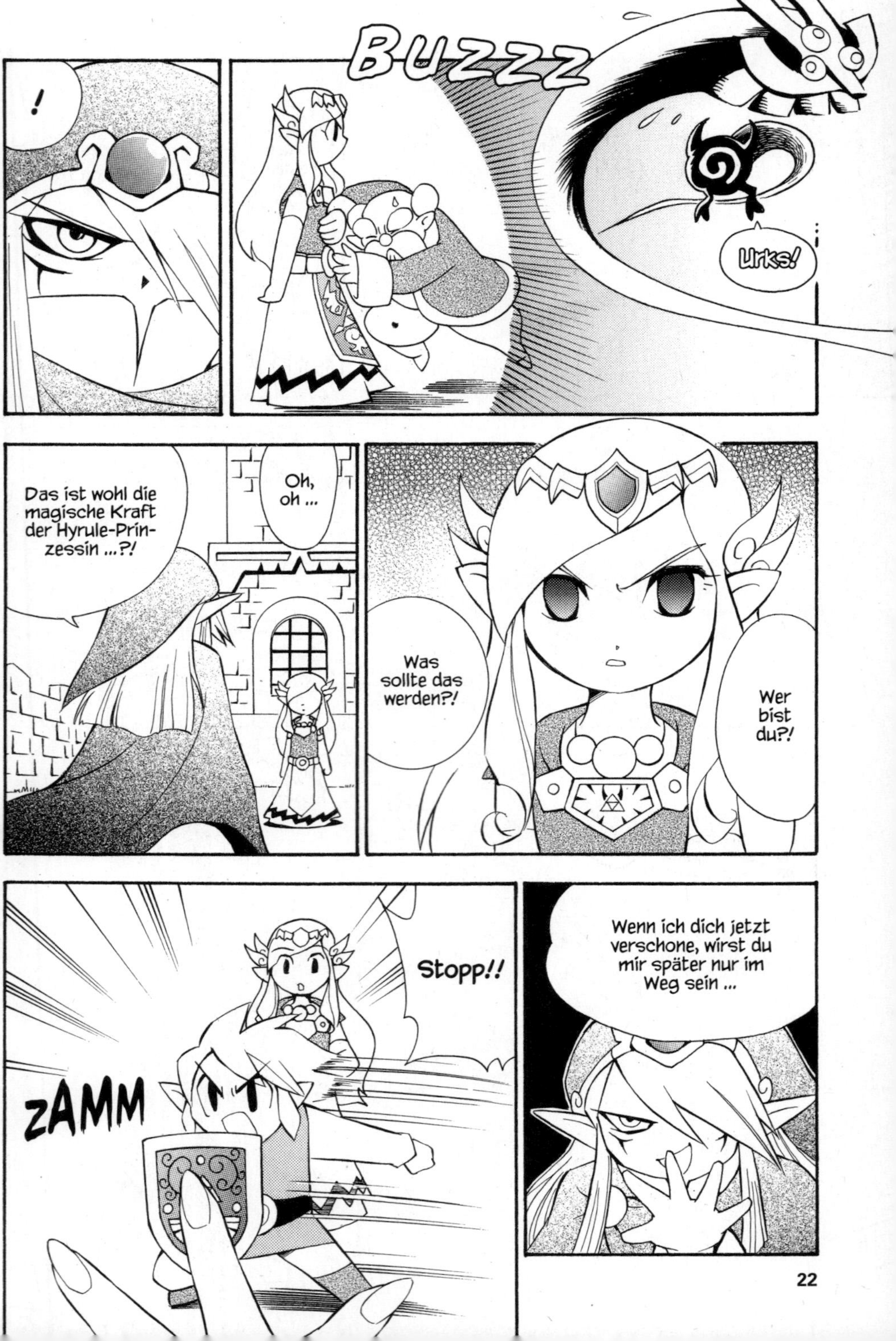
Buzzzz
Urks!
!
Wer bist du?!
Was sollte das werden?!
Oh, oh ...
Das ist wohl die magische Kraft der Hyrule-Prinzessin ...?!
Wenn ich dich jetzt verschone, wirst du mir später nur im Weg sein ...
Stopp!!
ZAMM

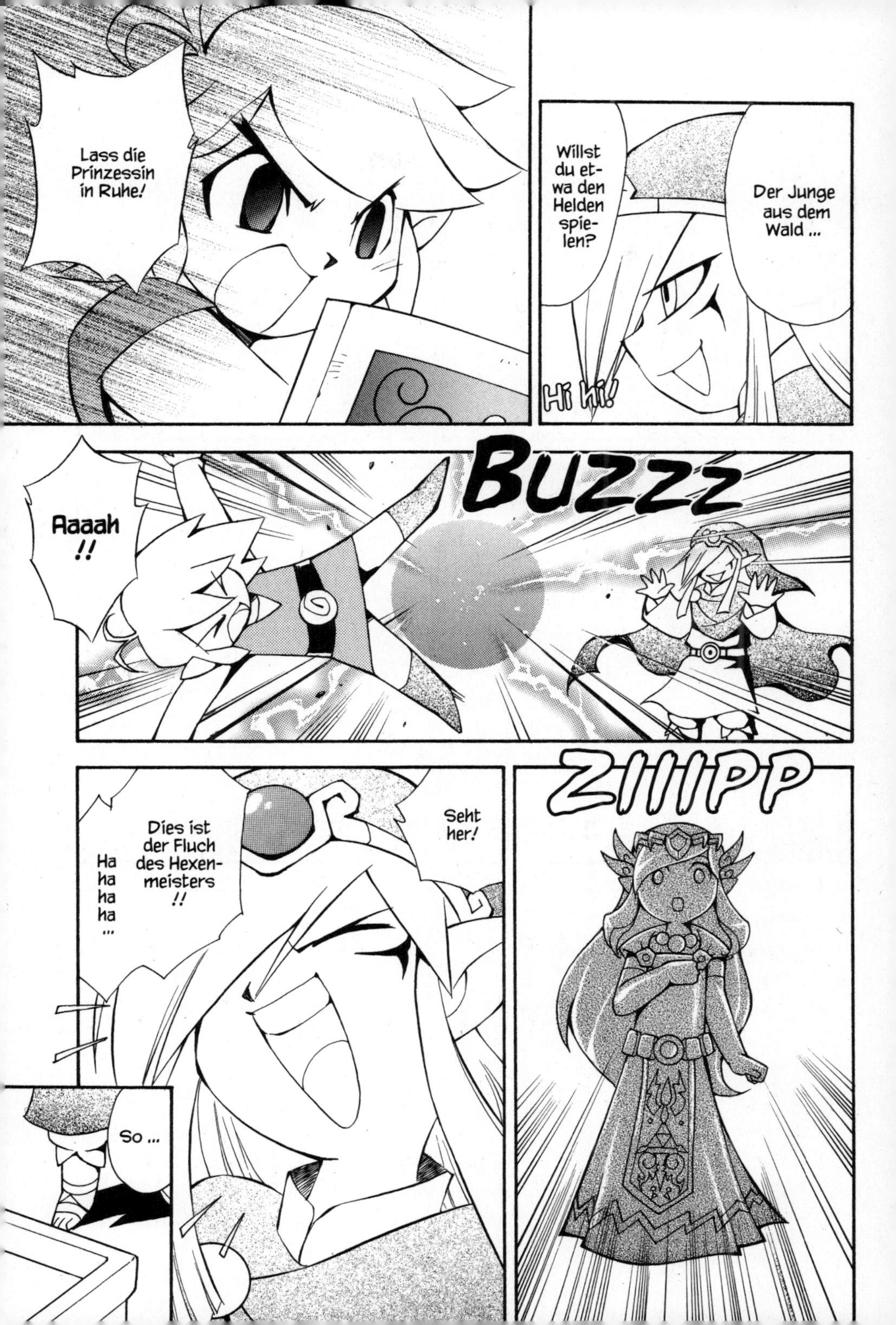
Der Junge aus dem Wald ...
Willst du etwa den Helden spielen?
Hi hi!
Lass die Prinzessin in Ruhe!
Buzzz
Aaaah!!
ZIIIPP
Seht her!
Dies ist der Fluch des Hexenmeisters!!
Ha ha ha ha ...
So ...

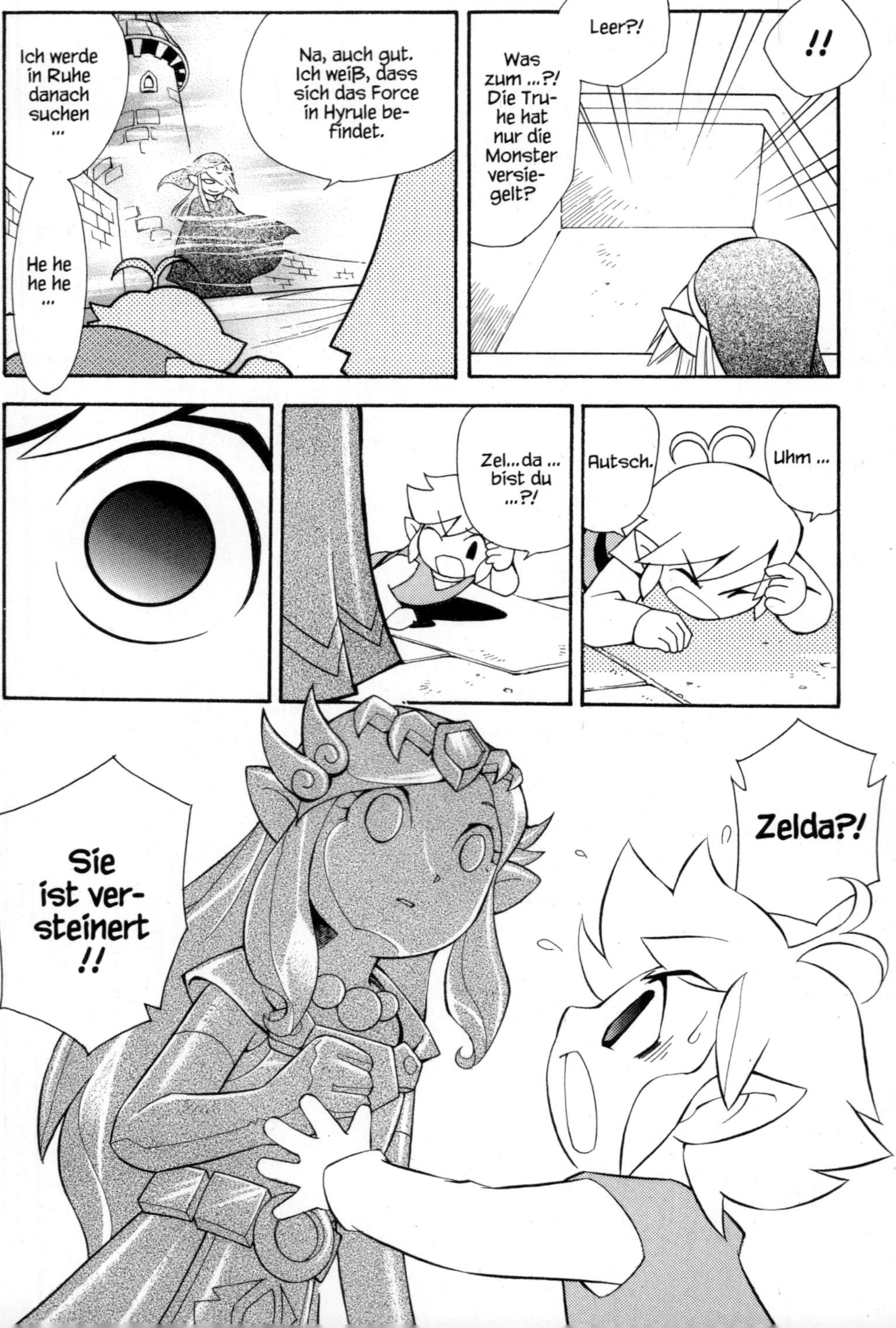
!!
Leer?!
Was zum ...?! Die Truhe hat nur die Monster versiegelt?
Na, auch gut. Ich weiß, dass sich das Force in Hyrule befindet.
Ich werde in Ruhe danach suchen ...
He he he he ...
Uhm ...
Autsch.
Zel...da ... bist du ...?!
Zelda?!
Sie ist versteinert !!

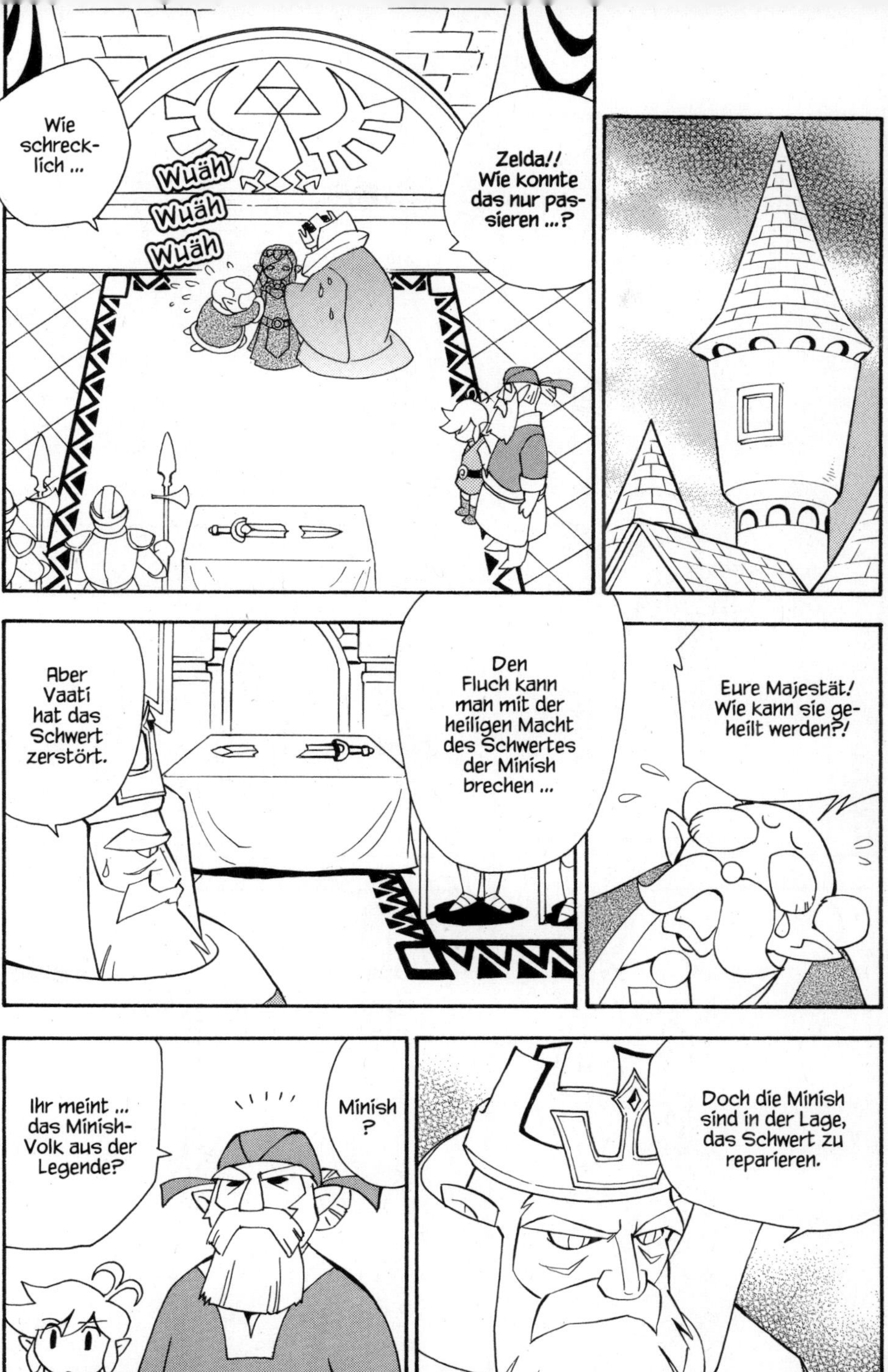
Wie schreck-lich ...
Wuäh
Wuäh
Wuäh
Zelda!! Wie konnte das nur pas-sieren ...?
Aber Vaati hat das Schwert zerstört.
Den Fluch kann man mit der heiligen Macht des Schwertes der Minish brechen ...
Eure Majestät! Wie kann sie ge-heilt werden?!
Ihr meint ... das Minish-Volk aus der Legende?
Minish ?
Doch die Minish sind in der Lage, das Schwert zu reparieren.

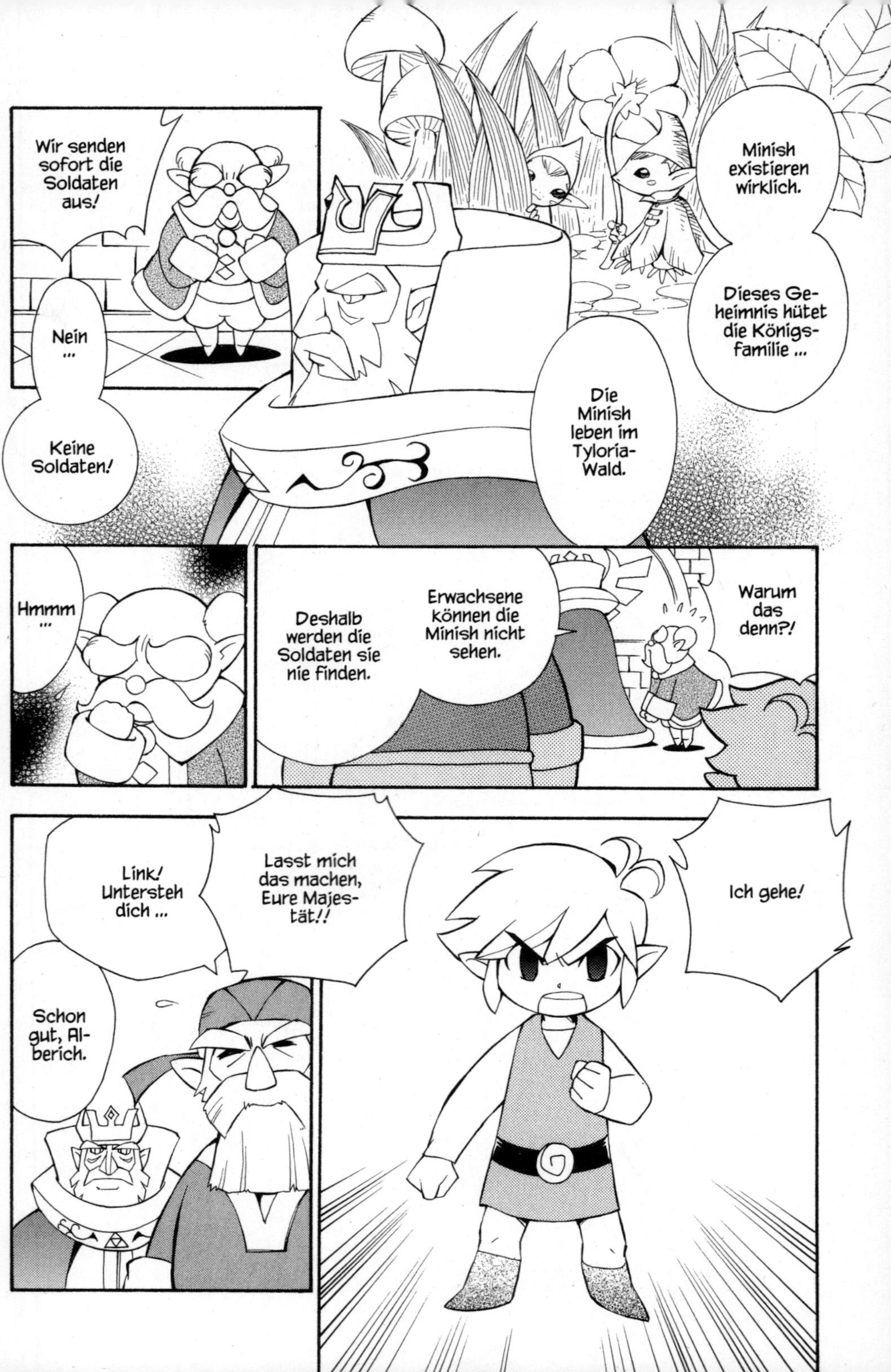

Wir senden sofort die Soldaten aus!
Nein …
Keine Soldaten!
Minish existieren wirklich.
Dieses Geheimnis hütet die Königsfamilie …
Die Minish leben im Tyloria-Wald.
Hmmm …
Warum das denn?!
Erwachsene können die Minish nicht sehen.
Deshalb werden die Soldaten sie nie finden.
Ich gehe!
Link! Untersteh dich …
Lasst mich das machen, Eure Majestät!!
Schon gut, Alberich.

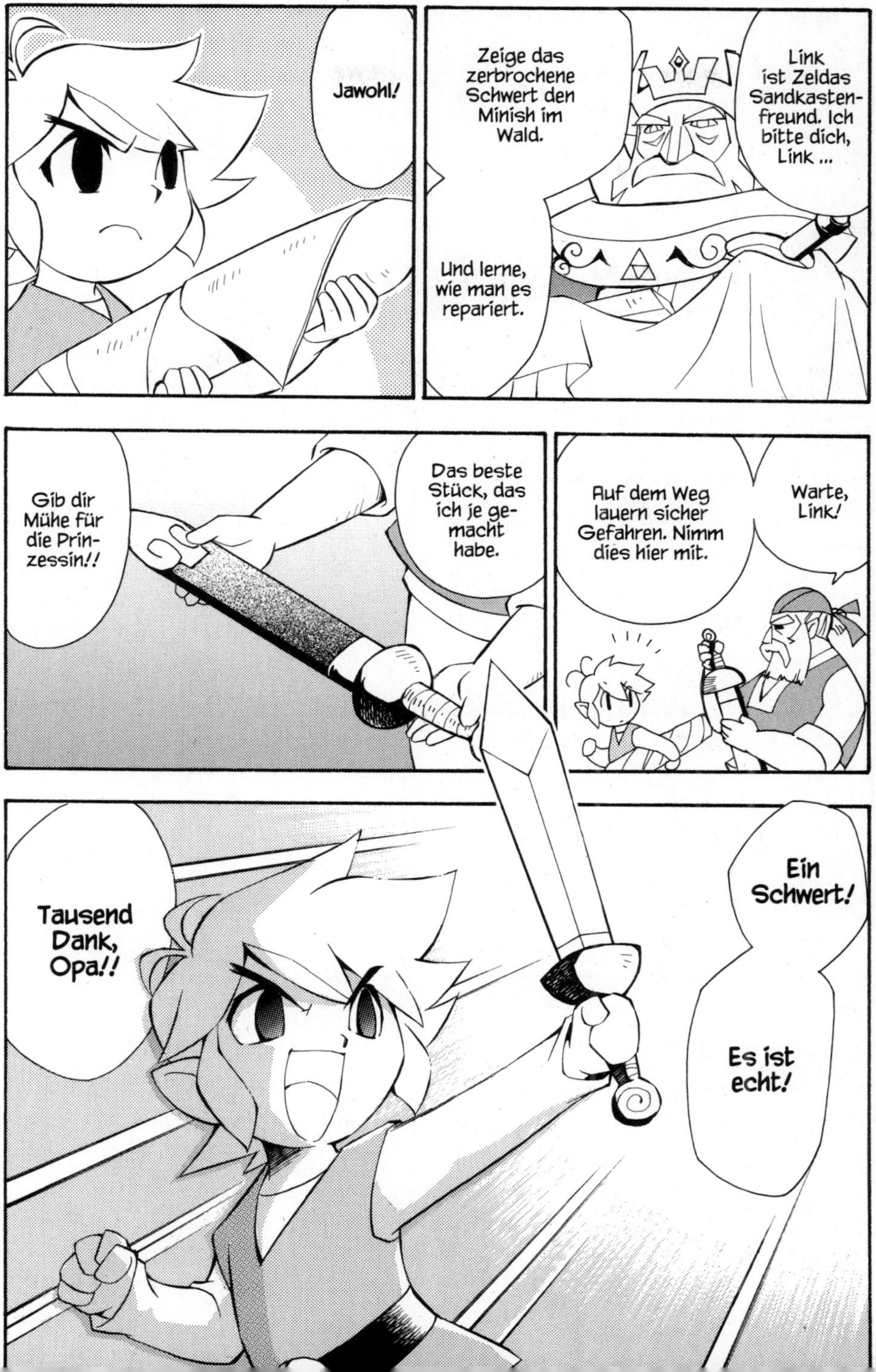

Link ist Zeldas Sandkasten-freund. Ich bitte dich, Link ...
Zeige das zerbrochene Schwert den Minish im Wald.
Und lerne, wie man es repariert.
Jawohl!
Warte, Link!
Auf dem Weg lauern sicher Gefahren. Nimm dies hier mit.
Das beste Stück, das ich je ge-macht habe.
Gib dir Mühe für die Prin-zessin!!
Ein Schwert!
Es ist echt!
Tausend Dank, Opa!!

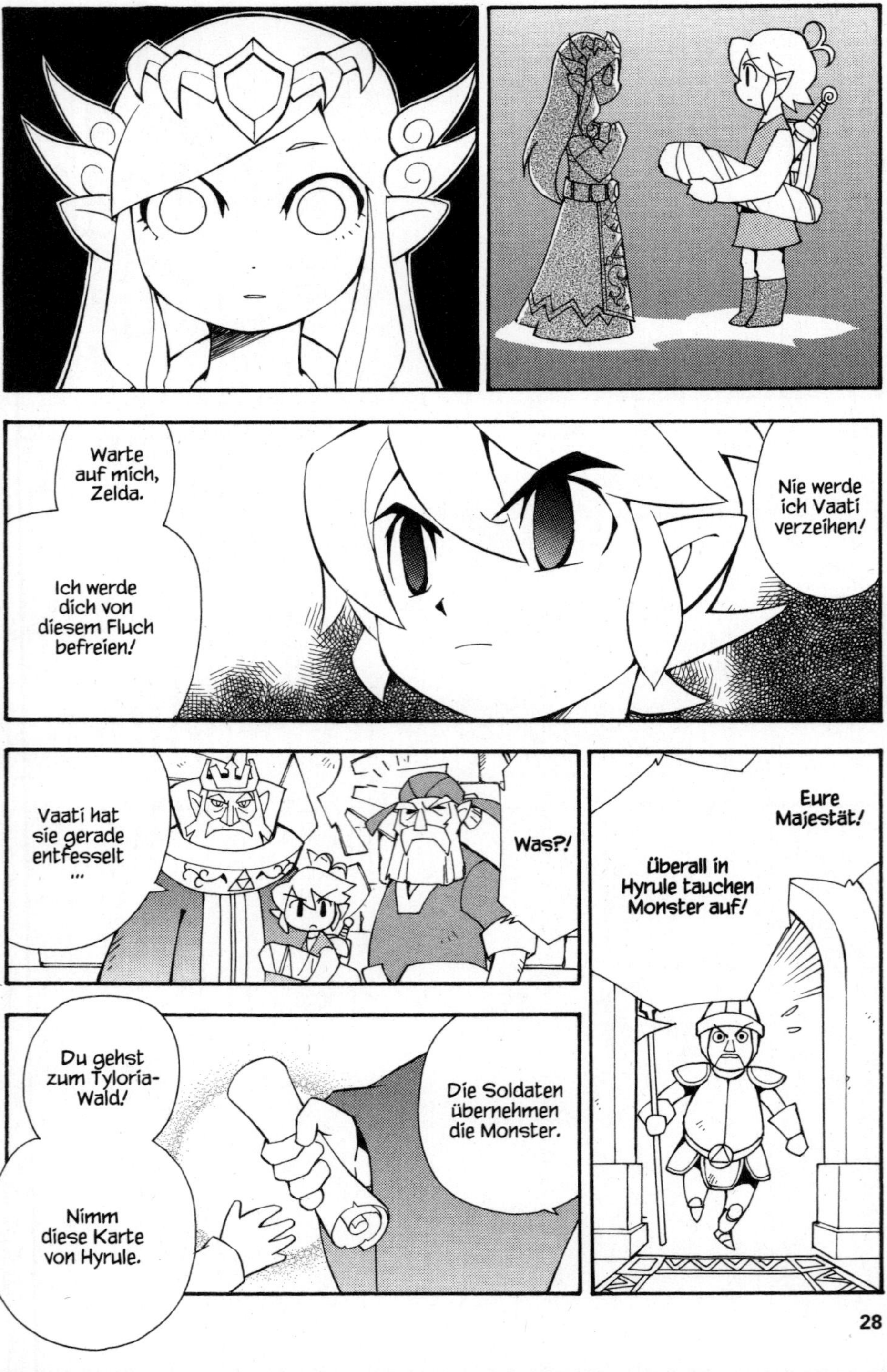
Nie werde ich Vaati verzeihen!
Warte auf mich, Zelda.
Ich werde dich von diesem Fluch befreien!
Eure Majestät!
Überall in Hyrule tauchen Monster auf!
Was?!
Vaati hat sie gerade entfesselt ...
Die Soldaten übernehmen die Monster.
Du gehst zum Tyloria-Wald!
Nimm diese Karte von Hyrule.

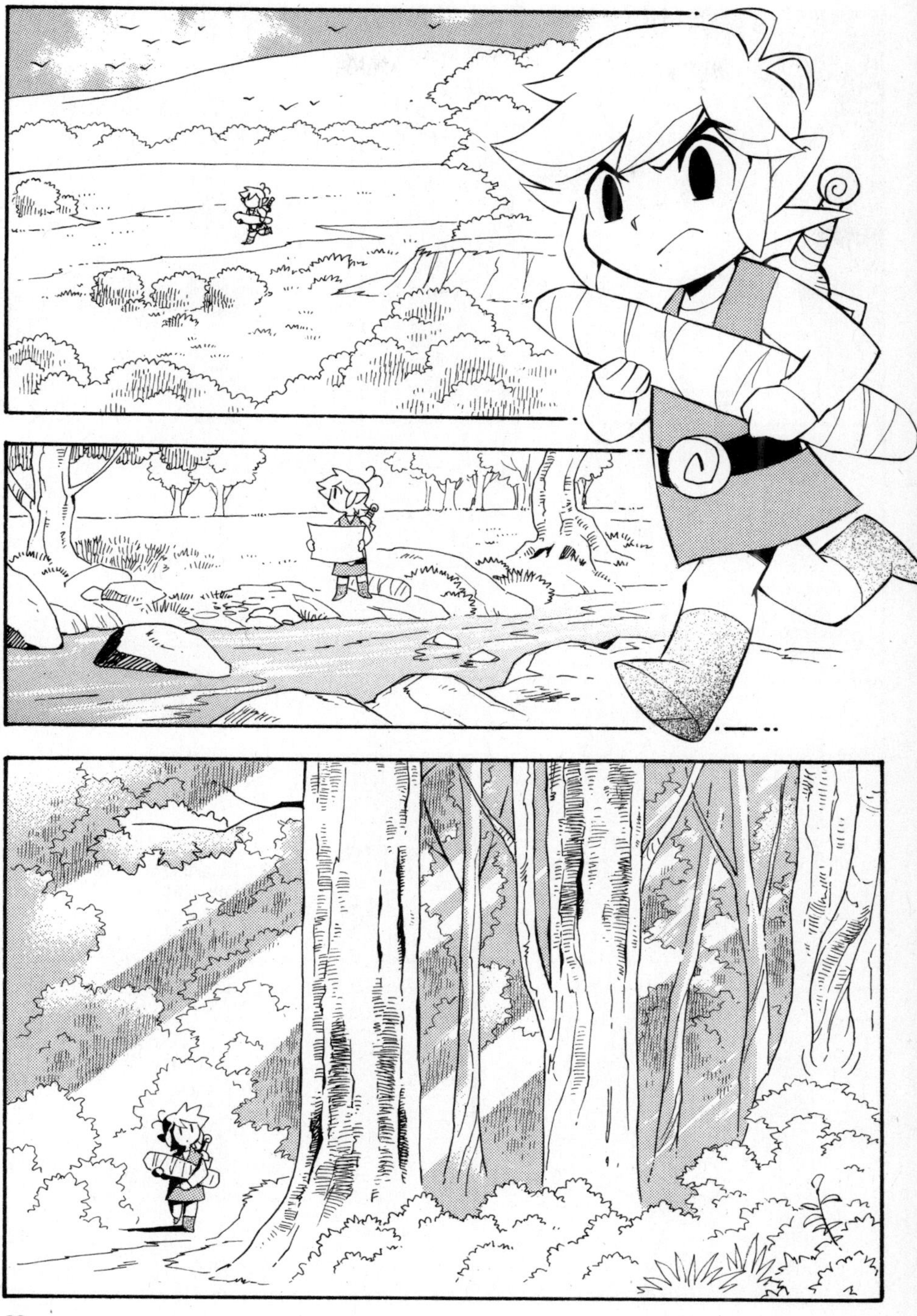

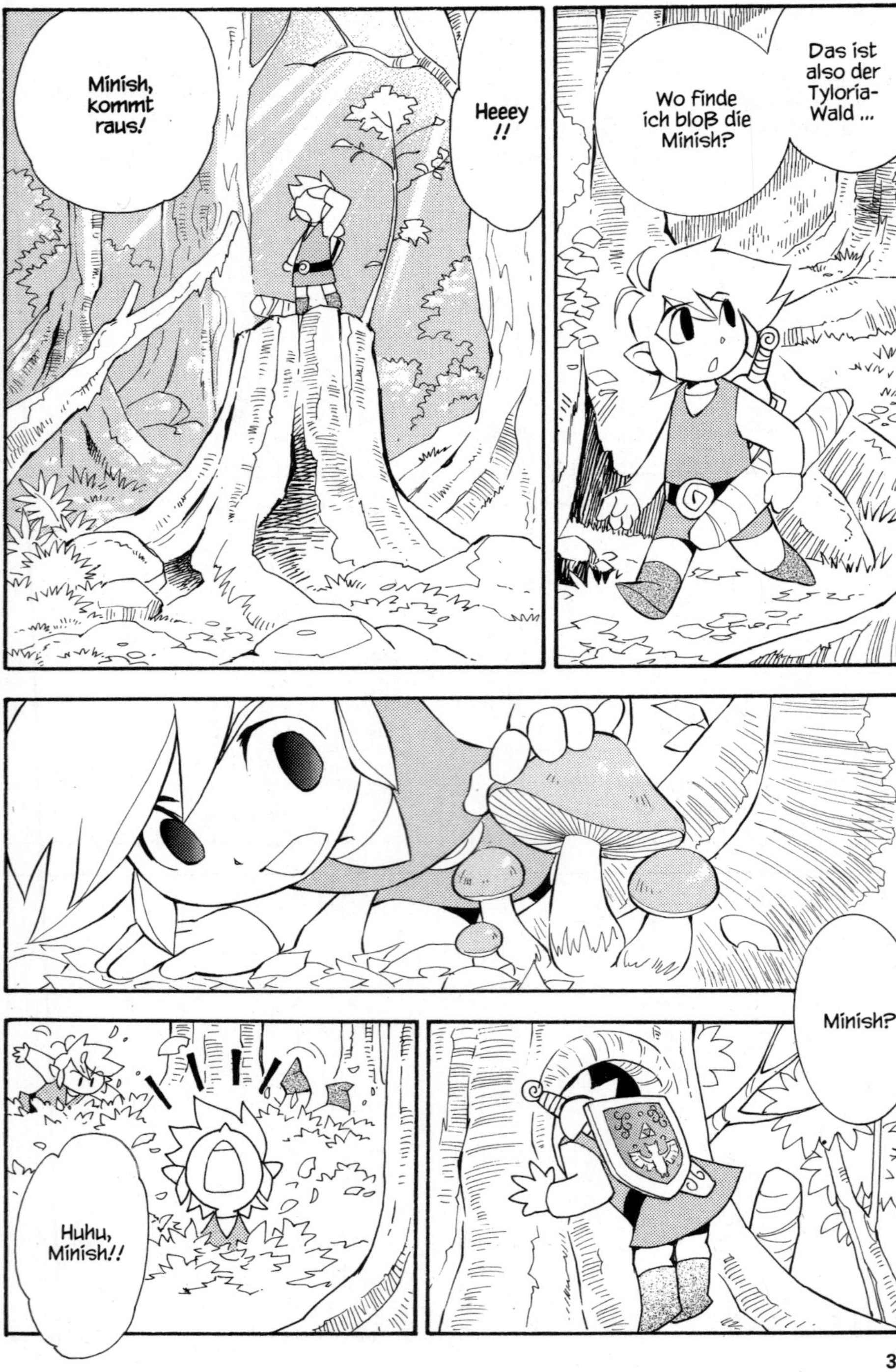
Das ist also der Tyloria-Wald ...
Wo finde ich bloß die Minish?
Heeey !!
Minish, kommt raus!
Minish?
Huhu, Minish!!

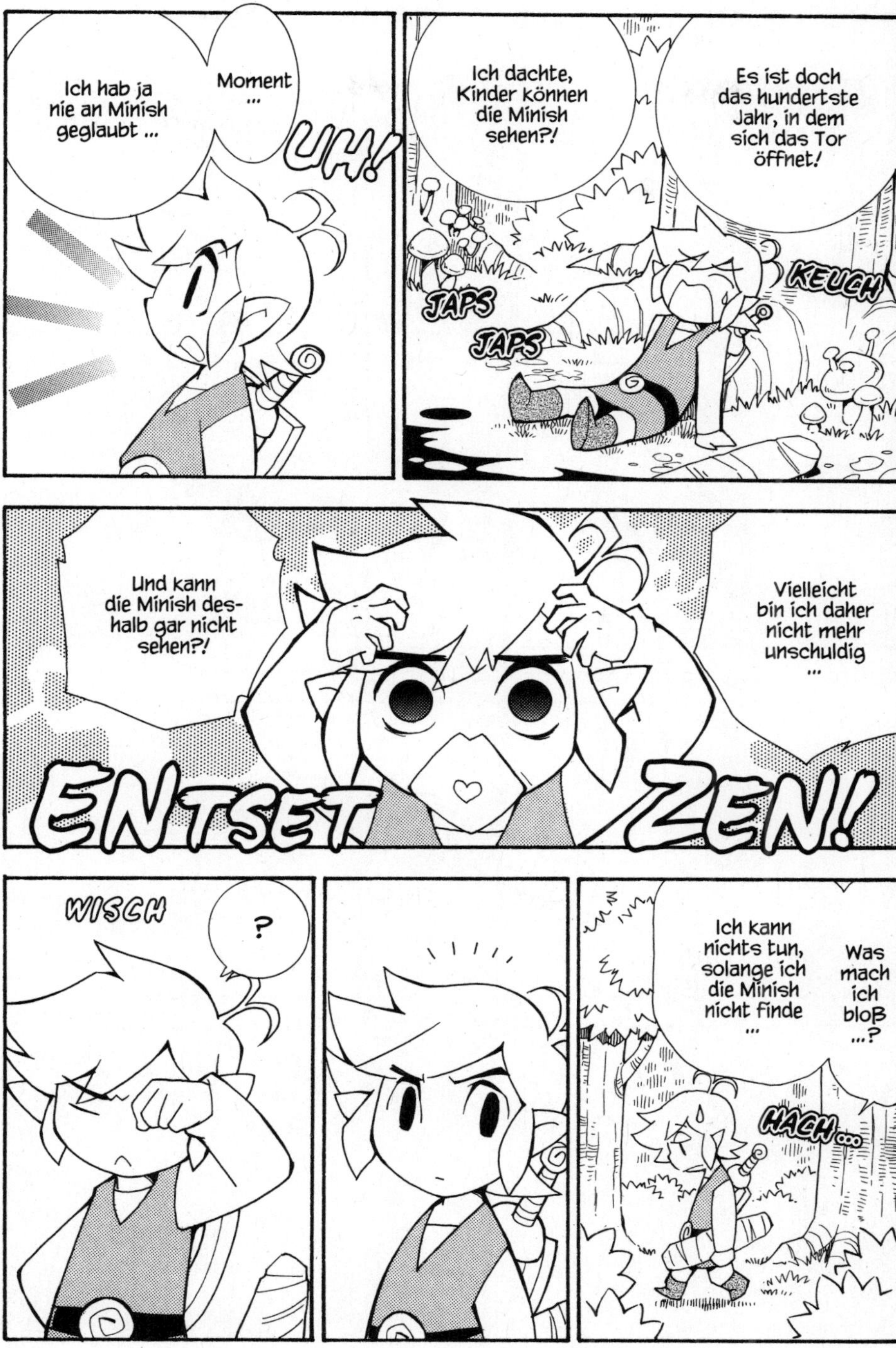
Moment …
Ich hab ja nie an Minish geglaubt …
UH!
Es ist doch das hundertste Jahr, in dem sich das Tor öffnet!
Ich dachte, Kinder können die Minish sehen?!
KEUCH
JAPS
JAPS
Vielleicht bin ich daher nicht mehr unschuldig …
Und kann die Minish deshalb gar nicht sehen?!
ENTSETZEN!
?
WISCH
Was mach ich bloß …?
Ich kann nichts tun, solange ich die Minish nicht finde …
HACH …

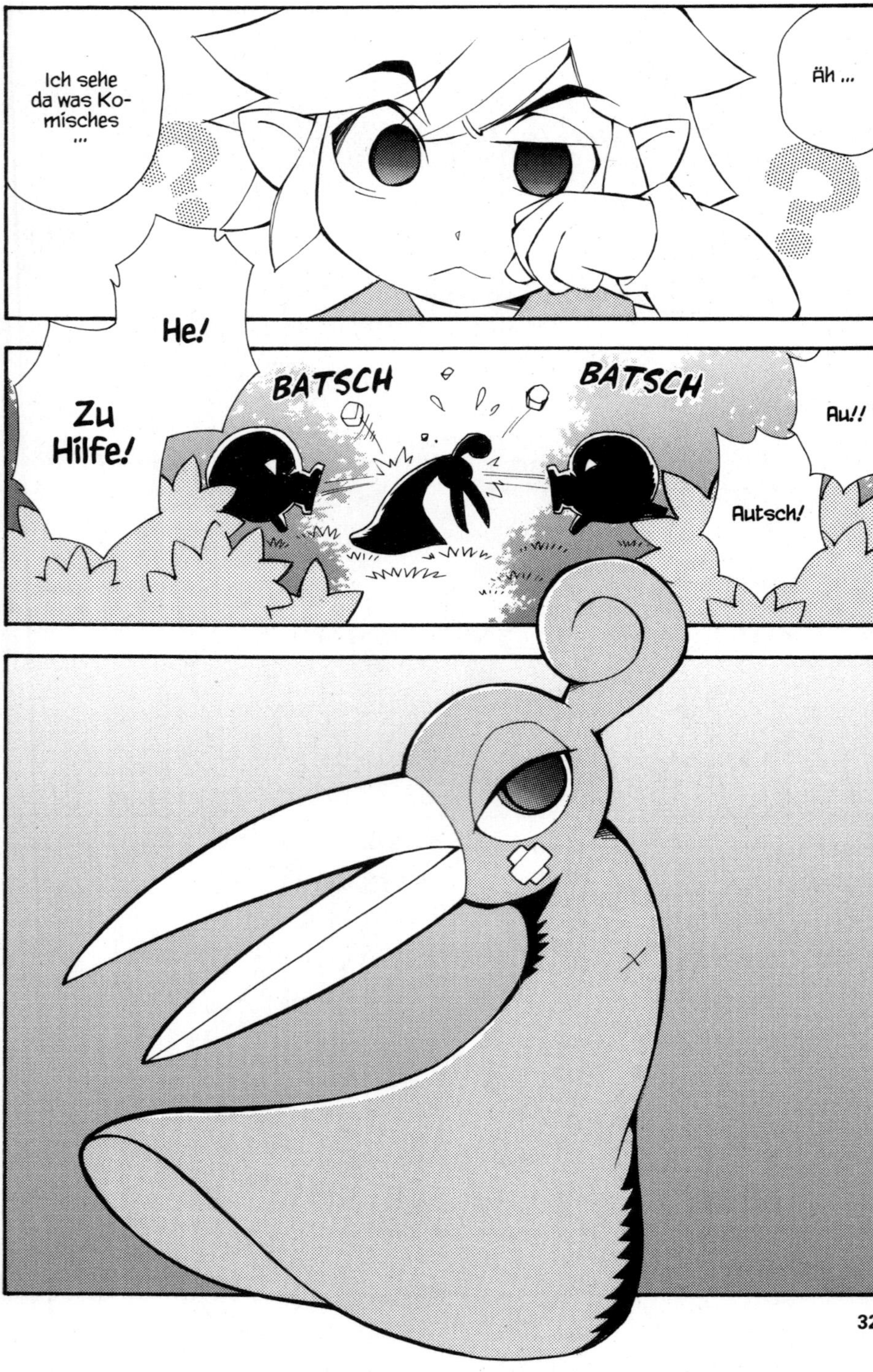

Äh ...
Ich sehe da was Komisches ...
He!
Zu Hilfe!
BATSCH
BATSCH
Au!!
Autsch!

2. Kapitel: Der kleine Link

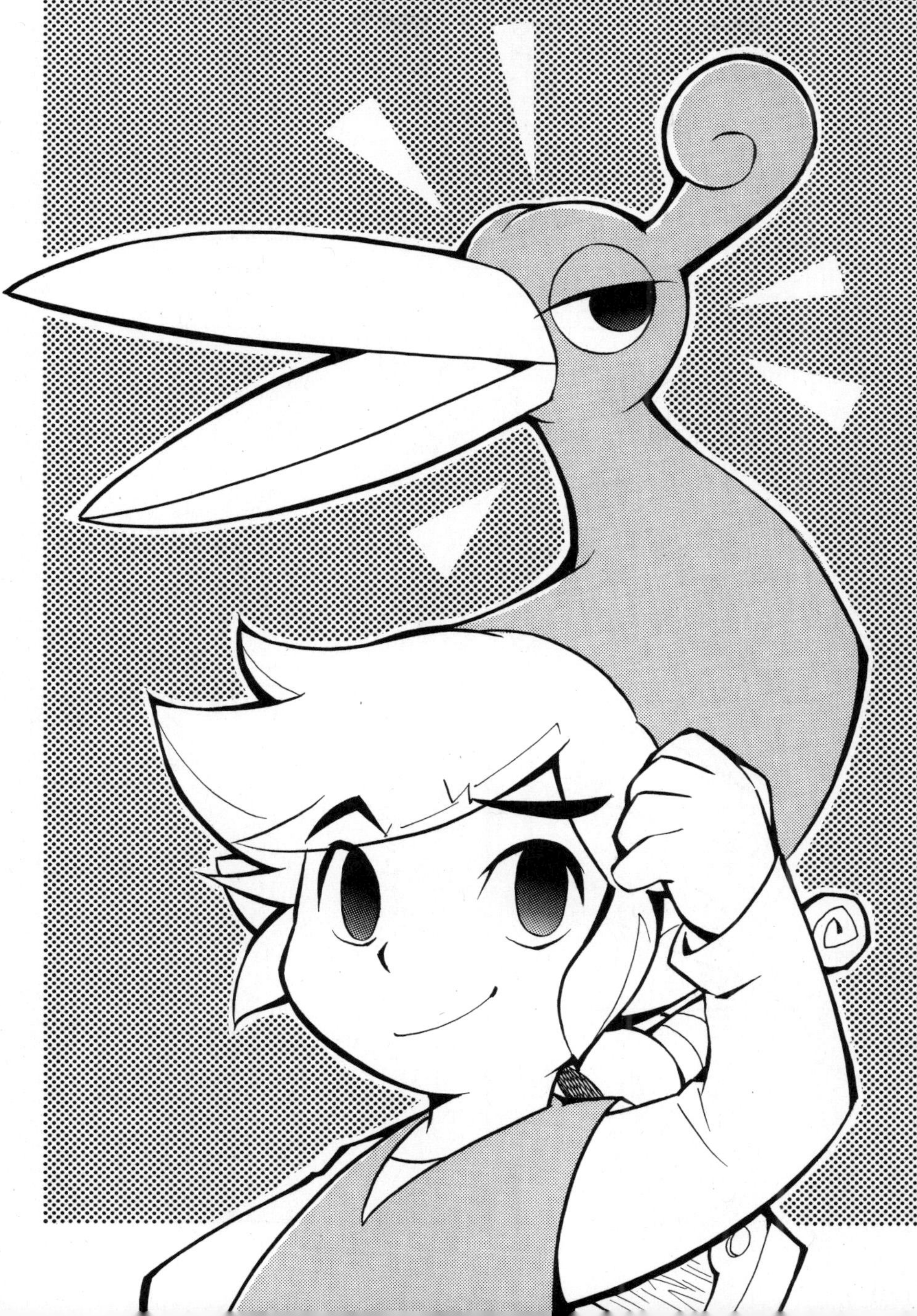

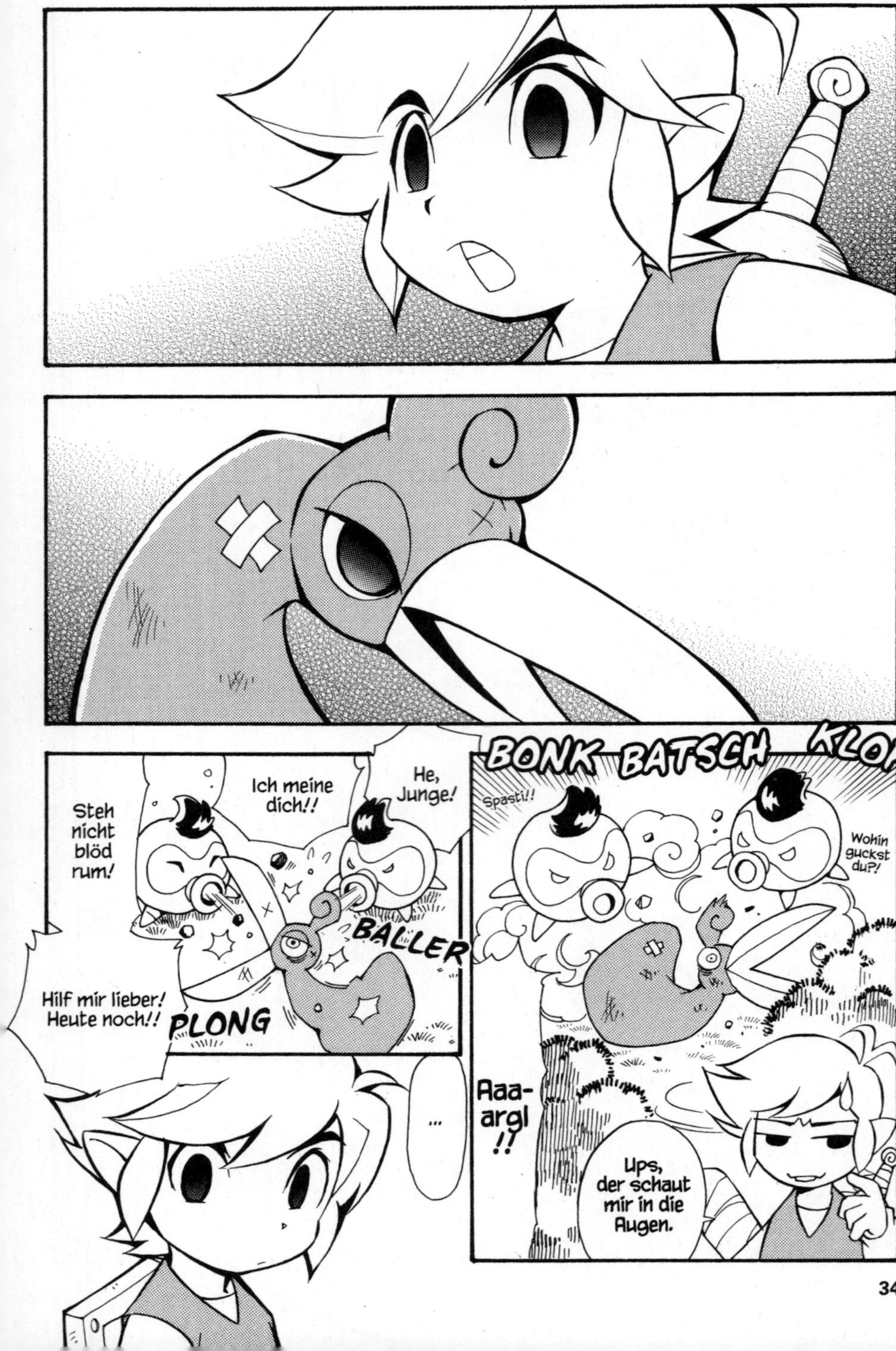

BONK BATSCH KLOPF
Wohin guckst du?!
Spasti!!
Aaa-argl!!
Ups, der schaut mir in die Augen.
He, Junge!
Ich meine dich!!
Steh nicht blöd rum!
BALLER
PLONG
Hilf mir lieber! Heute noch!!
...

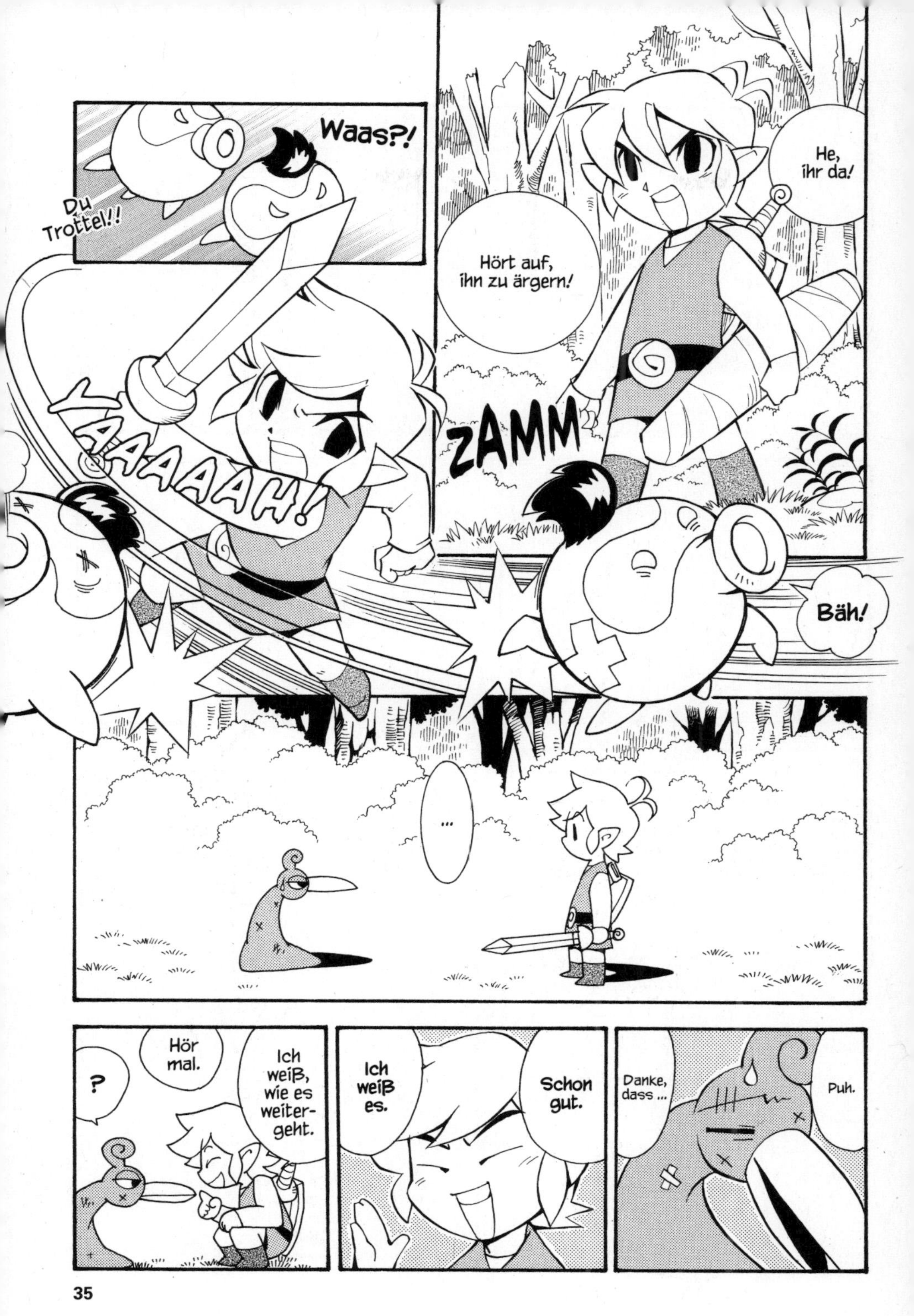
He, ihr da!
Hört auf, ihn zu ärgern!
Waas?!
Du Trottel!!
YAAAAAAH!
ZAMM
Bäh!
...
?
Hör mal.
Ich weiß, wie es weitergeht.
Ich weiß es.
Schon gut.
Danke, dass ...
Puh.

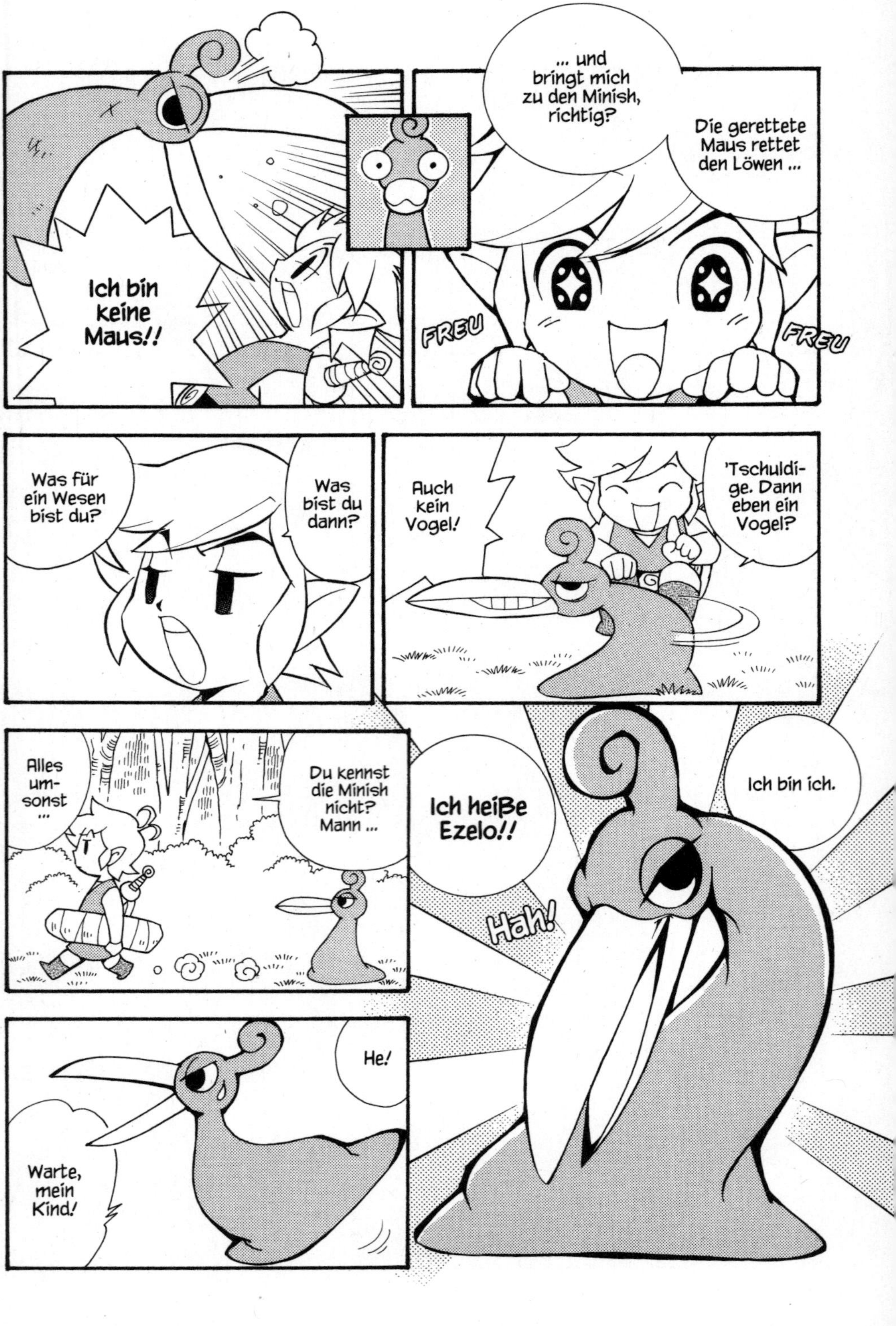
Die gerettete Maus rettet den Löwen ...
... und bringt mich zu den Minish, richtig?
FREU
FREU
Ich bin keine Maus!!
'Tschuldige. Dann eben ein Vogel?
Auch kein Vogel!
Was bist du dann?
Was für ein Wesen bist du?
Ich bin ich.
Ich heiße Ezelo!!
Hah!
Du kennst die Minish nicht? Mann ...
Alles umsonst ...
He!
Warte, mein Kind!

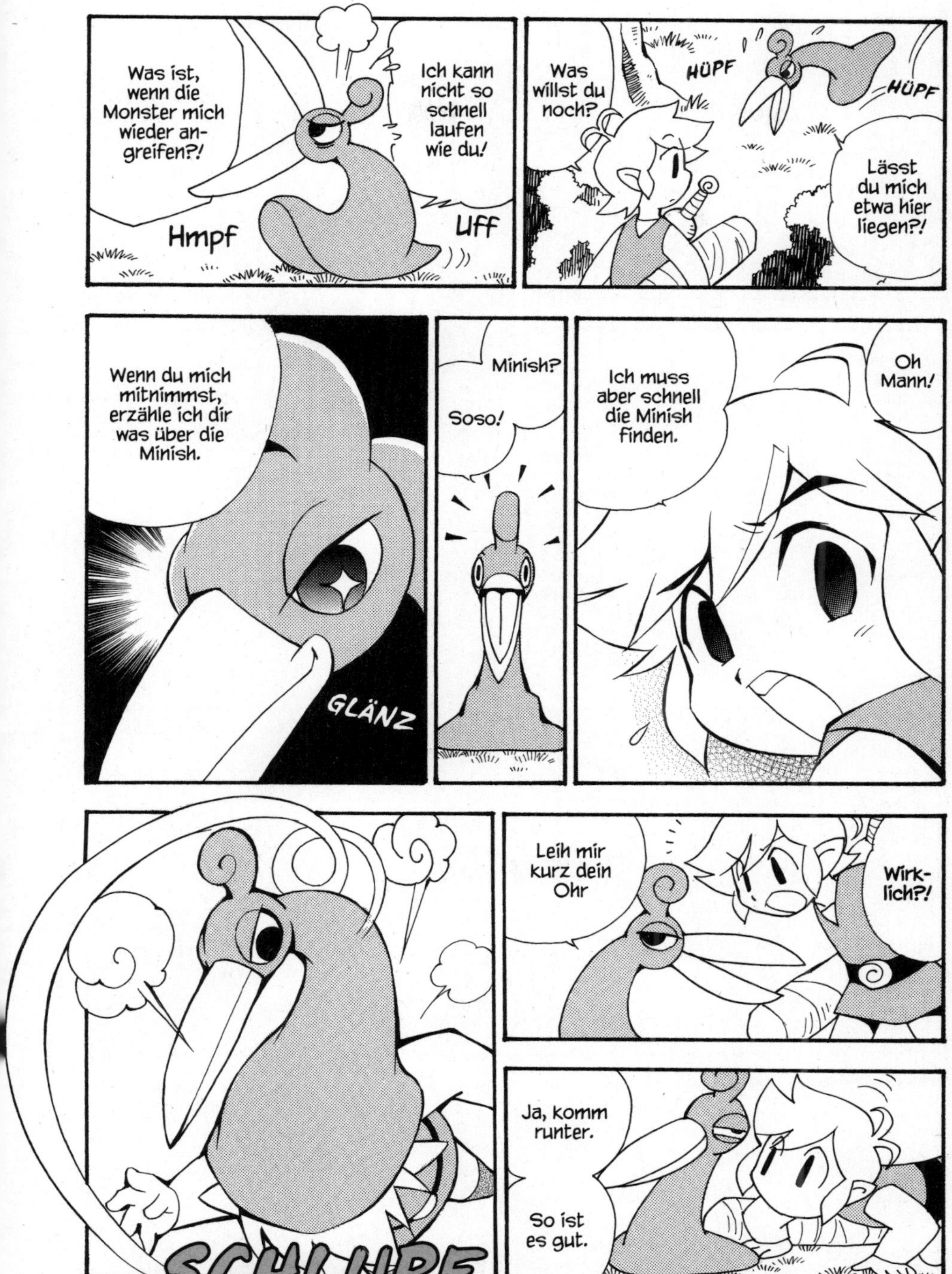
Was ist, wenn die Monster mich wieder angreifen?!
Hmpf
Ich kann nicht so schnell laufen wie du!
Uff
Was willst du noch?
HÜPF
HÜPF
Lässt du mich etwa hier liegen?!
Wenn du mich mitnimmst, erzähle ich dir was über die Minish.
GLÄNZ
Minish?
Soso!
Ich muss aber schnell die Minish finden.
Oh Mann!
SCHLUPF
Leih mir kurz dein Ohr
Wirklich?!
Ja, komm runter.
So ist es gut.

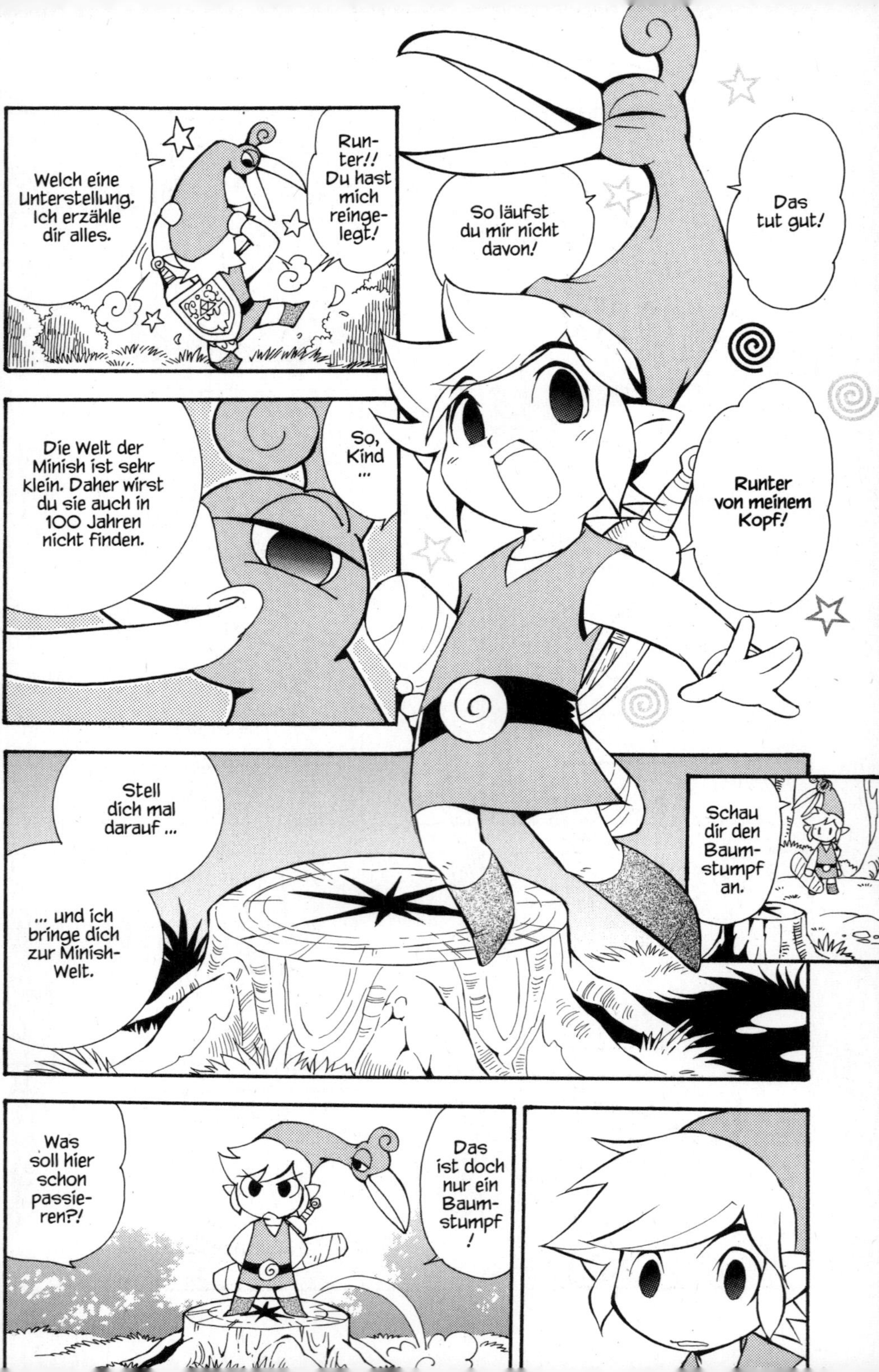
Runter!! Du hast mich reingelegt!
Welch eine Unterstellung. Ich erzähle dir alles.
So läufst du mir nicht davon!
Das tut gut!
Runter von meinem Kopf!
So, Kind ...
Die Welt der Minish ist sehr klein. Daher wirst du sie auch in 100 Jahren nicht finden.
Schau dir den Baumstumpf an.
Stell dich mal darauf ...
... und ich bringe dich zur Minish-Welt.
Das ist doch nur ein Baumstumpf!
Was soll hier schon passieren?!

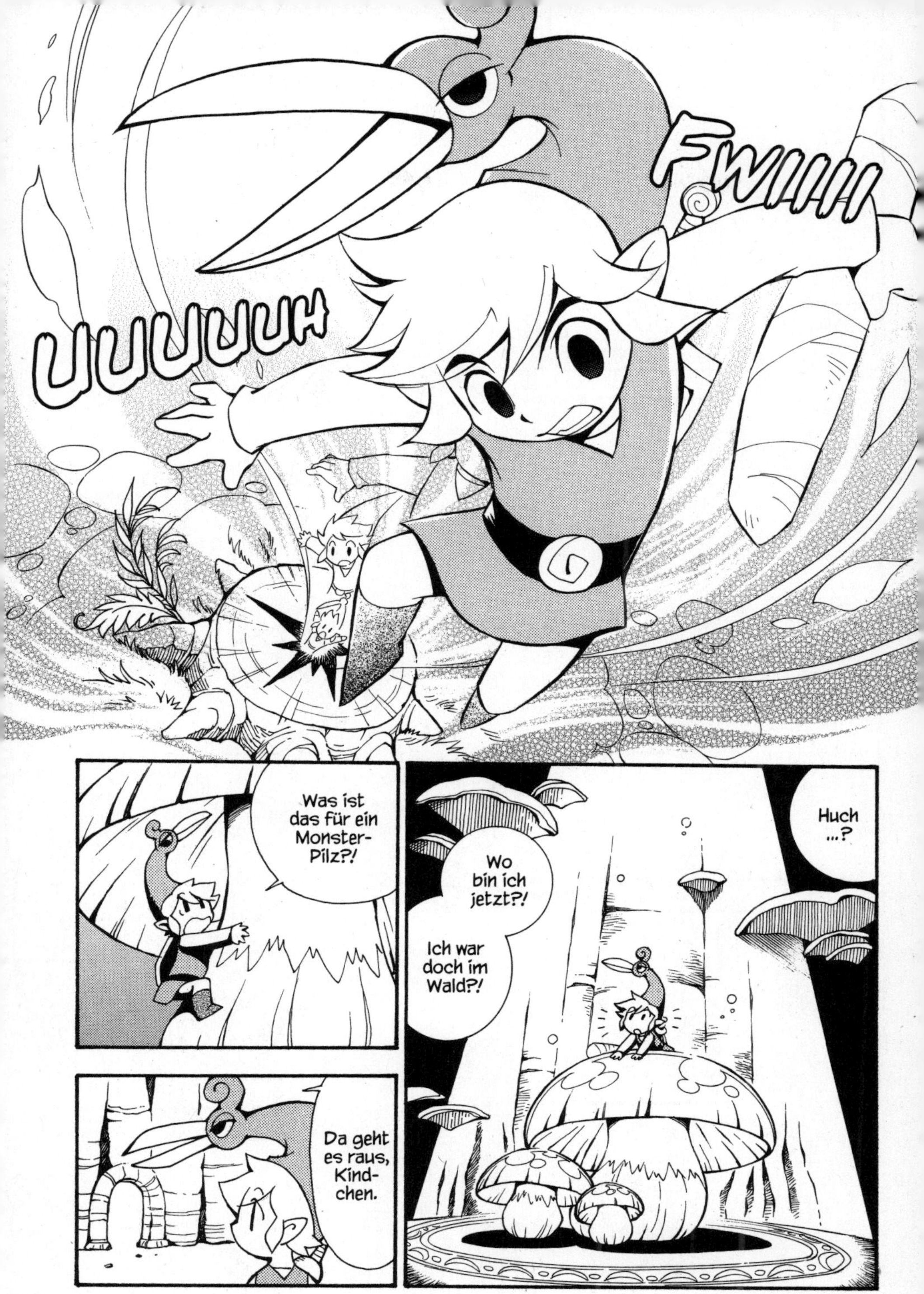
FWIIII
UUUUUH
Huch ...?
Wo bin ich jetzt?!
Ich war doch im Wald?!
Was ist das für ein Monster-Pilz?!
Da geht es raus, Kindchen.

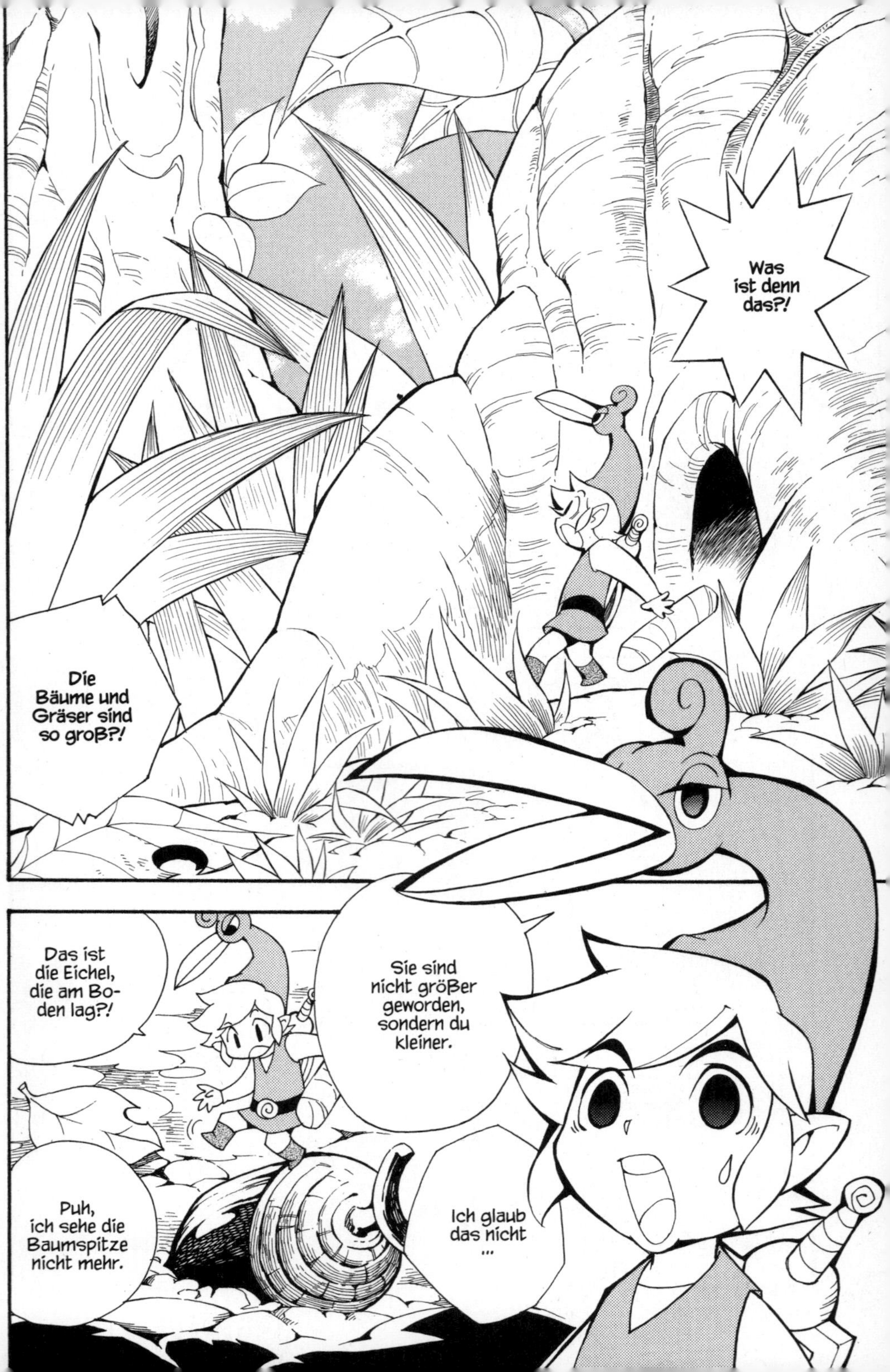
Was ist denn das?!
Die Bäume und Gräser sind so groß?!
Sie sind nicht größer geworden, sondern du kleiner.
Das ist die Eichel, die am Boden lag?!
Ich glaub das nicht ...
Puh, ich sehe die Baumspitze nicht mehr.

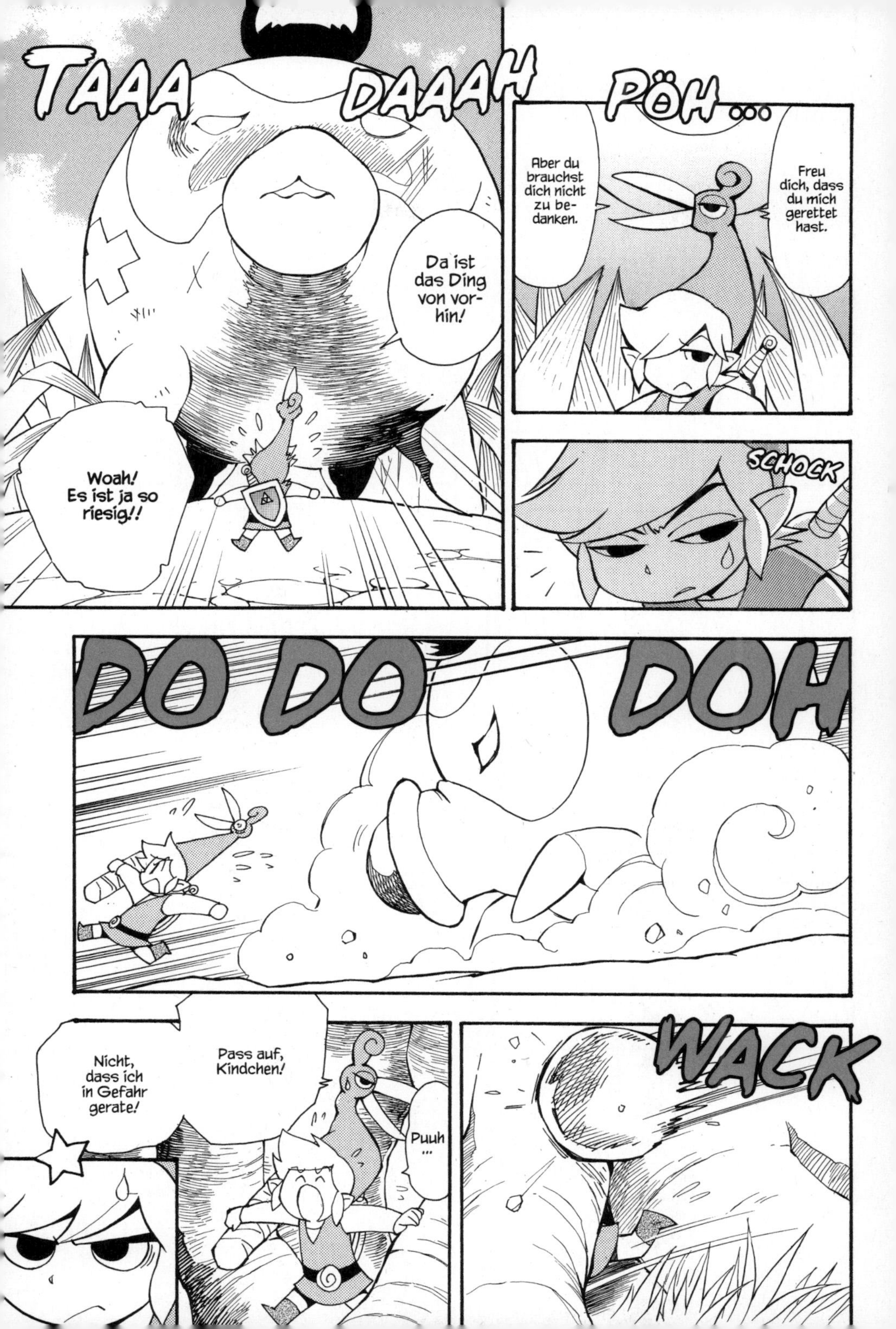
TAAA DAAAH
Da ist das Ding von vor-hin!
Woah! Es ist ja so riesig!!
PÖH ...
Freu dich, dass du mich gerettet hast.
Aber du brauchst dich nicht zu be-danken.
SCHOCK
DO DO DOH
Nicht, dass ich in Gefahr gerate!
Pass auf, Kindchen!
Puuh ...
WACK

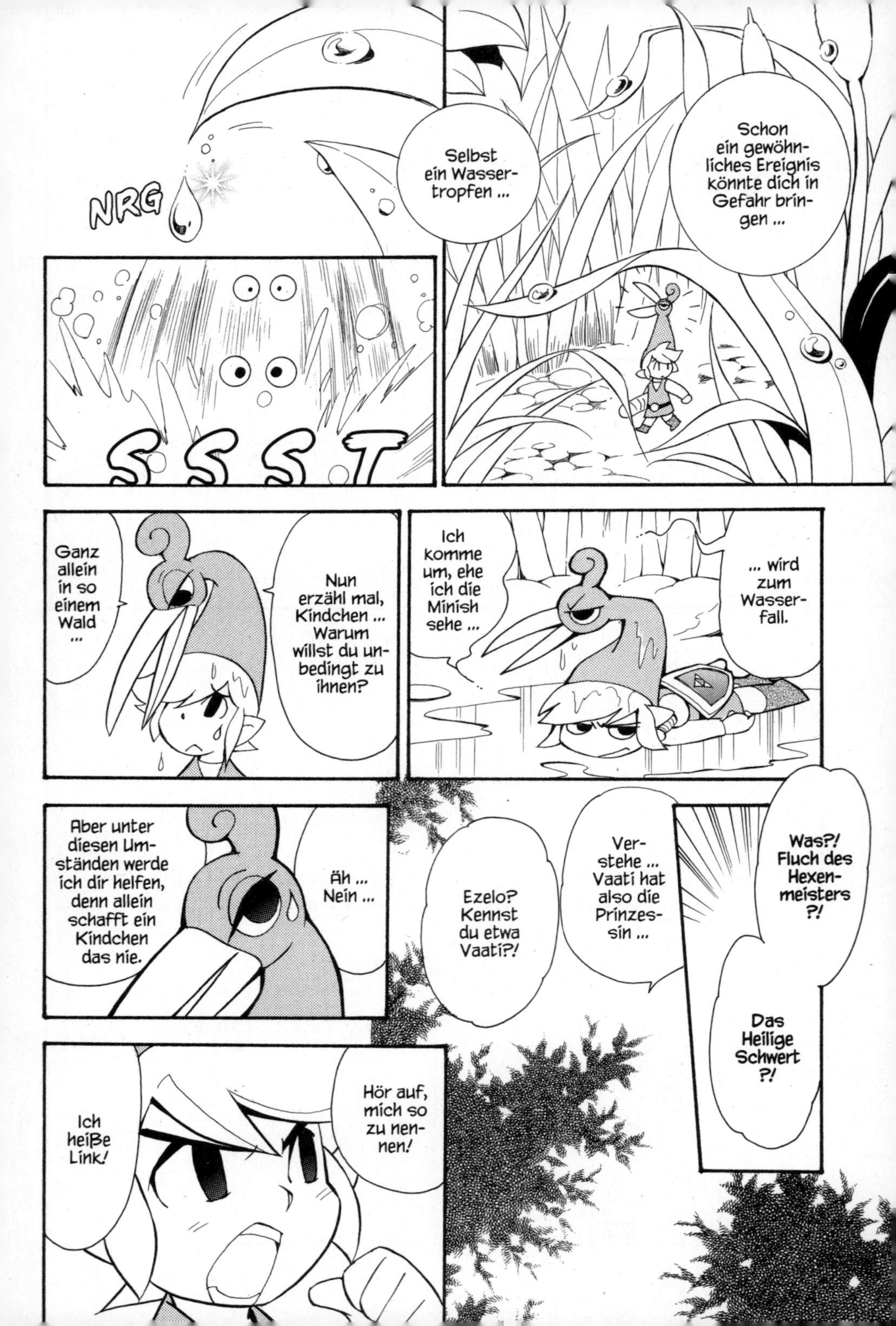
Schon ein gewöhnliches Ereignis könnte dich in Gefahr bringen ...
Selbst ein Wassertropfen ...
NRG
SSST
... wird zum Wasserfall.
Ich komme um, ehe ich die Minish sehe ...
Nun erzähl mal, Kindchen ... Warum willst du unbedingt zu ihnen?
Ganz allein in so einem Wald ...
Was?! Fluch des Hexenmeisters?!
Das Heilige Schwert?!
Verstehe ... Vaati hat also die Prinzessin ...
Ezelo? Kennst du etwa Vaati?!
Äh ... Nein ...
Aber unter diesen Umständen werde ich dir helfen, denn allein schafft ein Kindchen das nie.
Hör auf, mich so zu nennen!
Ich heiße Link!

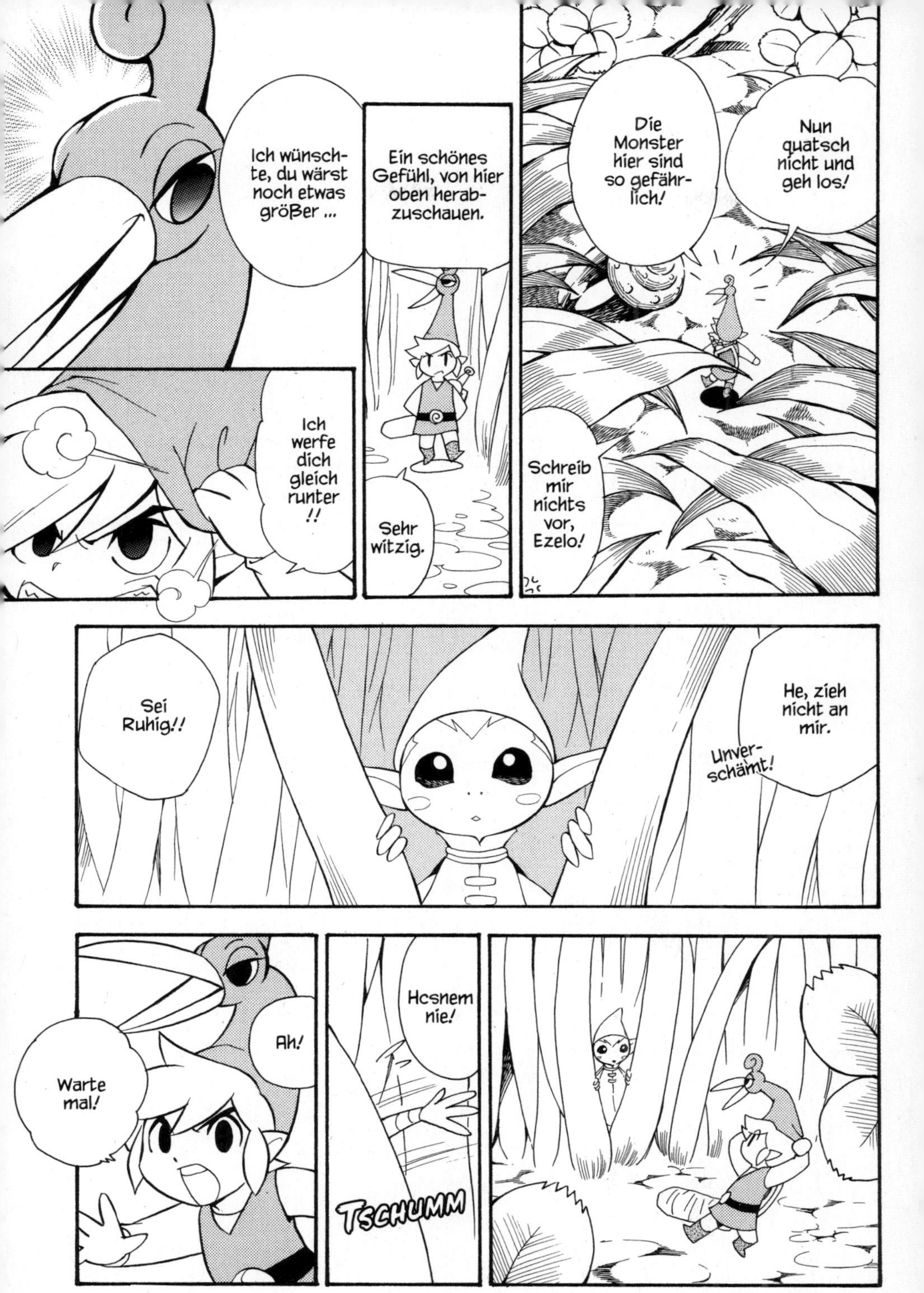

Nun quatsch nicht und geh los!
Die Monster hier sind so gefährlich!
Schreib mir nichts vor, Ezelo!
Ein schönes Gefühl, von hier oben herabzuschauen.
Sehr witzig.
Ich wünschte, du wärst noch etwas größer ...
Ich werfe dich gleich runter!!
He, zieh nicht an mir.
Unverschämt!
Sei Ruhig!!
Hcsnem nie!
TSCHUMM
Ah!
Warte mal!

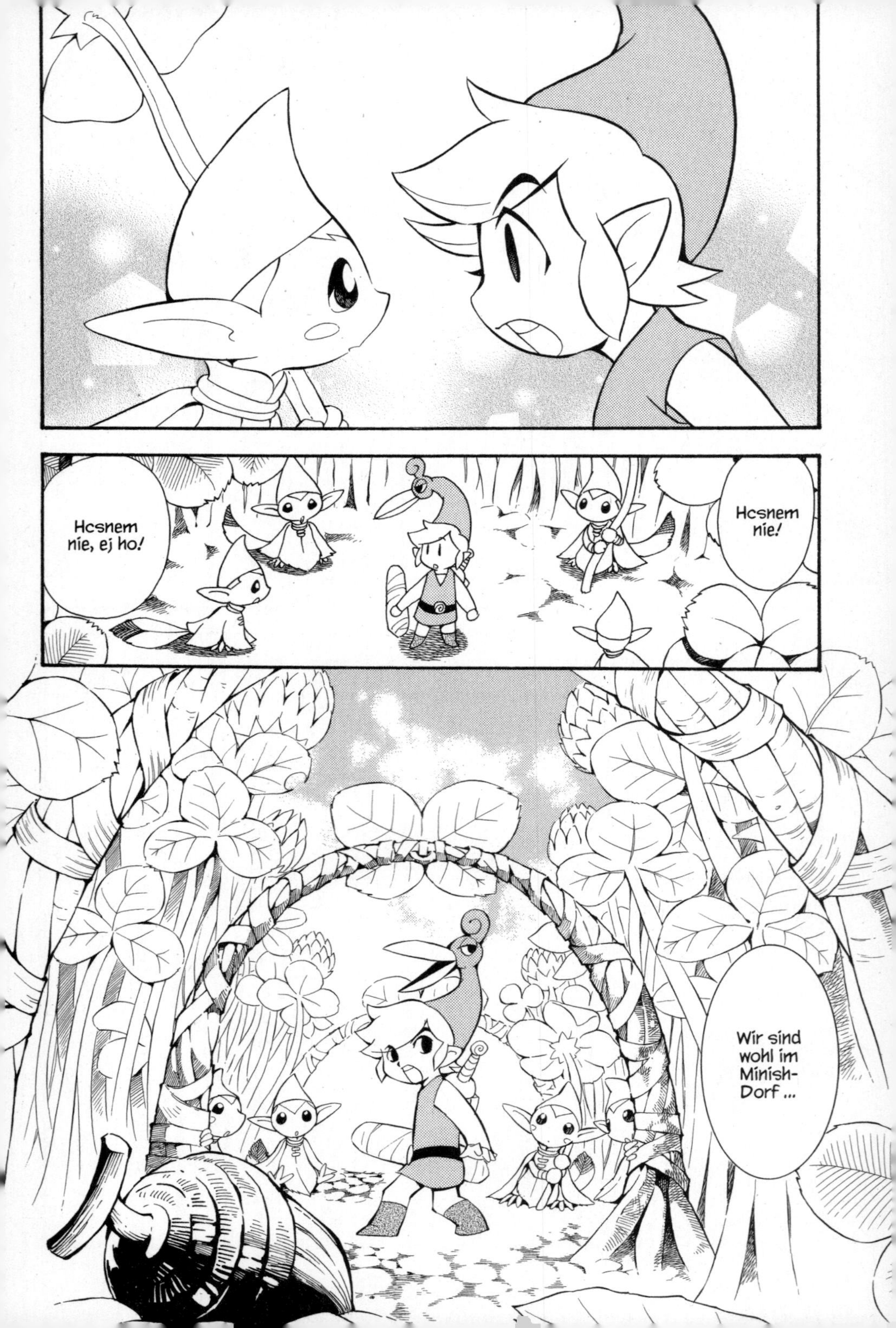
Hcsnem nie!
Hcsnem nie, ej ho!
Wir sind wohl im Minish-Dorf ...

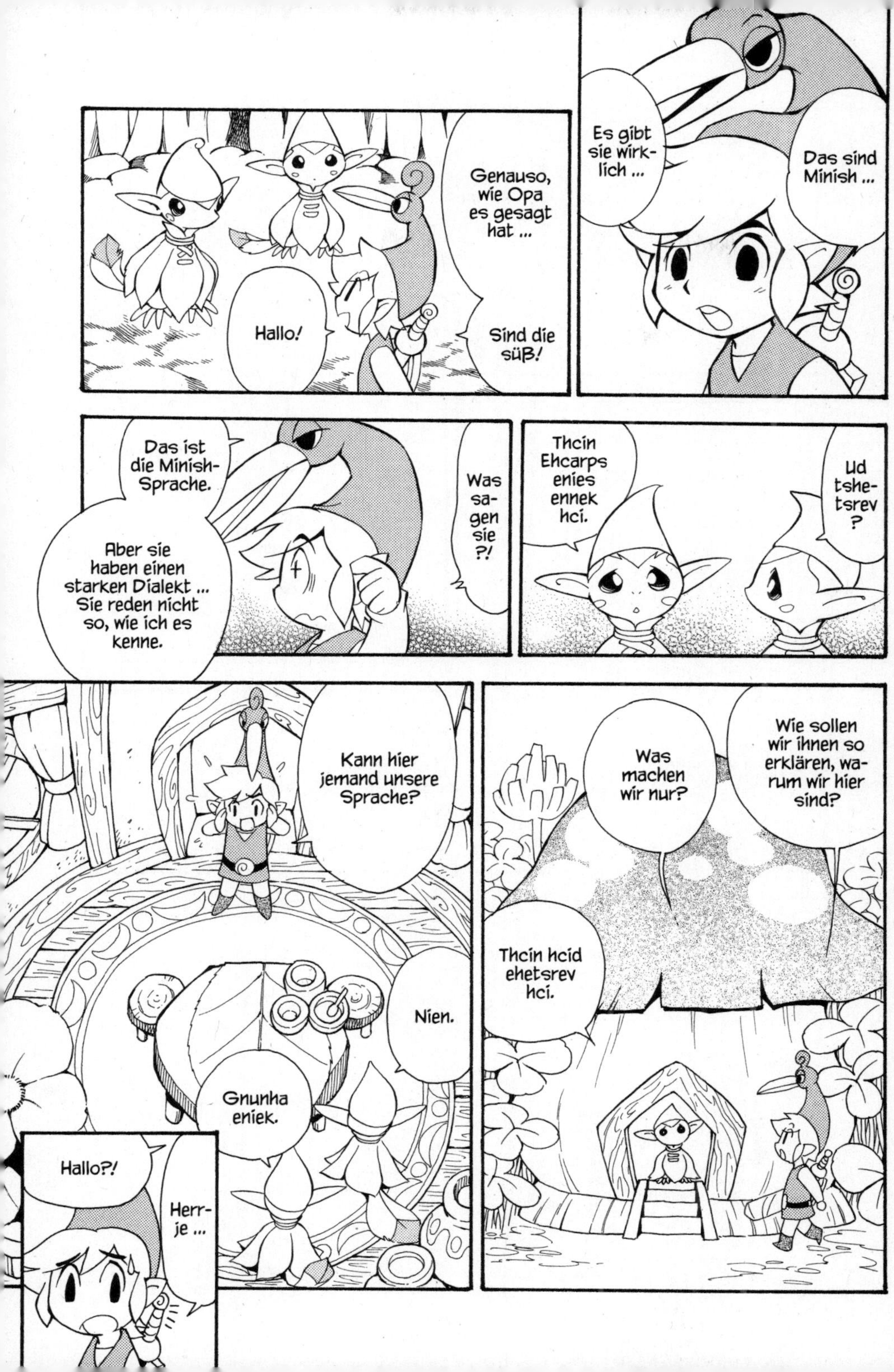
Das sind Minish ...
Es gibt sie wirklich ...
Genauso, wie Opa es gesagt hat ...
Sind die süß!
Hallo!
Ud tshetsrev?
Thcin Ehcarps enies ennek hci.
Was sagen sie?!
Das ist die Minish-Sprache.
Aber sie haben einen starken Dialekt ... Sie reden nicht so, wie ich es kenne.
Wie sollen wir ihnen so erklären, warum wir hier sind?
Was machen wir nur?
Thcin hcid ehetsrev hci.
Kann hier jemand unsere Sprache?
Nien.
Gnunha eniek.
Hallo?!
Herr-je ...

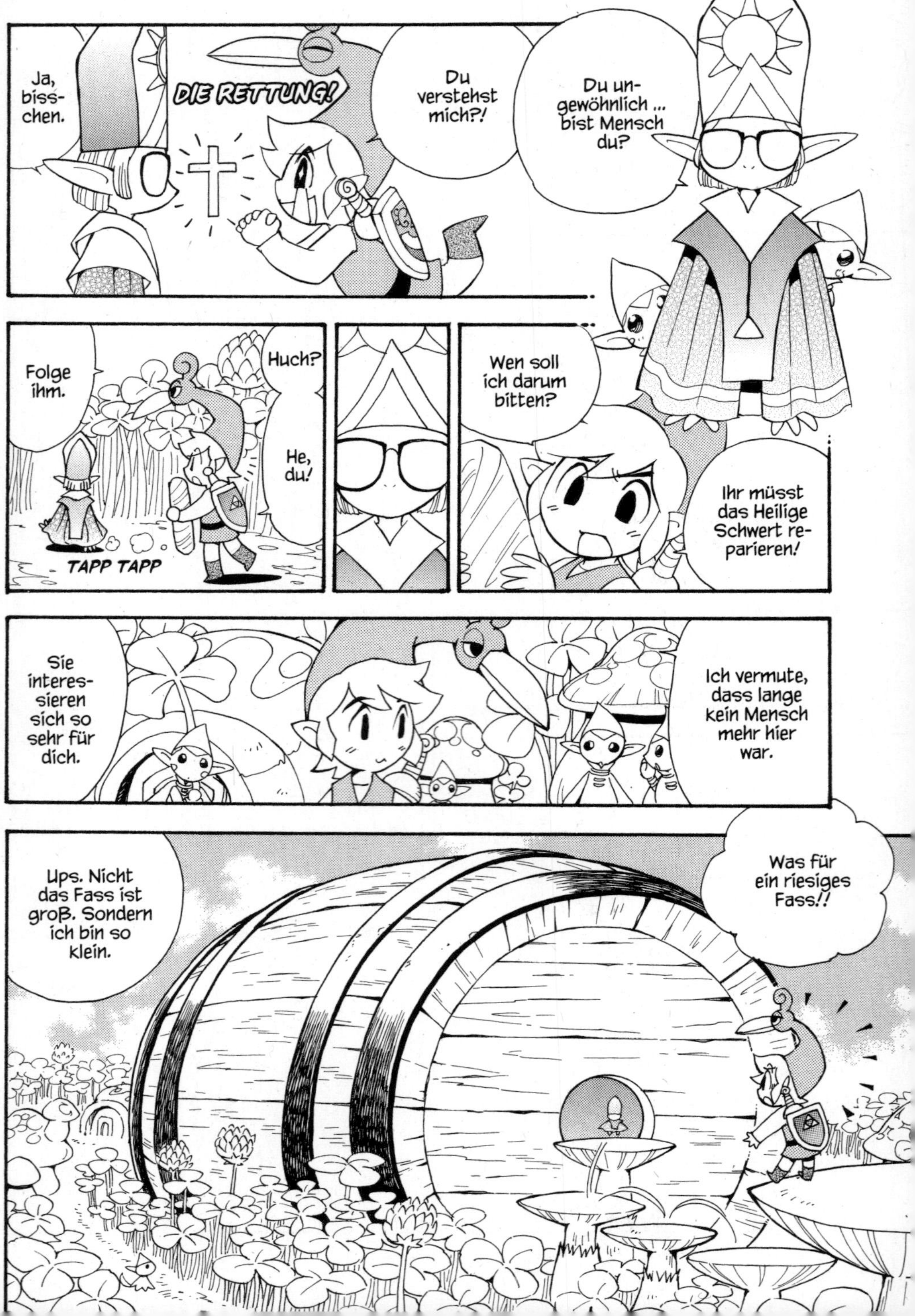

Du ungewöhnlich ... bist Mensch du?
Du verstehst mich?!
DIE RETTUNG!
Ja, bisschen.
Wen soll ich darum bitten?
Ihr müsst das Heilige Schwert reparieren!
Huch?
He, du!
Folge ihm.
TAPP TAPP
Ich vermute, dass lange kein Mensch mehr hier war.
Sie interessieren sich so sehr für dich.
Was für ein riesiges Fass!!
Ups. Nicht das Fass ist groß. Sondern ich bin so klein.

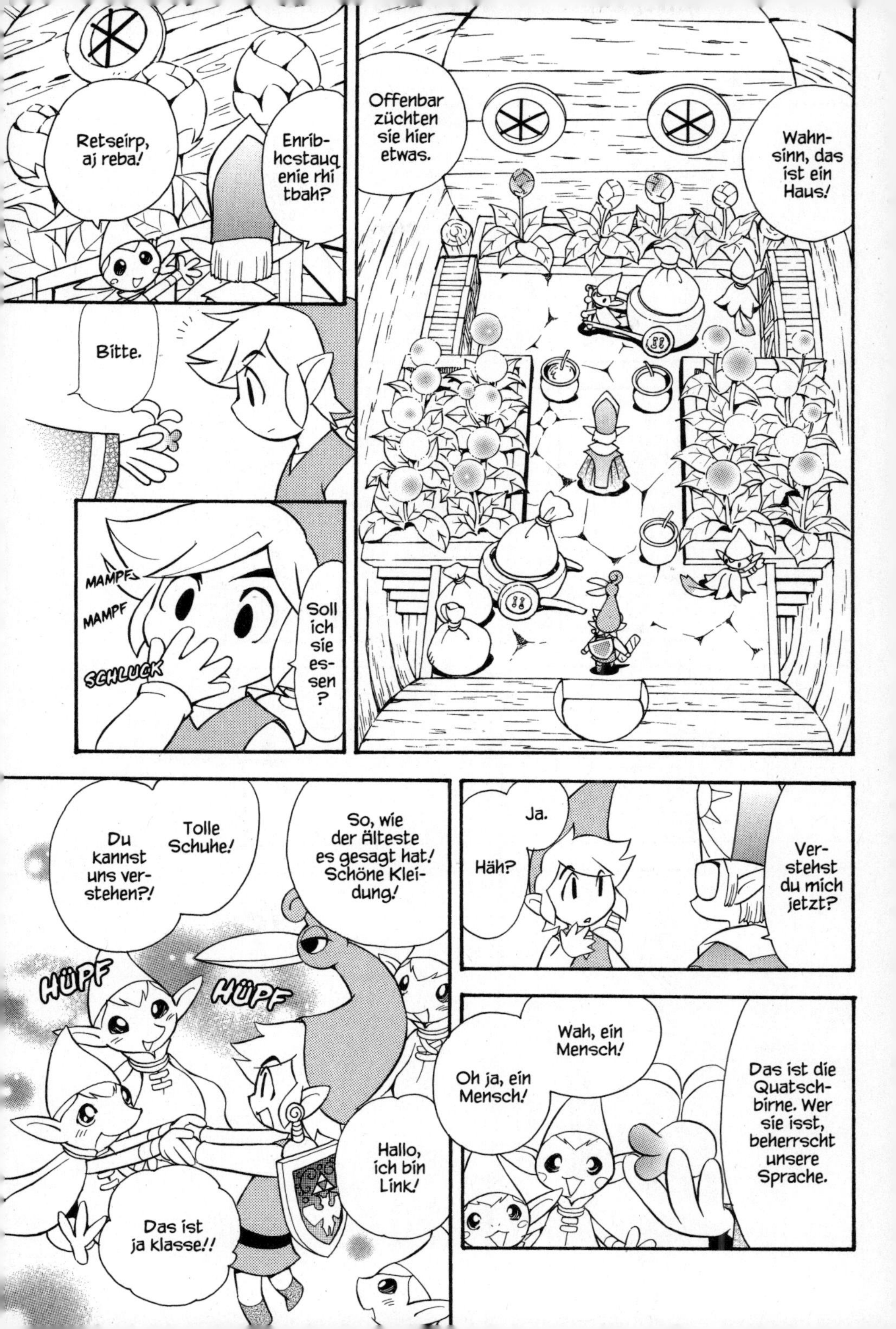

Wahnsinn, das ist ein Haus!
Offenbar züchten sie hier etwas.
Enribhcstauq enie rhi tbah?
Retseirp, aj reba!
Bitte.
Soll ich sie essen?
MAMPF
MAMPF
SCHLUCK
Verstehst du mich jetzt?
Ja.
Häh?
Das ist die Quatschbirne. Wer sie isst, beherrscht unsere Sprache.
Wah, ein Mensch!
Oh ja, ein Mensch!
So, wie der Älteste es gesagt hat! Schöne Kleidung!
Tolle Schuhe!
Du kannst uns verstehen?!
HÜPF
HÜPF
Hallo, ich bin Link!
Das ist ja klasse!!

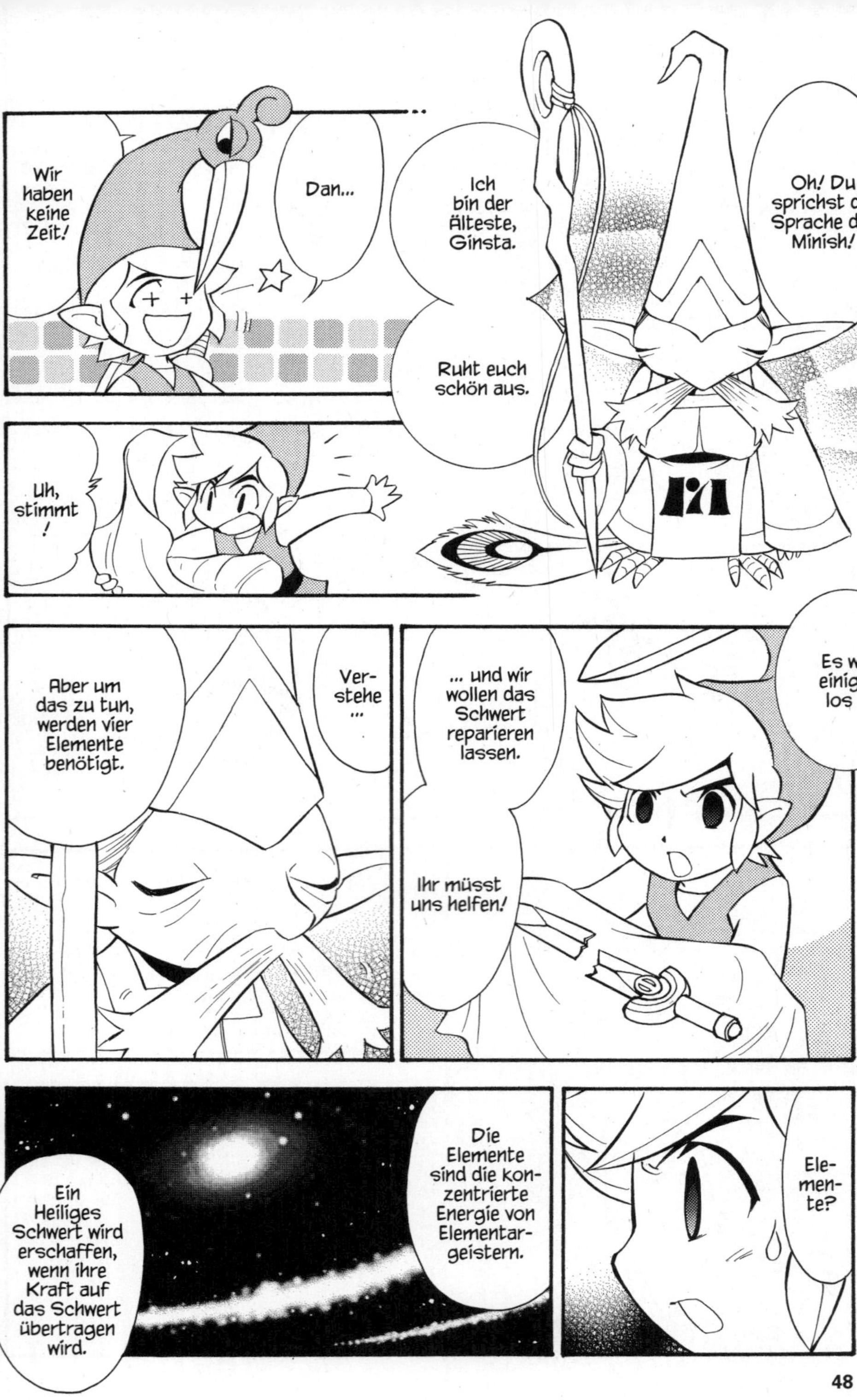

Wir haben keine Zeit!
Dan...
Ich bin der Älteste, Ginsta.
Oh! Du sprichst die Sprache der Minish!
Ruht euch schön aus.
Uh, stimmt!
Es war einiges los ...
... und wir wollen das Schwert reparieren lassen.
Ihr müsst uns helfen!
Ver-stehe ...
Aber um das zu tun, werden vier Elemente benötigt.
Ele-men-te?
Die Elemente sind die kon-zentrierte Energie von Elementar-geistern.
Ein Heiliges Schwert wird erschaffen, wenn ihre Kraft auf das Schwert übertragen wird.

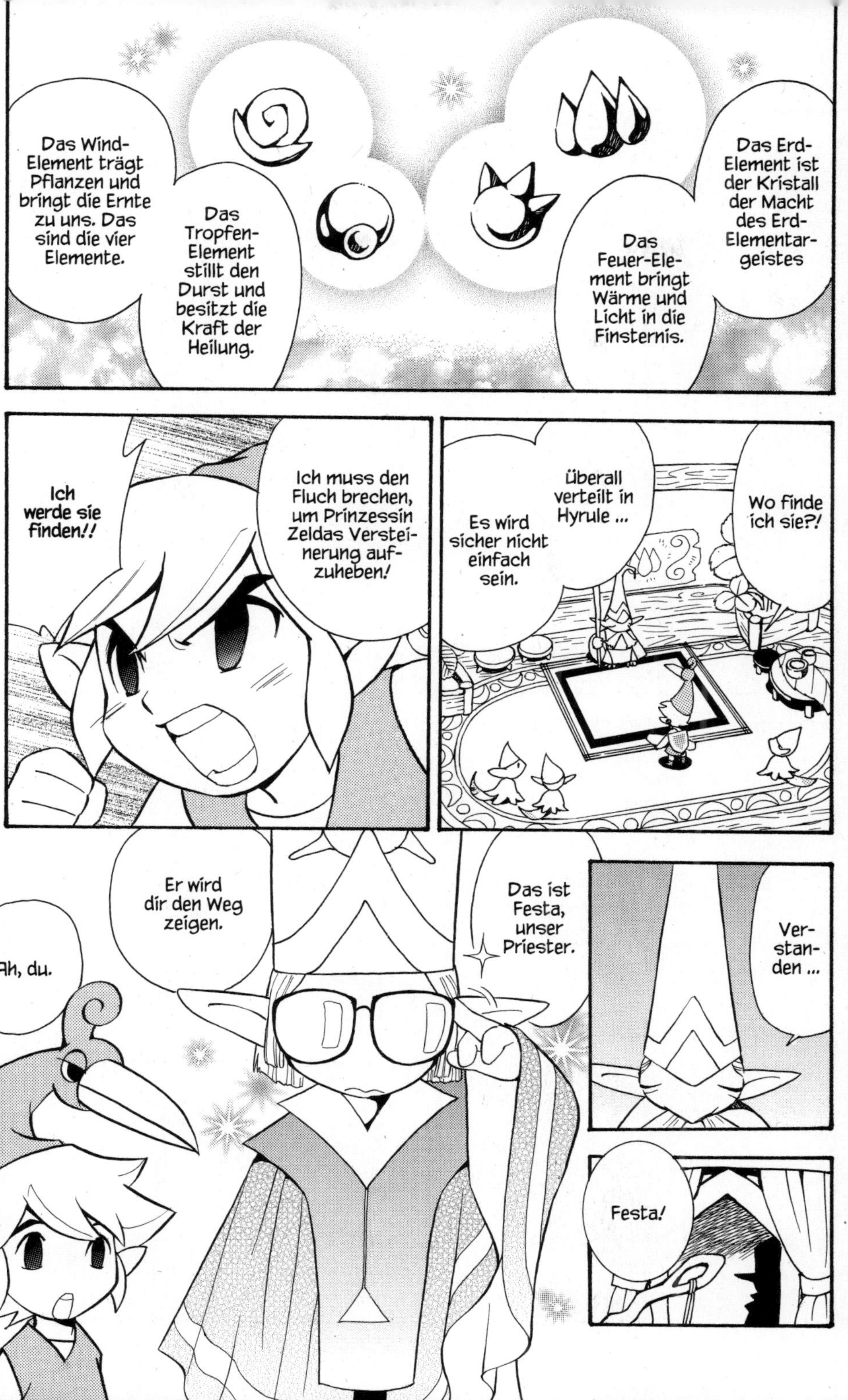
Das Erd-Element ist der Kristall der Macht des Erd-Elementargeistes
Das Feuer-Element bringt Wärme und Licht in die Finsternis.
Das Tropfen-Element stillt den Durst und besitzt die Kraft der Heilung.
Das Wind-Element trägt Pflanzen und bringt die Ernte zu uns. Das sind die vier Elemente.
Wo finde ich sie?!
Überall verteilt in Hyrule ...
Es wird sicher nicht einfach sein.
Ich muss den Fluch brechen, um Prinzessin Zeldas Versteinerung aufzuheben!
Ich werde sie finden!!
Verstanden ...
Festa!
Das ist Festa, unser Priester.
Er wird dir den Weg zeigen.
Ah, du.

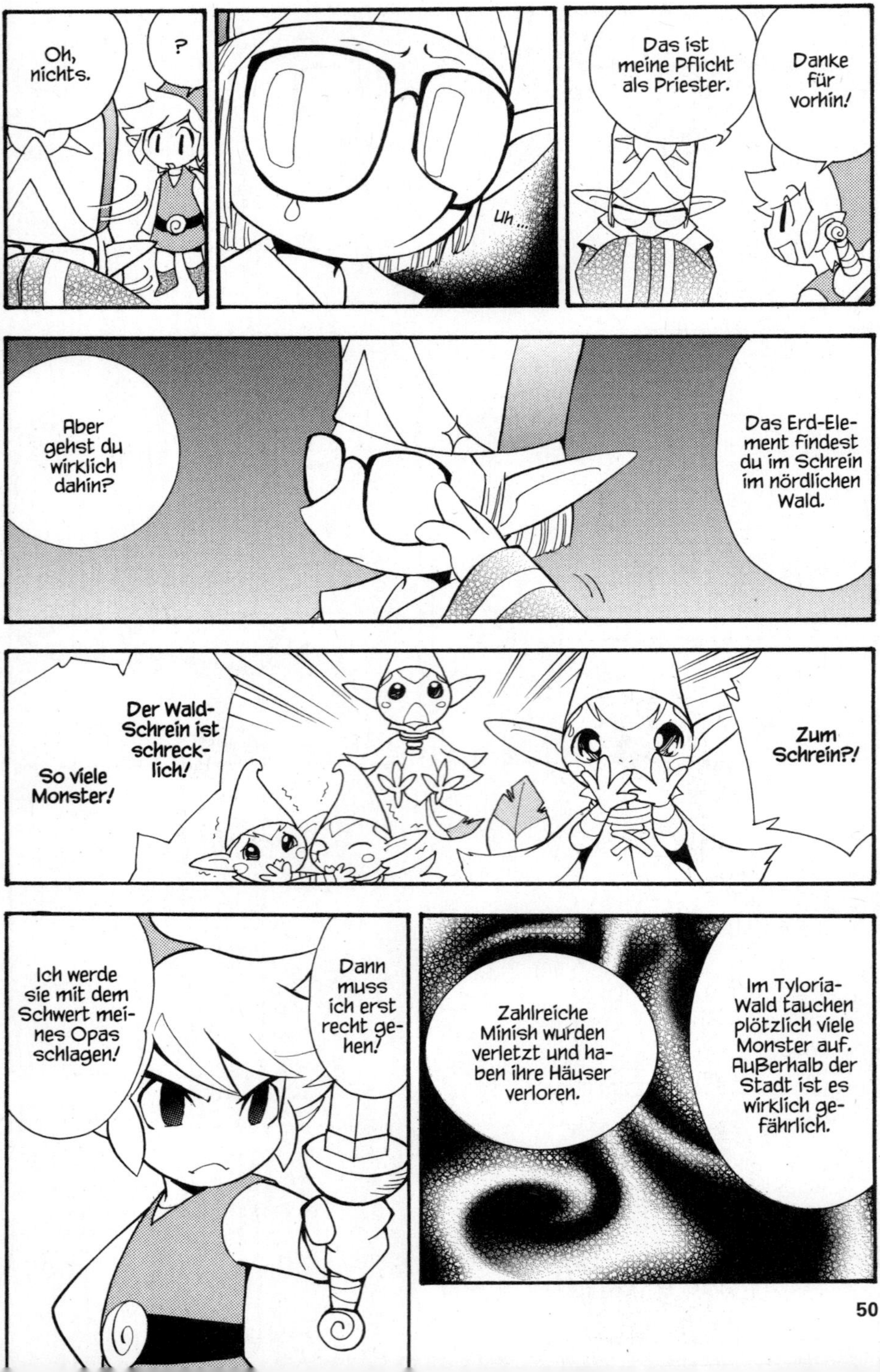
Danke für vorhin!
Das ist meine Pflicht als Priester.
uh ...
?
Oh, nichts.
Das Erd-Element findest du im Schrein im nördlichen Wald.
Aber gehst du wirklich dahin?
Zum Schrein?!
Der Wald-Schrein ist schrecklich!
So viele Monster!
Im Tyloria-Wald tauchen plötzlich viele Monster auf. Außerhalb der Stadt ist es wirklich gefährlich.
Zahlreiche Minish wurden verletzt und haben ihre Häuser verloren.
Dann muss ich erst recht gehen!
Ich werde sie mit dem Schwert meines Opas schlagen!

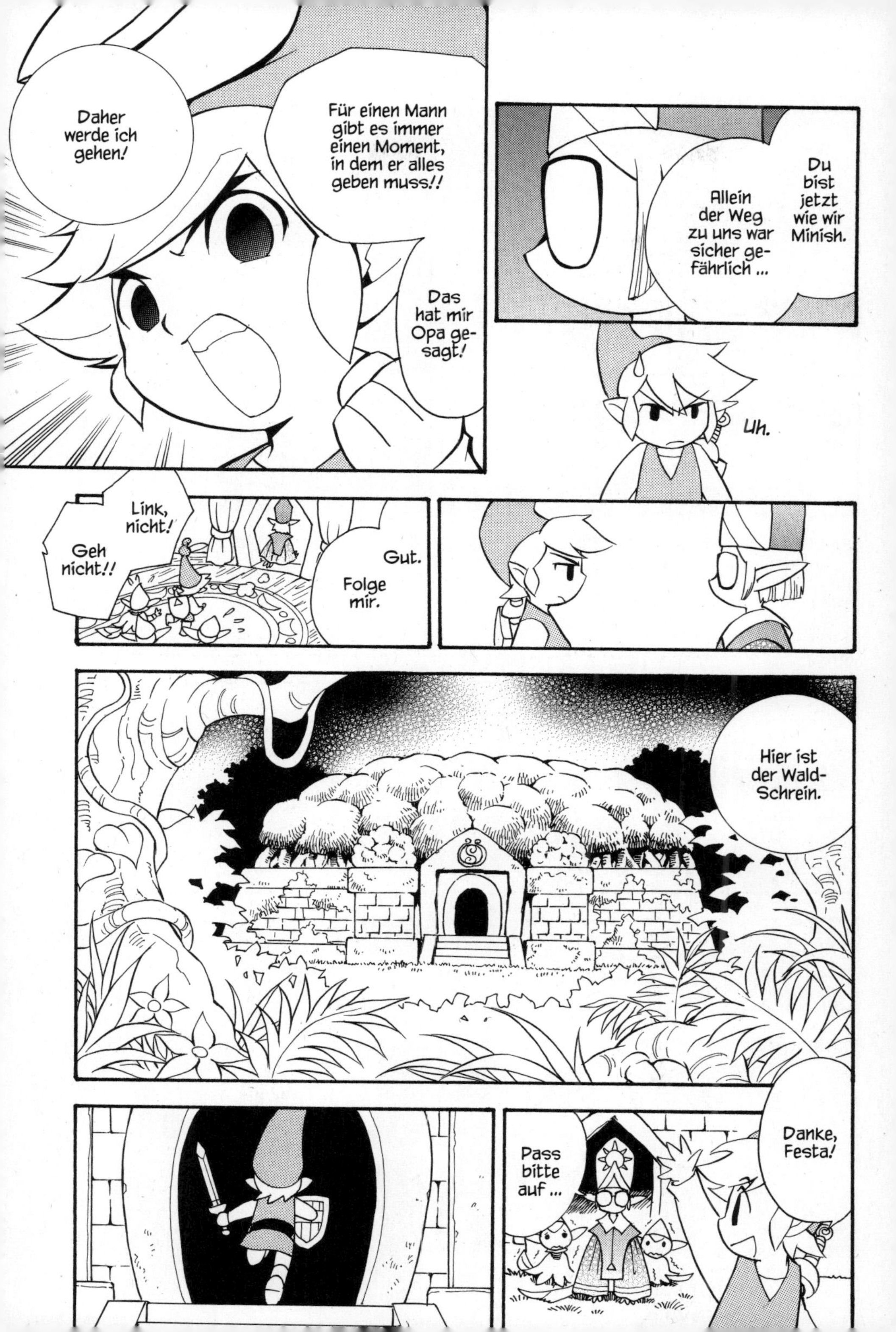
Für einen Mann gibt es immer einen Moment, in dem er alles geben muss!!
Das hat mir Opa gesagt!
Daher werde ich gehen!
Du bist jetzt wie wir Minish.
Allein der Weg zu uns war sicher gefährlich ...
Uh.
Gut. Folge mir.
Link, nicht!
Geh nicht!!
Hier ist der Wald-Schrein.
Danke, Festa!
Pass bitte auf ...

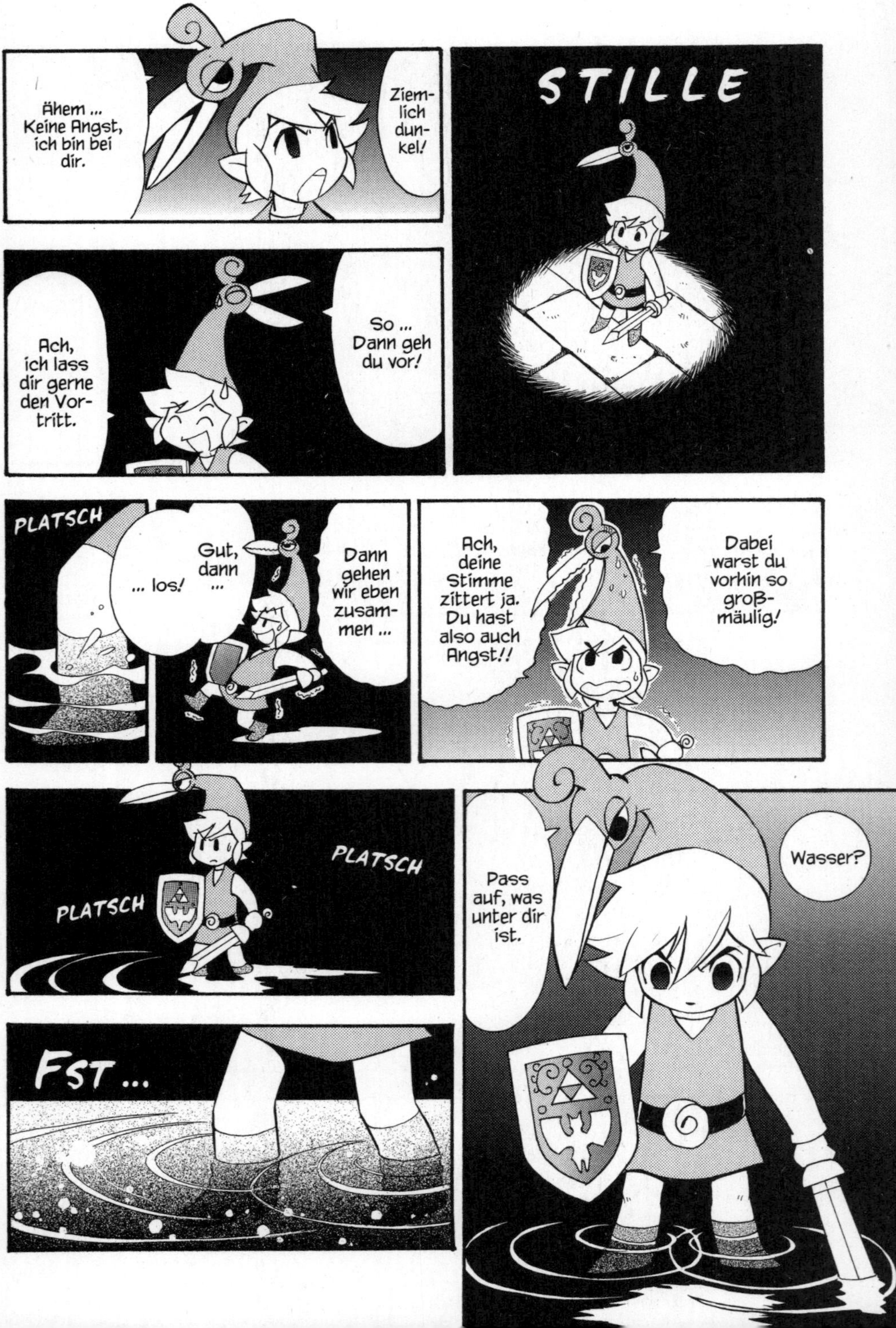
STILLE
Ziemlich dunkel!
Ähem ... Keine Angst, ich bin bei dir.
So ... Dann geh du vor!
Ach, ich lass dir gerne den Vortritt.
Dabei warst du vorhin so großmäulig!
Ach, deine Stimme zittert ja. Du hast also auch Angst!!
Dann gehen wir eben zusammen ...
Gut, dann ...
... los!
PLATSCH
Wasser?
Pass auf, was unter dir ist.
PLATSCH
PLATSCH
Fst ...

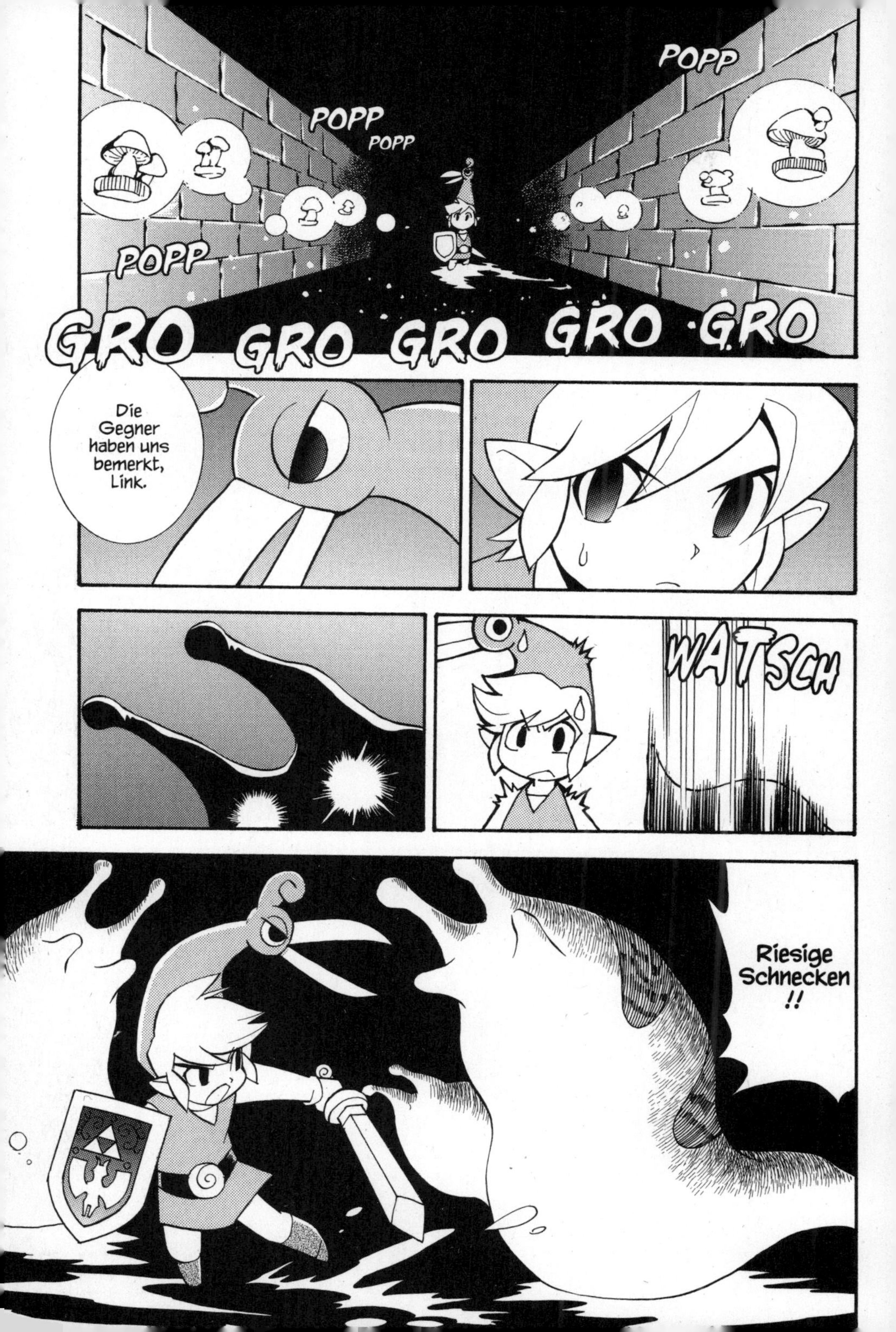
POPP
POPP
POPP
POPP
GRO GRO GRO GRO GRO
Die Gegner haben uns bemerkt, Link.
WATSCH
Riesige Schnecken !!

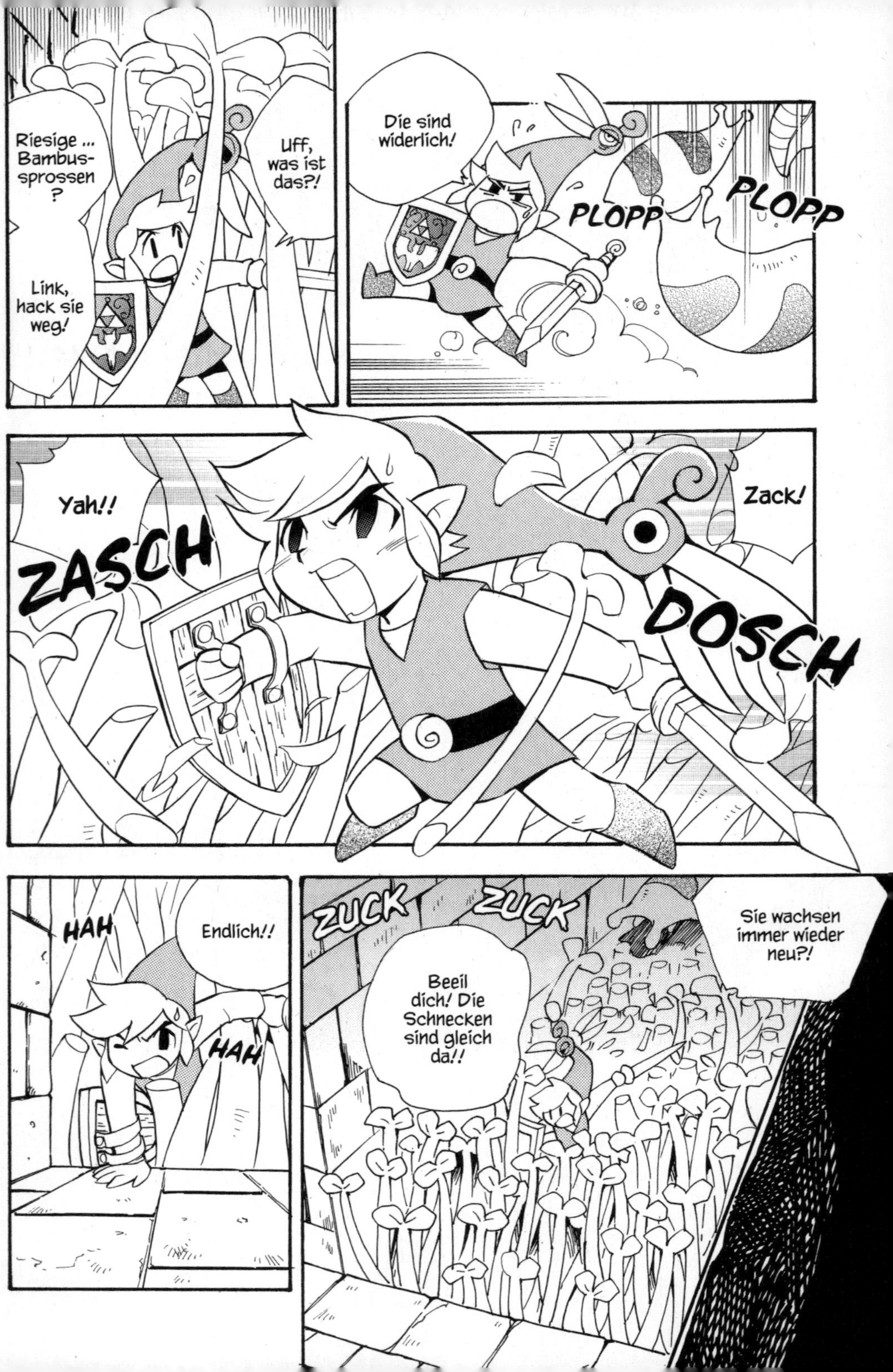
Riesige ... Bambussprossen?
Uff, was ist das?!
Link, hack sie weg!
Die sind widerlich!
PLOPP
PLOPP
Yah!!
ZASCH
Zack!
DOSCH
HAH
Endlich!!
HAH
ZUCK
ZUCK
Sie wachsen immer wieder neu?!
Beeil dich! Die Schnecken sind gleich da!!

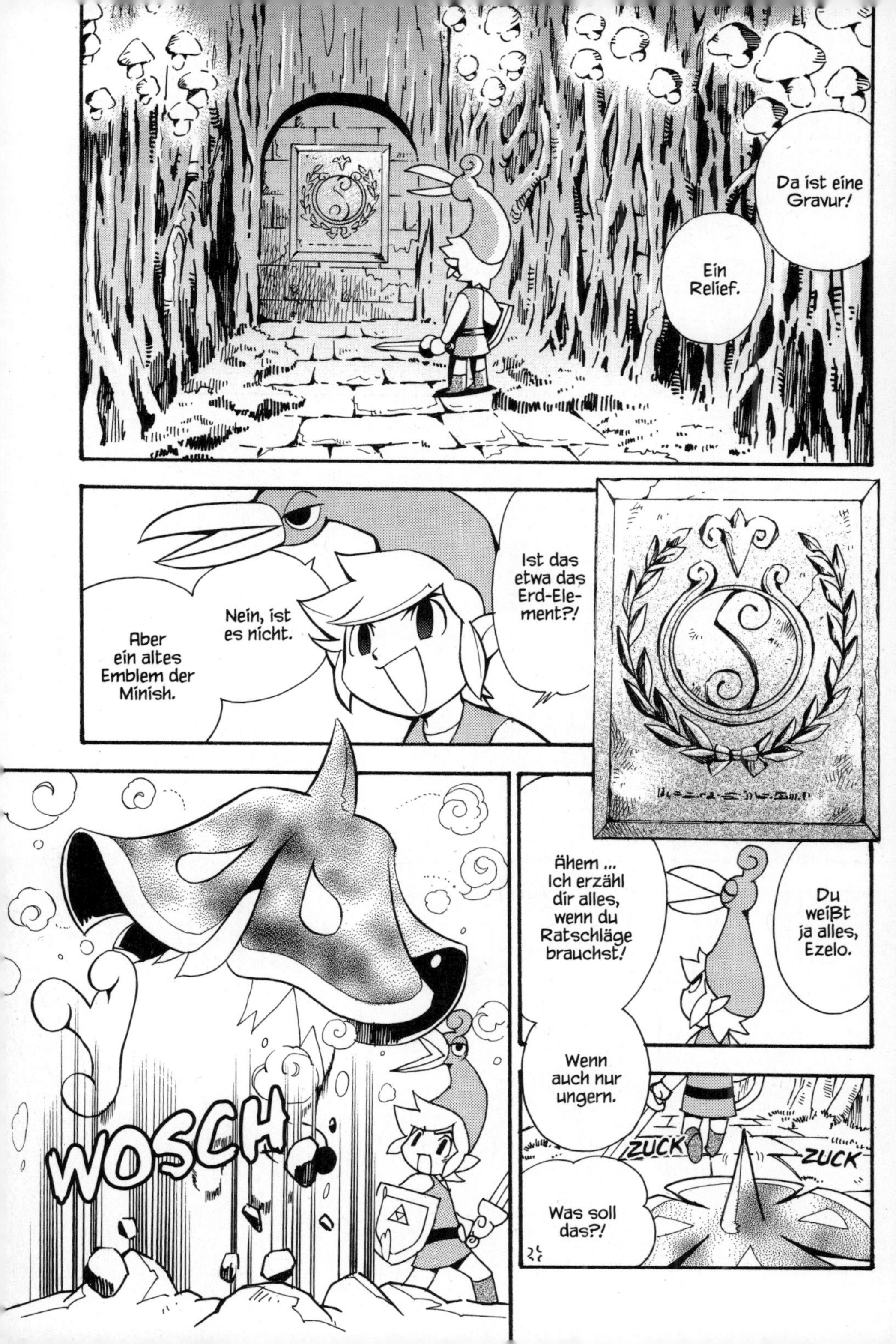
Da ist eine Gravur!
Ein Relief.
Ist das etwa das Erd-Element?!
Nein, ist es nicht.
Aber ein altes Emblem der Minish.
Du weißt ja alles, Ezelo.
Ähem ... Ich erzähl dir alles, wenn du Ratschläge brauchst!
Wenn auch nur ungern.
ZUCK
ZUCK
Was soll das?!
WOSCH

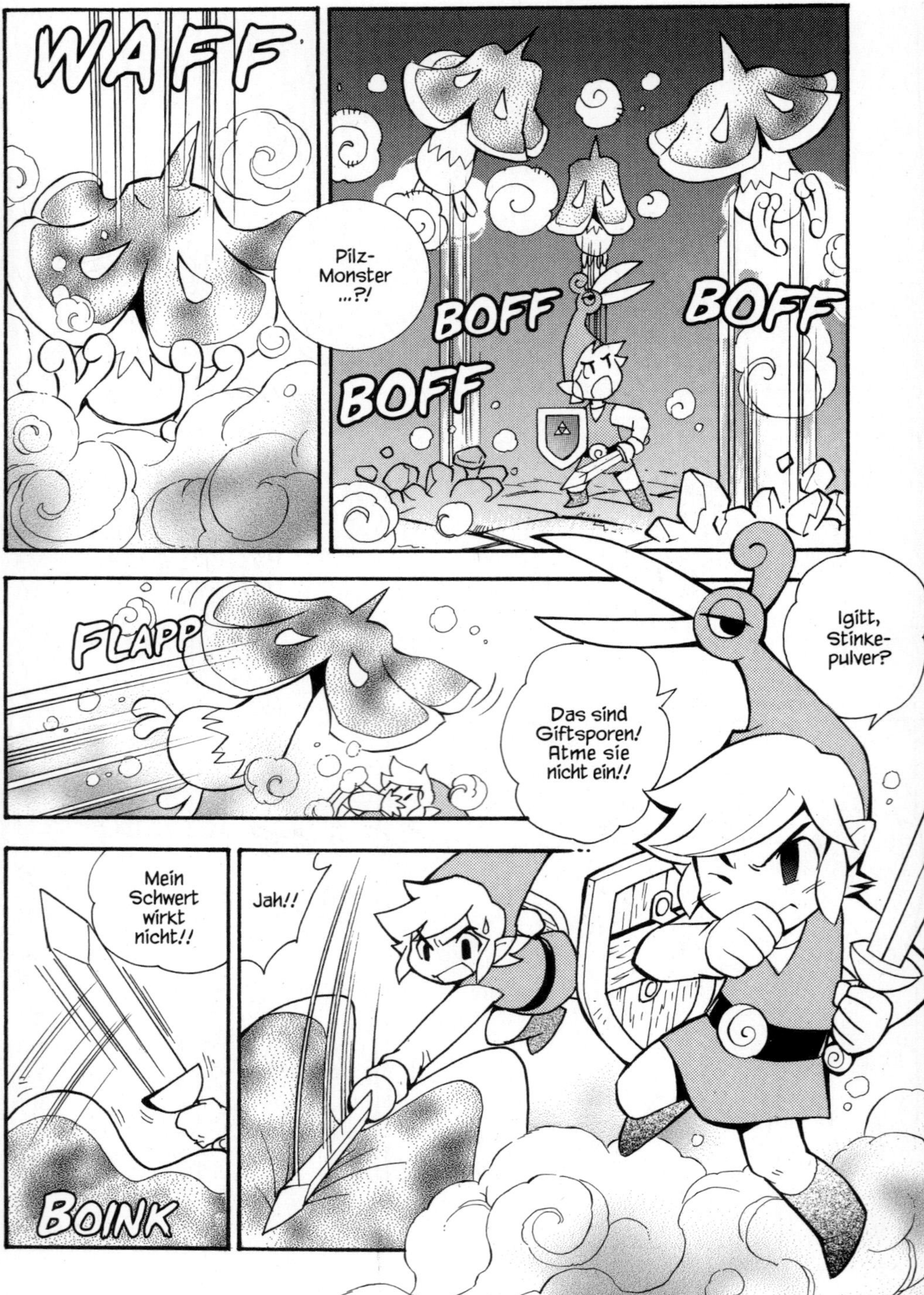
WAFF
Pilz-
Monster
...?!
BOFF
BOFF
BOFF
FLAPP
Igitt,
Stinke-
pulver?
Das sind
Giftsporen!
Atme sie
nicht ein!!
Mein
Schwert
wirkt
nicht!!
Jah!!
BOINK

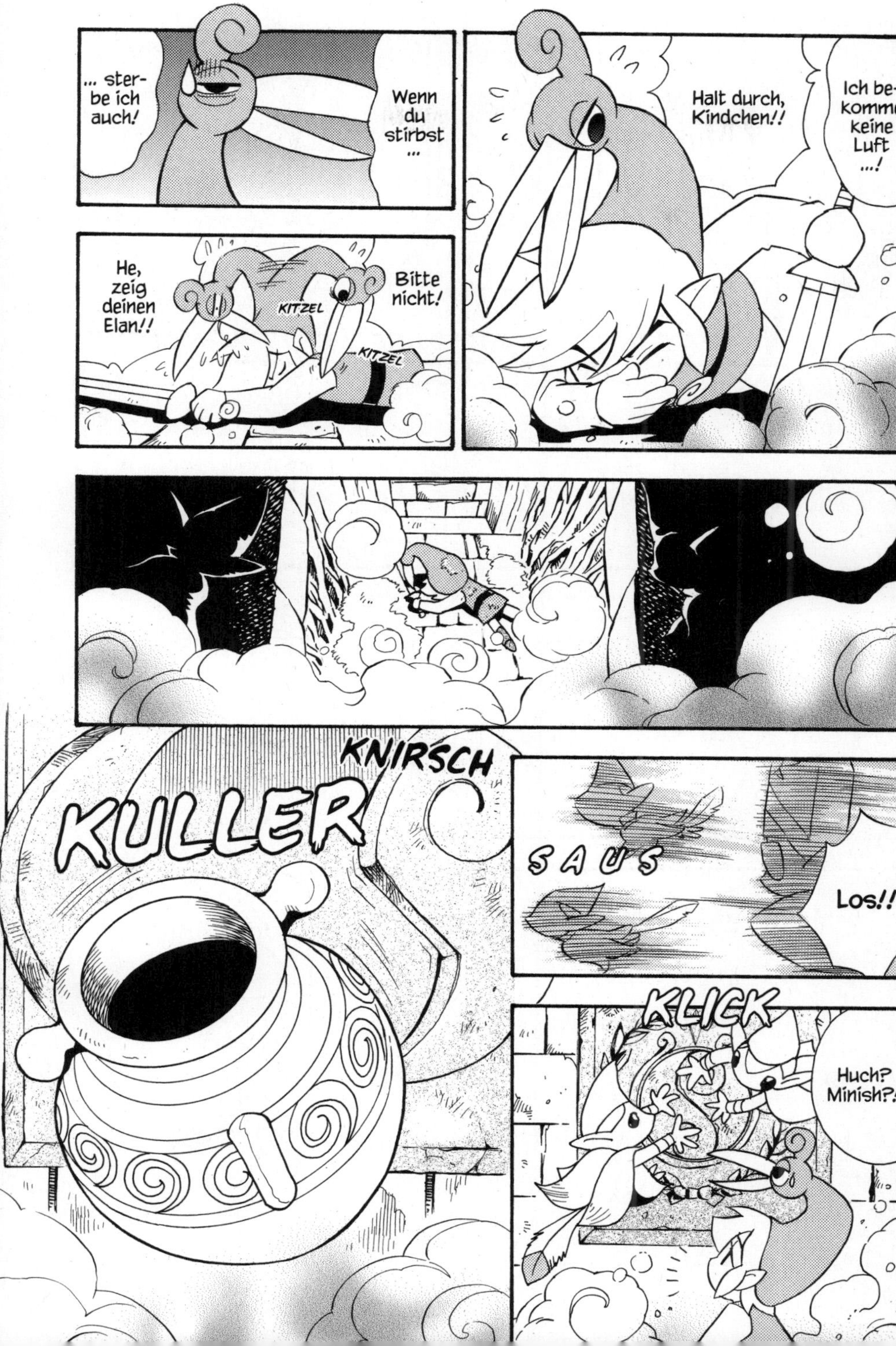
Ich bekomme keine Luft ...!
Halt durch, Kindchen!!
Wenn du stirbst ...
... sterbe ich auch!
Bitte nicht!
KITZEL
KITZEL
He, zeig deinen Elan!!
Los!!
SAUS
KNIRSCH
KULLER
KLICK
Huch? Minish?!

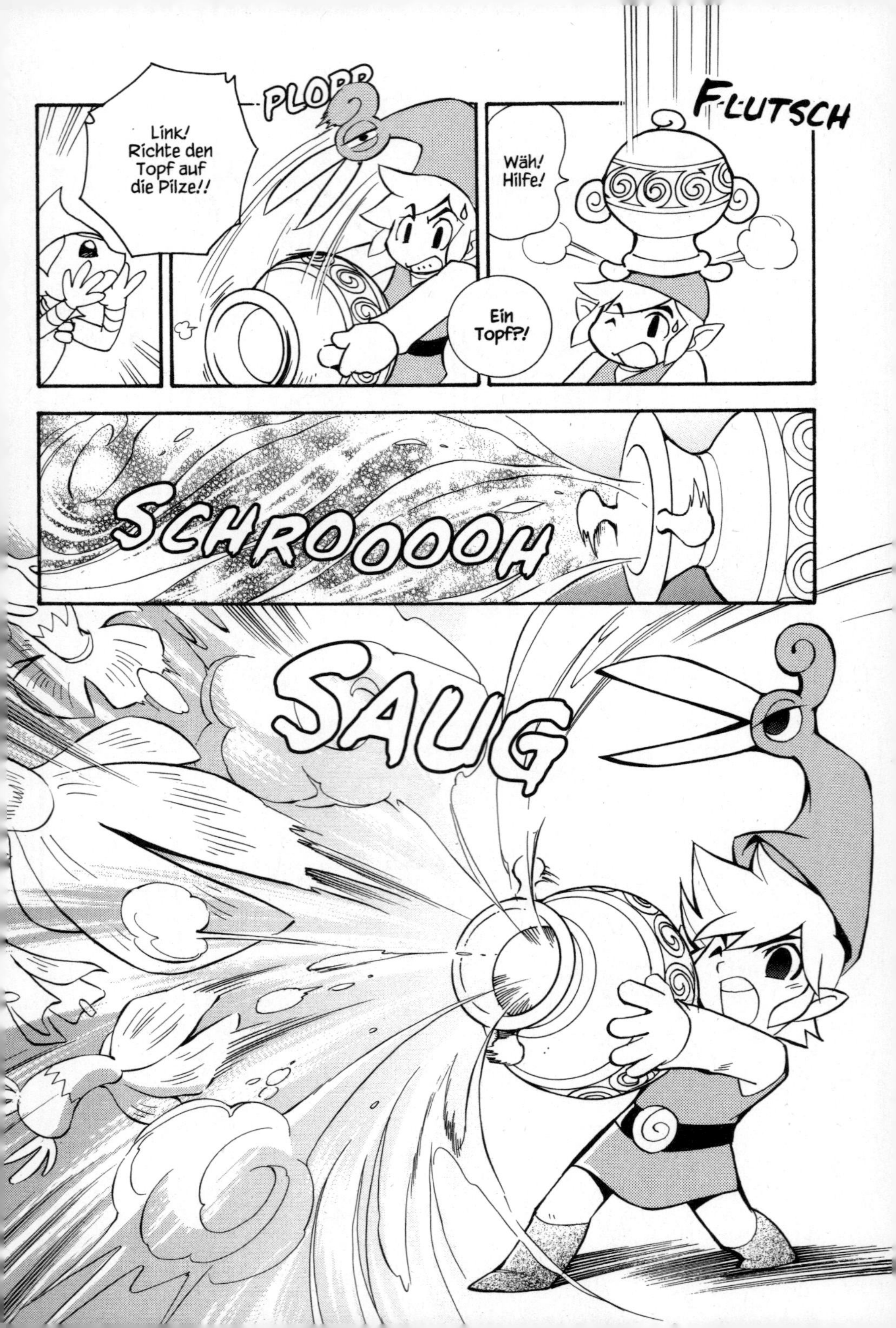
Link! Richte den Topf auf die Pilze!!
PLOPP
FLUTSCH
Wäh! Hilfe!
Ein Topf?!
SCHROOOOOH
SAUG

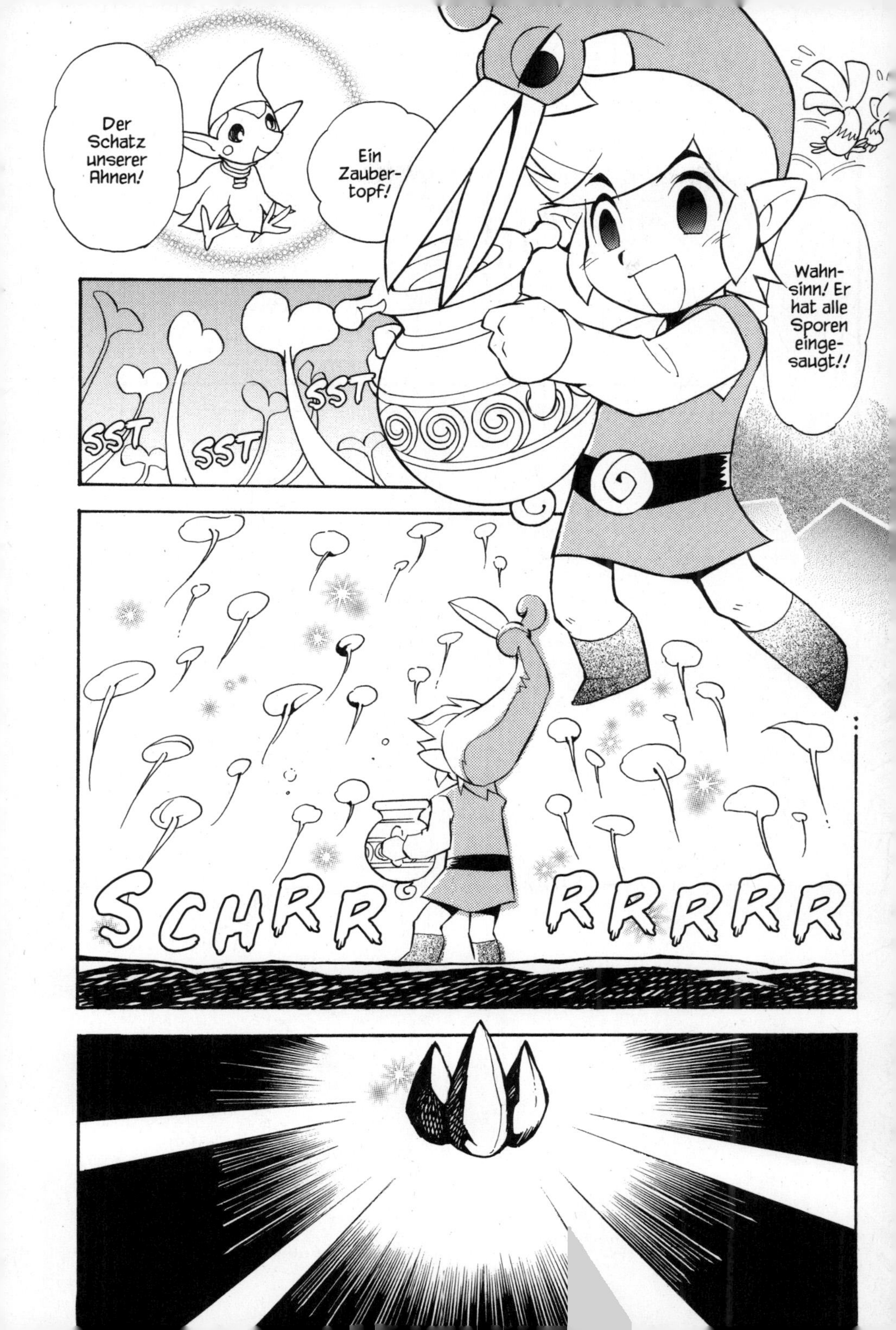

Der Schatz unserer Ahnen!
Ein Zaubertopf!
Wahnsinn! Er hat alle Sporen eingesaugt!!
SST
SST
SST
SCHRR RRRRRR

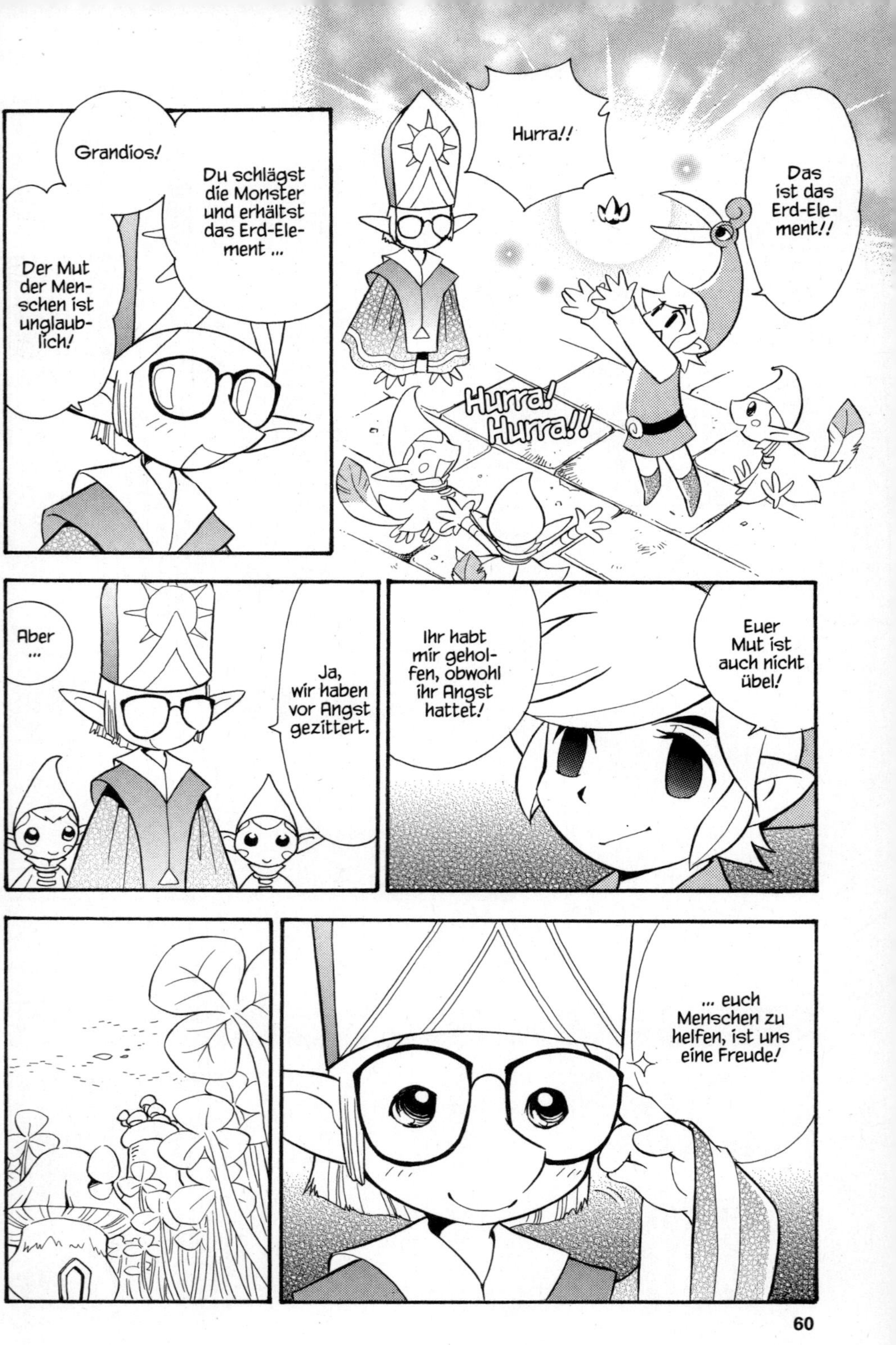
Hurra!!
Das ist das Erd-Element!!
Grandios!
Du schlägst die Monster und erhältst das Erd-Element ...
Der Mut der Menschen ist unglaublich!
Hurra! Hurra!!
Euer Mut ist auch nicht übel!
Ihr habt mir geholfen, obwohl ihr Angst hattet!
Ja, wir haben vor Angst gezittert.
Aber ...
... euch Menschen zu helfen, ist uns eine Freude!

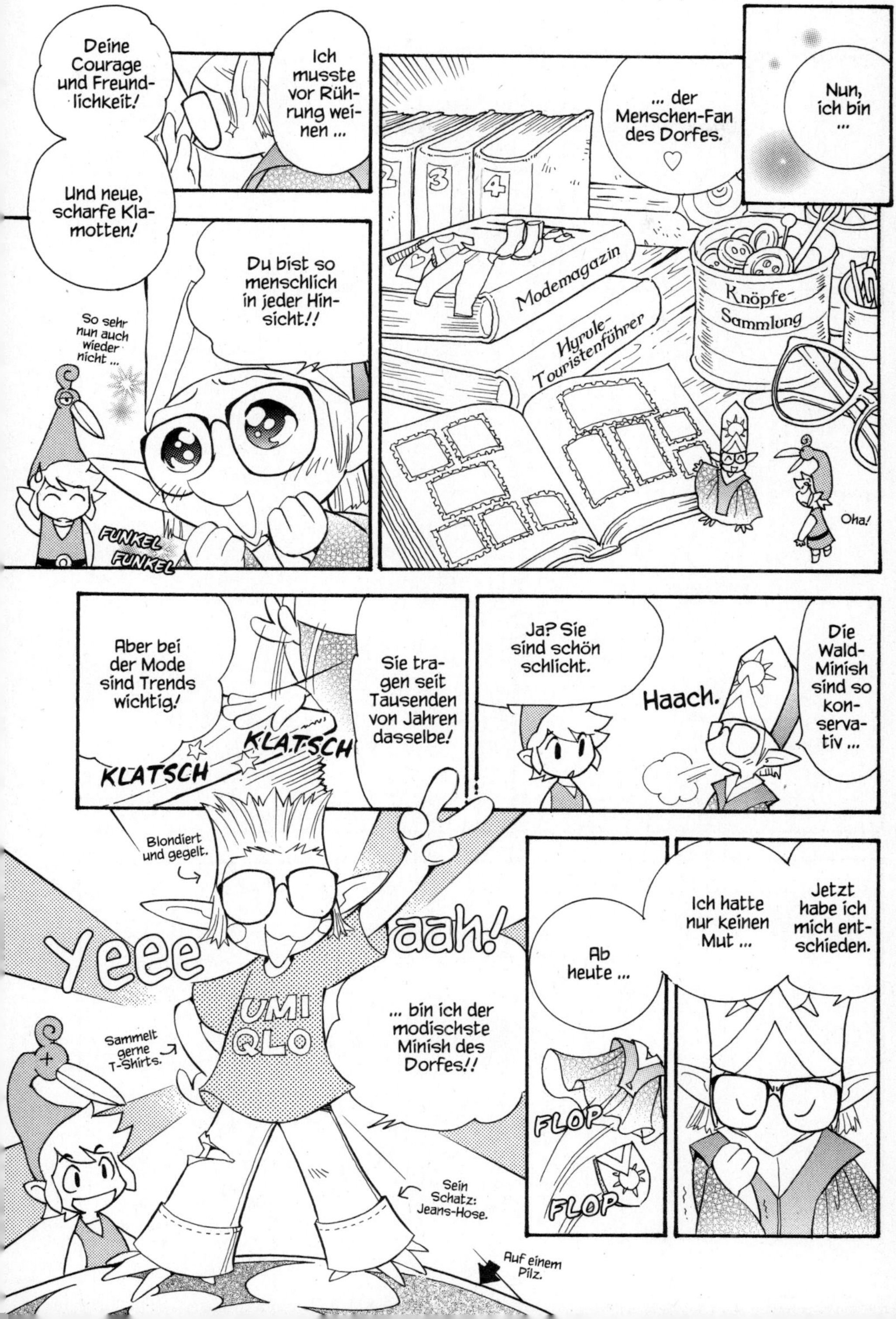
Nun, ich bin ...
... der Menschen-Fan des Dorfes. ♡
Ich musste vor Rührung weinen ...
Deine Courage und Freundlichkeit!
Und neue, scharfe Klamotten!
Modemagazin
Hyrule-Touristenführer
Knöpfe-Sammlung
Oha!
Du bist so menschlich in jeder Hinsicht!!
So sehr nun auch wieder nicht ...
FUNKEL FUNKEL
Die Wald-Minish sind so konservativ ...
Haach.
Ja? Sie sind schön schlicht.
Sie tragen seit Tausenden von Jahren dasselbe!
Aber bei der Mode sind Trends wichtig!
KLATSCH
KLATSCH
Jetzt habe ich mich entschieden.
Ich hatte nur keinen Mut ...
Ab heute ...
FLOP
FLOP
Yeee aah!
... bin ich der modischste Minish des Dorfes!!
UMI QLO
Blondiert und gegelt.
Sammelt gerne T-Shirts.
Sein Schatz: Jeans-Hose.
Auf einem Pilz.

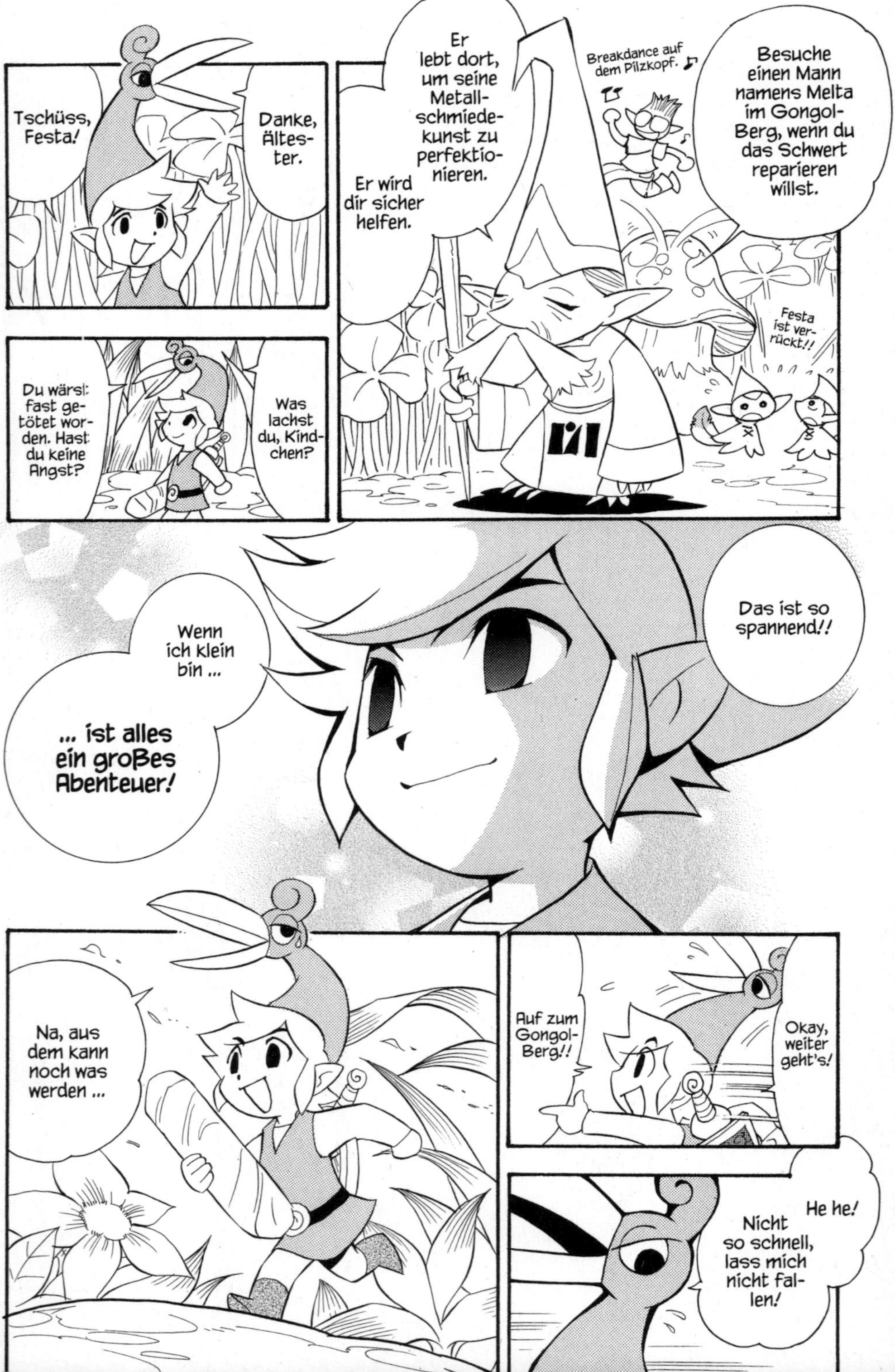
Tschüss, Festa!
Danke, Ältester.
Besuche einen Mann namens Melta im Gongol-Berg, wenn du das Schwert reparieren willst.
Breakdance auf dem Pilzkopf.
Er lebt dort, um seine Metallschmiedekunst zu perfektionieren.
Er wird dir sicher helfen.
Du wärst fast getötet worden. Hast du keine Angst?
Was lachst du, Kindchen?
Festa ist verrückt!!
Das ist so spannend!!
Wenn ich klein bin ...
... ist alles ein großes Abenteuer!
Na, aus dem kann noch was werden ...
Okay, weiter geht's!
Auf zum Gongol-Berg!!
He he!
Nicht so schnell, lass mich nicht fallen!

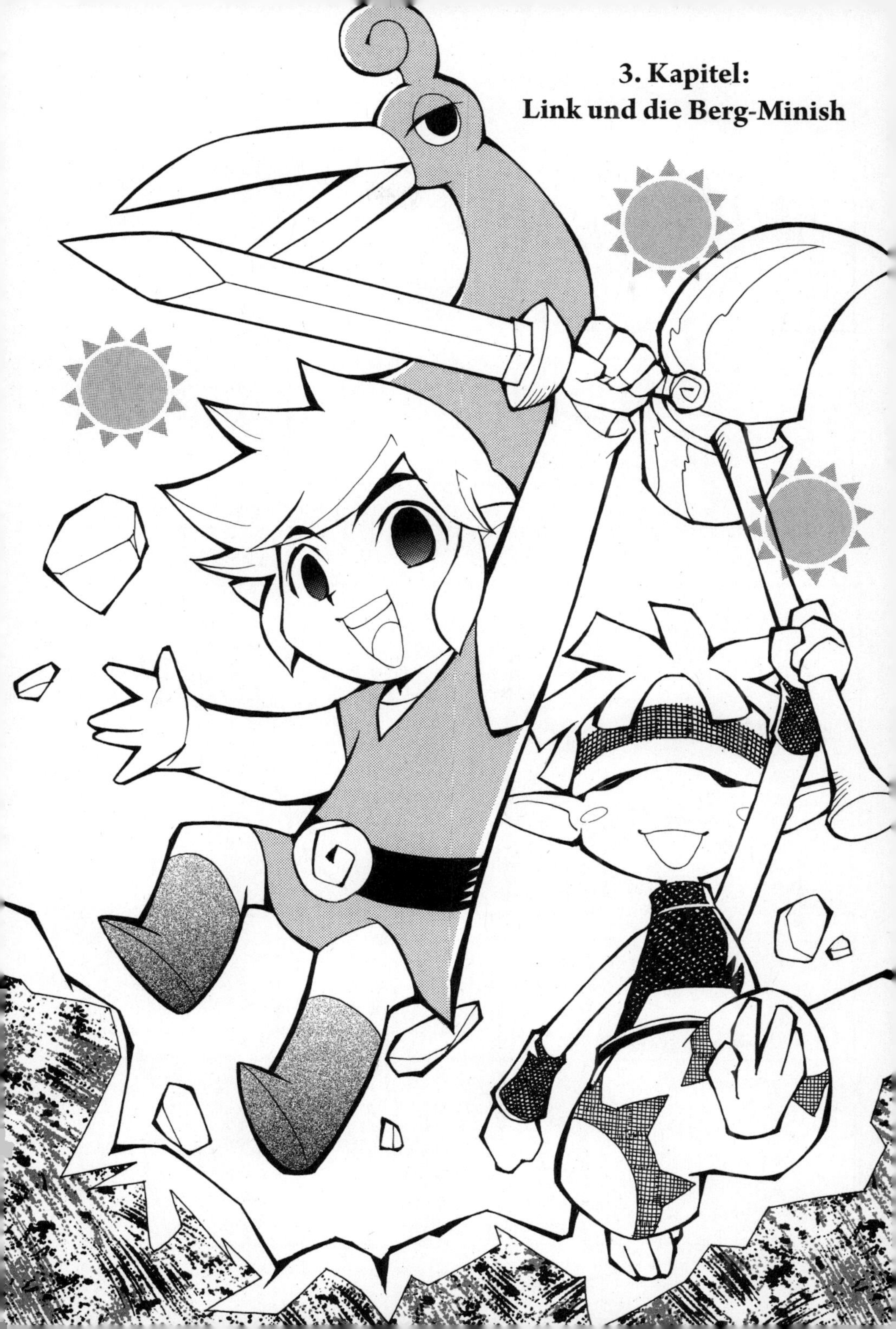

3. Kapitel: Link und die Berg-Minish

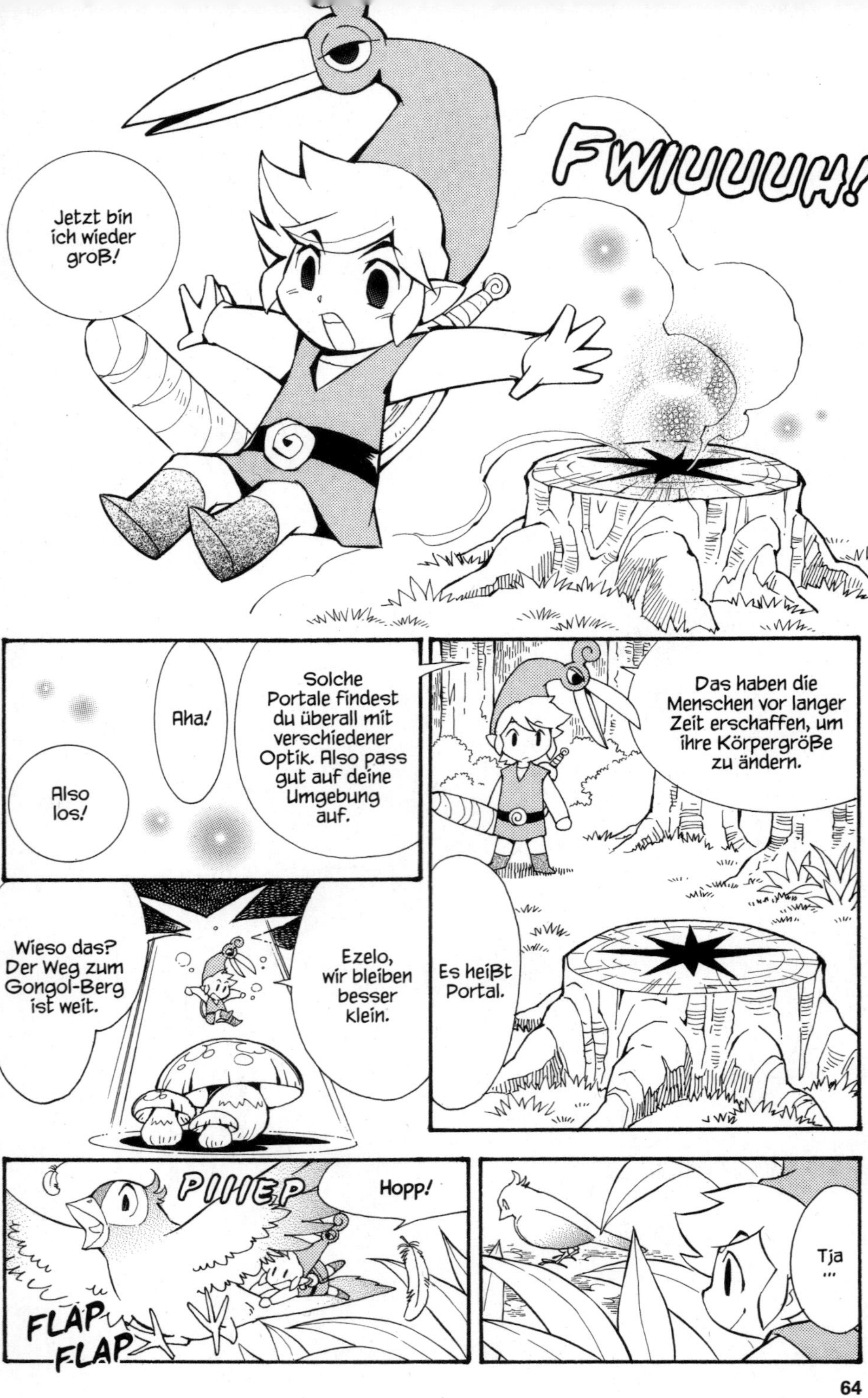

FWIUUUH!
Jetzt bin ich wieder groß!
Das haben die Menschen vor langer Zeit erschaffen, um ihre Körpergröße zu ändern.
Es heißt Portal.
Solche Portale findest du überall mit verschiedener Optik. Also pass gut auf deine Umgebung auf.
Aha!
Also los!
Ezelo, wir bleiben besser klein.
Wieso das? Der Weg zum Gongol-Berg ist weit.
Tja ...
Hopp!
PIIIEP
FLAP FLAP

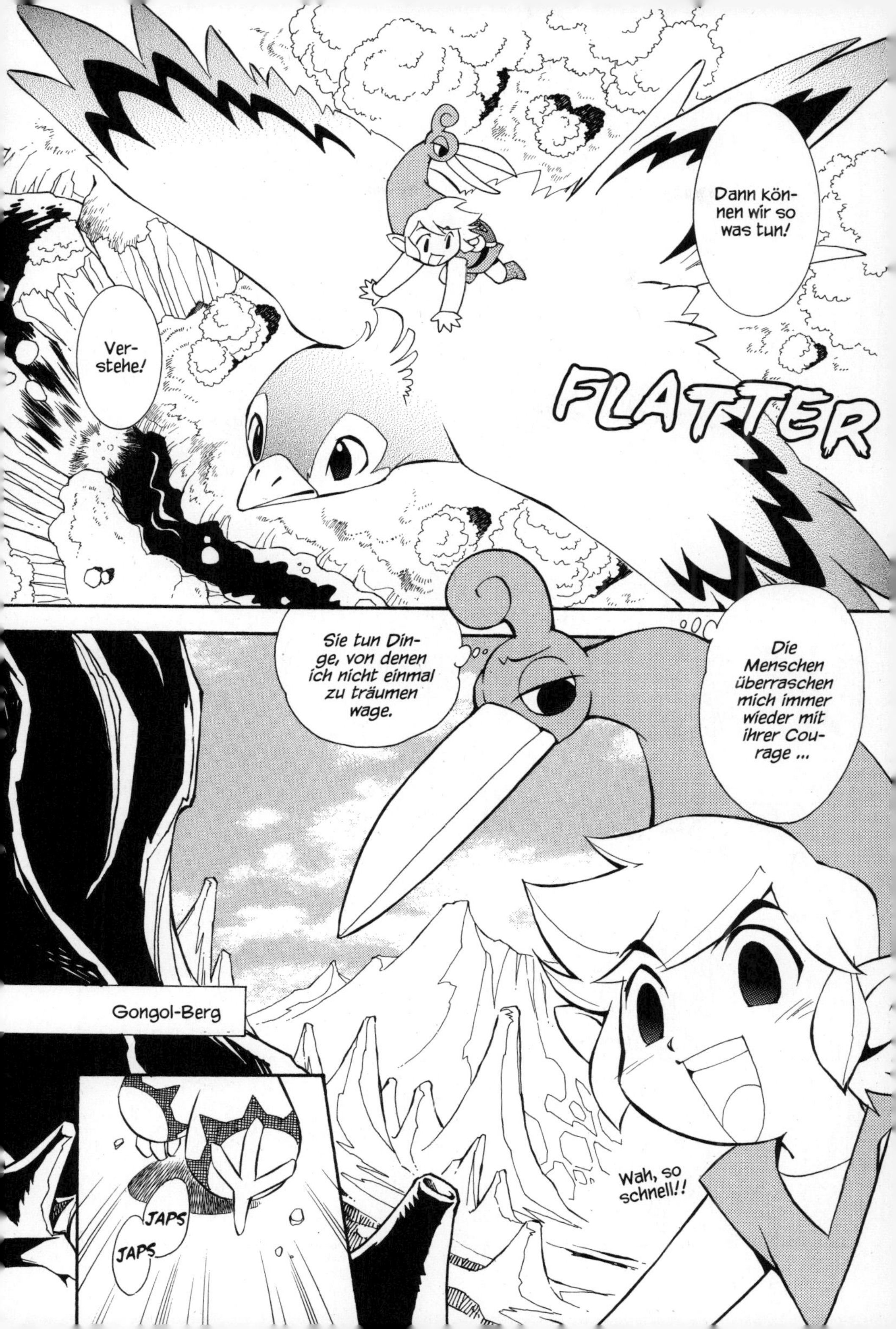
Dann können wir so was tun!
Verstehe!
FLATTER
Die Menschen überraschen mich immer wieder mit ihrer Courage ...
Sie tun Dinge, von denen ich nicht einmal zu träumen wage.
Gongol-Berg
Wah, so schnell!!
JAPS
JAPS

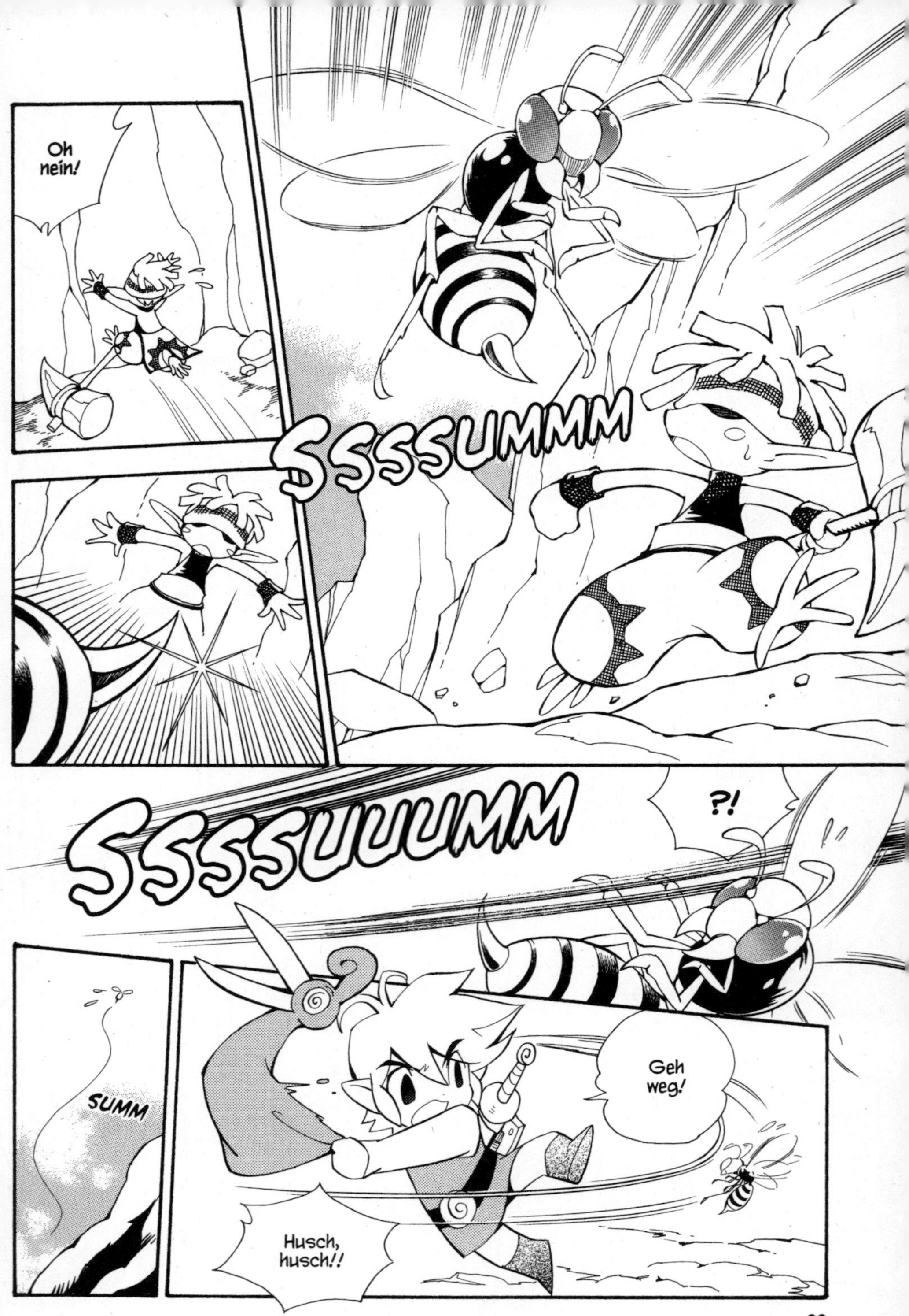

Oh nein!
SSSSUMMM
SSSSUUUMM
?!
SUMM
Geh weg!
Husch, husch!!

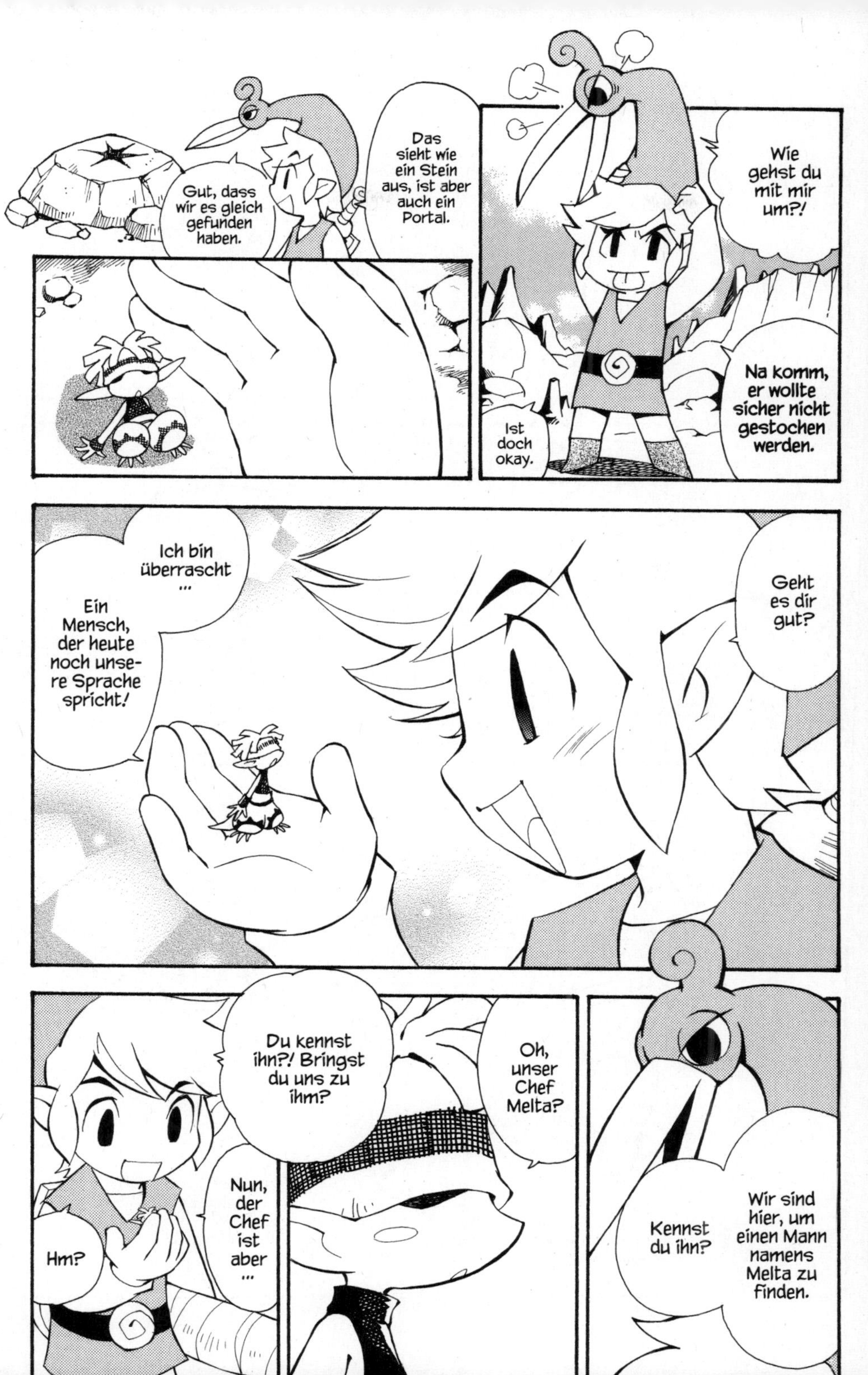
Das sieht wie ein Stein aus, ist aber auch ein Portal.
Gut, dass wir es gleich gefunden haben.
Wie gehst du mit mir um?!
Na komm, er wollte sicher nicht gestochen werden.
Ist doch okay.
Geht es dir gut?
Ich bin überrascht ...
Ein Mensch, der heute noch unse-re Sprache spricht!
Wir sind hier, um einen Mann namens Melta zu finden.
Kennst du ihn?
Oh, unser Chef Melta?
Du kennst ihn?! Bringst du uns zu ihm?
Nun, der Chef ist aber ...
Hm?

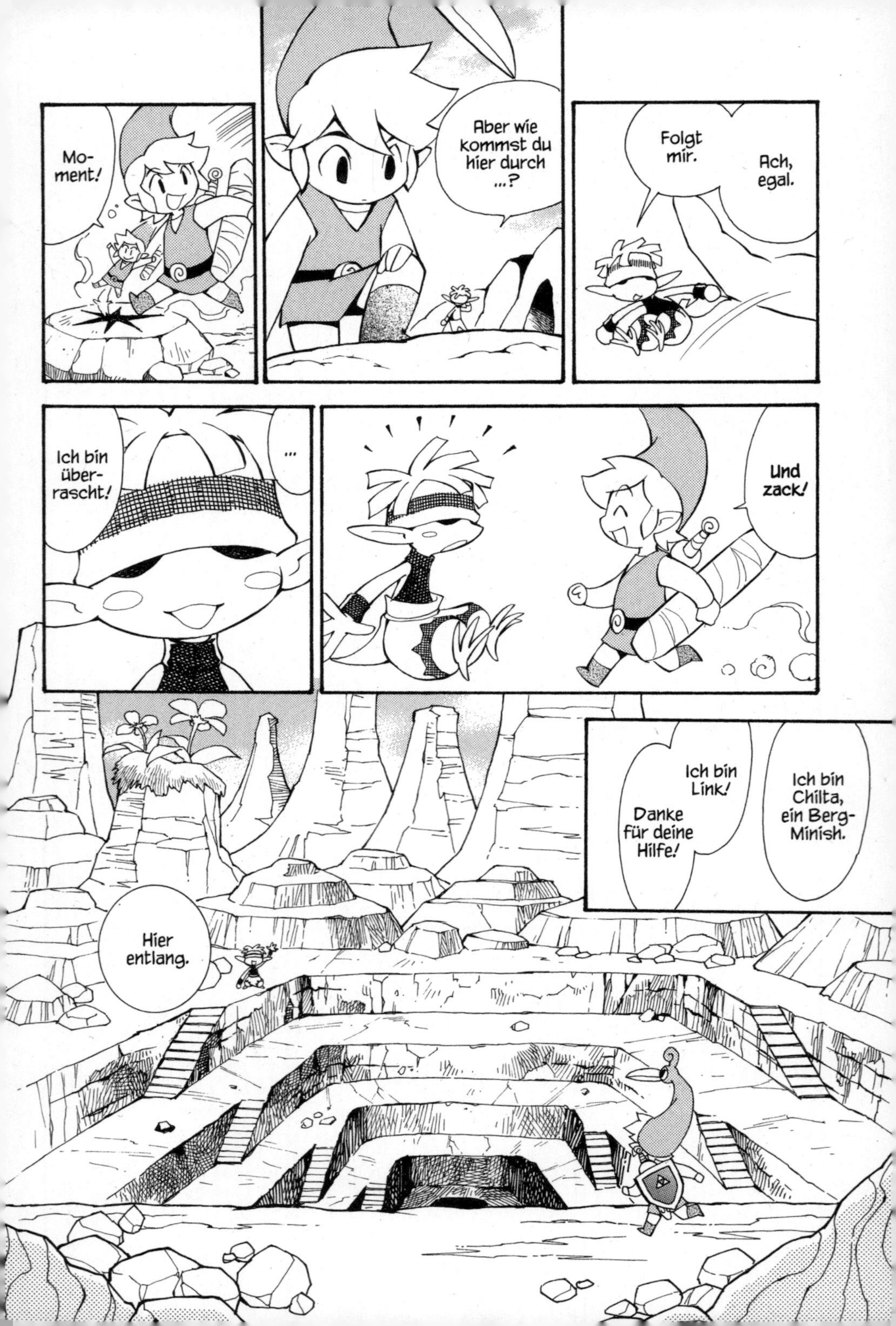
Ach, egal.
Folgt mir.
Aber wie kommst du hier durch ...?
Mo-ment!
Und zack!
...
Ich bin überrascht!
Ich bin Chilta, ein Berg-Minish.
Ich bin Link!
Danke für deine Hilfe!
Hier entlang.

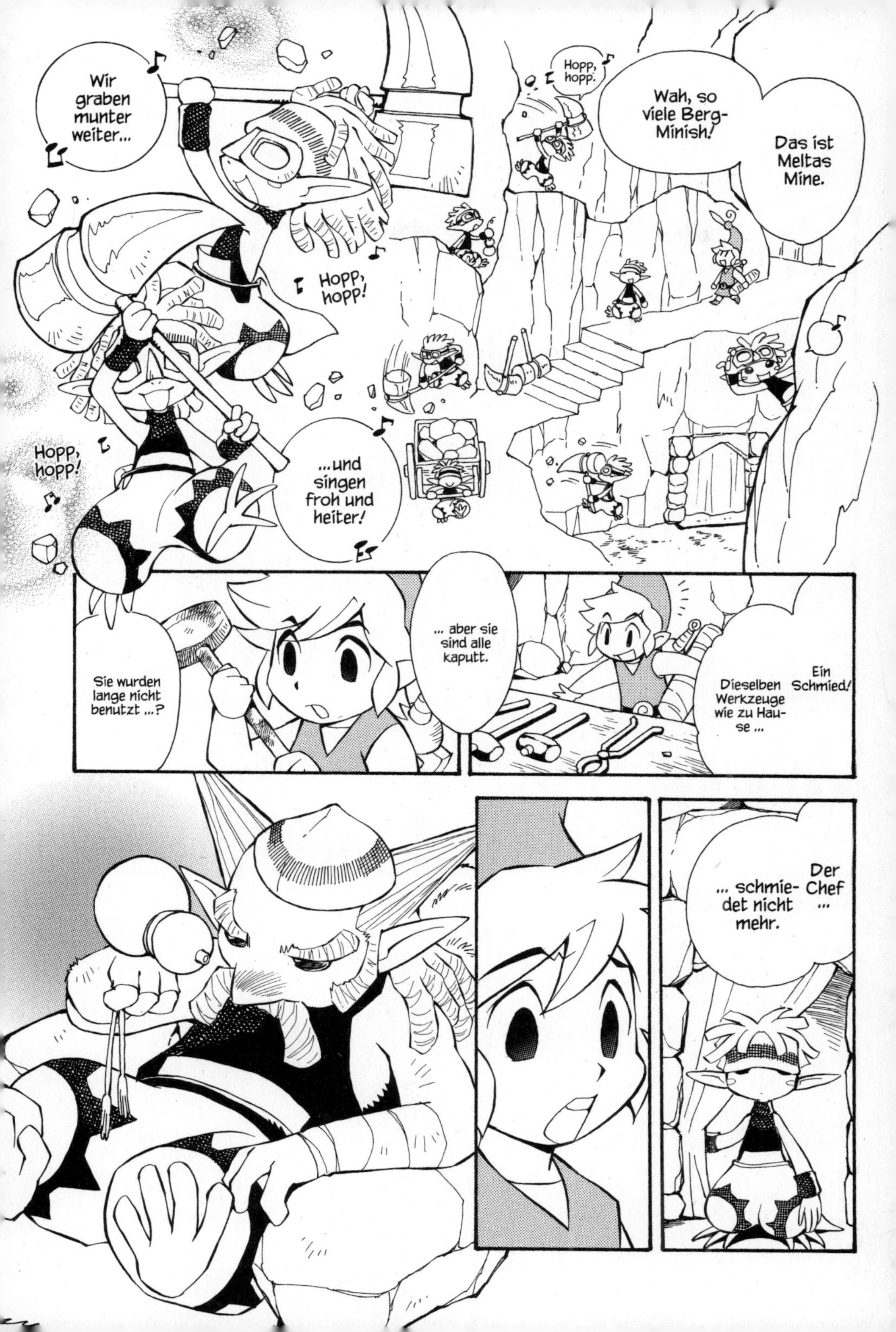
Wah, so viele Berg-Minish!
Das ist Meltas Mine.
Hopp, hopp.
Wir graben munter weiter...
Hopp, hopp!
...und singen froh und heiter!
Hopp, hopp!
Ein Schmied!
Dieselben Werkzeuge wie zu Hause ...
... aber sie sind alle kaputt.
Sie wurden lange nicht benutzt ...?
Der Chef ...
... schmiedet nicht mehr.

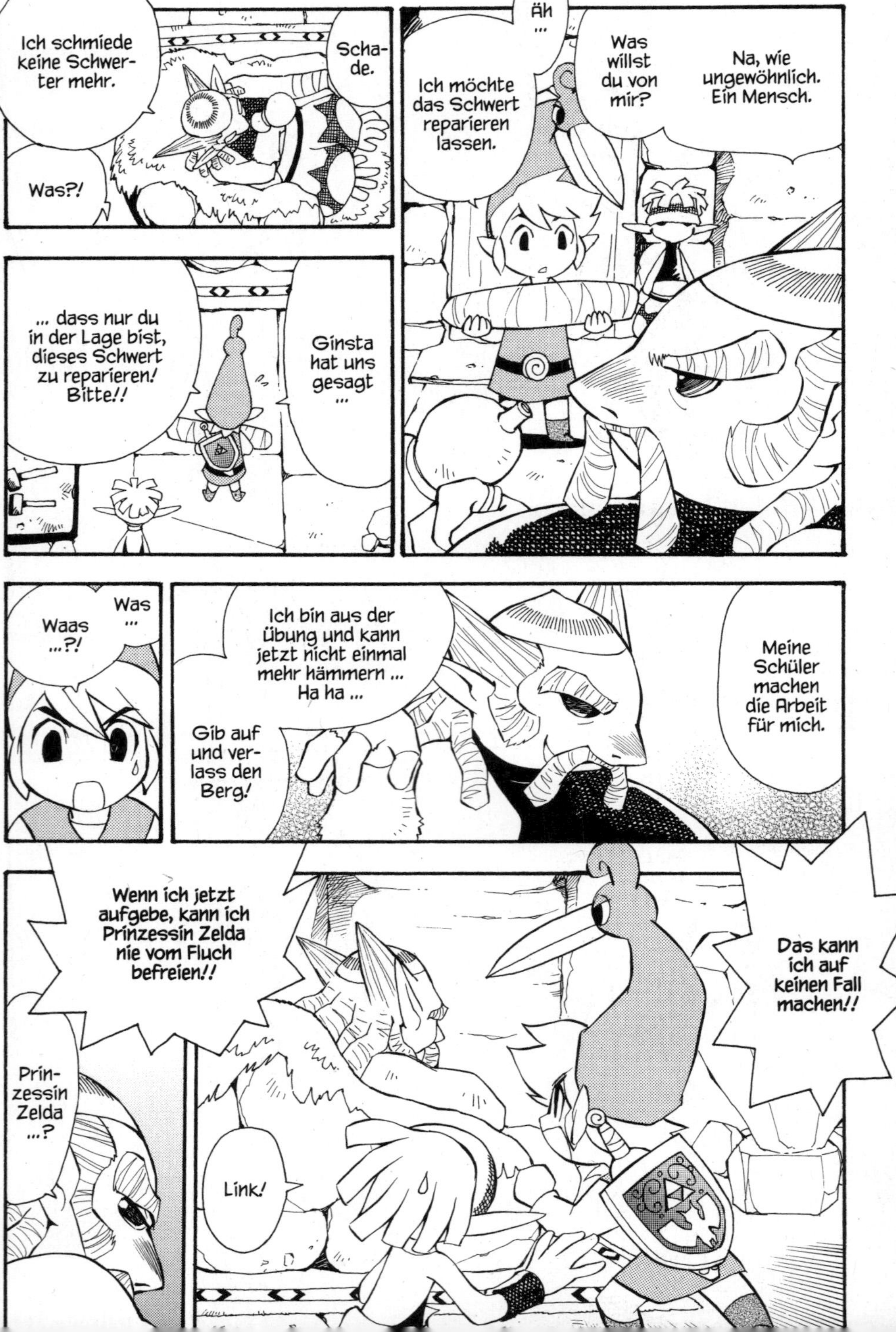
Na, wie ungewöhnlich. Ein Mensch.
Was willst du von mir?
Äh ...
Ich möchte das Schwert reparieren lassen.
Ich schmiede keine Schwerter mehr.
Schade.
Was?!
Ginsta hat uns gesagt ...
... dass nur du in der Lage bist, dieses Schwert zu reparieren! Bitte!!
Meine Schüler machen die Arbeit für mich.
Ich bin aus der Übung und kann jetzt nicht einmal mehr hämmern ... Ha ha ...
Gib auf und verlass den Berg!
Was ...
Waas ...?!
Das kann ich auf keinen Fall machen!!
Wenn ich jetzt aufgebe, kann ich Prinzessin Zelda nie vom Fluch befreien!!
Link!
Prinzessin Zelda ...?

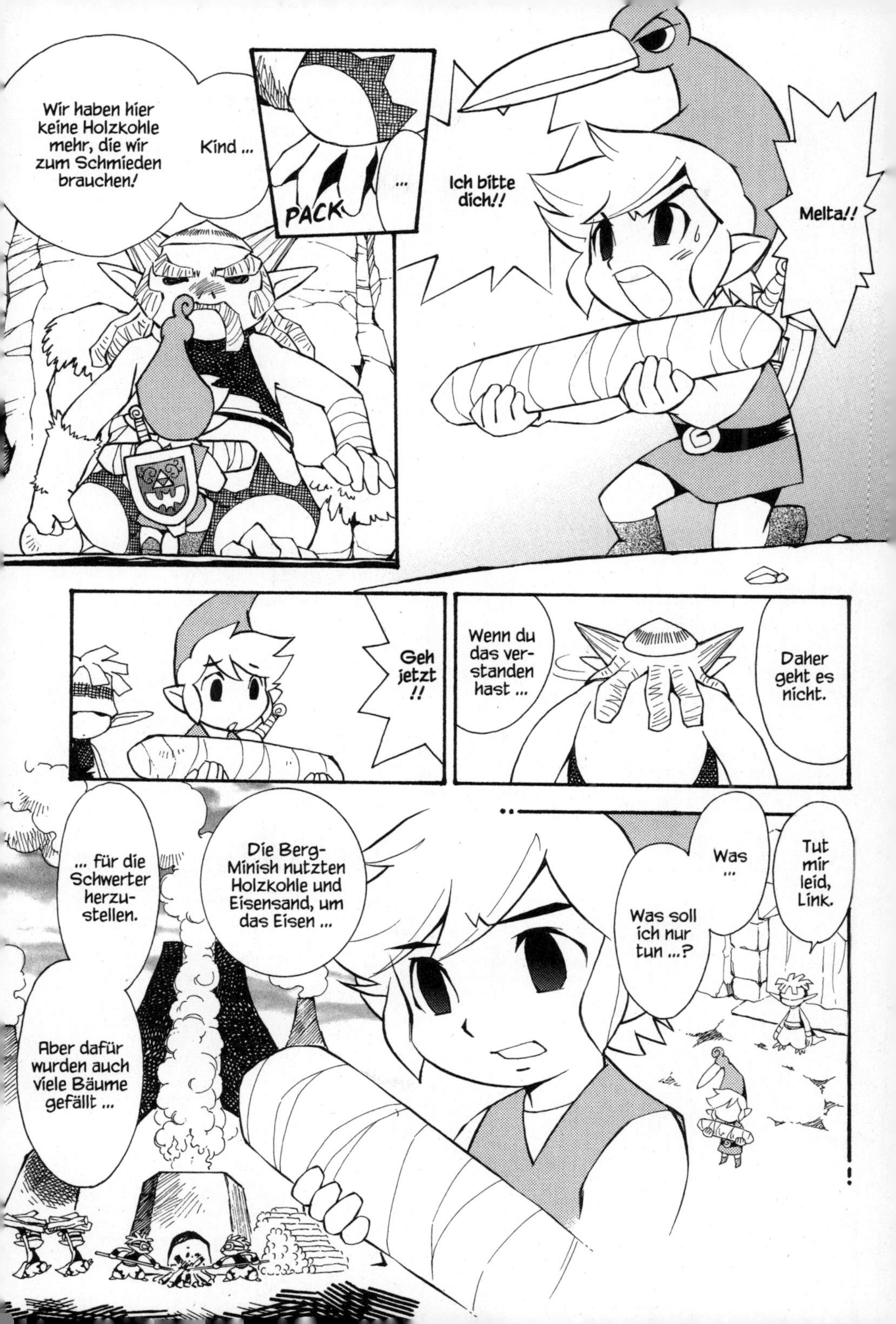

Melta!!
Ich bitte dich!!
...
PACK
Kind ...
Wir haben hier keine Holzkohle mehr, die wir zum Schmieden brauchen!
Daher geht es nicht.
Wenn du das verstanden hast ...
Geh jetzt!!
Tut mir leid, Link.
Was ...
Was soll ich nur tun ...?
Die Berg-Minish nutzten Holzkohle und Eisensand, um das Eisen ...
... für die Schwerter herzustellen.
Aber dafür wurden auch viele Bäume gefällt ...

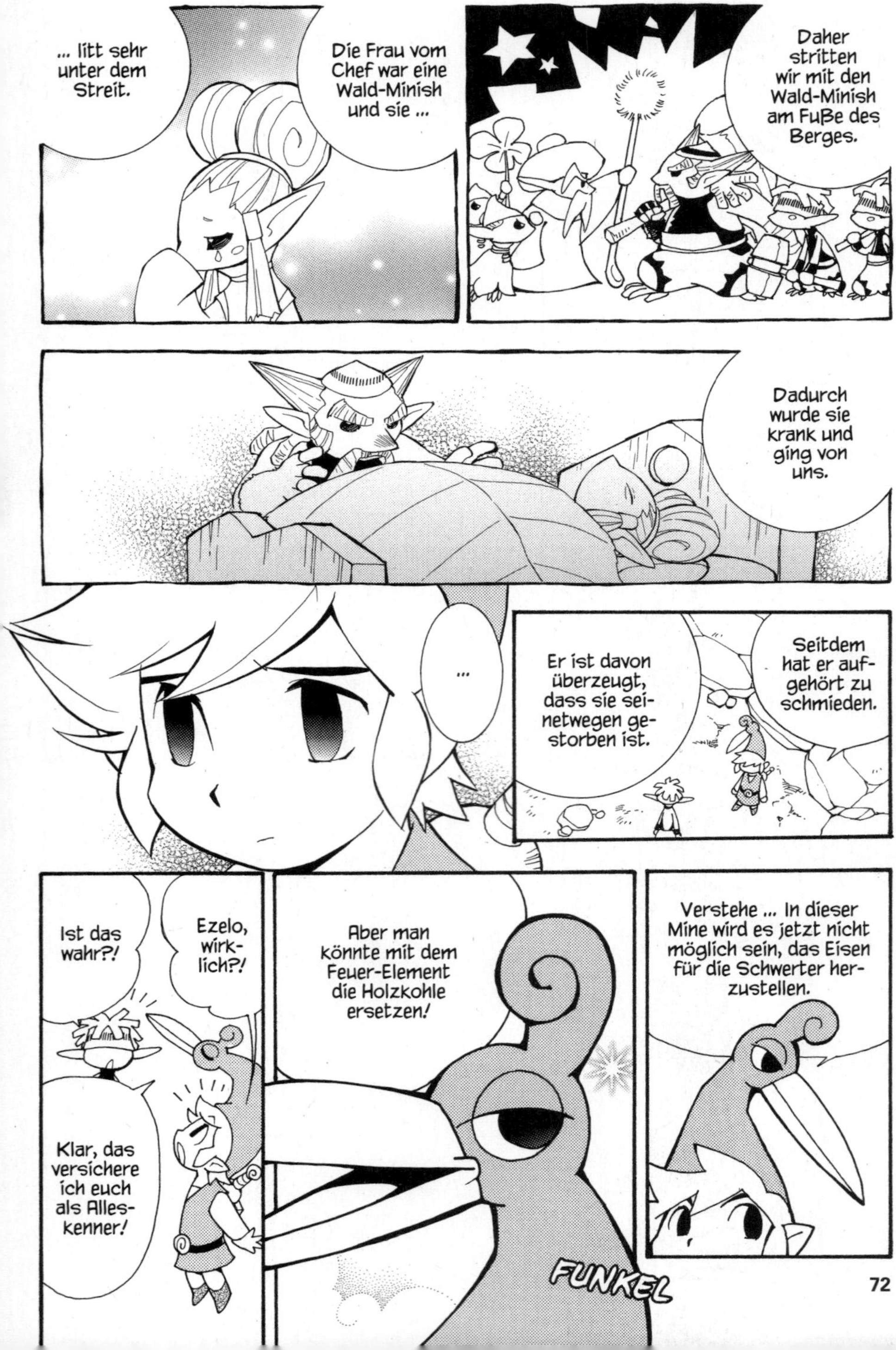

Daher stritten wir mit den Wald-Minish am Fuße des Berges.
Die Frau vom Chef war eine Wald-Minish und sie ...
... litt sehr unter dem Streit.
Dadurch wurde sie krank und ging von uns.
Seitdem hat er aufgehört zu schmieden.
Er ist davon überzeugt, dass sie seinetwegen gestorben ist.
...
Verstehe ... In dieser Mine wird es jetzt nicht möglich sein, das Eisen für die Schwerter herzustellen.
Aber man könnte mit dem Feuer-Element die Holzkohle ersetzen!
FUNKEL
Ezelo, wirklich?!
Ist das wahr?!
Klar, das versichere ich euch als Alleskenner!

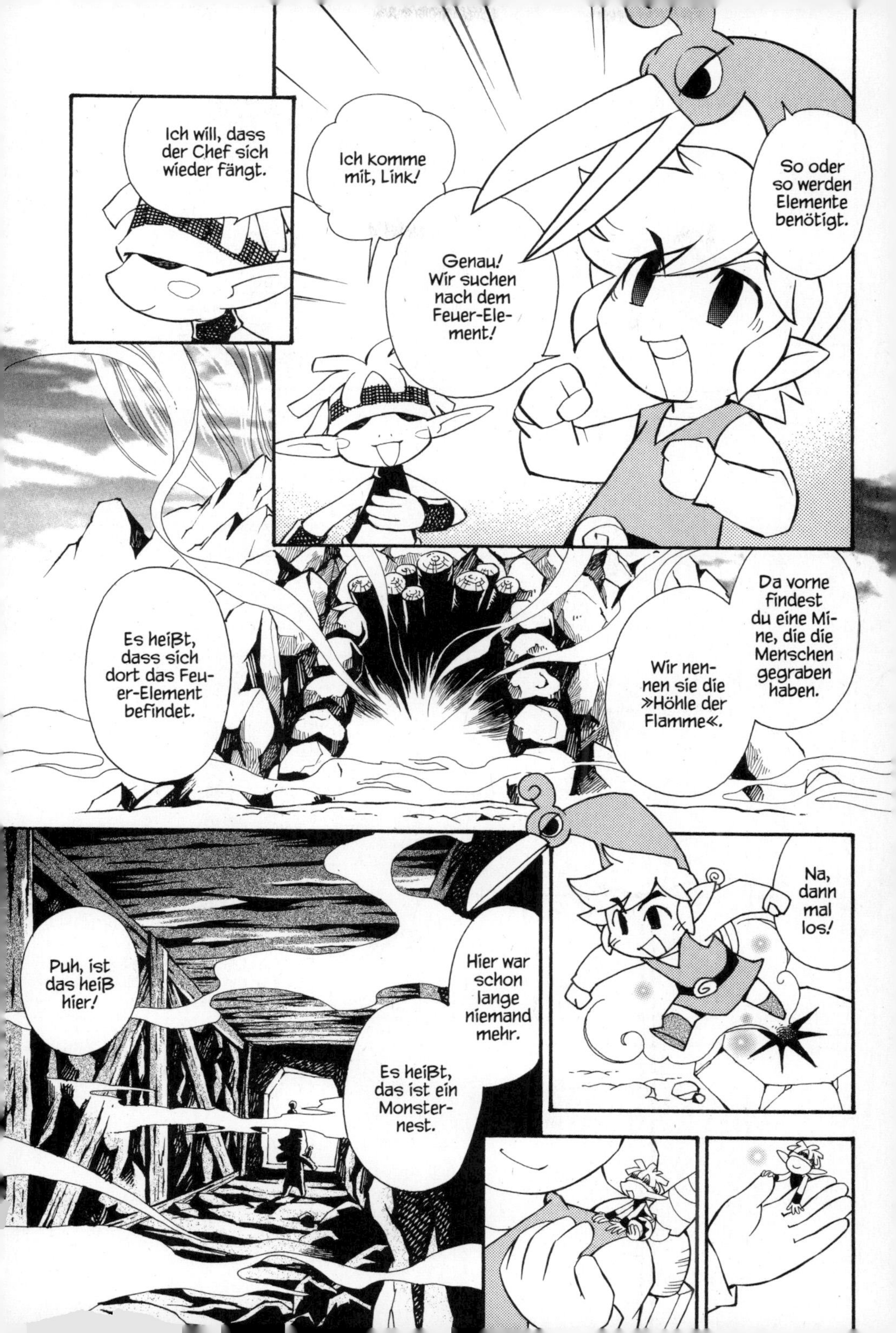
So oder so werden Elemente benötigt.
Genau! Wir suchen nach dem Feuer-Element!
Ich komme mit, Link!
Ich will, dass der Chef sich wieder fängt.
Da vorne findest du eine Mine, die die Menschen gegraben haben.
Wir nennen sie die »Höhle der Flamme«.
Es heißt, dass sich dort das Feuer-Element befindet.
Na, dann mal los!
Hier war schon lange niemand mehr.
Es heißt, das ist ein Monsternest.
Puh, ist das heiß hier!

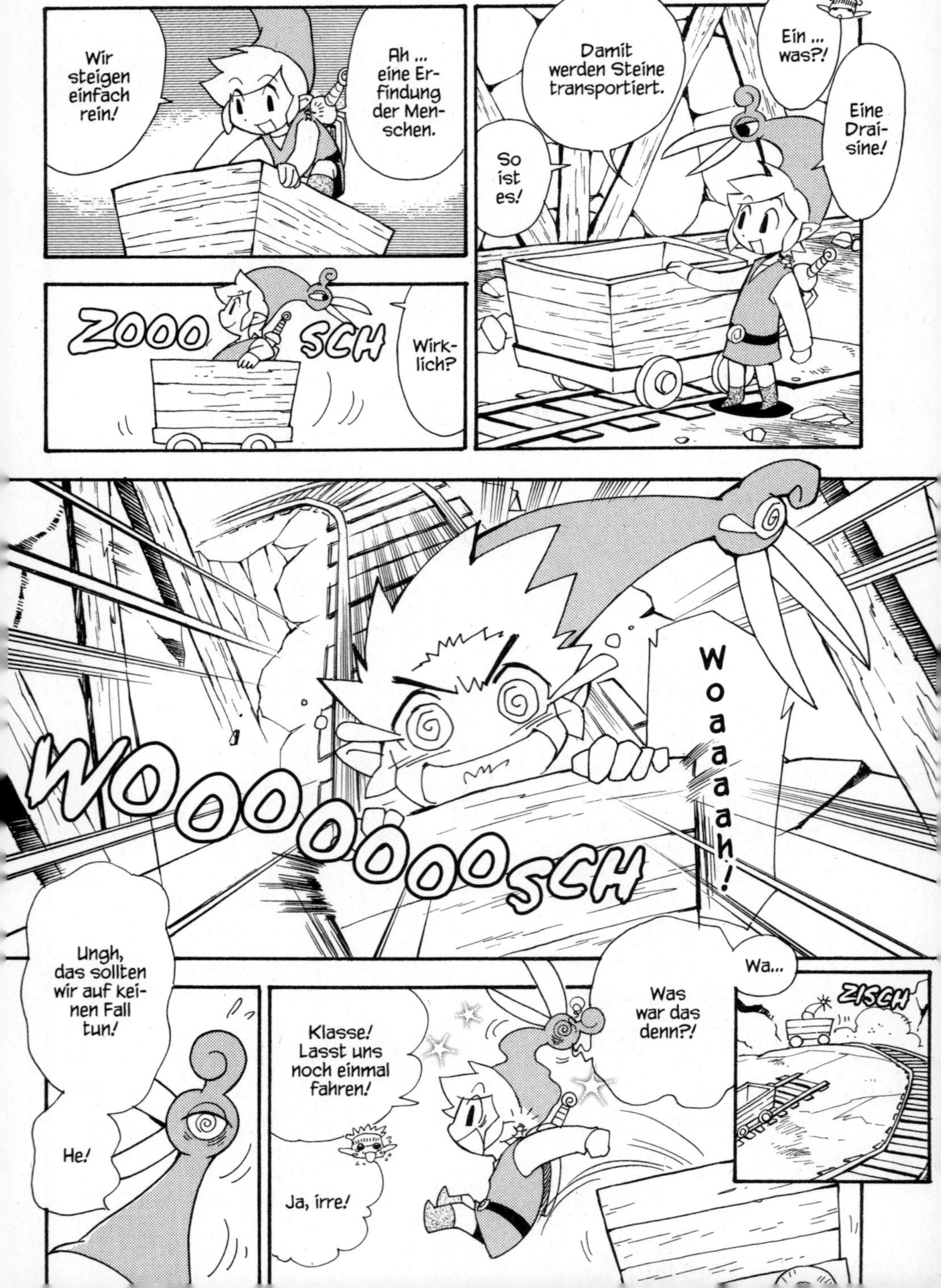

Wir steigen einfach rein!
Ah ... eine Erfindung der Menschen.
Damit werden Steine transportiert.
Ein ... was?!
Eine Draisine!
So ist es!
ZOOOSCH
Wirklich?
Woaaaaah!
WOOOOOOOOSCH
Wa...
ZISCH
Was war das denn?!
Klasse! Lasst uns noch einmal fahren!
Ja, irre!
Ungh, das sollten wir auf keinen Fall tun!
He!

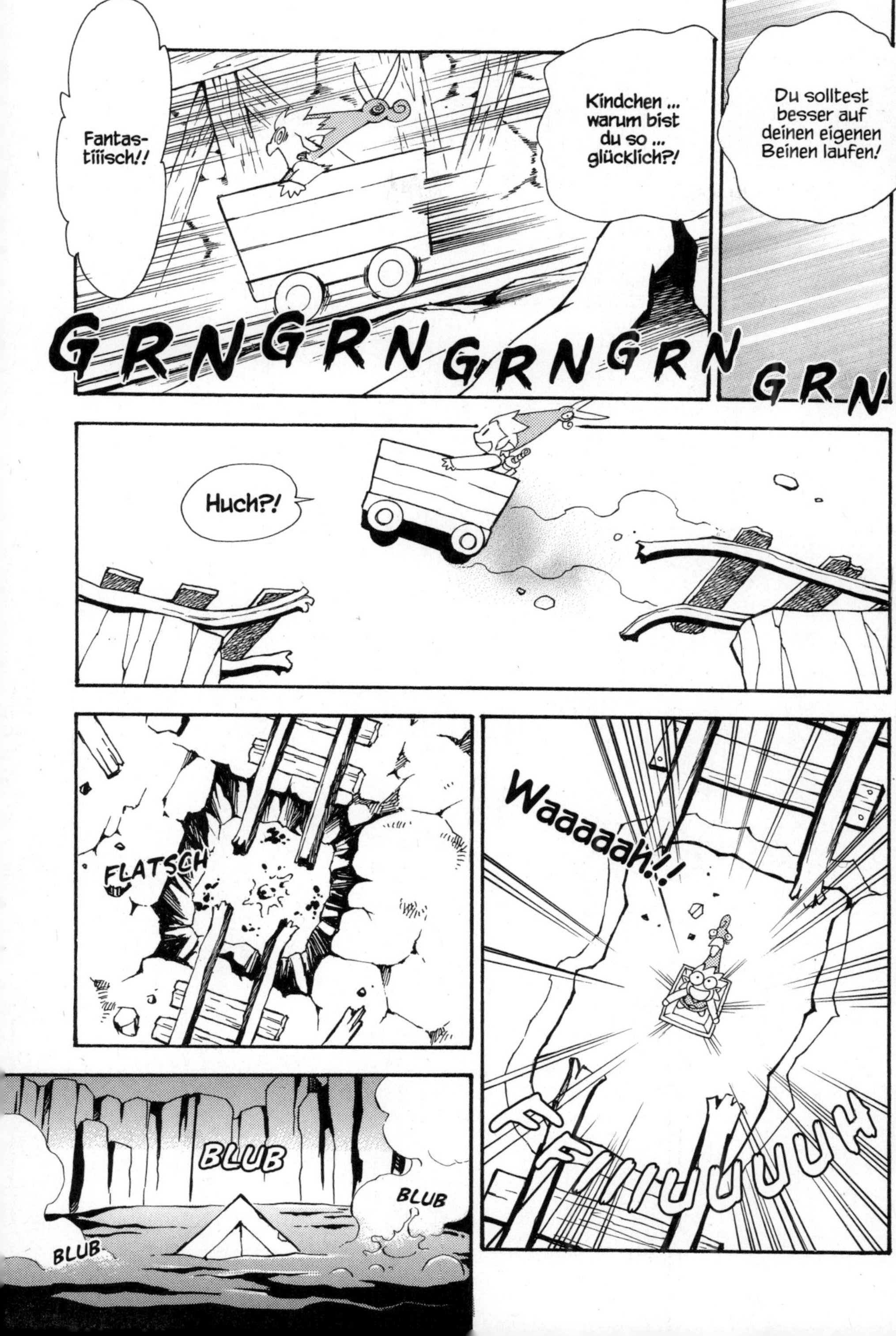
Fantas-tiiisch!!
Kindchen ... warum bist du so ... glücklich?!
Du solltest besser auf deinen eigenen Beinen laufen!
GRNGRNGRNGRNGRN
Huch?!
FLATSCH
Waaaaaah!!!
FIIIIUUUUUH
BLUB
BLUB
BLUB

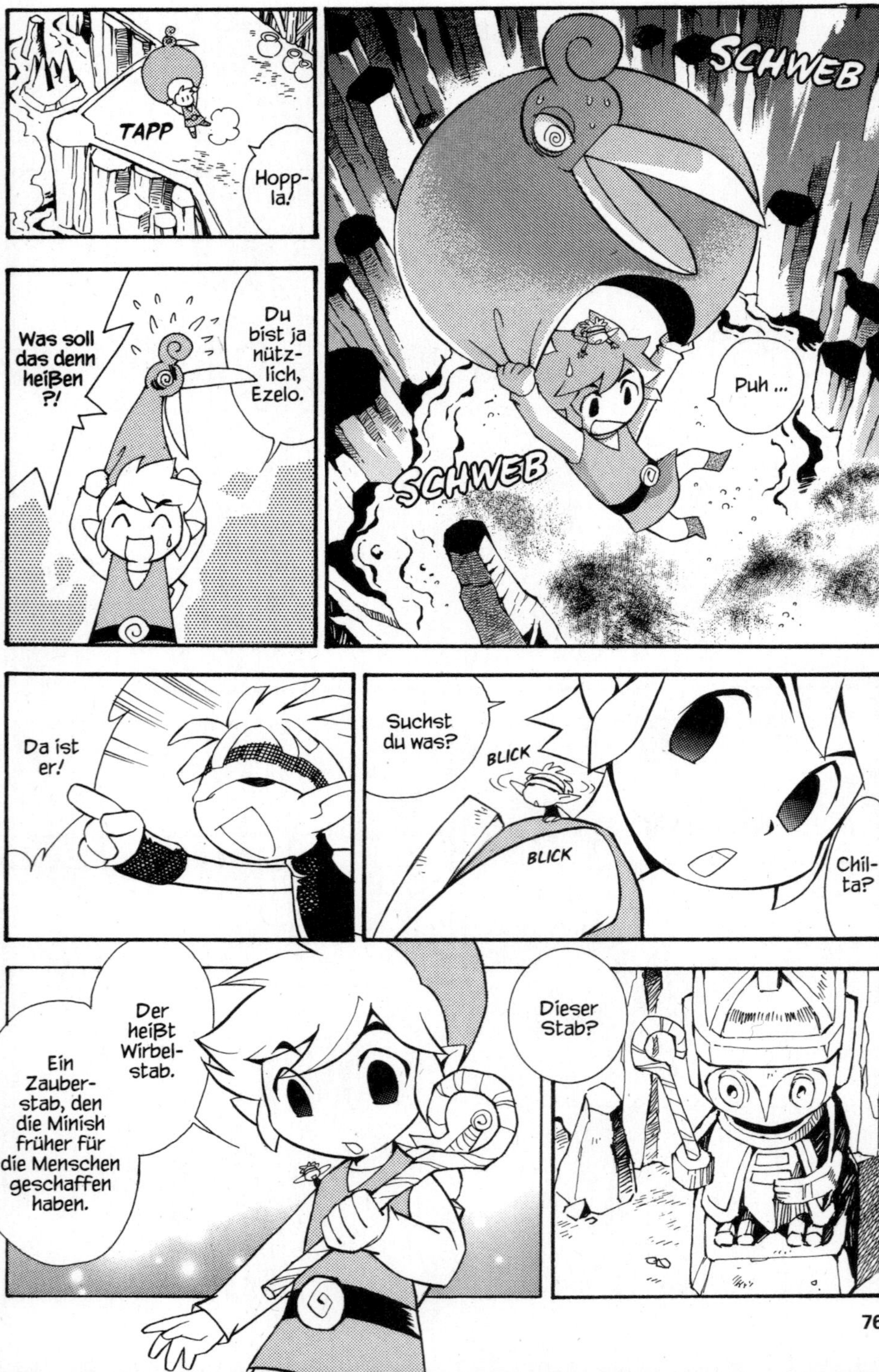

TAPP
Hoppla!
SCHWEB
SCHWEB
Puh ...
Du bist ja nützlich, Ezelo.
Was soll das denn heißen?!
Da ist er!
Suchst du was?
BLICK
BLICK
Chilta?
Dieser Stab?
Der heißt Wirbelstab.
Ein Zauberstab, den die Minish früher für die Menschen geschaffen haben.

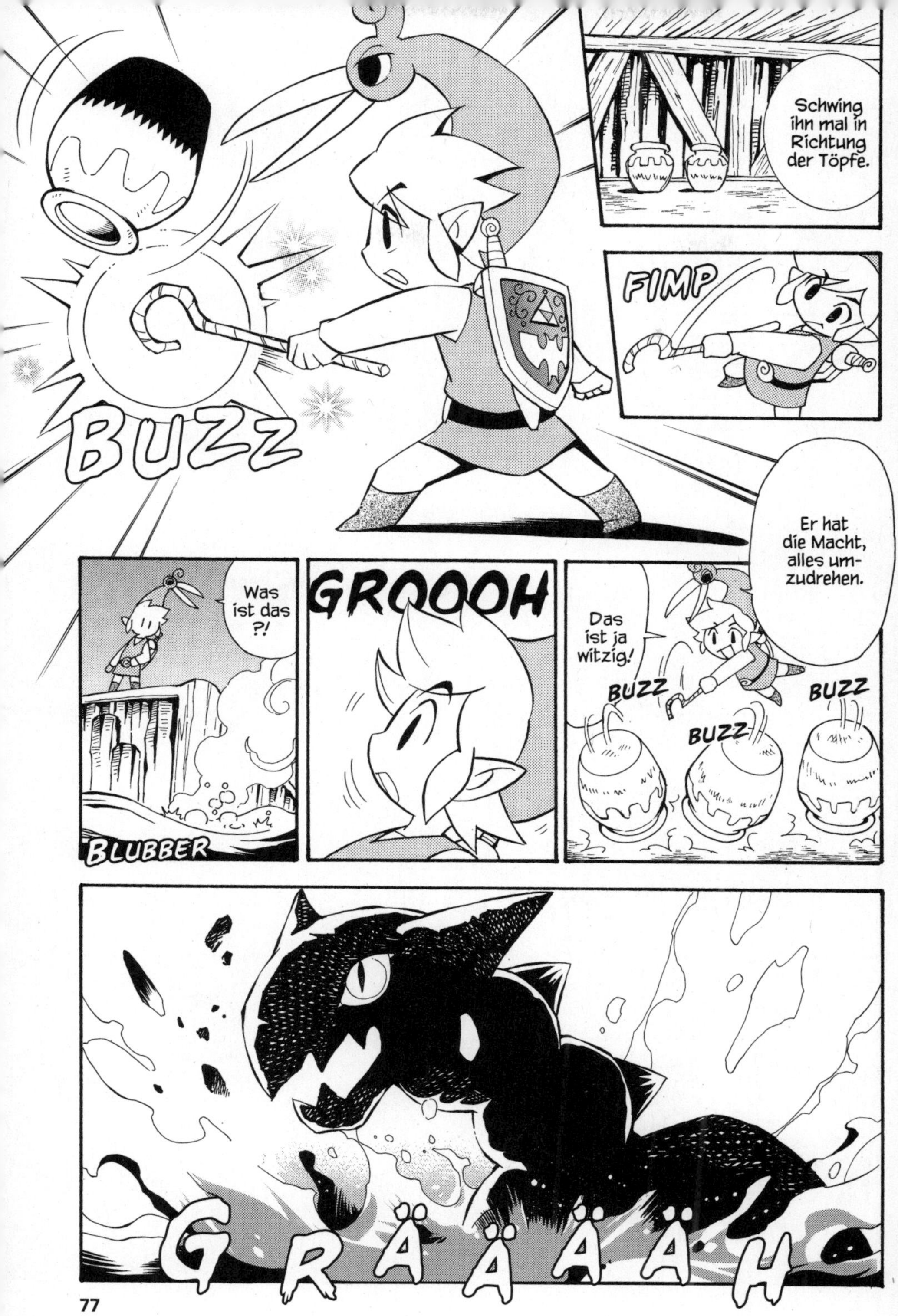
Schwing ihn mal in Richtung der Töpfe.
BUZZ
FIMP
Er hat die Macht, alles umzudrehen.
Das ist ja witzig!
BUZZ
BUZZ
BUZZ
GROOOH
Was ist das ?!
BLUBBER
GRÄÄÄÄH

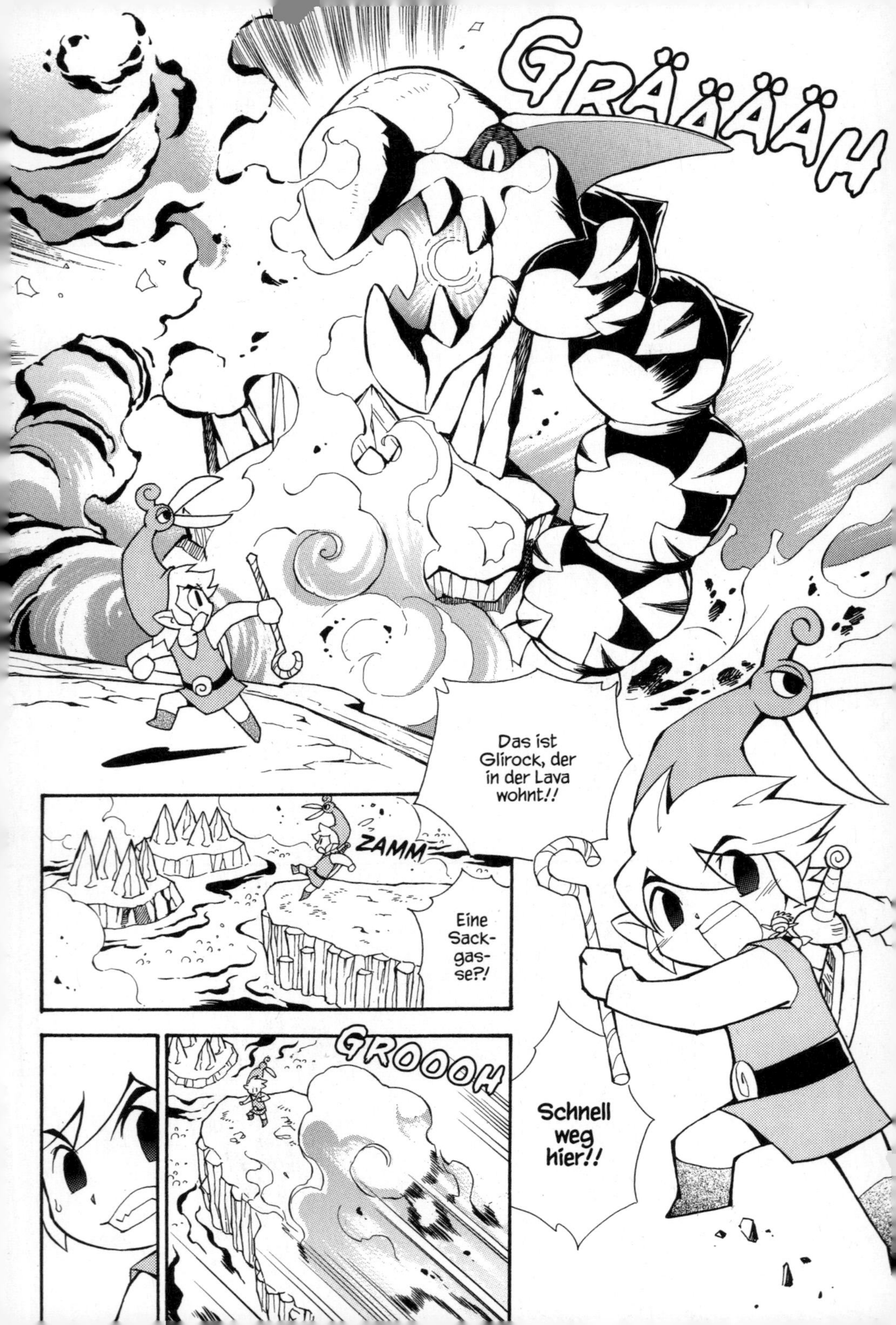

GRÄÄÄÄH
Das ist Glirock, der in der Lava wohnt!!
ZAMM
Eine Sackgasse?!
GROOOH
Schnell weg hier!!

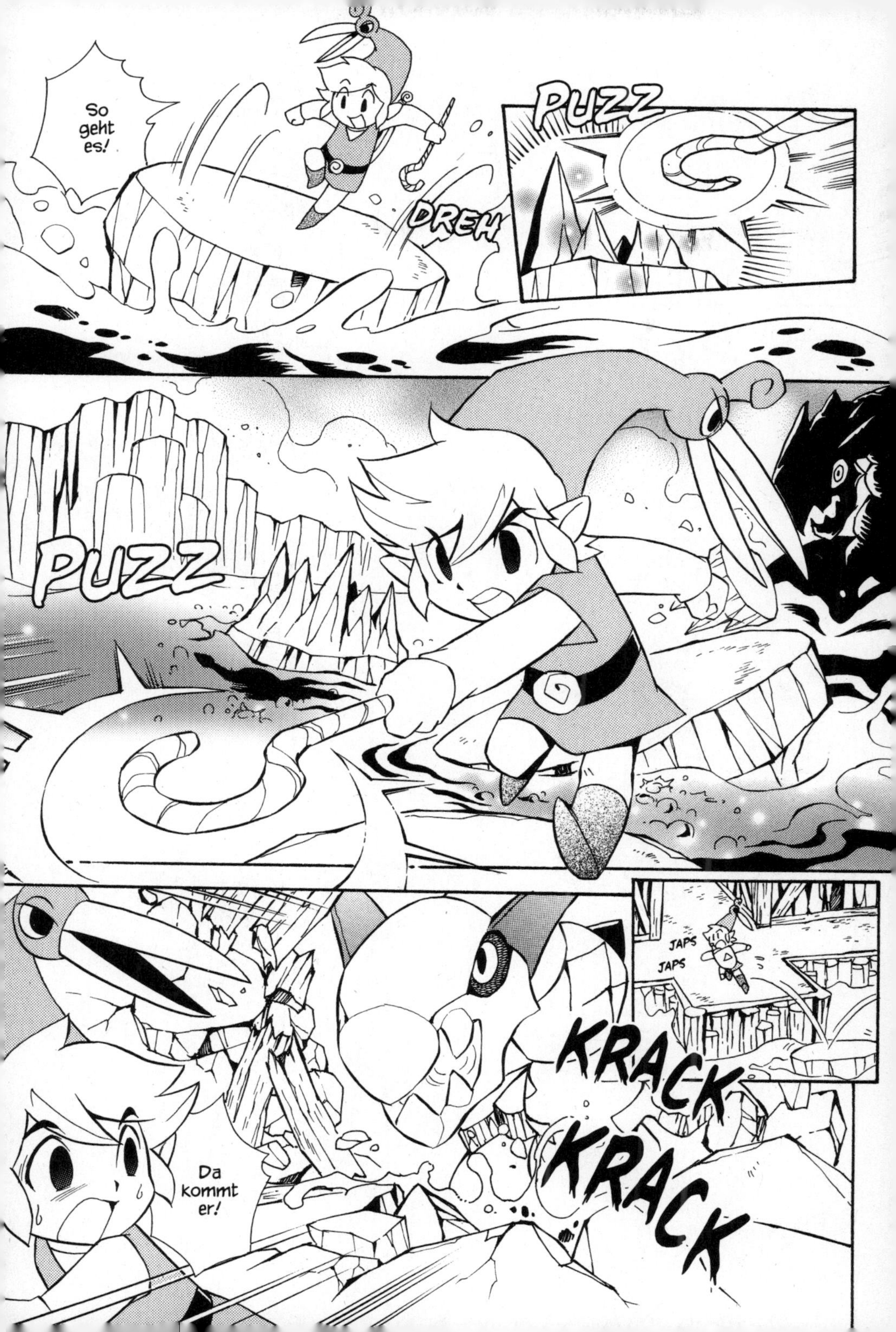
So geht es!
DREH
PUZZ
PUZZ
JAPS
JAPS
KRACK
KRACK
KRACK
Da kommt er!

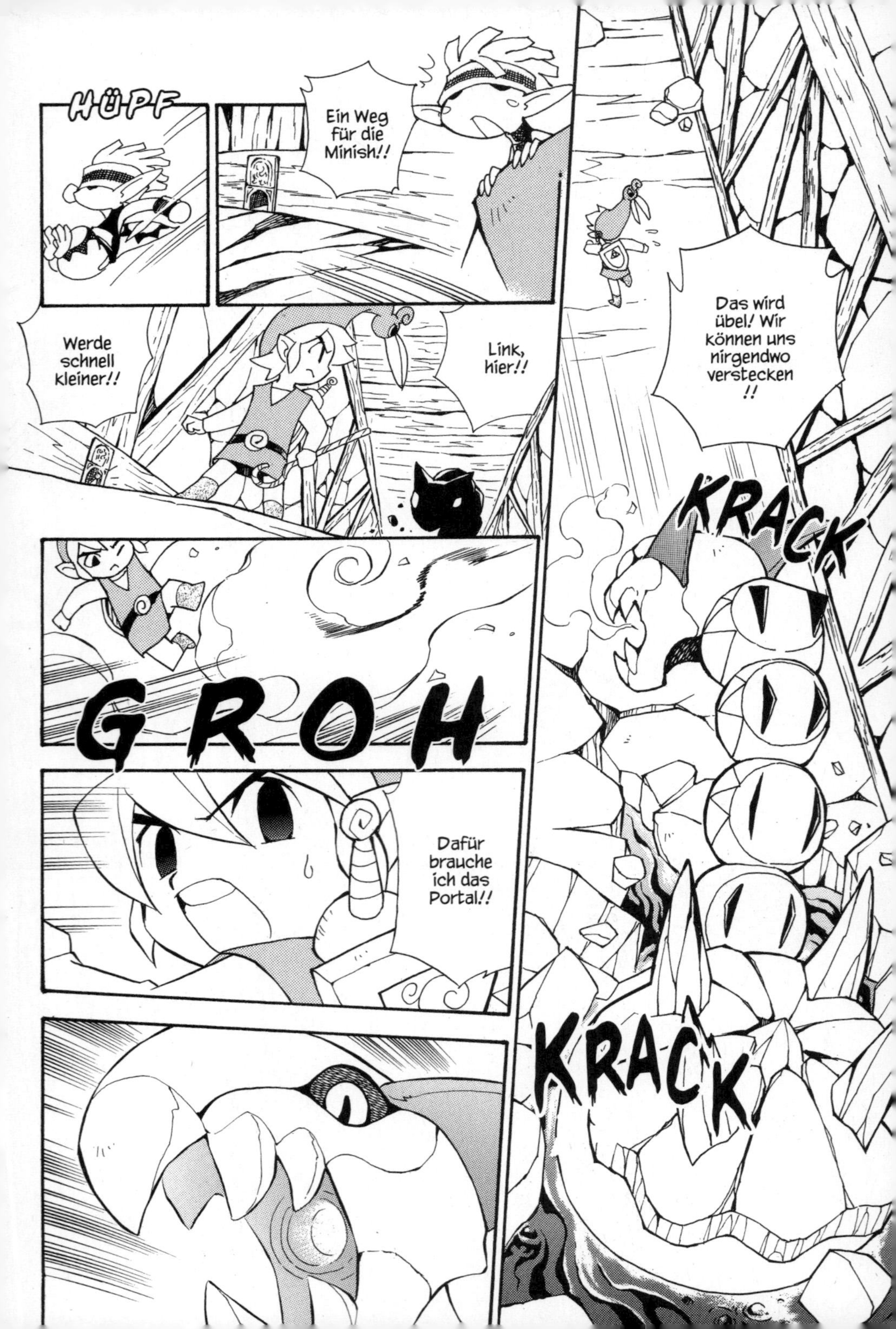

Das wird übel! Wir können uns nirgendwo verstecken!!
Ein Weg für die Minish!!
HÜPF
Link, hier!!
Werde schnell kleiner!!
KRACK
GROH
Dafür brauche ich das Portal!!
KRACK

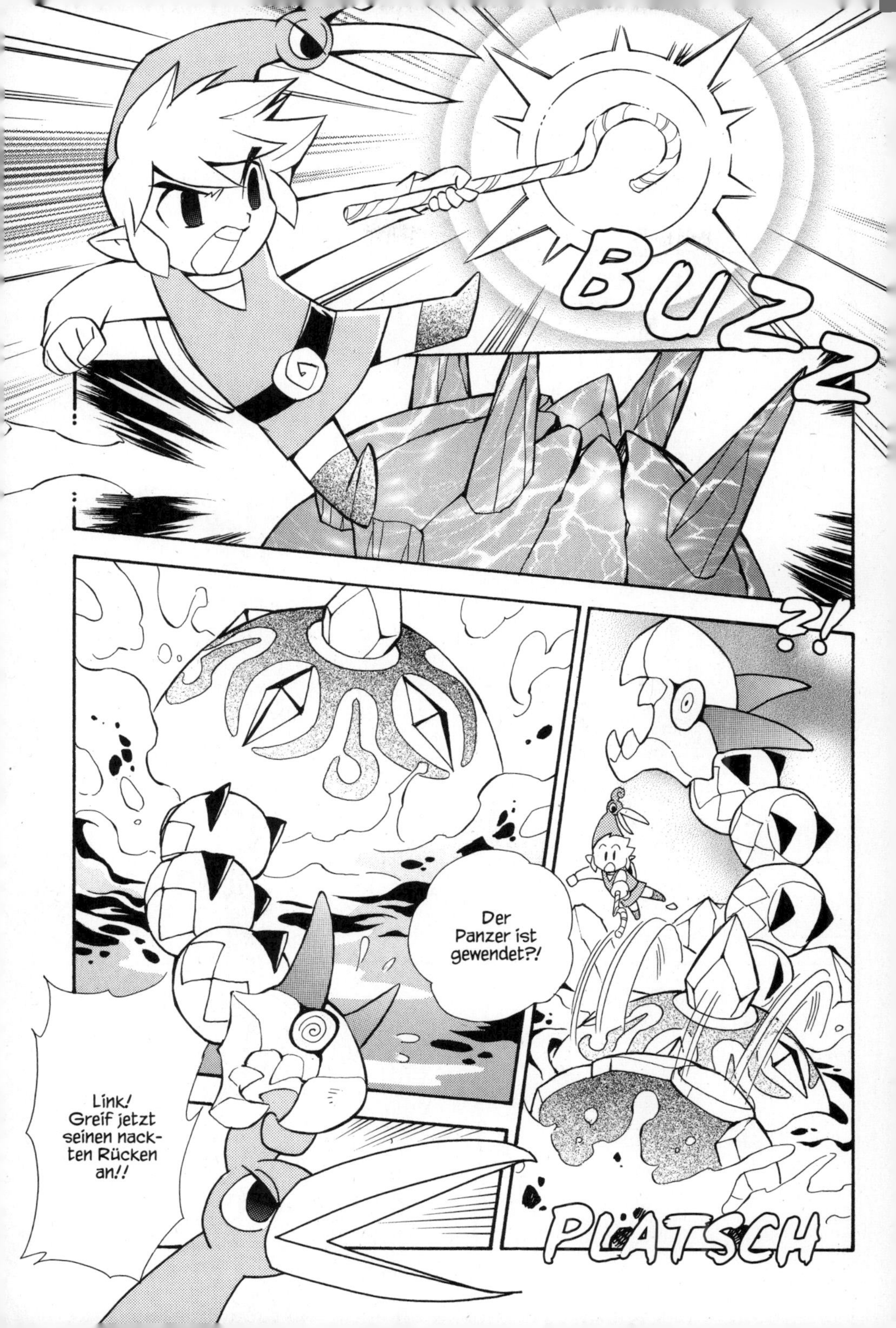

BUZZ
?!
Der Panzer ist gewendet?!
Link! Greif jetzt seinen nackten Rücken an!!
PLATSCH

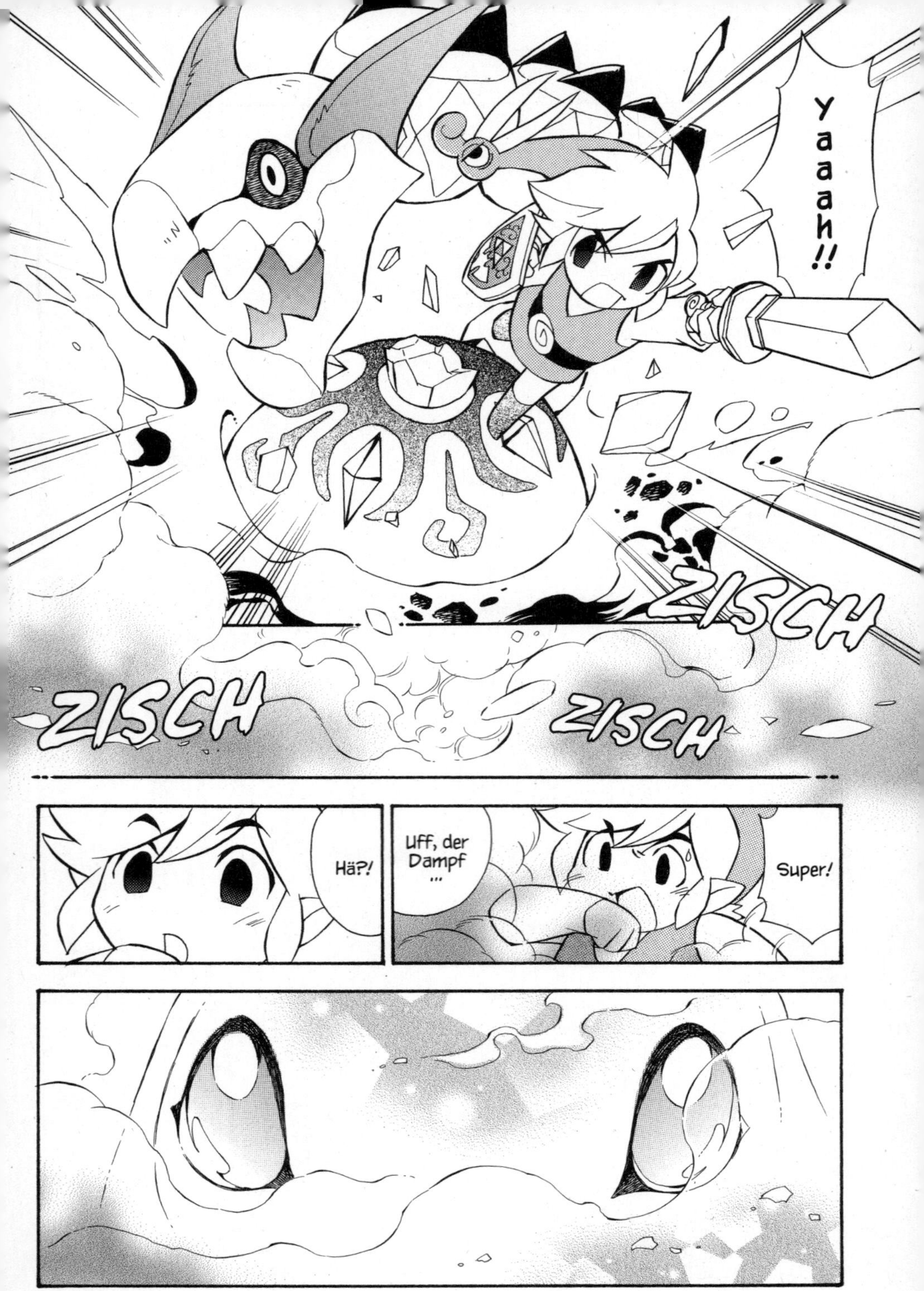

Yaaah!!
ZISCH
ZISCH
ZISCH
Hä?!
Uff, der Dampf ...
Super!

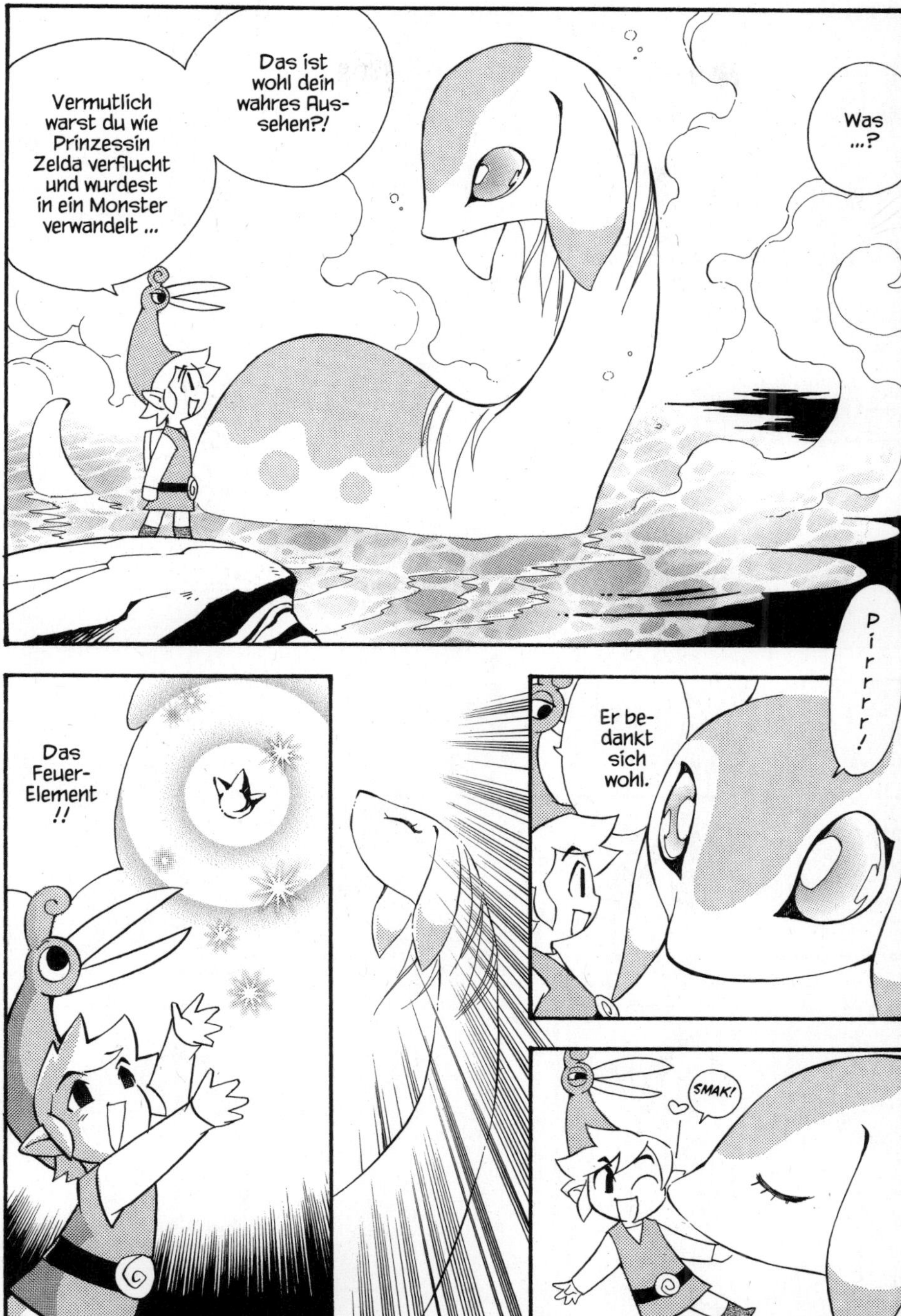

Was ...?
Das ist wohl dein wahres Aussehen?!
Vermutlich warst du wie Prinzessin Zelda verflucht und wurdest in ein Monster verwandelt ...
Pirrrrr!
Er bedankt sich wohl.
Das Feuer-Element!!
SMAK!

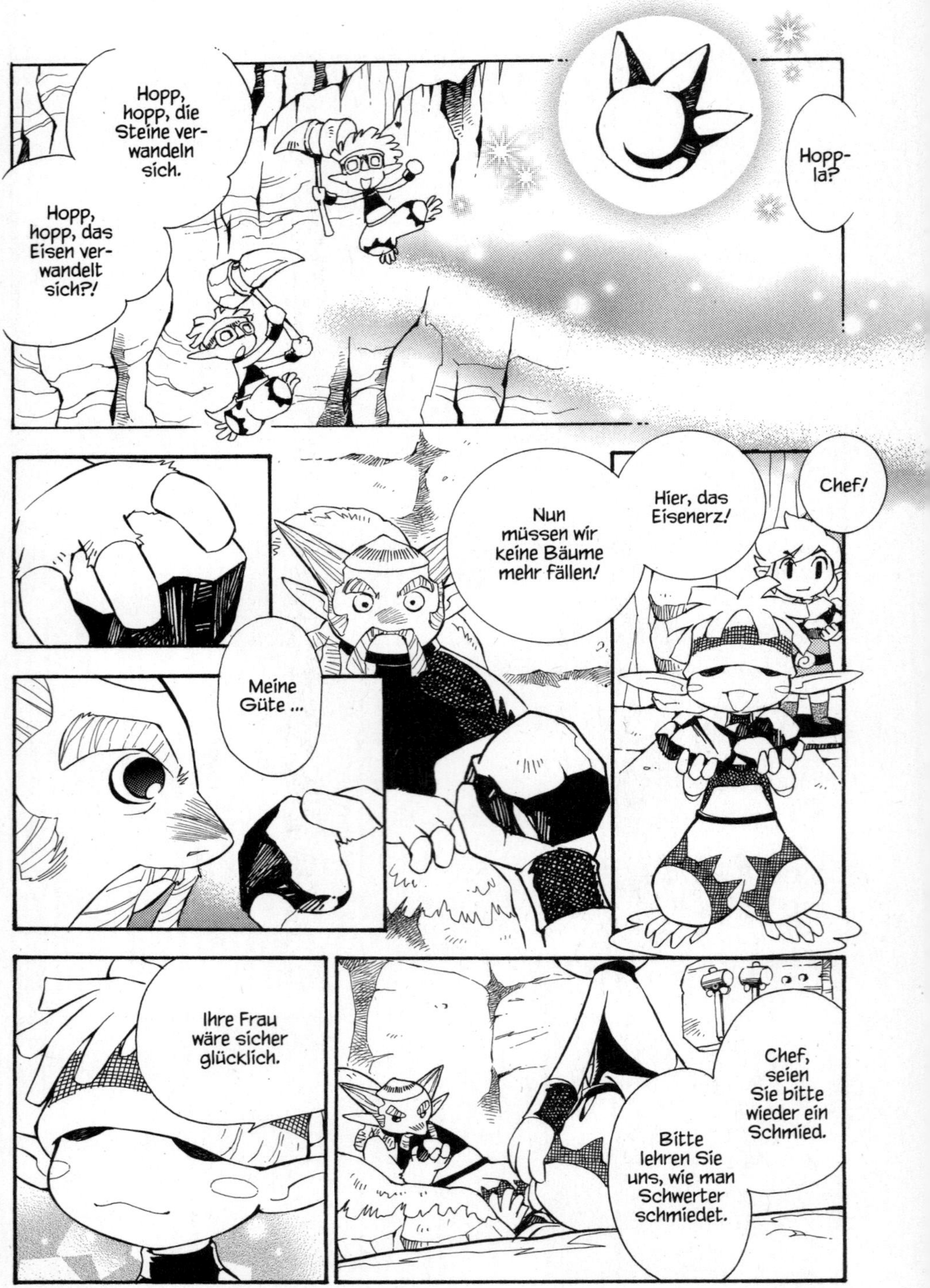
Hopp, hopp, die Steine verwandeln sich.
Hopp, hopp, das Eisen verwandelt sich?!
Hoppla?
Chef!
Hier, das Eisenerz!
Nun müssen wir keine Bäume mehr fällen!
Meine Güte ...
Chef, seien Sie bitte wieder ein Schmied.
Bitte lehren Sie uns, wie man Schwerter schmiedet.
Ihre Frau wäre sicher glücklich.

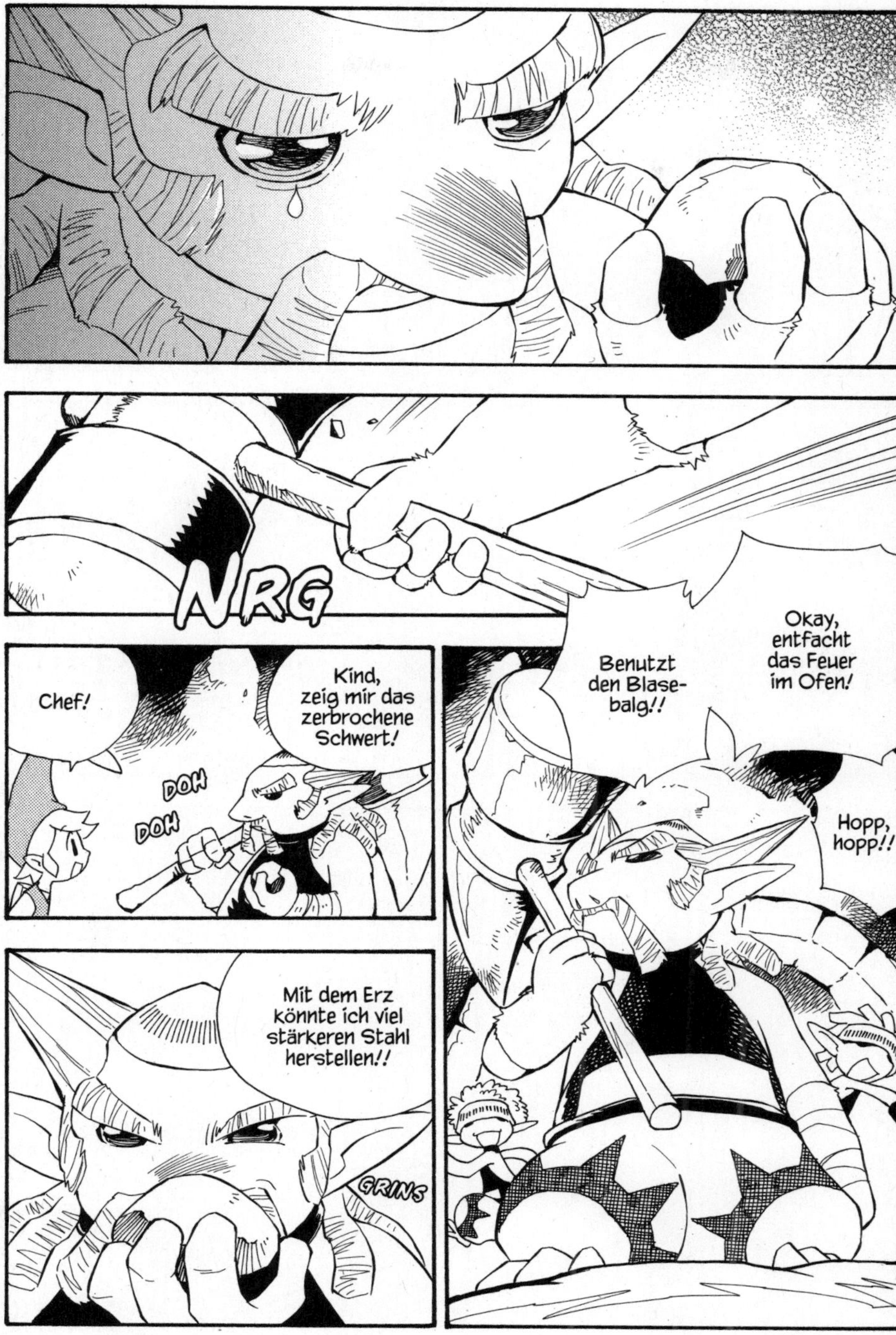
NRG
Okay, entfacht das Feuer im Ofen!
Benutzt den Blasebalg!!
Hopp, hopp!!
Kind, zeig mir das zerbrochene Schwert!
Chef!
DOH
DOH
Mit dem Erz könnte ich viel stärkeren Stahl herstellen!!
GRINS

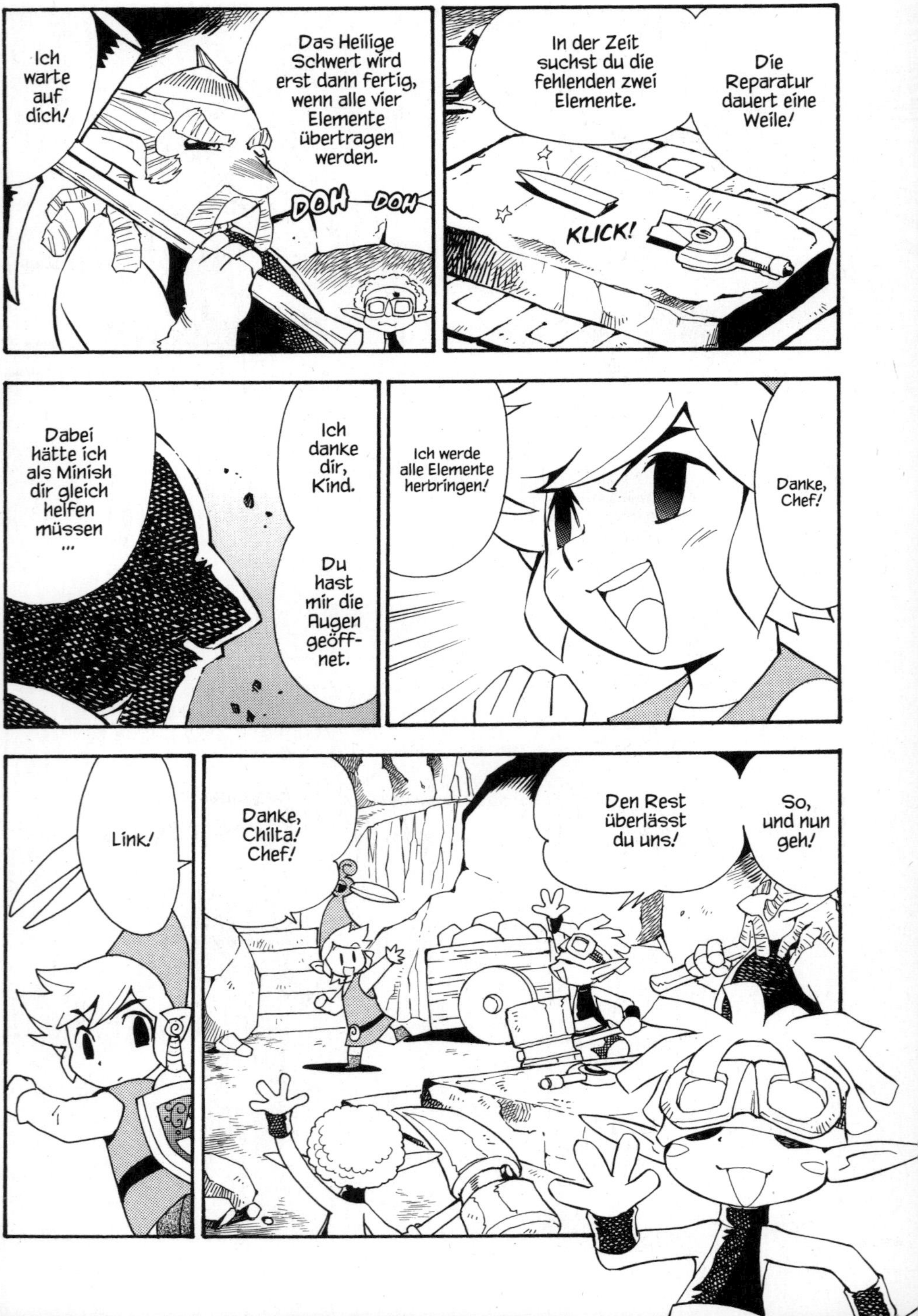
Die Reparatur dauert eine Weile!
In der Zeit suchst du die fehlenden zwei Elemente.
KLICK!
Das Heilige Schwert wird erst dann fertig, wenn alle vier Elemente übertragen werden.
DOH DOH
Ich warte auf dich!
Danke, Chef!
Ich werde alle Elemente herbringen!
Ich danke dir, Kind.
Du hast mir die Augen geöffnet.
Dabei hätte ich als Minish dir gleich helfen müssen ...
So, und nun geh!
Den Rest überlässt du uns!
Danke, Chilta! Chef!
Link!

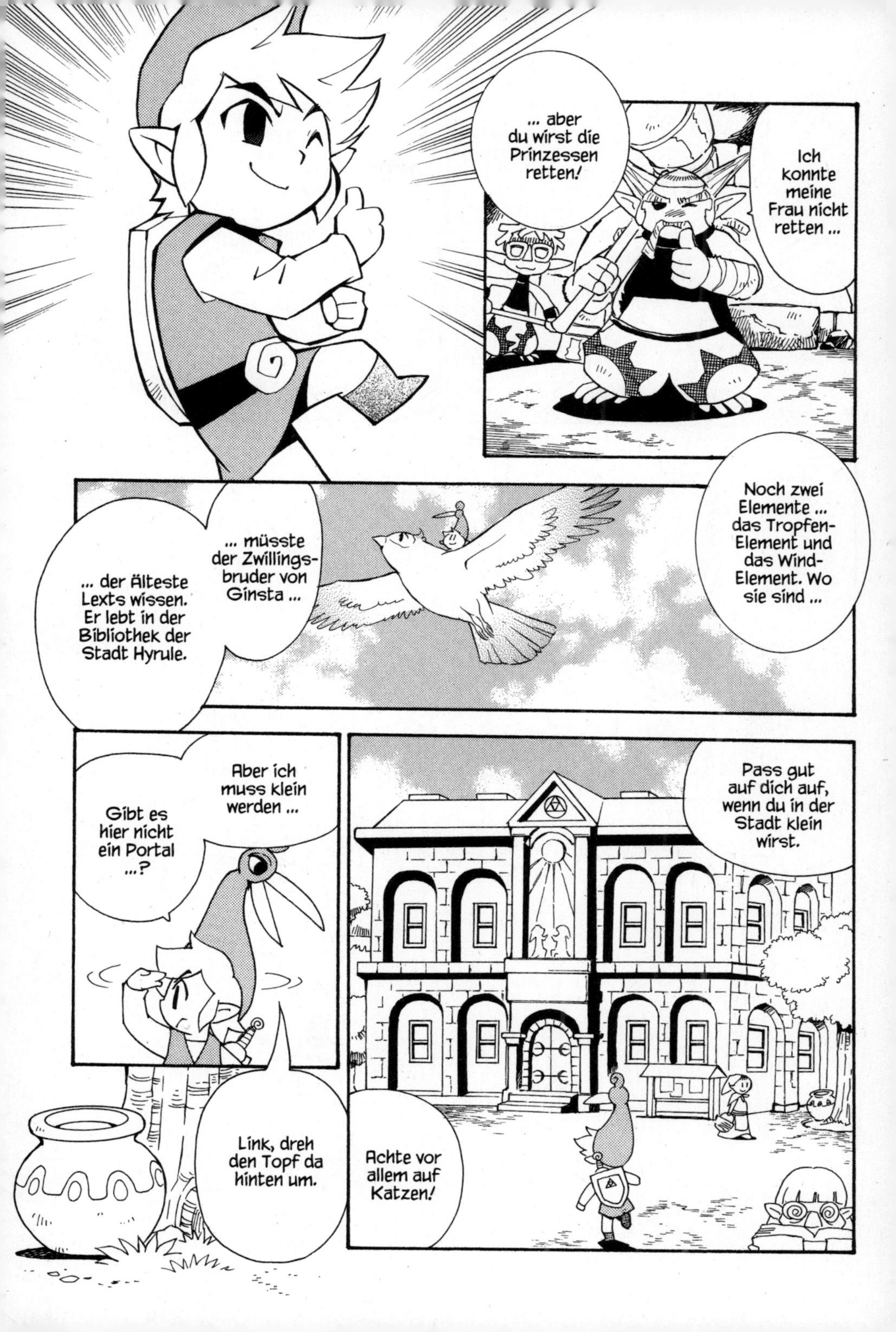

Ich konnte meine Frau nicht retten ...
... aber du wirst die Prinzessen retten!
Noch zwei Elemente ... das Tropfen-Element und das Wind-Element. Wo sie sind ...
... müsste der Zwillingsbruder von Ginsta ...
... der Älteste Lexts wissen. Er lebt in der Bibliothek der Stadt Hyrule.
Pass gut auf dich auf, wenn du in der Stadt klein wirst.
Achte vor allem auf Katzen!
Aber ich muss klein werden ...
Gibt es hier nicht ein Portal ...?
Link, dreh den Topf da hinten um.

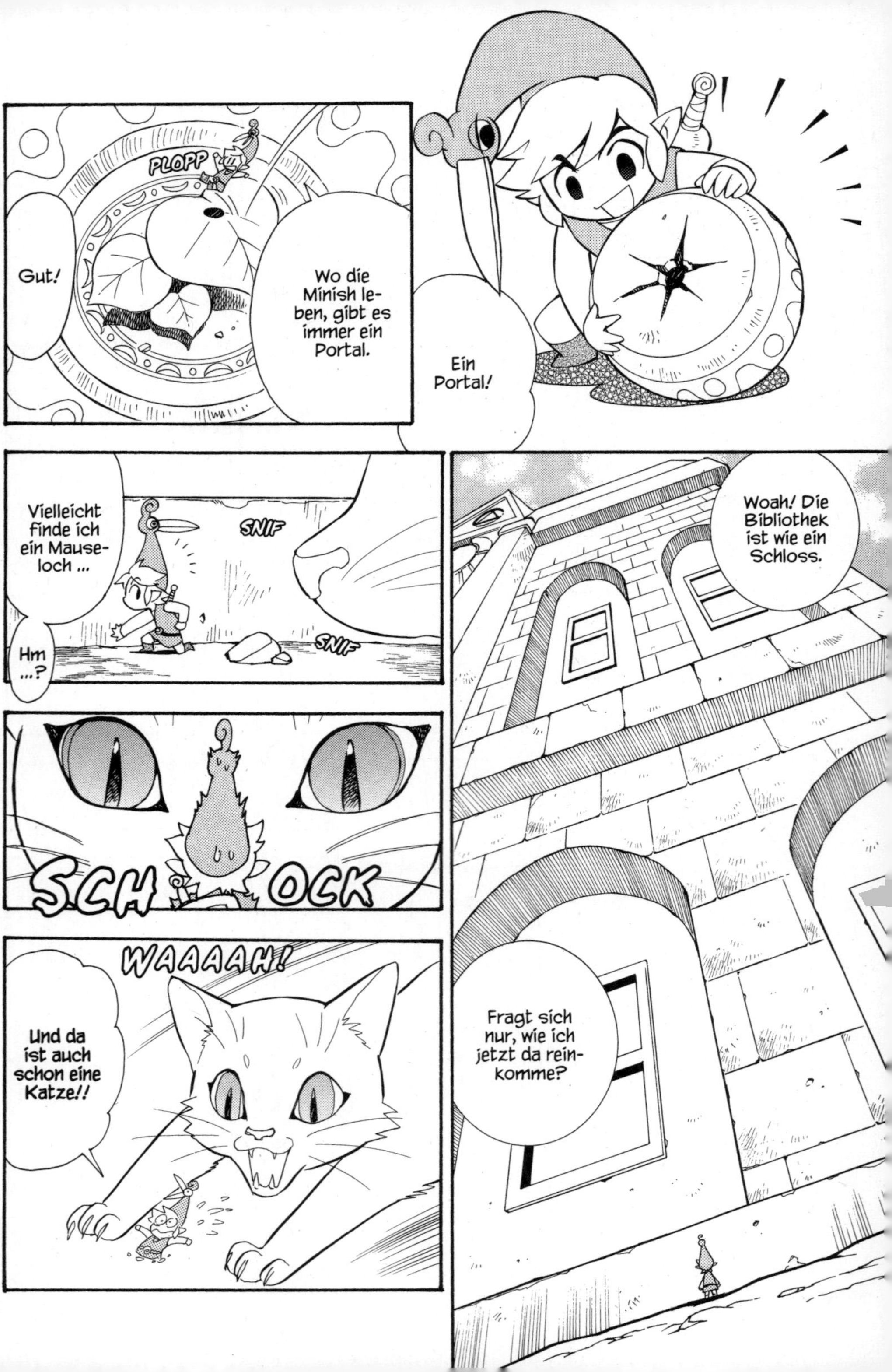

Ein Portal!
Wo die Minish leben, gibt es immer ein Portal.
PLOPP
Gut!
Woah! Die Bibliothek ist wie ein Schloss.
Fragt sich nur, wie ich jetzt da reinkomme?
SNIF
Vielleicht finde ich ein Mauseloch ...
SNIF
Hm ...?
SCH OCK
WAAAAH!
Und da ist auch schon eine Katze!!

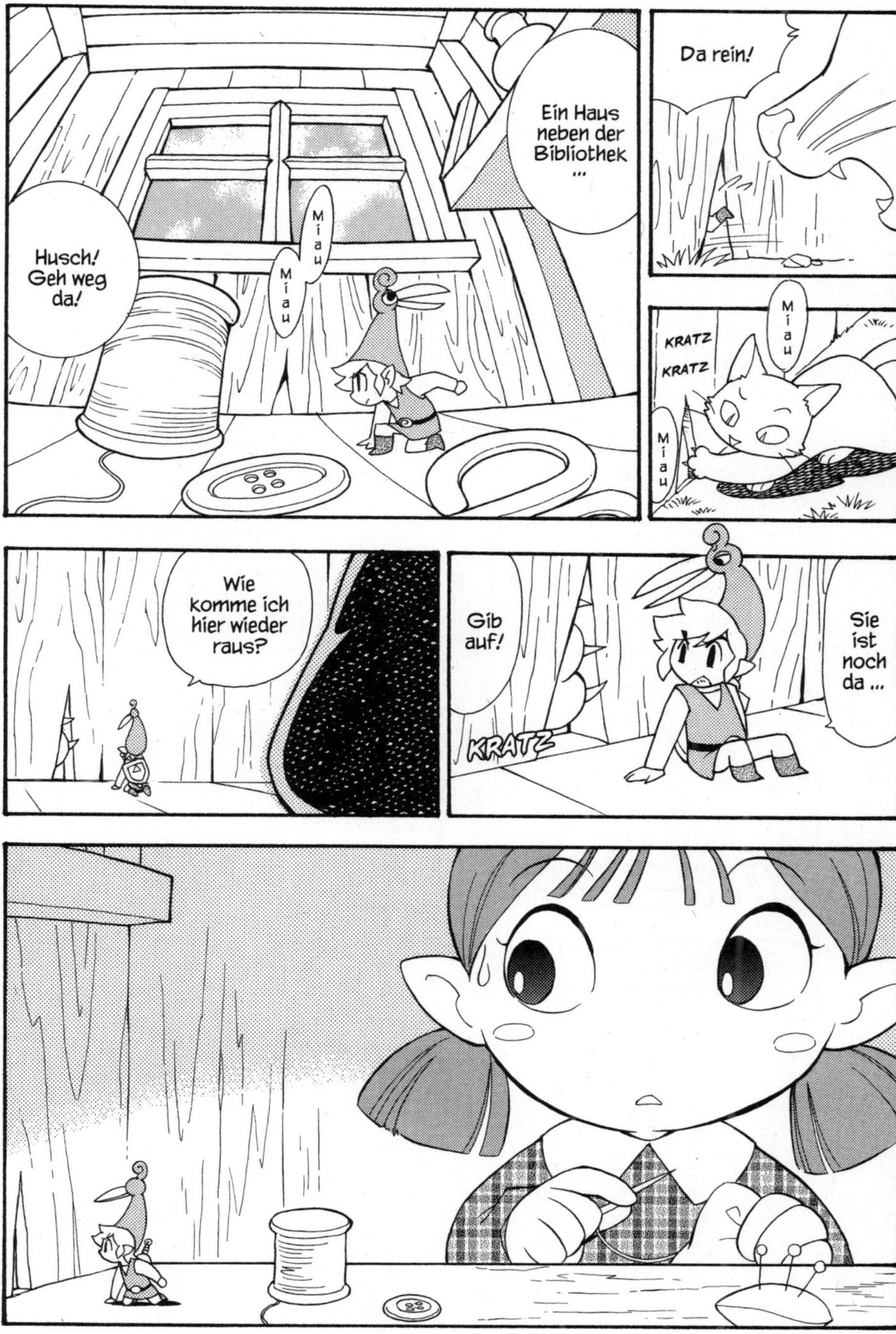
Husch! Geh weg da!
Miau
Miau
Ein Haus neben der Bibliothek ...
Da rein!
KRATZ
KRATZ
Miau
Miau
Wie komme ich hier wieder raus?
Gib auf!
KRATZ
Sie ist noch da ...

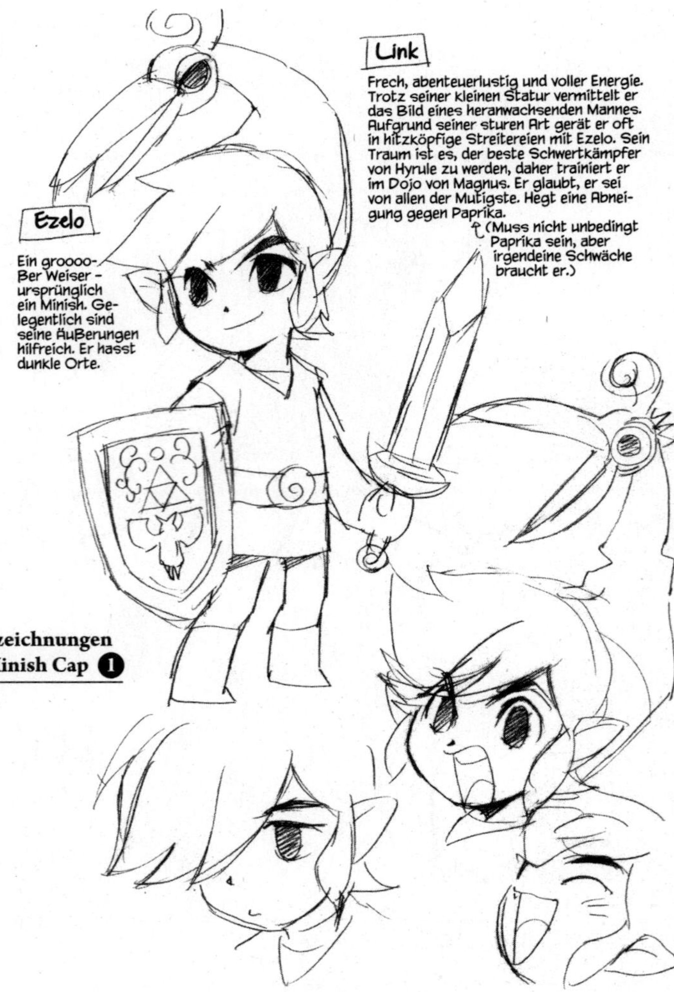

Konzeptzeichnungen zu The Minish Cap 1

4. Kapitel: Ezelo und Vaati

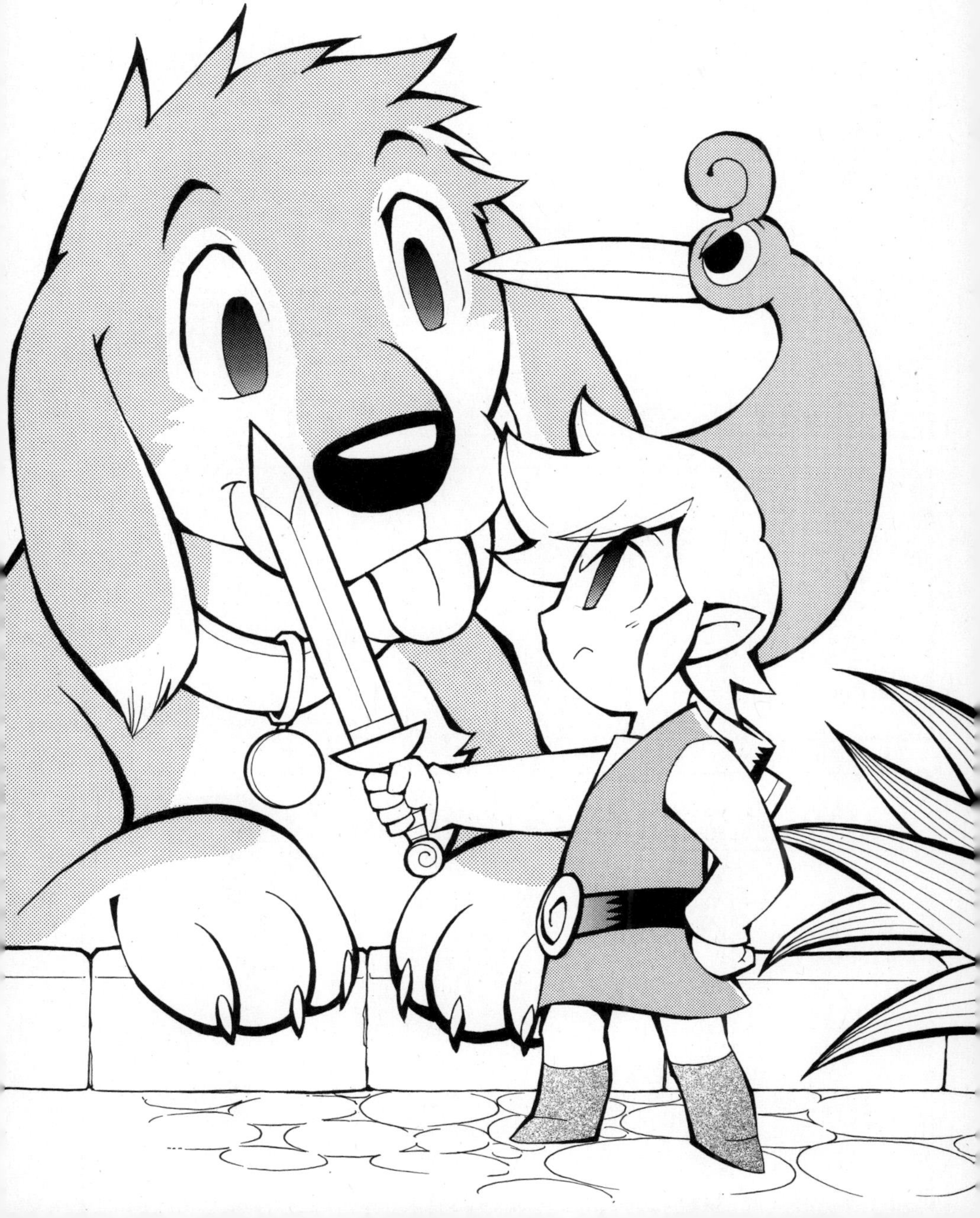

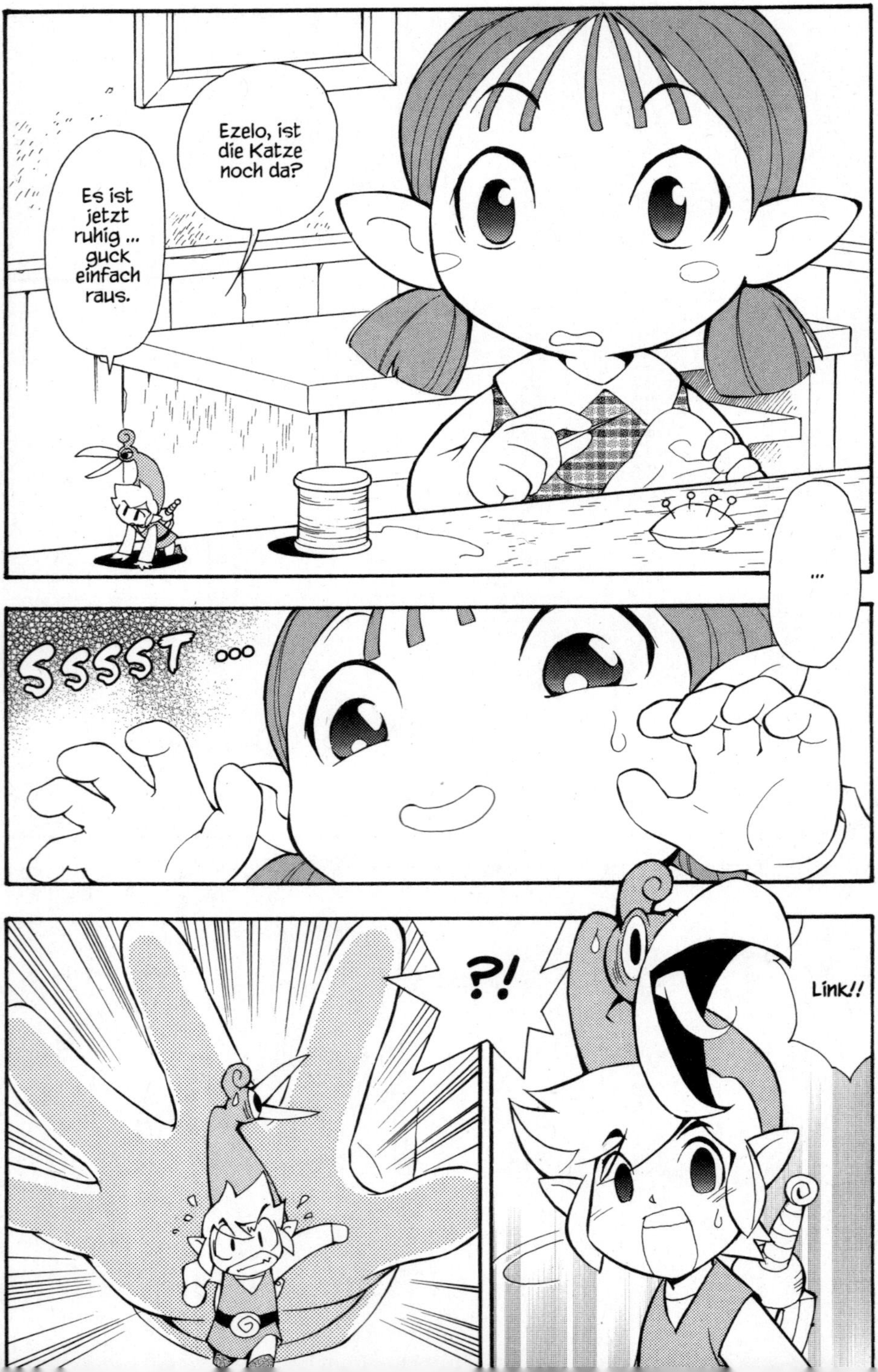
Ezelo, ist die Katze noch da?
Es ist jetzt ruhig ... guck einfach raus.
...
SSSST ...
?!
Link!!

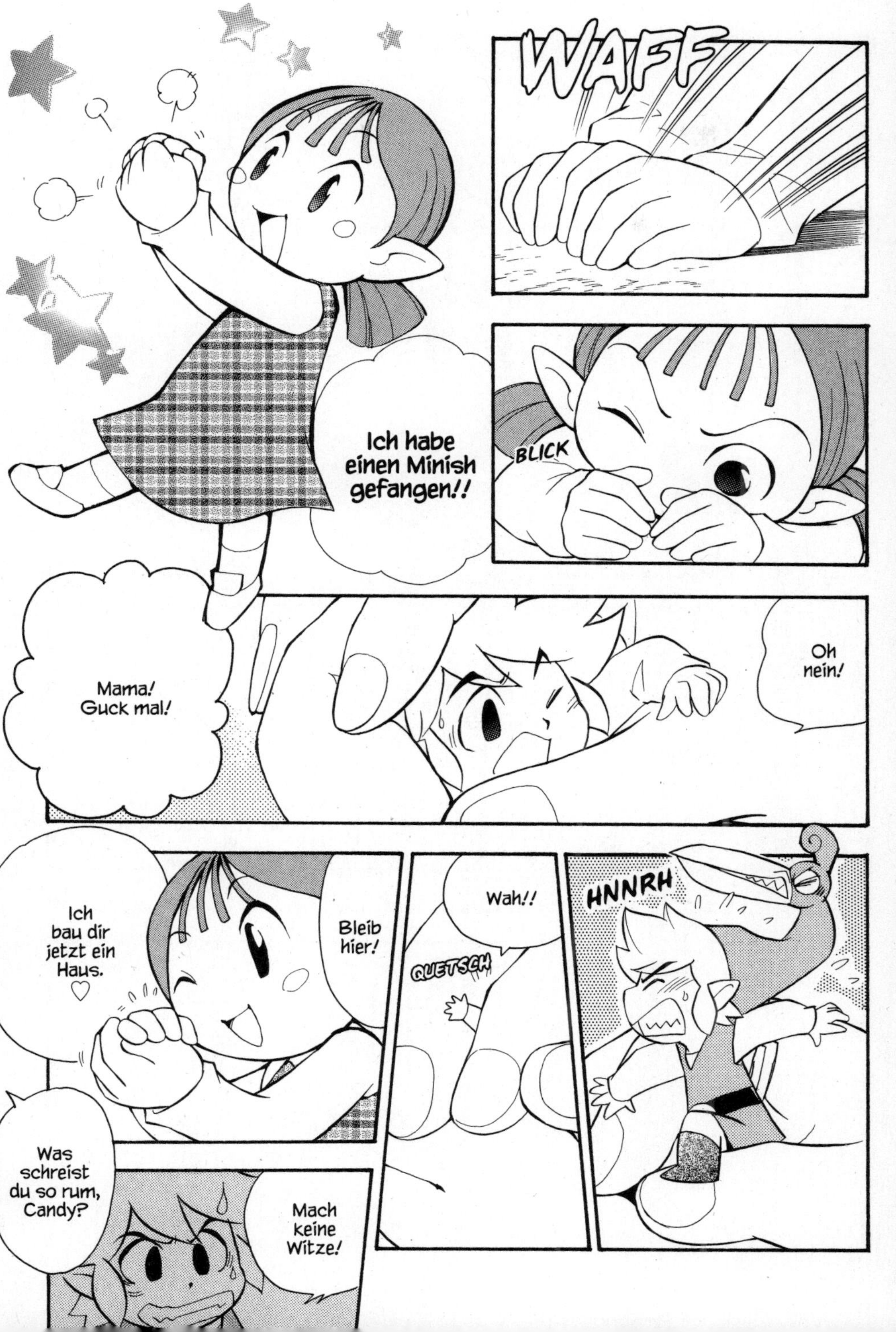

WAFF
BLICK
Ich habe einen Minish gefangen!!
Oh nein!
Mama! Guck mal!
HNNRH
Wah!!
QUETSCH
Bleib hier!
Ich bau dir jetzt ein Haus. ♡
Mach keine Witze!
Was schreist du so rum, Candy?

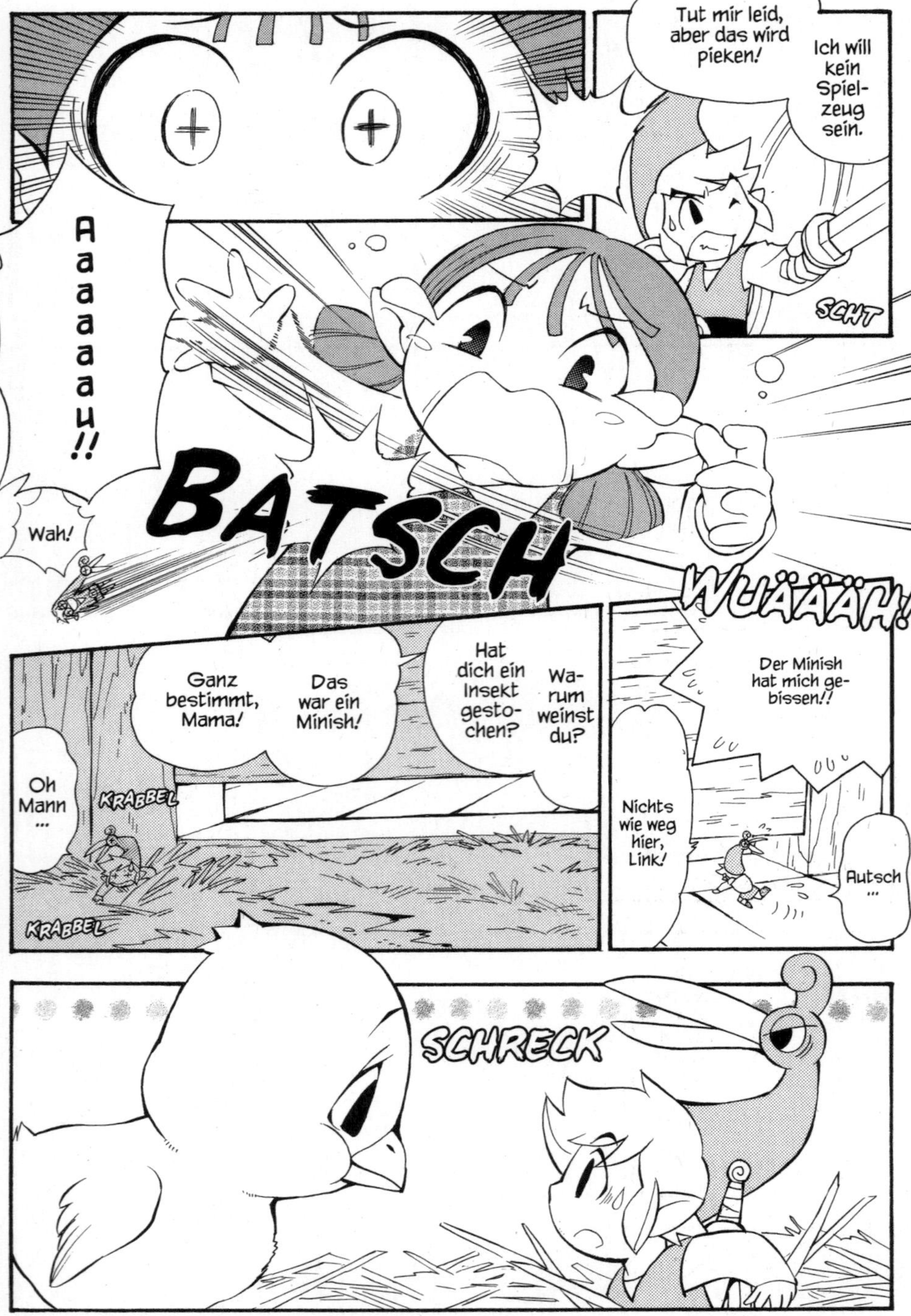
Tut mir leid, aber das wird pieken!
Ich will kein Spielzeug sein.
SCHT
Aaaaaaau!!
Wah!
BATSCH
WUÄÄÄH!
Der Minish hat mich gebissen!!
Wa-rum weinst du?
Hat dich ein Insekt gesto-chen?
Das war ein Minish!
Ganz bestimmt, Mama!
Oh Mann ...
KRABBEL
KRABBEL
Nichts wie weg hier, Link!
Autsch ...
SCHRECK

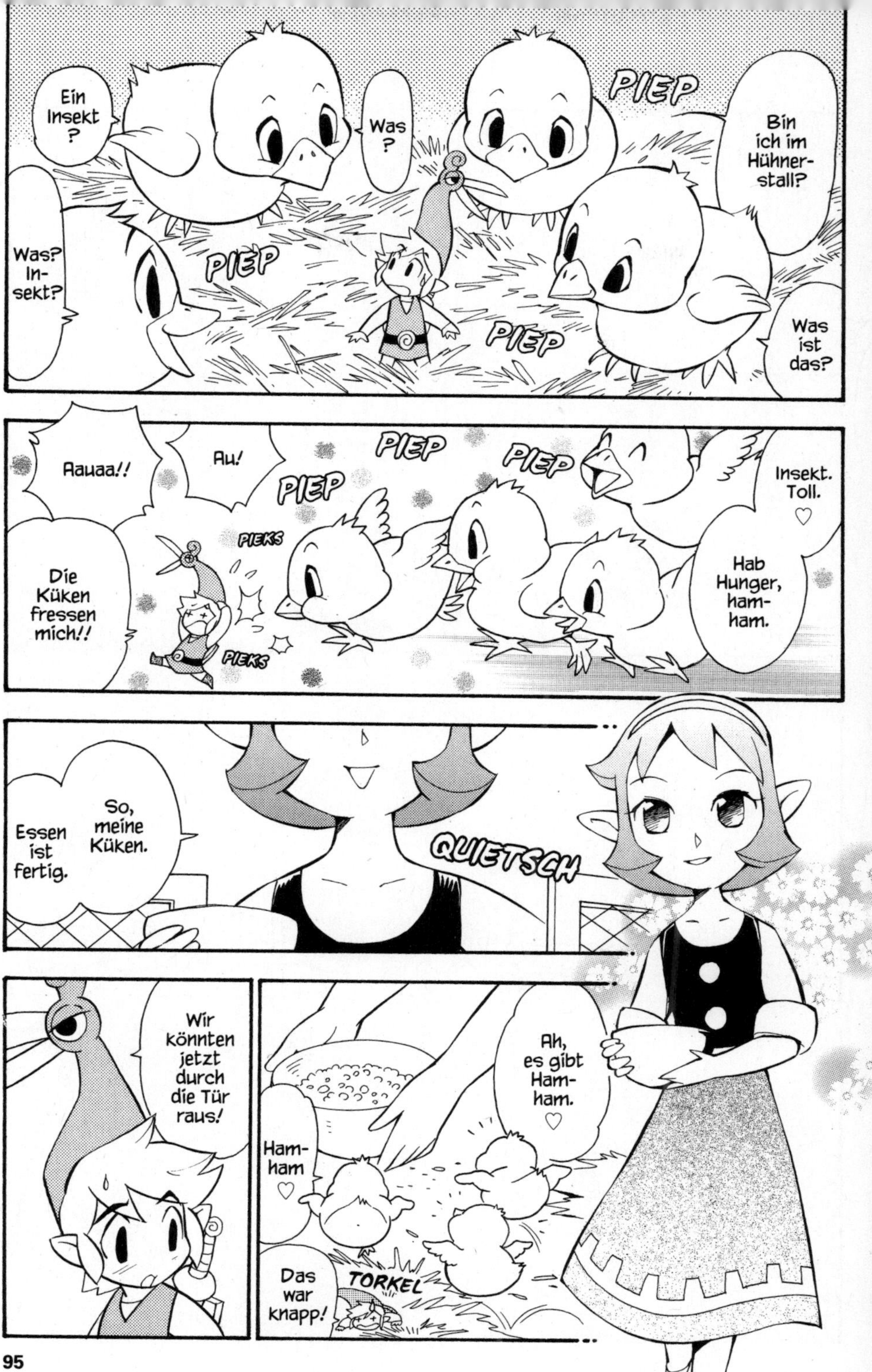
Ein Insekt?
Was?
PIEP
Bin ich im Hühnerstall?
Was? Insekt?
PIEP
PIEP
Was ist das?
Aauaa!!
Au!
PIEP
PIEP
PIEP
Insekt. Toll. ♡
PIEKS
PIEKS
Die Küken fressen mich!!
Hab Hunger, ham-ham.
So, meine Küken.
Essen ist fertig.
QUIETSCH
Wir könnten jetzt durch die Tür raus!
Ah, es gibt Ham-ham. ♡
Ham-ham ♡
Das war knapp!
TORKEL

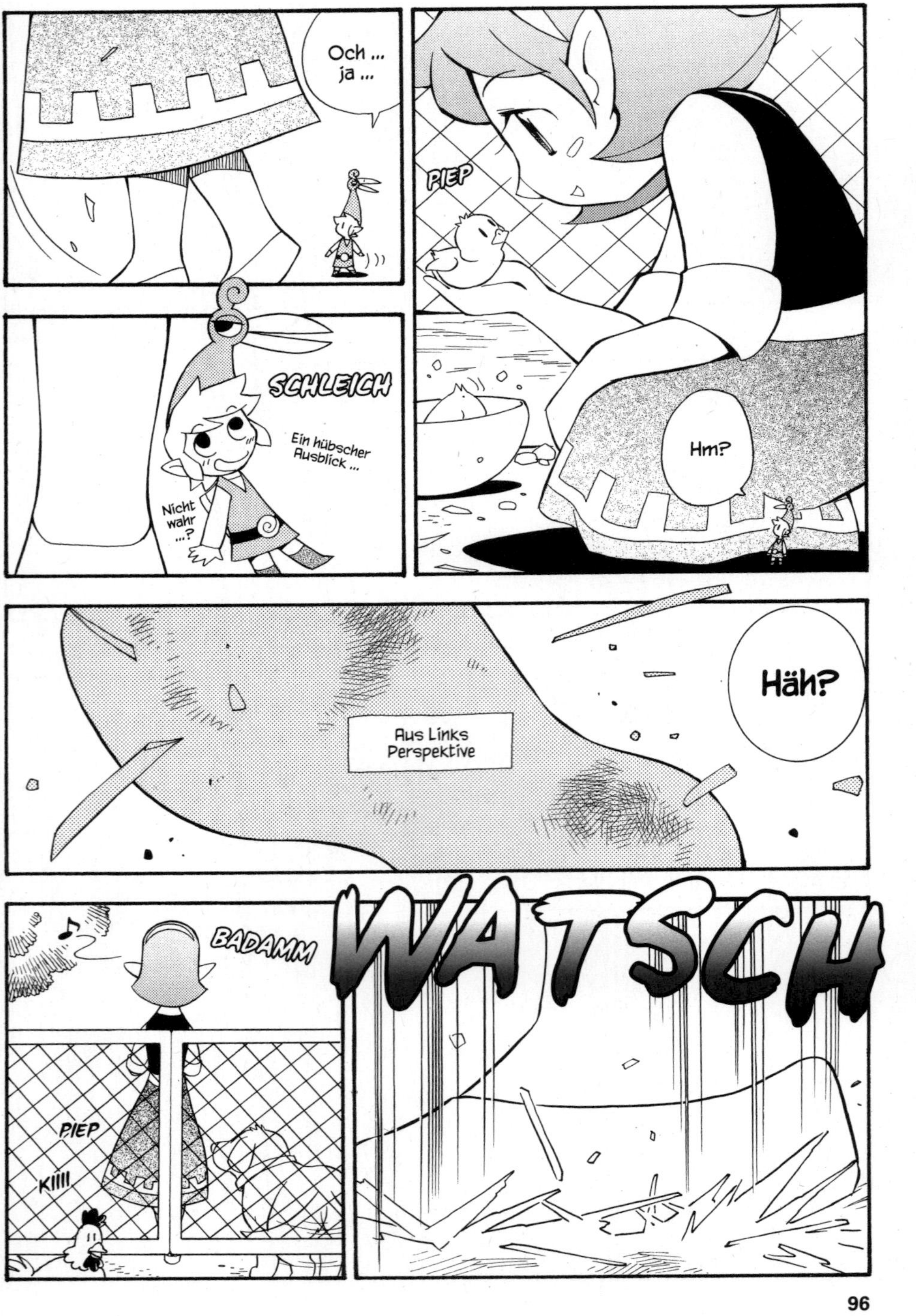
Och ... ja ...
PIEP
SCHLEICH
Ein hübscher Ausblick ...
Nicht wahr ...?
Hm?
Häh?
Aus Links Perspektive
BADAMM
WATSCH
PIEP
KIIII

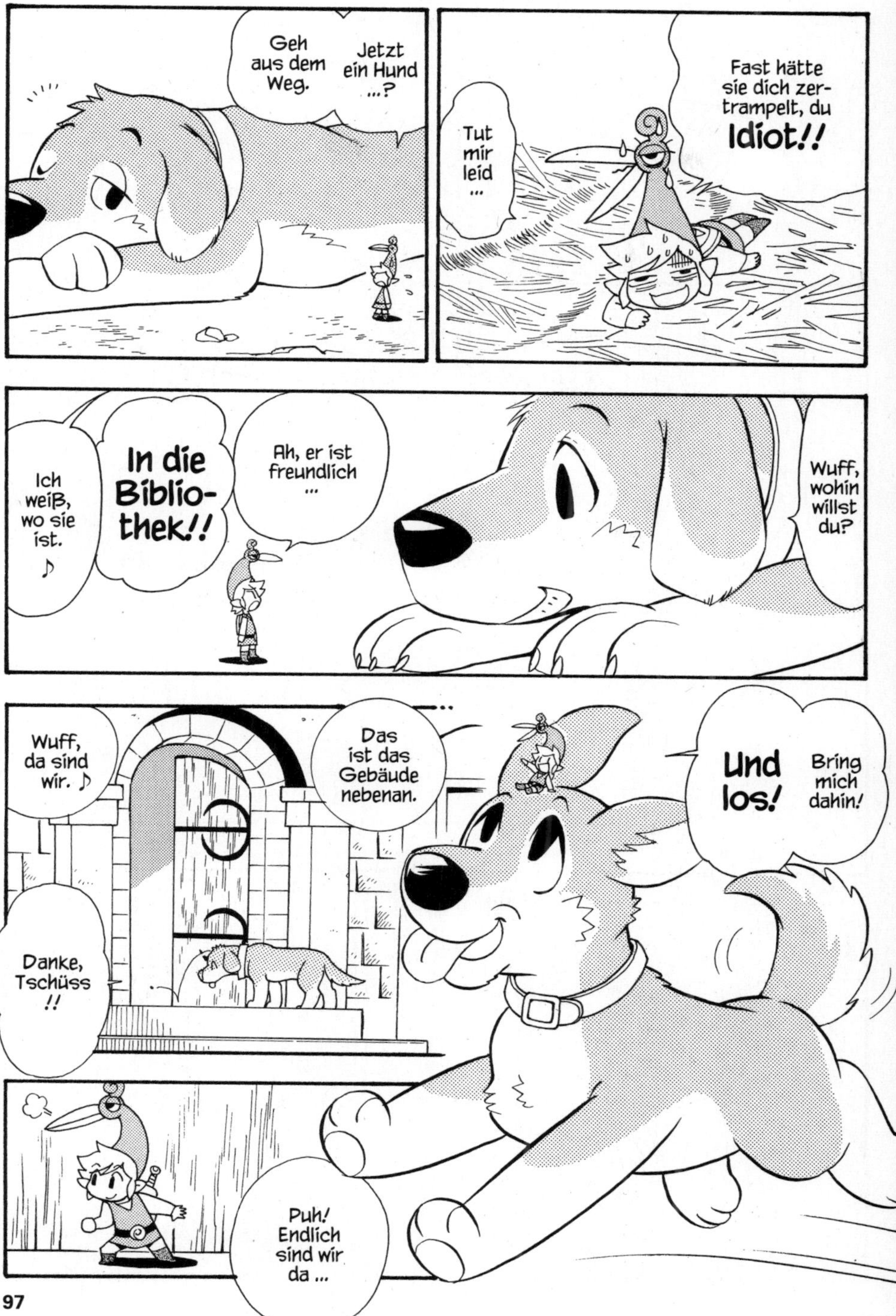
Fast hätte sie dich zertrampelt, du Idiot!!
Tut mir leid ...
Jetzt ein Hund ...?
Geh aus dem Weg.
Wuff, wohin willst du?
Ah, er ist freundlich ...
In die Bibliothek!!
Ich weiß, wo sie ist. ♪
Bring mich dahin!
Und los!
Das ist das Gebäude nebenan.
Wuff, da sind wir. ♪
Danke, Tschüss !!
Puh! Endlich sind wir da ...

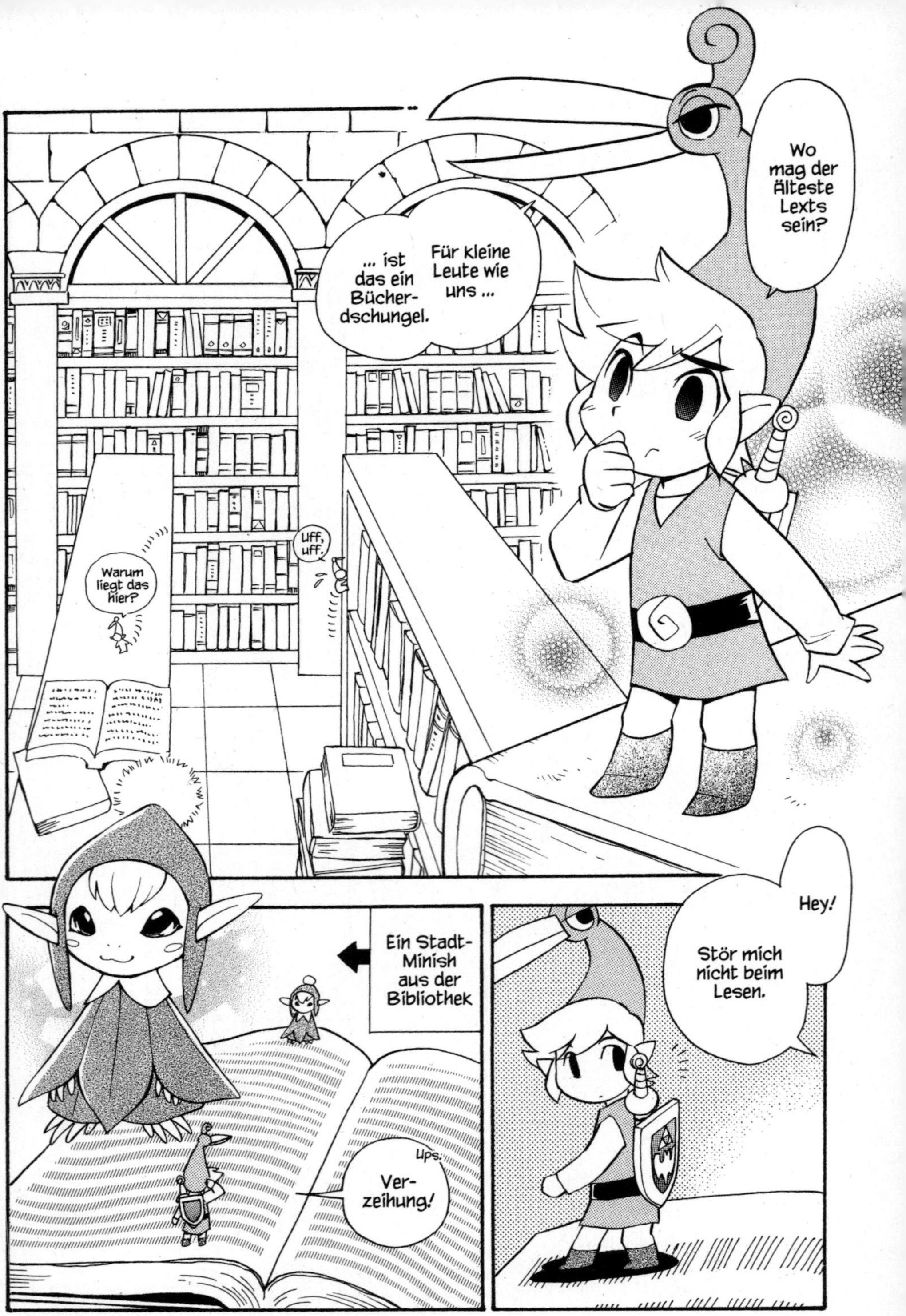
Wo mag der Älteste Lexts sein?
Für kleine Leute wie uns ...
... ist das ein Bücherdschungel.
Uff, uff.
Warum liegt das hier?
Hey!
Stör mich nicht beim Lesen.
Ein Stadt-Minish aus der Bibliothek
Ups.
Verzeihung!

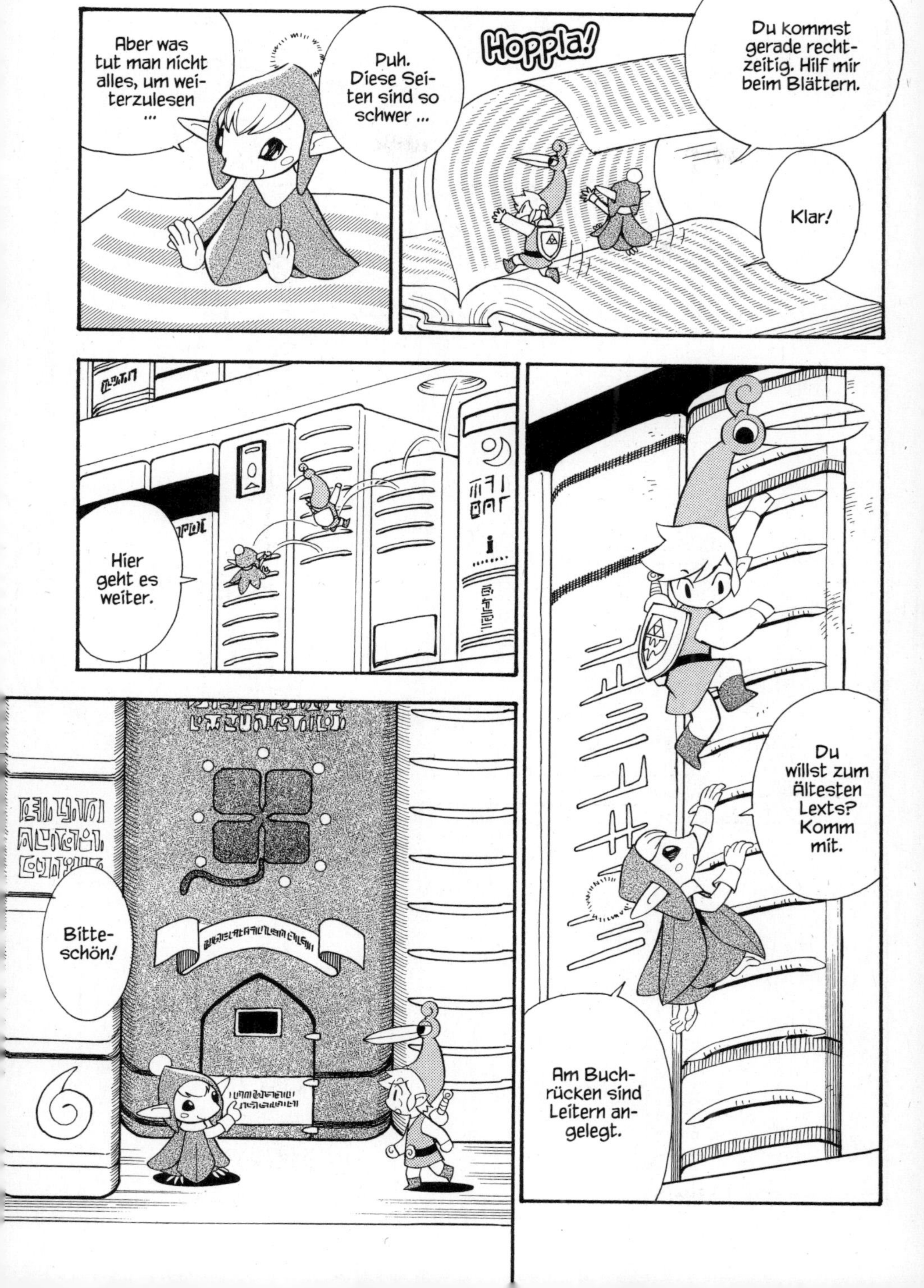
Hoppla!
Du kommst gerade rechtzeitig. Hilf mir beim Blättern.
Klar!
Puh. Diese Seiten sind so schwer ...
Aber was tut man nicht alles, um weiterzulesen ...
Du willst zum Ältesten Lexts? Komm mit.
Am Buchrücken sind Leitern angelegt.
Hier geht es weiter.
Bitteschön!

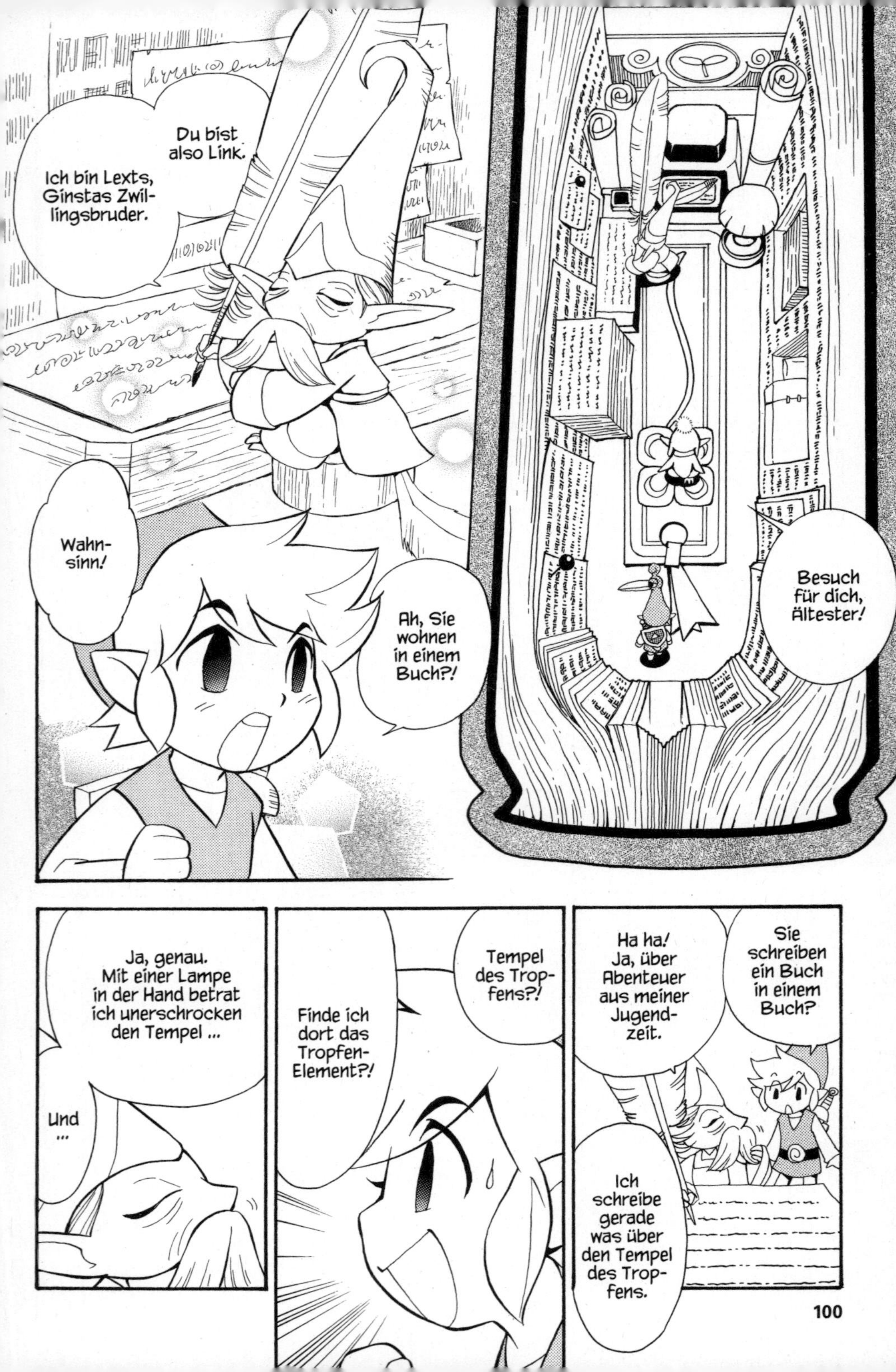

Besuch für dich, Ältester!
Du bist also Link.
Ich bin Lexts, Ginstas Zwillingsbruder.
Ah, Sie wohnen in einem Buch?!
Wahnsinn!
Sie schreiben ein Buch in einem Buch?
Ha ha! Ja, über Abenteuer aus meiner Jugendzeit.
Ich schreibe gerade was über den Tempel des Tropfens.
Tempel des Tropfens?!
Finde ich dort das Tropfen-Element?!
Ja, genau. Mit einer Lampe in der Hand betrat ich unerschrocken den Tempel ...
Und ...

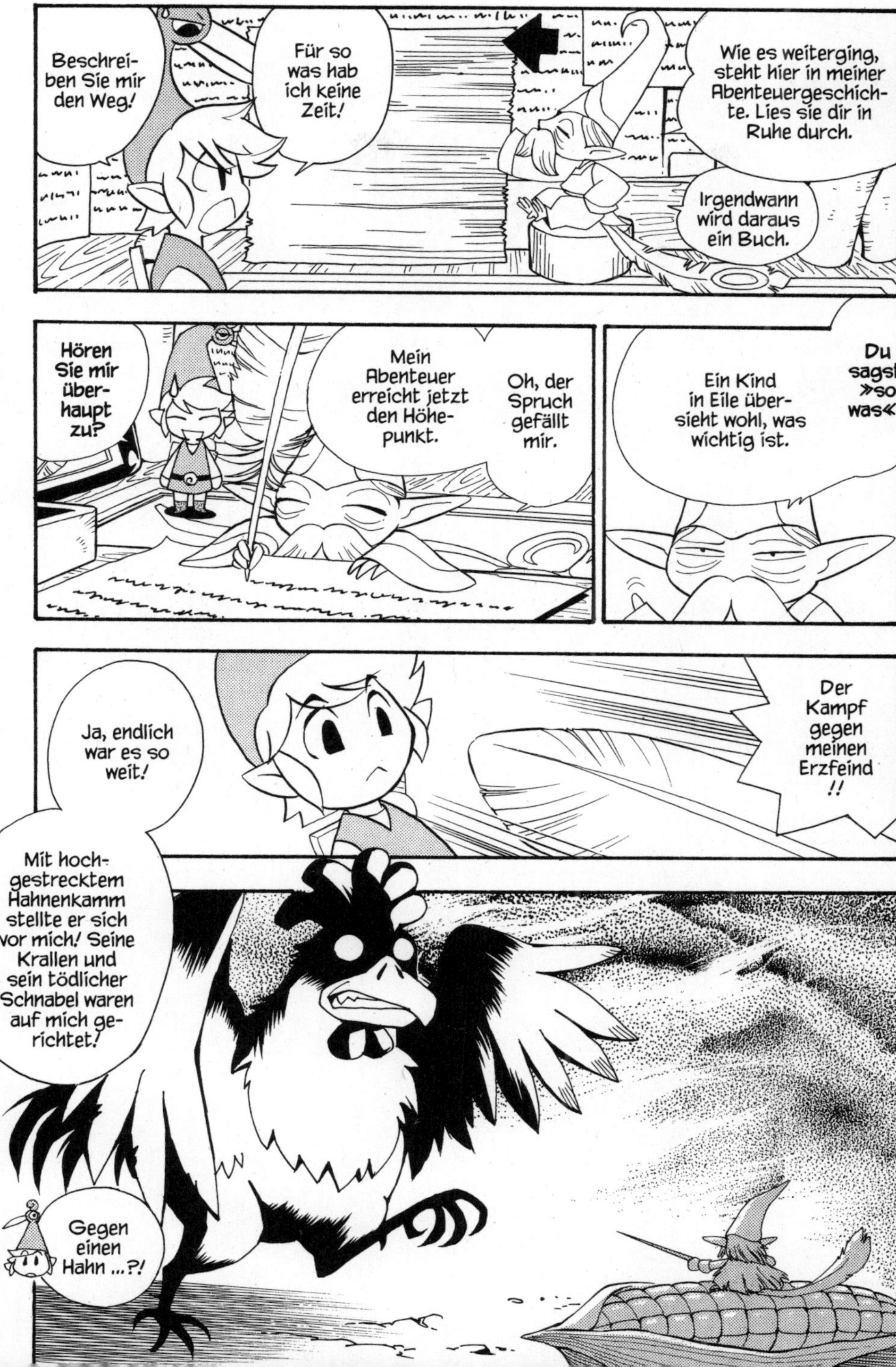
Beschreiben Sie mir den Weg!
Für so was hab ich keine Zeit!
Wie es weiterging, steht hier in meiner Abenteuergeschichte. Lies sie dir in Ruhe durch.
Irgendwann wird daraus ein Buch.
Hören Sie mir überhaupt zu?
Mein Abenteuer erreicht jetzt den Höhepunkt.
Oh, der Spruch gefällt mir.
Du sagst, »so was«?
Ein Kind in Eile übersieht wohl, was wichtig ist.
Ja, endlich war es so weit!
Der Kampf gegen meinen Erzfeind!!
Mit hochgestrecktem Hahnenkamm stellte er sich vor mich! Seine Krallen und sein tödlicher Schnabel waren auf mich gerichtet!
Gegen einen Hahn ...?!

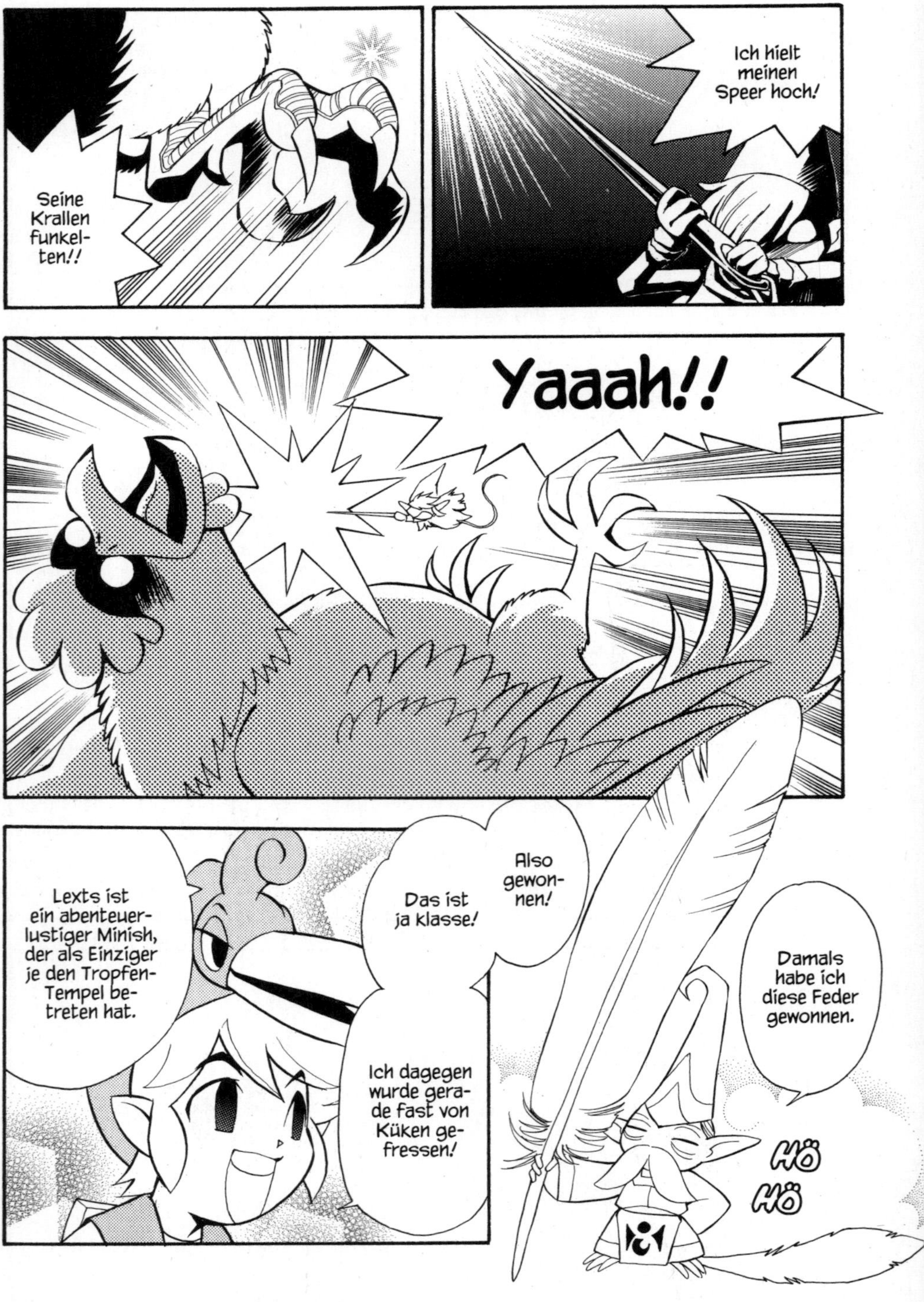

Seine Krallen funkel- ten!!
Ich hielt meinen Speer hoch!
Yaaah!!
Lexts ist ein abenteuer- lustiger Minish, der als Einziger je den Tropfen- Tempel be- treten hat.
Also gewon- nen!
Das ist ja klasse!
Damals habe ich diese Feder gewonnen.
Ich dagegen wurde gera- de fast von Küken ge- fressen!
Hö
Hö

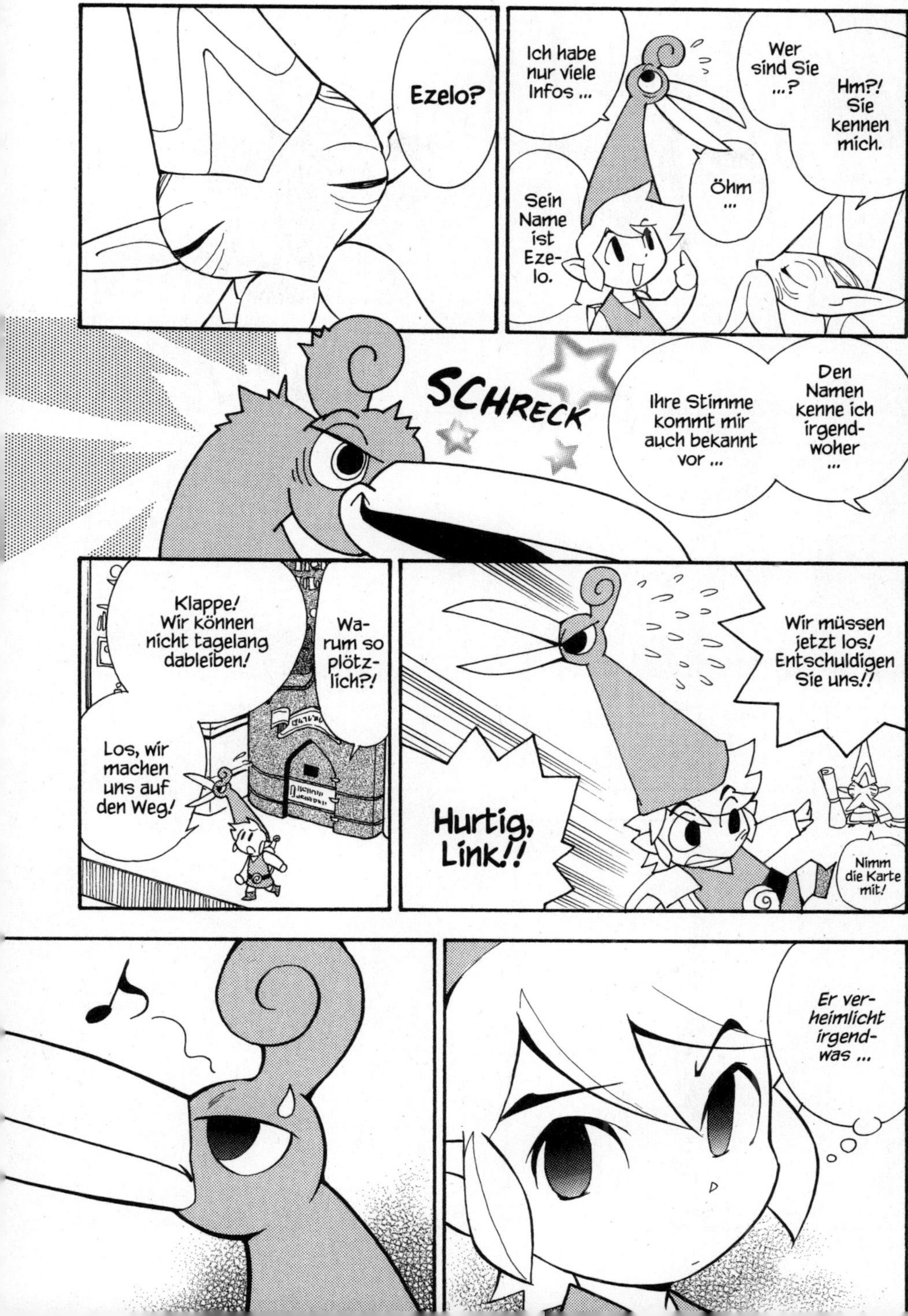
Wer sind Sie ...?
Hm?! Sie kennen mich.
Öhm ...
Ich habe nur viele Infos ...
Sein Name ist Eze-lo.
Ezelo?
Den Namen kenne ich irgend-woher ...
Ihre Stimme kommt mir auch bekannt vor ...
SCHRECK
Wir müssen jetzt los! Entschuldigen Sie uns!!
Hurtig, Link!!
Nimm die Karte mit!
Wa-rum so plötz-lich?!
Klappe! Wir können nicht tagelang dableiben!
Los, wir machen uns auf den Weg!
Er ver-heimlicht irgend-was ...

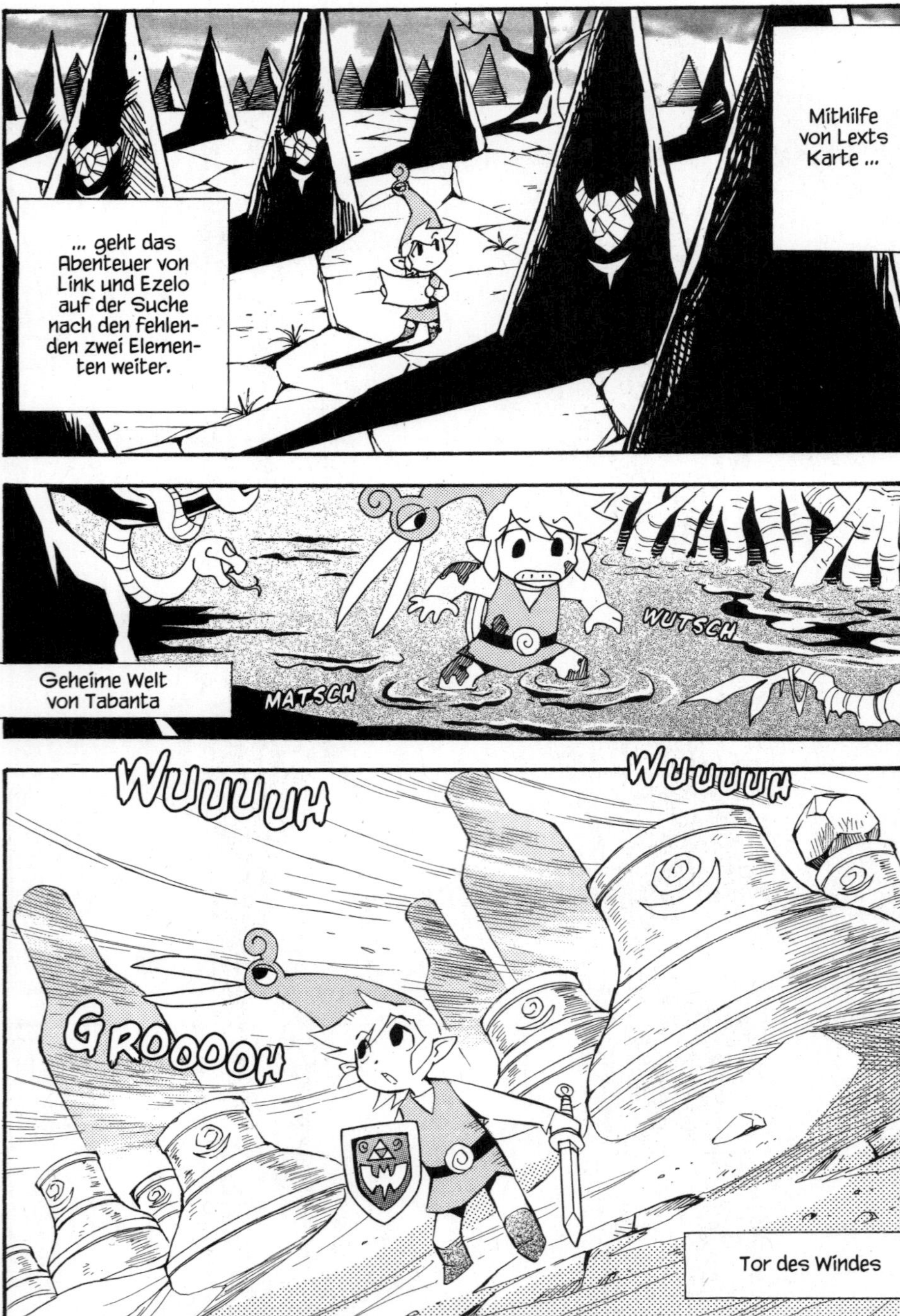
Mithilfe von Lexts Karte ...
... geht das Abenteuer von Link und Ezelo auf der Suche nach den fehlenden zwei Elementen weiter.
WUTSCH
Geheime Welt von Tabanta
MATSCH
WUUUUH
WUUUUH
GROOOOOH
Tor des Windes

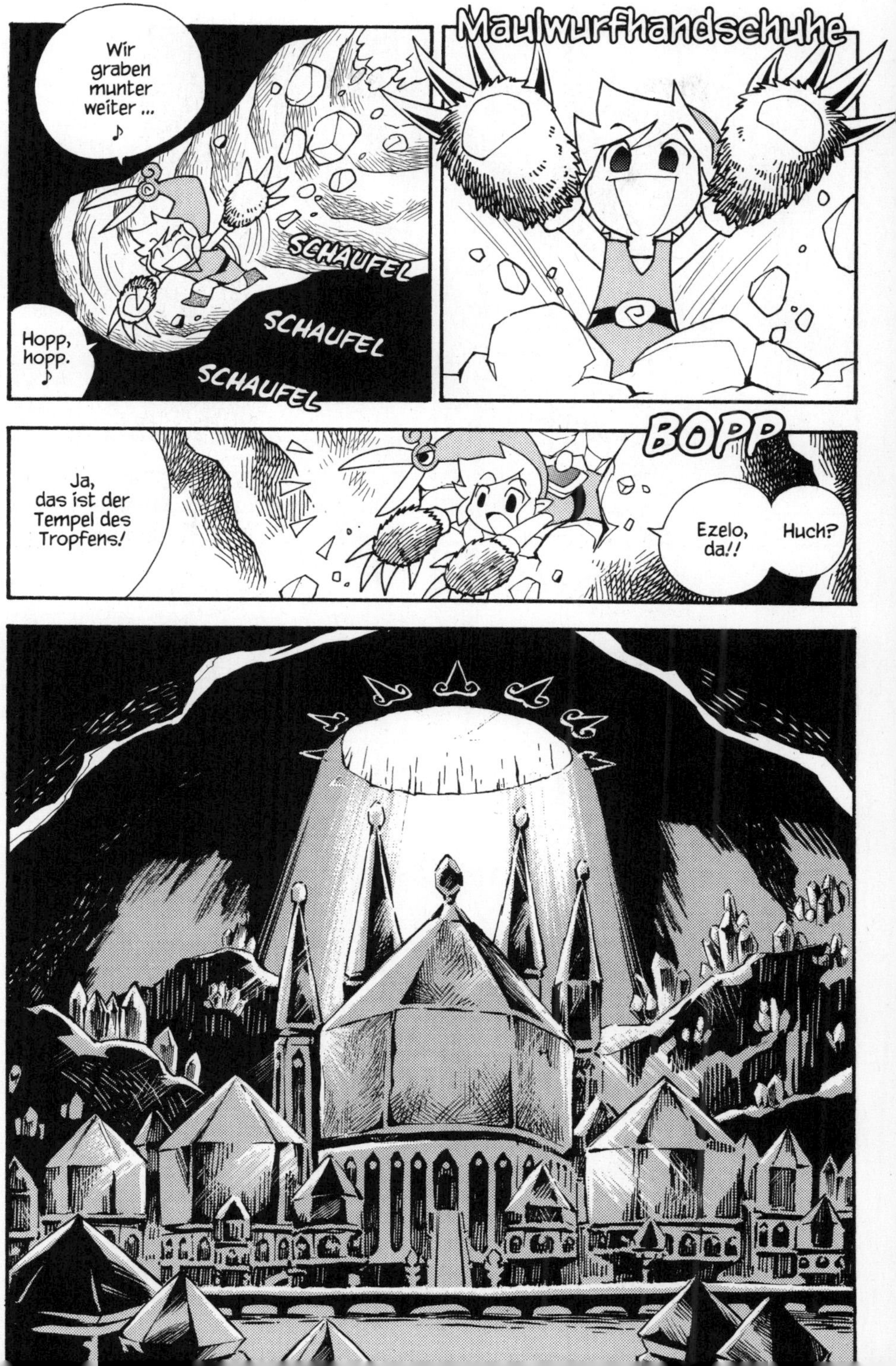
Wir graben munter weiter ... ♪
SCHAUFEL
SCHAUFEL
SCHAUFEL
Hopp, hopp. ♪
Maulwurfhandschuhe
BOPP
Huch?
Ezelo, da!!
Ja, das ist der Tempel des Tropfens!

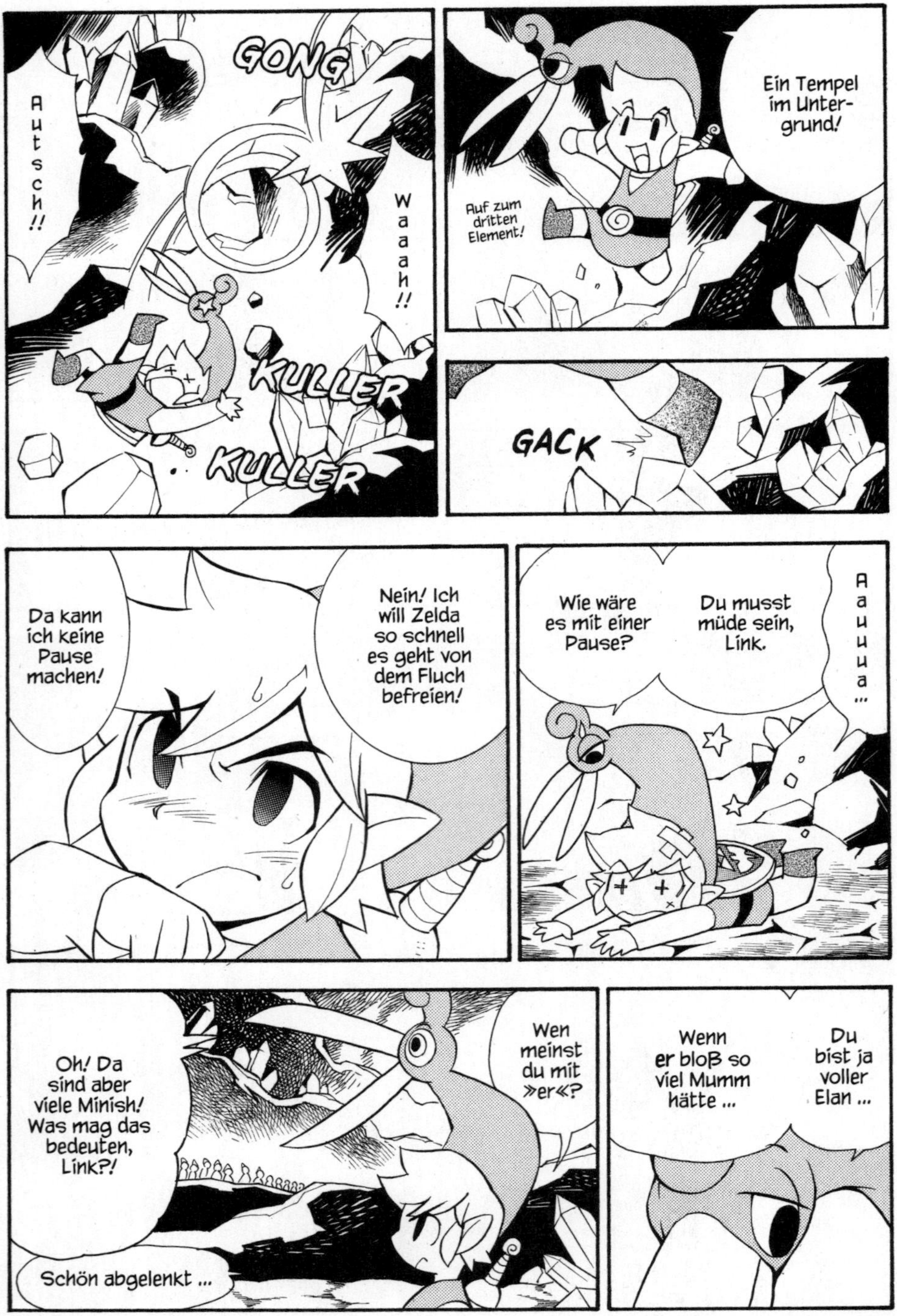
Ein Tempel im Untergrund!
Auf zum dritten Element!
GACK
GONG
Waaah!!
Autsch!!
KULLER
KULLER
Aauuua ...
Du musst müde sein, Link.
Wie wäre es mit einer Pause?
Nein! Ich will Zelda so schnell es geht von dem Fluch befreien!
Da kann ich keine Pause machen!
Du bist ja voller Elan ...
Wenn **er** bloß so viel Mumm hätte ...
Wen meinst du mit »er«?
Oh! Da sind aber viele Minish! Was mag das bedeuten, Link?!
Schön abgelenkt ...

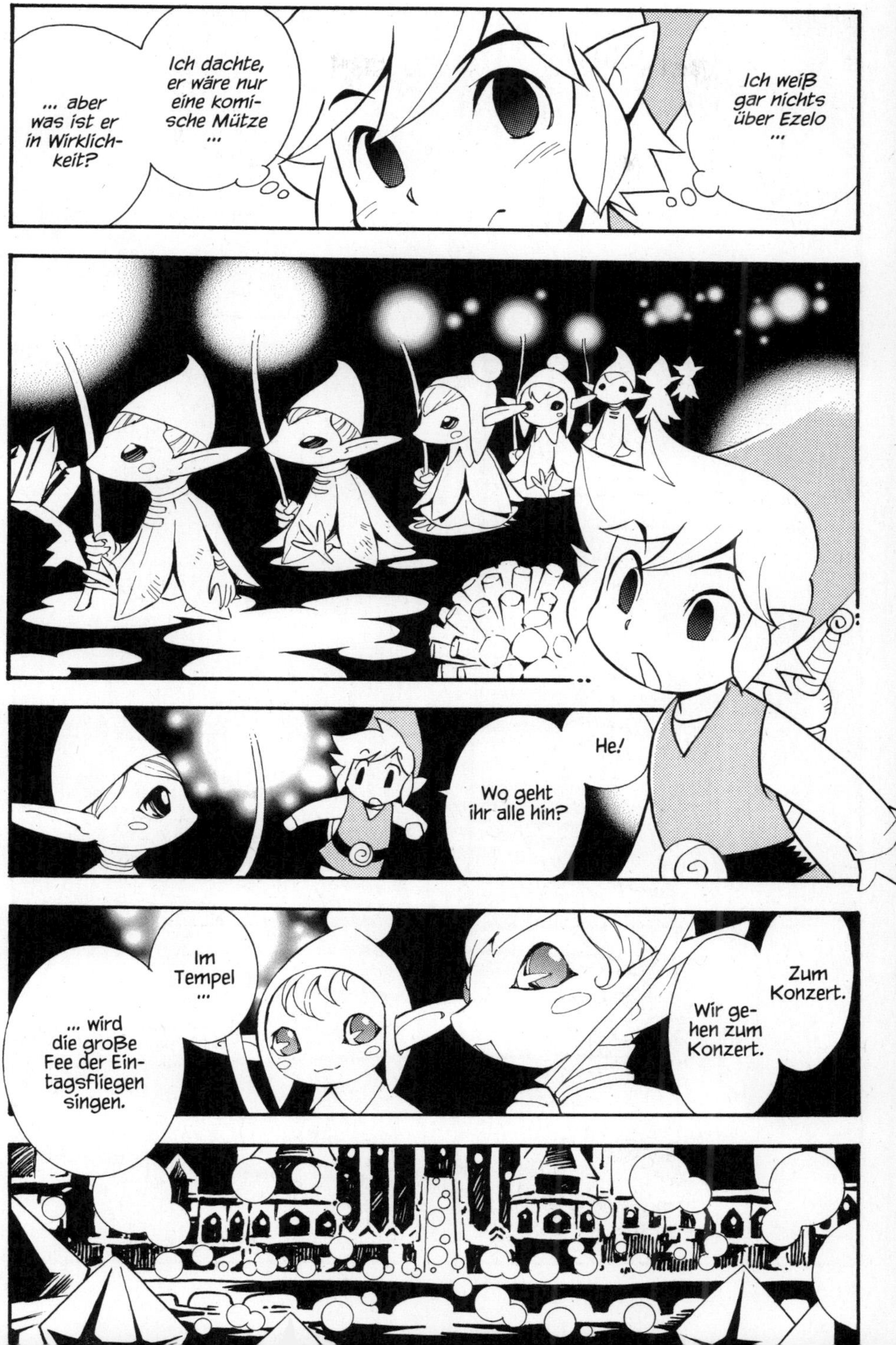
Ich weiß gar nichts über Ezelo ...
Ich dachte, er wäre nur eine komische Mütze ...
... aber was ist er in Wirklichkeit?
He!
Wo geht ihr alle hin?
Zum Konzert.
Wir gehen zum Konzert.
Im Tempel ...
... wird die große Fee der Eintagsfliegen singen.

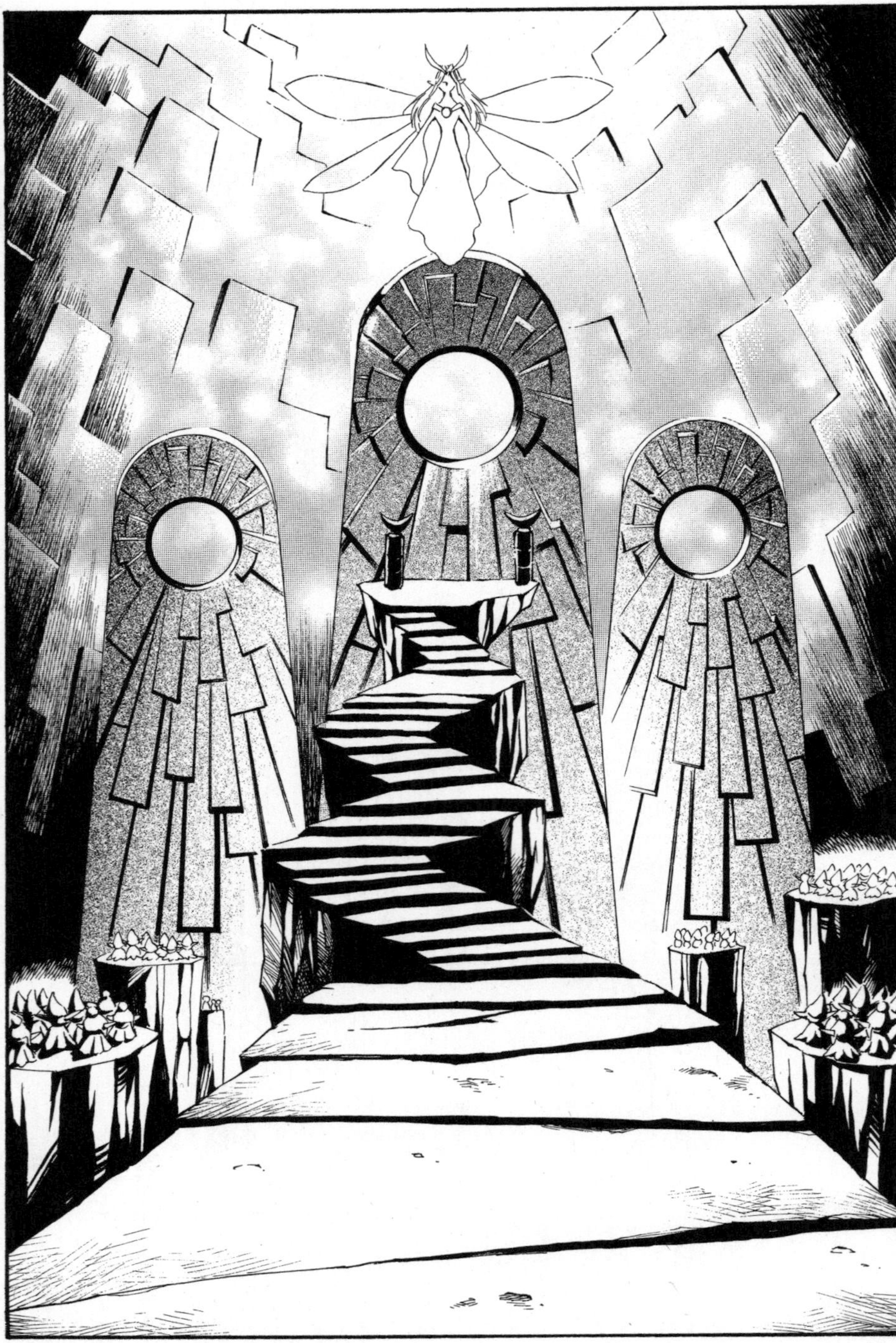

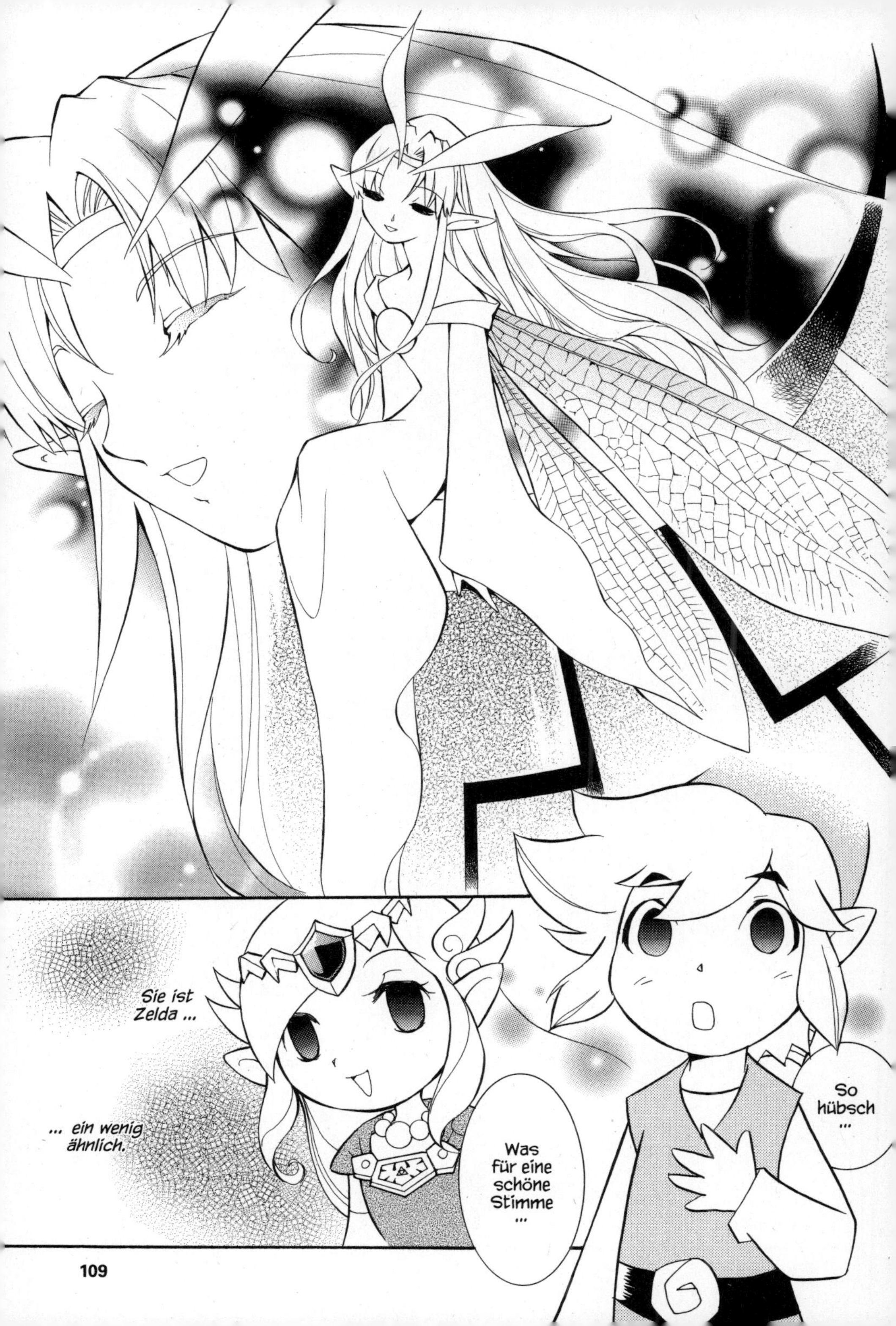
So hübsch ...
Was für eine schöne Stimme ...
Sie ist Zelda ...
... ein wenig ähnlich.

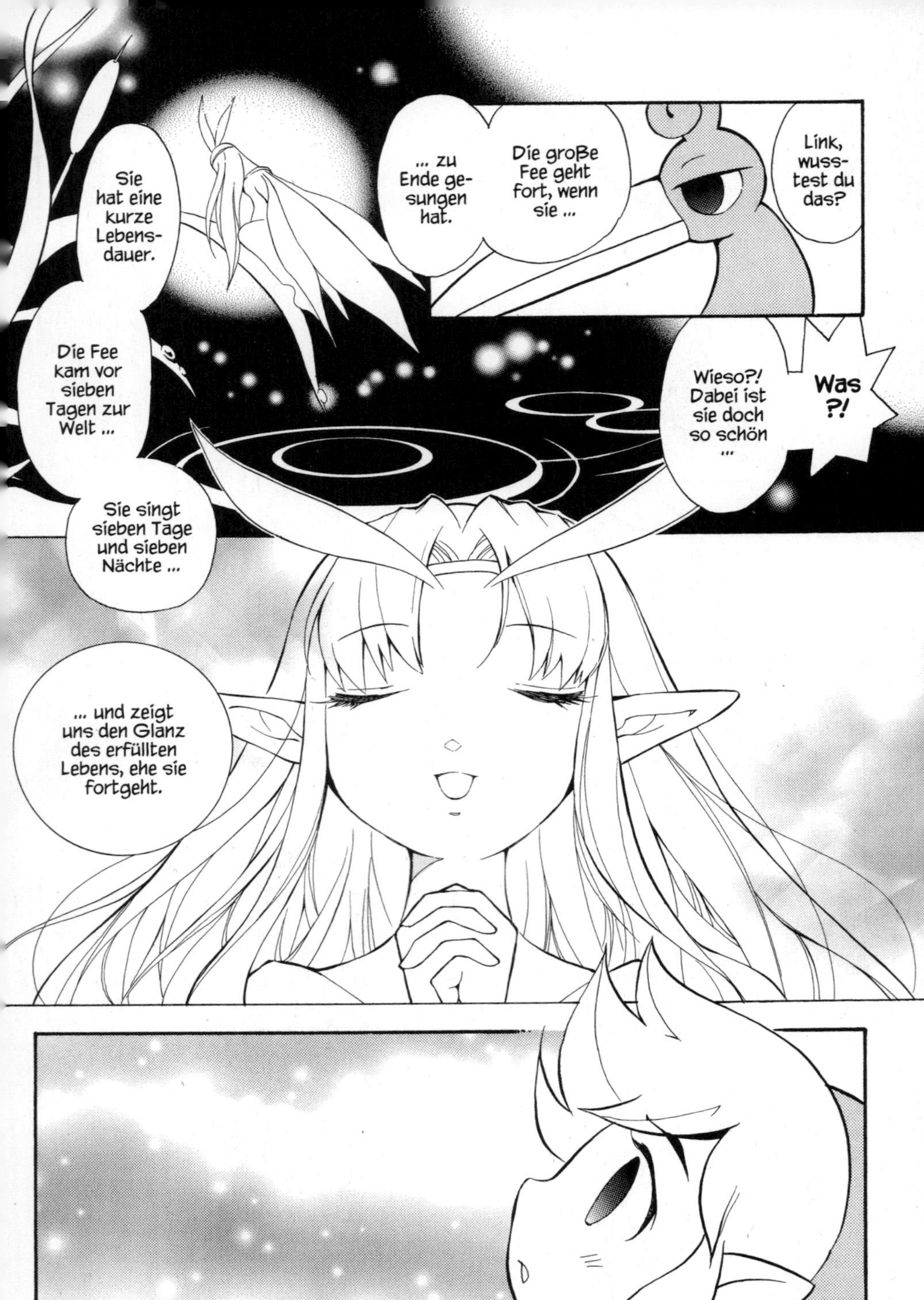
Link, wusstest du das?
Die große Fee geht fort, wenn sie ...
... zu Ende gesungen hat.
Sie hat eine kurze Lebensdauer.
Was?!
Wieso?! Dabei ist sie doch so schön ...
Die Fee kam vor sieben Tagen zur Welt ...
Sie singt sieben Tage und sieben Nächte ...
... und zeigt uns den Glanz des erfüllten Lebens, ehe sie fortgeht.

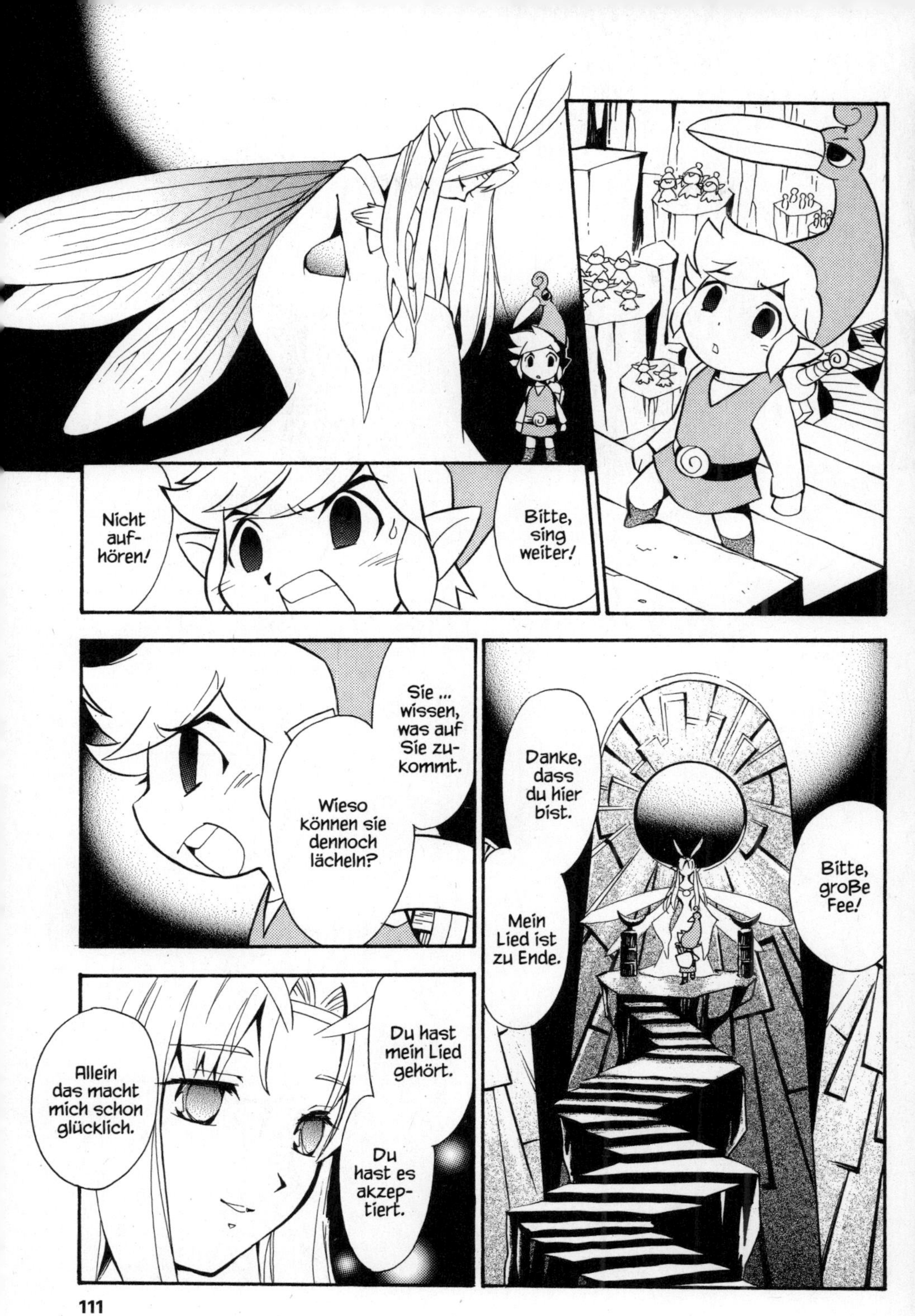
Bitte, sing weiter!
Nicht auf-hören!
Bitte, große Fee!
Danke, dass du hier bist.
Mein Lied ist zu Ende.
Sie ... wissen, was auf Sie zukommt.
Wieso können sie dennoch lächeln?
Du hast mein Lied gehört.
Du hast es akzep-tiert.
Allein das macht mich schon glücklich.

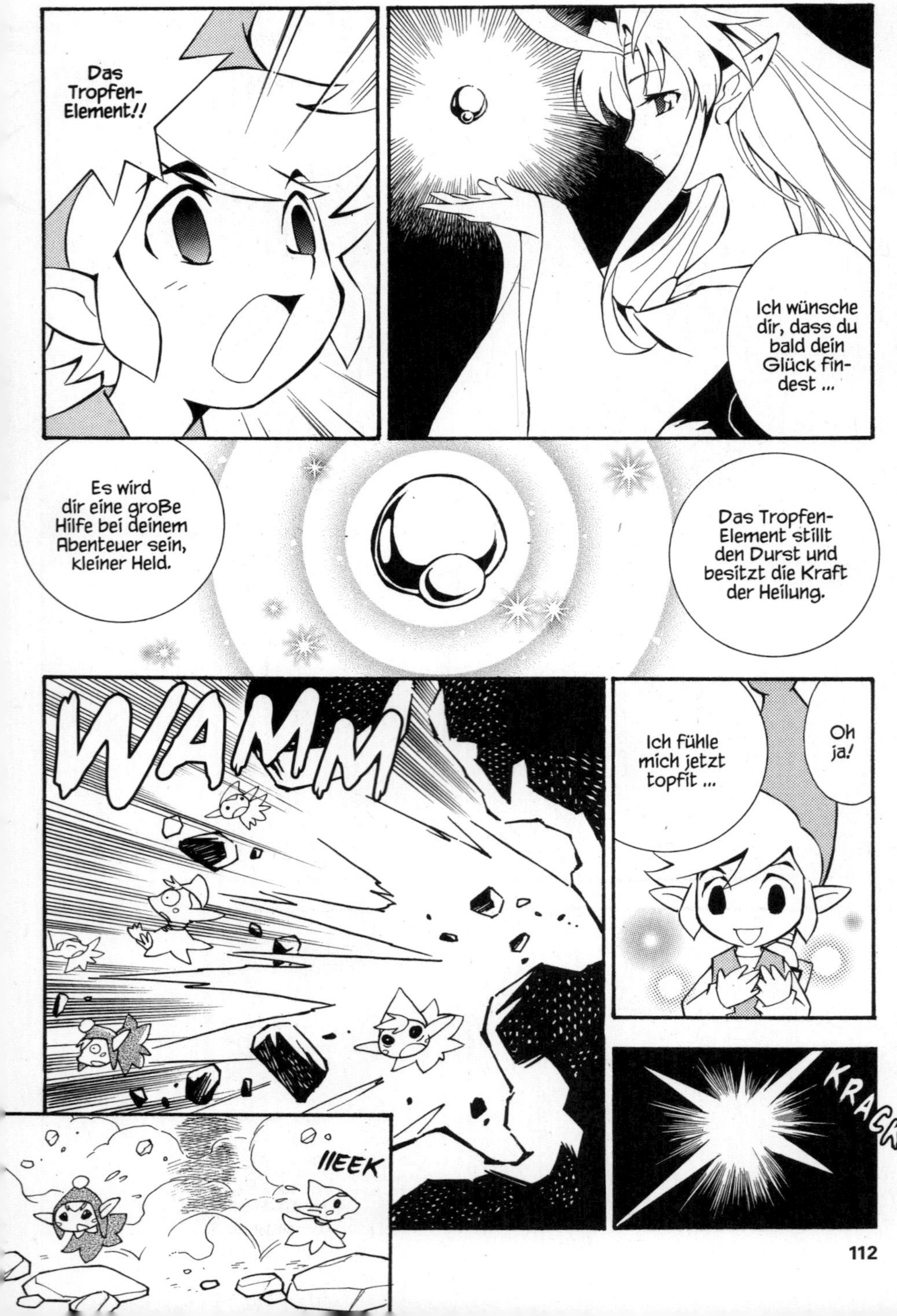

Das Tropfen-Element!!
Ich wünsche dir, dass du bald dein Glück findest ...
Das Tropfen-Element stillt den Durst und besitzt die Kraft der Heilung.
Es wird dir eine große Hilfe bei deinem Abenteuer sein, kleiner Held.
Oh ja!
Ich fühle mich jetzt topfit ...
KRACK
WAMM
IIEEK

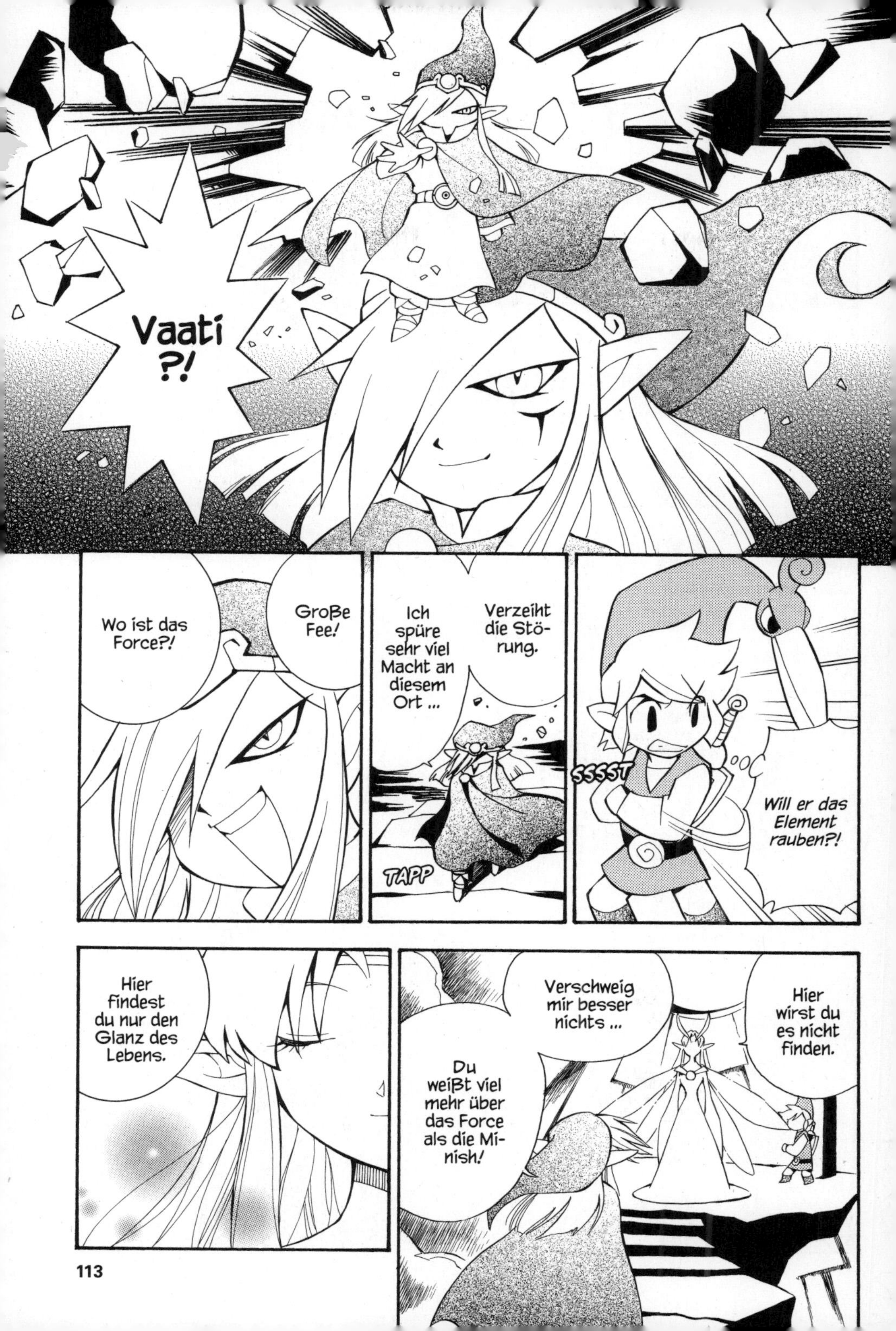
Vaati ?!
Große Fee!
Wo ist das Force?!
Verzeiht die Störung.
Ich spüre sehr viel Macht an diesem Ort ...
TAPP
SSSST
Will er das Element rauben?!
Hier findest du nur den Glanz des Lebens.
Hier wirst du es nicht finden.
Verschweig mir besser nichts ...
Du weißt viel mehr über das Force als die Minish!

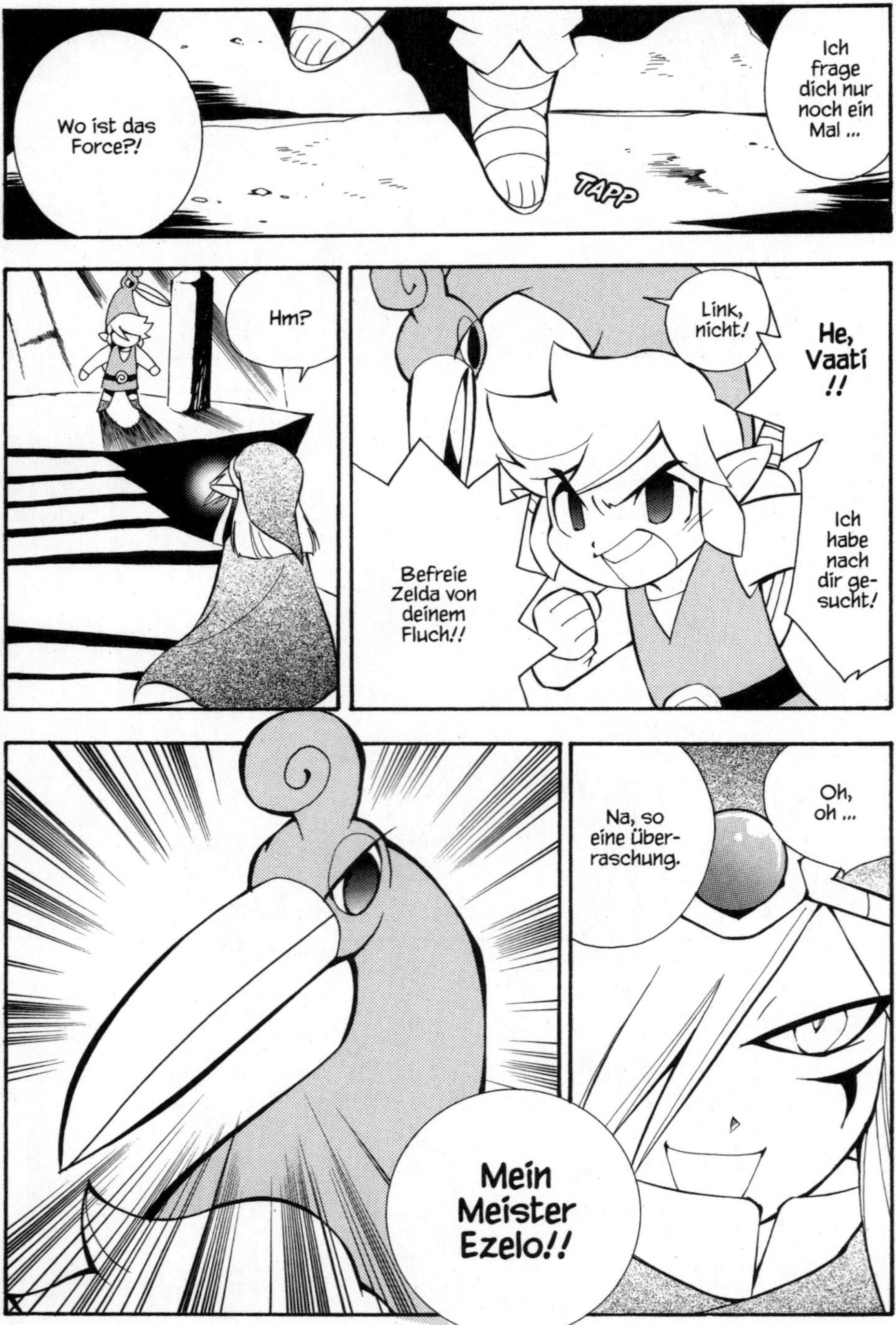
Ich frage dich nur noch ein Mal ...
TAPP
Wo ist das Force?!
He, Vaati!!
Link, nicht!
Ich habe nach dir gesucht!
Befreie Zelda von deinem Fluch!!
Hm?
Oh, oh ...
Na, so eine Überraschung.
Mein Meister Ezelo!!

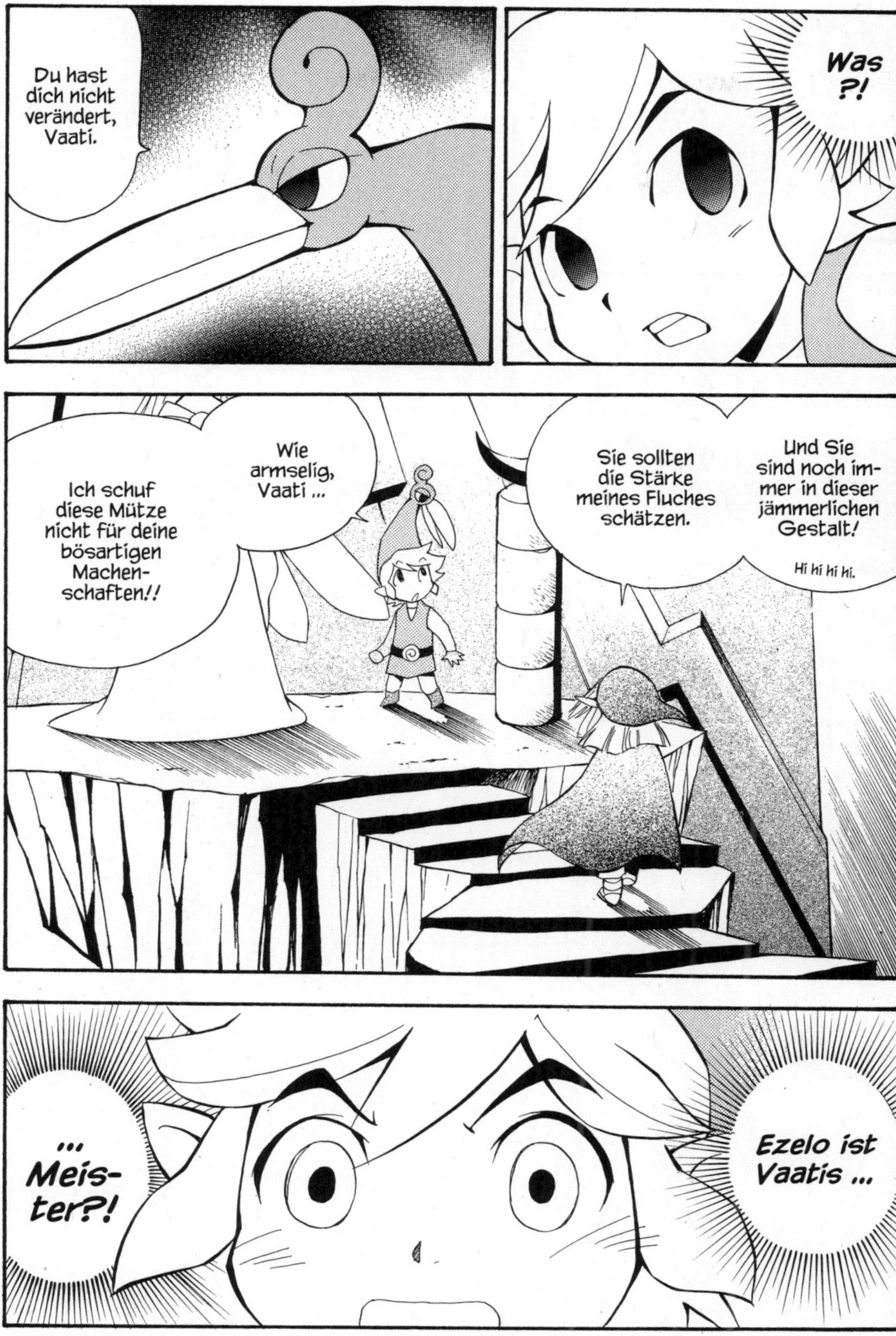
Was ?!
Du hast dich nicht verändert, Vaati.
Und Sie sind noch immer in dieser jämmerlichen Gestalt!
Hi hi hi hi.
Sie sollten die Stärke meines Fluches schätzen.
Wie armselig, Vaati ...
Ich schuf diese Mütze nicht für deine bösartigen Machenschaften!!
Ezelo ist Vaatis ...
... Meister?!

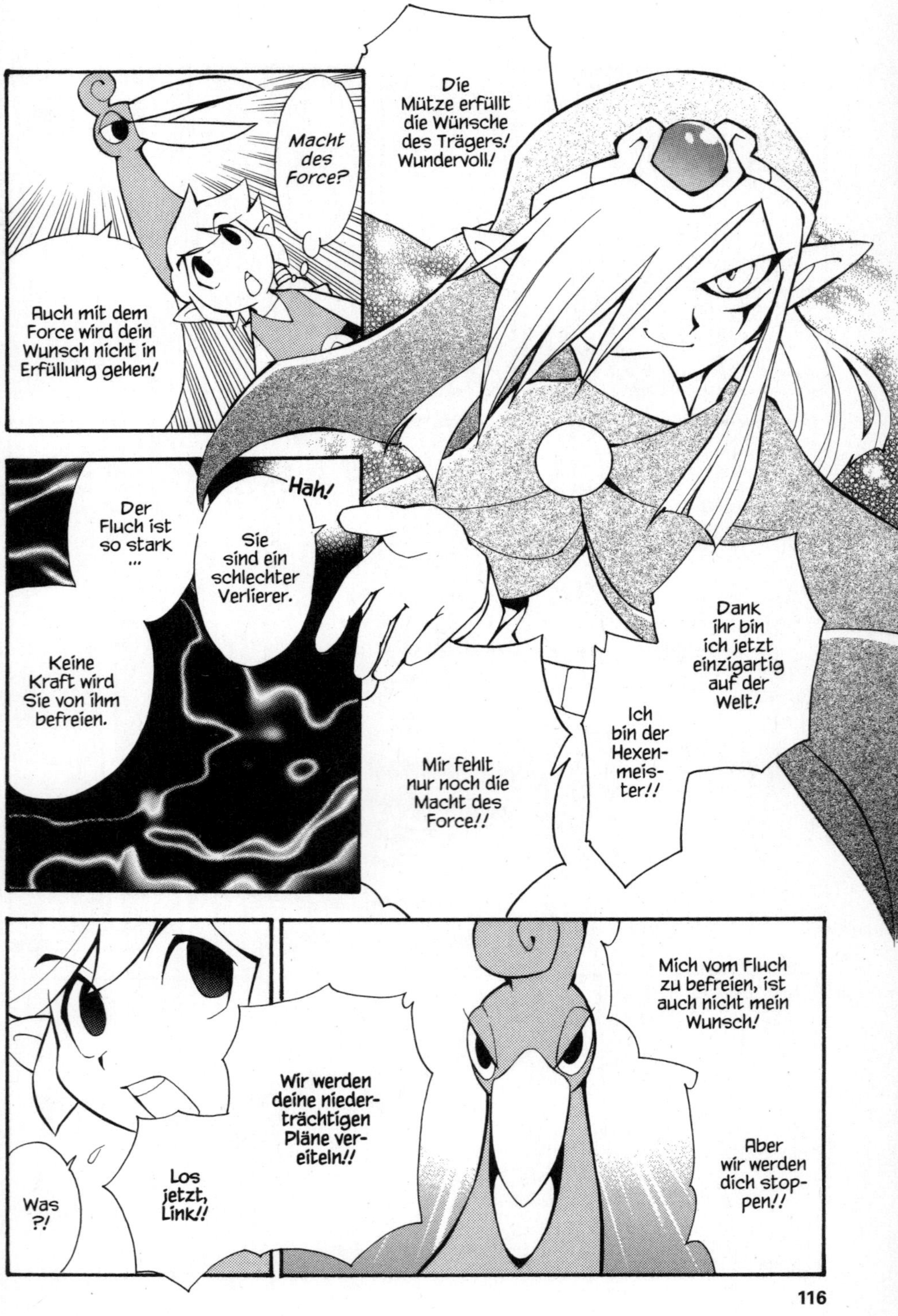

Die Mütze erfüllt die Wünsche des Trägers! Wundervoll!
Macht des Force?
Auch mit dem Force wird dein Wunsch nicht in Erfüllung gehen!
Dank ihr bin ich jetzt einzigartig auf der Welt!
Ich bin der Hexenmeister!!
Mir fehlt nur noch die Macht des Force!!
Hah!
Sie sind ein schlechter Verlierer.
Der Fluch ist so stark ...
Keine Kraft wird Sie von ihm befreien.
Mich vom Fluch zu befreien, ist auch nicht mein Wunsch!
Aber wir werden dich stoppen!!
Wir werden deine niederträchtigen Pläne vereiteln!!
Los jetzt, Link!!
Was?!

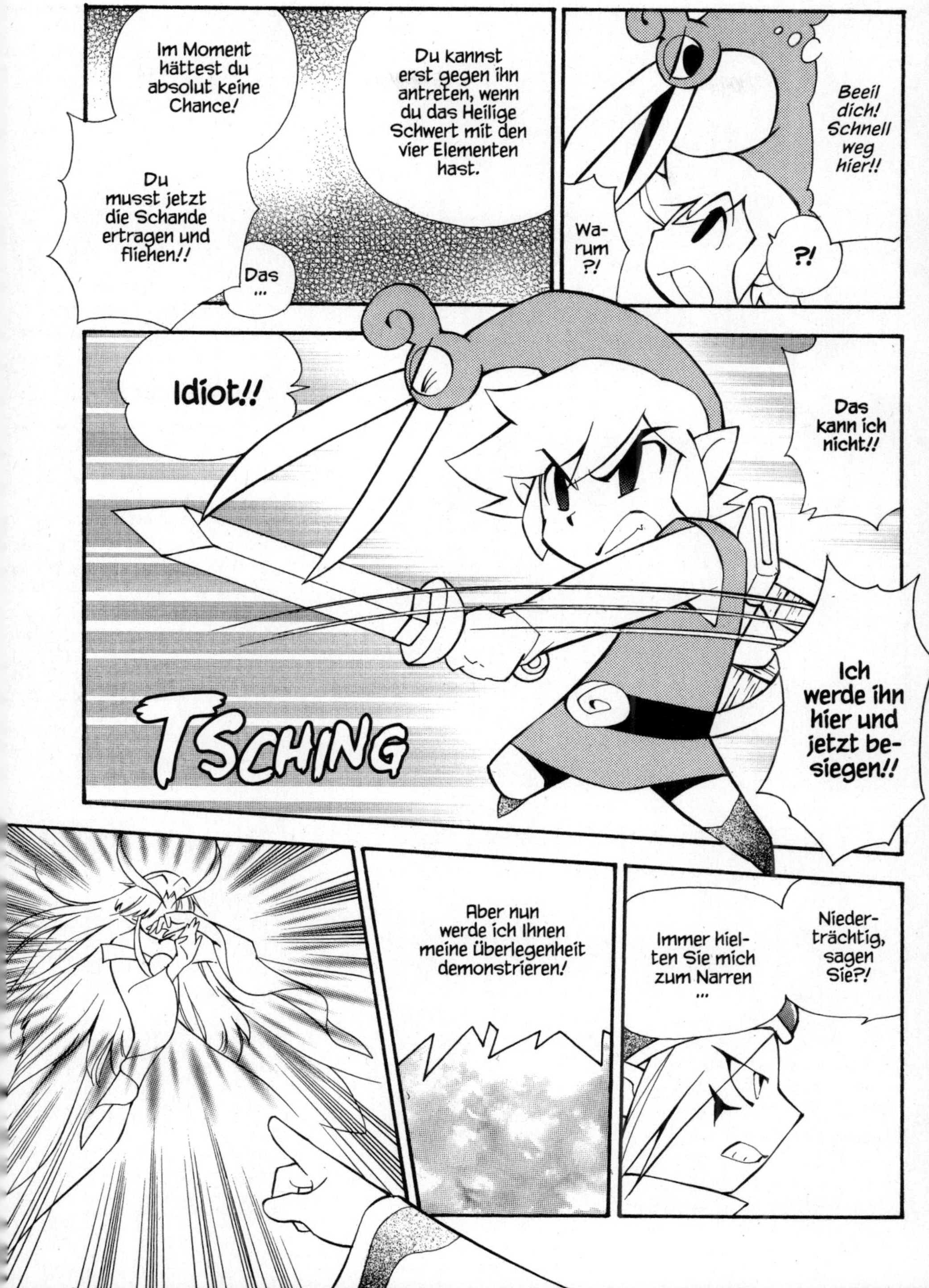
Beeil dich! Schnell weg hier!!
?!
Wa-rum?!
Du kannst erst gegen ihn antreten, wenn du das Heilige Schwert mit den vier Elementen hast.
Im Moment hättest du absolut keine Chance!
Du musst jetzt die Schande ertragen und fliehen!!
Das ...
Das kann ich nicht!!
Idiot!!
Ich werde ihn hier und jetzt besiegen!!
TSCHING
Nieder-trächtig, sagen Sie?!
Immer hielten Sie mich zum Narren ...
Aber nun werde ich Ihnen meine Überlegenheit demonstrieren!

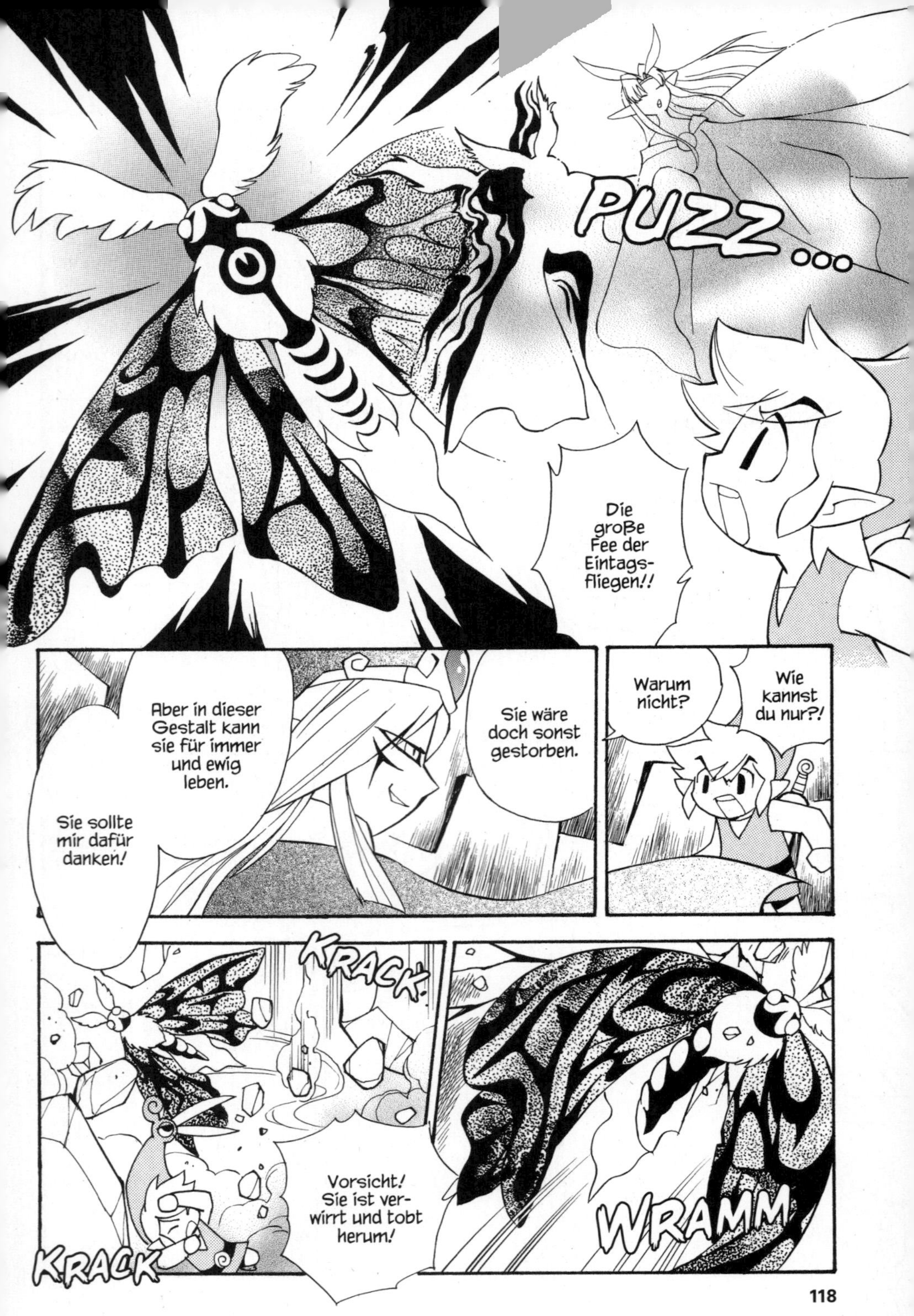
PUZZ...
Die große Fee der Eintags-fliegen!!
Wie kannst du nur?!
Warum nicht?
Sie wäre doch sonst gestorben.
Aber in dieser Gestalt kann sie für immer und ewig leben.
Sie sollte mir dafür danken!
KRACK
WRAMM
Vorsicht! Sie ist ver-wirrt und tobt herum!
KRACK

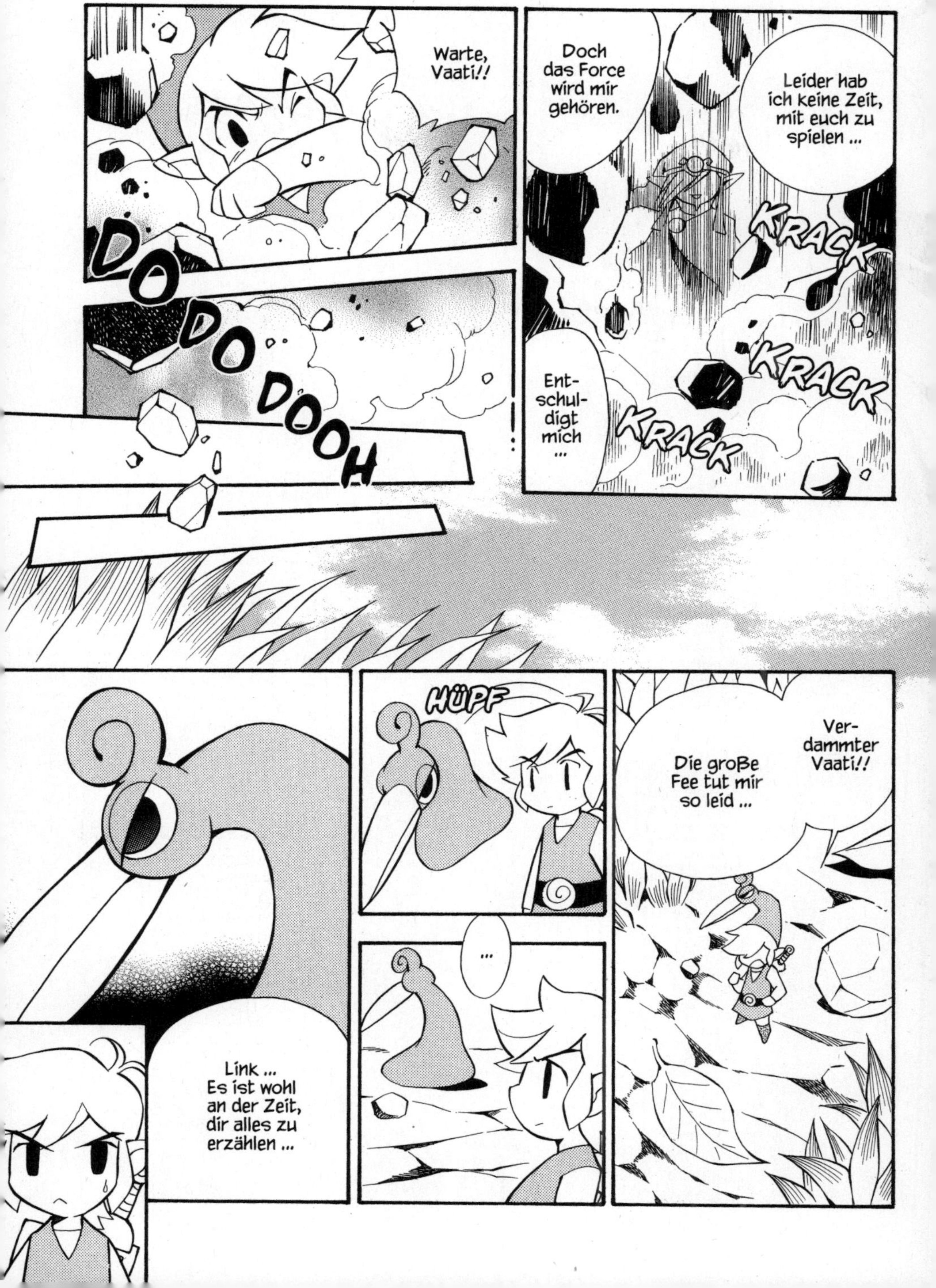

Leider hab ich keine Zeit, mit euch zu spielen ...
Doch das Force wird mir gehören.
KRACK
KRACK
KRACK
Ent-schul-digt mich ...
Warte, Vaati!!
DODODOODOOH
Verdammter Vaati!!
Die große Fee tut mir so leid ...
HÜPF
...
Link ... Es ist wohl an der Zeit, dir alles zu erzählen ...

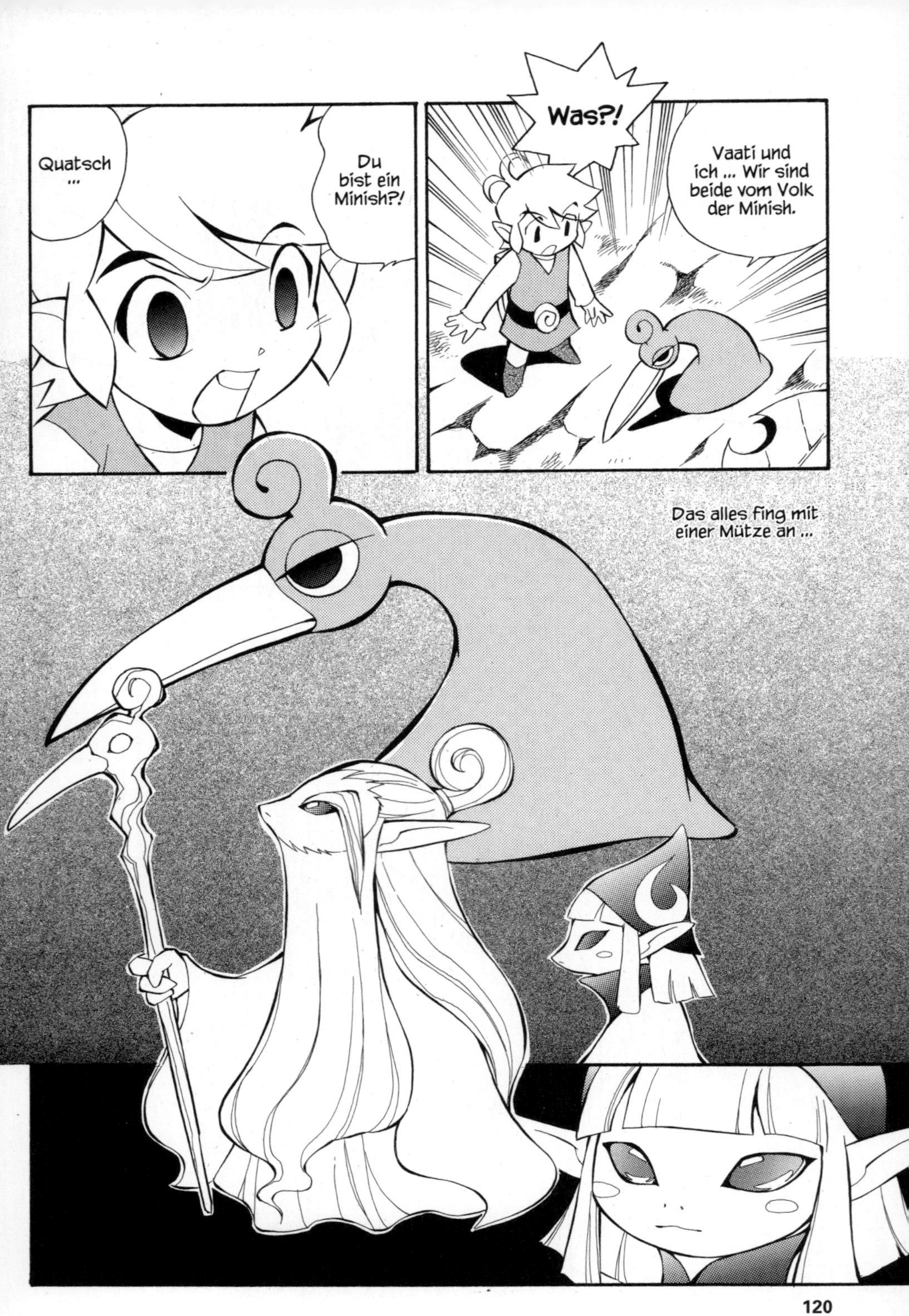
Quatsch ...
Du bist ein Minish?!
Was?!
Vaati und ich ... Wir sind beide vom Volk der Minish.
Das alles fing mit einer Mütze an ...

5. Kapitel: Der König und das Volk des Windes

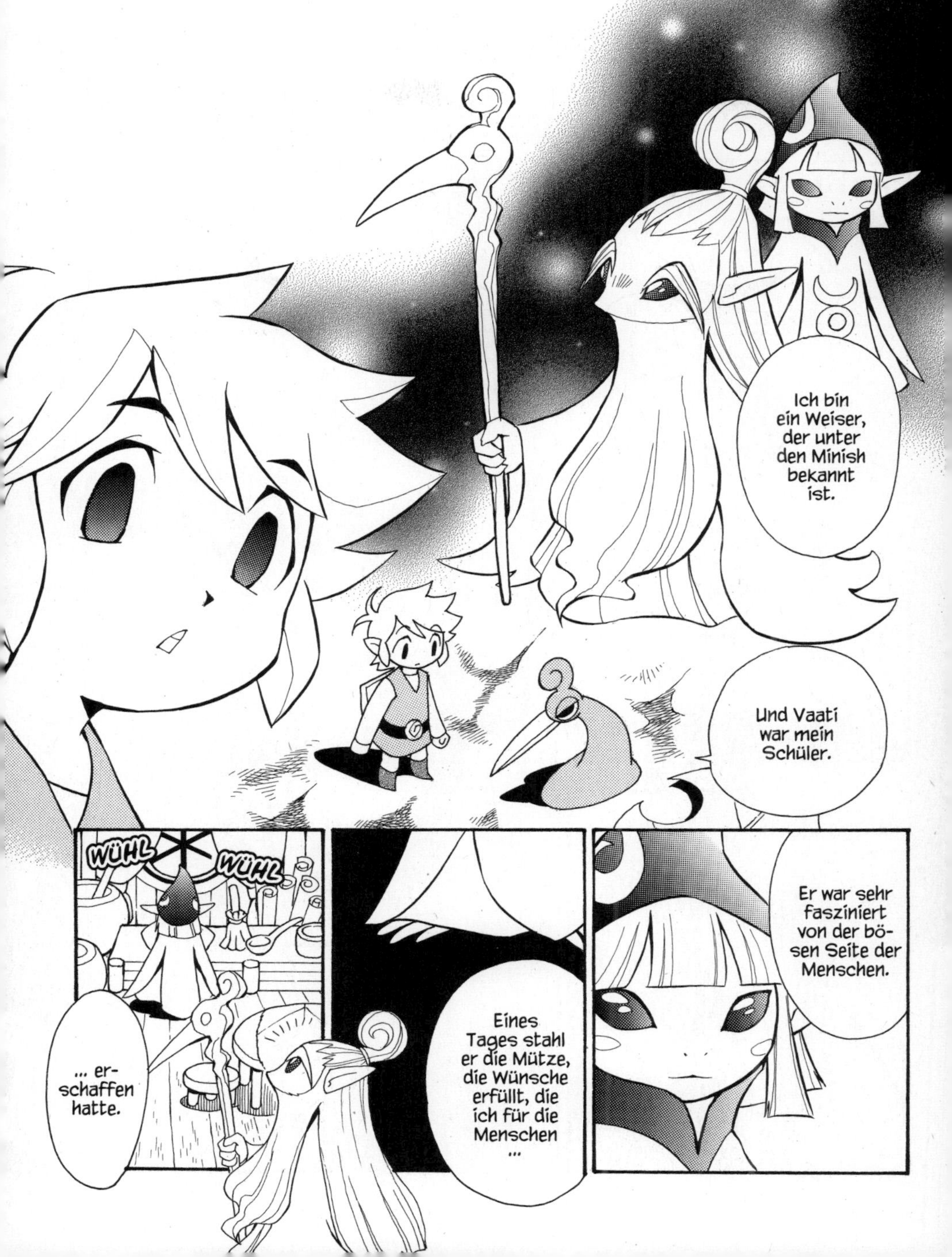

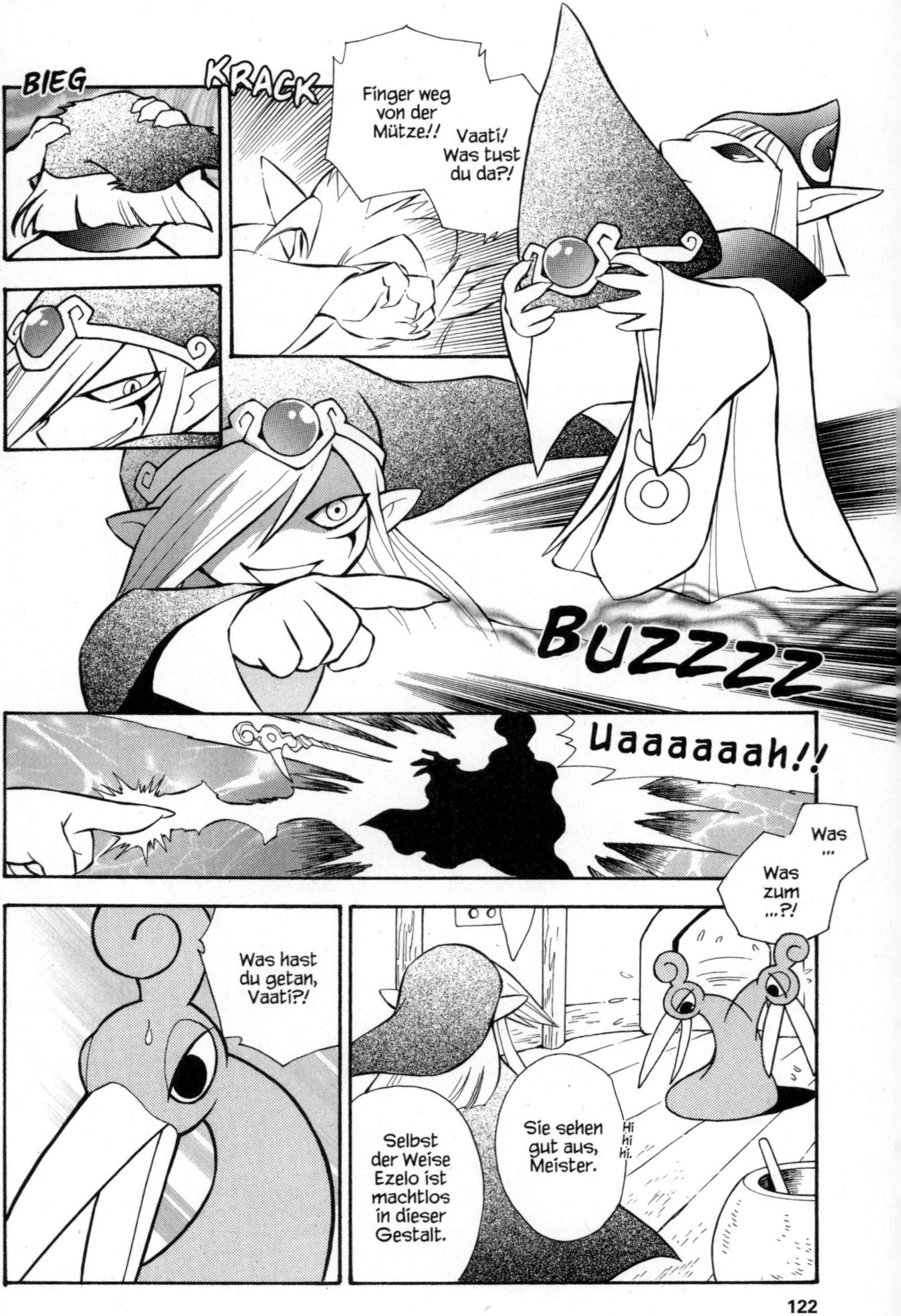
BIEG
KRACK
Finger weg von der Mütze!!
Vaati! Was tust du da?!
BUZZZZ
Uaaaaaaah!!
Was ...
Was zum ...?!
Was hast du getan, Vaati?!
Sie sehen gut aus, Meister.
Hi hi hi.
Selbst der Weise Ezelo ist machtlos in dieser Gestalt.

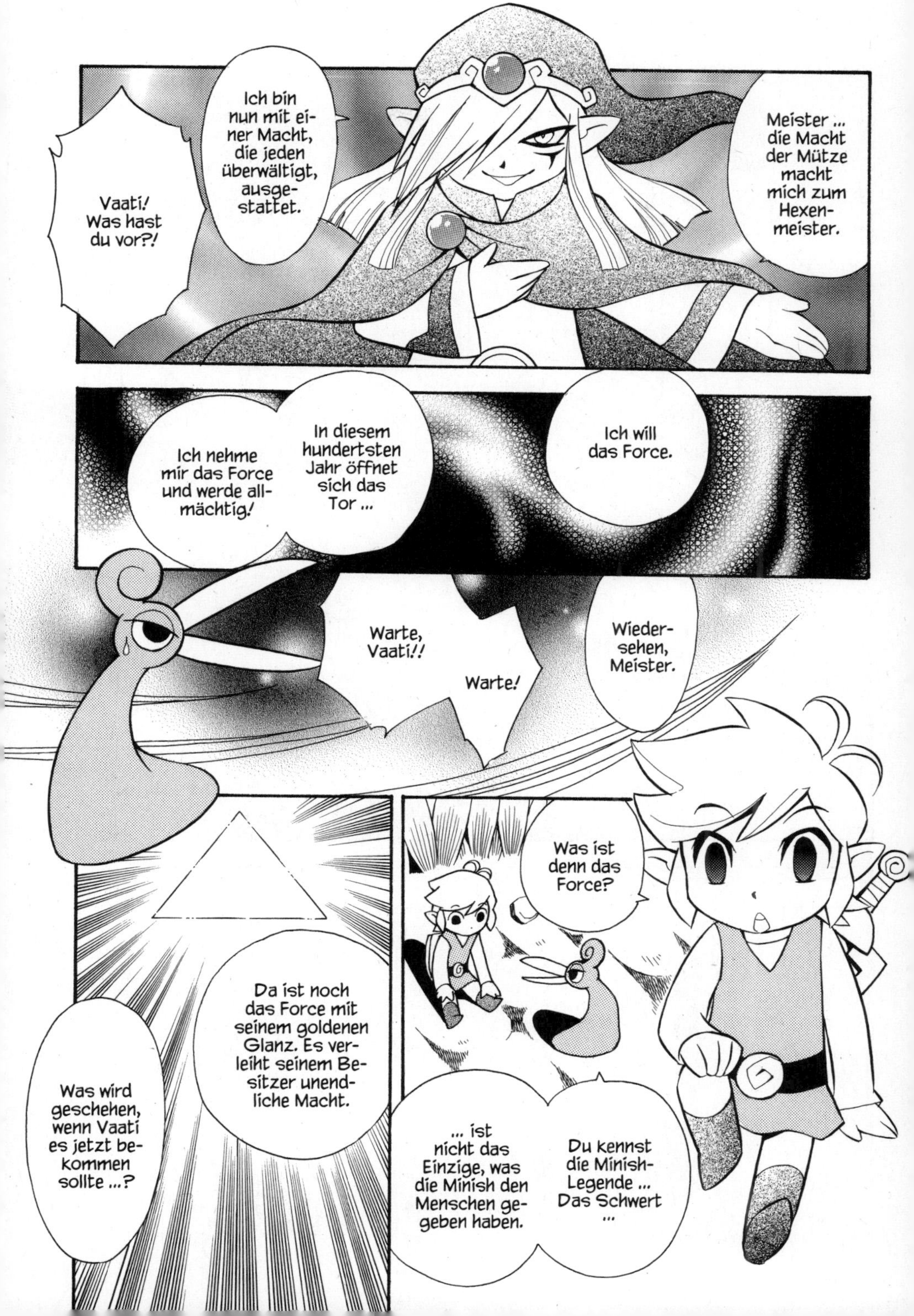
Meister ... die Macht der Mütze macht mich zum Hexenmeister.
Ich bin nun mit einer Macht, die jeden überwältigt, ausgestattet.
Vaati! Was hast du vor?!
Ich will das Force.
In diesem hundertsten Jahr öffnet sich das Tor ...
Ich nehme mir das Force und werde allmächtig!
Wiedersehen, Meister.
Warte!
Warte, Vaati!!
Was ist denn das Force?
Du kennst die Minish-Legende ... Das Schwert ...
... ist nicht das Einzige, was die Minish den Menschen gegeben haben.
Da ist noch das Force mit seinem goldenen Glanz. Es verleiht seinem Besitzer unendliche Macht.
Was wird geschehen, wenn Vaati es jetzt bekommen sollte ...?

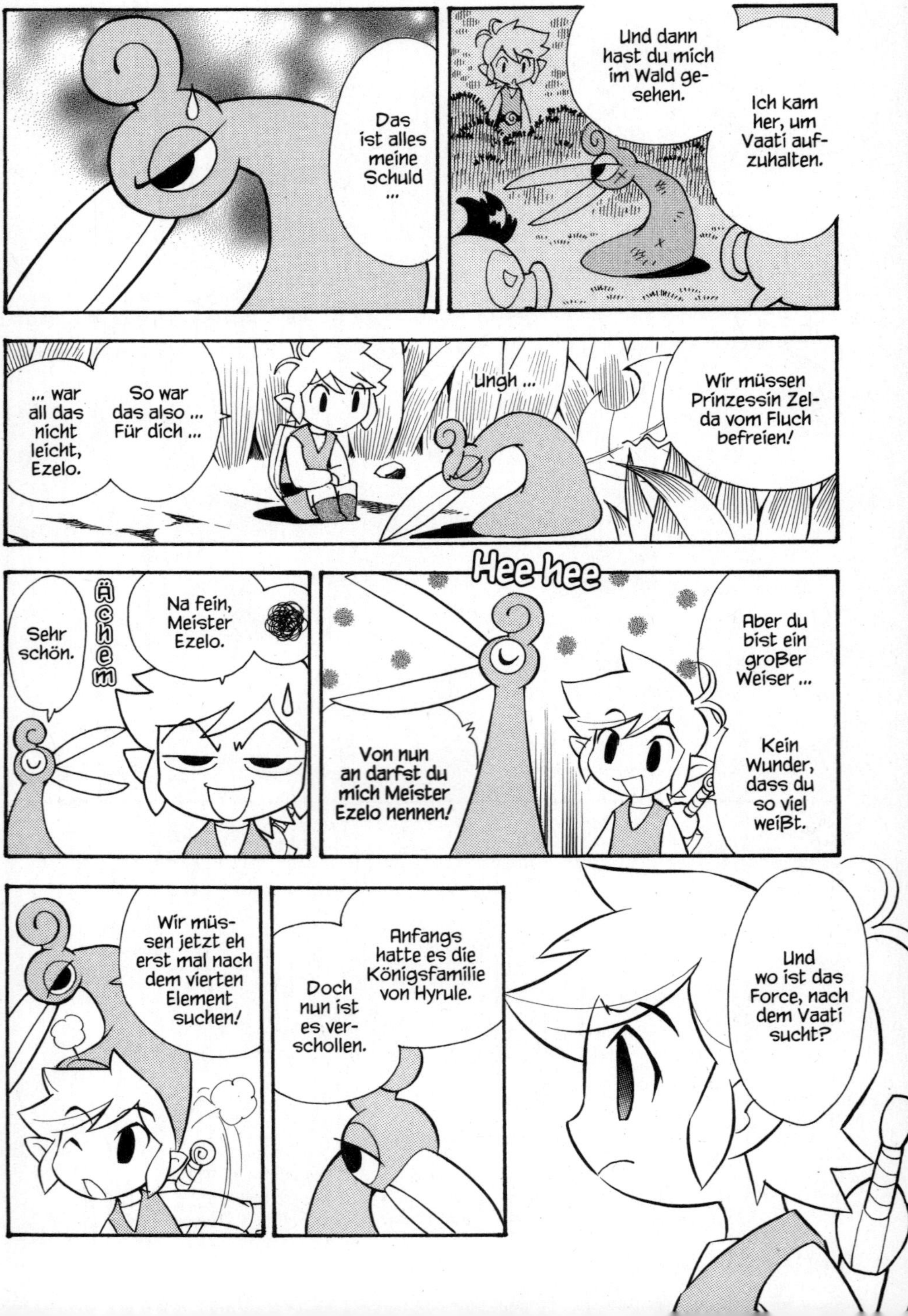
Ich kam her, um Vaati aufzuhalten.
Und dann hast du mich im Wald gesehen.
Das ist alles meine Schuld ...
Wir müssen Prinzessin Zelda vom Fluch befreien!
Ungh ...
So war das also ... Für dich ...
... war all das nicht leicht, Ezelo.
Aber du bist ein großer Weiser ...
Kein Wunder, dass du so viel weißt.
Hee hee
Von nun an darfst du mich Meister Ezelo nennen!
Na fein, Meister Ezelo.
Ächem
Sehr schön.
Und wo ist das Force, nach dem Vaati sucht?
Anfangs hatte es die Königsfamilie von Hyrule.
Doch nun ist es verschollen.
Wir müssen jetzt eh erst mal nach dem vierten Element suchen!

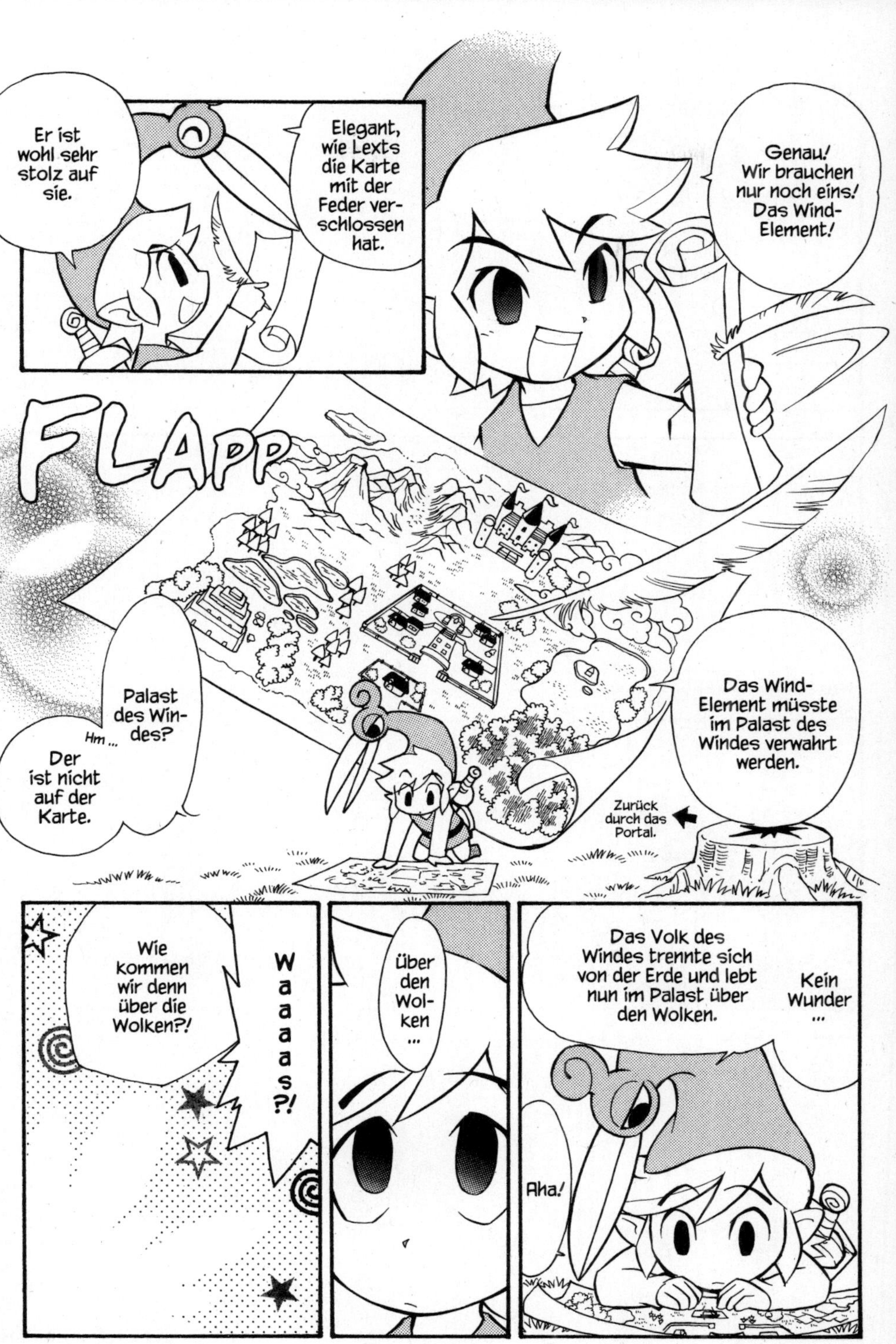
Er ist wohl sehr stolz auf sie.
Elegant, wie Lexts die Karte mit der Feder verschlossen hat.
Genau! Wir brauchen nur noch eins! Das Wind-Element!
FLAPP
Palast des Windes?
Hm ...
Der ist nicht auf der Karte.
Das Wind-Element müsste im Palast des Windes verwahrt werden.
Zurück durch das Portal.
Wie kommen wir denn über die Wolken?!
Waaaas?!
über den Wolken ...
Das Volk des Windes trennte sich von der Erde und lebt nun im Palast über den Wolken.
Kein Wunder ...
Aha!

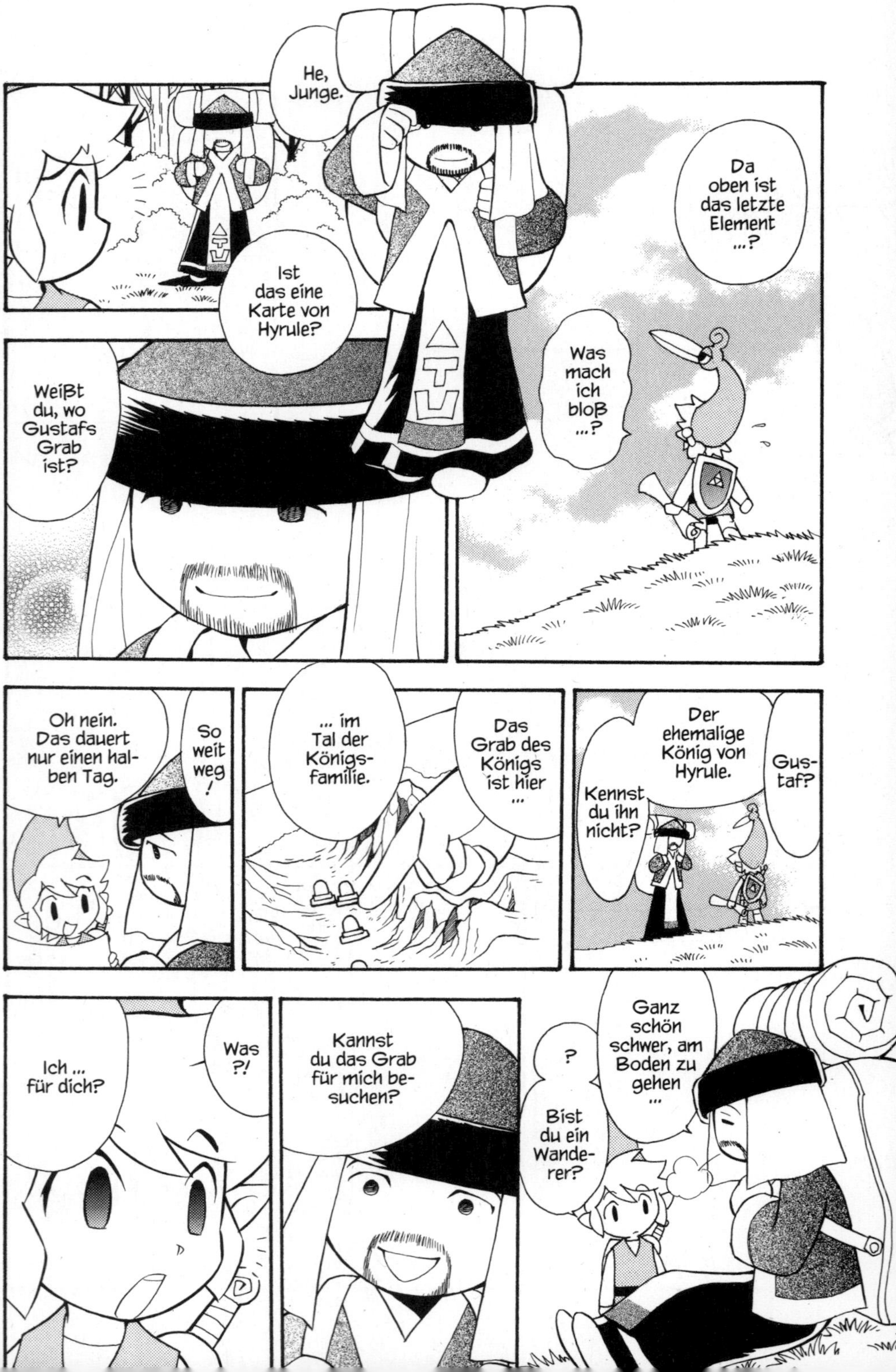
Da oben ist das letzte Element ...?
Was mach ich bloß ...?
He, Junge.
Ist das eine Karte von Hyrule?
Weißt du, wo Gustafs Grab ist?
Gus-taf?
Der ehemalige König von Hyrule.
Kennst du ihn nicht?
Das Grab des Königs ist hier ...
... im Tal der Königs-familie.
So weit weg!
Oh nein. Das dauert nur einen hal-ben Tag.
Ganz schön schwer, am Boden zu gehen ...
?
Bist du ein Wande-rer?
Kannst du das Grab für mich be-suchen?
Was ?!
Ich ... für dich?

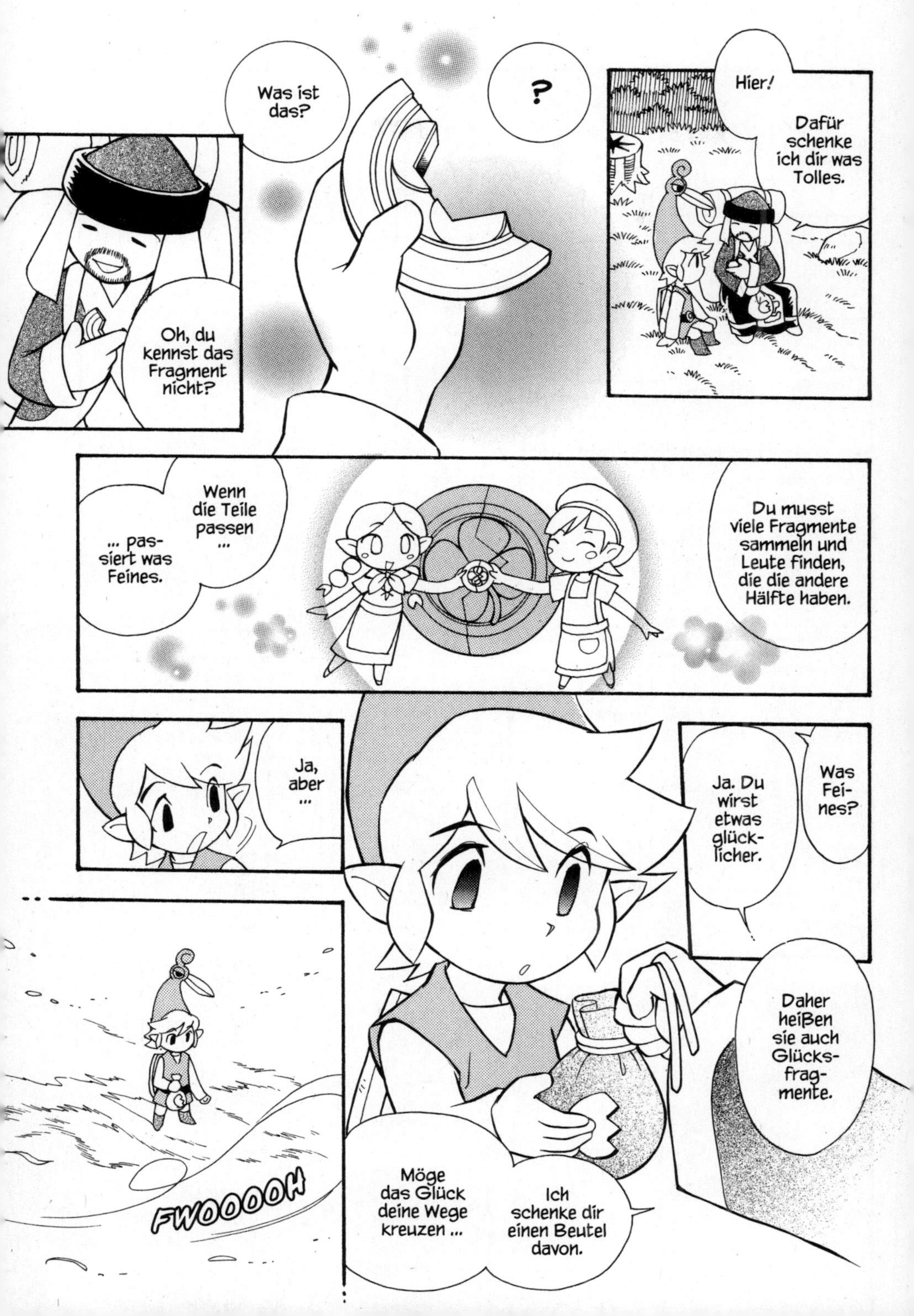
Hier!
Dafür schenke ich dir was Tolles.
?
Was ist das?
Oh, du kennst das Fragment nicht?
Du musst viele Fragmente sammeln und Leute finden, die die andere Hälfte haben.
Wenn die Teile passen ...
... passiert was Feines.
Was Feines?
Ja. Du wirst etwas glücklicher.
Ja, aber ...
Daher heißen sie auch Glücksfragmente.
Ich schenke dir einen Beutel davon.
Möge das Glück deine Wege kreuzen ...
FWOOOOH

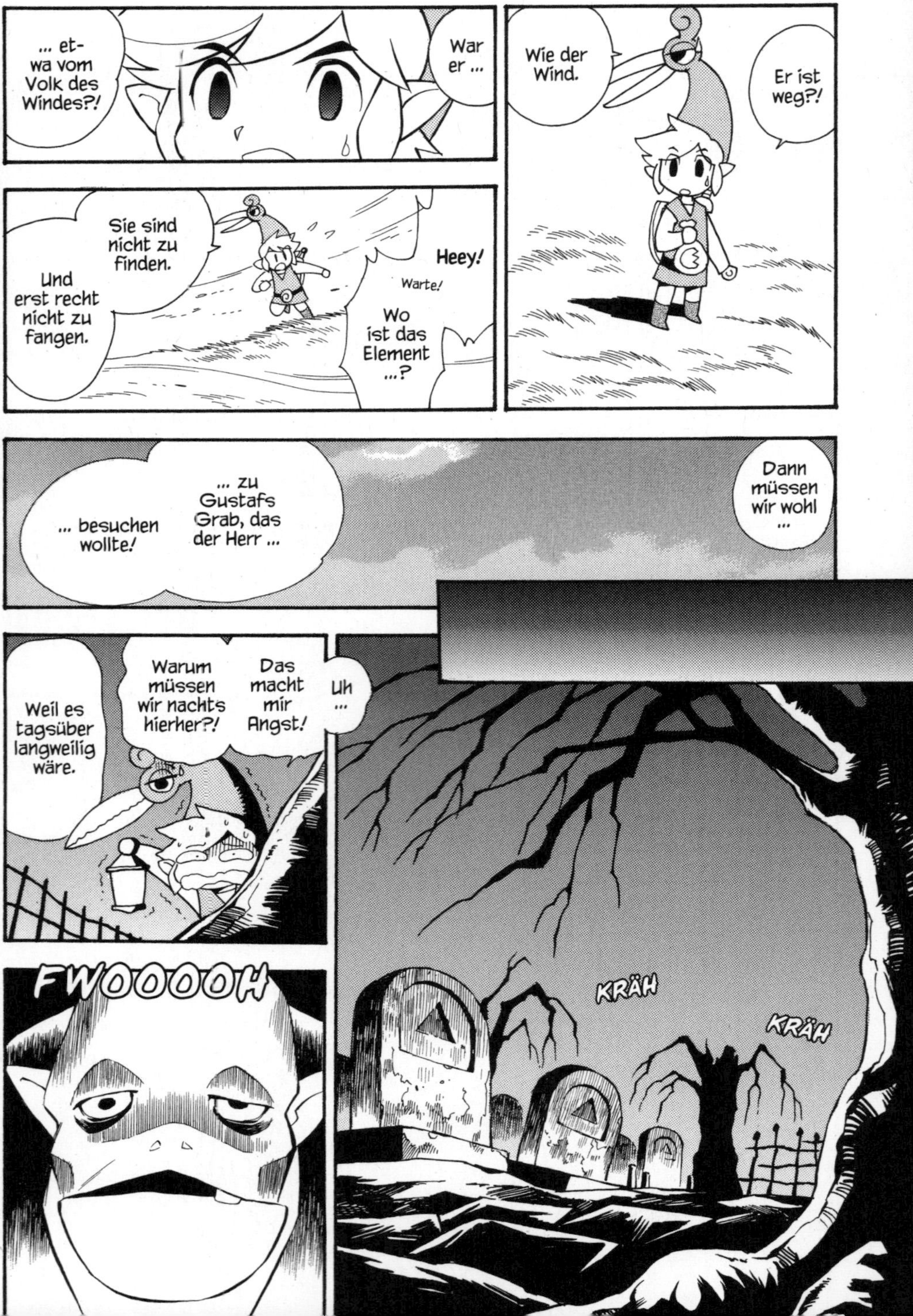
Er ist weg?!
Wie der Wind.
War er ...
... et-wa vom Volk des Windes?!
Wo ist das Element ...?
Warte!
Heey!
Sie sind nicht zu finden.
Und erst recht nicht zu fangen.
Dann müssen wir wohl ...
... zu Gustafs Grab, das der Herr ...
... besuchen wollte!
KRÄH
KRÄH
Uh ...
Das macht mir Angst!
Warum müssen wir nachts hierher?!
Weil es tagsüber langweilig wäre.
FWOOOOOH

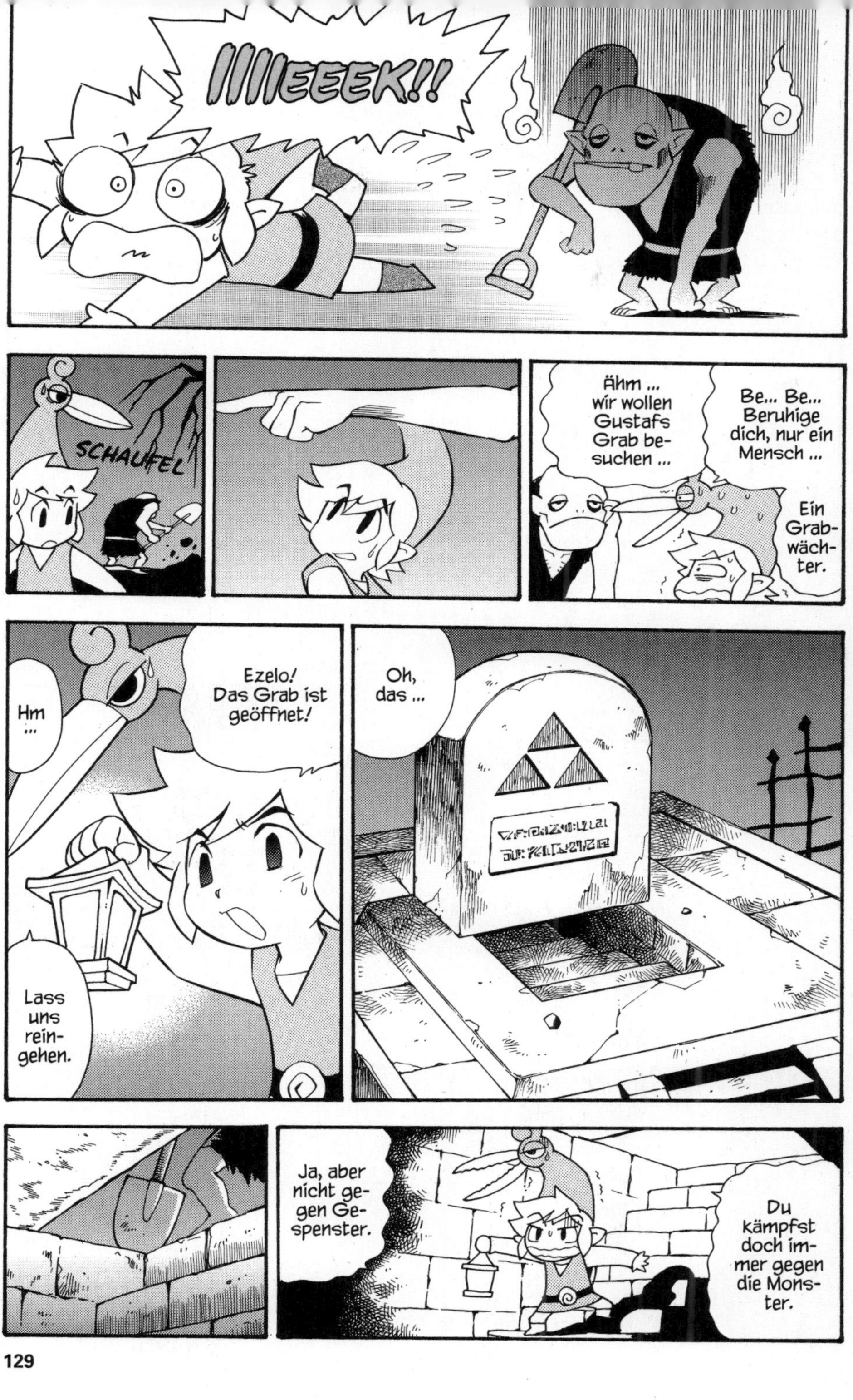
IIIIEEEK!!
SCHAUFEL
Ähm ... wir wollen Gustafs Grab besuchen ...
Be... Be... Beruhige dich, nur ein Mensch ...
Ein Grabwächter.
Ezelo! Das Grab ist geöffnet!
Hm ...
Lass uns reingehen.
Oh, das ...
Du kämpfst doch immer gegen die Monster.
Ja, aber nicht gegen Gespenster.

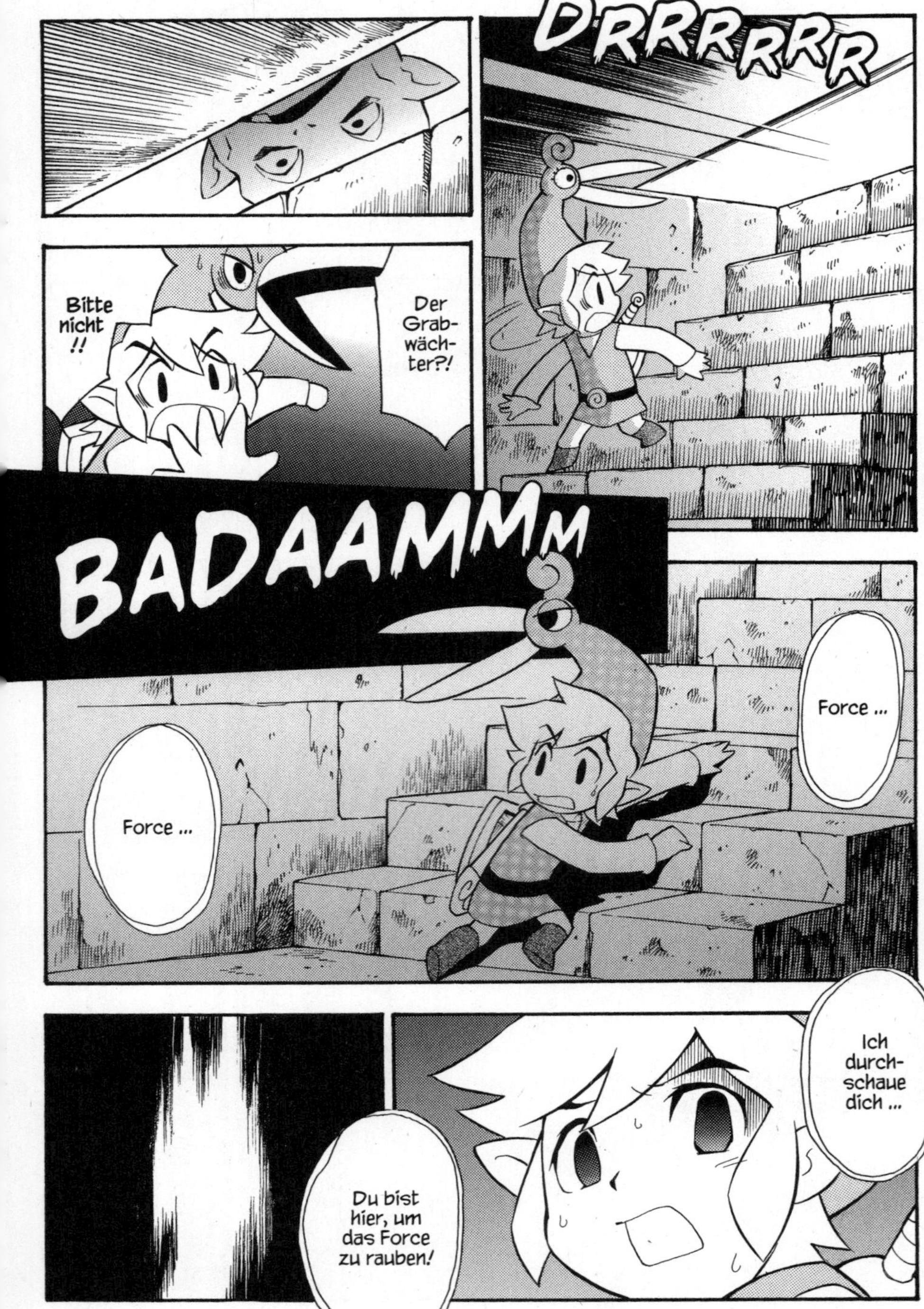
DRRRRRRR
Der Grabwächter?!
Bitte nicht !!
BADAAMMM
Force ...
Force ...
Ich durchschaue dich ...
Du bist hier, um das Force zu rauben!

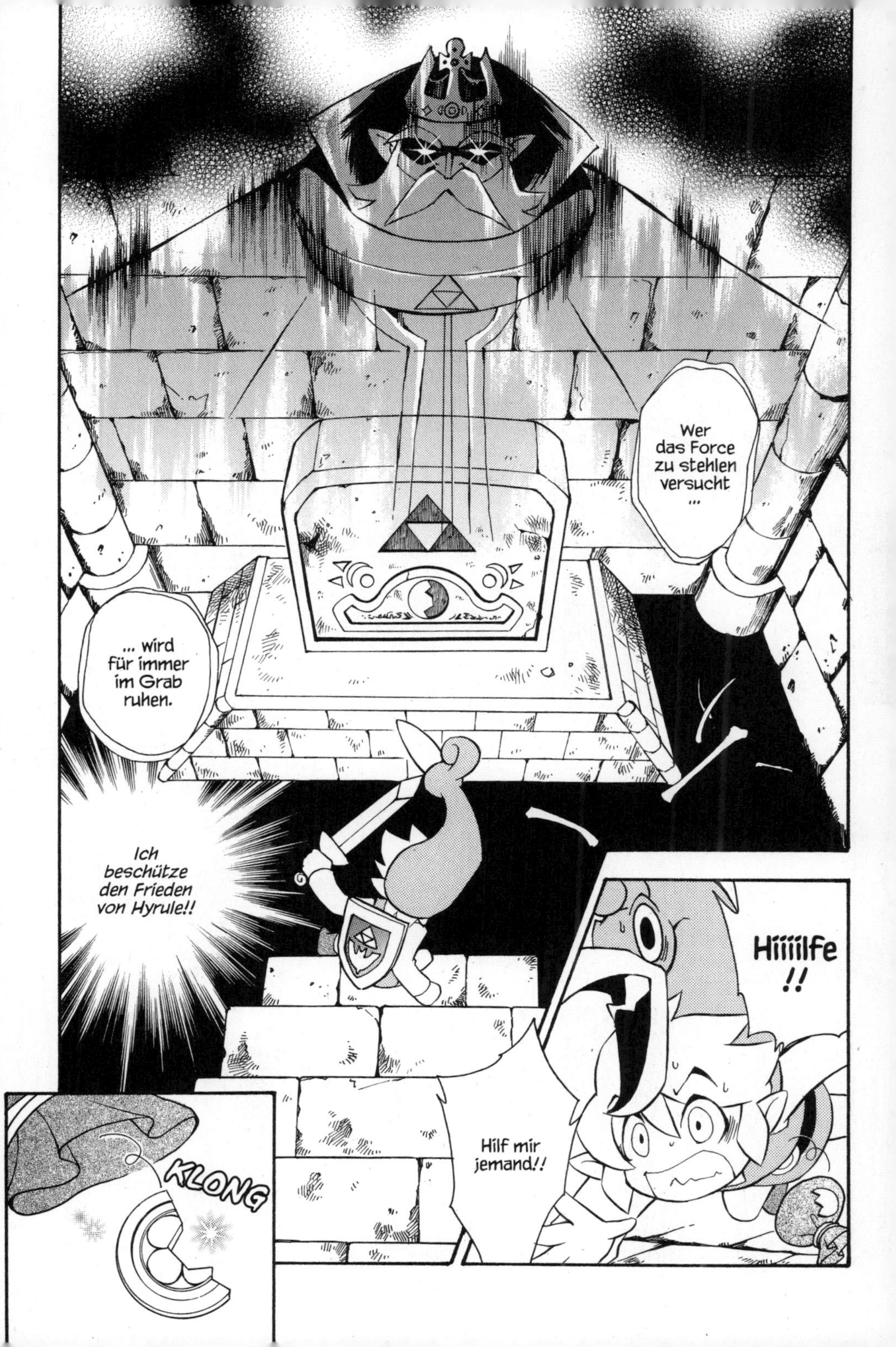
Wer das Force zu stehlen versucht ...
... wird für immer im Grab ruhen.
Ich beschütze den Frieden von Hyrule!!
Hiiiilfe !!
Hilf mir jemand!!
KLONG

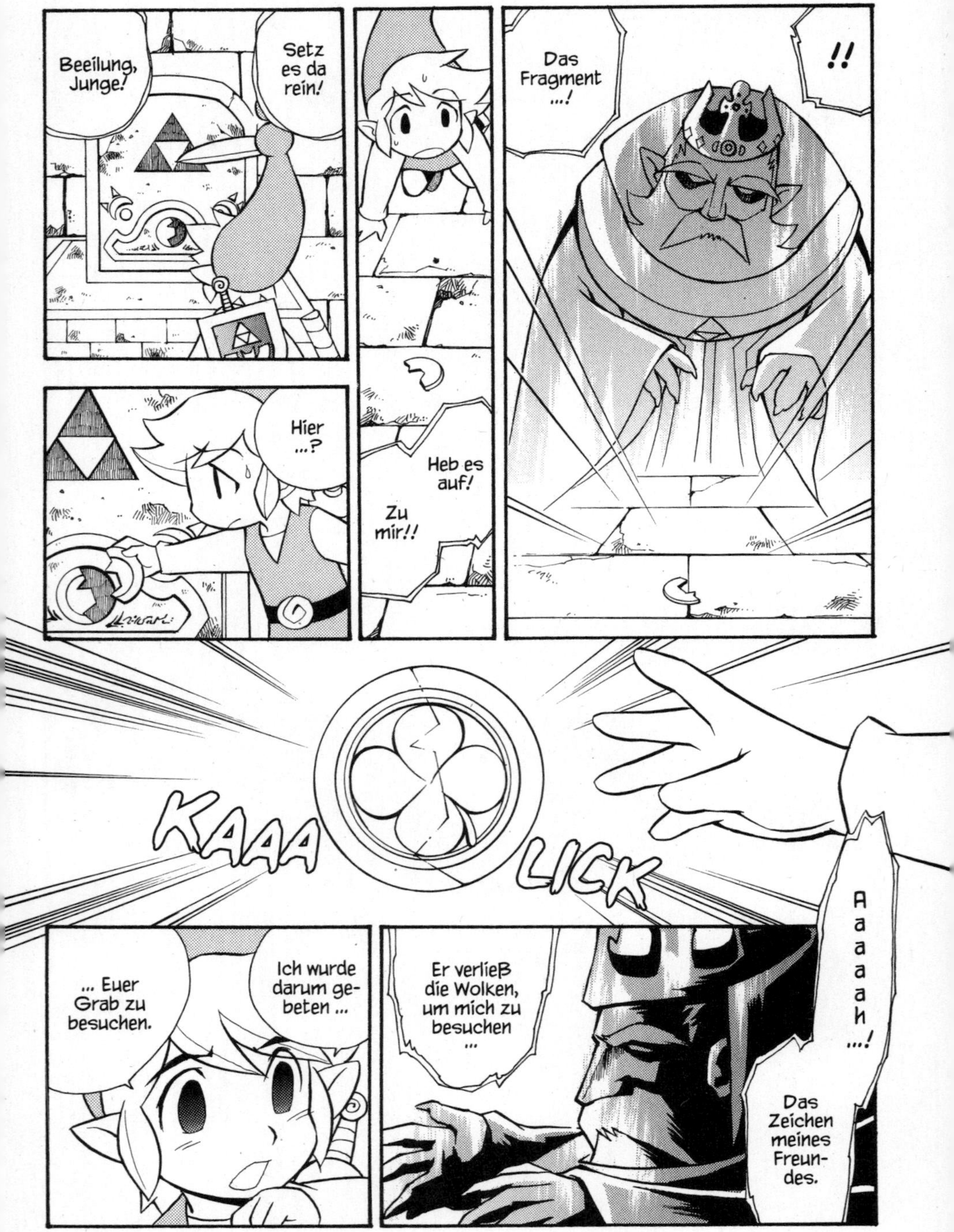

Beeilung, Junge!
Setz es da rein!
Hier ...?
Heb es auf!
Zu mir!!
Das Fragment ...!
!!
KAAA LICK
... Euer Grab zu besuchen.
Ich wurde darum gebeten ...
Er verließ die Wolken, um mich zu besuchen ...
Aaaaah ...!
Das Zeichen meines Freundes.

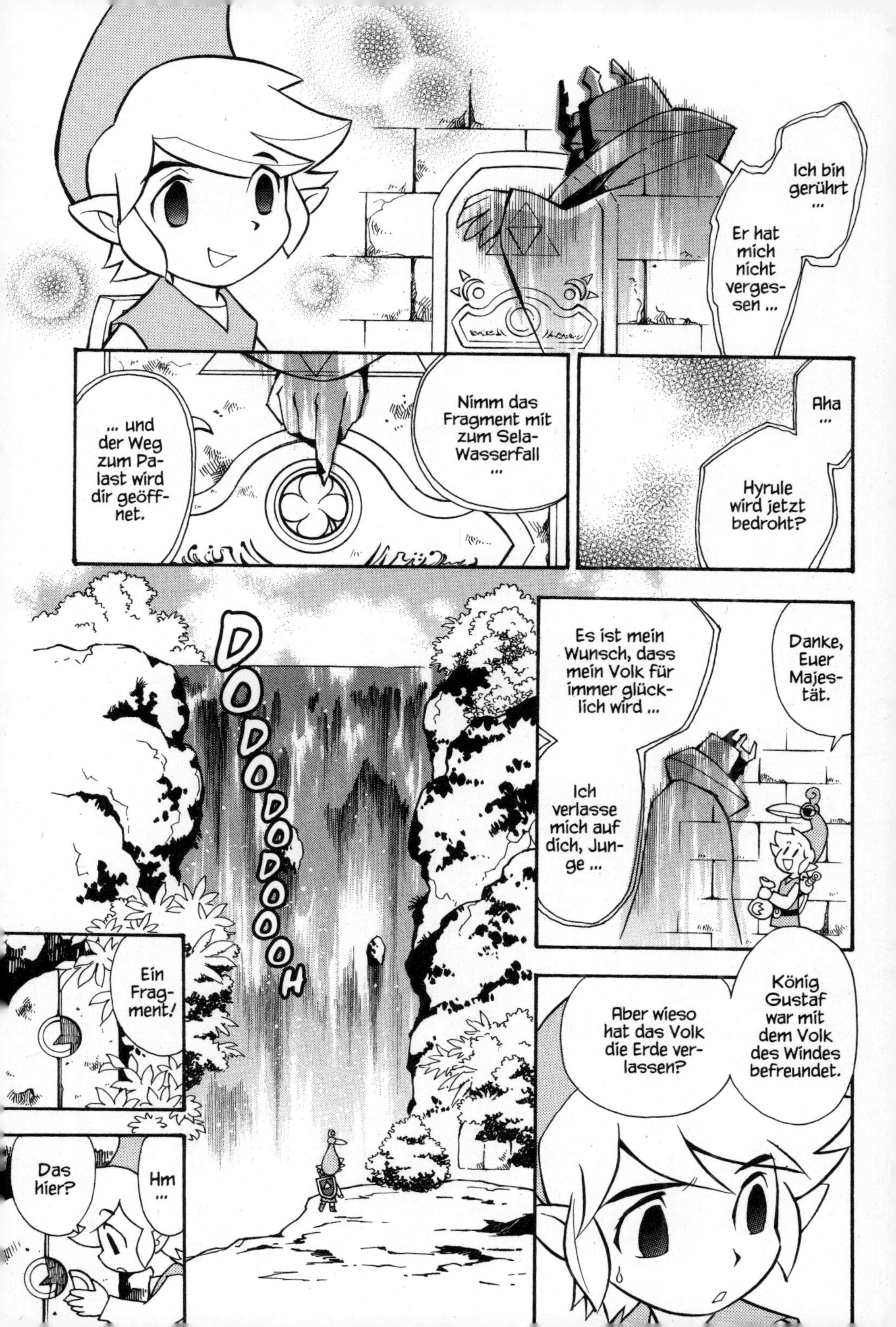
Ich bin gerührt ...
Er hat mich nicht vergessen ...
Aha ...
Hyrule wird jetzt bedroht?
Nimm das Fragment mit zum Sela-Wasserfall ...
... und der Weg zum Palast wird dir geöffnet.
Es ist mein Wunsch, dass mein Volk für immer glücklich wird ...
Ich verlasse mich auf dich, Junge ...
Danke, Euer Majestät.
DODODODOOOOH
Ein Fragment!
König Gustaf war mit dem Volk des Windes befreundet.
Aber wieso hat das Volk die Erde verlassen?
Hm ...
Das hier?

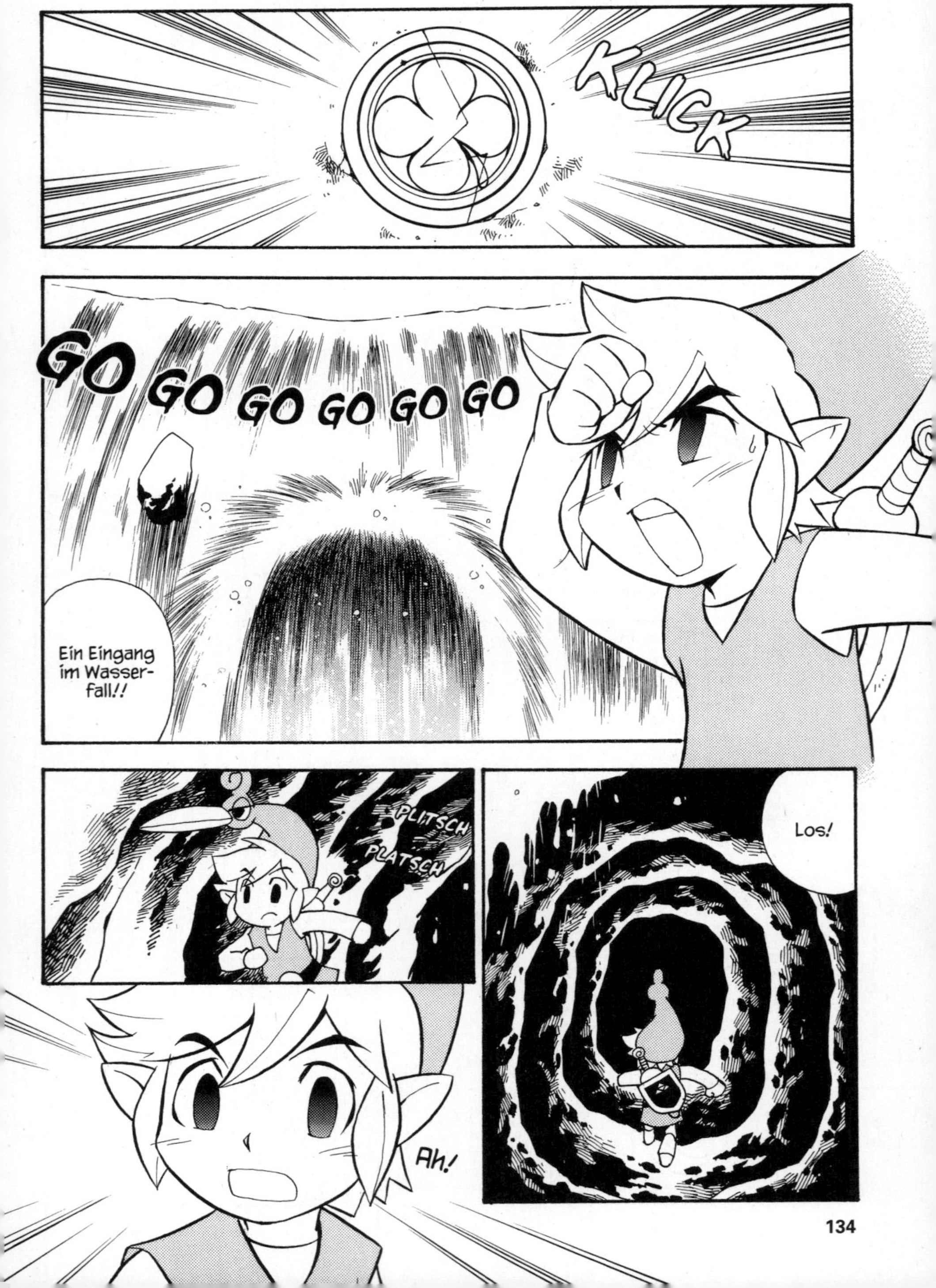
KLICK
GO GO GO GO GO GO GO
Ein Eingang im Wasserfall!!
PLITSCH
PLATSCH
Los!
Ah!

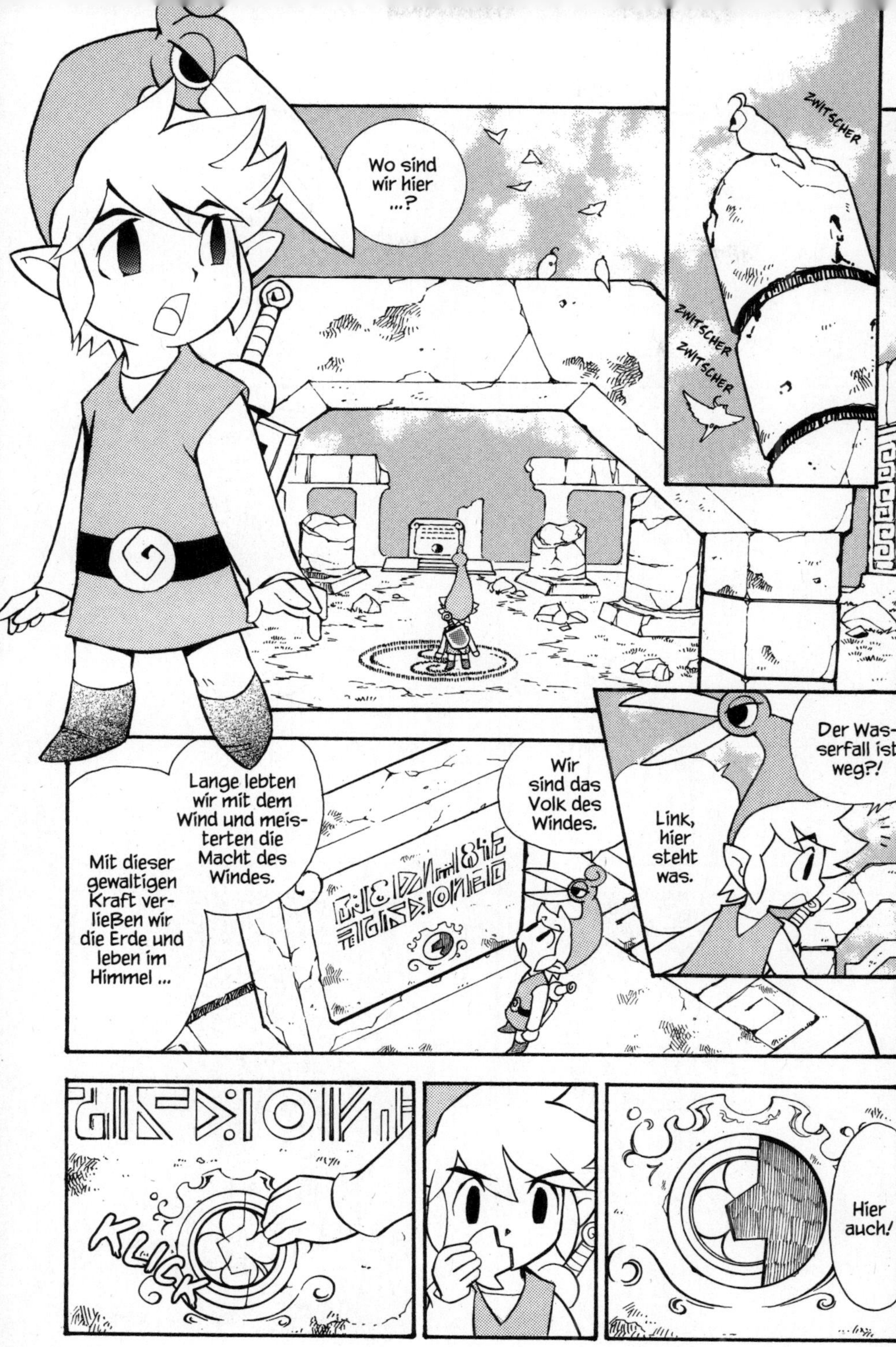
Wo sind wir hier ...?
ZWITSCHER
ZWITSCHER
ZWITSCHER
Der Wasserfall ist weg?!
Link, hier steht was.
Wir sind das Volk des Windes.
Lange lebten wir mit dem Wind und meisterten die Macht des Windes.
Mit dieser gewaltigen Kraft verließen wir die Erde und leben im Himmel ...
KLICK
Hier auch!

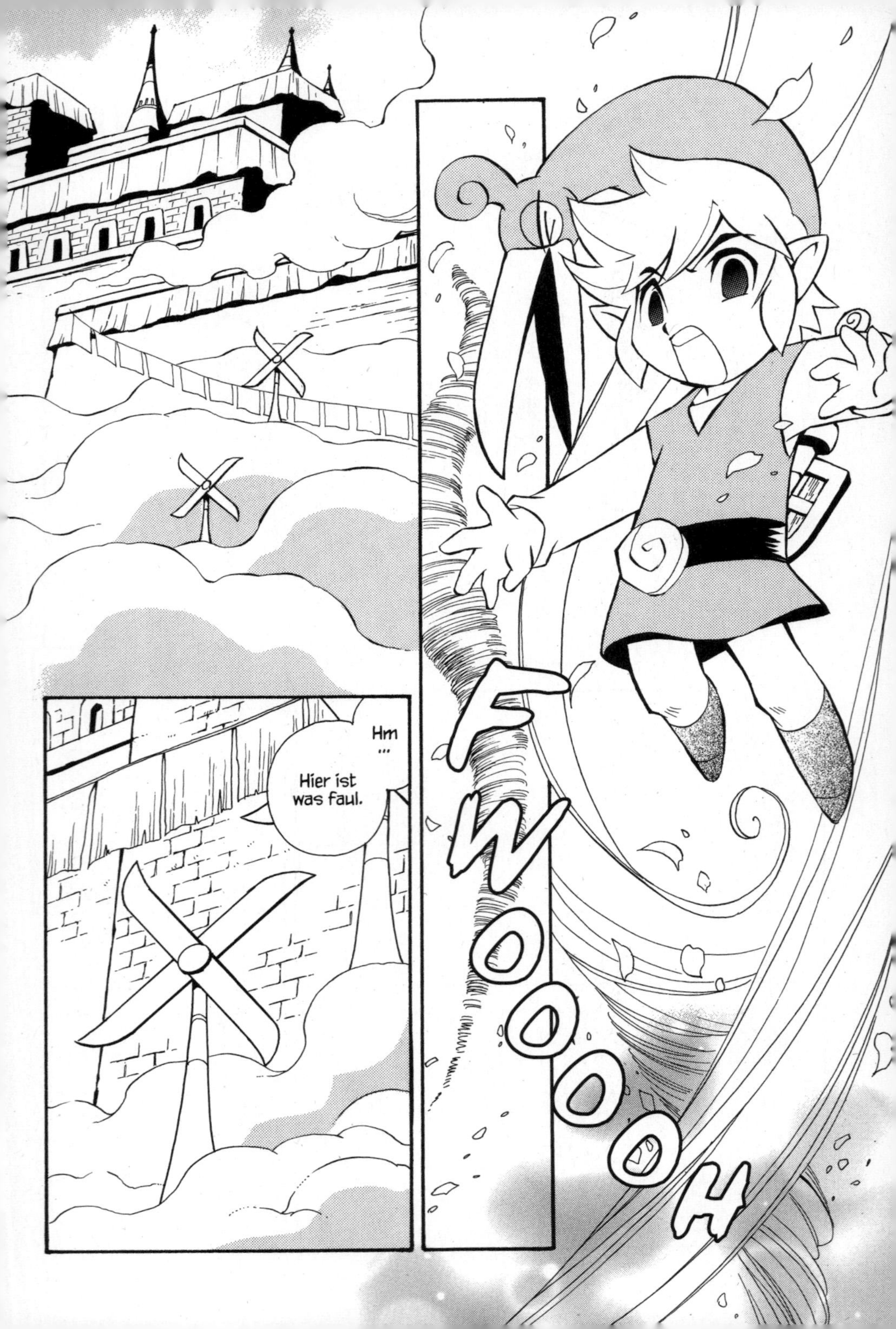
Hm ...
Hier ist was faul.
FWOOOOOH

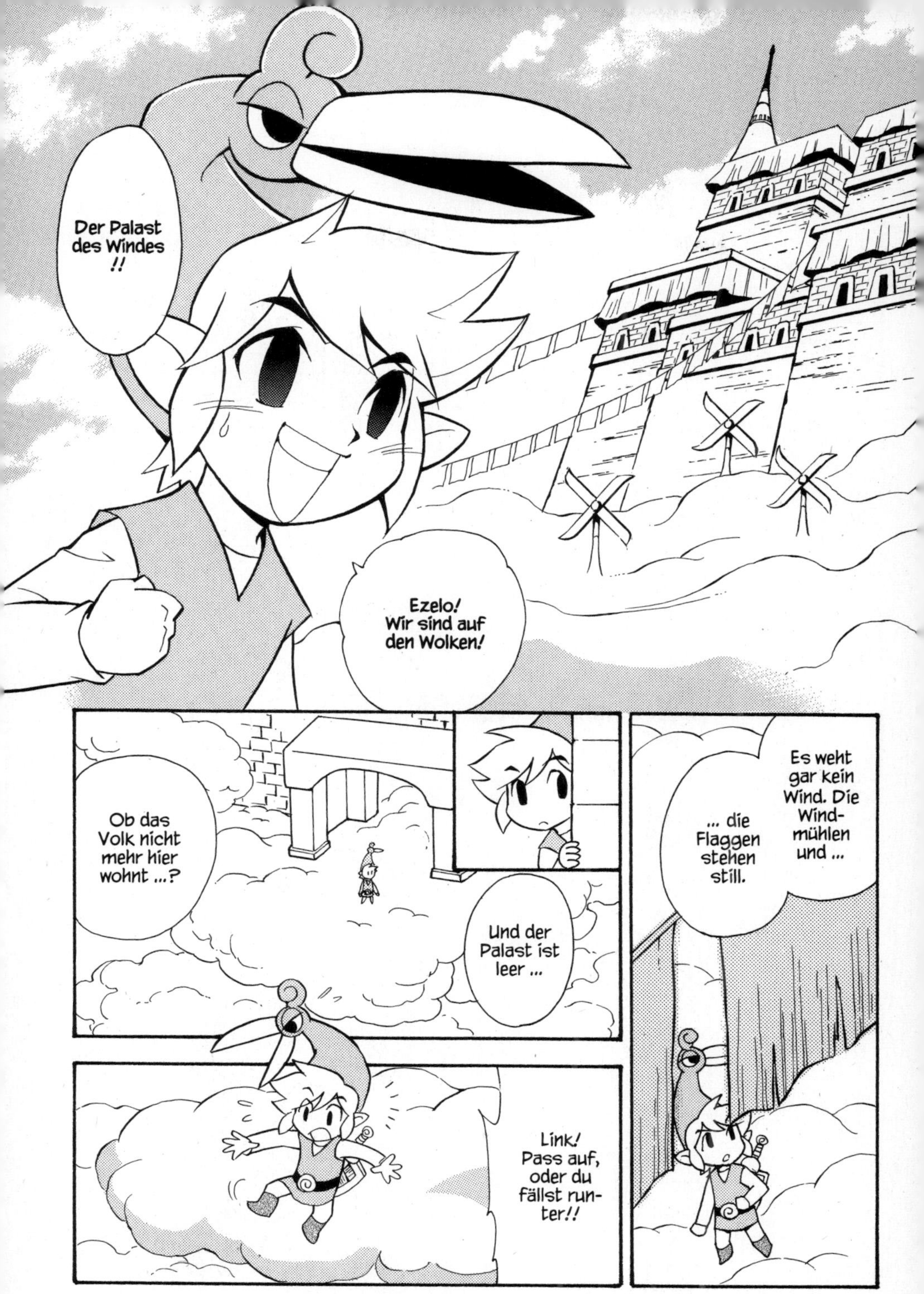
Der Palast des Windes !!
Ezelo! Wir sind auf den Wolken!
Ob das Volk nicht mehr hier wohnt ...?
Und der Palast ist leer ...
Es weht gar kein Wind. Die Windmühlen und ...
... die Flaggen stehen still.
Link! Pass auf, oder du fällst runter!!

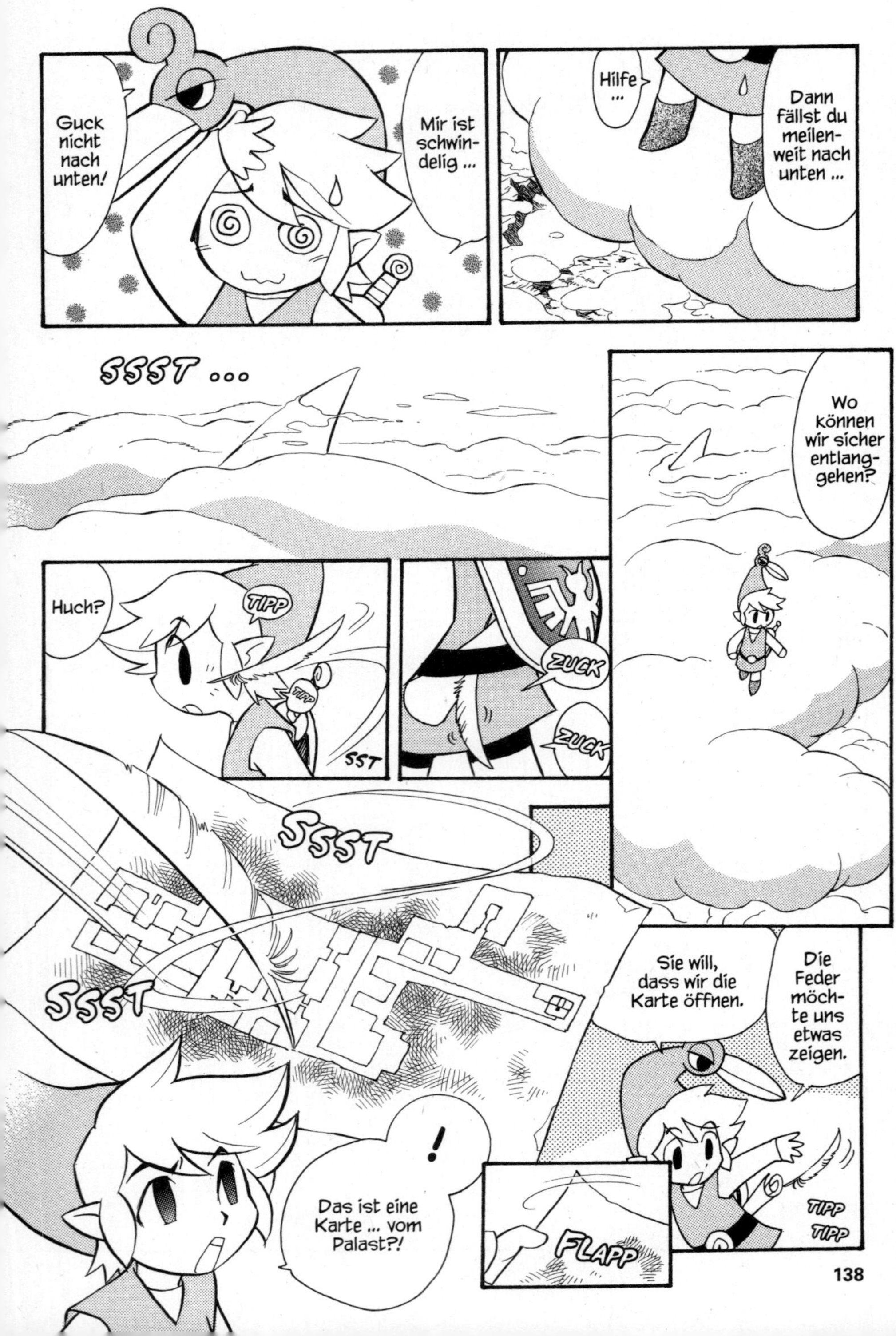

Dann fällst du meilen-weit nach unten ...
Hilfe ...
Mir ist schwin-delig ...
Guck nicht nach unten!
Wo können wir sicher entlang-gehen?
SSST ...
ZUCK
ZUCK
Huch?
TIPP
TIPP
SST
SSST
SSST
Die Feder möch-te uns etwas zeigen.
Sie will, dass wir die Karte öffnen.
TIPP
TIPP
FLAPP
!
Das ist eine Karte ... vom Palast?!

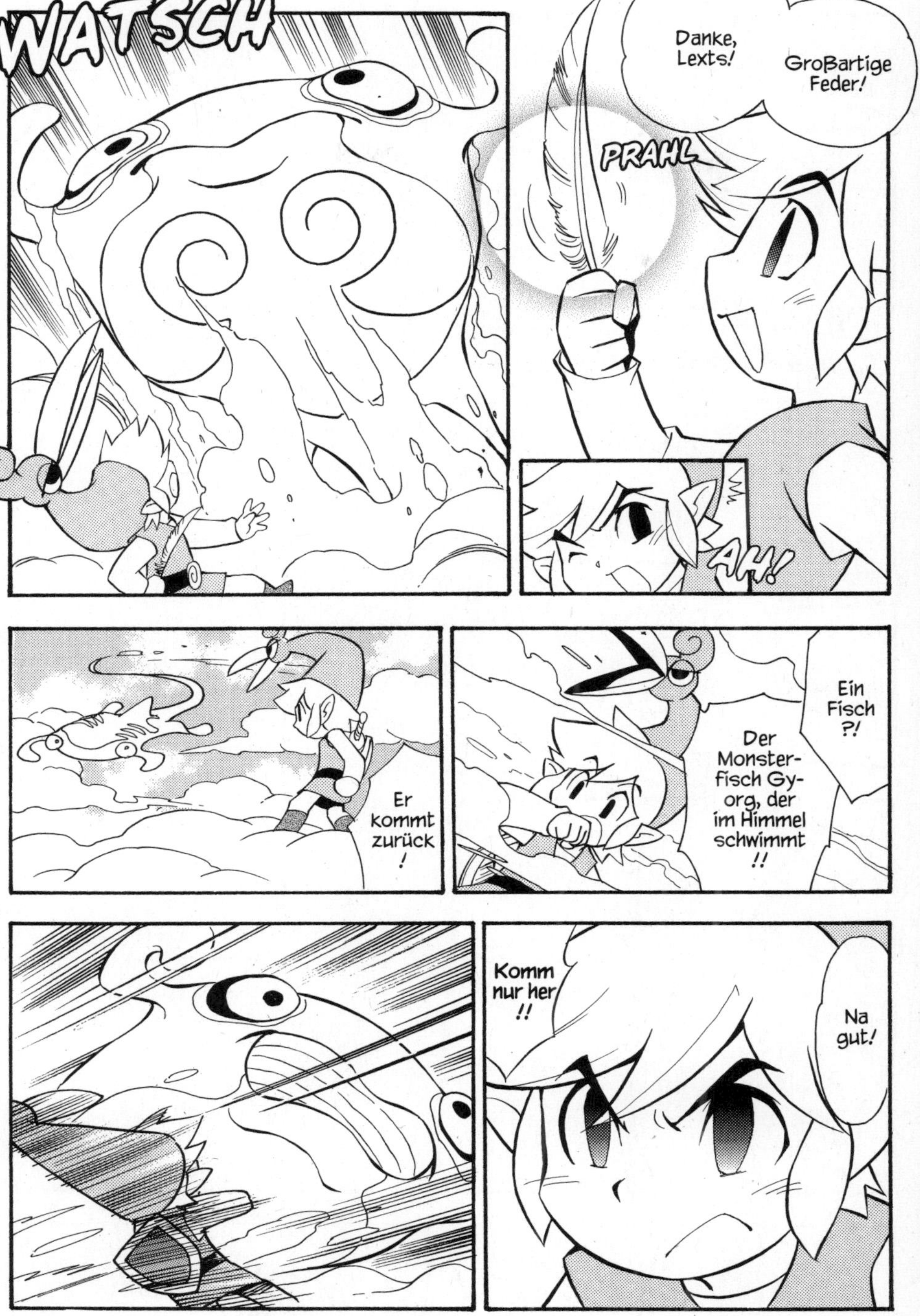
PRAHL
Danke, Lexts!
Großartige Feder!
AH!
WATSCH
Ein Fisch?!
Der Monsterfisch Gyorg, der im Himmel schwimmt!!
Er kommt zurück!
Na gut!
Komm nur her!!

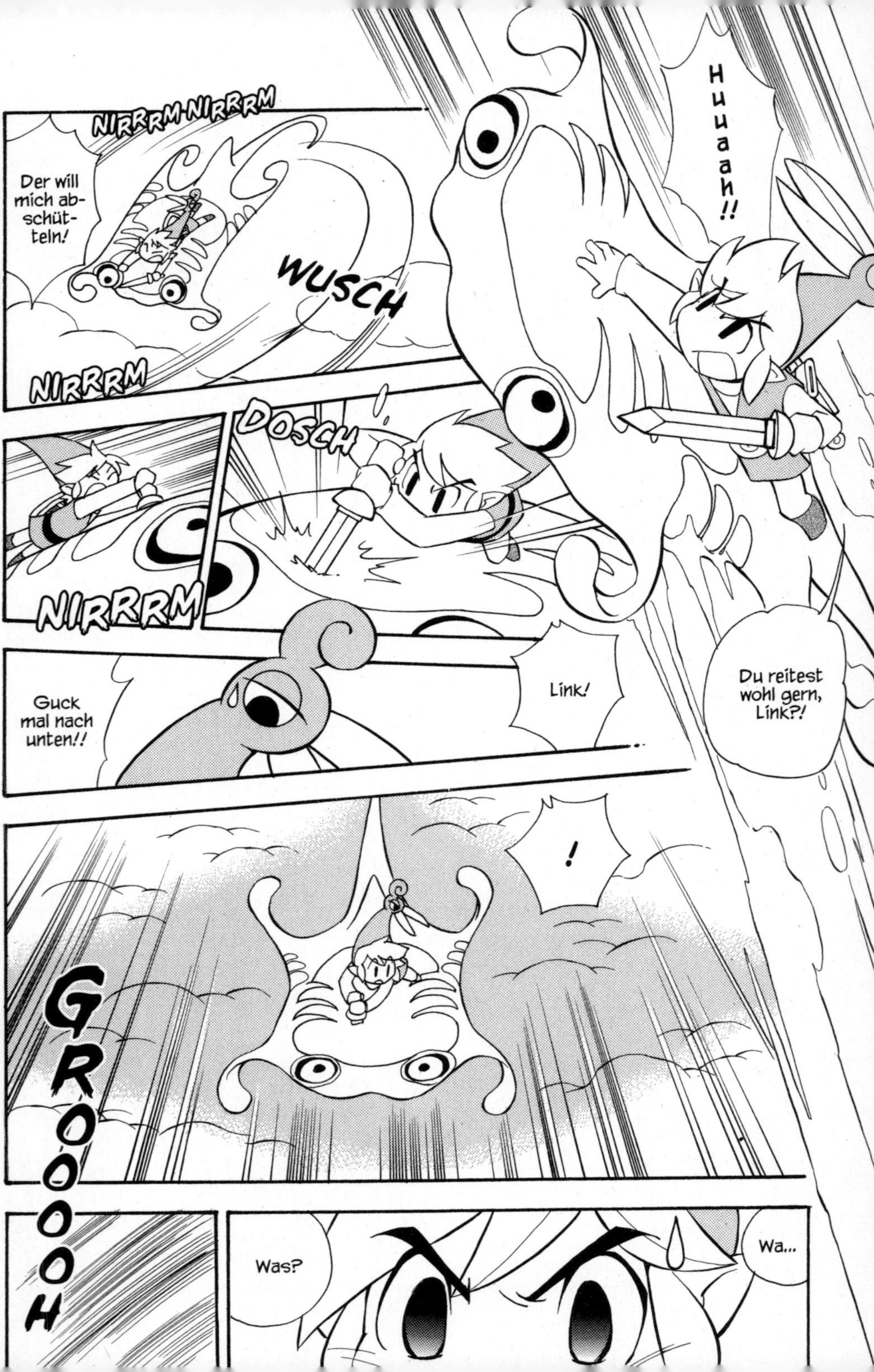
Huuaah!!
NIRRRM NIRRRM
WUSCH
Der will mich abschütteln!
NIRRRM
DOSCH
NIRRRM
Du reitest wohl gern, Link?!
Link!
Guck mal nach unten!!
!
GROOOOOH
Wa...
Was?

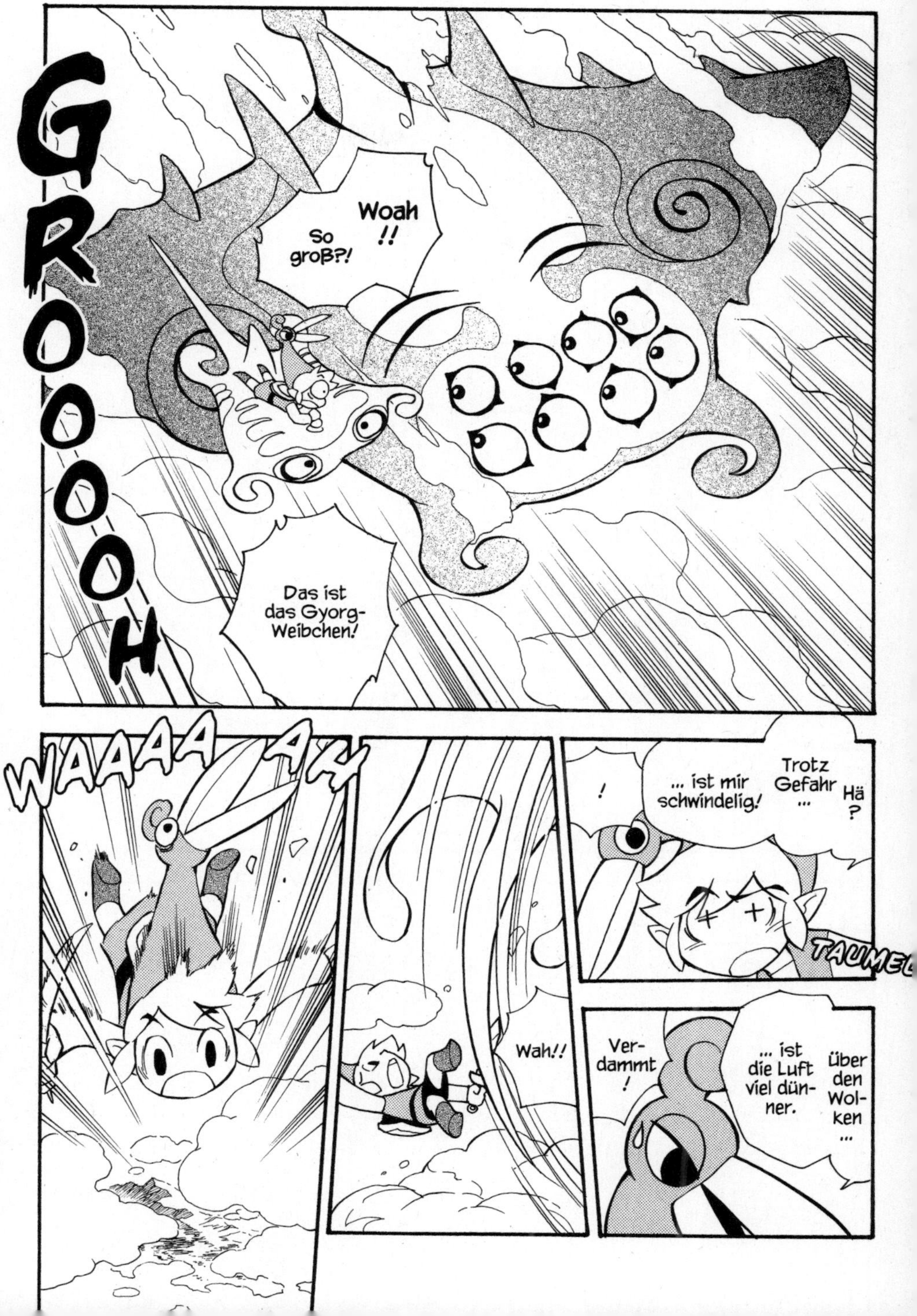
GROOOOOH
Woah!!
So groß?!
Das ist das Gyorg-Weibchen!
Hä?
Trotz Gefahr ...
... ist mir schwindelig!
!
TAUMEL
über den Wolken ...
... ist die Luft viel dünner.
Verdammt!
Wah!!
WAAAAAAH

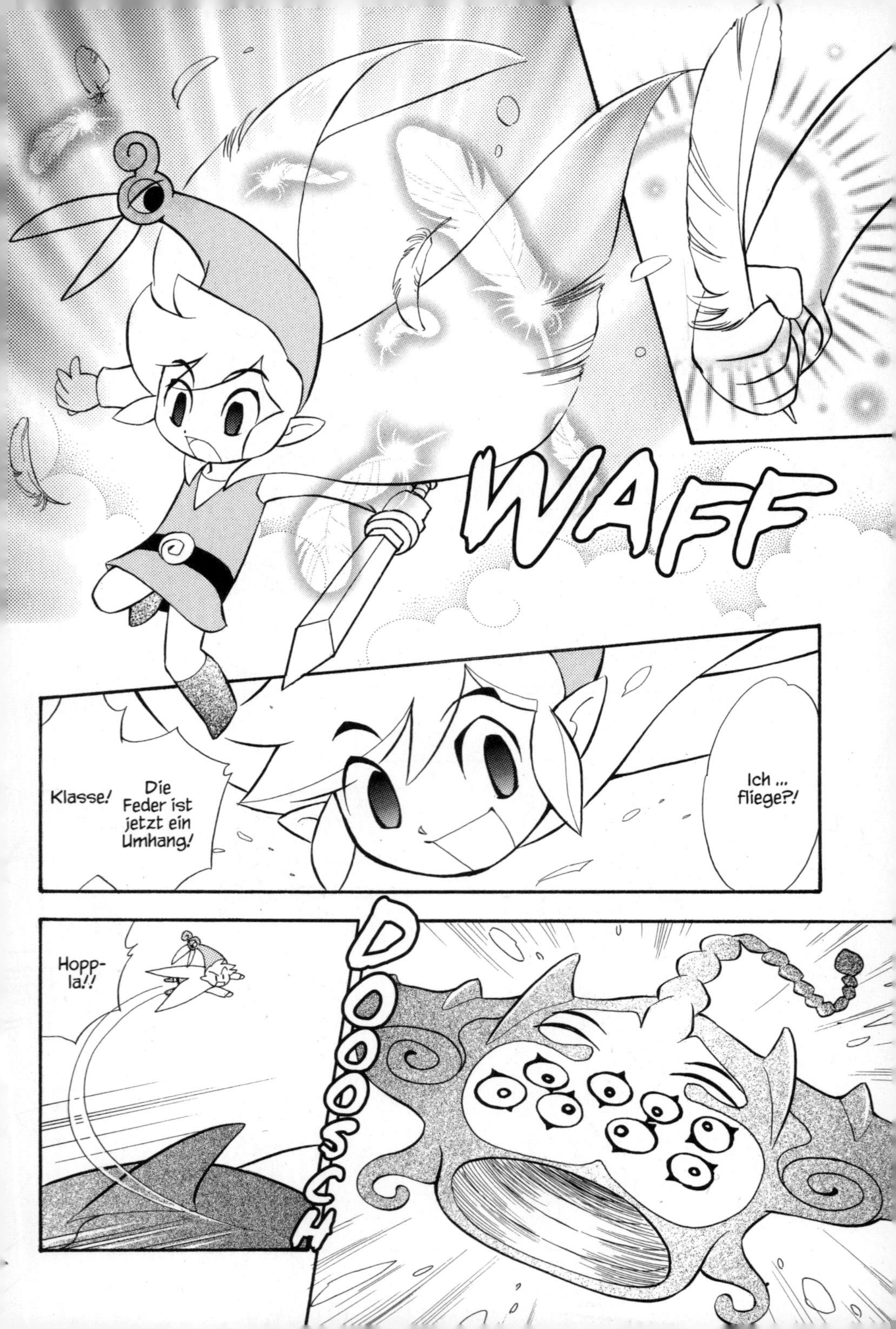
WAFF
Ich ... fliege?!
Klasse!
Die Feder ist jetzt ein Umhang!
DOOOOSCH
Hoppla!!

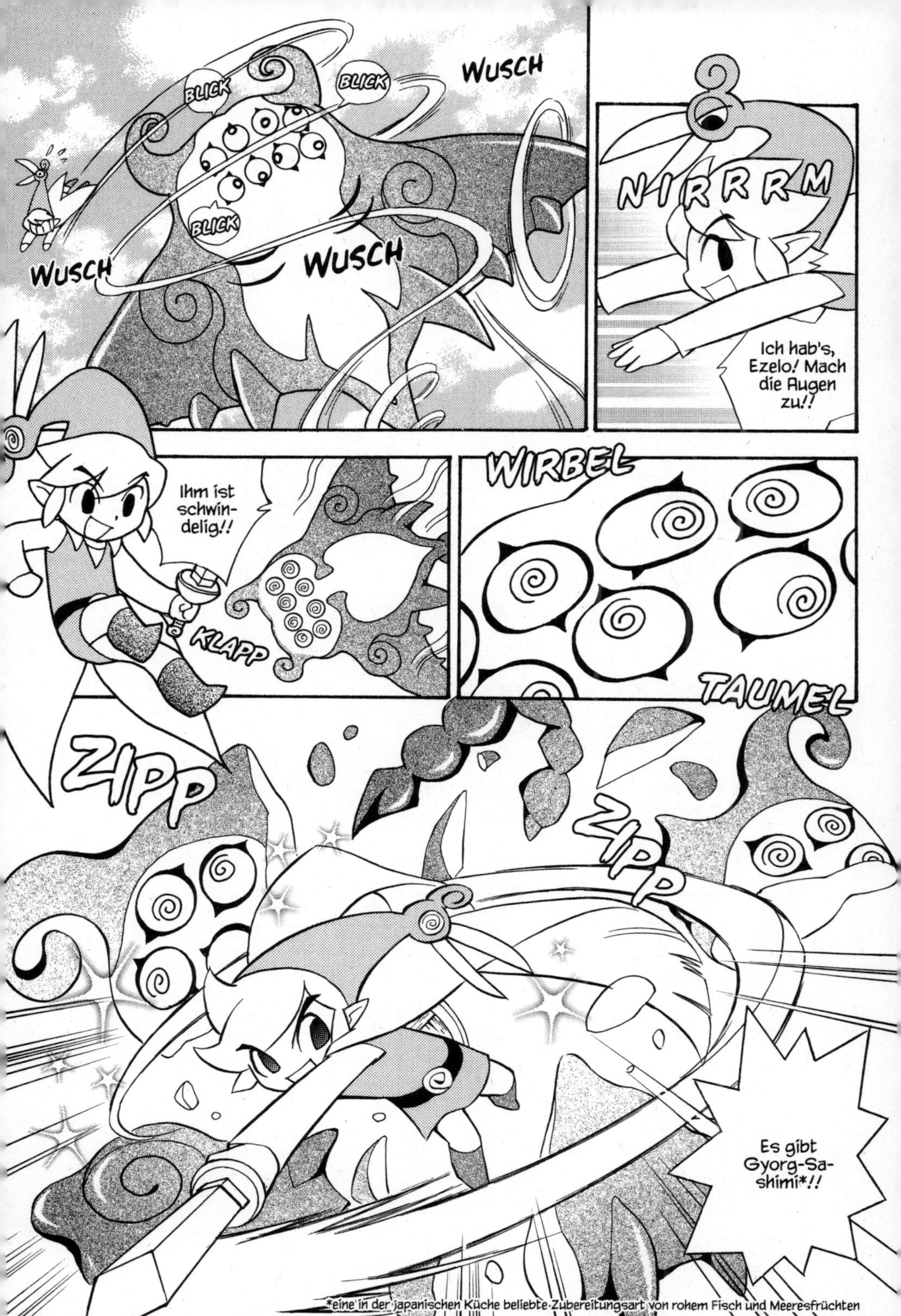

*eine in der japanischen Küche beliebte Zubereitungsart von rohem Fisch und Meeresfrüchten

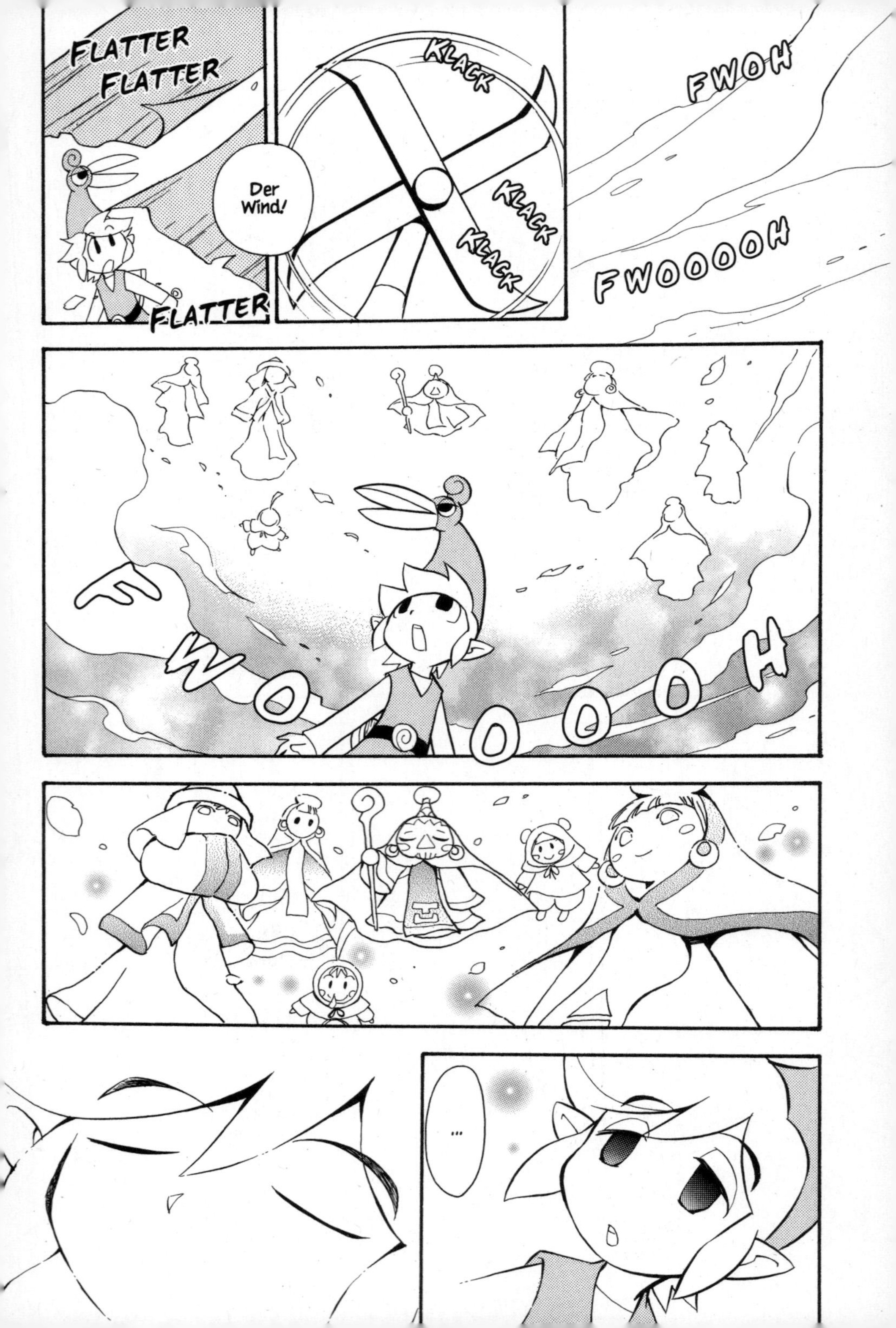
FLATTER FLATTER
FLATTER
Der Wind!
KLACK
KLACK
KLACK
FWOH
FWOOOOH
FWOOOOH
...

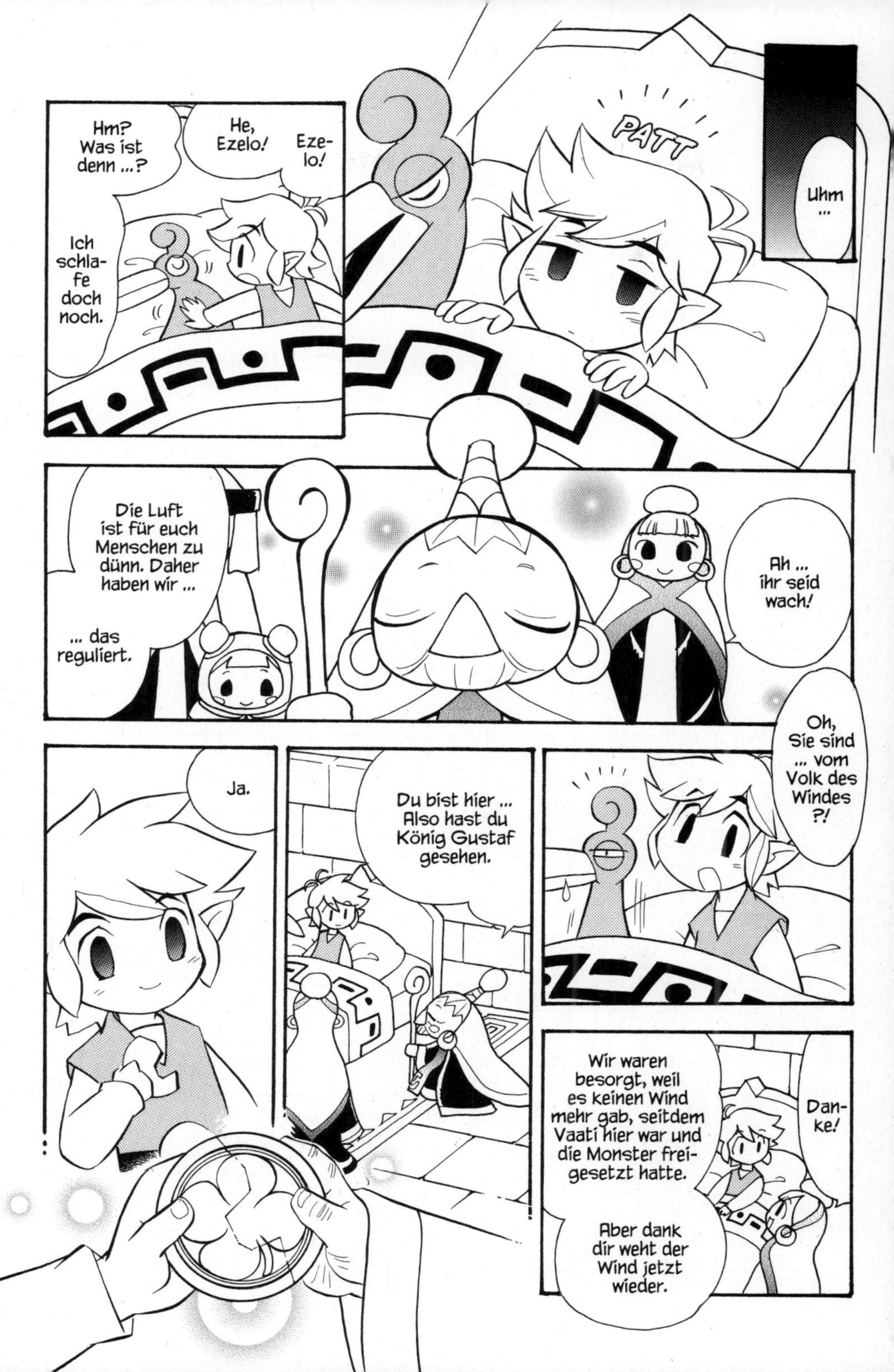

PATT
Uhm ...
He, Ezelo!
Eze-lo!
Hm? Was ist denn ...?
Ich schlafe doch noch.
Ah ... ihr seid wach!
Die Luft ist für euch Menschen zu dünn. Daher haben wir ...
... das reguliert.
Oh, Sie sind ... vom Volk des Windes?!
Du bist hier ... Also hast du König Gustaf gesehen.
Ja.
Wir waren besorgt, weil es keinen Wind mehr gab, seitdem Vaati hier war und die Monster freigesetzt hatte.
Aber dank dir weht der Wind jetzt wieder.
Danke!

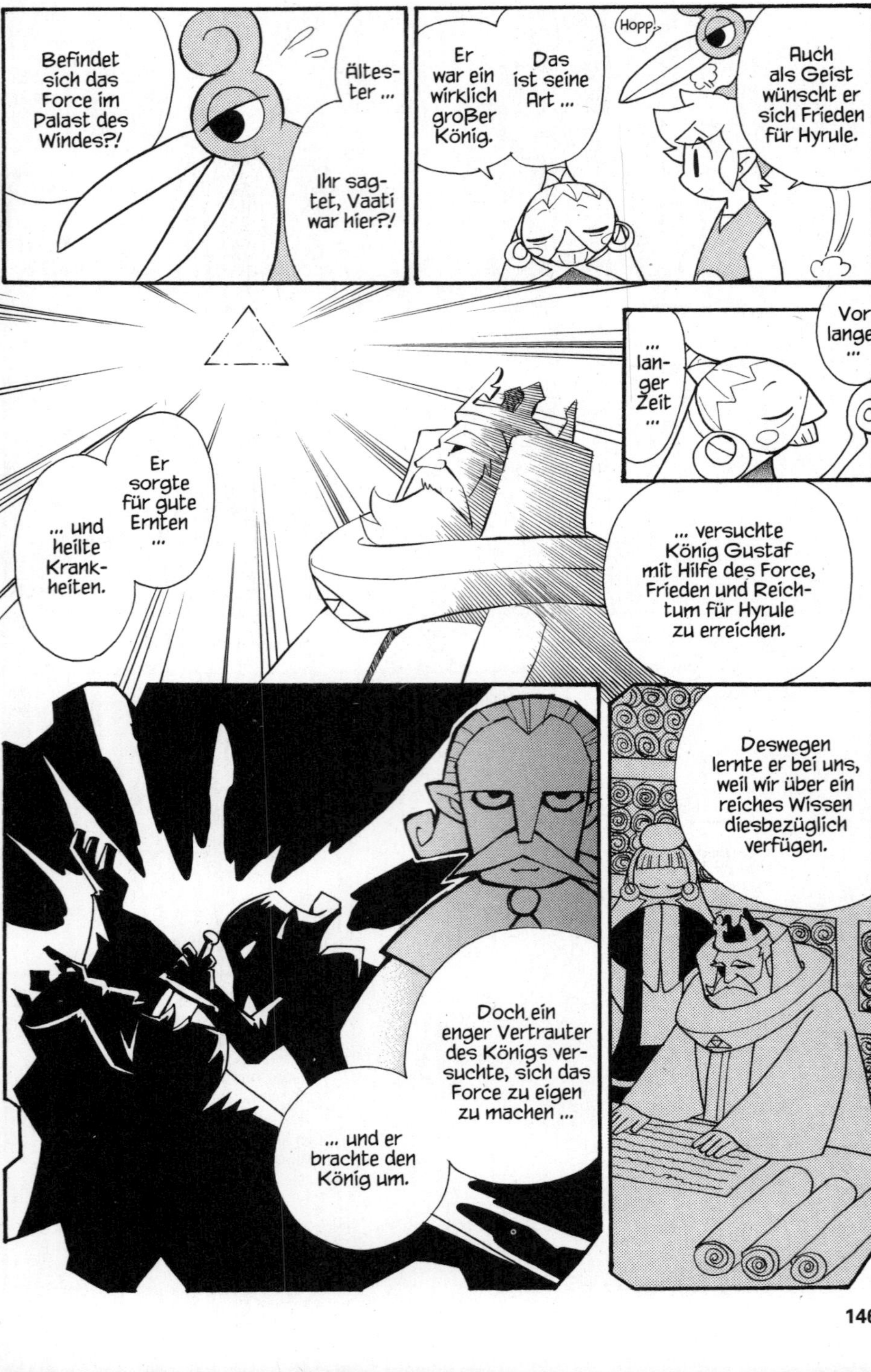
Auch als Geist wünscht er sich Frieden für Hyrule.
Hopp
Das ist seine Art ...
Er war ein wirklich großer König.
Ältester ...
Ihr sagtet, Vaati war hier?!
Befindet sich das Force im Palast des Windes?!
Vor langer ...
... langer Zeit ...
... versuchte König Gustaf mit Hilfe des Force, Frieden und Reichtum für Hyrule zu erreichen.
Er sorgte für gute Ernten ...
... und heilte Krankheiten.
Deswegen lernte er bei uns, weil wir über ein reiches Wissen diesbezüglich verfügen.
Doch ein enger Vertrauter des Königs versuchte, sich das Force zu eigen zu machen ...
... und er brachte den König um.

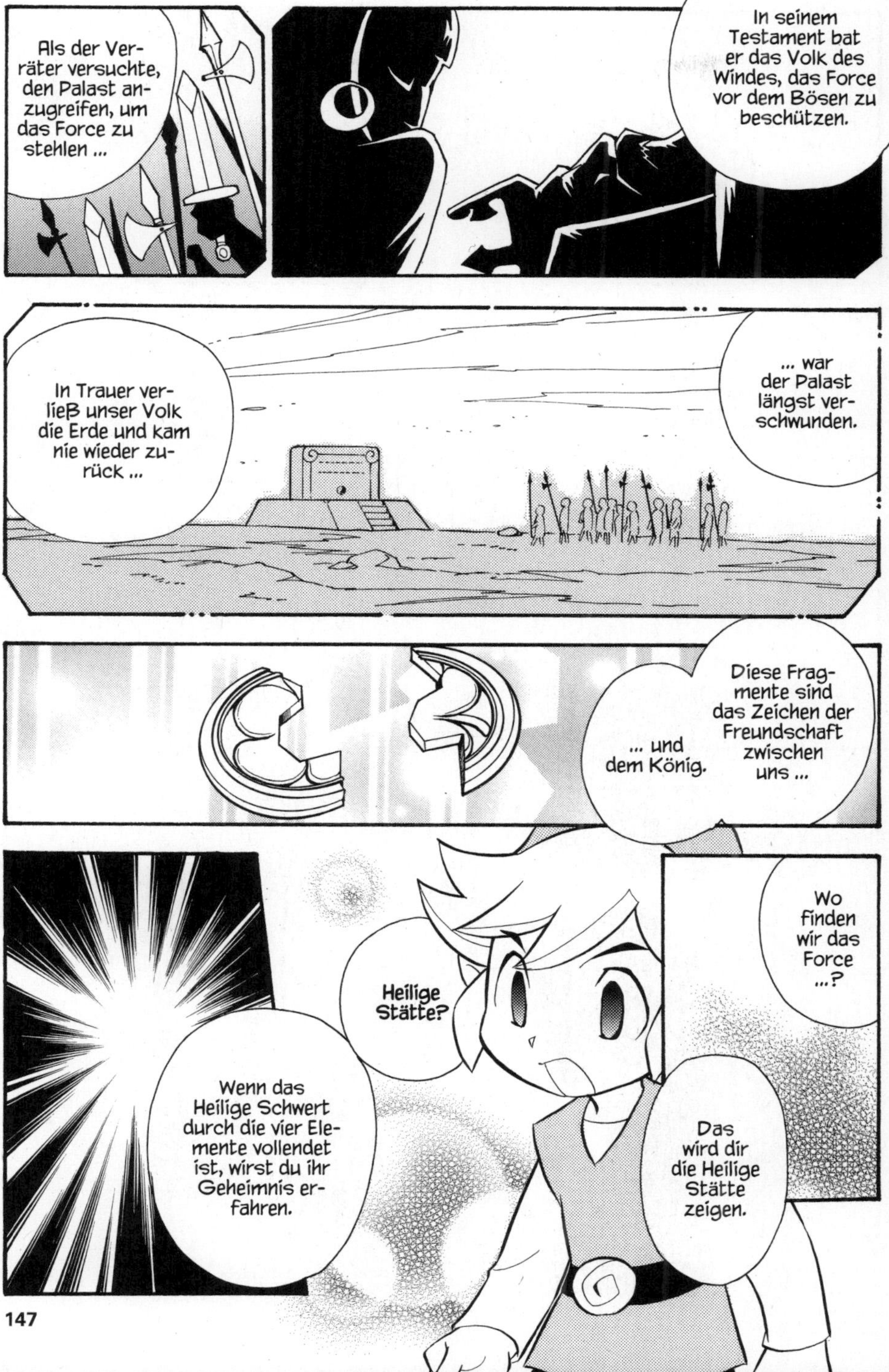
In seinem Testament bat er das Volk des Windes, das Force vor dem Bösen zu beschützen.
Als der Verräter versuchte, den Palast anzugreifen, um das Force zu stehlen ...
... war der Palast längst verschwunden.
In Trauer verließ unser Volk die Erde und kam nie wieder zurück ...
Diese Fragmente sind das Zeichen der Freundschaft zwischen uns ...
... und dem König.
Wo finden wir das Force ...?
Das wird dir die Heilige Stätte zeigen.
Heilige Stätte?
Wenn das Heilige Schwert durch die vier Elemente vollendet ist, wirst du ihr Geheimnis erfahren.

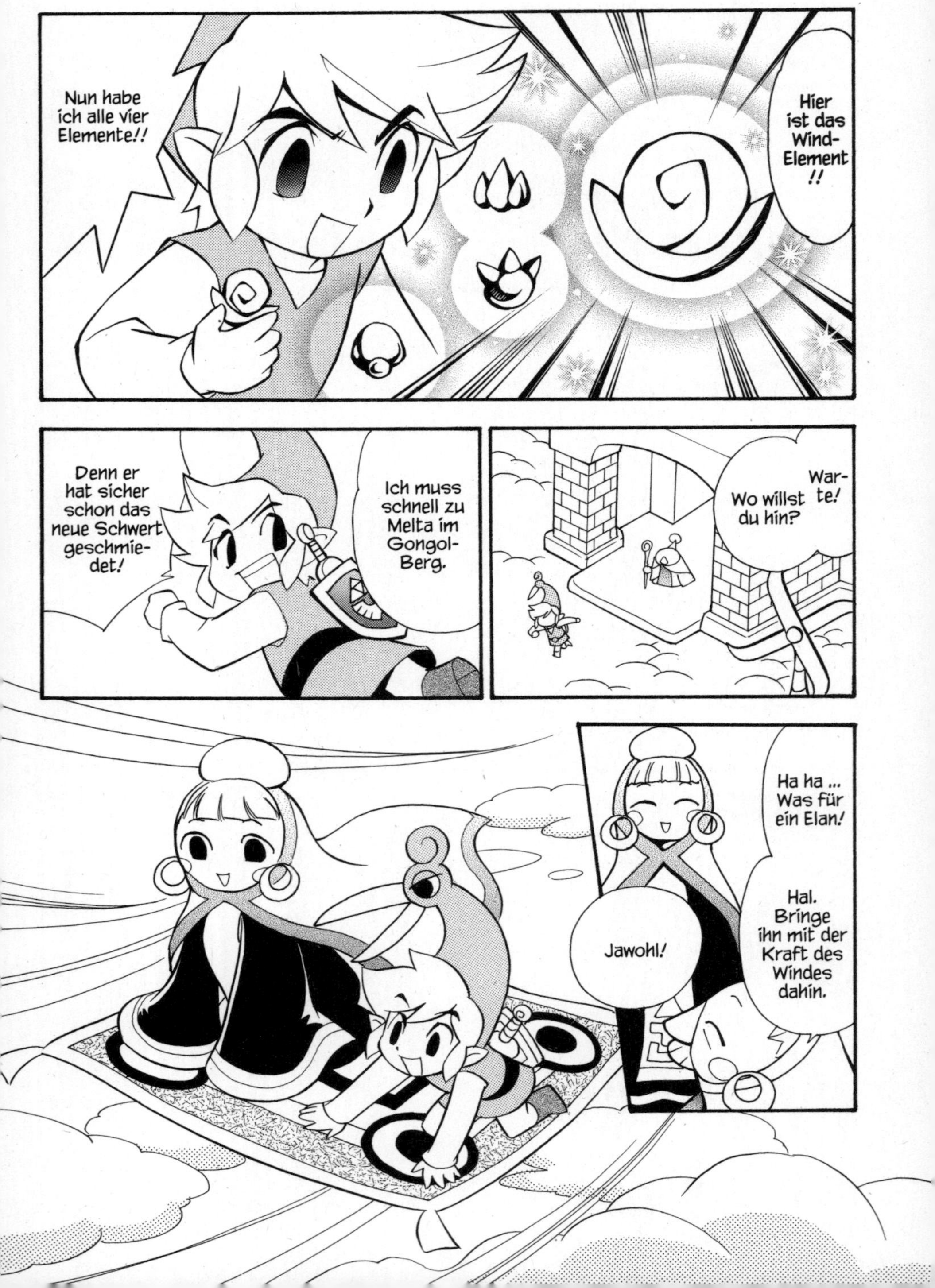
Nun habe ich alle vier Elemente!!
Hier ist das Wind-Element!!
Denn er hat sicher schon das neue Schwert geschmiedet!
Ich muss schnell zu Melta im Gongol-Berg.
Wo willst du hin?
Warte!
Ha ha ... Was für ein Elan!
Hal. Bringe ihn mit der Kraft des Windes dahin.
Jawohl!

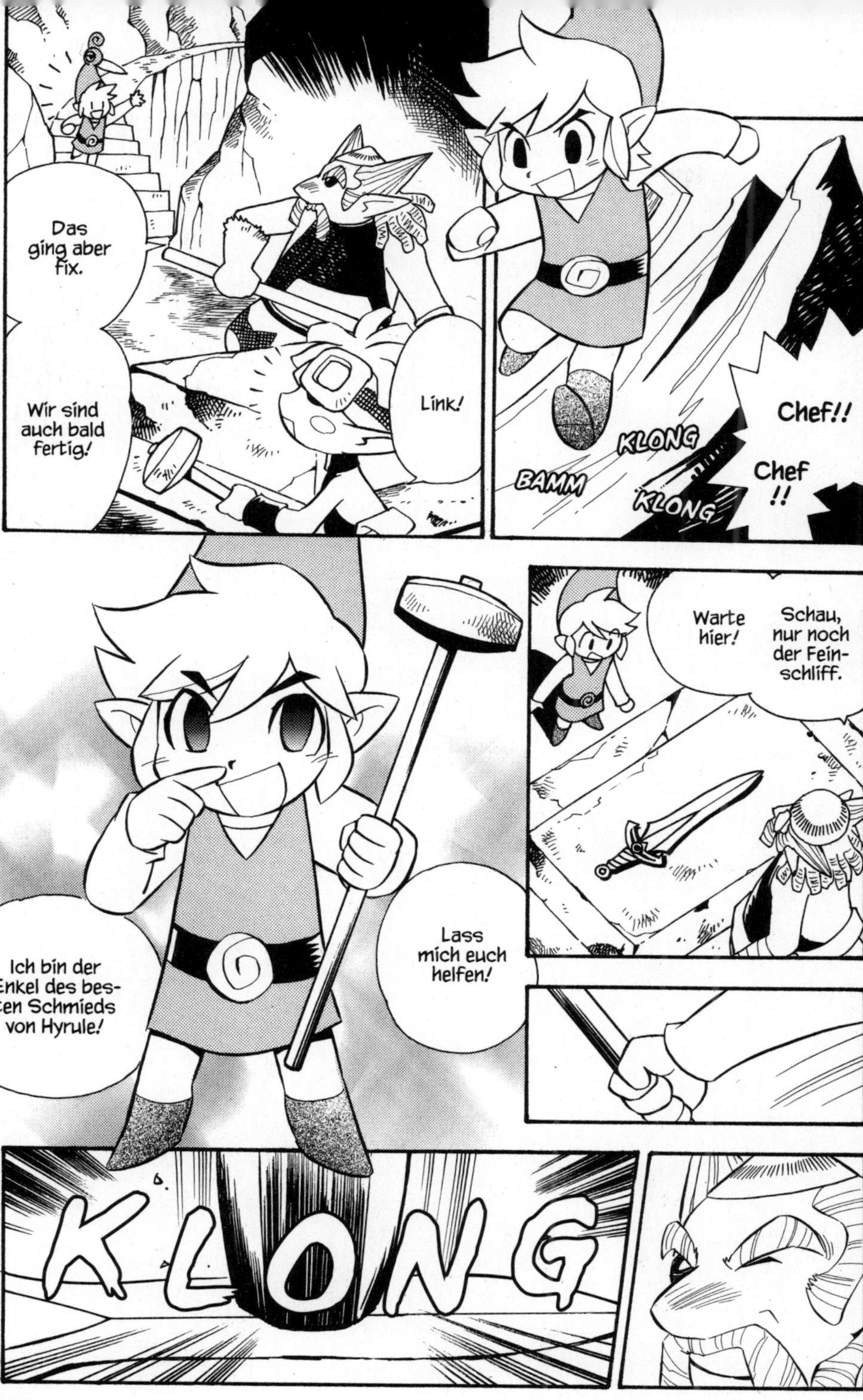
Das ging aber fix.
Wir sind auch bald fertig!
Link!
BAMM
KLONG
KLONG
Chef!!
Chef !!
Warte hier!
Schau, nur noch der Feinschliff.
Ich bin der Enkel des besten Schmieds von Hyrule!
Lass mich euch helfen!
KLONG

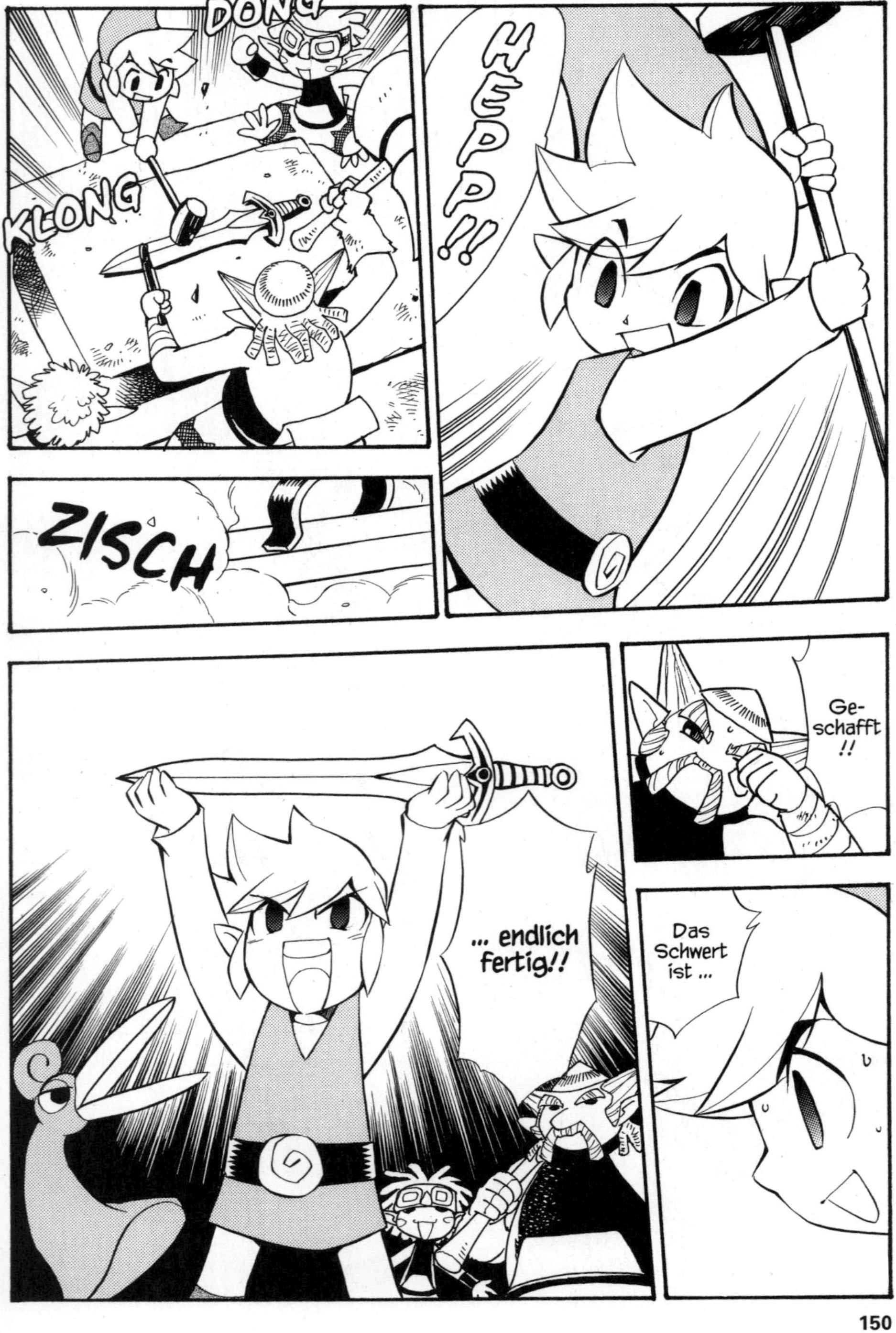
DONG
KLONG
HEPP!!
ZISCH
Ge-
schafft
!!
Das
Schwert
ist ...
... endlich
fertig!!

6. Kapitel: Wahre Stärke

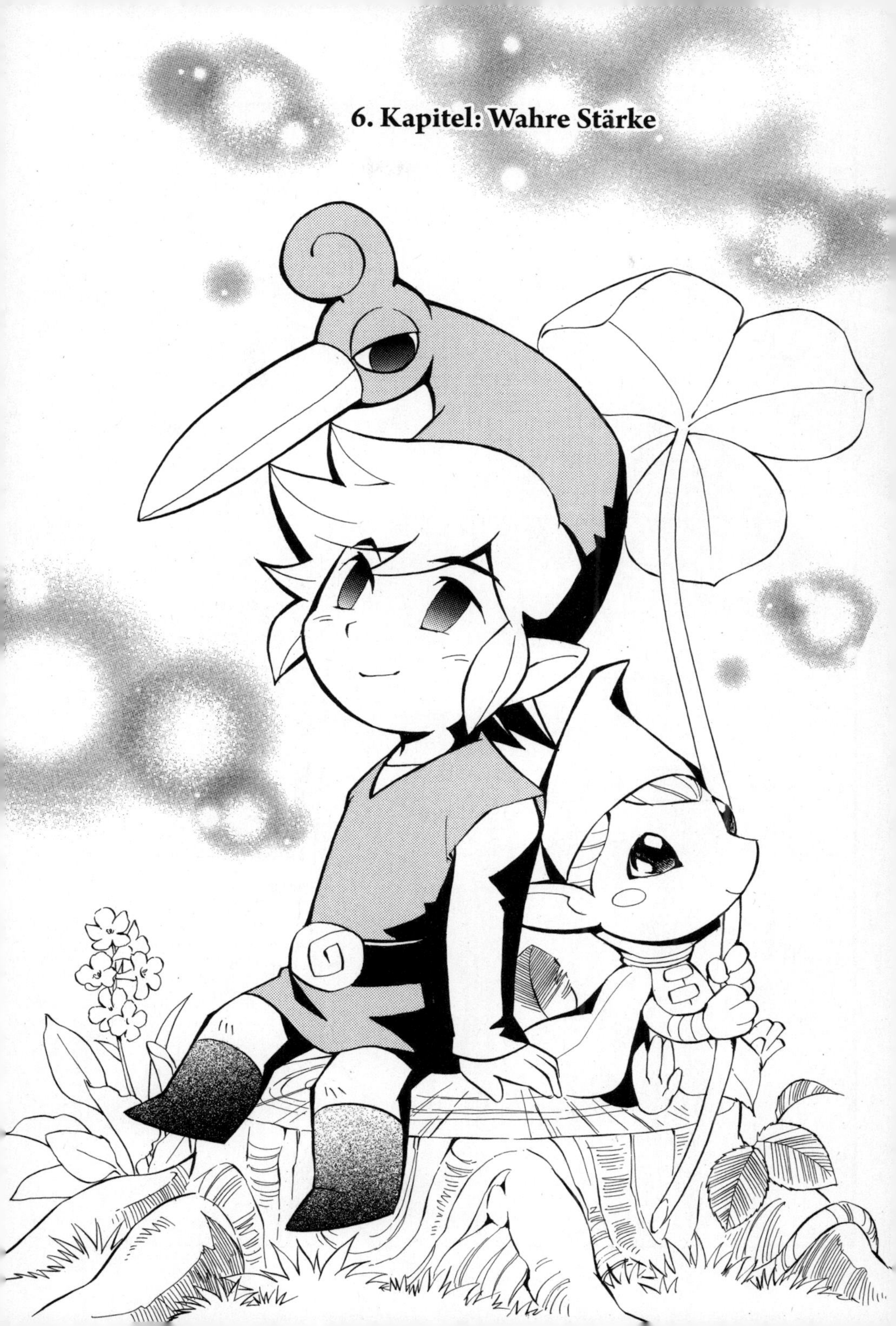

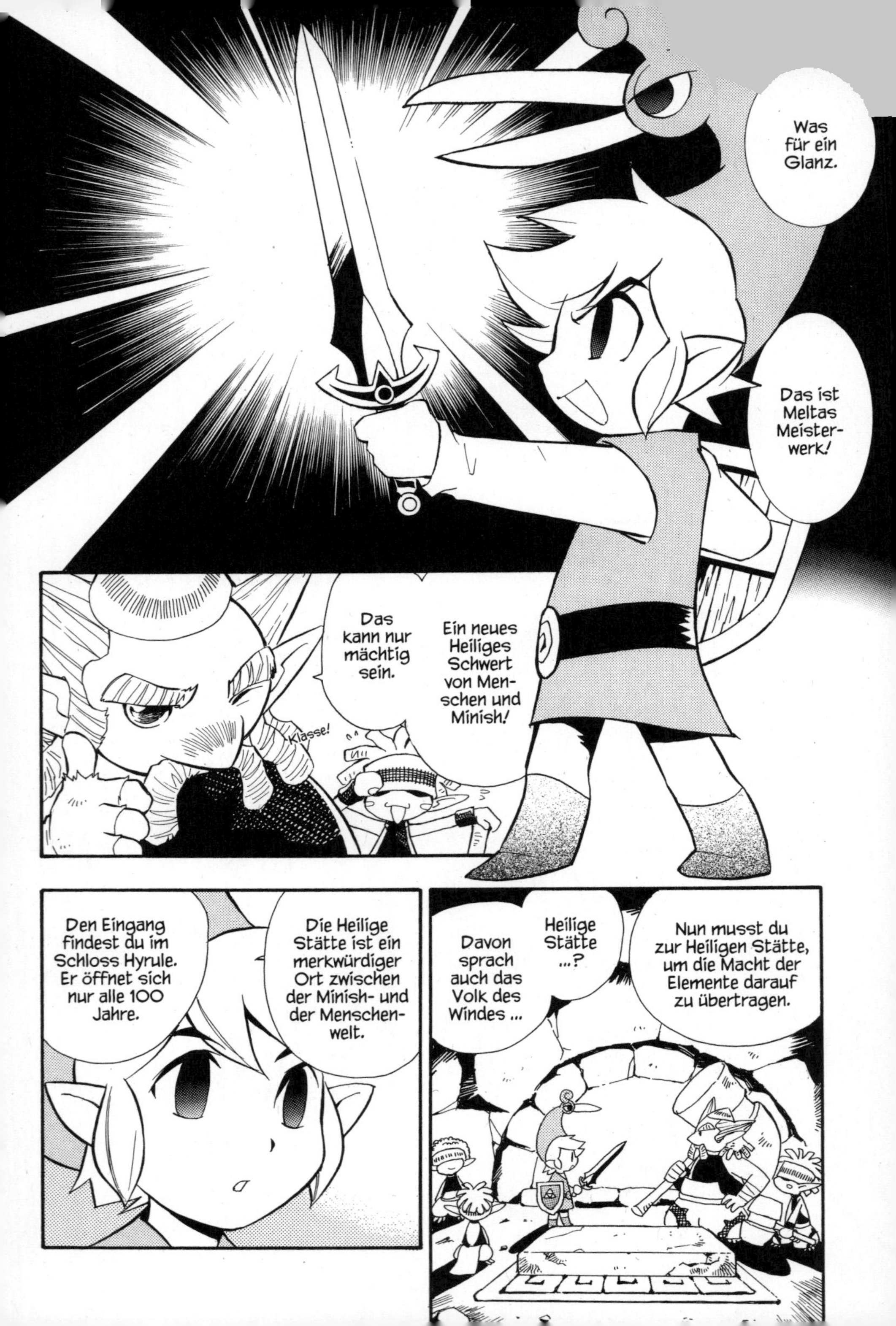

Was für ein Glanz.
Das ist Meltas Meisterwerk!
Ein neues Heiliges Schwert von Menschen und Minish!
Das kann nur mächtig sein.
Klasse!
Nun musst du zur Heiligen Stätte, um die Macht der Elemente darauf zu übertragen.
Heilige Stätte ...?
Davon sprach auch das Volk des Windes ...
Die Heilige Stätte ist ein merkwürdiger Ort zwischen der Minish- und der Menschenwelt.
Den Eingang findest du im Schloss Hyrule. Er öffnet sich nur alle 100 Jahre.

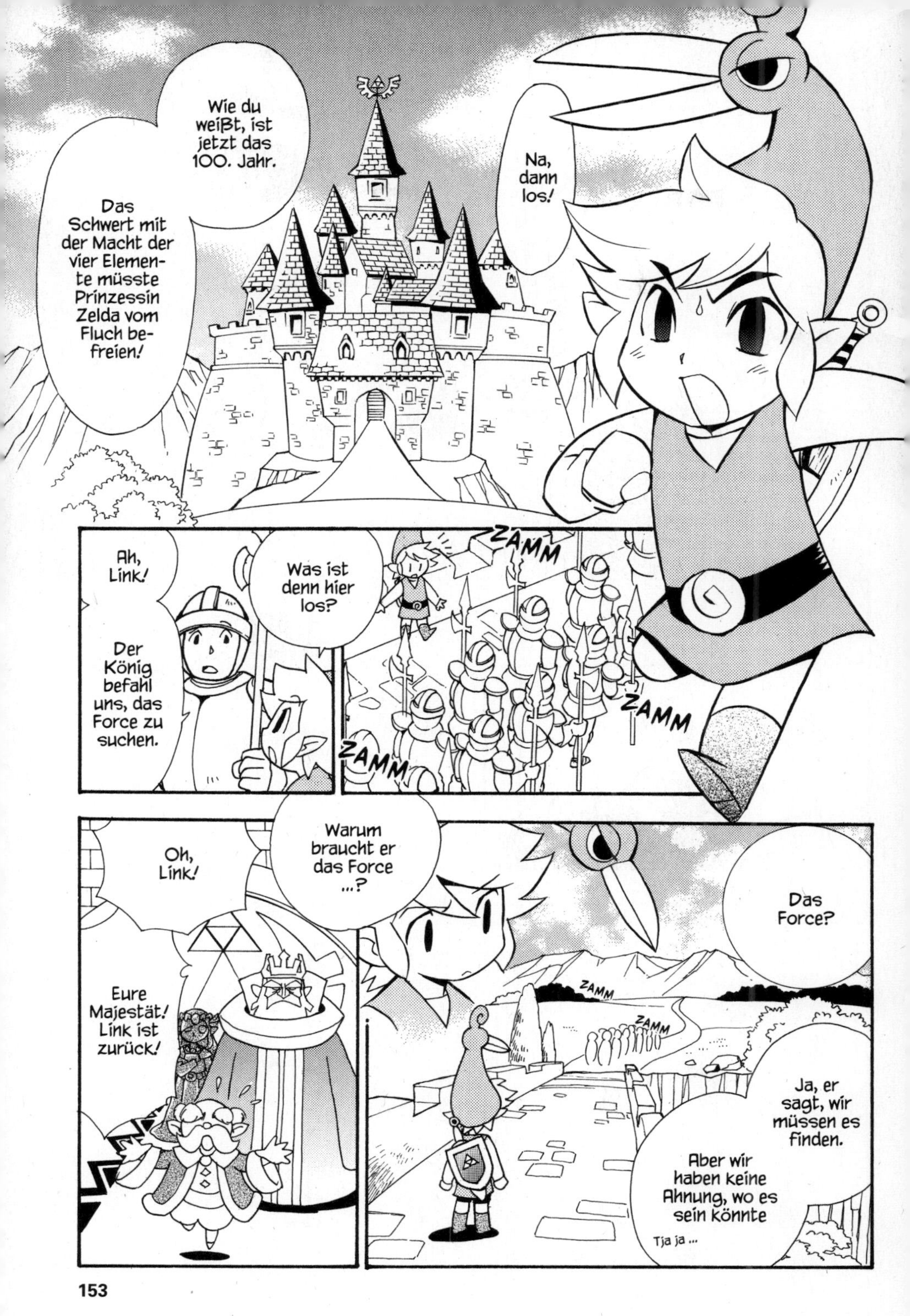

Na, dann los!
Wie du weißt, ist jetzt das 100. Jahr.
Das Schwert mit der Macht der vier Elemente müsste Prinzessin Zelda vom Fluch befreien!
ZAMM
Was ist denn hier los?
Ah, Link!
Der König befahl uns, das Force zu suchen.
ZAMM
ZAMM
Das Force?
Warum braucht er das Force ...?
Oh, Link!
Eure Majestät! Link ist zurück!
ZAMM
ZAMM
Ja, er sagt, wir müssen es finden.
Aber wir haben keine Ahnung, wo es sein könnte
Tja ja ...

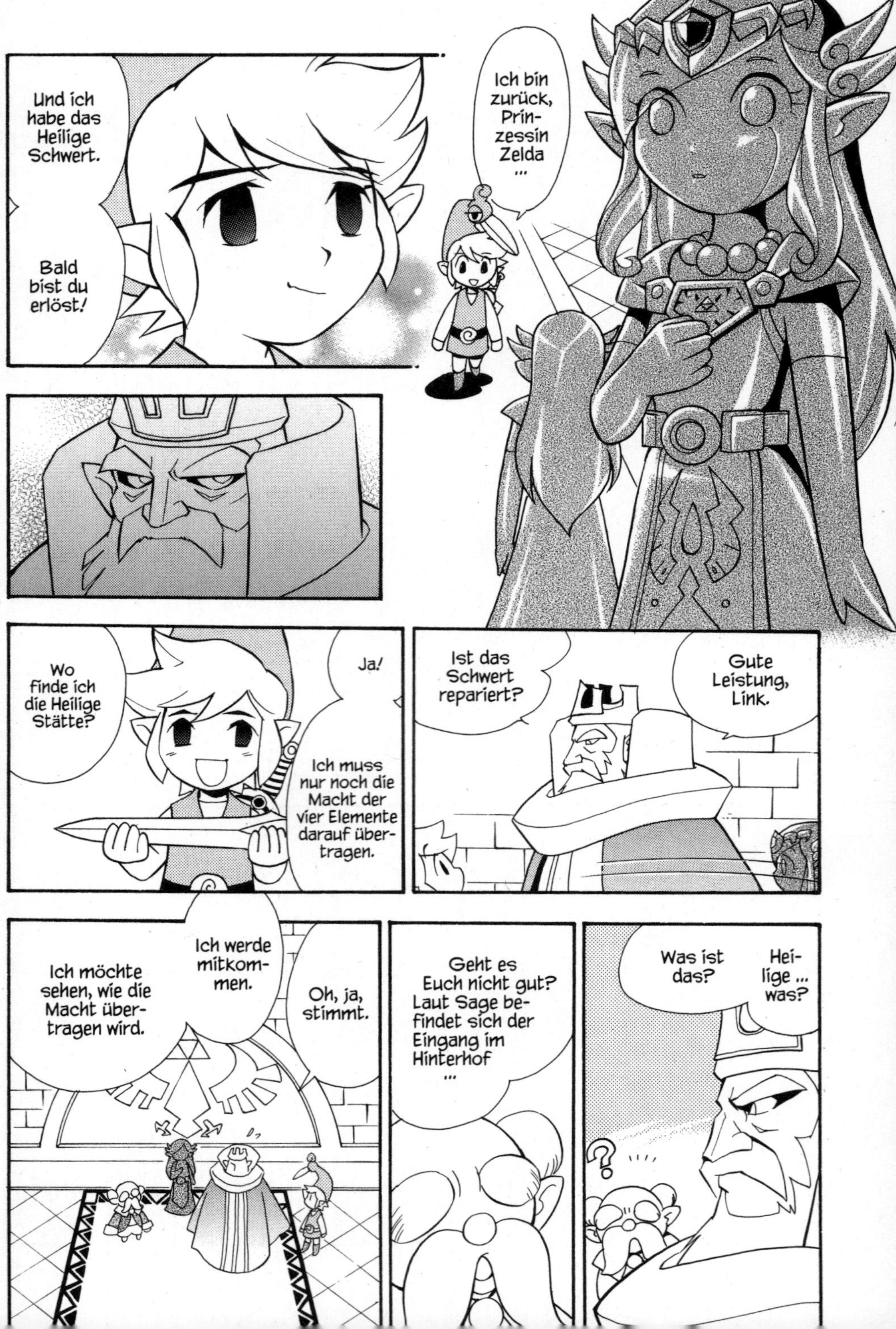
Ich bin zurück, Prinzessin Zelda ...
Und ich habe das Heilige Schwert.
Bald bist du erlöst!
Gute Leistung, Link.
Ist das Schwert repariert?
Ja!
Ich muss nur noch die Macht der vier Elemente darauf übertragen.
Wo finde ich die Heilige Stätte?
Hei- lige ... was?
Was ist das?
Geht es Euch nicht gut? Laut Sage befindet sich der Eingang im Hinterhof ...
Oh, ja, stimmt.
Ich werde mitkommen.
Ich möchte sehen, wie die Macht übertragen wird.

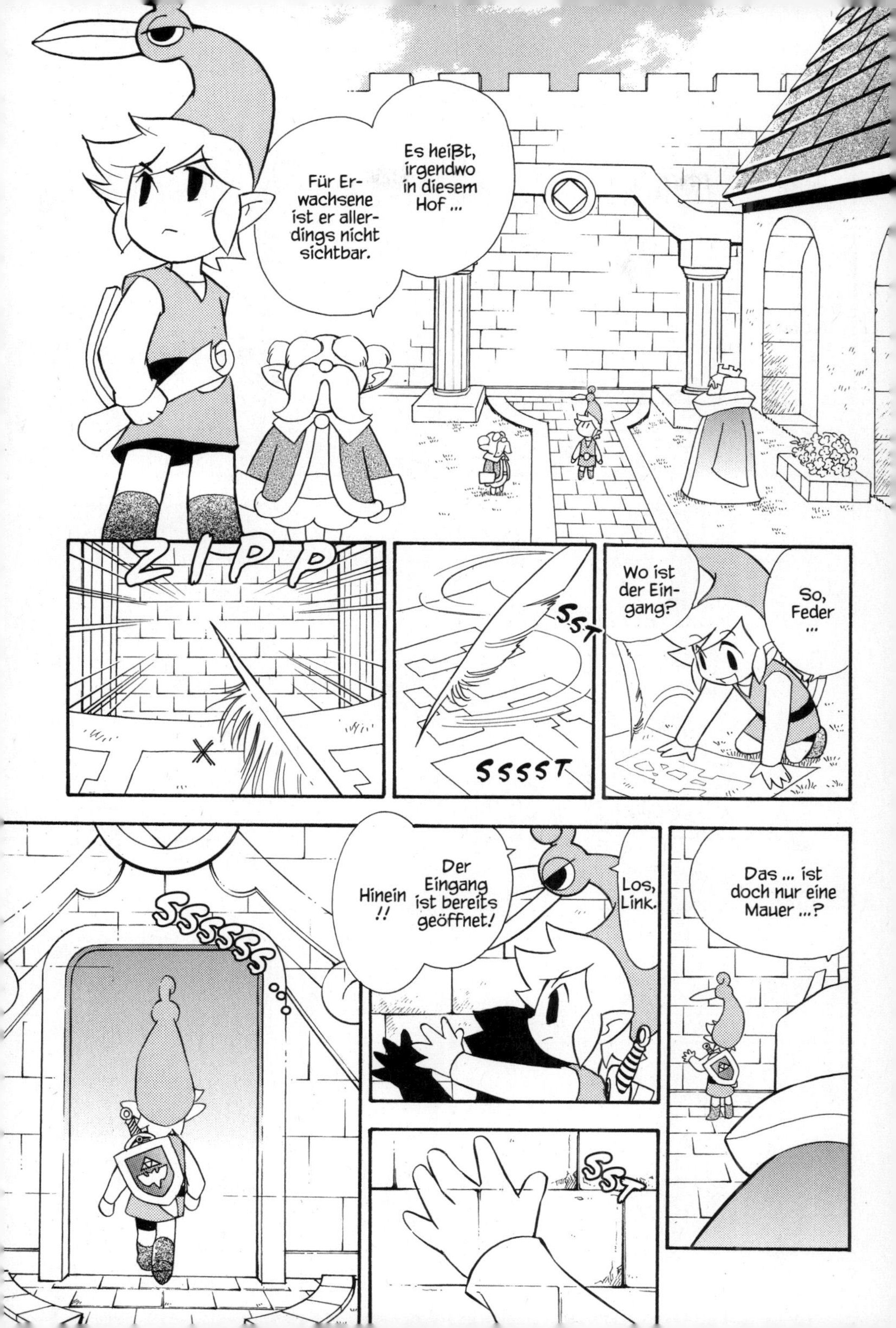

Es heißt, irgendwo in diesem Hof ...
Für Erwachsene ist er allerdings nicht sichtbar.
So, Feder ...
Wo ist der Eingang?
SST
SSSST
ZIPP
Das ... ist doch nur eine Mauer ...?
Los, Link.
Der Eingang ist bereits geöffnet!
Hinein!!
SST
SSSSSS

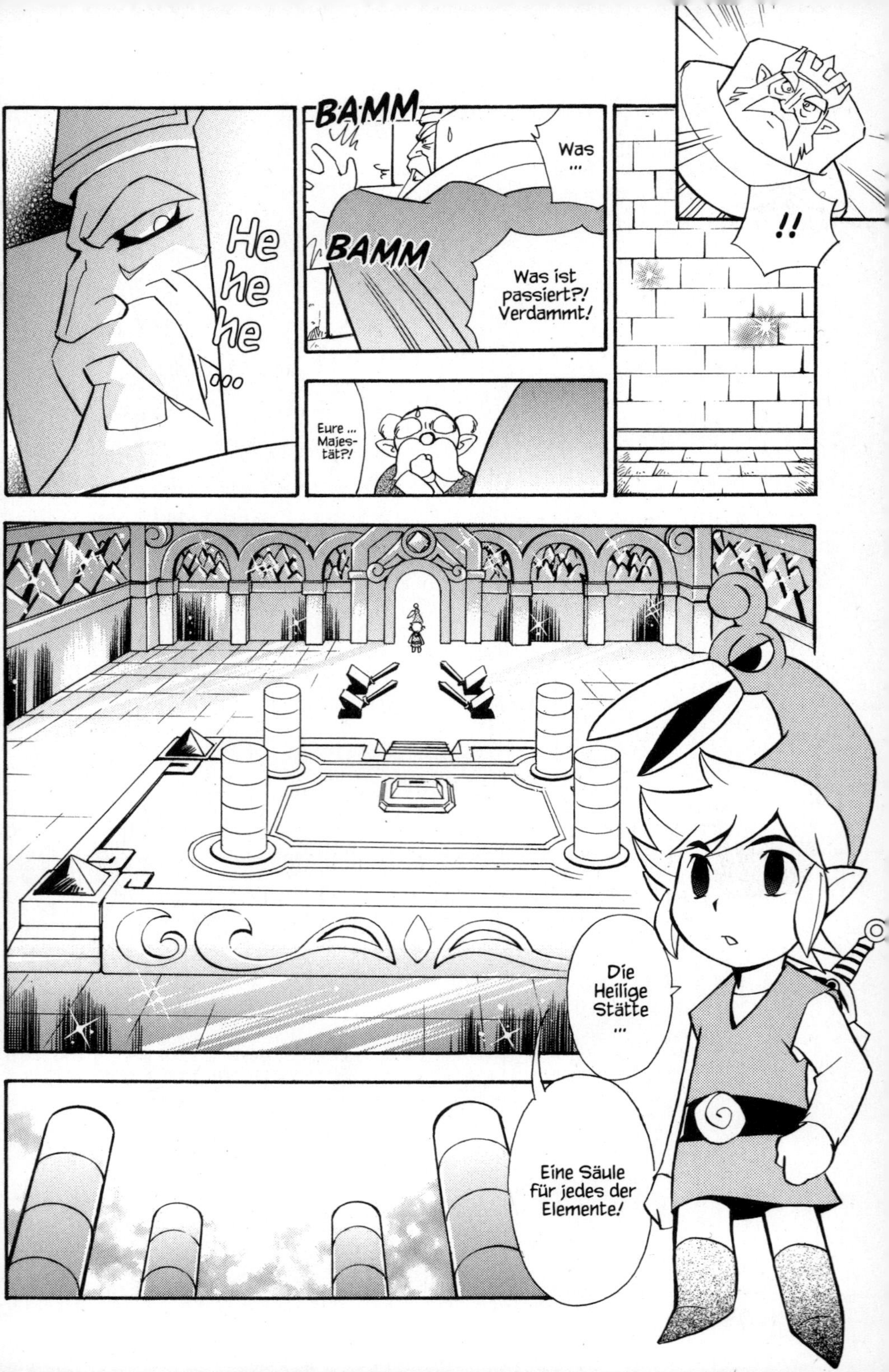

!!
Was ...
BAMM
BAMM
Was ist passiert?! Verdammt!
Eure ... Majestät?!
He he he ...
Die Heilige Stätte ...
Eine Säule für jedes der Elemente!

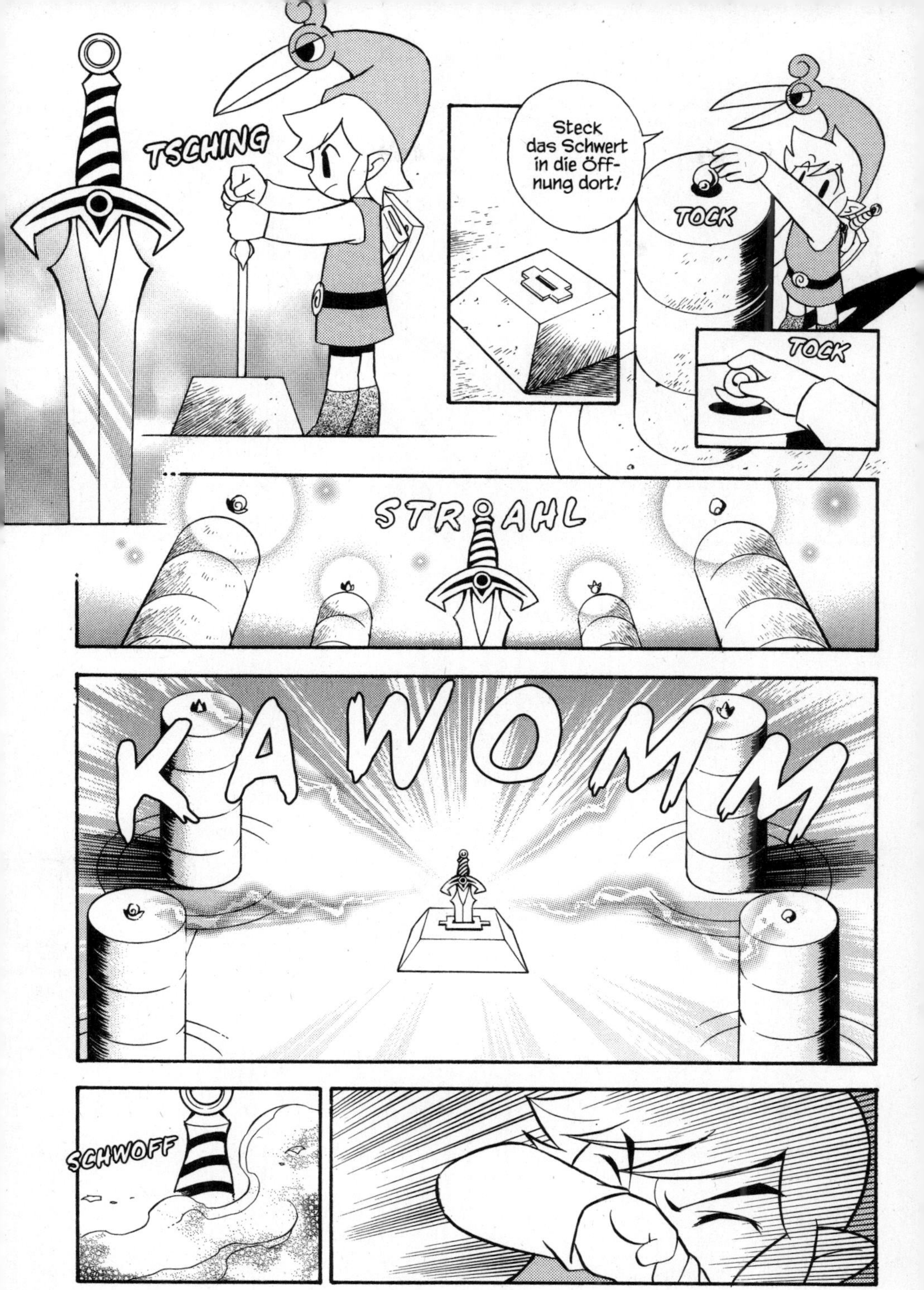
TSCHING
Steck das Schwert in die Öff-nung dort!
TOCK
TOCK
STRAHL
KAWOMM
SCHWOFF

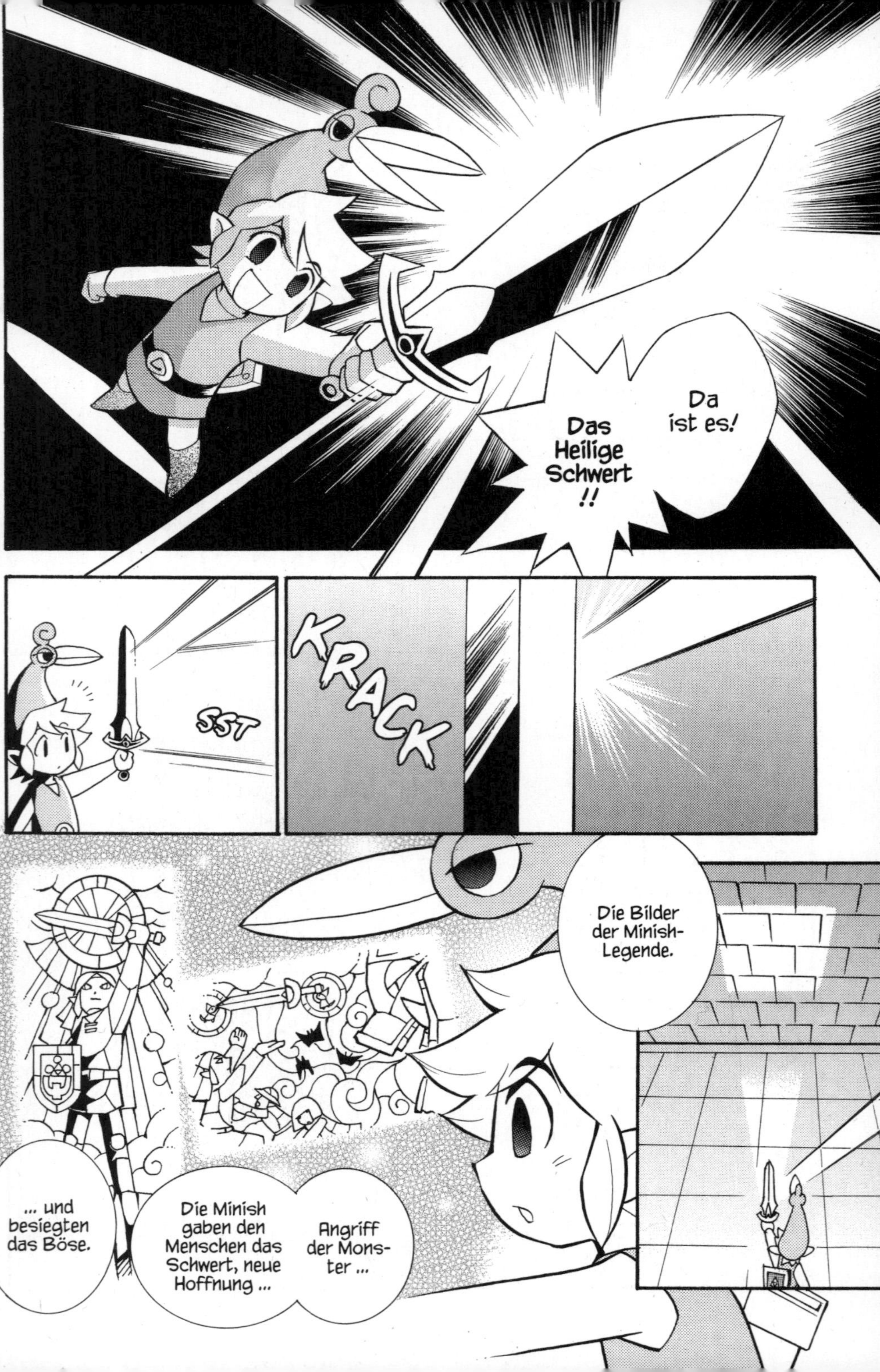

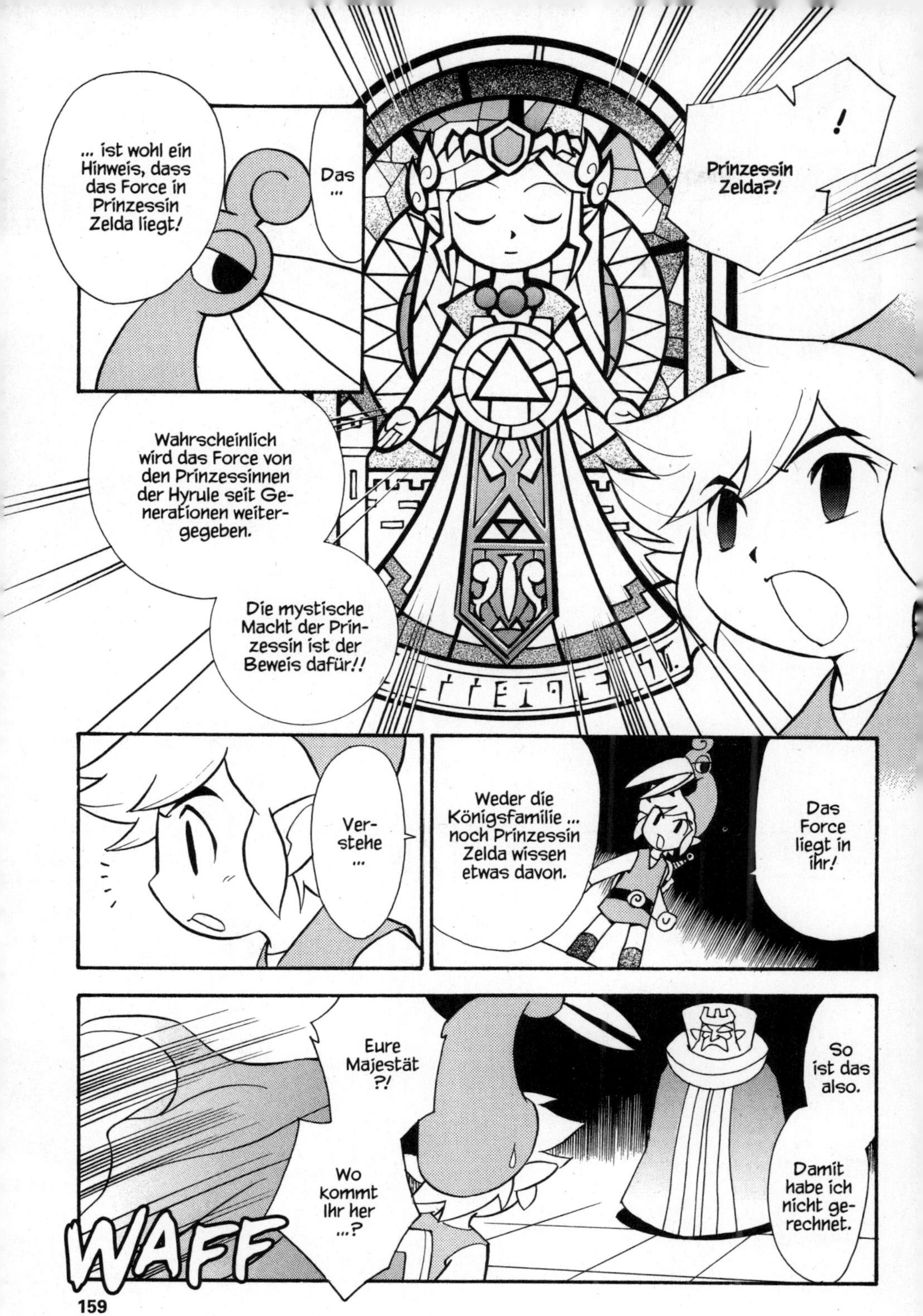
!
Prinzessin Zelda?!
Das ...
... ist wohl ein Hinweis, dass das Force in Prinzessin Zelda liegt!
Wahrscheinlich wird das Force von den Prinzessinnen der Hyrule seit Generationen weitergegeben.
Die mystische Macht der Prinzessin ist der Beweis dafür!!
Das Force liegt in ihr!
Weder die Königsfamilie ... noch Prinzessin Zelda wissen etwas davon.
Verstehe ...
So ist das also.
Damit habe ich nicht gerechnet.
Eure Majestät?!
Wo kommt Ihr her ...?
WAFF

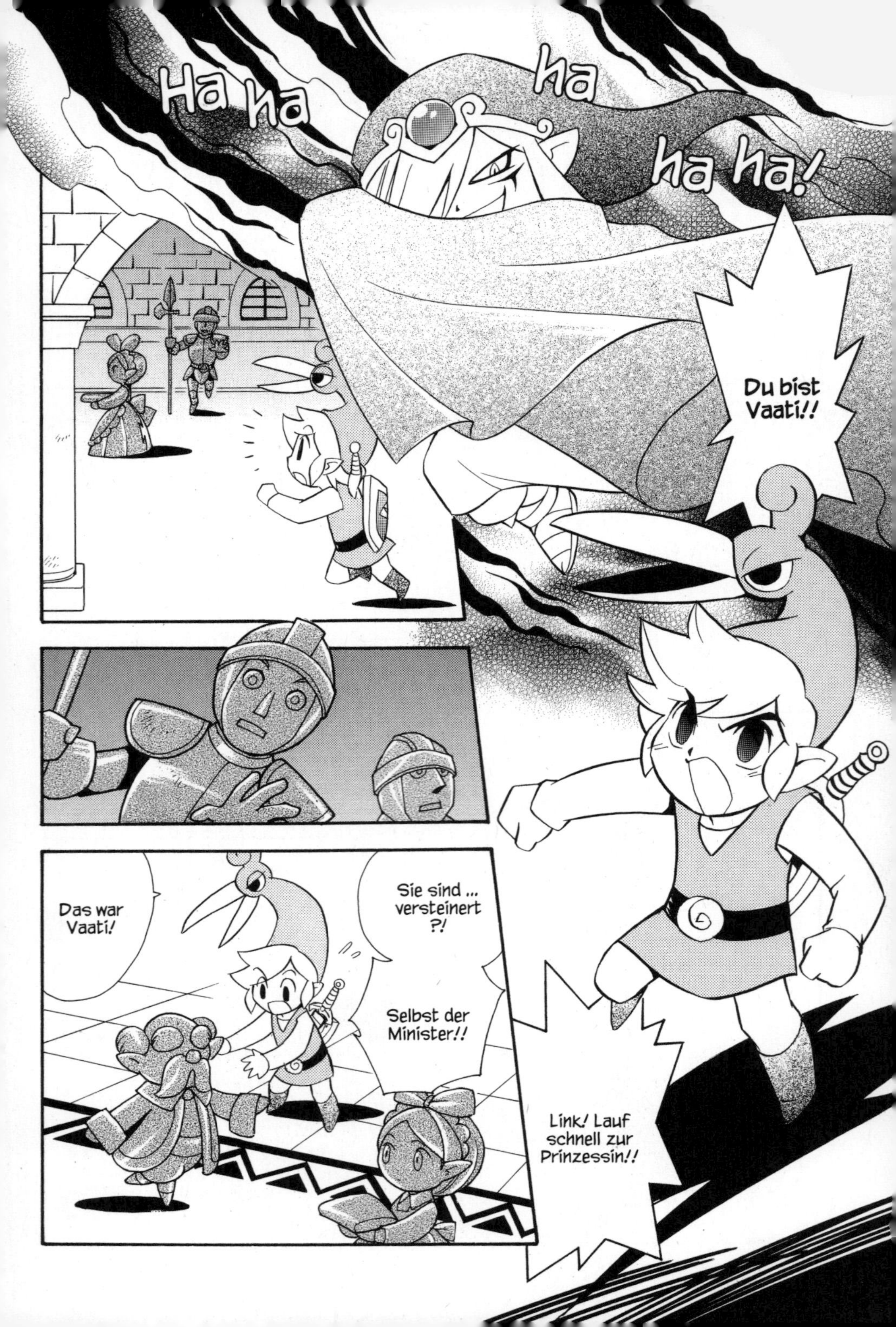
Ha ha ha ha ha!
Du bist Vaati!!
Sie sind ... versteinert ?!
Selbst der Minister!!
Das war Vaati!
Link! Lauf schnell zur Prinzessin!!

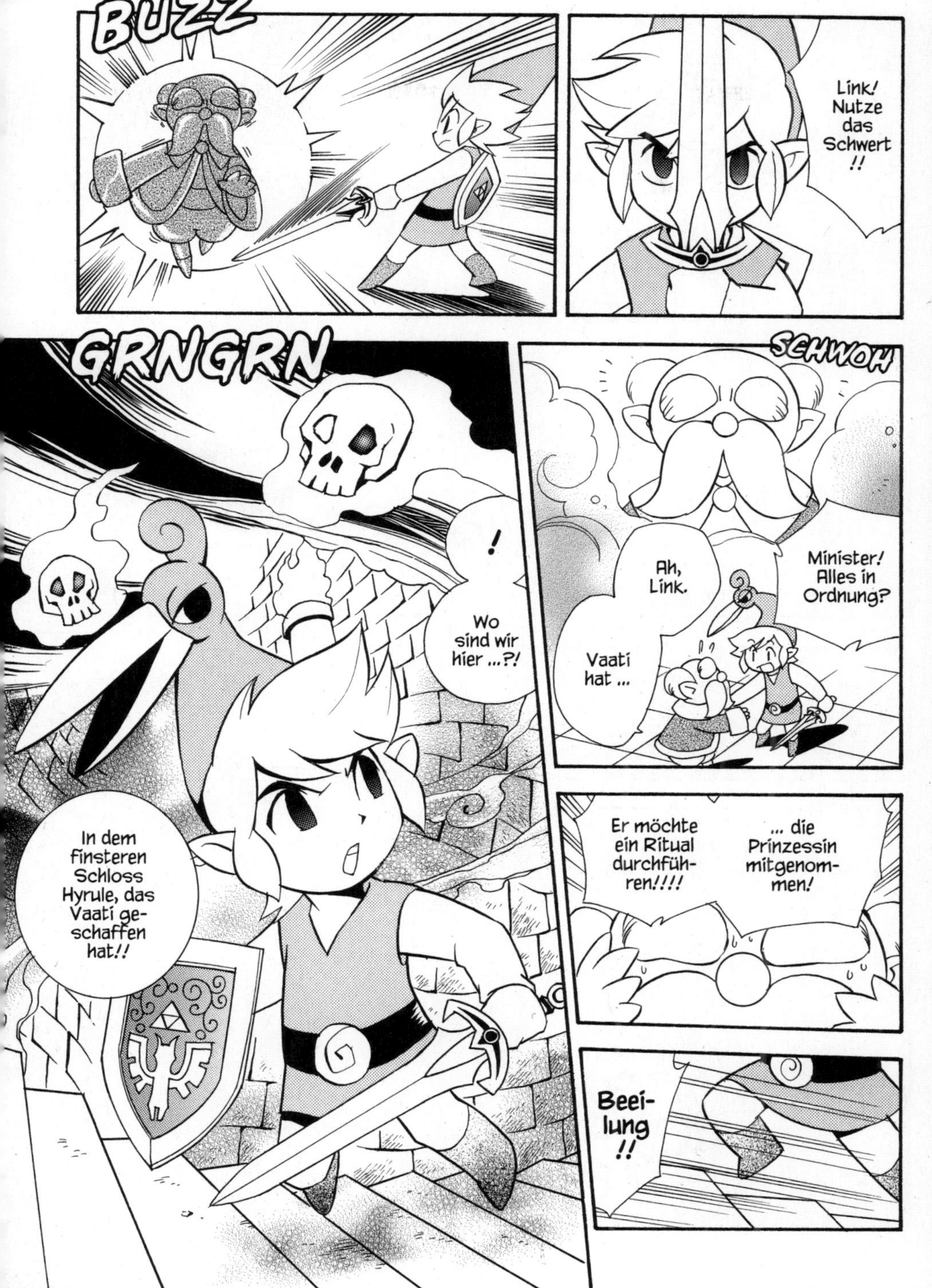
Link! Nutze das Schwert !!
BUZZ
SCHWOH
Minister! Alles in Ordnung?
Ah, Link.
Vaati hat ...
... die Prinzessin mitgenommen!
Er möchte ein Ritual durchführen!!!!
Beeilung !!
GRNGRN
!
Wo sind wir hier ...?!
In dem finsteren Schloss Hyrule, das Vaati geschaffen hat!!

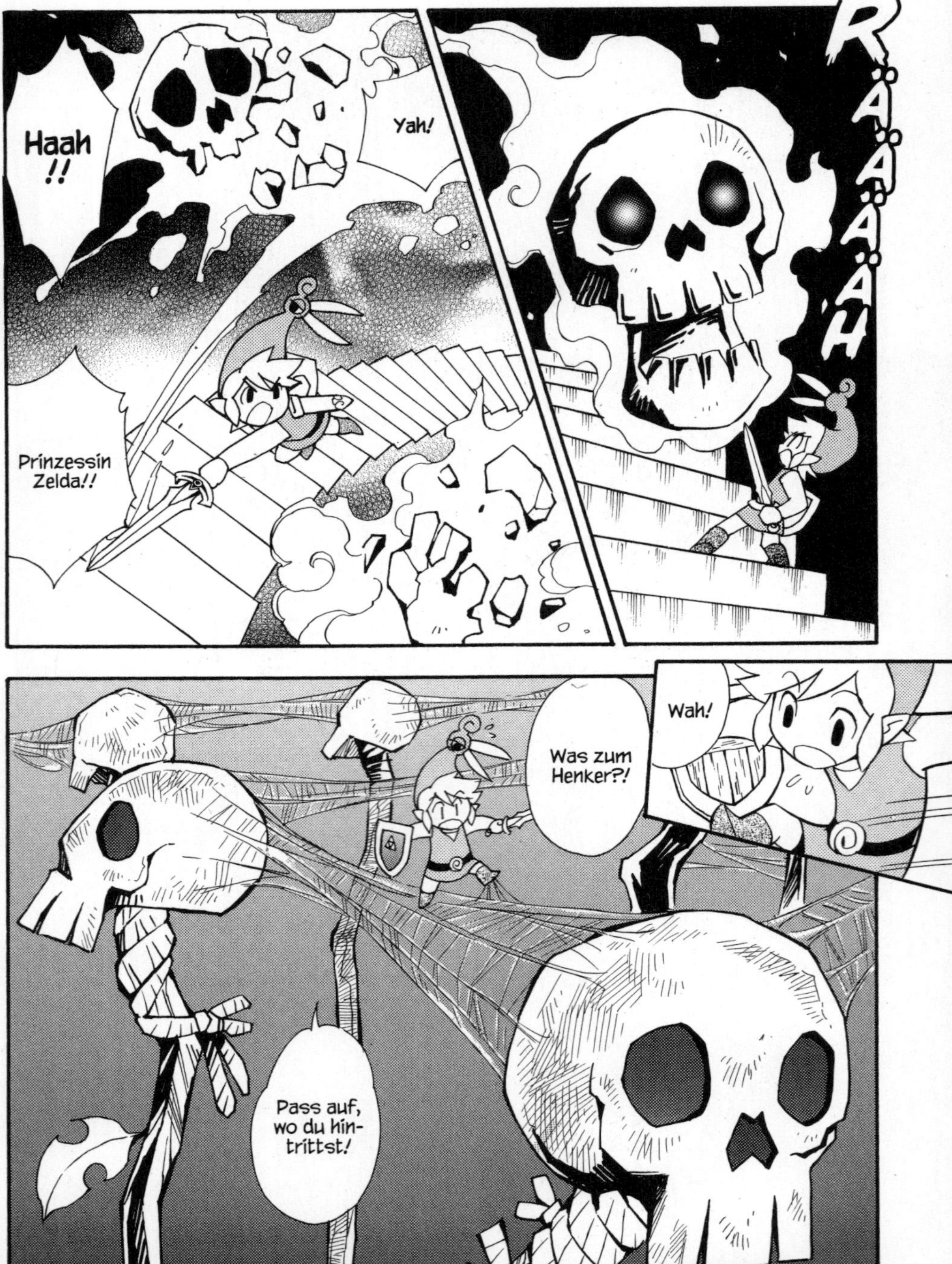

RÄÄÄÄH
Yah!
Haah!!
Prinzessin Zelda!!
Wah!
Was zum Henker?!
Pass auf, wo du hintrittst!

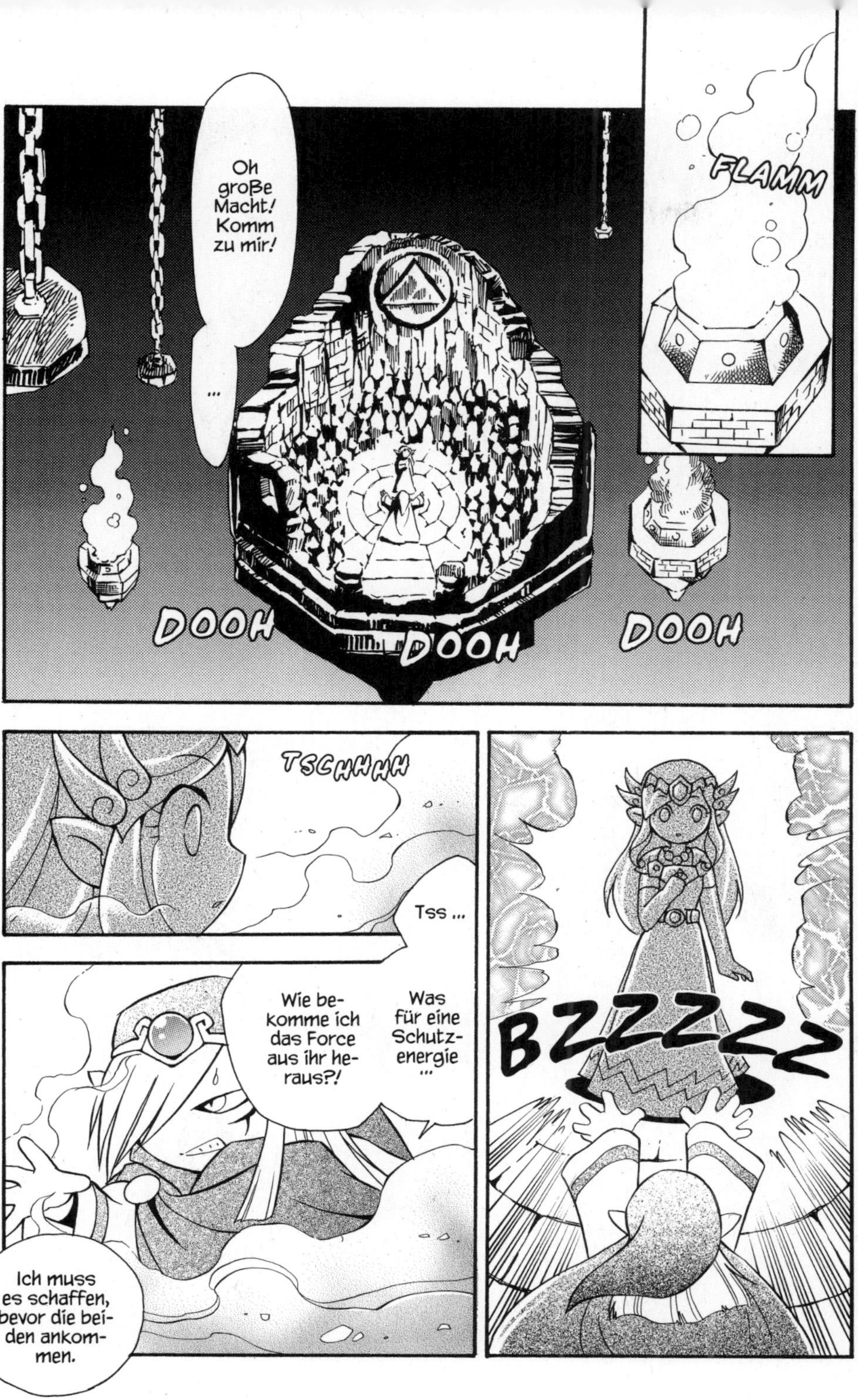
FLAMM
Oh große Macht! Komm zu mir!
...
DOOH
DOOH
DOOH
TSCHHHH
Tss ...
Was für eine Schutzenergie ...
Wie bekomme ich das Force aus ihr heraus?!
BZZZZZ
Ich muss es schaffen, bevor die beiden ankommen.

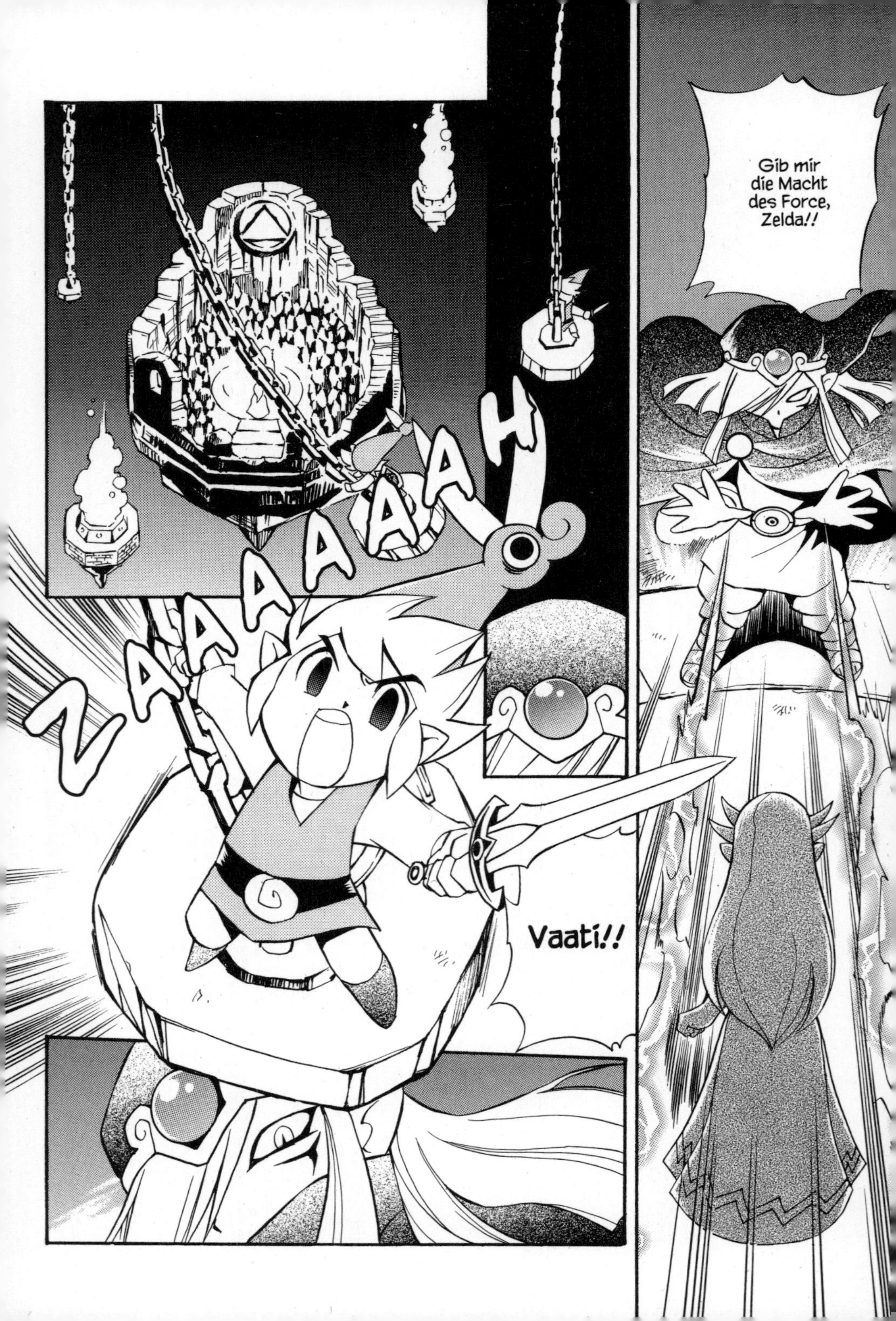
Gib mir die Macht des Force, Zelda!!
ZAAAAAAAAH
Vaati!!

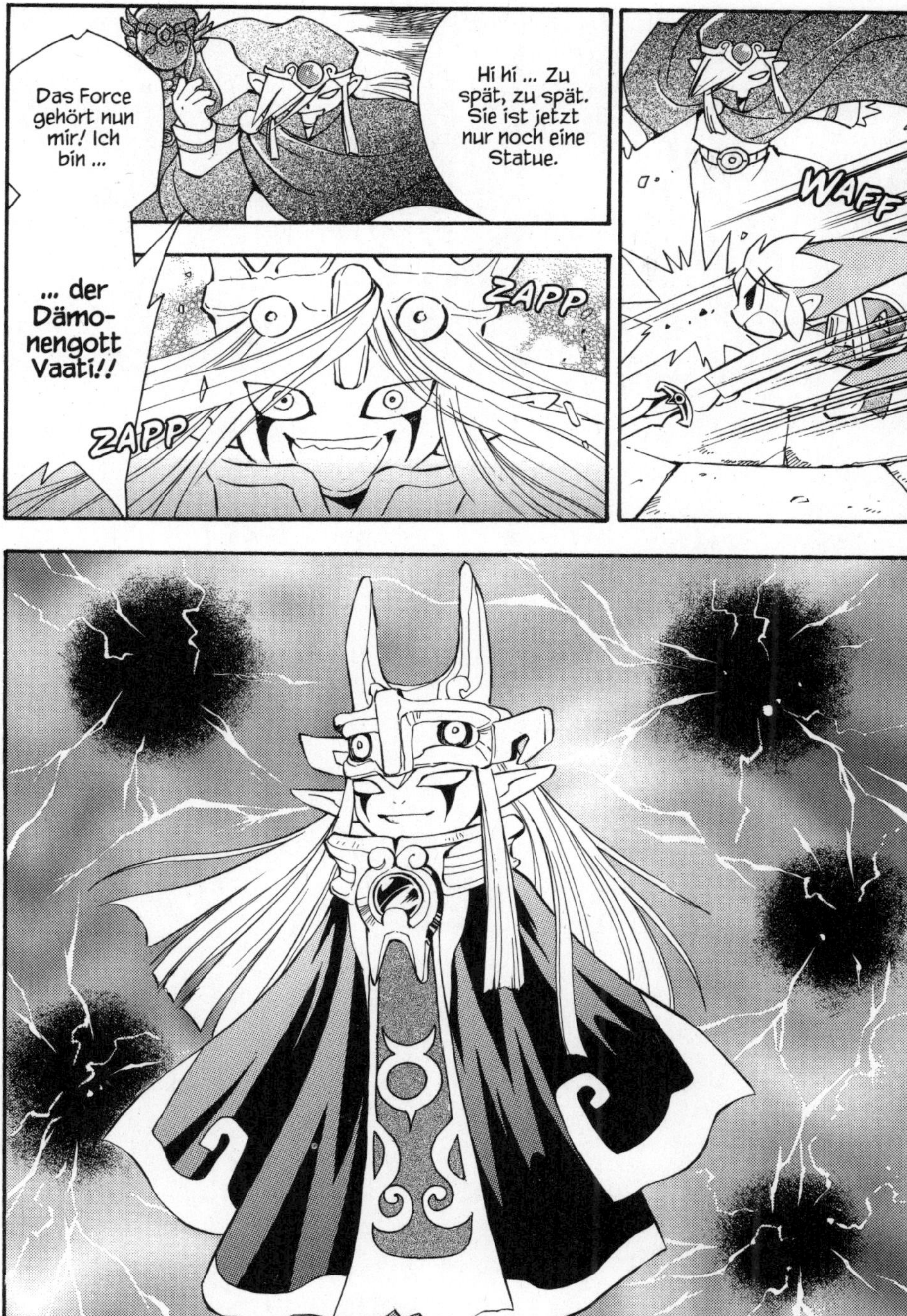
Hi hi ... Zu spät, zu spät. Sie ist jetzt nur noch eine Statue.
Das Force gehört nun mir! Ich bin ...
WAFF
ZAPP
... der Dämonengott Vaati!!
ZAPP

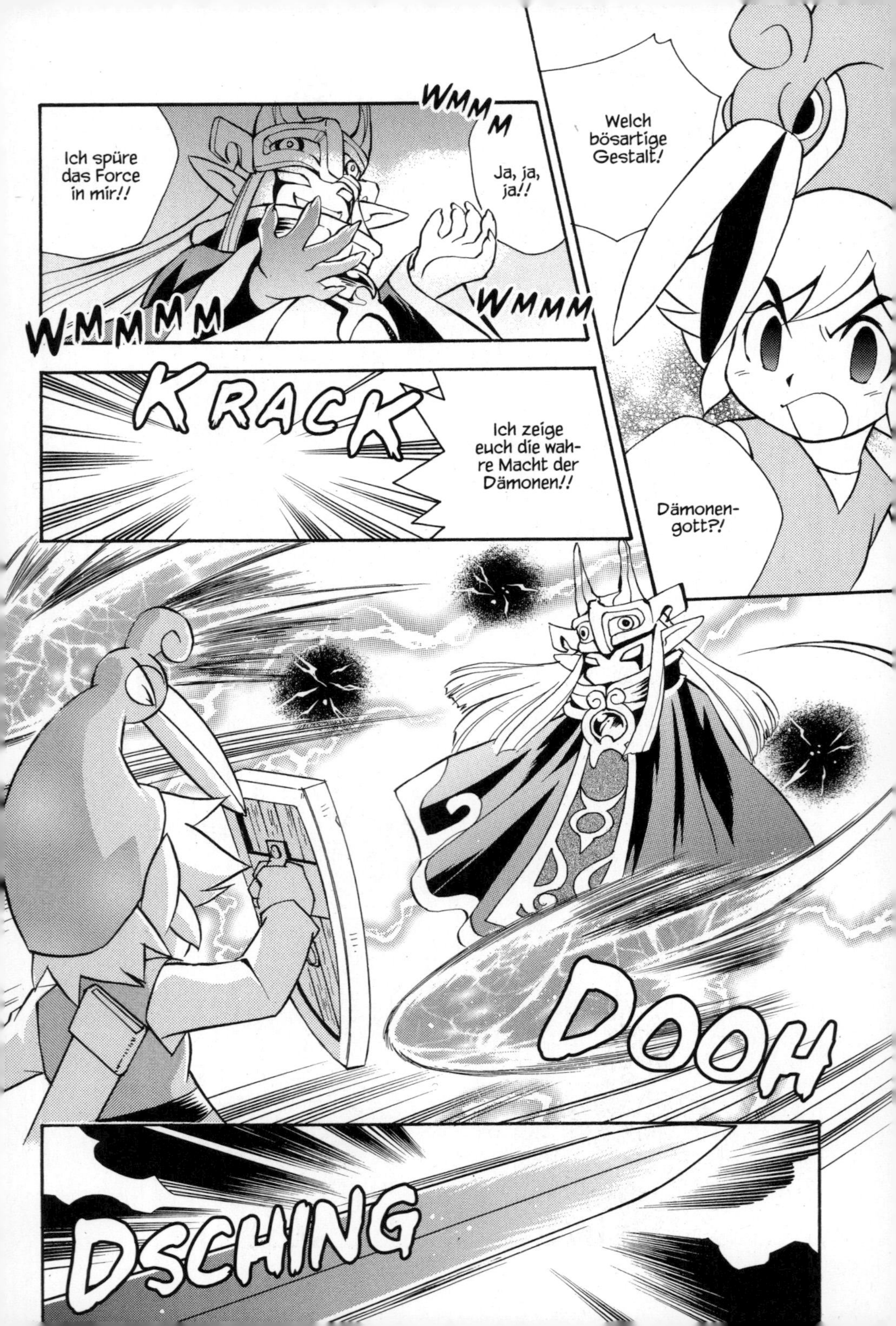
Welch bösartige Gestalt!
WMMMM
Ja, ja, ja!!
Ich spüre das Force in mir!!
WMMMM
WMMMMM
Dämonengott?!
KRACK
Ich zeige euch die wahre Macht der Dämonen!!
DOOH
DSCHING

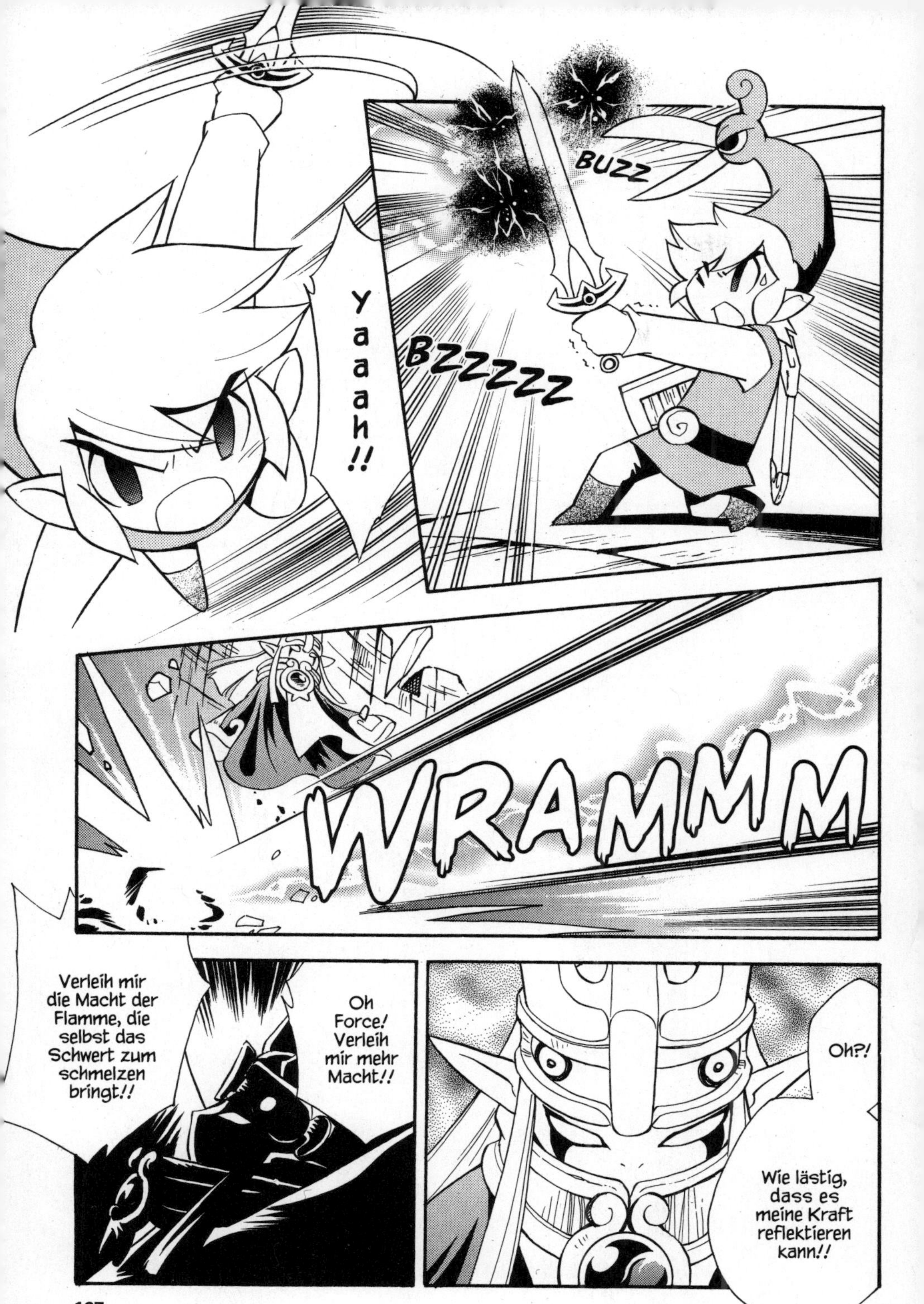
BUZZ
Yaaaah!!
BZZZZZZ
WRAMMM
Verleih mir die Macht der Flamme, die selbst das Schwert zum schmelzen bringt!!
Oh Force! Verleih mir mehr Macht!!
Oh?!
Wie lästig, dass es meine Kraft reflektieren kann!!

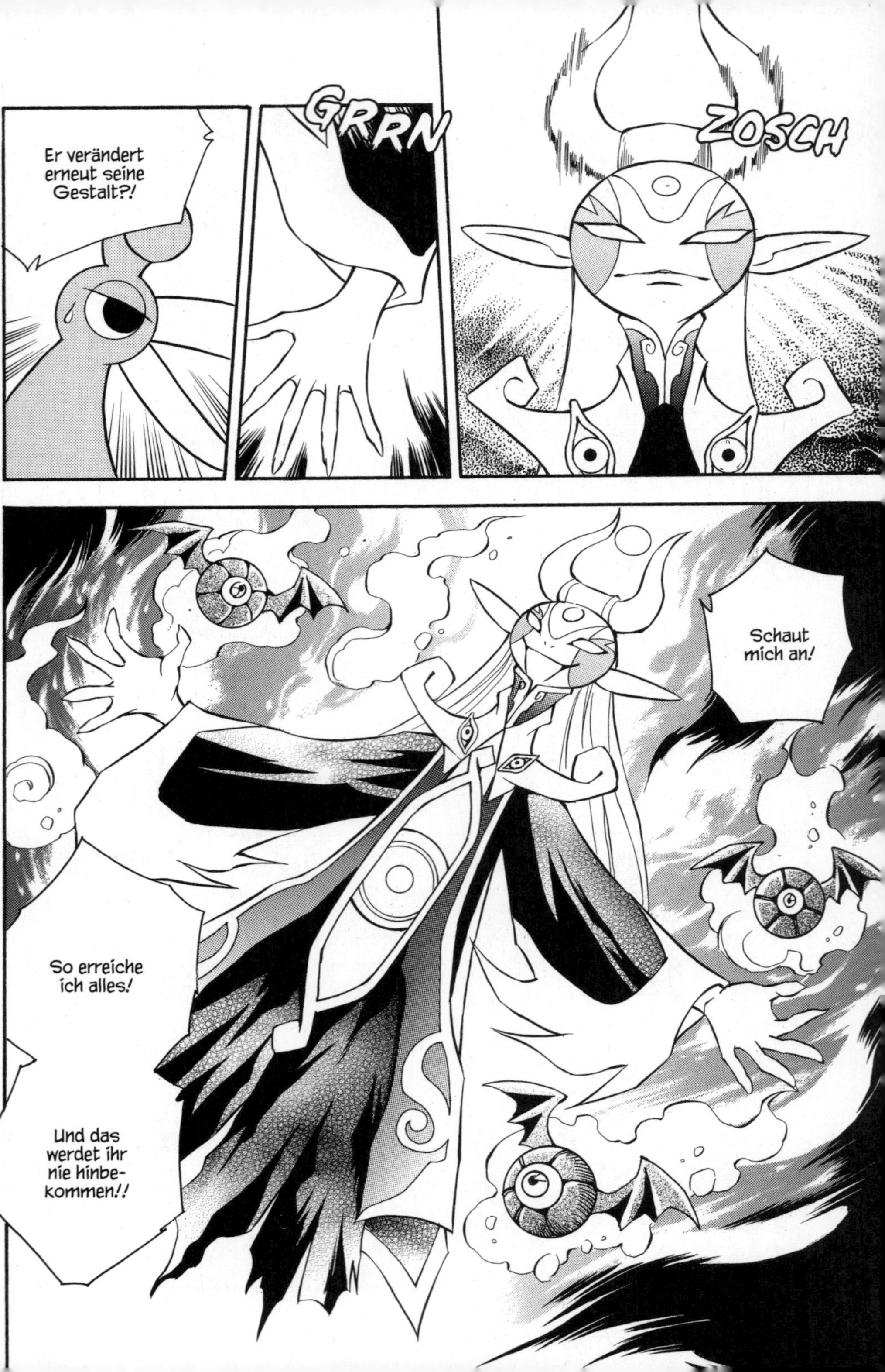
Er verändert erneut seine Gestalt?!
GRRN
ZOSCH
Schaut mich an!
So erreiche ich alles!
Und das werdet ihr nie hinbekommen!!

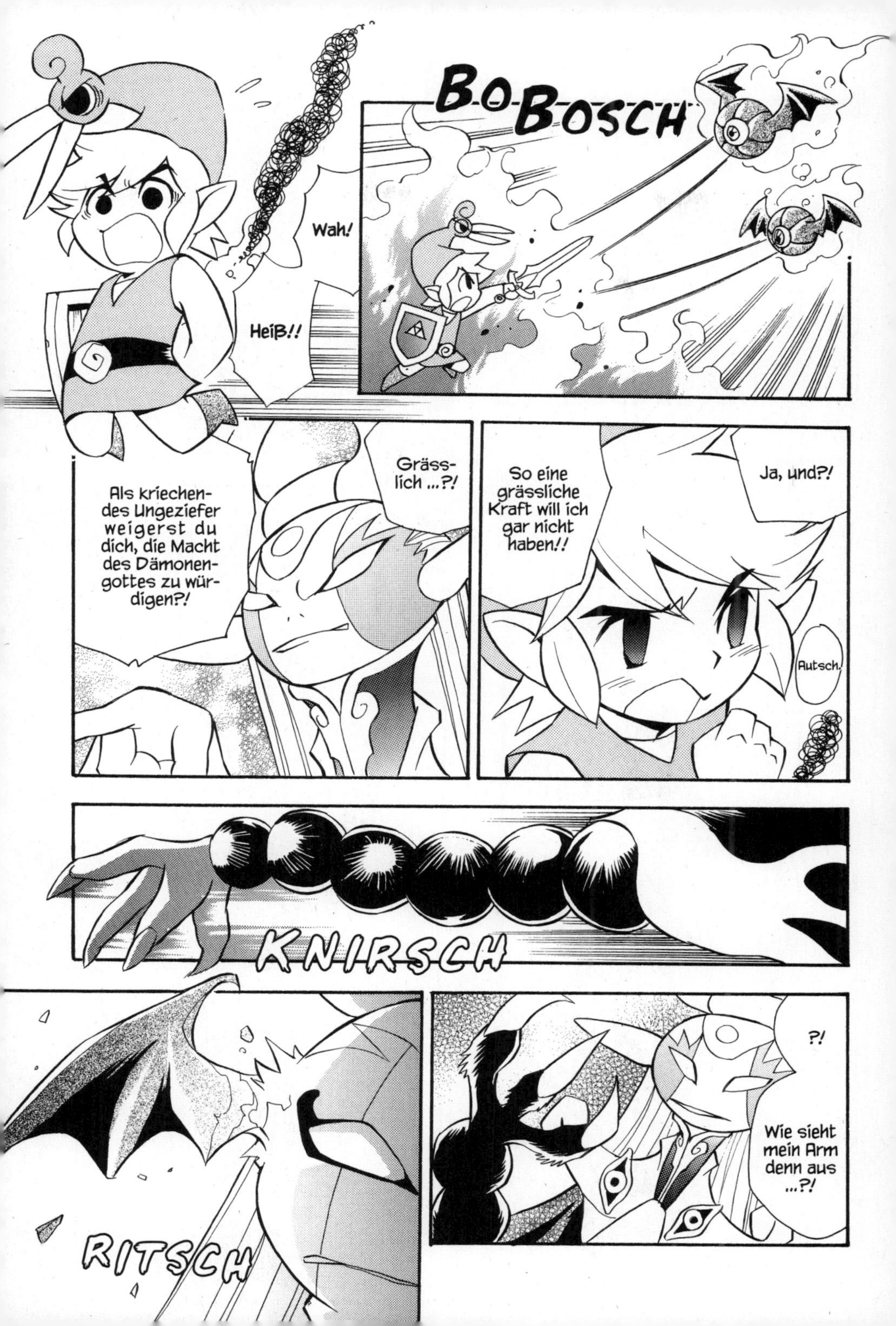
BO-BOSCH
Wah!
Heiß!!
Ja, und?!
So eine grässliche Kraft will ich gar nicht haben!!
Gräss-lich ...?!
Als kriechen-des Ungeziefer weigerst du dich, die Macht des Dämonen-gottes zu wür-digen?!
Autsch.
KNIRSCH
?!
Wie sieht mein Arm denn aus ...?!
RITSCH

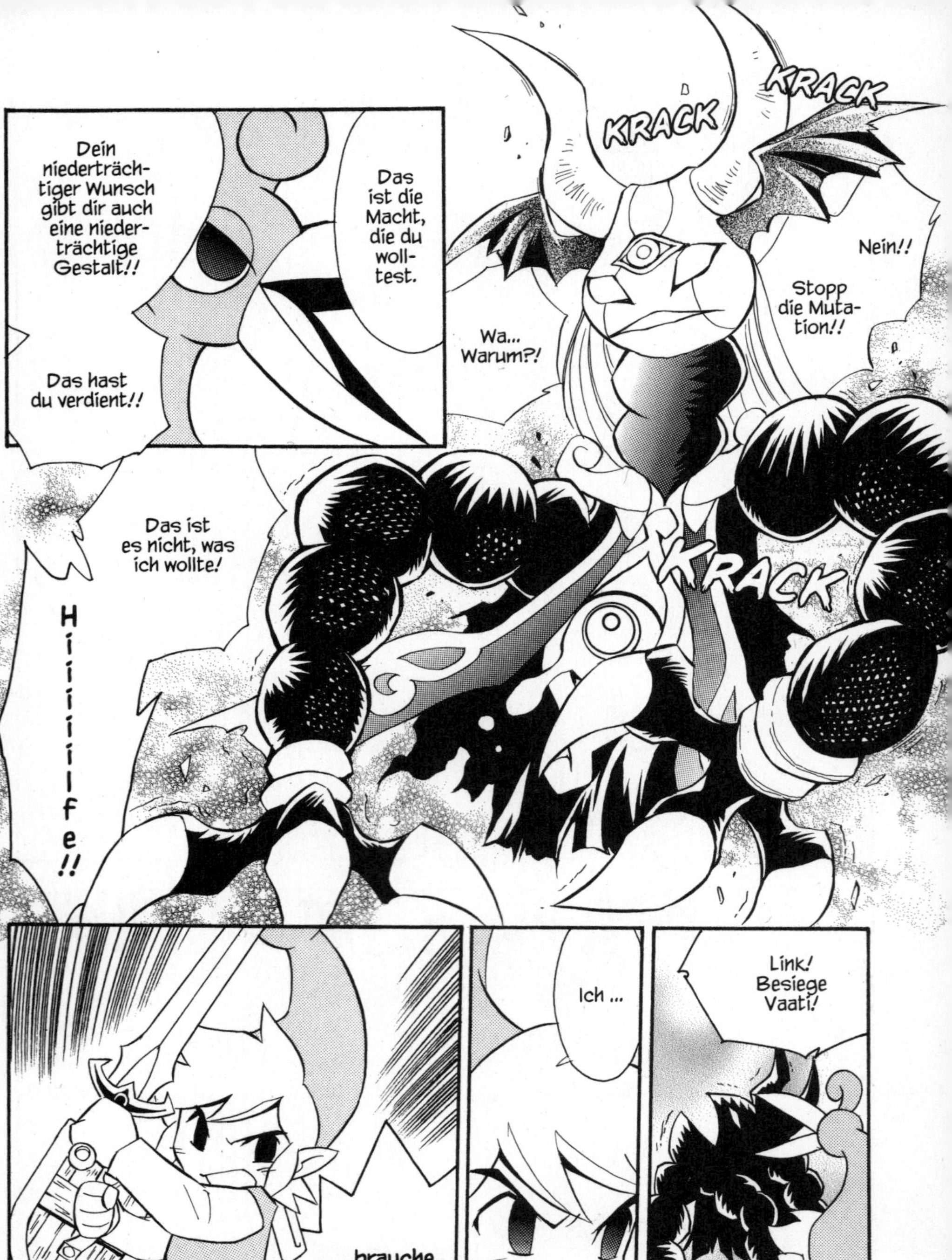
KRACK
KRACK
Nein!!
Stopp die Mutation!!
Wa... Warum?!
Das ist die Macht, die du wolltest.
Dein niederträchtiger Wunsch gibt dir auch eine niederträchtige Gestalt!!
Das hast du verdient!!
KRACK
Das ist es nicht, was ich wollte!
Hiiiiiilfe!!
Link! Besiege Vaati!
Ich ...
... brauche keine Macht dieser Art!!

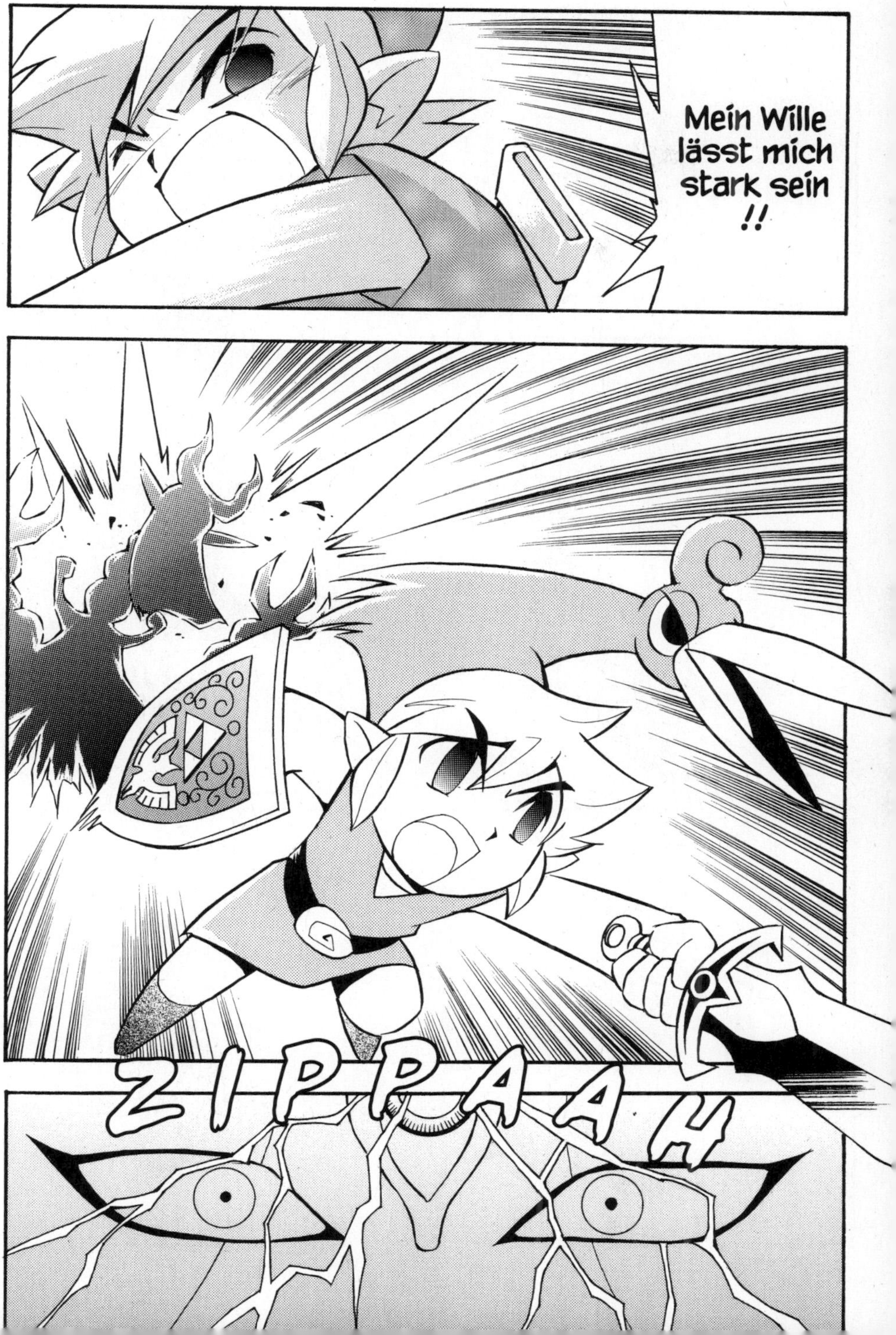
Mein Wille lässt mich stark sein !!
ZIPPAAH

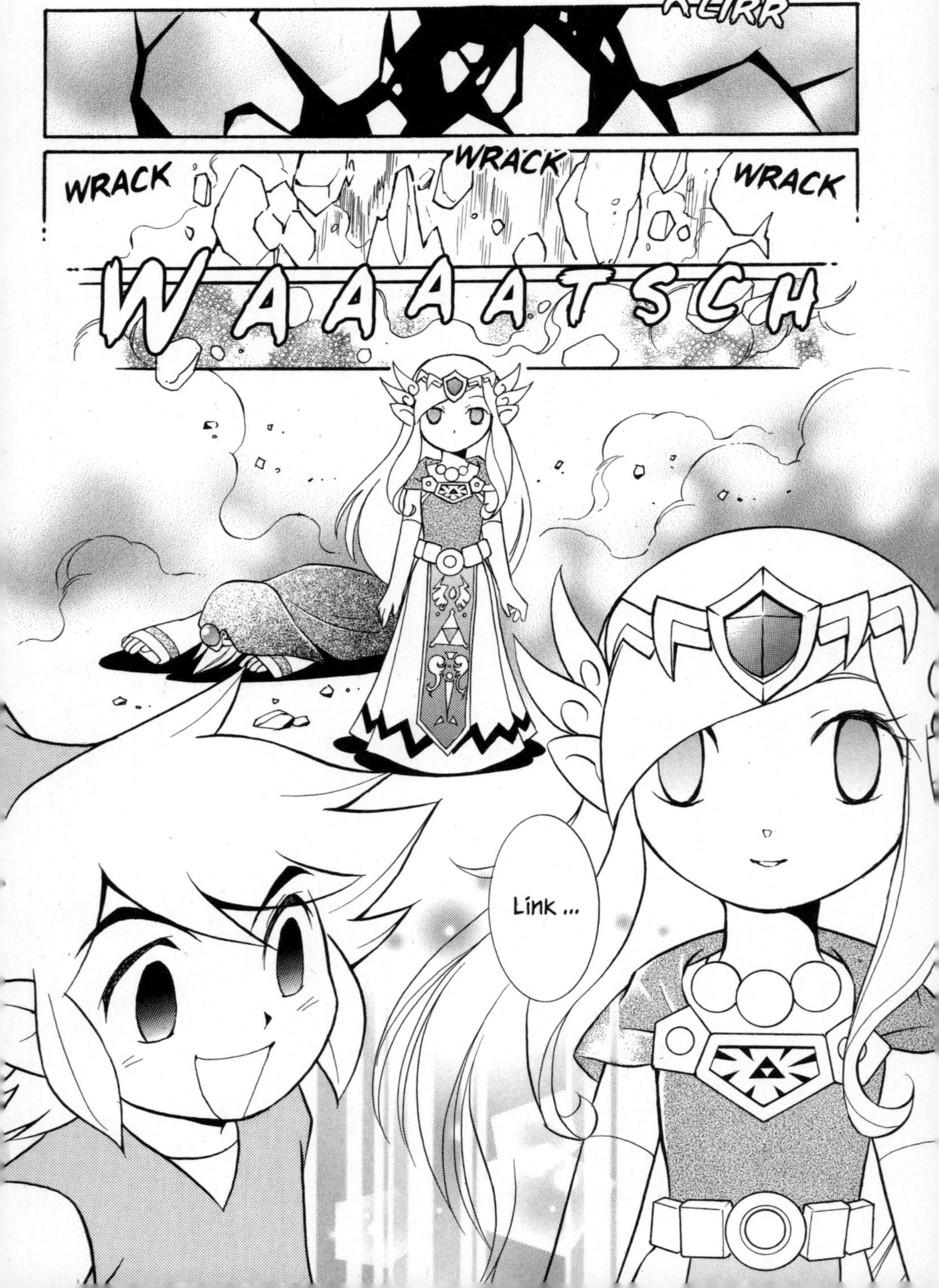
KLIRR
WRACK
WRACK
WRACK
WAAAATSCH
Link ...

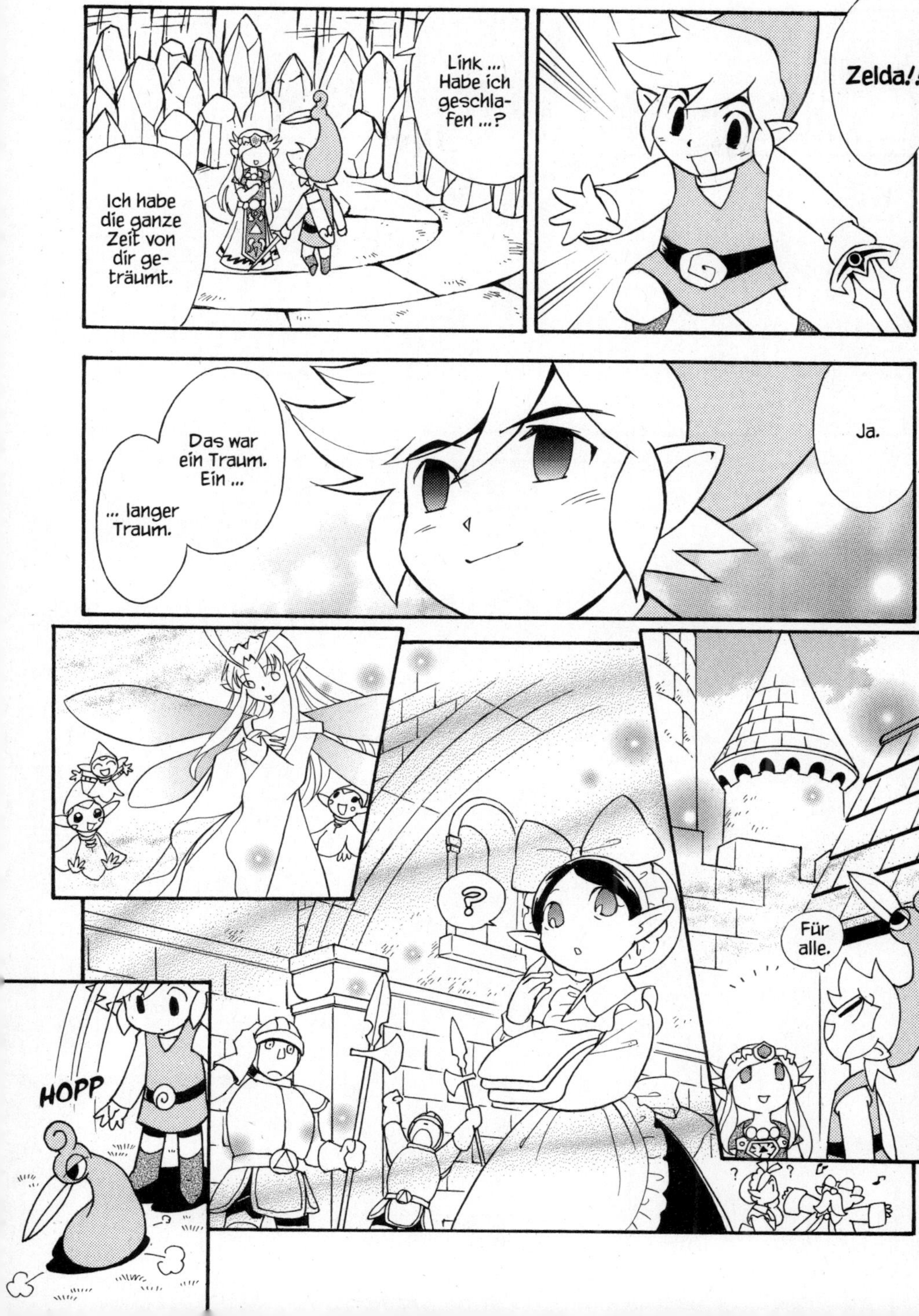
Link ...
Habe ich geschlafen ...?
Ich habe die ganze Zeit von dir geträumt.
Zelda!!
Ja.
Das war ein Traum. Ein ...
... langer Traum.
?
Für alle.
HOPP

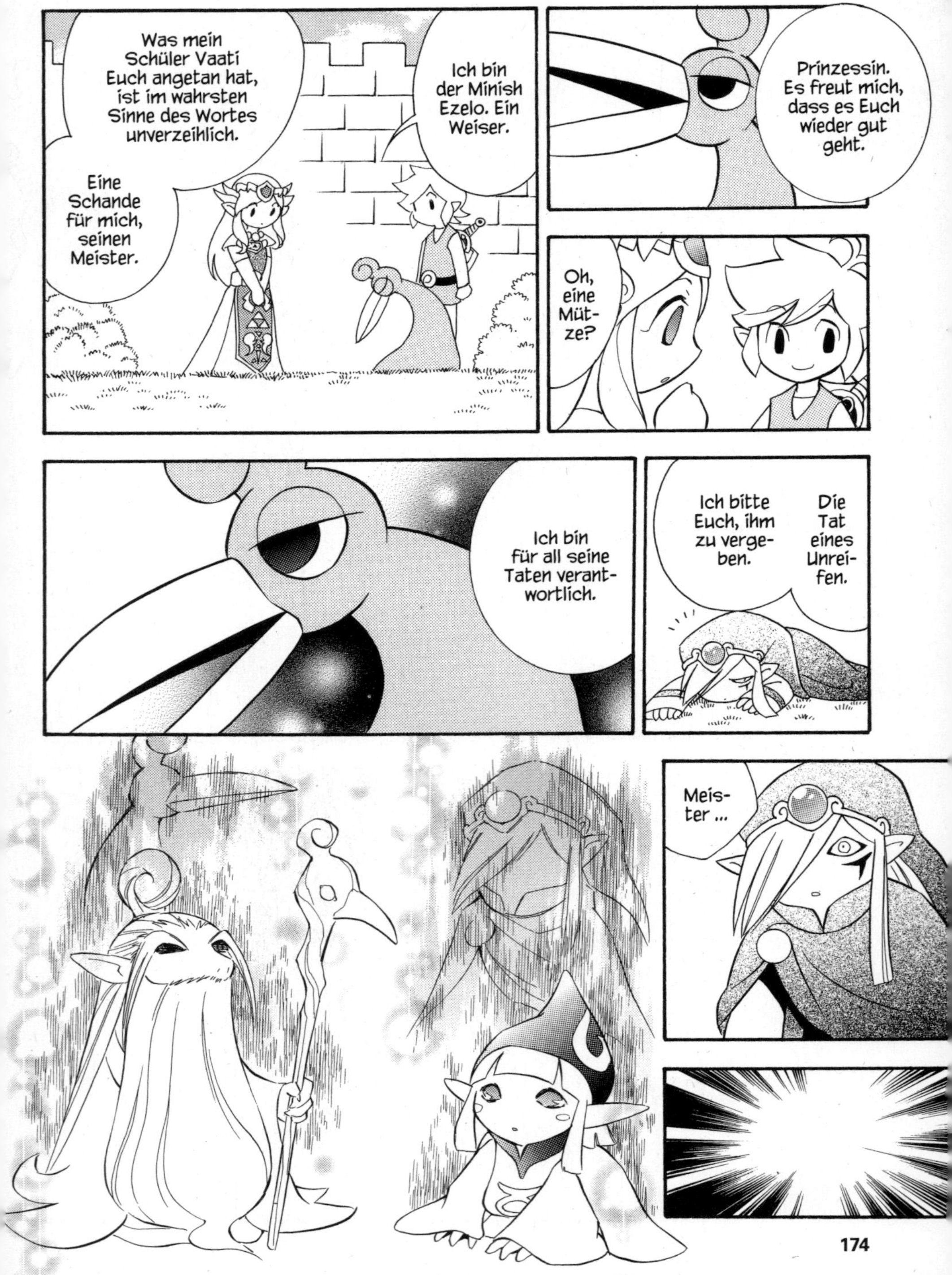
Prinzessin. Es freut mich, dass es Euch wieder gut geht.
Oh, eine Mütze?
Ich bin der Minish Ezelo. Ein Weiser.
Was mein Schüler Vaati Euch angetan hat, ist im wahrsten Sinne des Wortes unverzeihlich.
Eine Schande für mich, seinen Meister.
Die Tat eines Unreifen.
Ich bitte Euch, ihm zu vergeben.
Ich bin für all seine Taten verantwortlich.
Meister ...

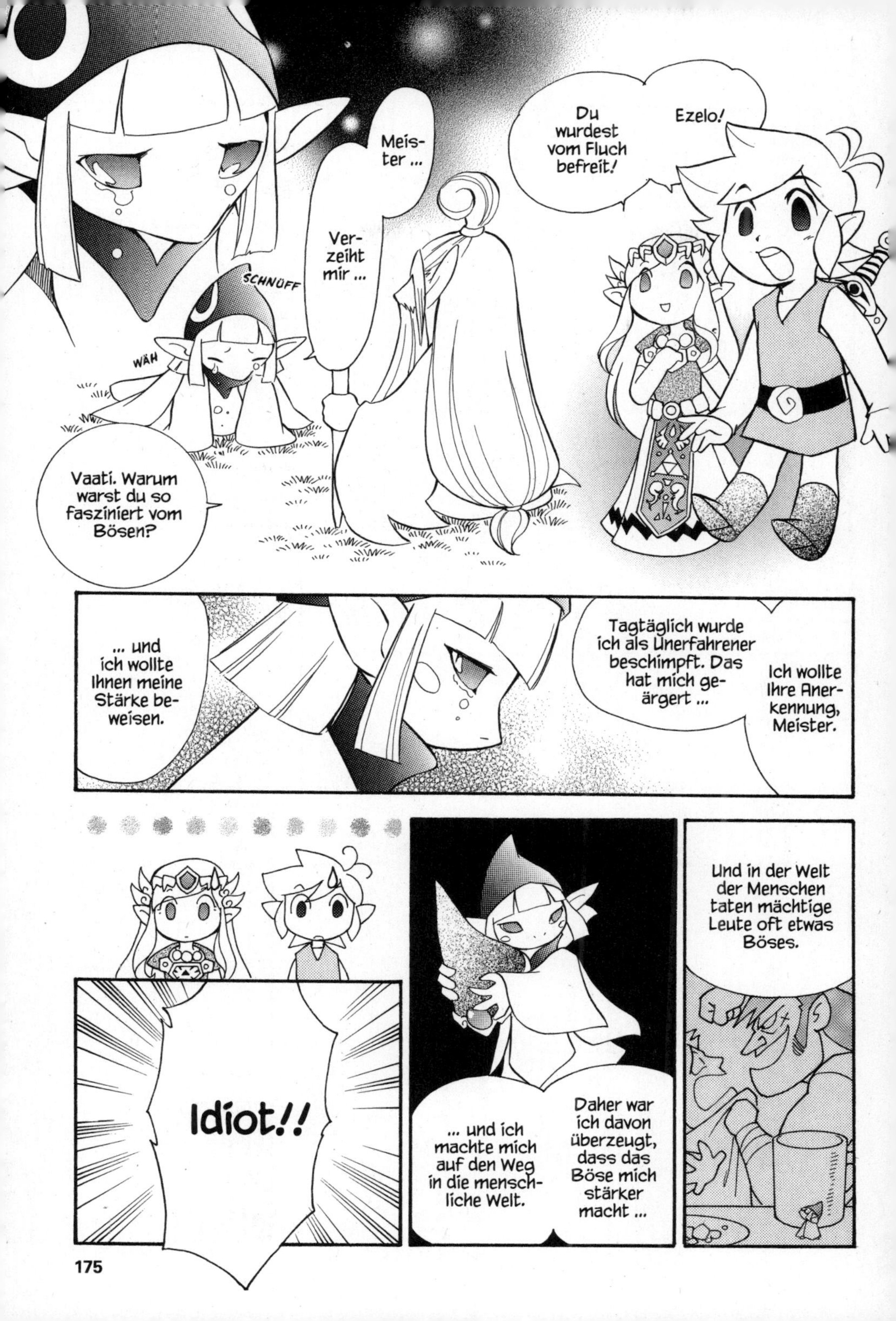
Ezelo!
Du wurdest vom Fluch befreit!
Meister ...
Verzeiht mir ...
SCHNÜFF
WÄH
Vaati. Warum warst du so fasziniert vom Bösen?
Ich wollte Ihre Anerkennung, Meister.
Tagtäglich wurde ich als Unerfahrener beschimpft. Das hat mich geärgert ...
... und ich wollte Ihnen meine Stärke beweisen.
Und in der Welt der Menschen taten mächtige Leute oft etwas Böses.
Daher war ich davon überzeugt, dass das Böse mich stärker macht ...
... und ich machte mich auf den Weg in die menschliche Welt.
Idiot!!

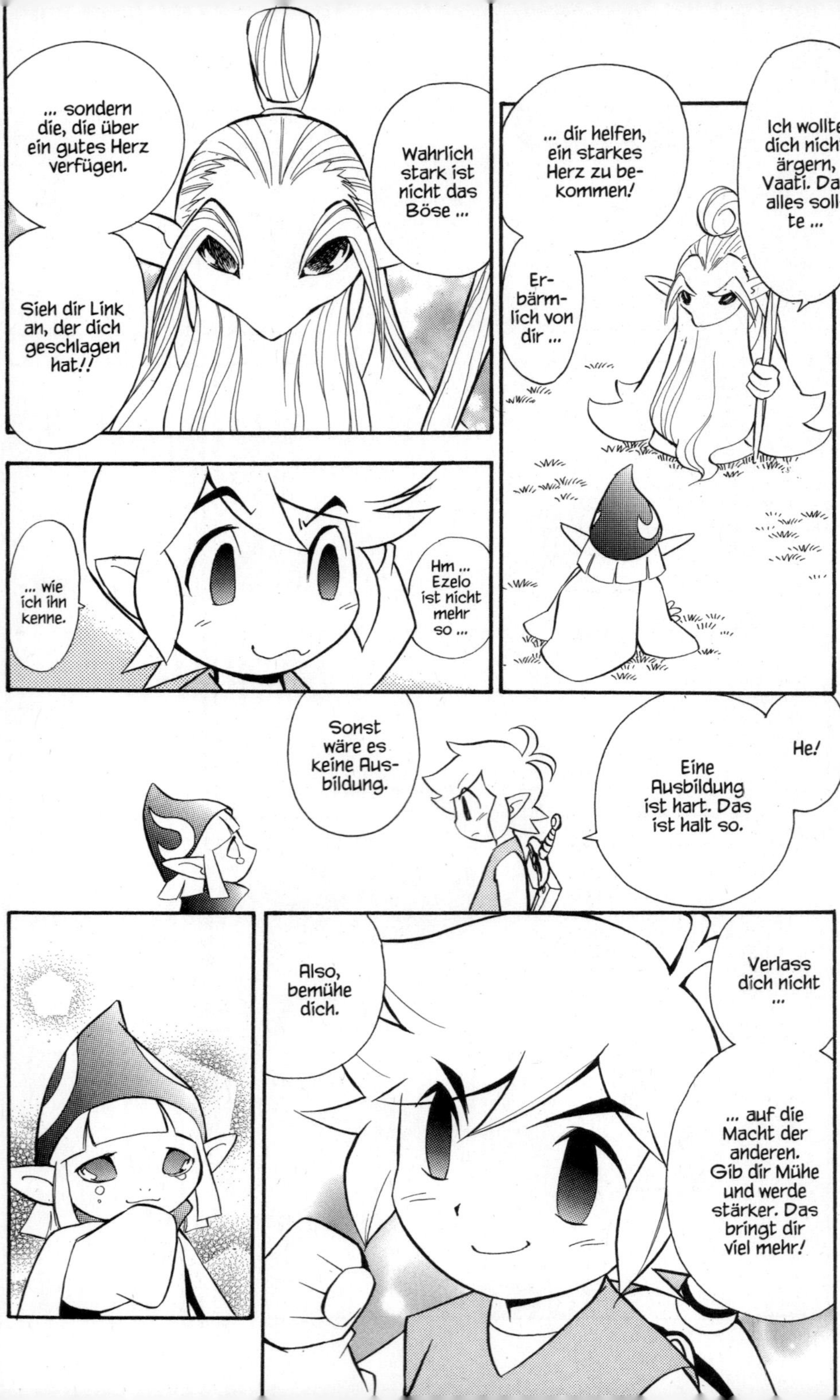

Ich wollte dich nicht ärgern, Vaati. Das alles sollte ...
... dir helfen, ein starkes Herz zu bekommen!
Erbärmlich von dir ...
Wahrlich stark ist nicht das Böse ...
... sondern die, die über ein gutes Herz verfügen.
Sieh dir Link an, der dich geschlagen hat!!
Hm ... Ezelo ist nicht mehr so ...
... wie ich ihn kenne.
He!
Eine Ausbildung ist hart. Das ist halt so.
Sonst wäre es keine Ausbildung.
Verlass dich nicht ...
... auf die Macht der anderen. Gib dir Mühe und werde stärker. Das bringt dir viel mehr!
Also, bemühe dich.

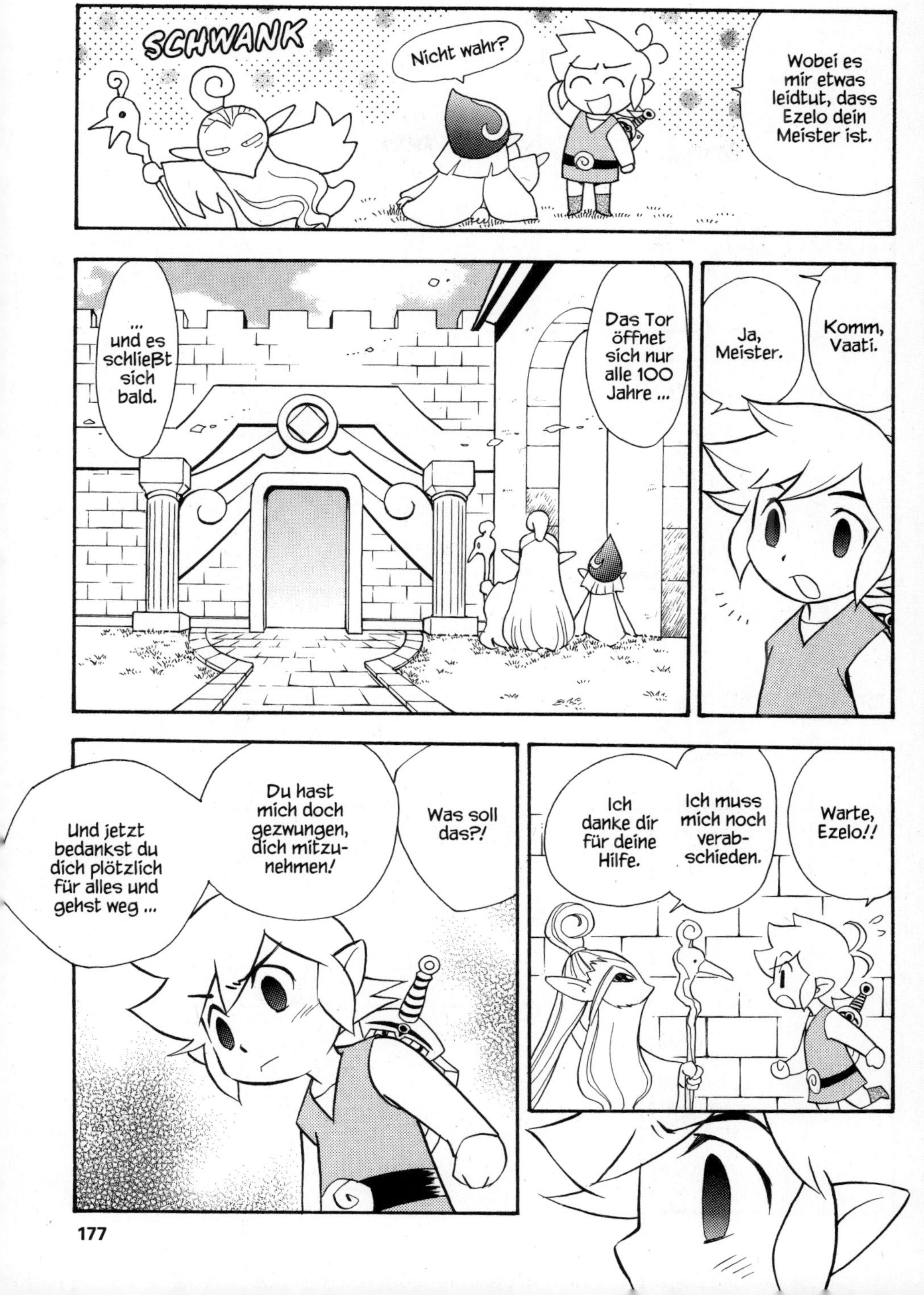
Wobei es mir etwas leidtut, dass Ezelo dein Meister ist.
Nicht wahr?
SCHWANK
Komm, Vaati.
Ja, Meister.
Das Tor öffnet sich nur alle 100 Jahre ...
... und es schließt sich bald.
Warte, Ezelo!!
Ich muss mich noch verabschieden.
Ich danke dir für deine Hilfe.
Was soll das?!
Du hast mich doch gezwungen, dich mitzunehmen!
Und jetzt bedankst du dich plötzlich für alles und gehst weg ...

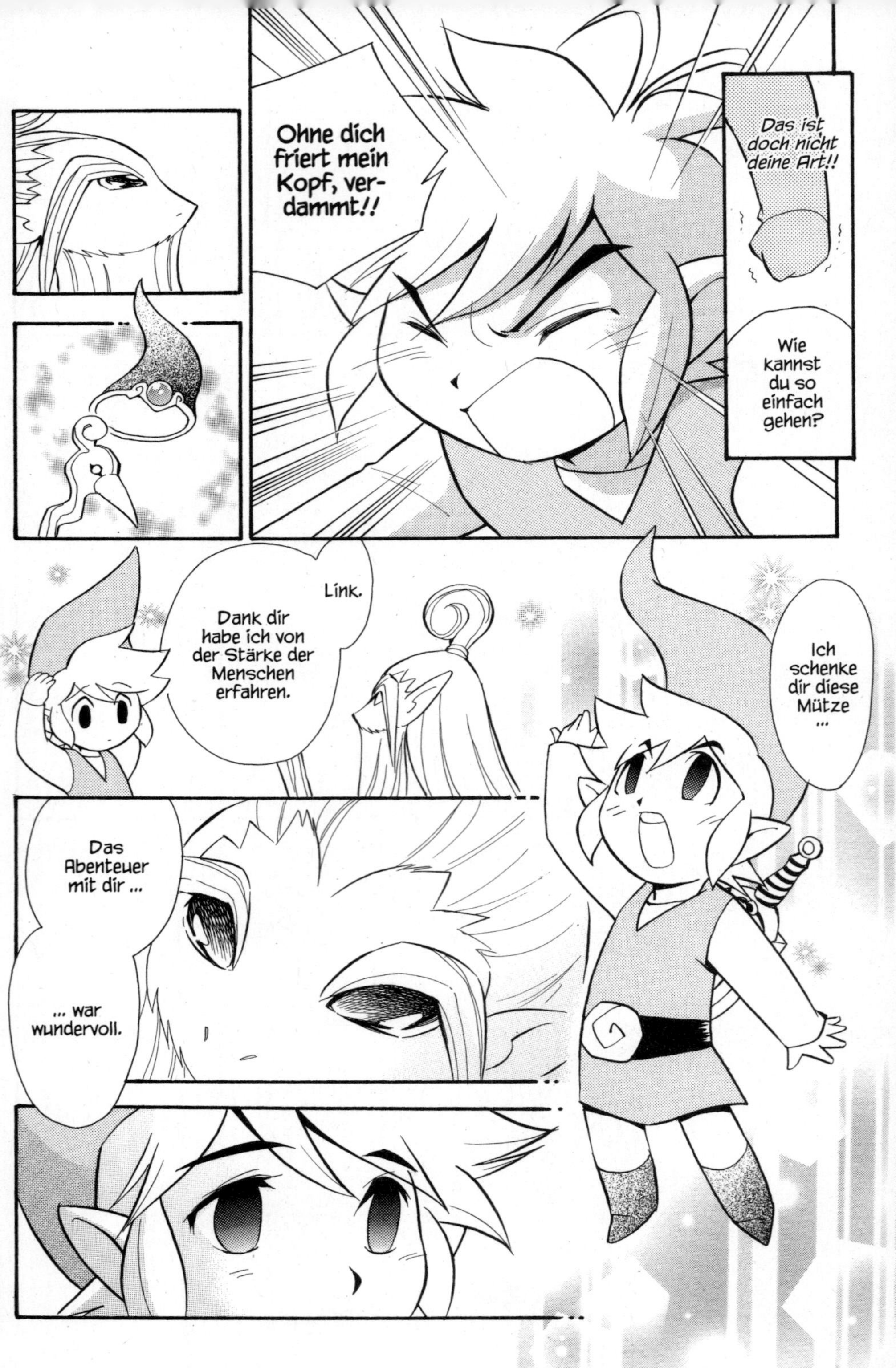
Das ist doch nicht deine Art!!
Wie kannst du so einfach gehen?
Ohne dich friert mein Kopf, verdammt!!
Ich schenke dir diese Mütze ...
Link.
Dank dir habe ich von der Stärke der Menschen erfahren.
Das Abenteuer mit dir ...
... war wundervoll.

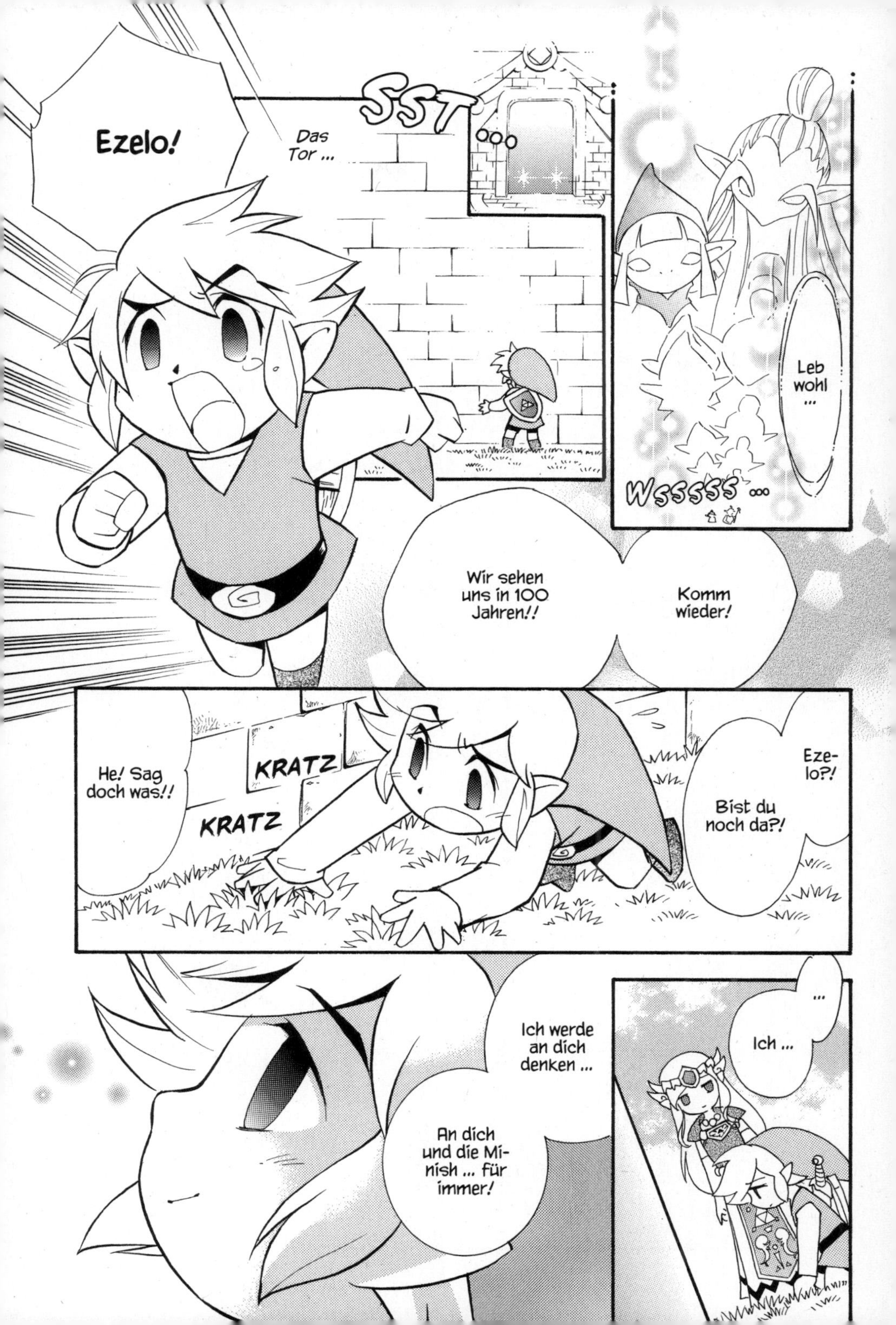
Leb wohl ...
Wsssss ...
Komm wieder!
Wir sehen uns in 100 Jahren!!
SST ...
Das Tor ...
Ezelo!
Eze-lo?!
Bist du noch da?!
KRATZ
KRATZ
He! Sag doch was!!
...
Ich ...
Ich werde an dich denken ...
An dich und die Mi-nish ... für immer!

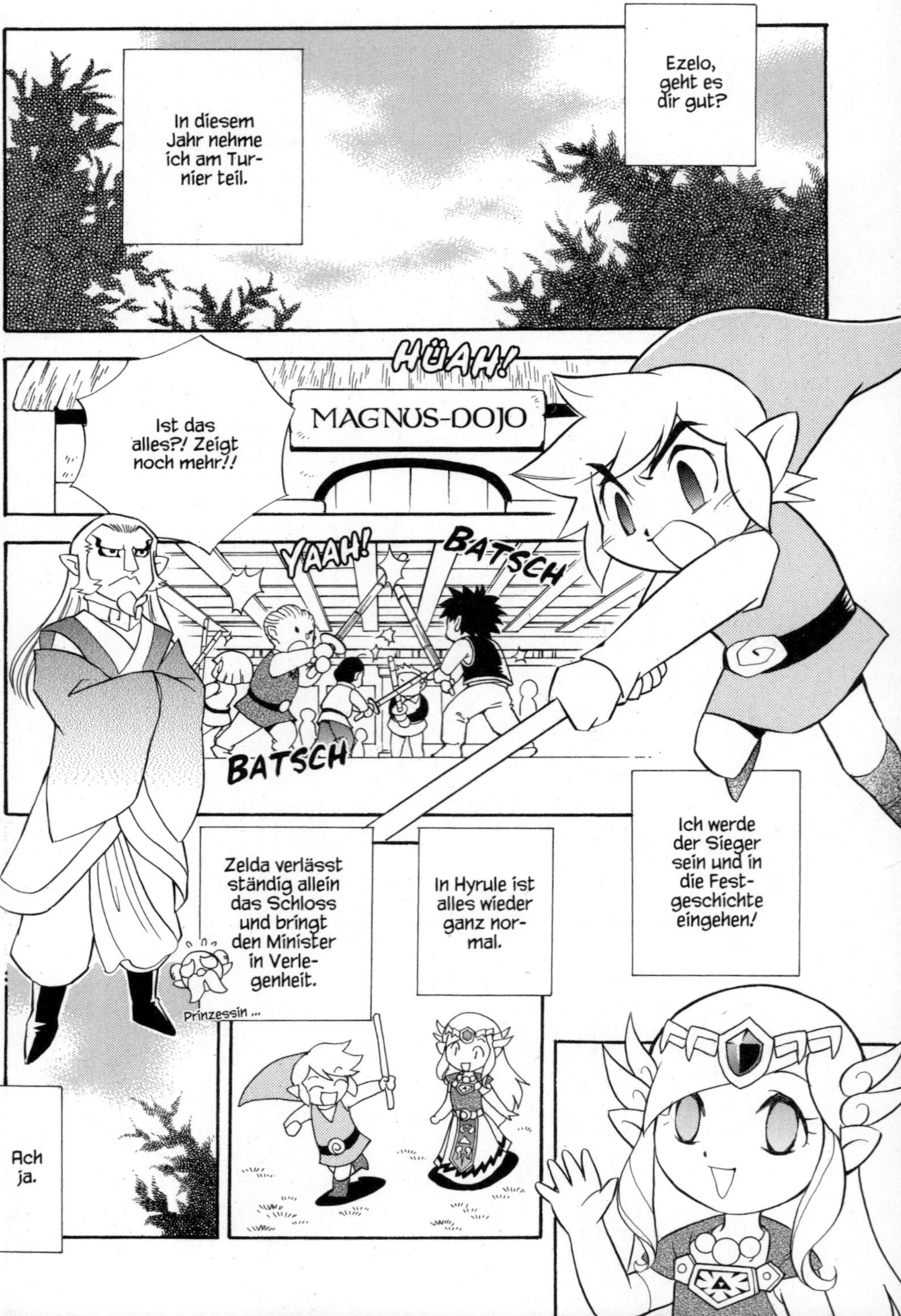
Ezelo, geht es dir gut?
In diesem Jahr nehme ich am Tur- nier teil.
HÜAH!
MAGNUS-DOJO
Ist das alles?! Zeigt noch mehr!!
YAAH!
BATSCH
BATSCH
Ich werde der Sieger sein und in die Fest- geschichte eingehen!
In Hyrule ist alles wieder ganz nor- mal.
Zelda verlässt ständig allein das Schloss und bringt den Minister in Verle- genheit.
Prinzessin ...
Ach ja.

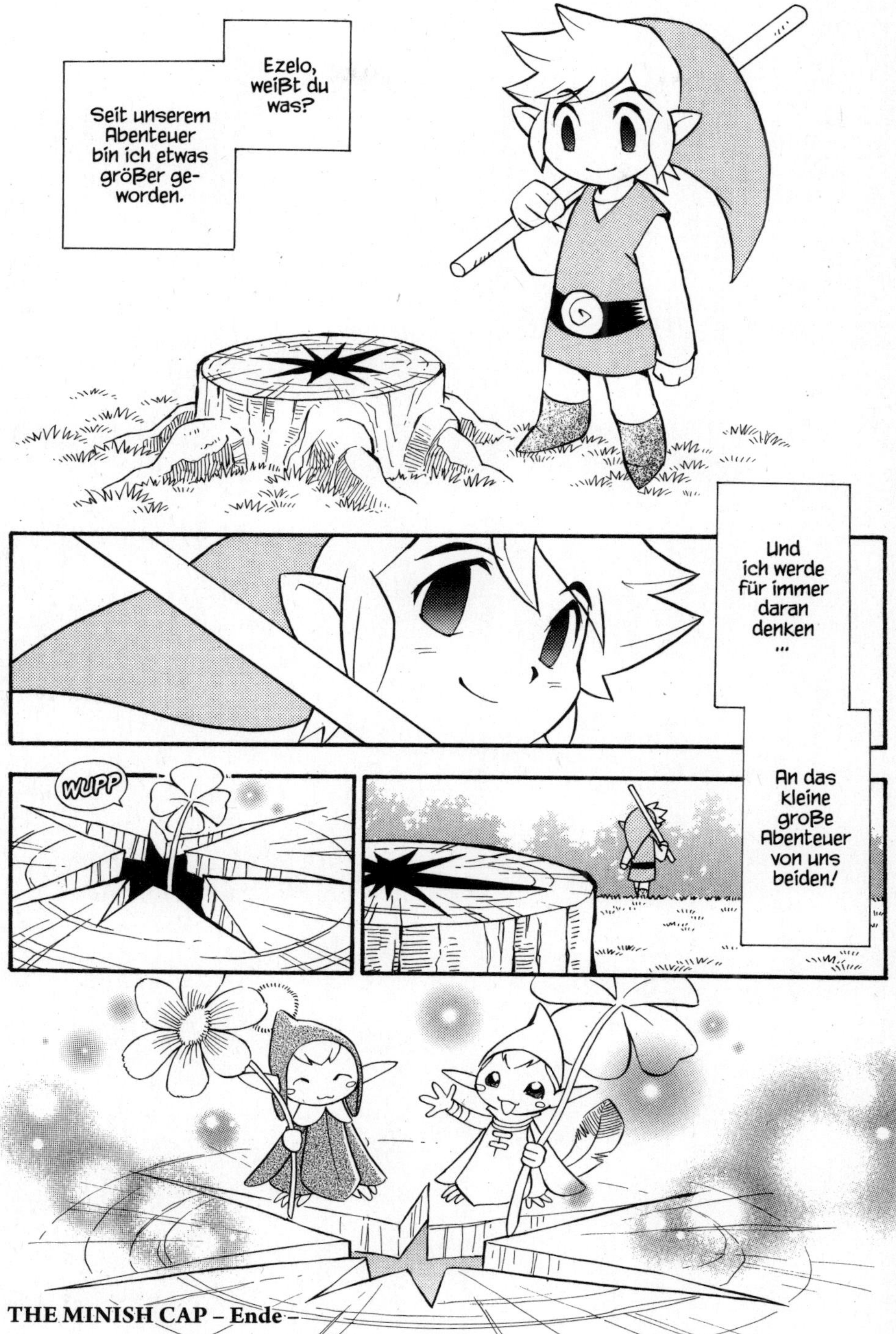

THE MINISH CAP – Ende –

Konzeptzeichnungen zu The Minish Cap ❷

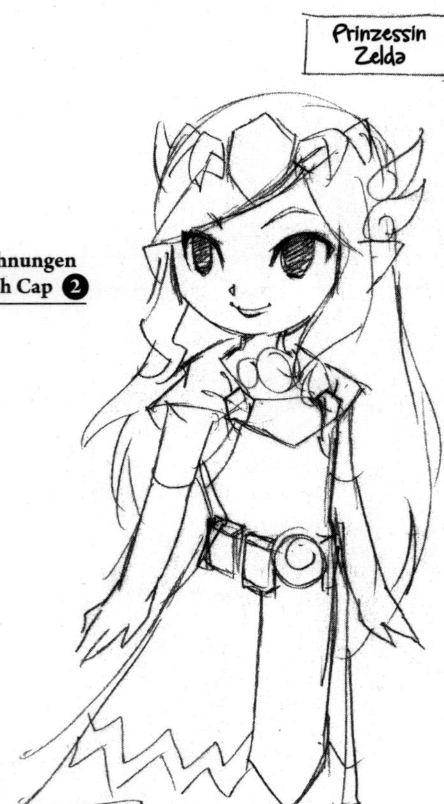

Vaati

Ein ehemaliger Minish und Ezelos Schüler.
Er ist stolz, dass er seinen Meister übertroffen hat. Spielt den Erwachsenen, jedoch ist er mental noch ein Kind und sehr temperamentvoll.

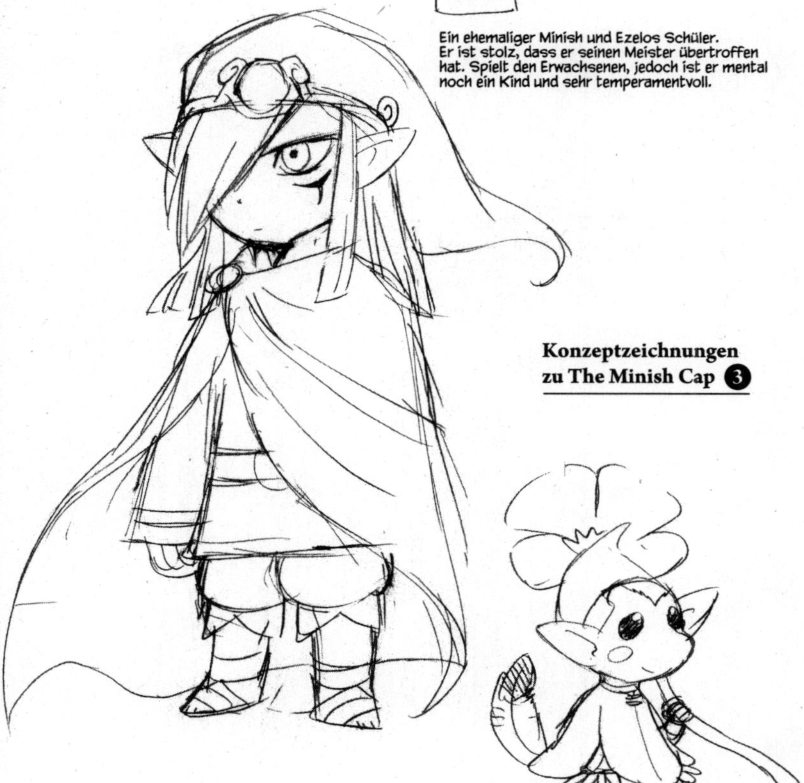

Konzeptzeichnungen zu The Minish Cap 3

Reise

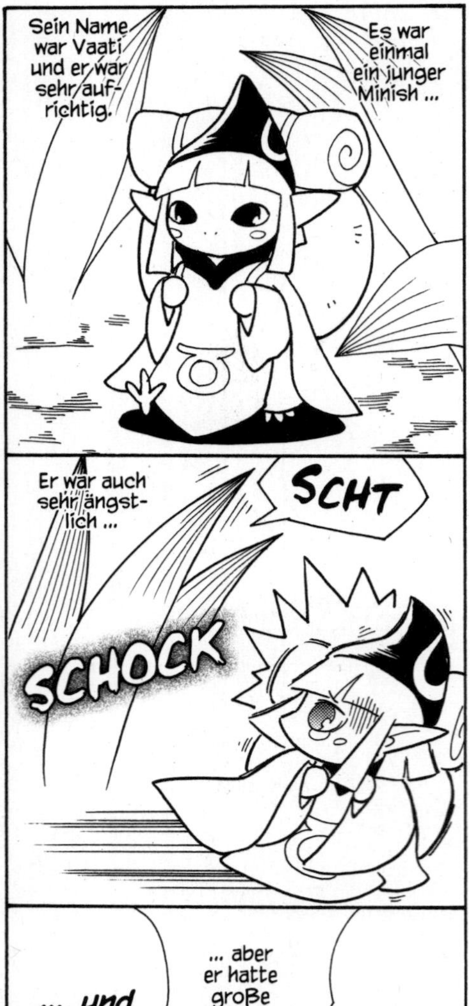

Bonusgeschichte

Vaatis große Ausbildung

Akira Himekawa

Der Meister und der Schüler

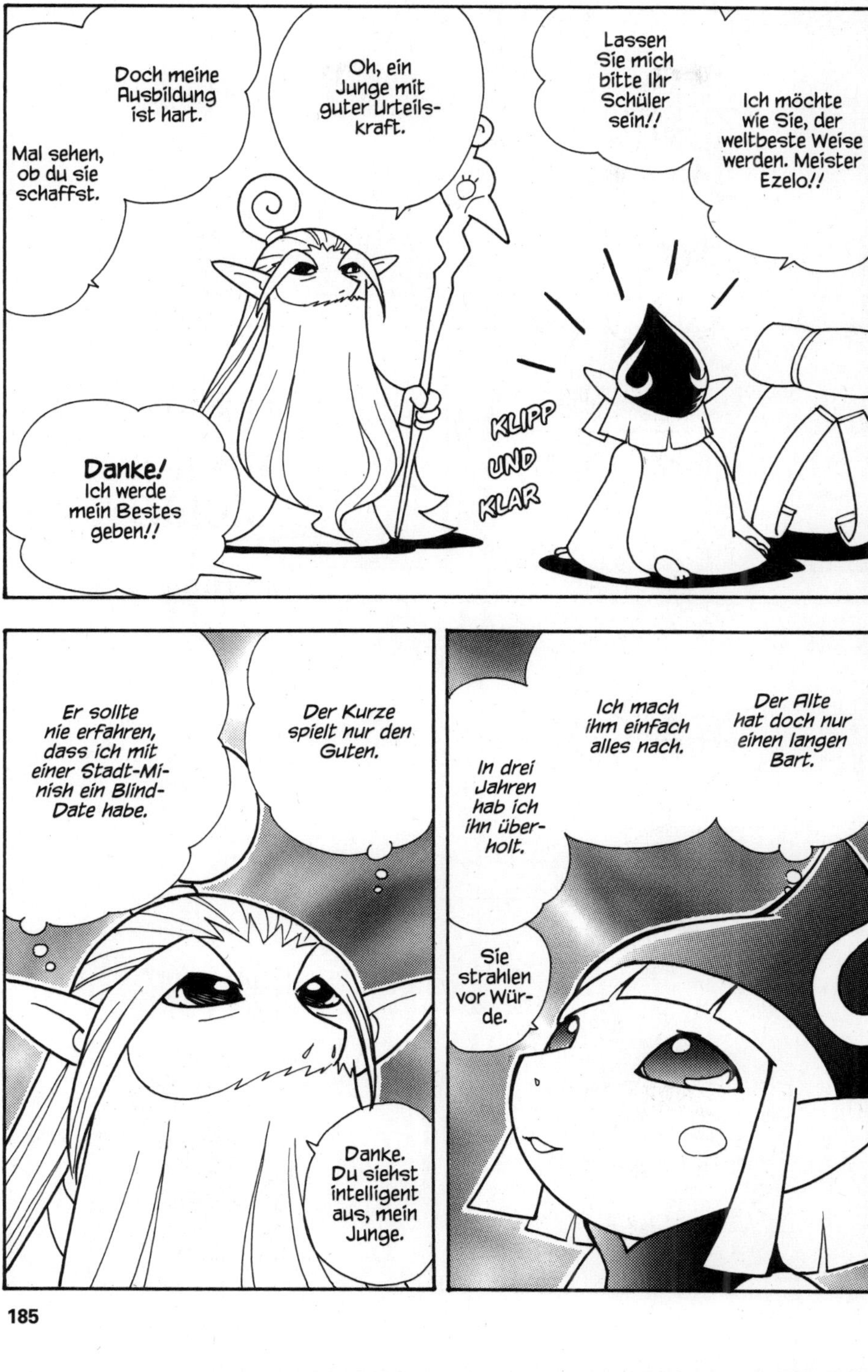

Ausbildung Nr. 1

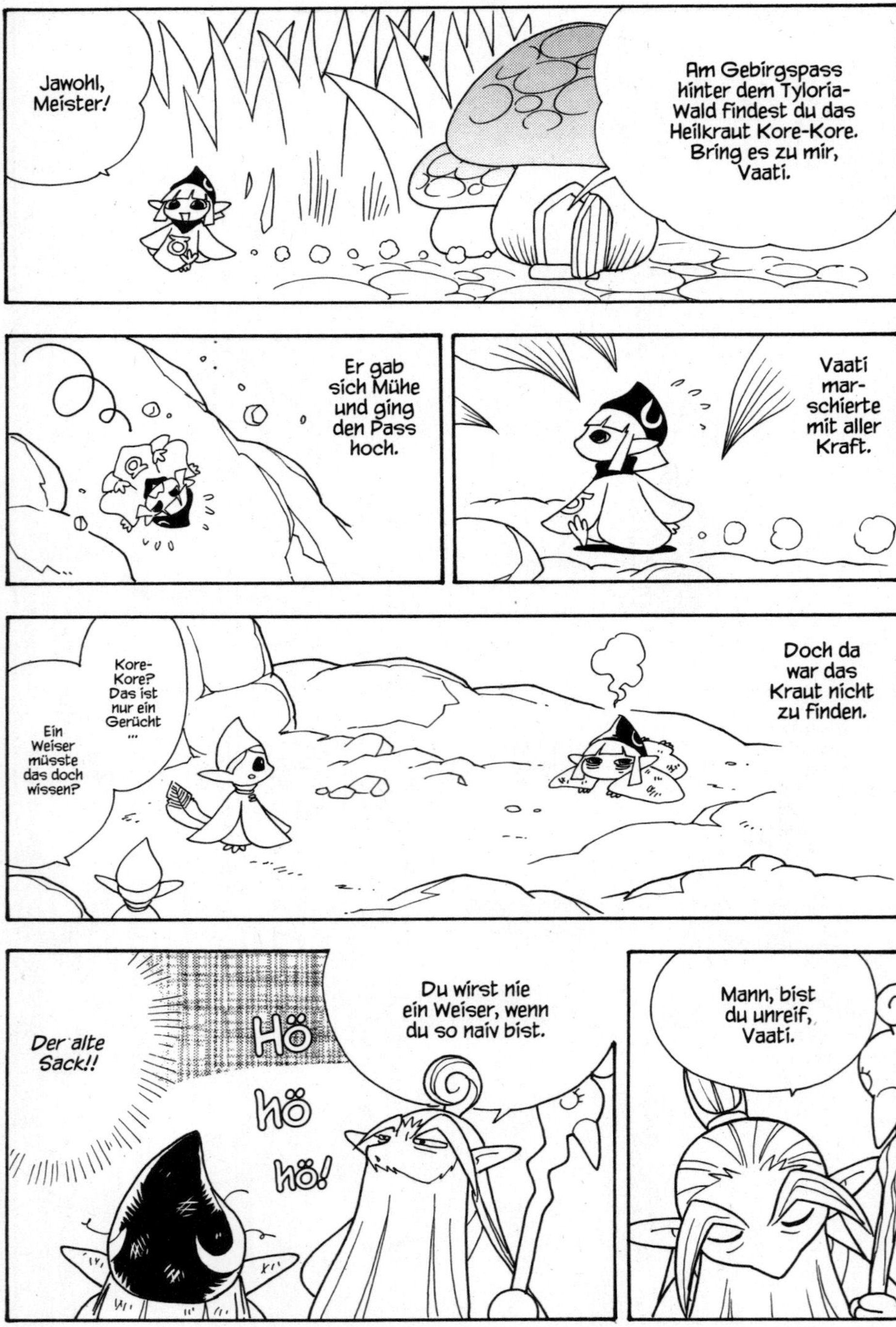

Ausbildung Nr. 2

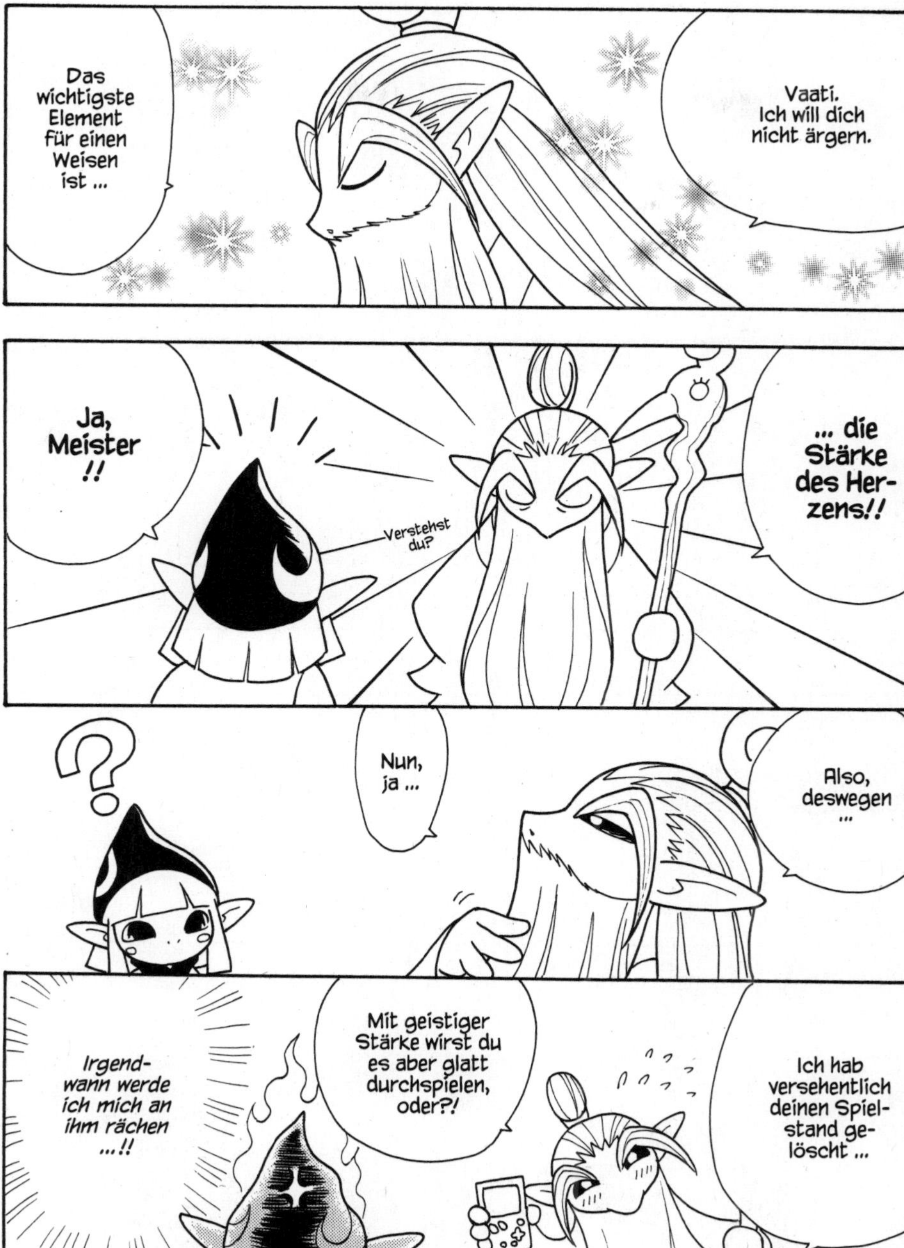

So eine Überraschung

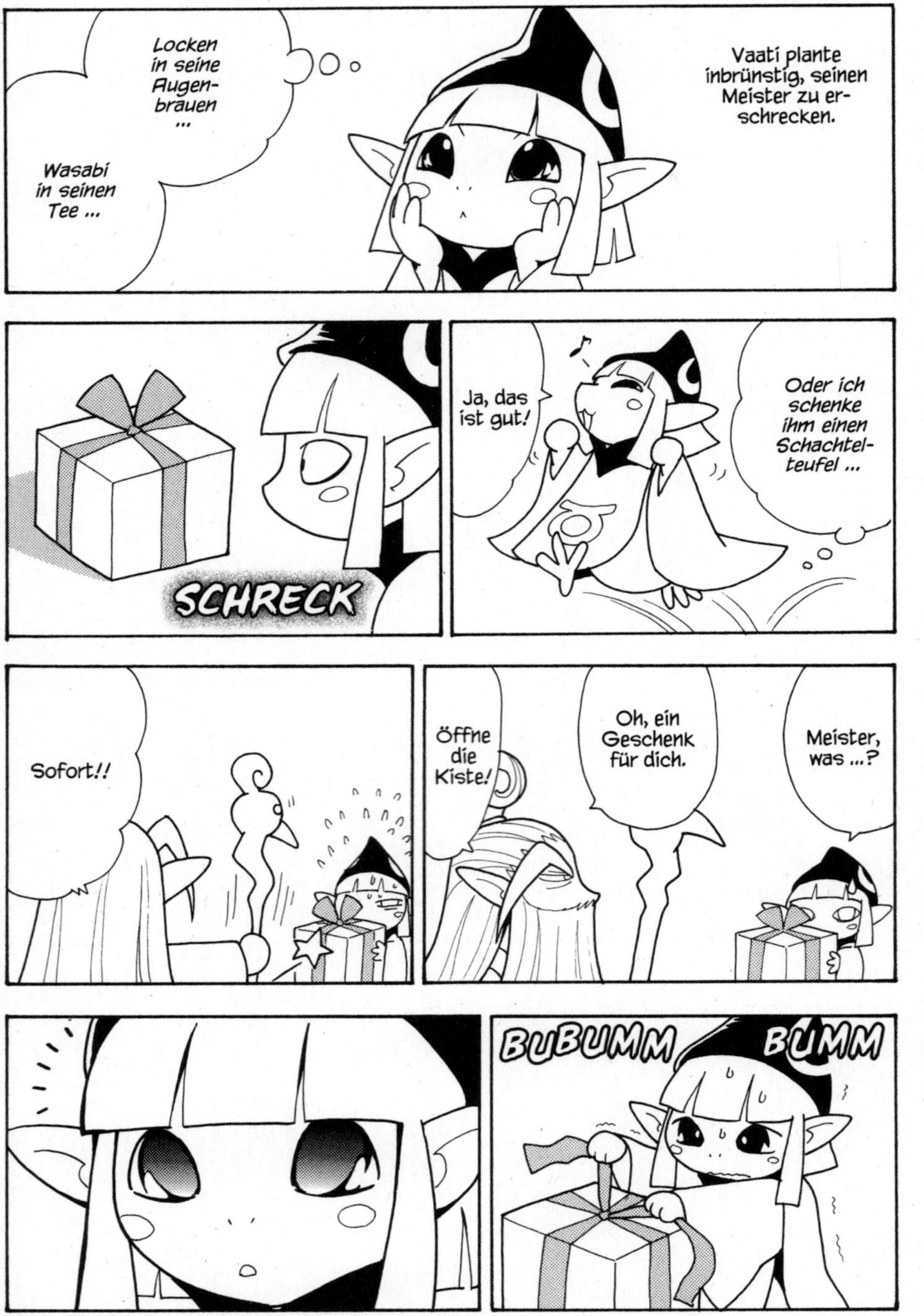

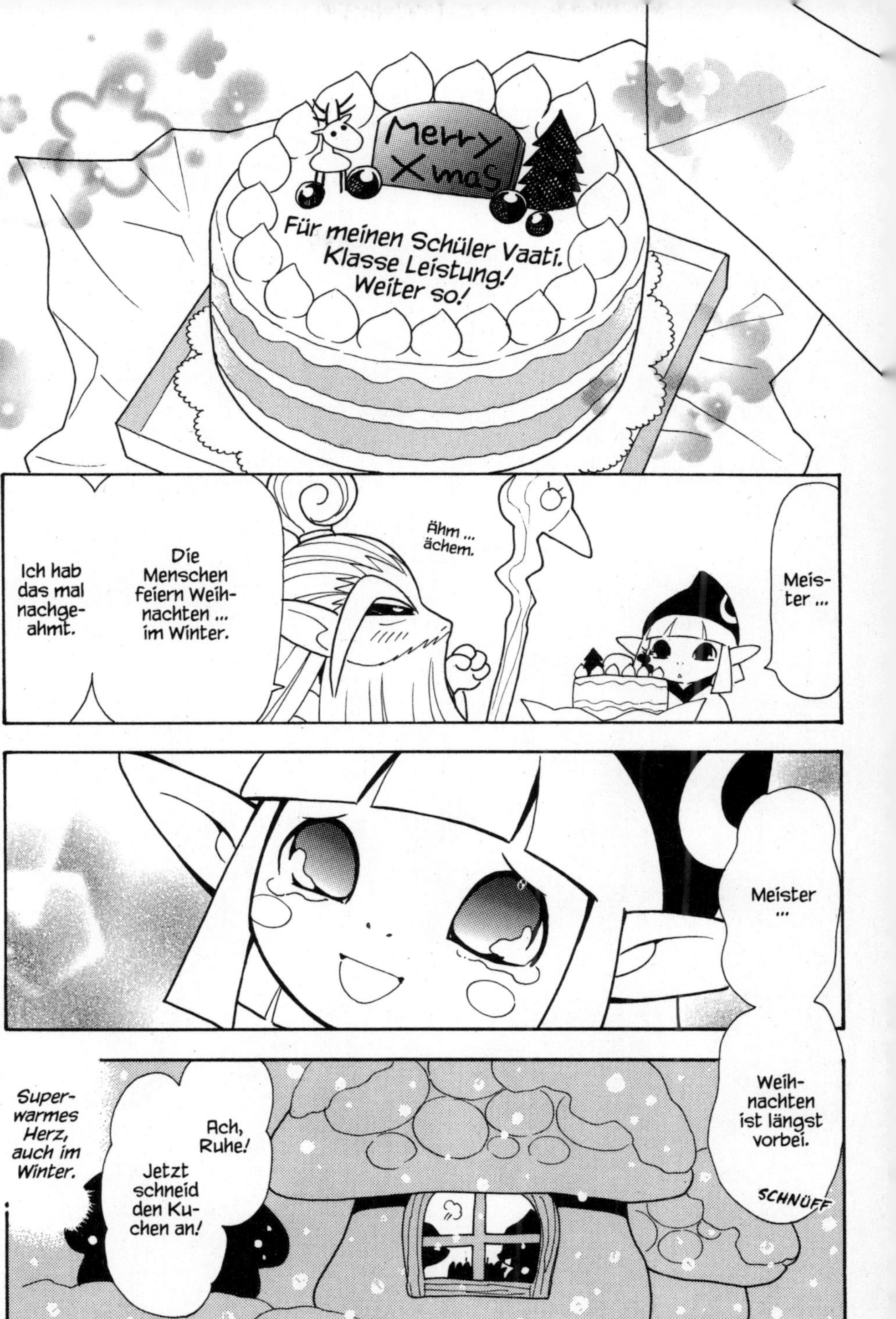

BONUSGESCHICHTE – Ende –

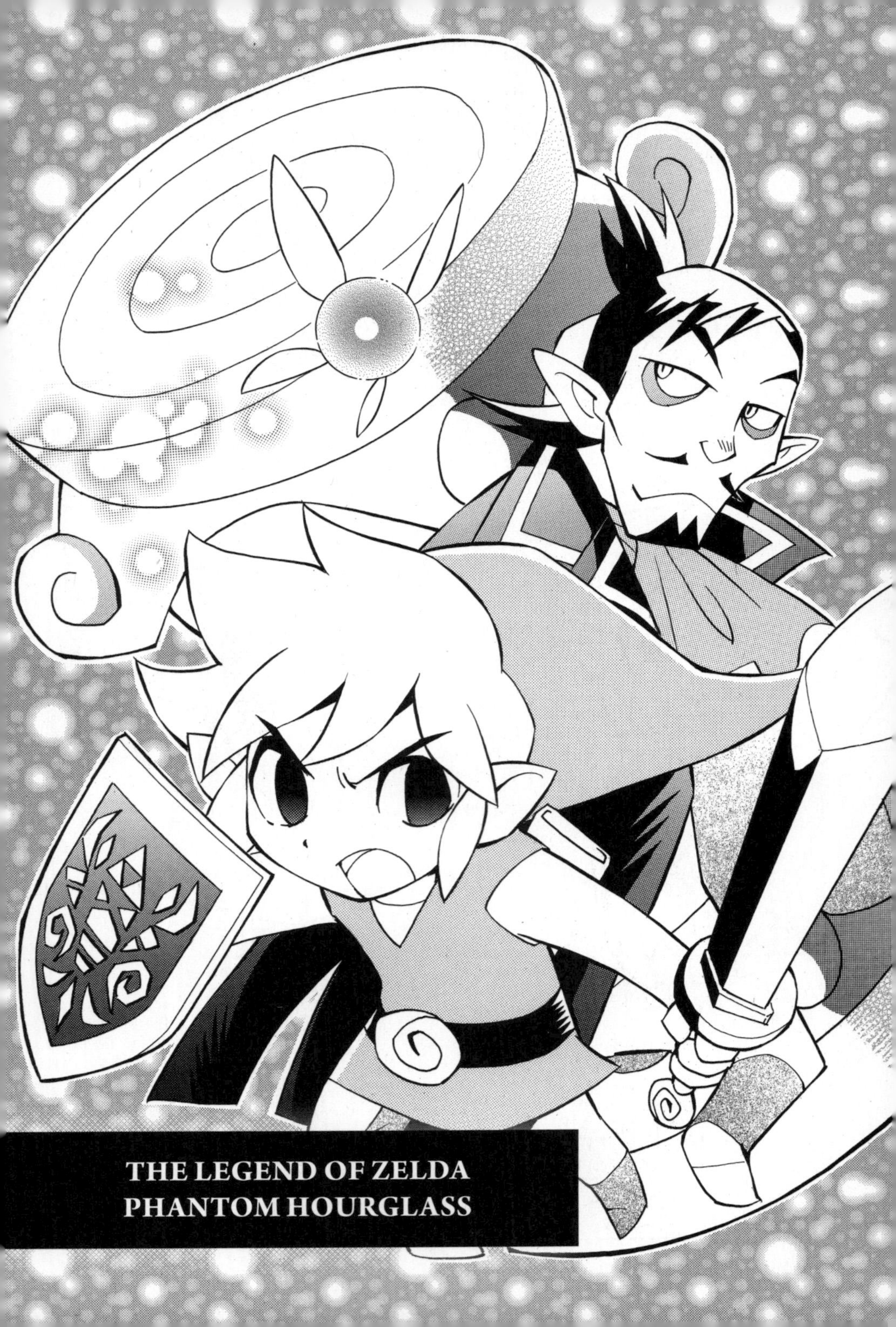
THE LEGEND OF ZELDA
PHANTOM HOURGLASS

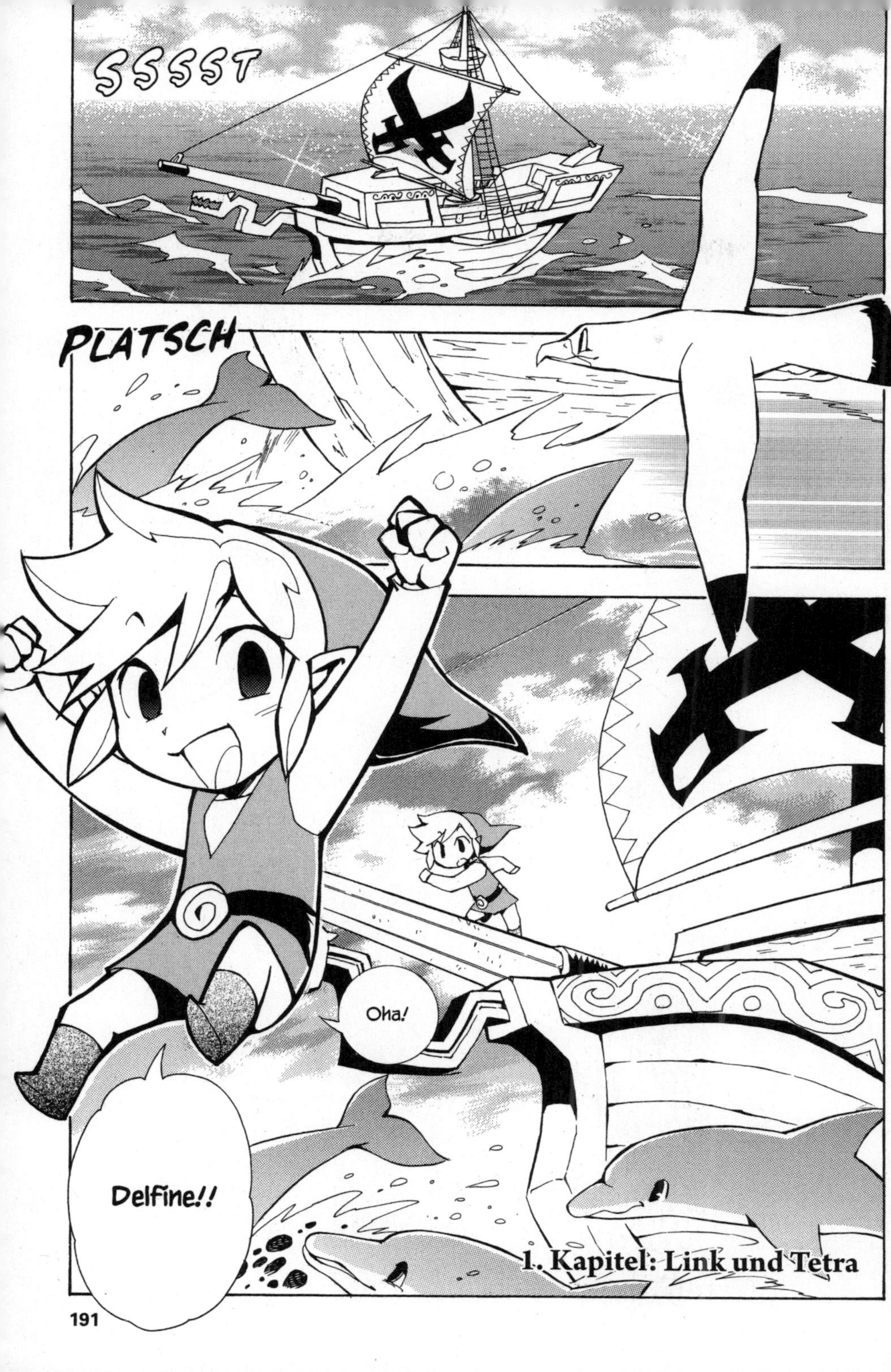
SSSST
PLATSCH
Oha!
Delfine!!
1. Kapitel: Link und Tetra

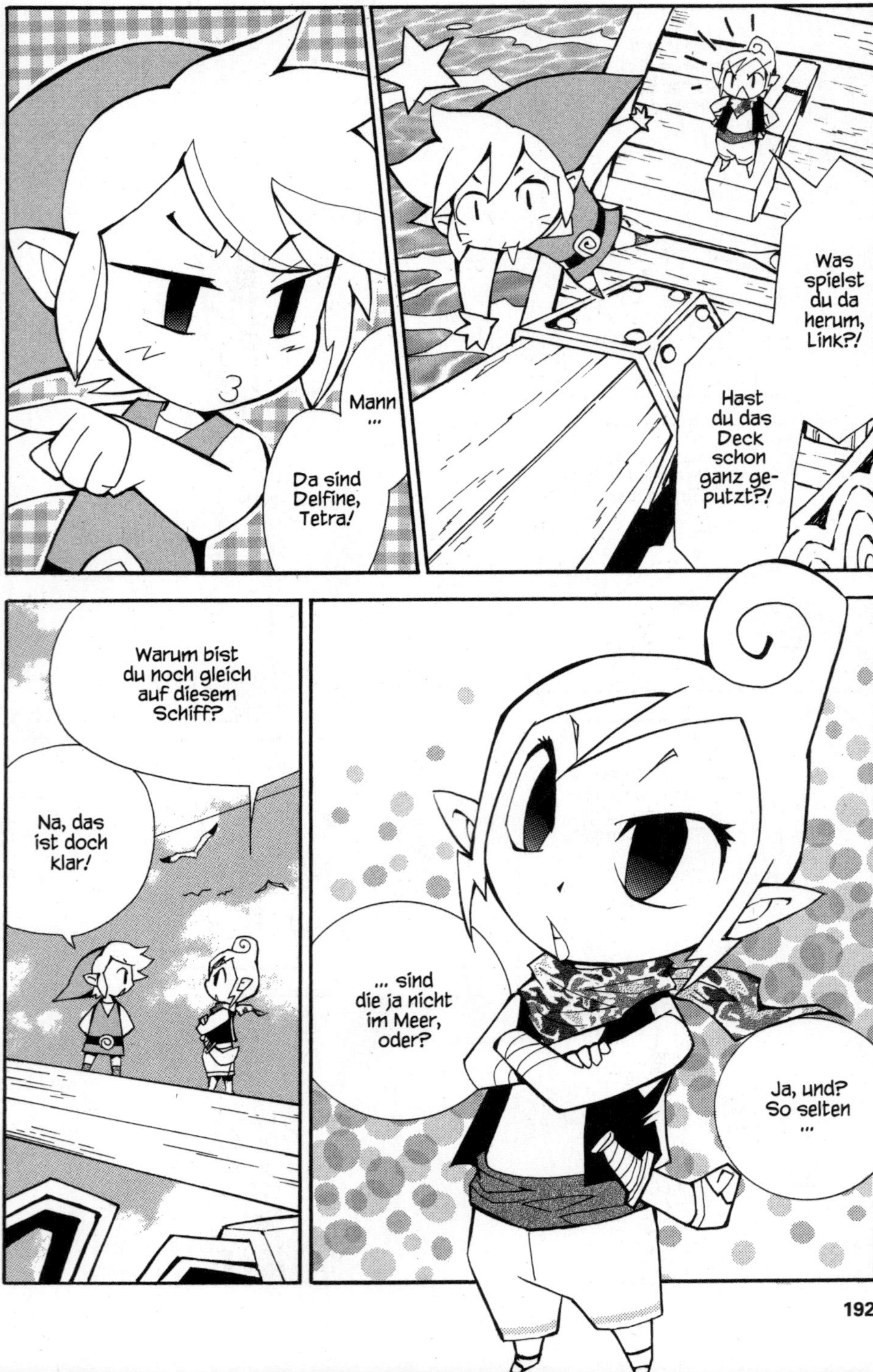
Was spielst du da herum, Link?!
Hast du das Deck schon ganz geputzt?!
Mann ...
Da sind Delfine, Tetra!
Ja, und? So selten ...
... sind die ja nicht im Meer, oder?
Warum bist du noch gleich auf diesem Schiff?
Na, das ist doch klar!

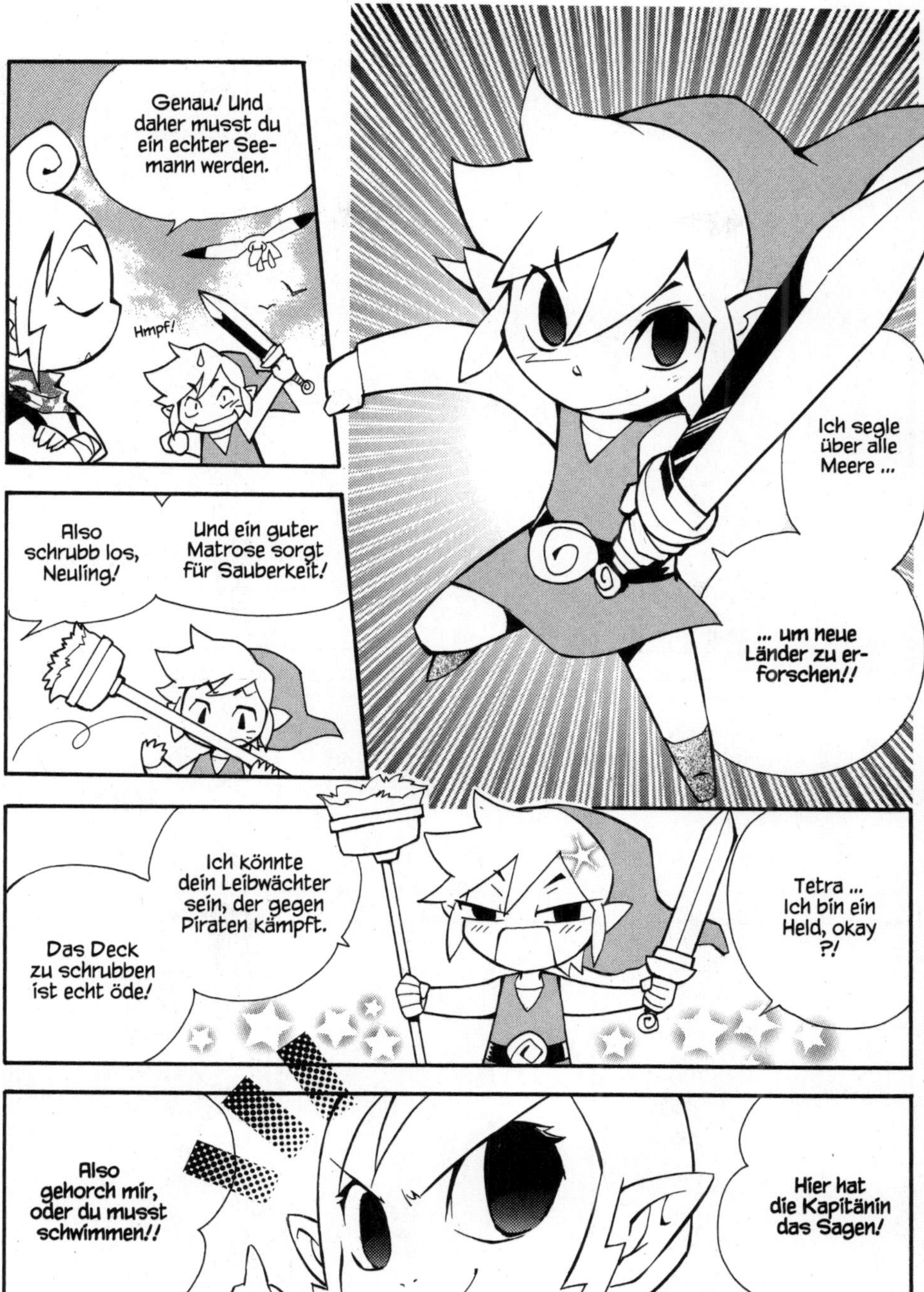
Ich segle über alle Meere ...
... um neue Länder zu erforschen!!
Genau! Und daher musst du ein echter Seemann werden.
Hmpf!
Und ein guter Matrose sorgt für Sauberkeit!
Also schrubb los, Neuling!
Tetra ... Ich bin ein Held, okay ?!
Ich könnte dein Leibwächter sein, der gegen Piraten kämpft.
Das Deck zu schrubben ist echt öde!
Hier hat die Kapitänin das Sagen!
Also gehorch mir, oder du musst schwimmen!!

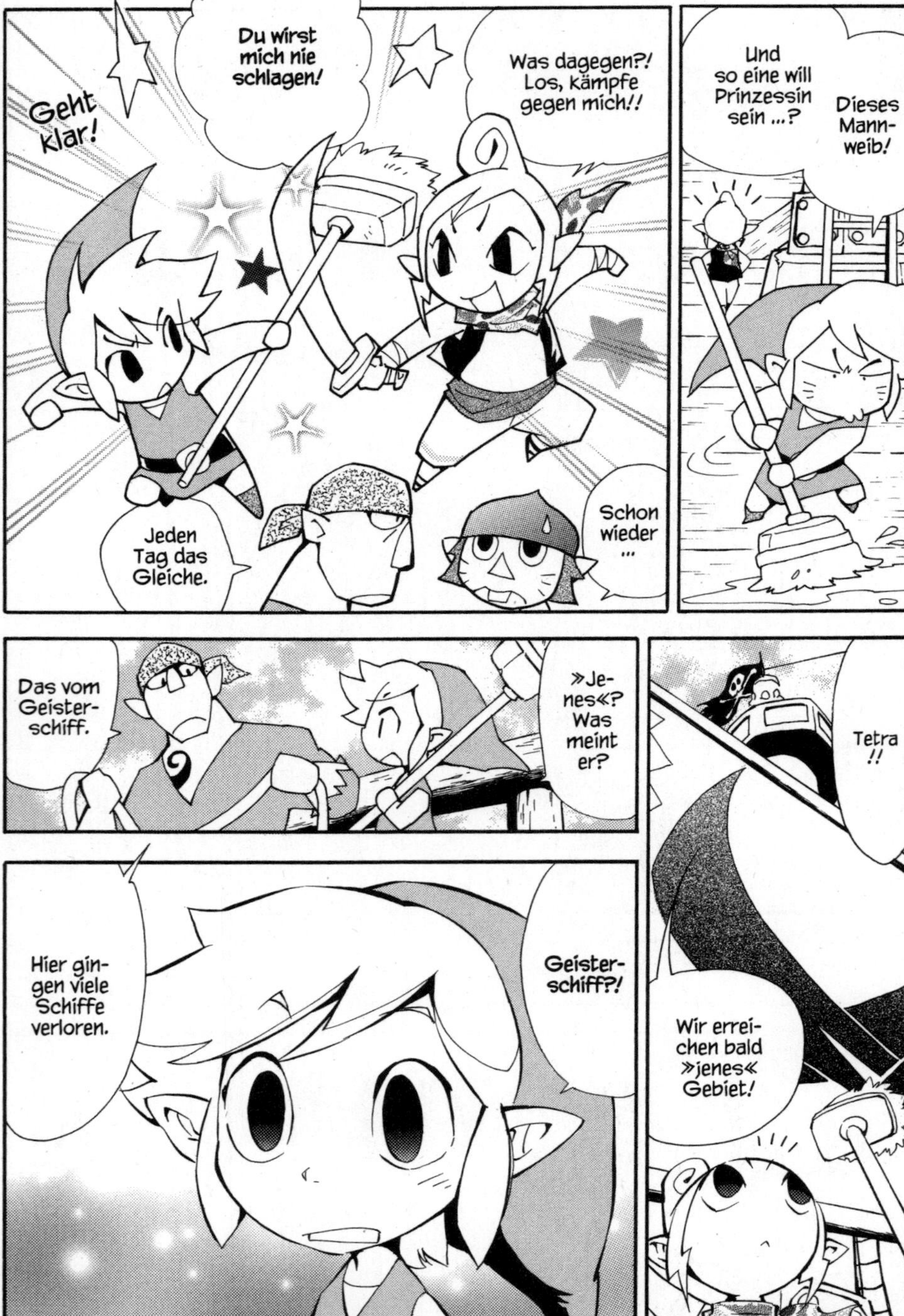
Und so eine will Prinzessin sein ...?
Dieses Mannweib!
Was dagegen?! Los, kämpfe gegen mich!!
Du wirst mich nie schlagen!
Geht klar!
Schon wieder ...
Jeden Tag das Gleiche.
Tetra!!
Wir erreichen bald »jenes« Gebiet!
»Jenes«? Was meint er?
Das vom Geisterschiff.
Geisterschiff?!
Hier gingen viele Schiffe verloren.

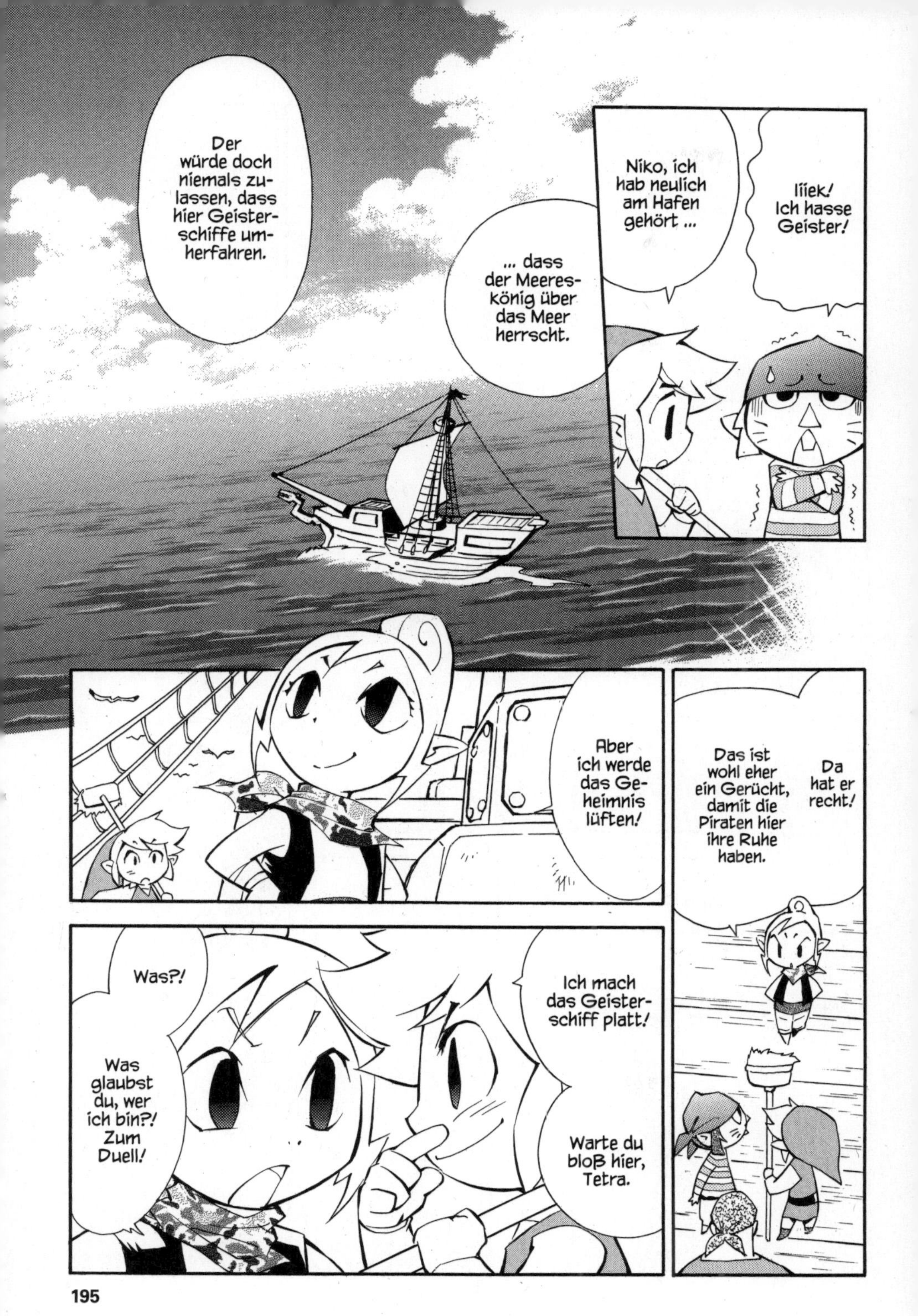
Iiiek! Ich hasse Geister!
Niko, ich hab neulich am Hafen gehört ...
... dass der Meereskönig über das Meer herrscht.
Der würde doch niemals zulassen, dass hier Geisterschiffe umherfahren.
Da hat er recht!
Das ist wohl eher ein Gerücht, damit die Piraten hier ihre Ruhe haben.
Aber ich werde das Geheimnis lüften!
Ich mach das Geisterschiff platt!
Warte du bloß hier, Tetra.
Was?!
Was glaubst du, wer ich bin?! Zum Duell!

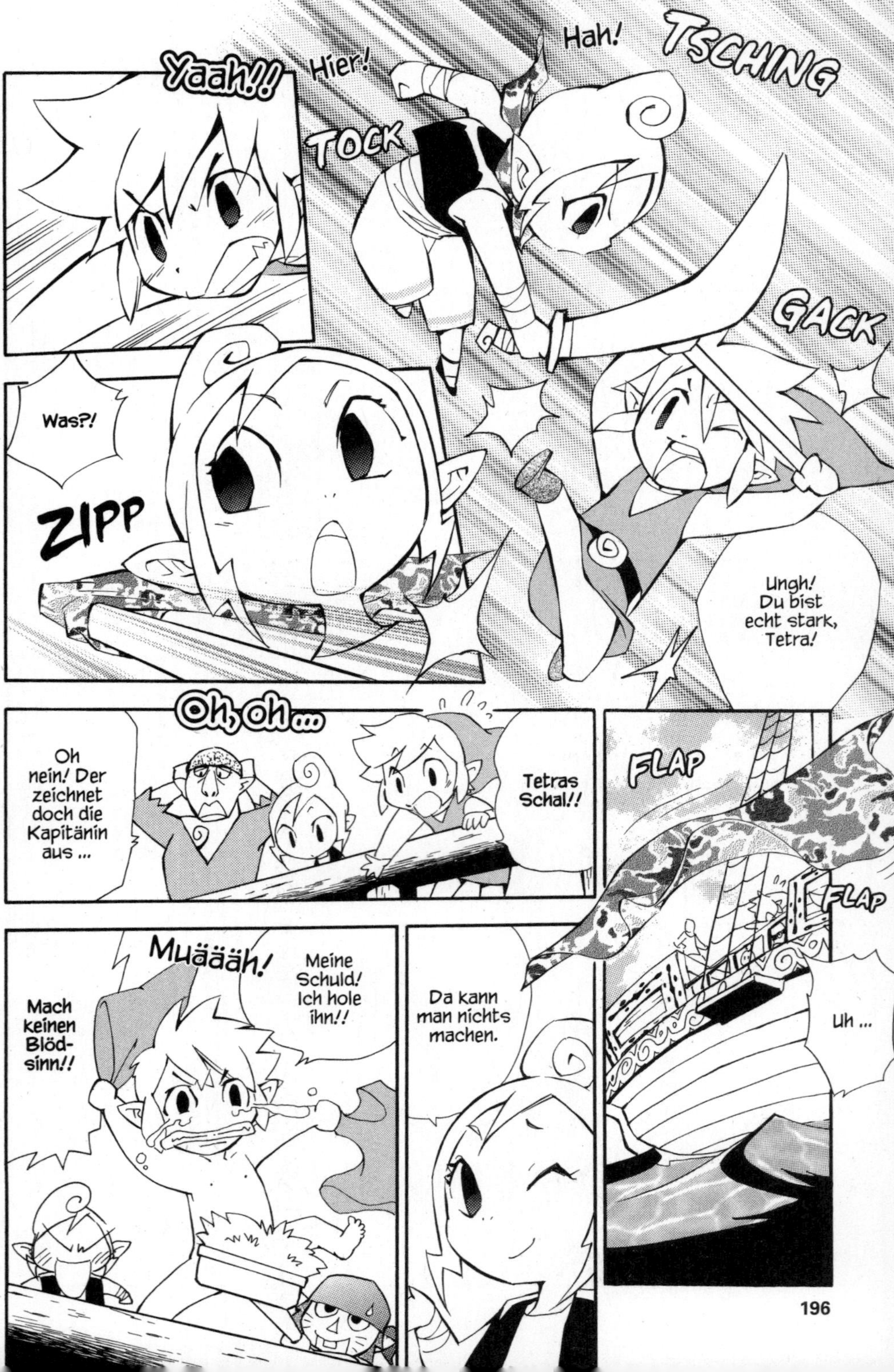
TSCHING
Hah!
Hier!
TOCK
Yaah!!
GACK
Ungh! Du bist echt stark, Tetra!
Was?!
ZIPP
Oh, oh ...
Tetras Schal!!
Oh nein! Der zeichnet doch die Kapitänin aus ...
FLAP
FLAP
Uh ...
Da kann man nichts machen.
Muäääh!
Meine Schuld! Ich hole ihn!!
Mach keinen Blöd-sinn!!

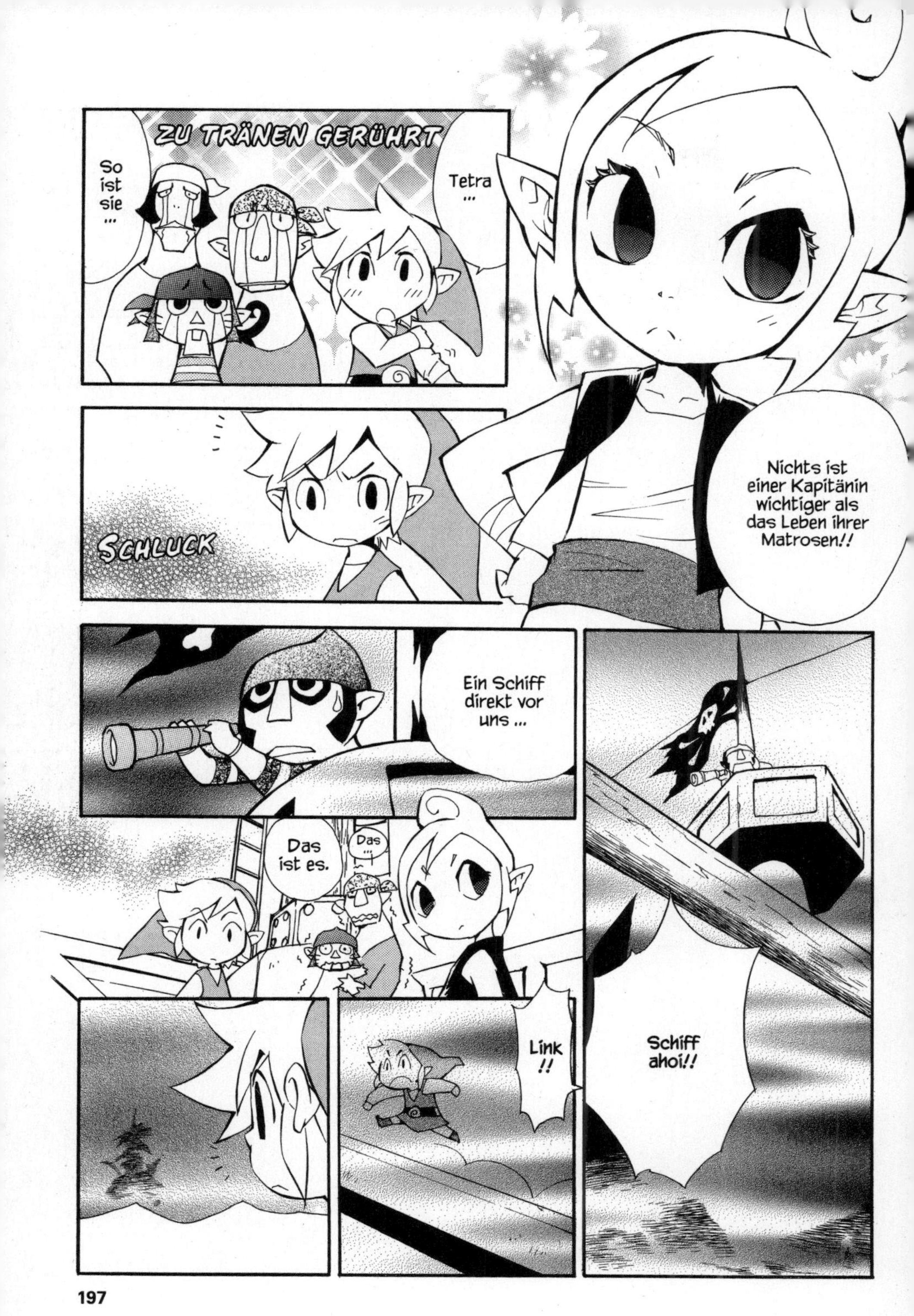

ZU TRÄNEN GERÜHRT
So ist sie ...
Tetra ...
Nichts ist einer Kapitänin wichtiger als das Leben ihrer Matrosen!!
SCHLUCK
Ein Schiff direkt vor uns ...
Das ist es.
Das ...
Link!!
Schiff ahoi!!

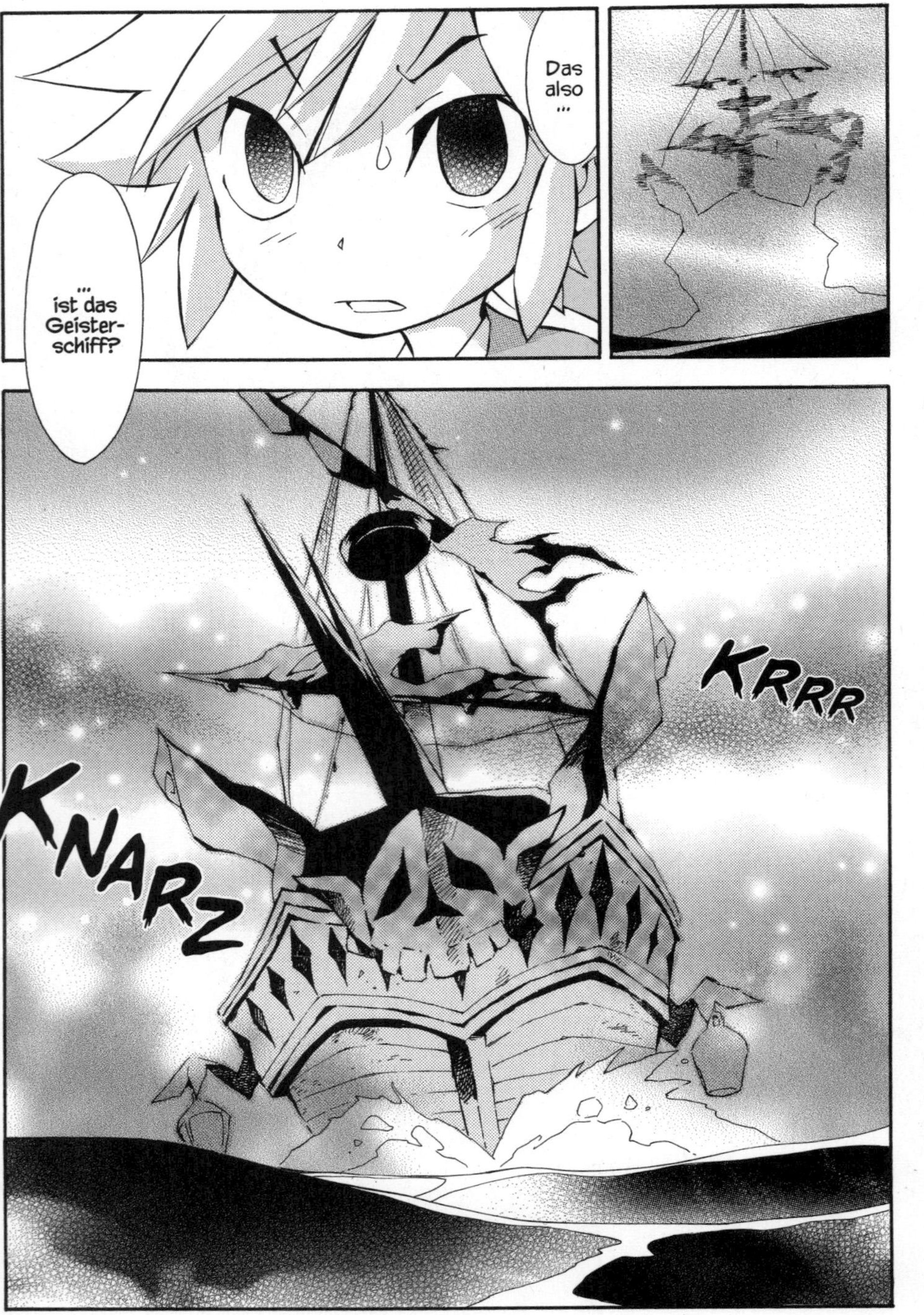
Das also ...
... ist das Geister-schiff?
KRRR
KNARZ

2. Kapitel: Das Geisterschiff

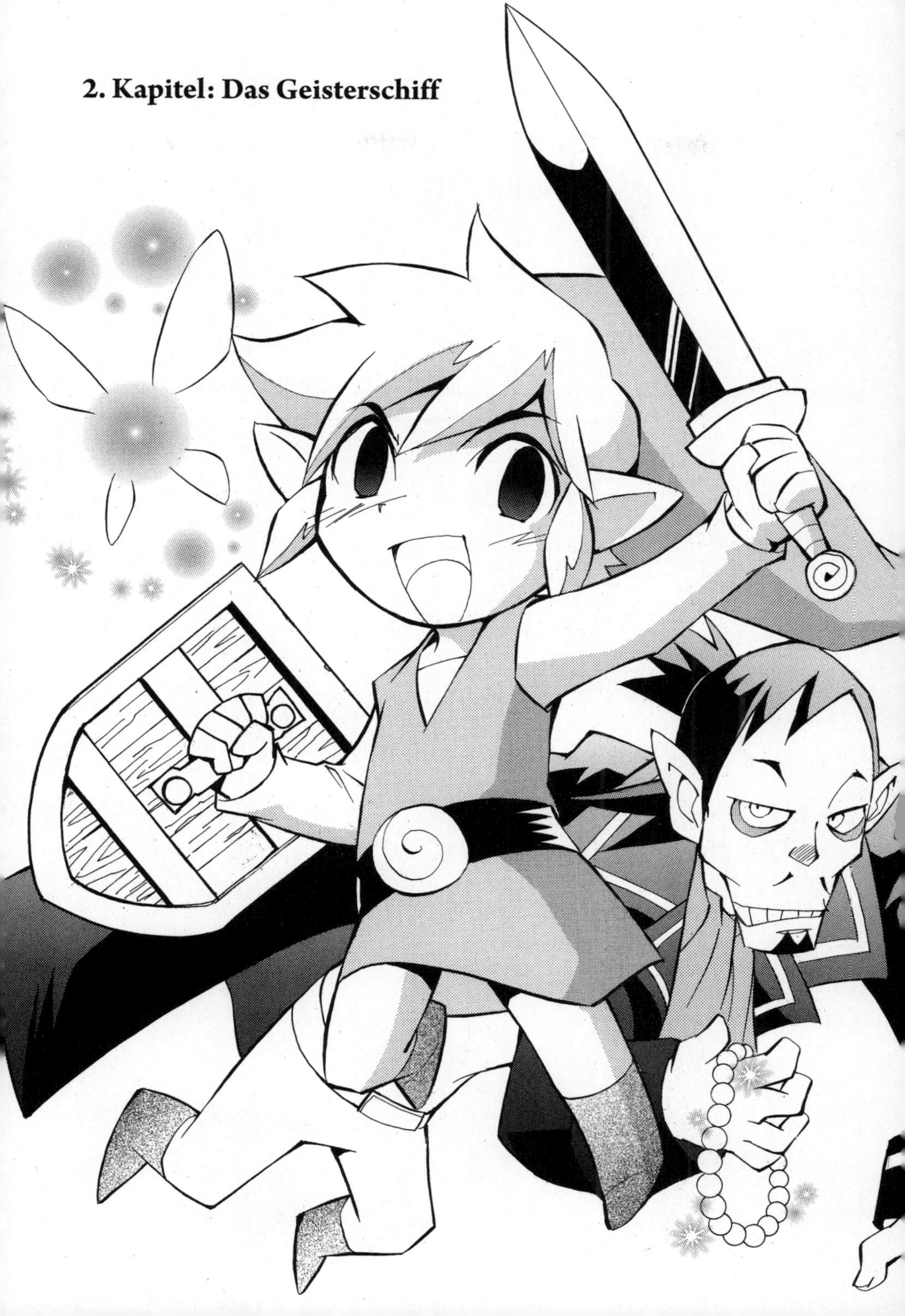

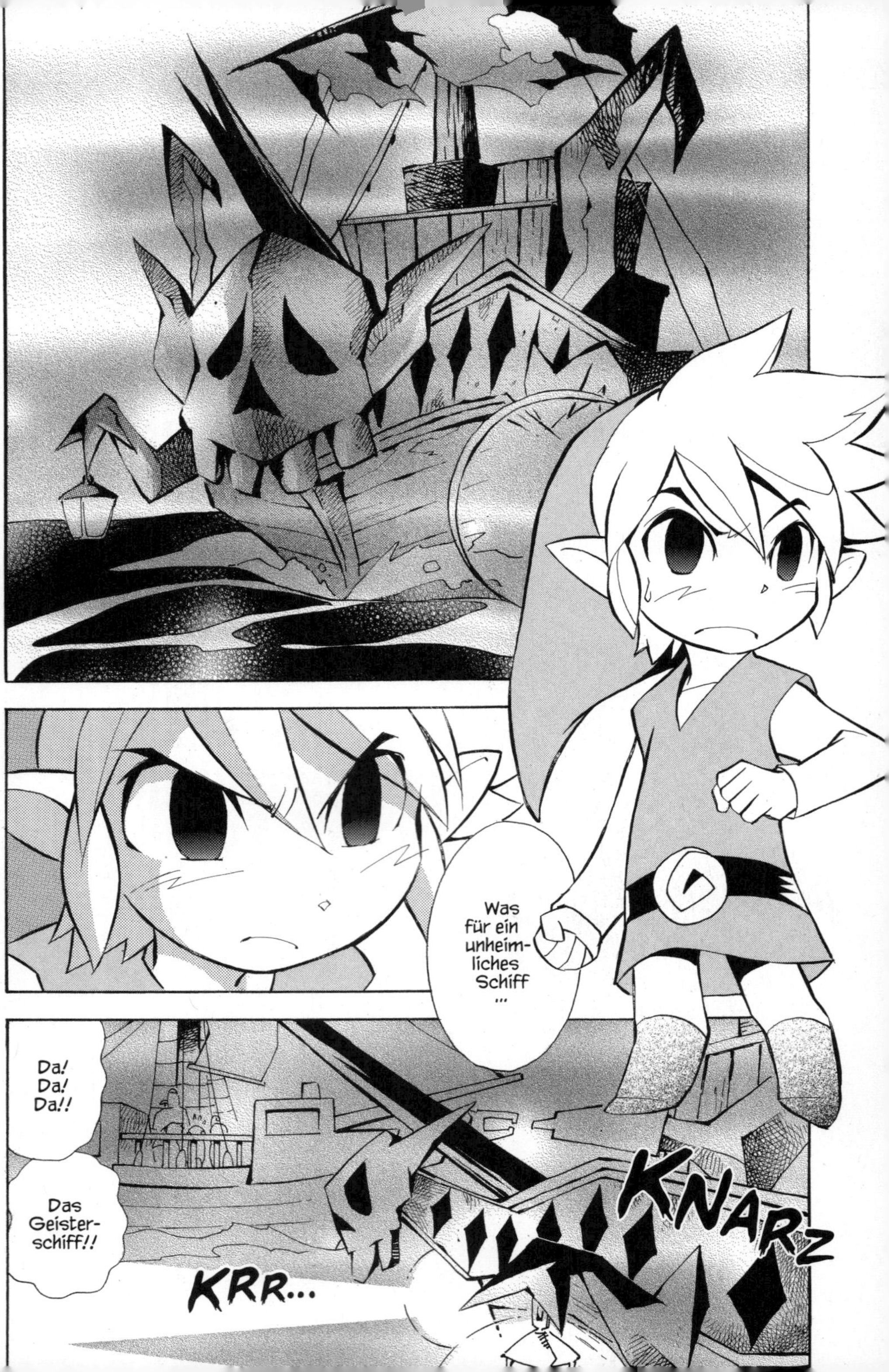
Was für ein unheimliches Schiff ...
Da! Da! Da!!
Das Geisterschiff!!
KNARZ
KRR...

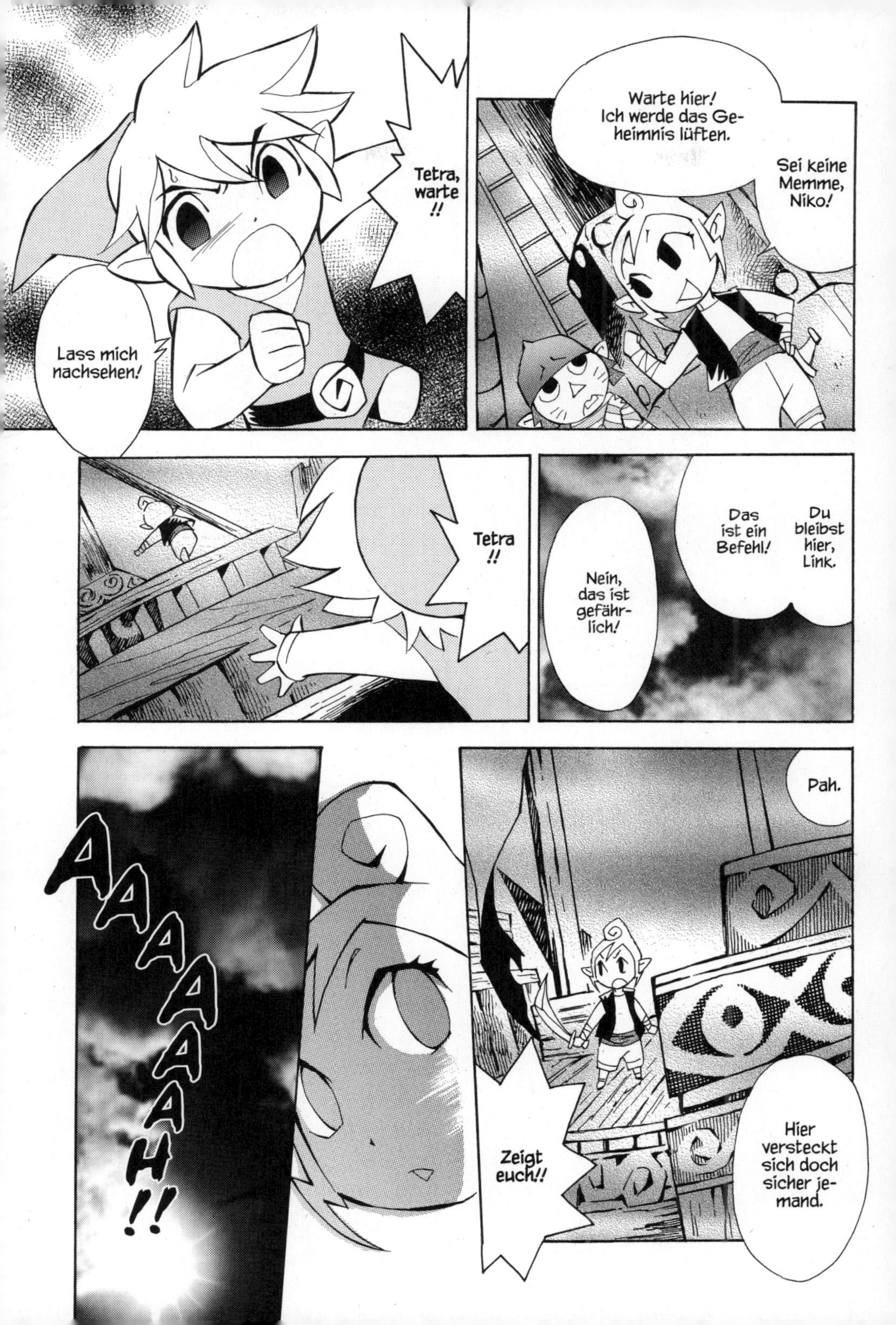
Warte hier! Ich werde das Geheimnis lüften.
Sei keine Memme, Niko!
Tetra, warte!!
Lass mich nachsehen!
Du bleibst hier, Link.
Das ist ein Befehl!
Nein, das ist gefährlich!
Tetra!!
Pah.
Hier versteckt sich doch sicher jemand.
Zeigt euch!!
AAAAAAAH!!

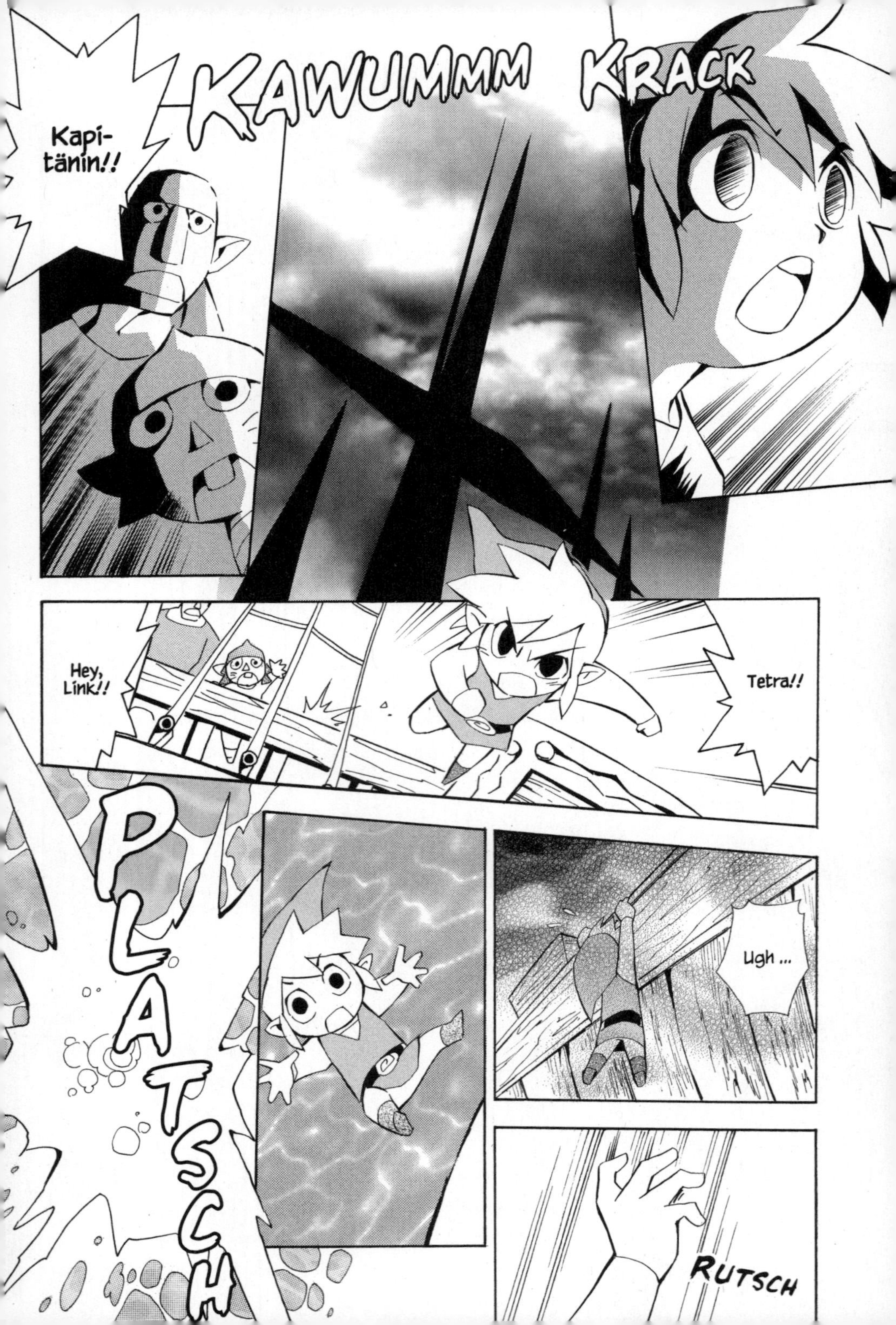
KAWUMMM KRACK
Kapi-tänin!!
Hey, Link!!
Tetra!!
PLATSCH
Ugh ...
RUTSCH

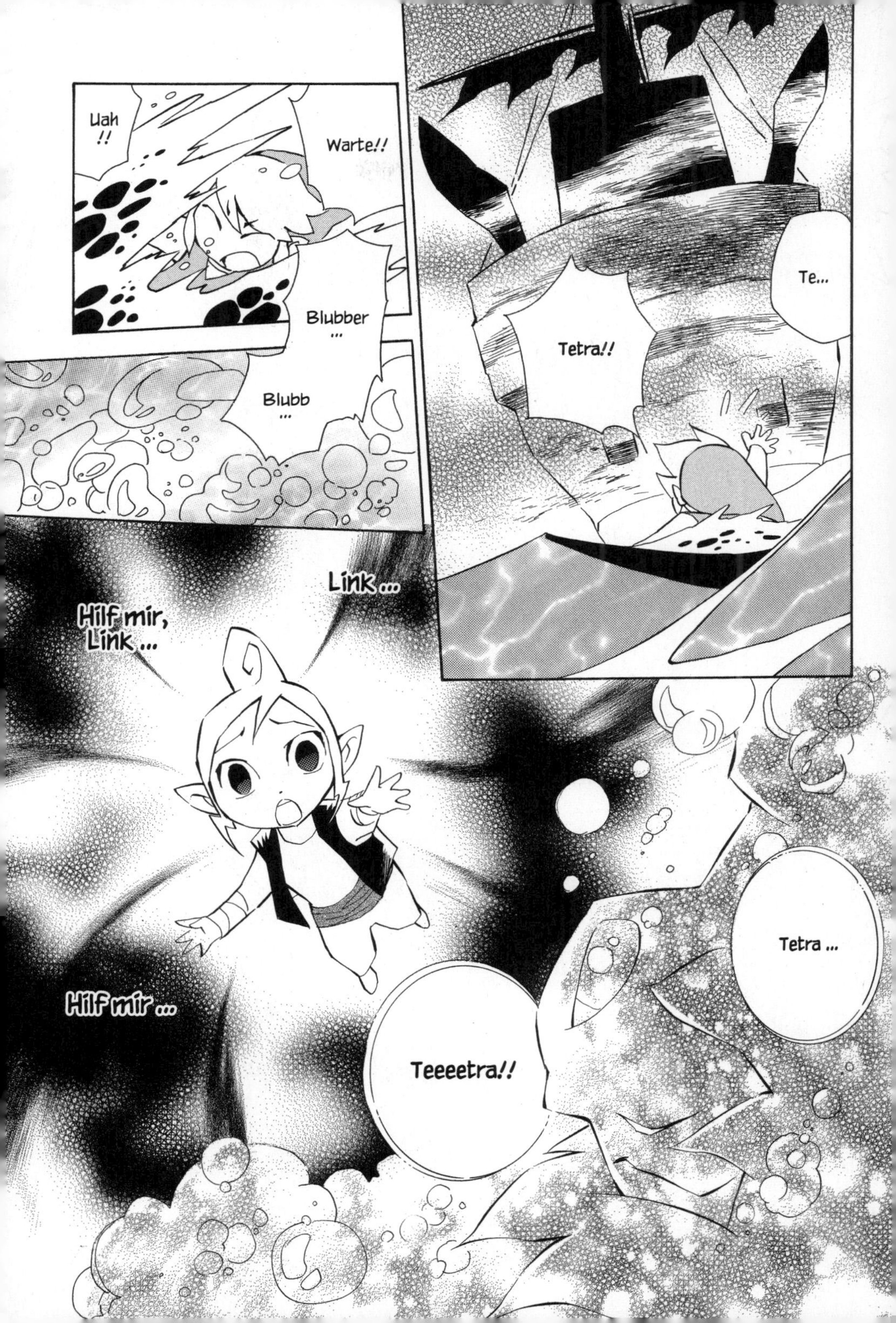

Te...
Tetra!!
Warte!!
Uah !!
Blubber ...
Blubb ...
Link ...
Hilf mir, Link ...
Tetra ...
Teeeetra!!
Hilf mir ...

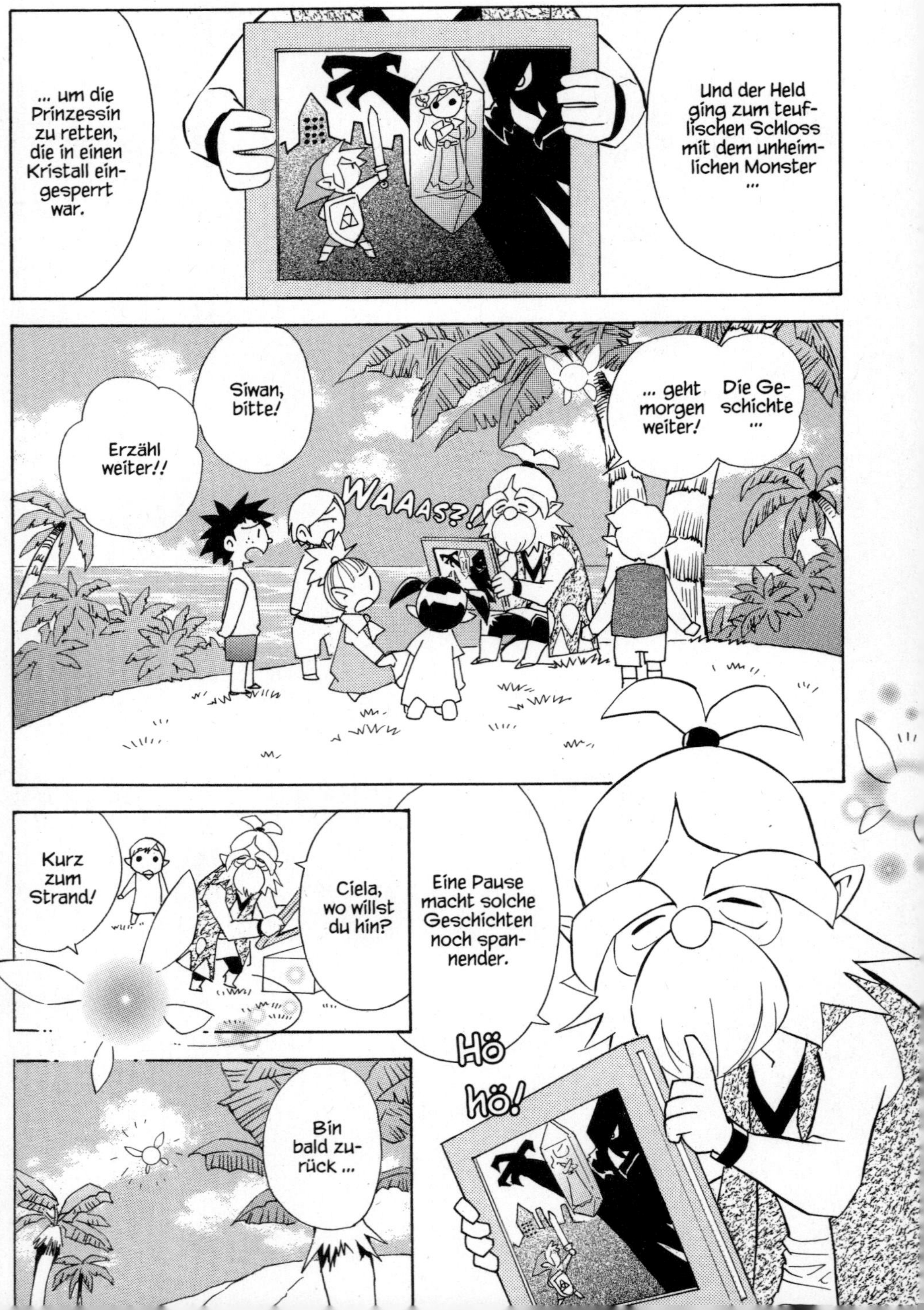

Und der Held ging zum teuflischen Schloss mit dem unheimlichen Monster ...
... um die Prinzessin zu retten, die in einen Kristall eingesperrt war.
Siwan, bitte!
Erzähl weiter!!
Die Geschichte ...
... geht morgen weiter!
WAAAS?!
Eine Pause macht solche Geschichten noch spannender.
Hö hö!
Kurz zum Strand!
Ciela, wo willst du hin?
Bin bald zurück ...

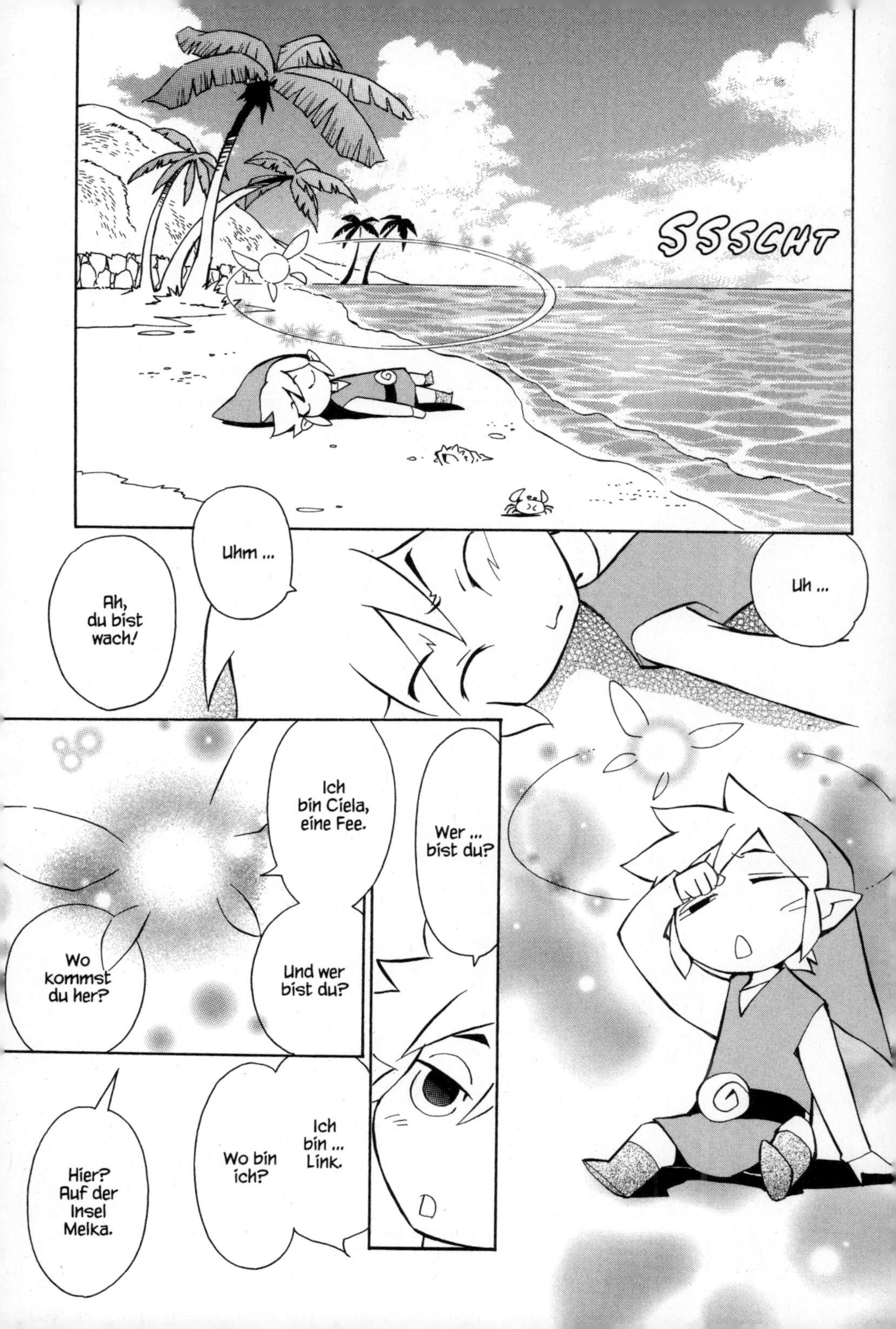
SSSCHT
Uh ...
Uhm ...
Ah, du bist wach!
Wer ... bist du?
Ich bin Ciela, eine Fee.
Und wer bist du?
Wo kommst du her?
Ich bin ... Link.
Wo bin ich?
Hier? Auf der Insel Melka.

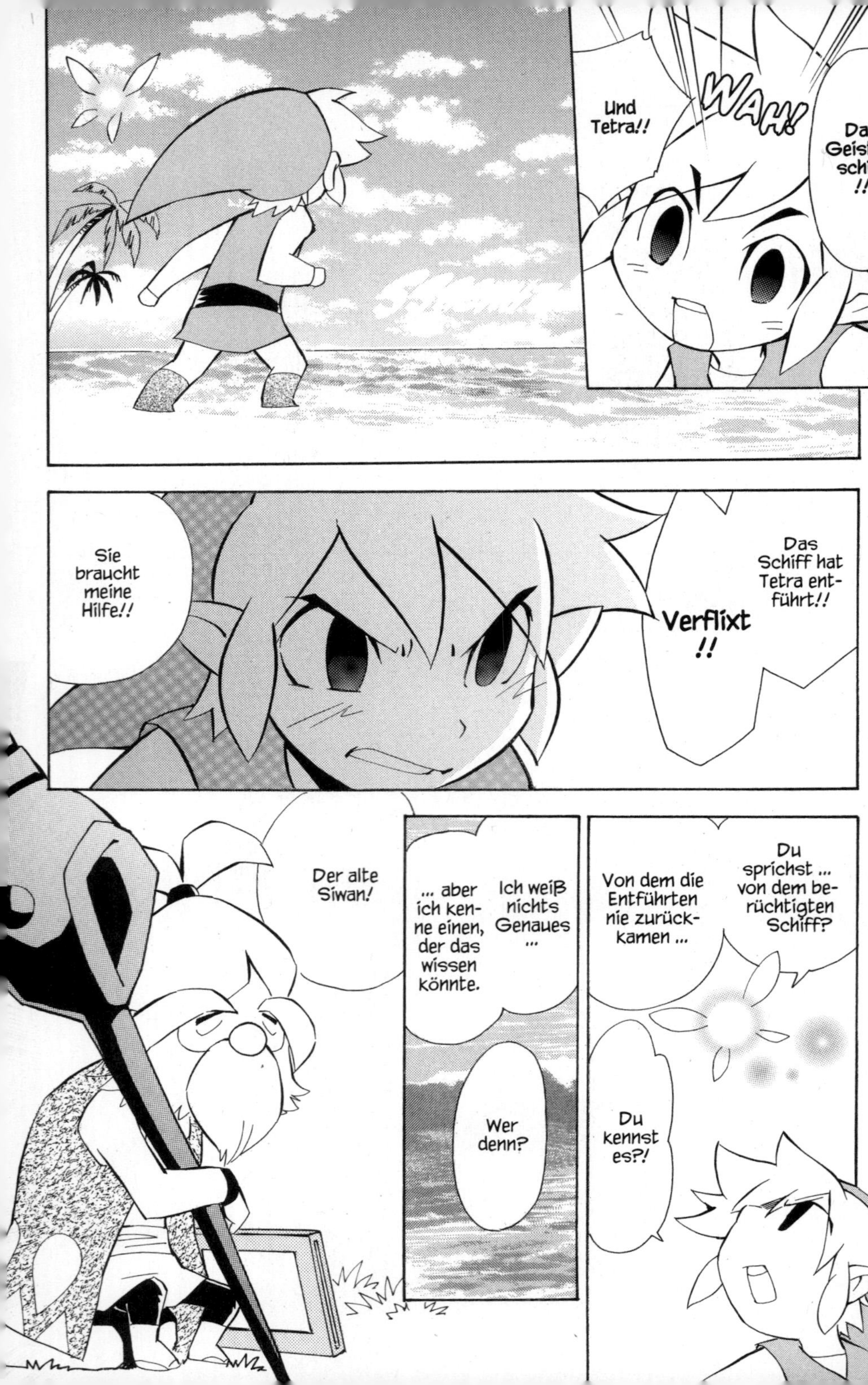
Das Geister-schiff!!
WAH!
Und Tetra!!
Das Schiff hat Tetra entführt!!
Verflixt!!
Sie braucht meine Hilfe!!
Du sprichst ... von dem berüchtigten Schiff?
Von dem die Entführten nie zurückkamen ...
Du kennst es?!
Ich weiß nichts Genaues ...
... aber ich kenne einen, der das wissen könnte.
Wer denn?
Der alte Siwan!

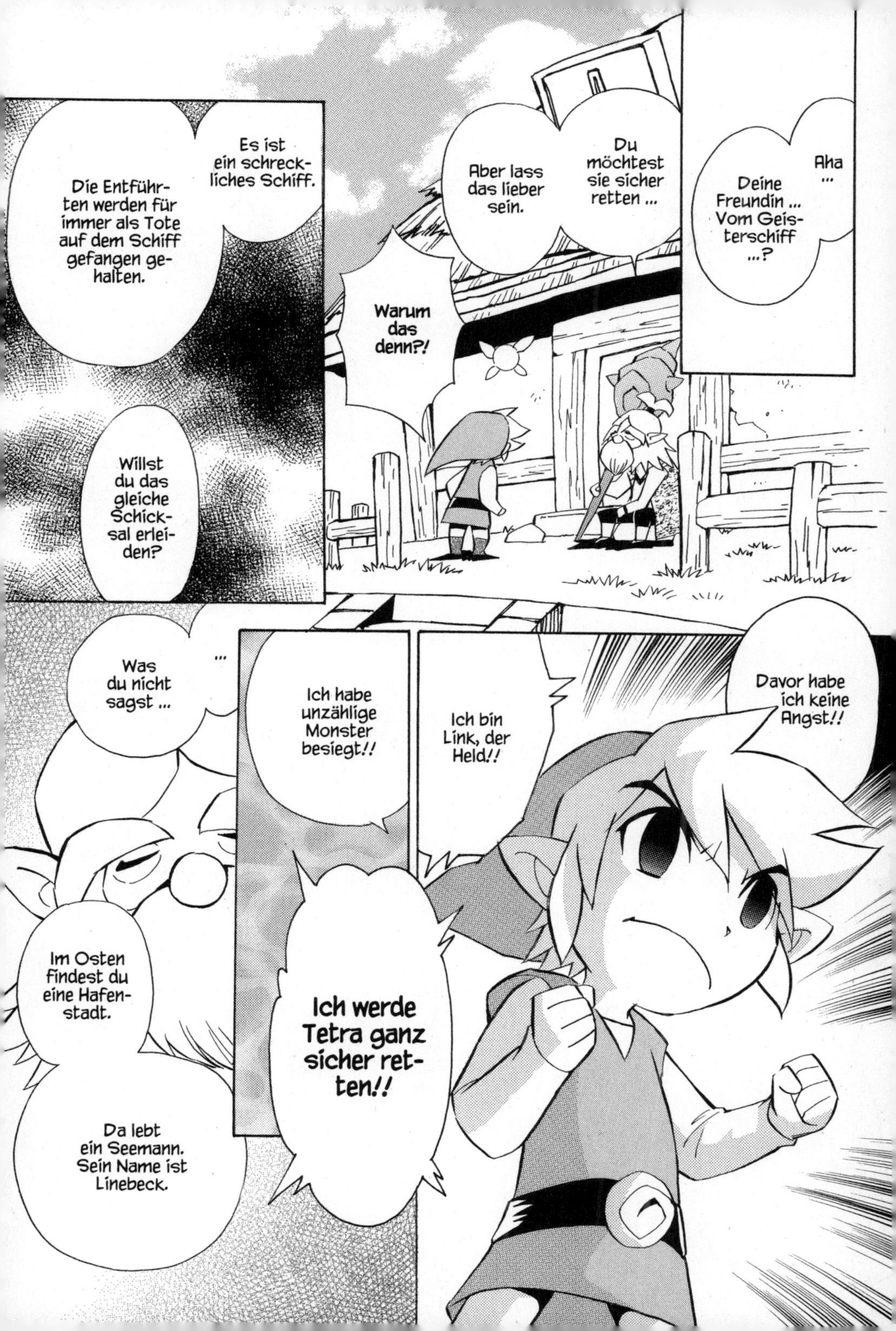
Aha ...
Deine Freundin ... Vom Geisterschiff ...?
Du möchtest sie sicher retten ...
Aber lass das lieber sein.
Warum das denn?!
Es ist ein schreckliches Schiff.
Die Entführten werden für immer als Tote auf dem Schiff gefangen gehalten.
Willst du das gleiche Schicksal erleiden?
Davor habe ich keine Angst!!
Ich bin Link, der Held!!
Ich habe unzählige Monster besiegt!!
Ich werde Tetra ganz sicher retten!!
...
Was du nicht sagst ...
Im Osten findest du eine Hafenstadt.
Da lebt ein Seemann. Sein Name ist Linebeck.

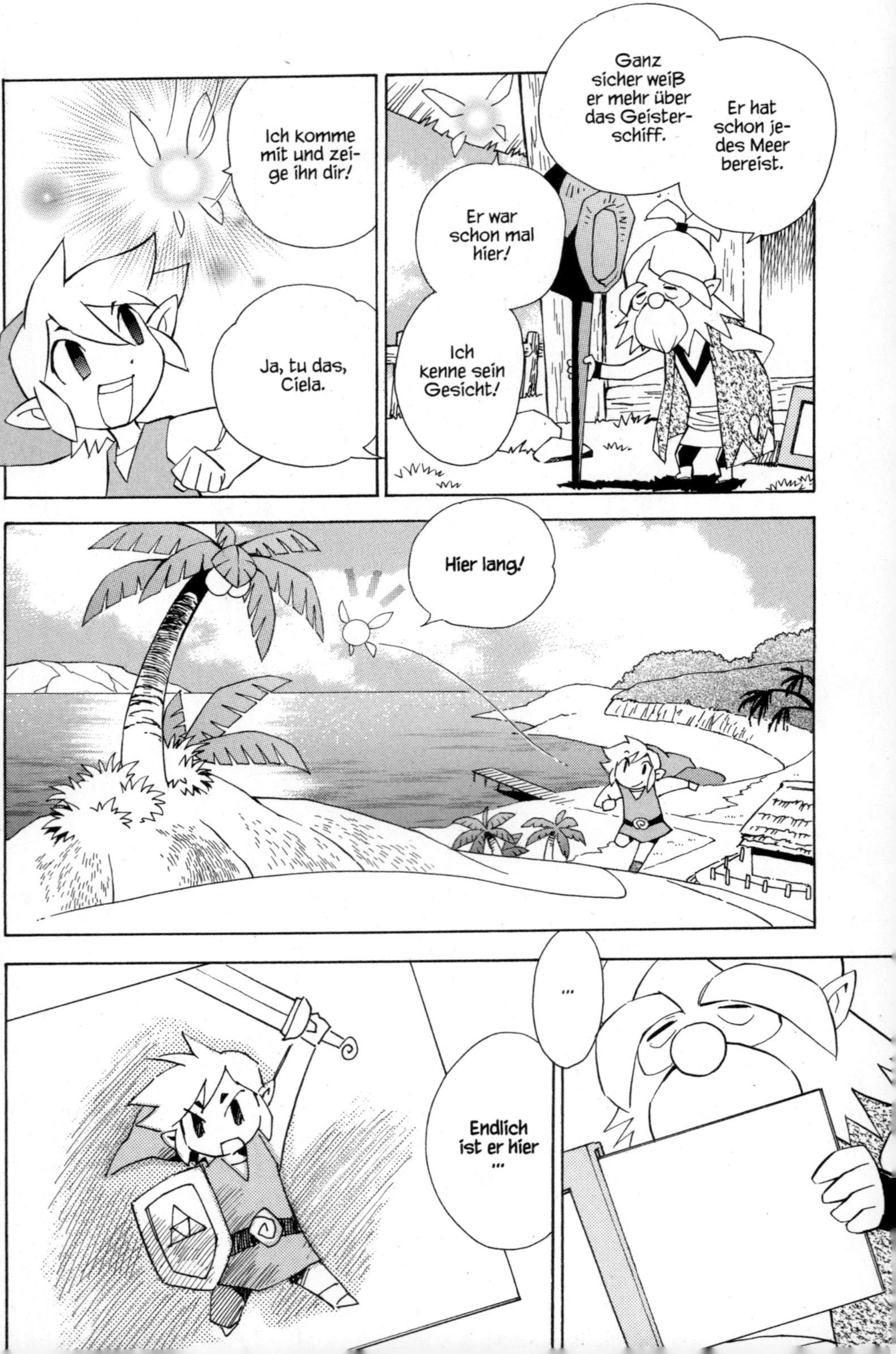
Er war schon mal hier!
Ich kenne sein Gesicht!
Er hat schon je-des Meer bereist.
Ganz sicher weiß er mehr über das Geister-schiff.
Ich komme mit und zei-ge ihn dir!
Ja, tu das, Ciela.
Hier lang!
...
Endlich ist er hier ...

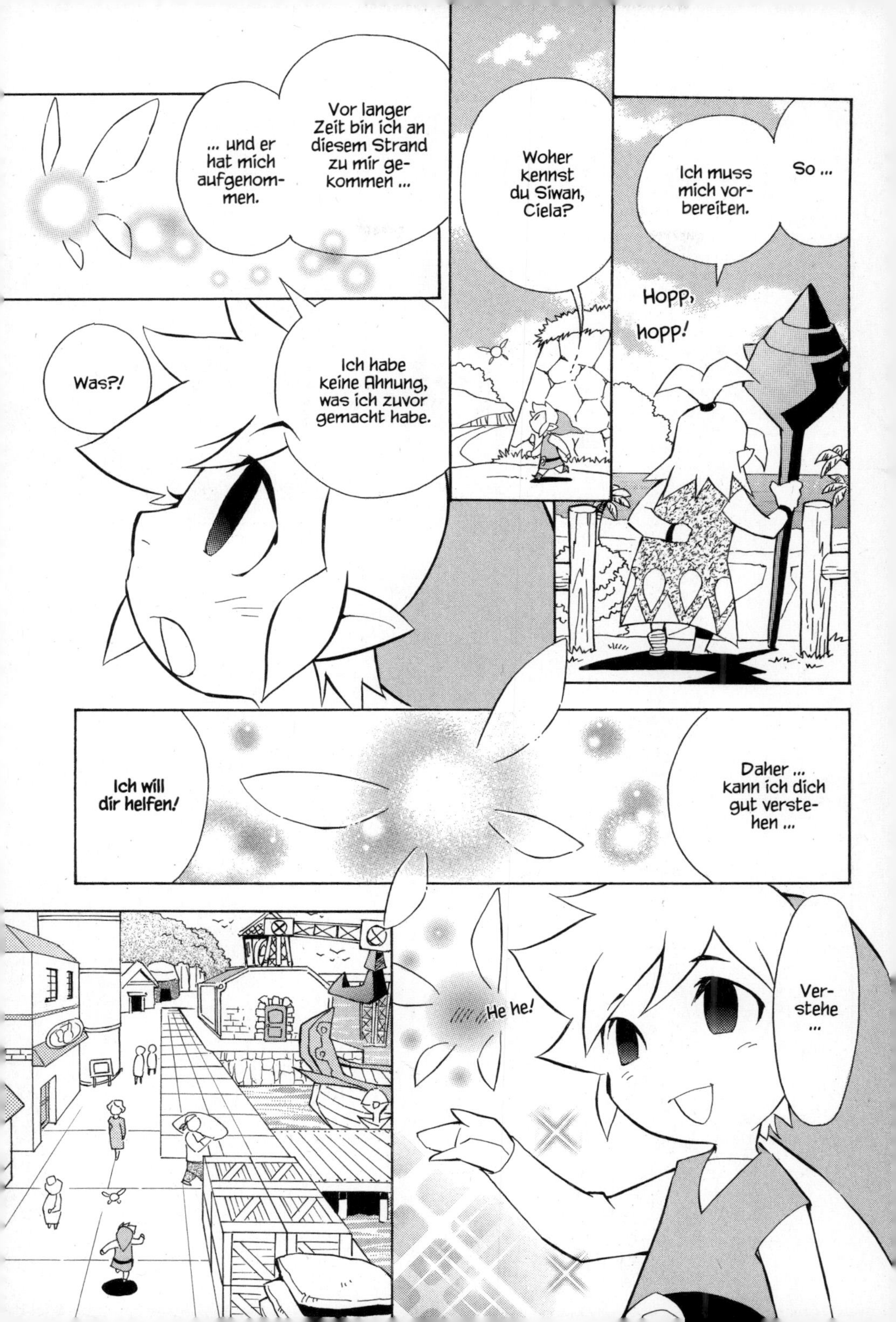
So ...
Ich muss mich vorbereiten.
Hopp, hopp!
Woher kennst du Siwan, Ciela?
Vor langer Zeit bin ich an diesem Strand zu mir gekommen ...
... und er hat mich aufgenommen.
Ich habe keine Ahnung, was ich zuvor gemacht habe.
Was?!
Daher ... kann ich dich gut verstehen ...
Ich will dir helfen!
Verstehe ...
He he!

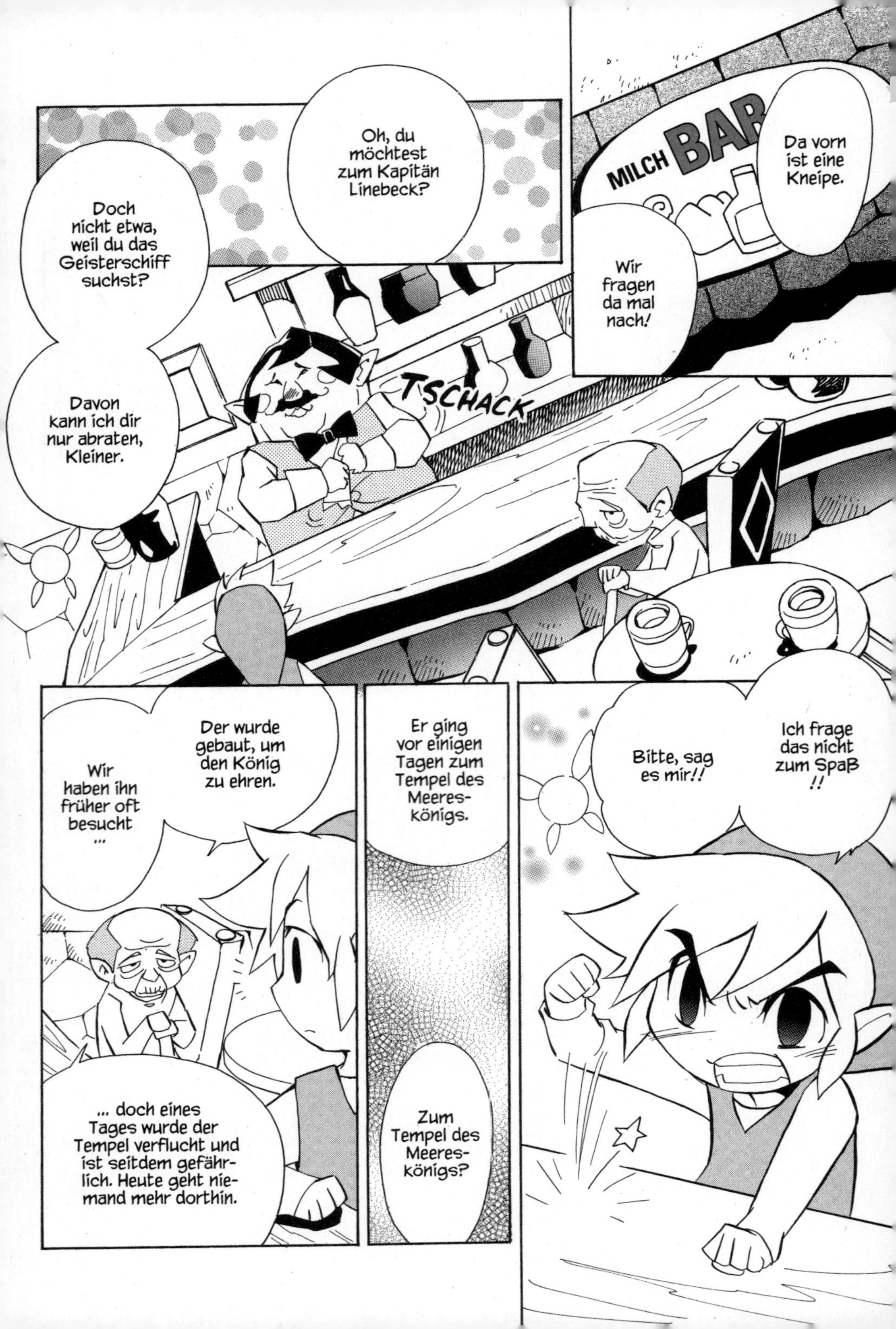
MILCH BAR
Da vorn ist eine Kneipe.
Wir fragen da mal nach!
Oh, du möchtest zum Kapitän Linebeck?
Doch nicht etwa, weil du das Geisterschiff suchst?
TSCHACK
Davon kann ich dir nur abraten, Kleiner.
Ich frage das nicht zum Spaß!!
Bitte, sag es mir!!
Er ging vor einigen Tagen zum Tempel des Meereskönigs.
Zum Tempel des Meereskönigs?
Der wurde gebaut, um den König zu ehren.
Wir haben ihn früher oft besucht ...
... doch eines Tages wurde der Tempel verflucht und ist seitdem gefährlich. Heute geht niemand mehr dorthin.

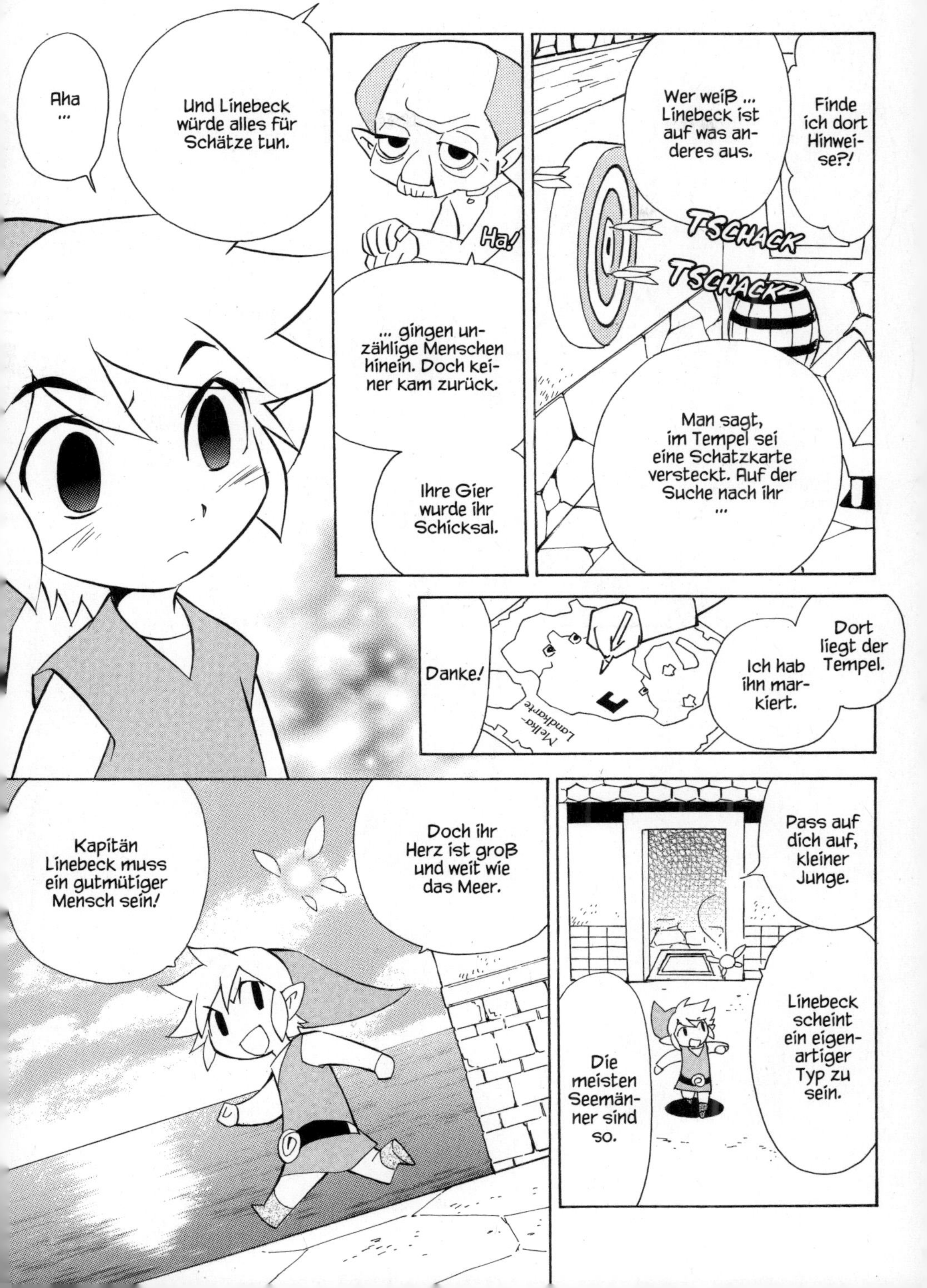

Finde ich dort Hinweise?!
Wer weiß ... Linebeck ist auf was anderes aus.
TSCHACK
TSCHACK
Man sagt, im Tempel sei eine Schatzkarte versteckt. Auf der Suche nach ihr ...
Ha!
... gingen unzählige Menschen hinein. Doch keiner kam zurück.
Ihre Gier wurde ihr Schicksal.
Und Linebeck würde alles für Schätze tun.
Aha ...
Dort liegt der Tempel.
Ich hab ihn markiert.
Melka-Landkarte
Danke!
Pass auf dich auf, kleiner Junge.
Linebeck scheint ein eigenartiger Typ zu sein.
Die meisten Seemänner sind so.
Doch ihr Herz ist groß und weit wie das Meer.
Kapitän Linebeck muss ein gutmütiger Mensch sein!

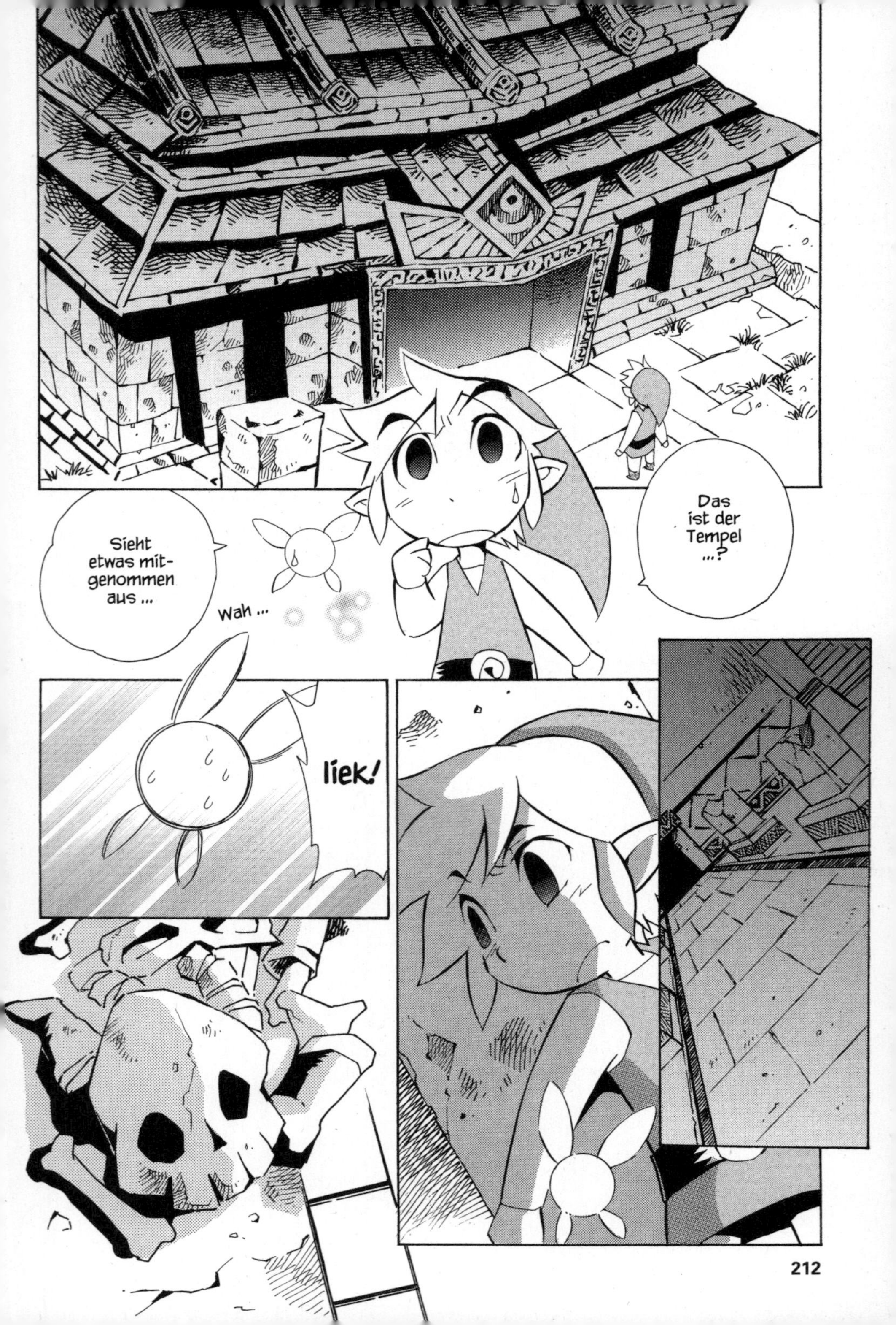
Das ist der Tempel ...?
Sieht etwas mitgenommen aus ...
Wah ...
Iiek!

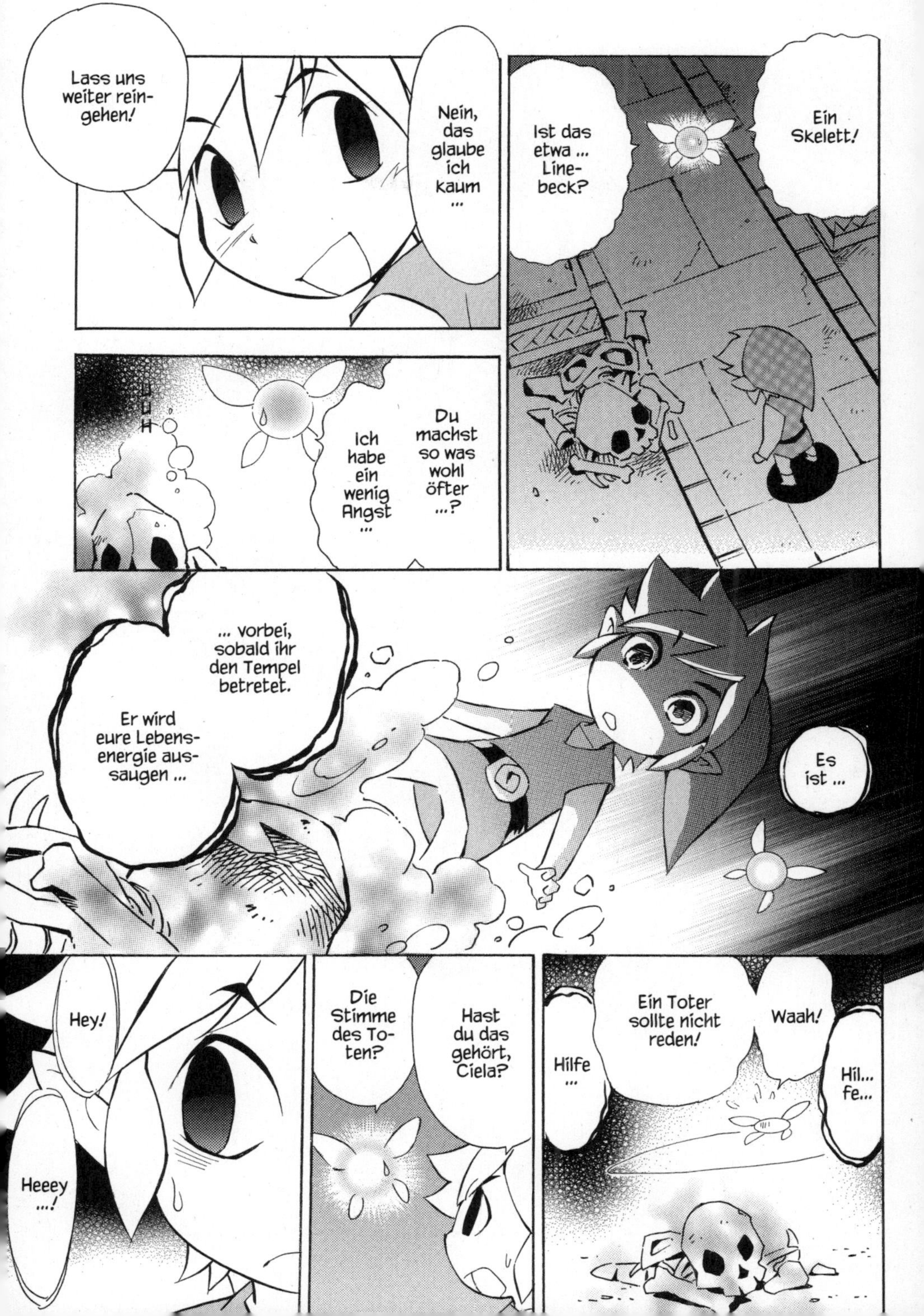
Ein Skelett!
Ist das etwa ... Linebeck?
Nein, das glaube ich kaum ...
Lass uns weiter reingehen!
Du machst so was wohl öfter ...?
Ich habe ein wenig Angst ...
UUH
Es ist ...
... vorbei, sobald ihr den Tempel betretet.
Er wird eure Lebensenergie aussaugen ...
Waah!
Ein Toter sollte nicht reden!
Hil... fe...
Hilfe ...
Hast du das gehört, Ciela?
Die Stimme des Toten?
Hey!
Heeey ...!

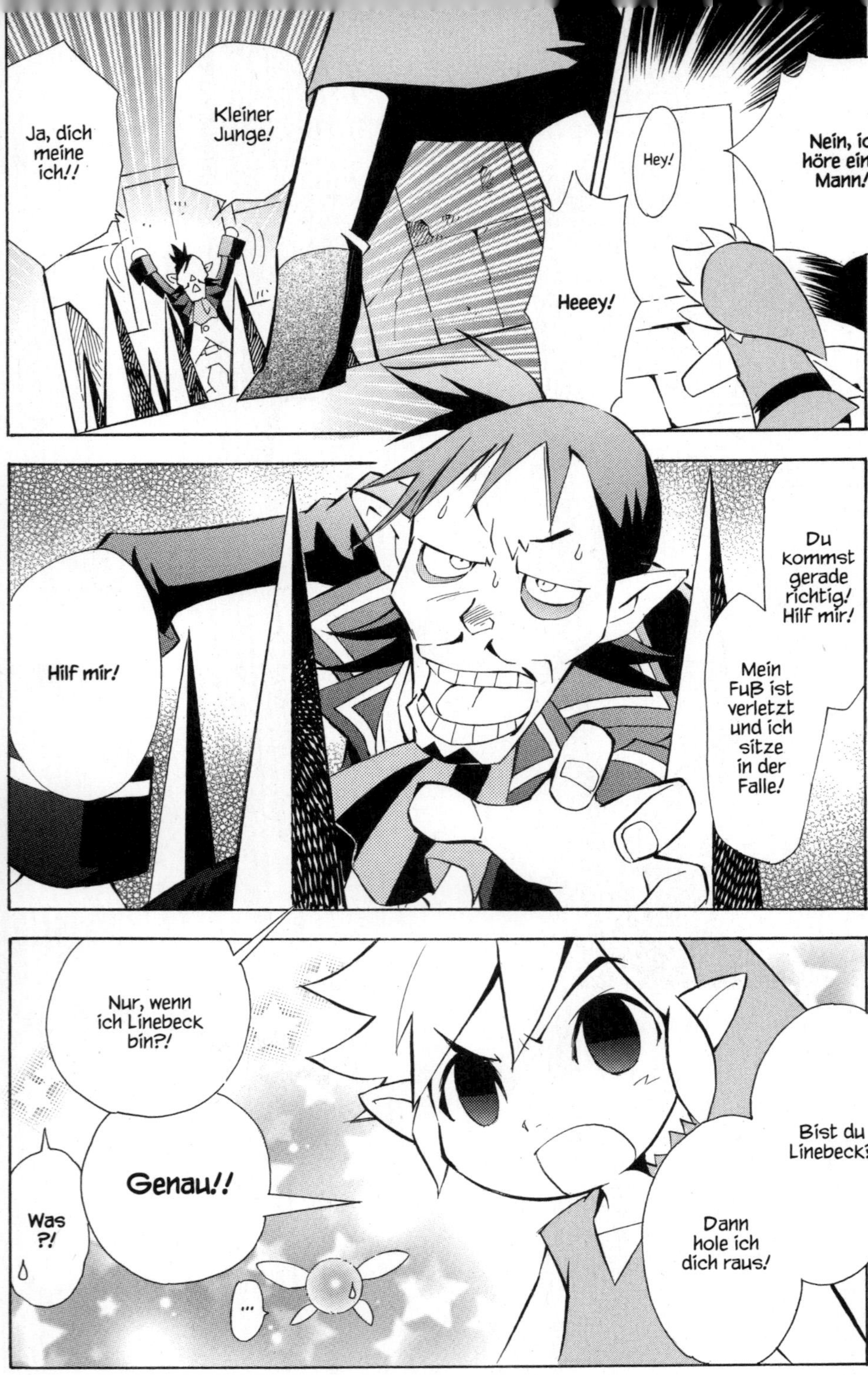
Nein, ich höre einen Mann!!
Hey!
Heeey!
Kleiner Junge!
Ja, dich meine ich!!
Du kommst gerade richtig! Hilf mir!
Mein Fuß ist verletzt und ich sitze in der Falle!
Hilf mir!
Bist du Linebeck?
Dann hole ich dich raus!
Nur, wenn ich Linebeck bin?!
Genau!!
Was ?!
...

3. Kapitel: Kapitän Linebeck

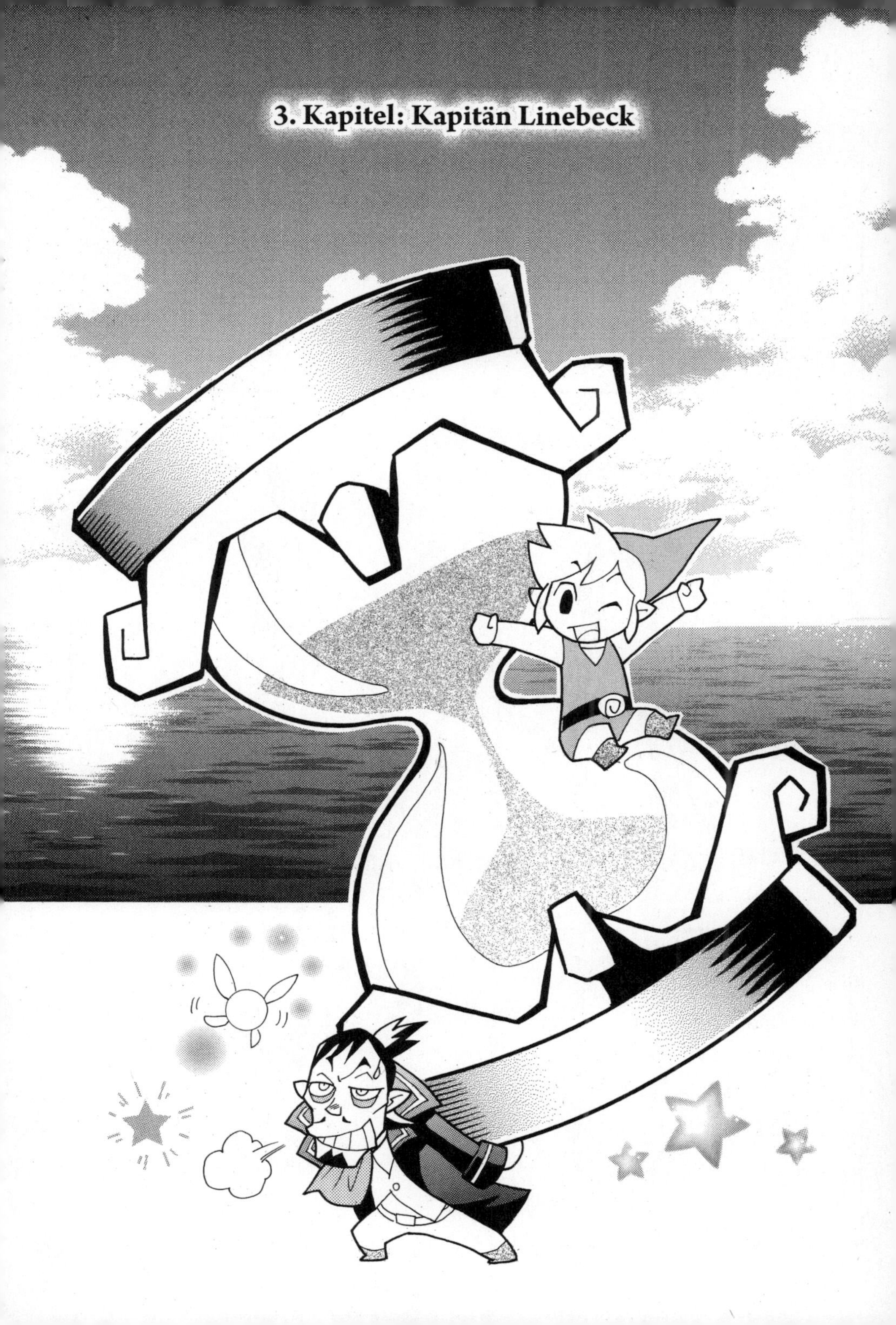

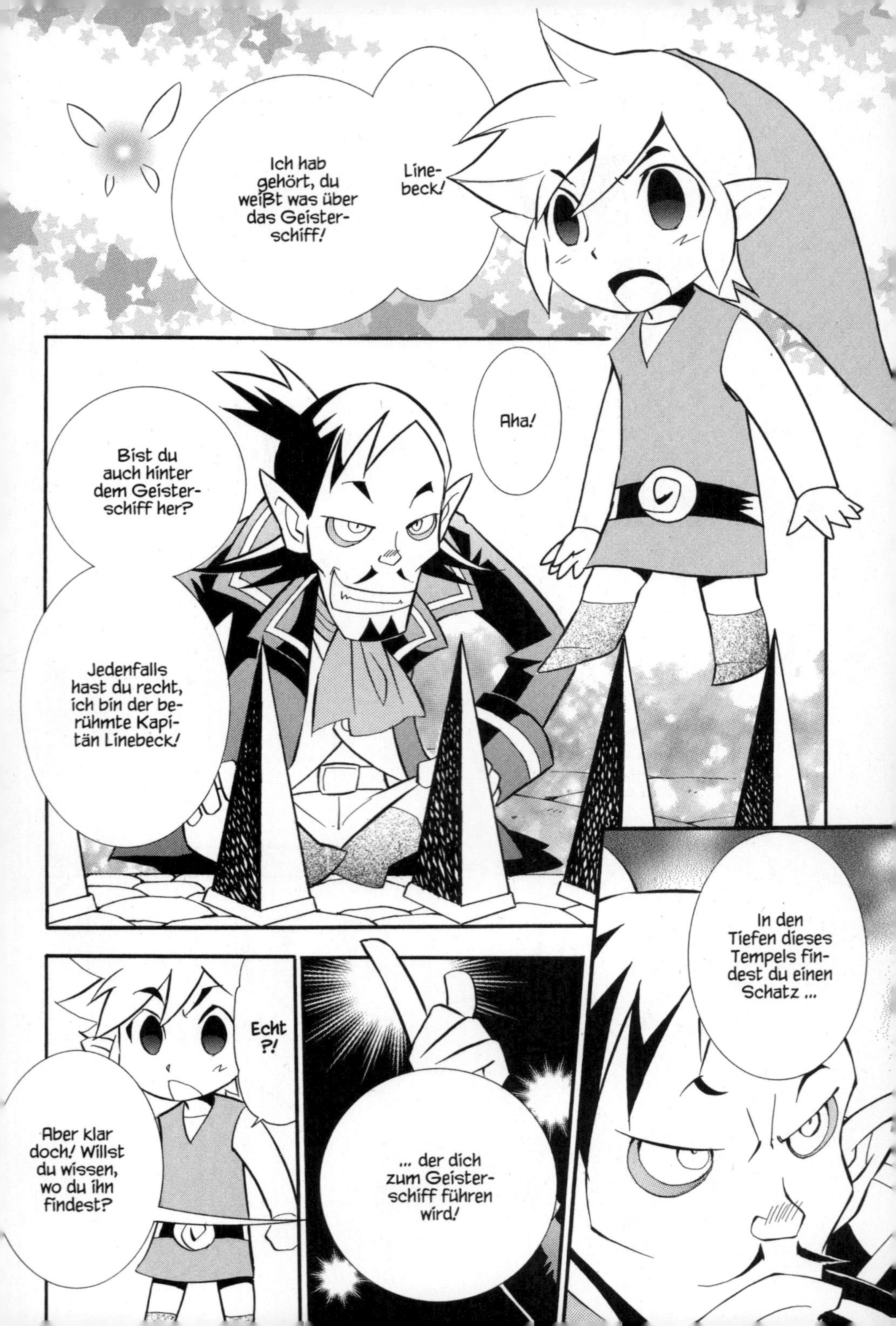

Linebeck!
Ich hab gehört, du weißt was über das Geisterschiff!
Aha!
Bist du auch hinter dem Geisterschiff her?
Jedenfalls hast du recht, ich bin der berühmte Kapitän Linebeck!
In den Tiefen dieses Tempels findest du einen Schatz ...
... der dich zum Geisterschiff führen wird!
Echt?!
Aber klar doch! Willst du wissen, wo du ihn findest?

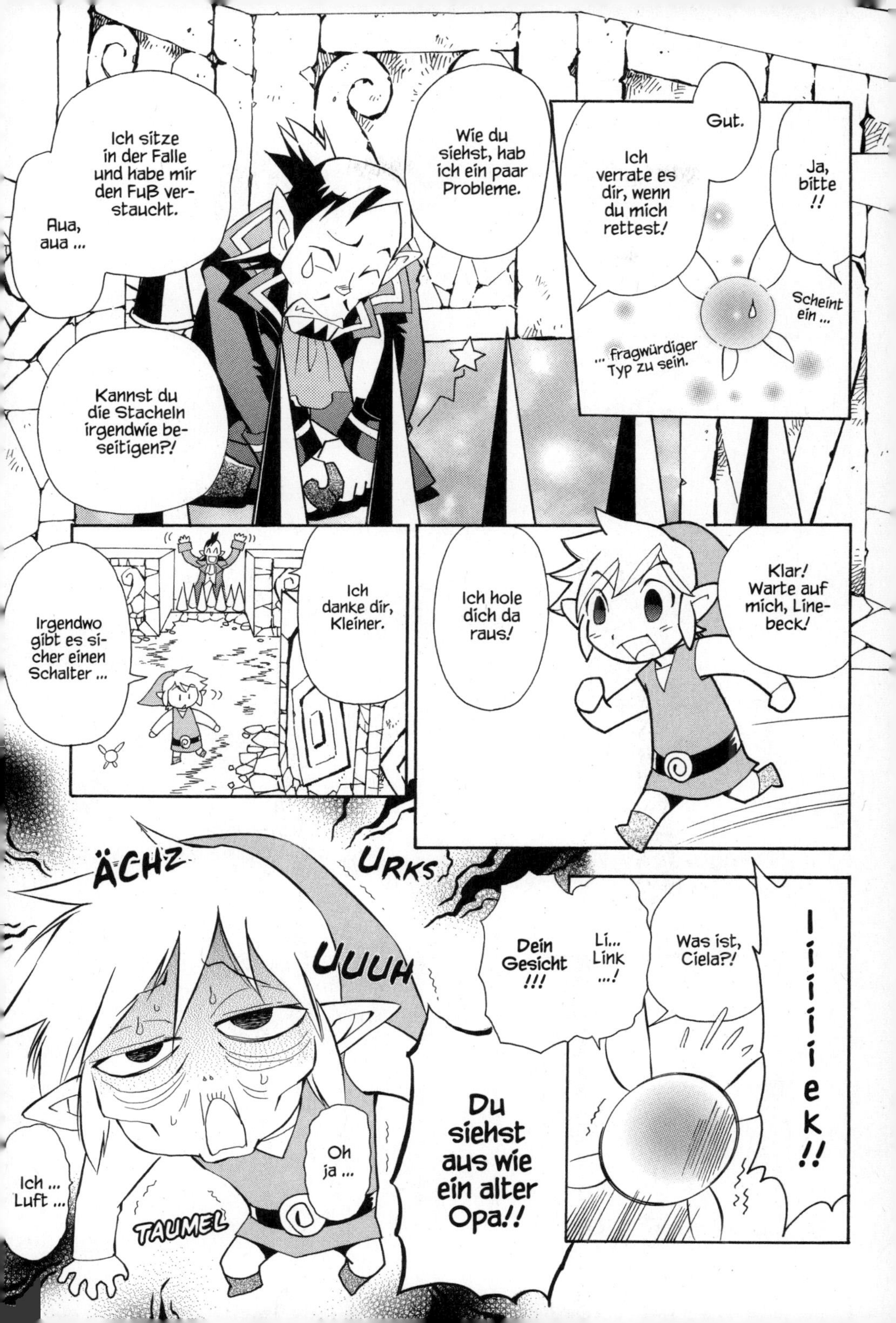

Ich sitze in der Falle und habe mir den Fuß verstaucht.
Aua, aua ...
Wie du siehst, hab ich ein paar Probleme.
Kannst du die Stacheln irgendwie beseitigen?!
Gut.
Ich verrate es dir, wenn du mich rettest!
Ja, bitte!!
Scheint ein ...
... fragwürdiger Typ zu sein.
Irgendwo gibt es sicher einen Schalter ...
Ich danke dir, Kleiner.
Ich hole dich da raus!
Klar! Warte auf mich, Linebeck!
ÄCHZ
URKS
UUUH
Ich ... Luft ...
Oh ja ...
TAUMEL
Du siehst aus wie ein alter Opa!!
Dein Gesicht!!!
Li... Link ...!
Was ist, Ciela?!
Iiiiiek!!

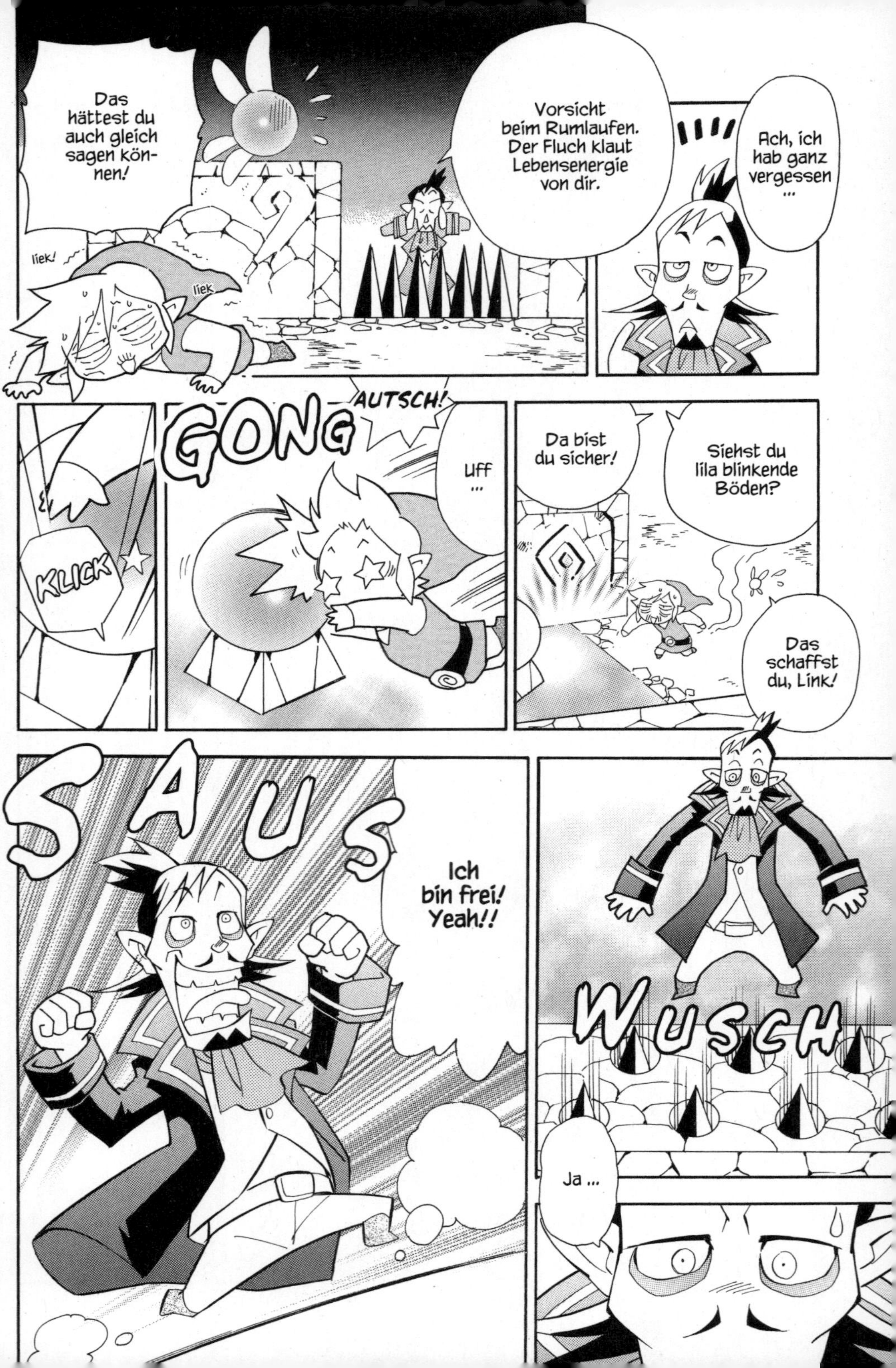

Das hättest du auch gleich sagen können!
Iiek!
Iiek
Vorsicht beim Rumlaufen. Der Fluch klaut Lebensenergie von dir.
Ach, ich hab ganz vergessen ...
KLICK
GONG
AUTSCH!
Uff ...
Da bist du sicher!
Siehst du lila blinkende Böden?
Das schaffst du, Link!
SAUS
Ich bin frei! Yeah!!
WUSCH
Ja ...

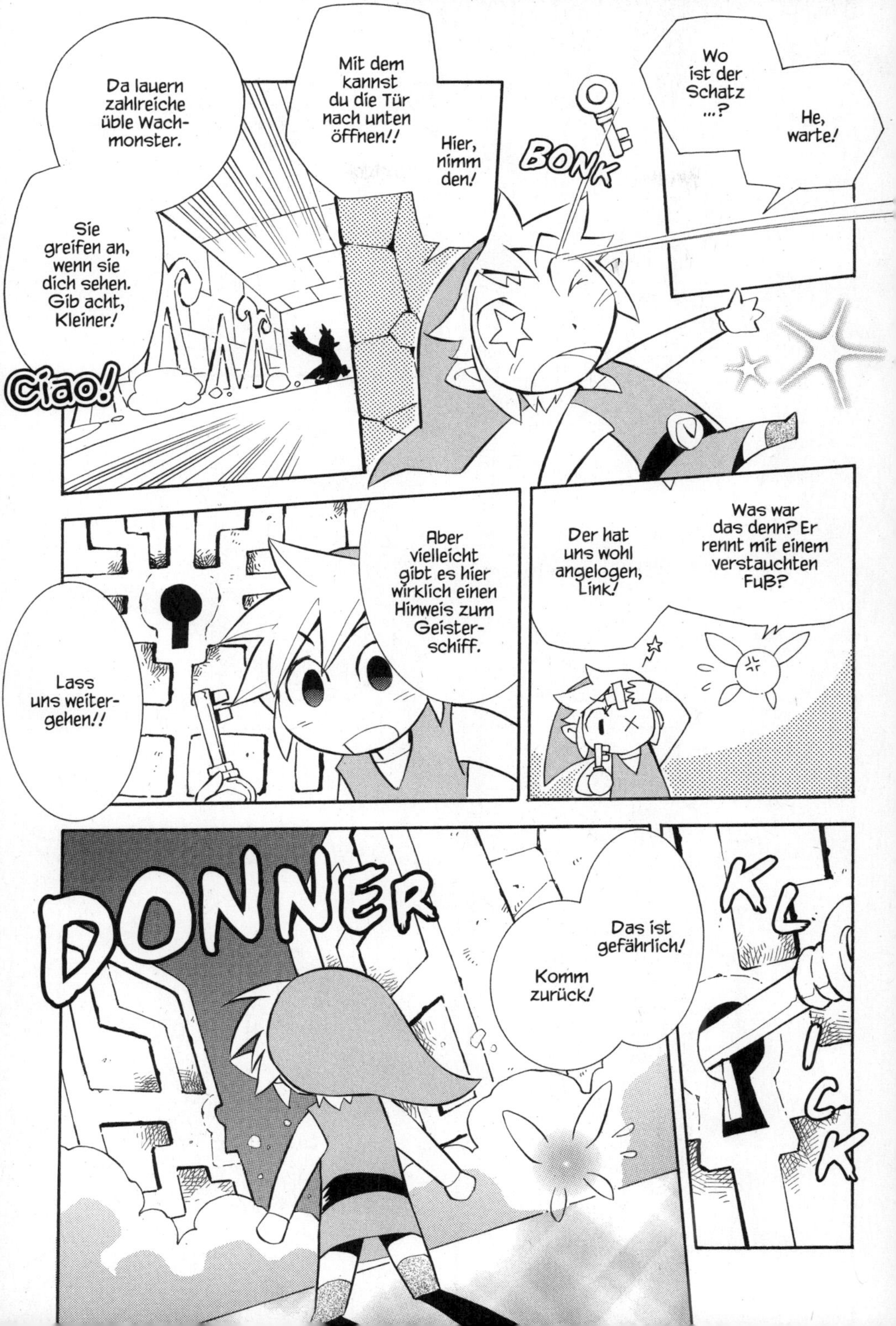
Wo ist der Schatz ...?
He, warte!
BONK
Hier, nimm den!
Mit dem kannst du die Tür nach unten öffnen!!
Da lauern zahlreiche üble Wach-monster.
Sie greifen an, wenn sie dich sehen. Gib acht, Kleiner!
Ciao!
Was war das denn? Er rennt mit einem verstauchten Fuß?
Der hat uns wohl angelogen, Link!
Aber vielleicht gibt es hier wirklich einen Hinweis zum Geister-schiff.
Lass uns weiter-gehen!!
KLICK
DONNER
Das ist gefährlich!
Komm zurück!

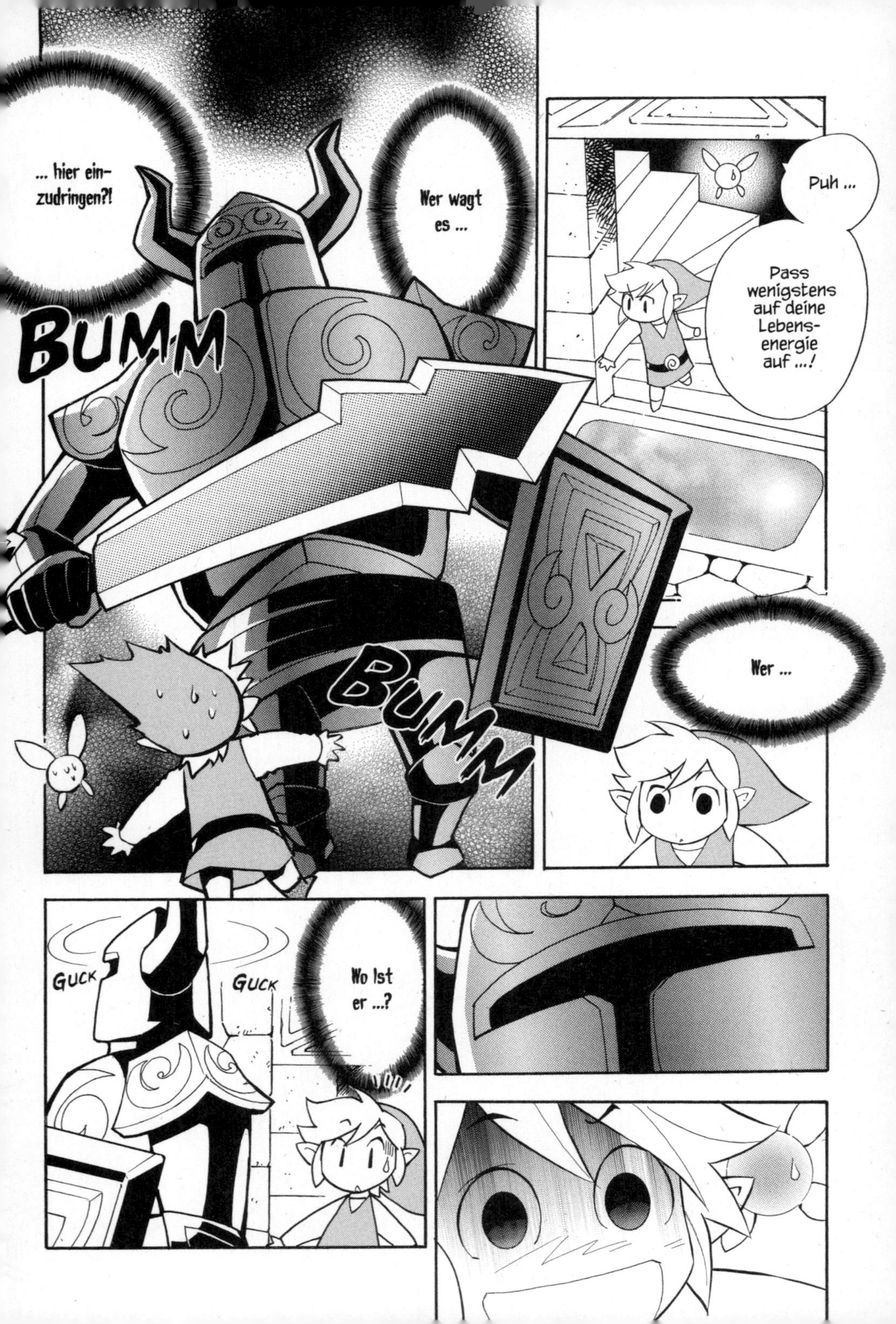
Wer wagt es ...
... hier einzudringen?!
BUMM
BUMM
Puh ...
Pass wenigstens auf deine Lebensenergie auf ...!
Wer ...
GUCK
GUCK
Wo ist er ...?

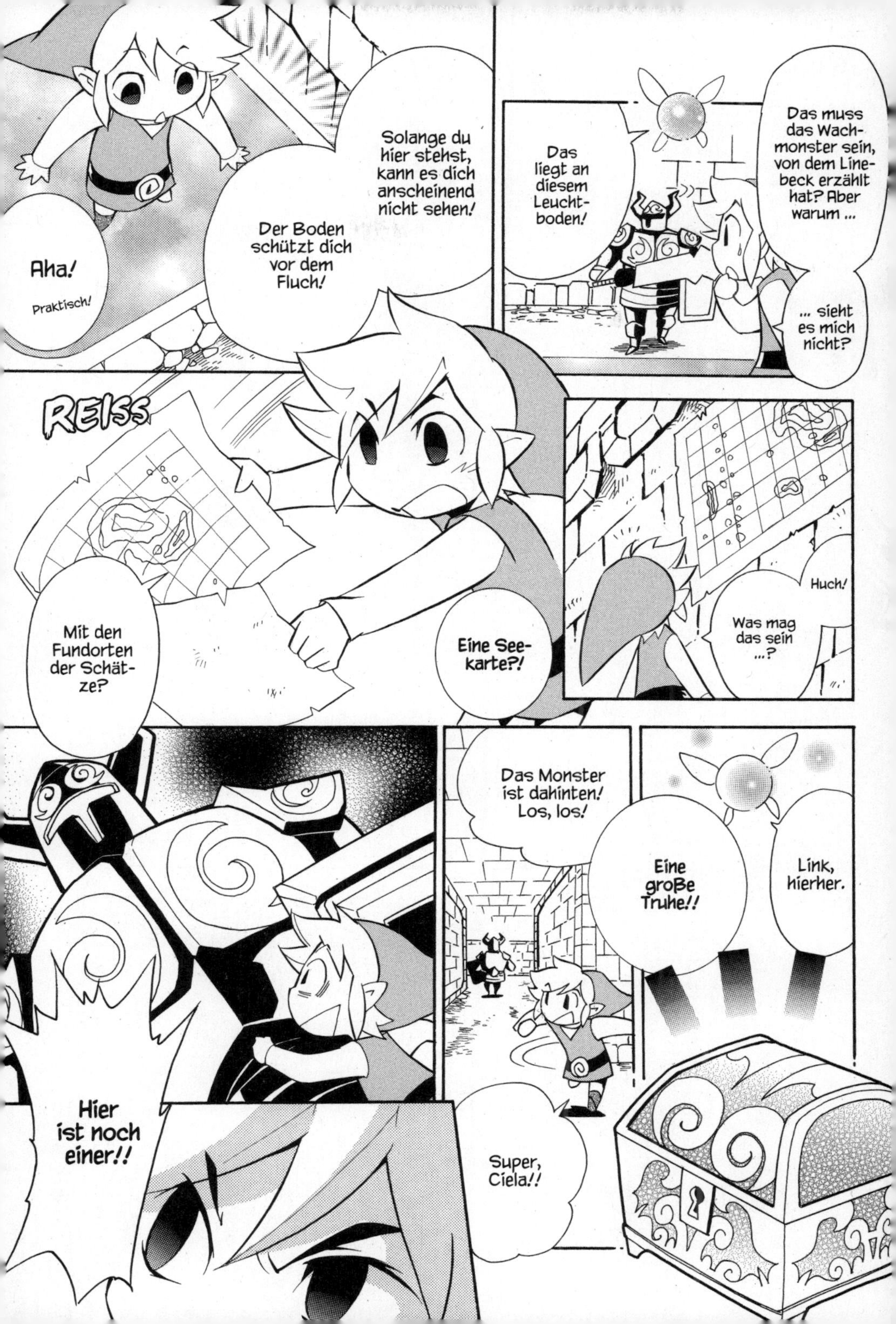

Das muss das Wachmonster sein, von dem Linebeck erzählt hat? Aber warum ...
... sieht es mich nicht?
Das liegt an diesem Leuchtboden!
Solange du hier stehst, kann es dich anscheinend nicht sehen!
Der Boden schützt dich vor dem Fluch!
Aha!
Praktisch!
Huch!
Was mag das sein ...?
REISS
Eine Seekarte?!
Mit den Fundorten der Schätze?
Link, hierher.
Eine große Truhe!!
Das Monster ist dahinten! Los, los!
Super, Ciela!!
Hier ist noch einer!!

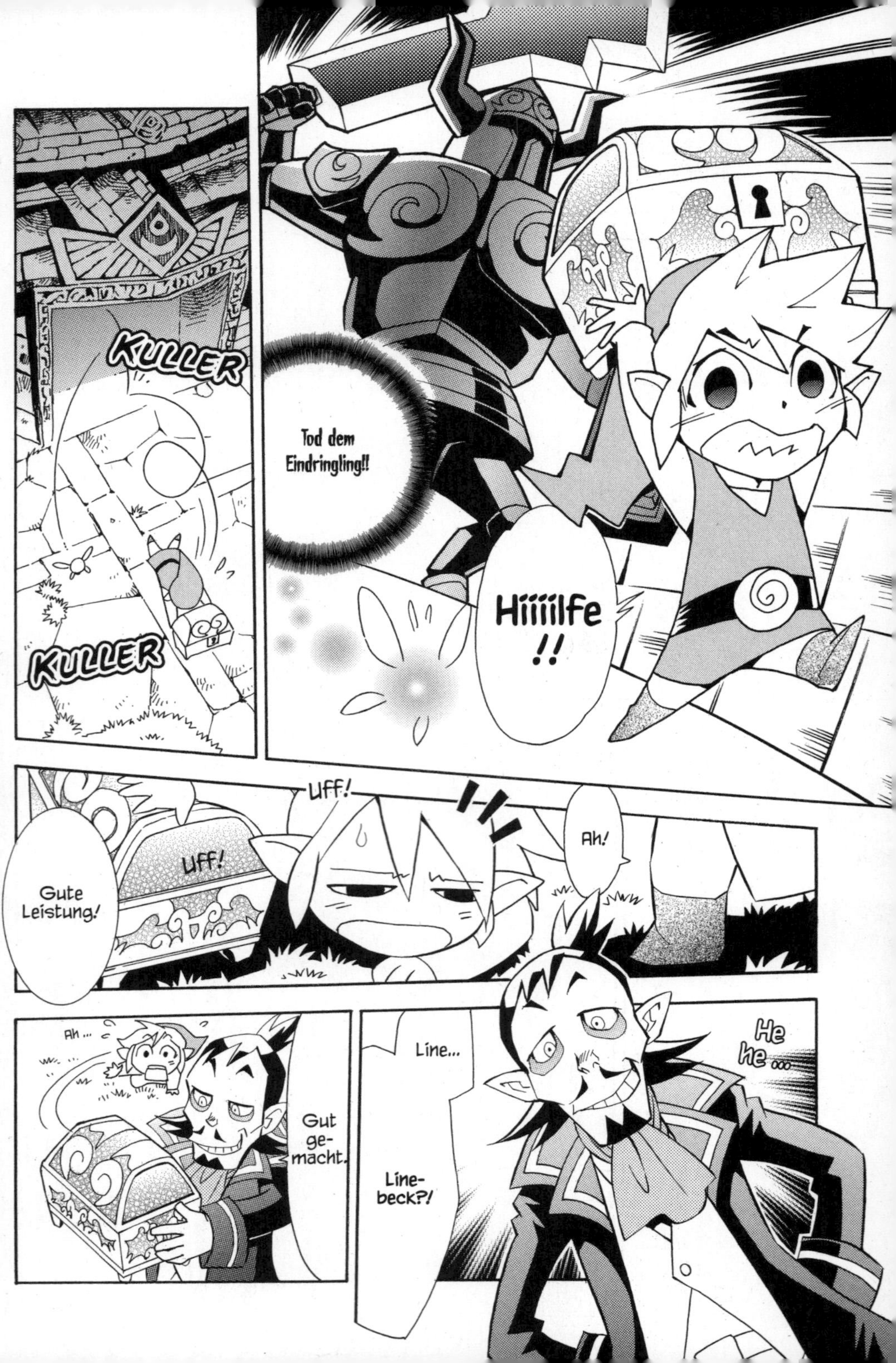
KULLER
KULLER
Tod dem Eindringling!!
Hiiiiilfe !!
Uff!
Uff!
Ah!
Gute Leistung!
Ah ...
Line...
Line-beck?!
He he ...
Gut ge-macht.

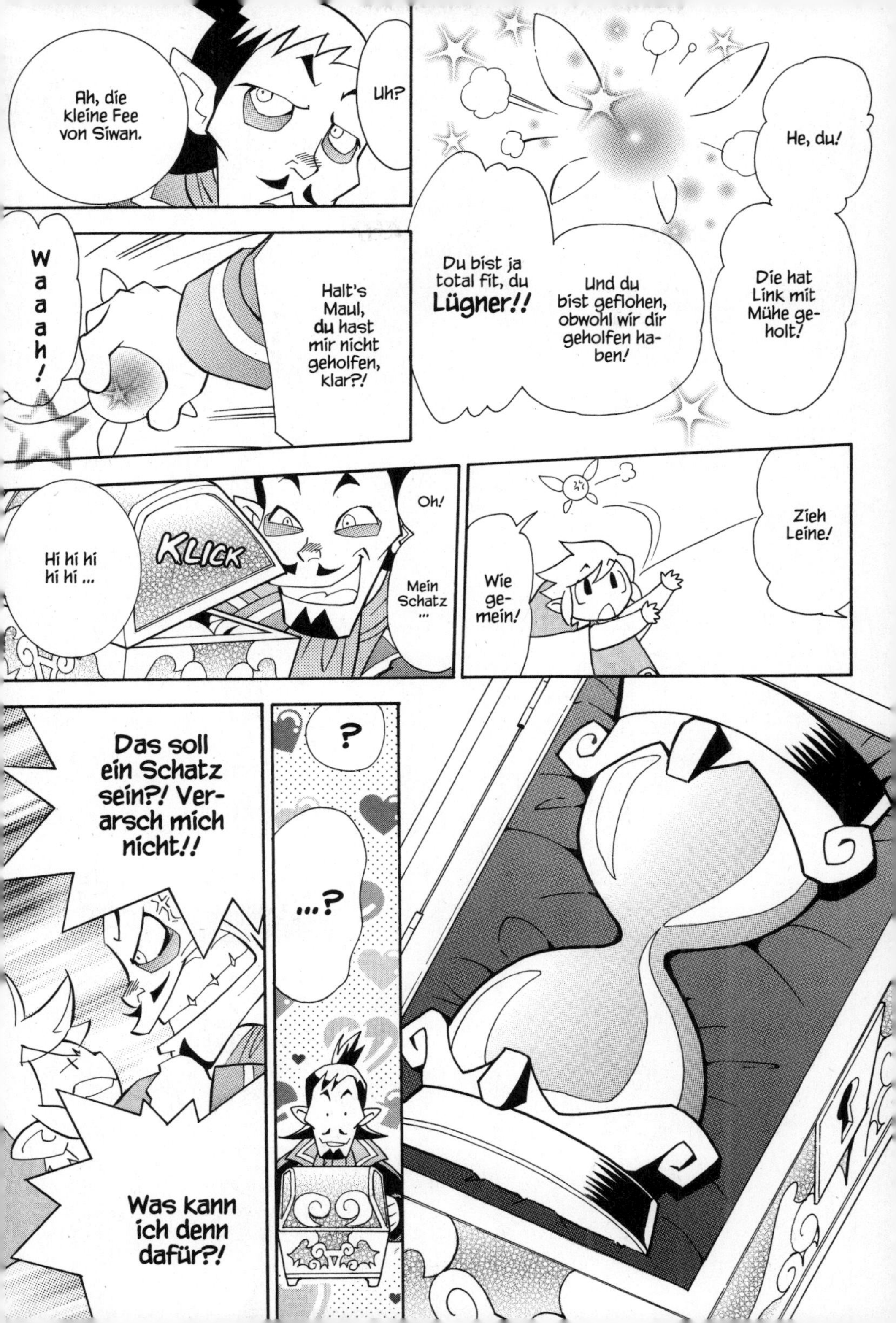
He, du!
Die hat Link mit Mühe geholt!
Und du bist geflohen, obwohl wir dir geholfen haben!
Du bist ja total fit, du Lügner!!
Uh?
Ah, die kleine Fee von Siwan.
Halt's Maul, du hast mir nicht geholfen, klar?!
Waaaah!
Zieh Leine!
Wie gemein!
Oh!
Mein Schatz ...
KLICK
Hi hi hi hi hi ...
?
...?
Das soll ein Schatz sein?! Verarsch mich nicht!!
Was kann ich denn dafür?!

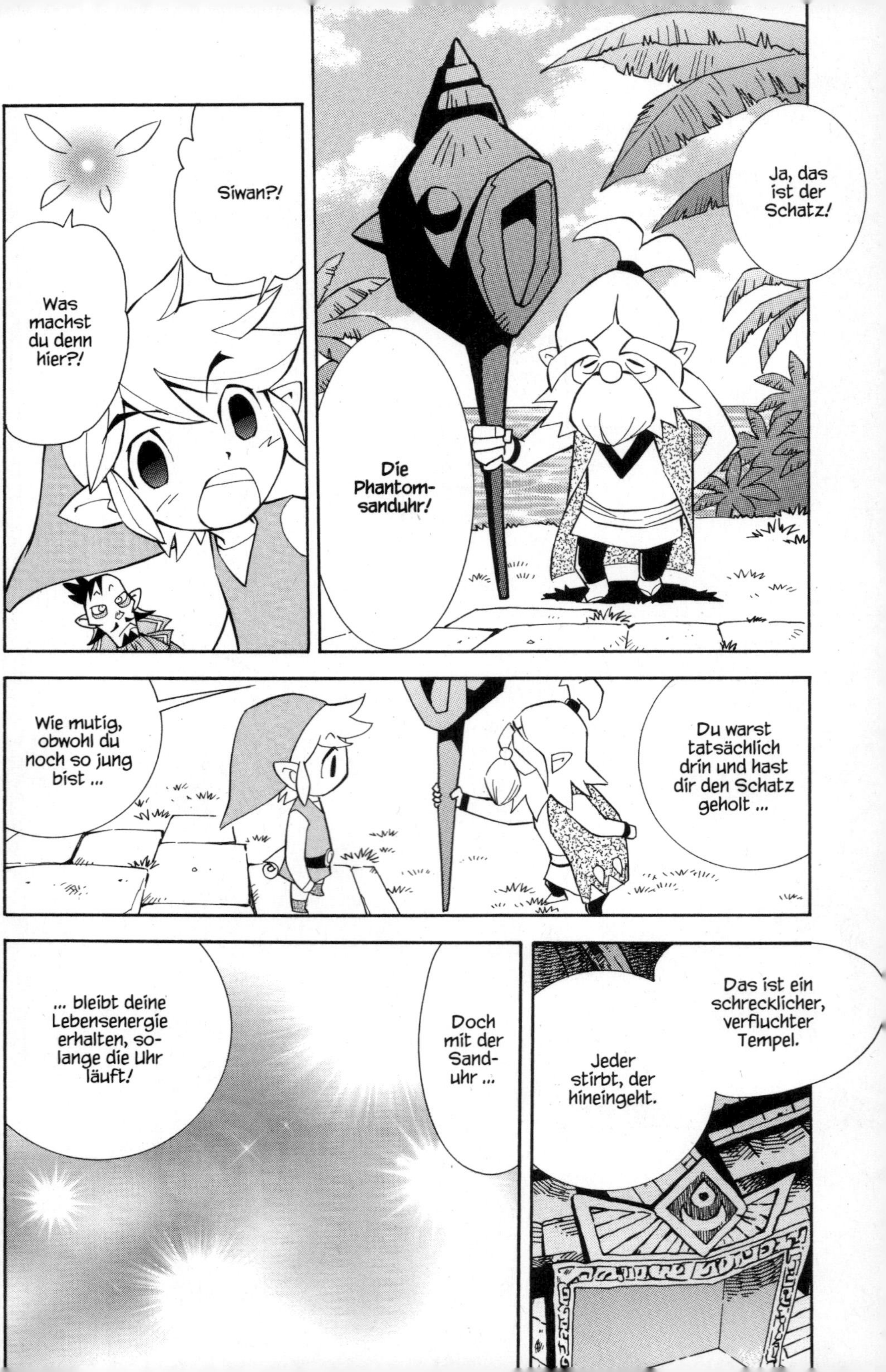
Ja, das ist der Schatz!
Die Phantom-sanduhr!
Siwan?!
Was machst du denn hier?!
Du warst tatsächlich drin und hast dir den Schatz geholt ...
Wie mutig, obwohl du noch so jung bist ...
Das ist ein schrecklicher, verfluchter Tempel.
Jeder stirbt, der hineingeht.
Doch mit der Sand-uhr ...
... bleibt deine Lebensenergie erhalten, so-lange die Uhr läuft!

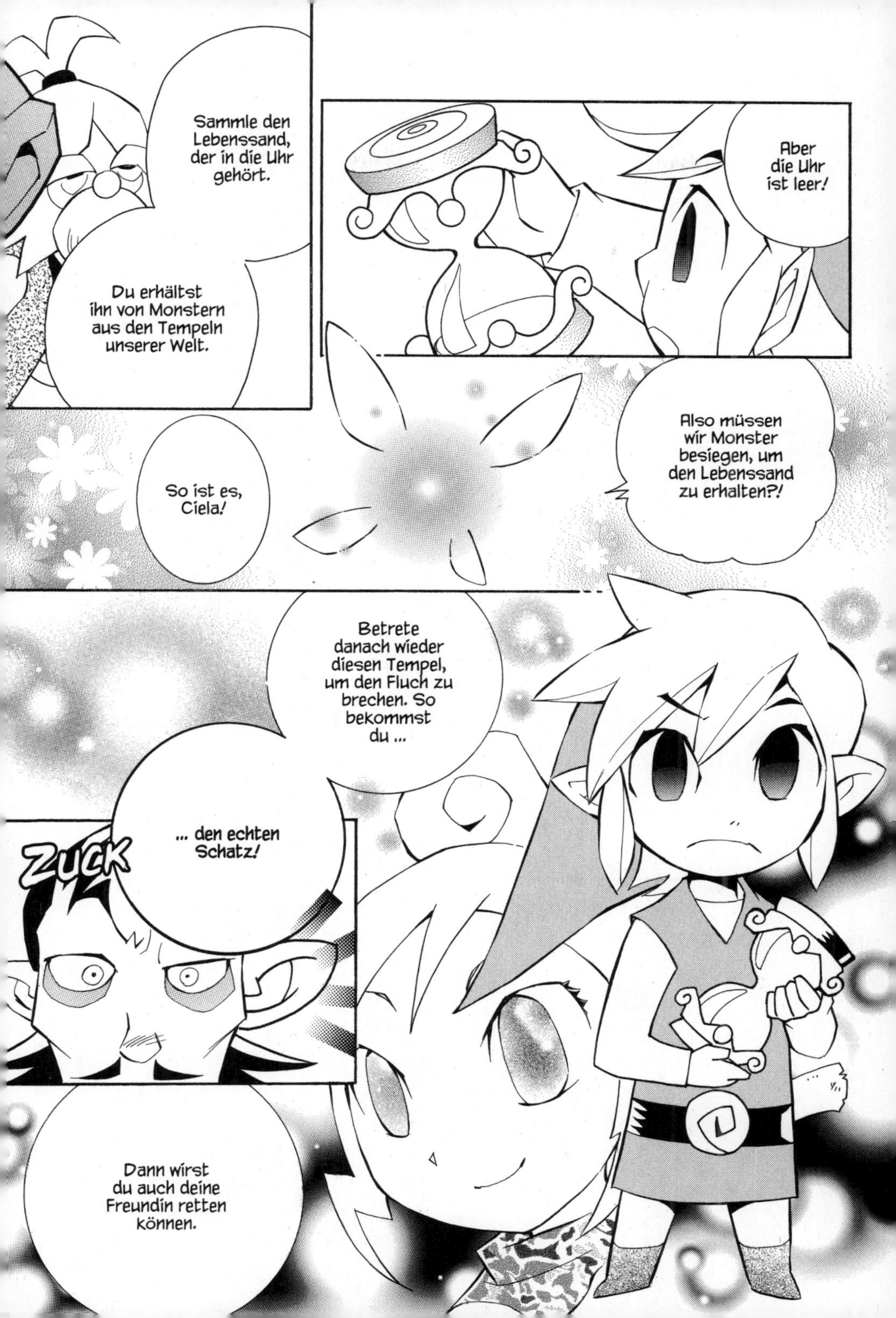
Sammle den Lebenssand, der in die Uhr gehört.
Du erhältst ihn von Monstern aus den Tempeln unserer Welt.
Aber die Uhr ist leer!
Also müssen wir Monster besiegen, um den Lebenssand zu erhalten?!
So ist es, Ciela!
Betrete danach wieder diesen Tempel, um den Fluch zu brechen. So bekommst du ...
... den echten Schatz!
ZUCK
Dann wirst du auch deine Freundin retten können.

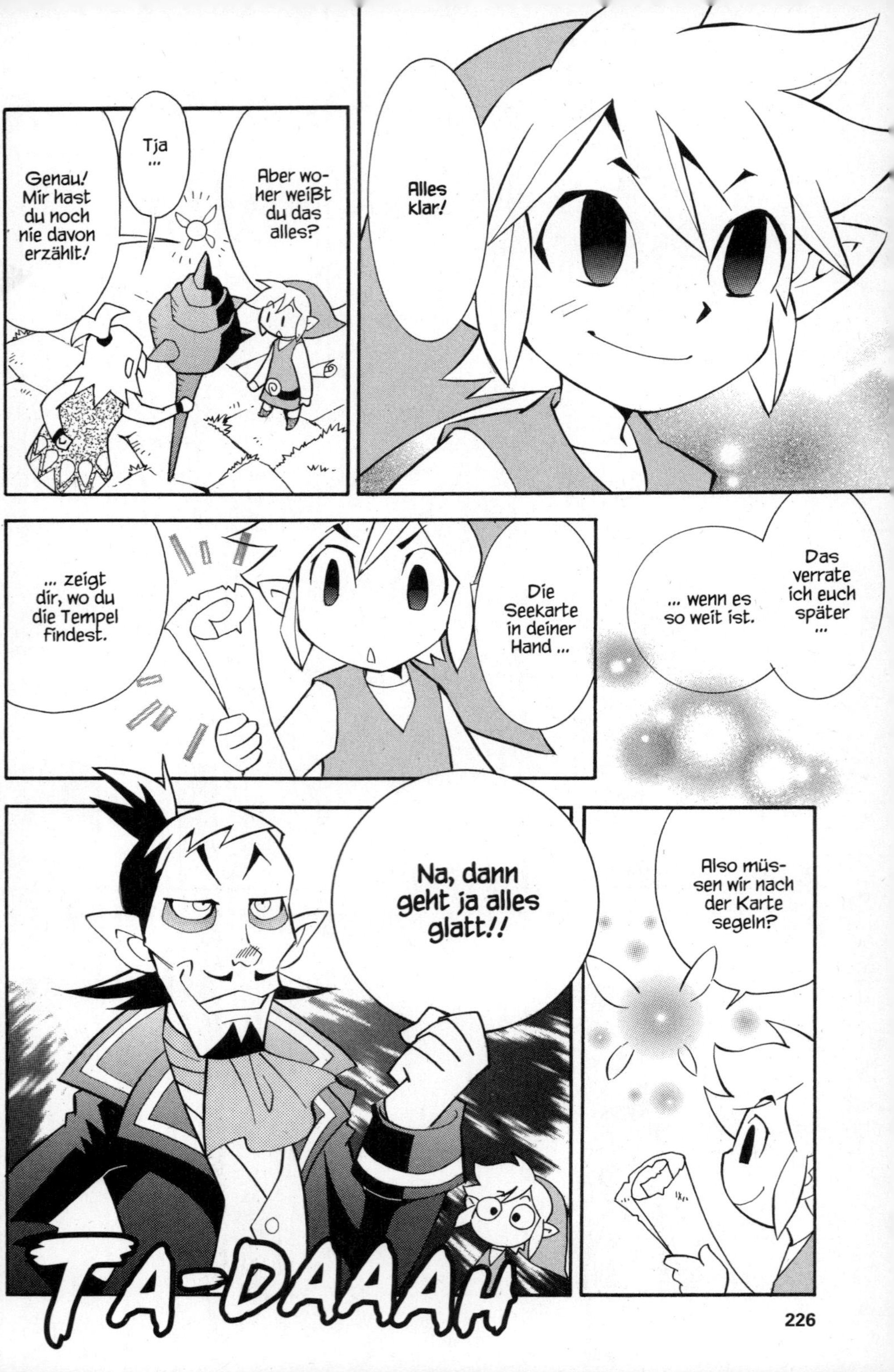

Alles klar!
Aber wo-
her weißt
du das
alles?
Tja
...
Genau!
Mir hast
du noch
nie davon
erzählt!
Das
verrate
ich euch
später
...
... wenn es
so weit ist.
Die
Seekarte
in deiner
Hand ...
... zeigt
dir, wo du
die Tempel
findest.
Also müs-
sen wir nach
der Karte
segeln?
Na, dann
geht ja alles
glatt!!
TA-DAAAH

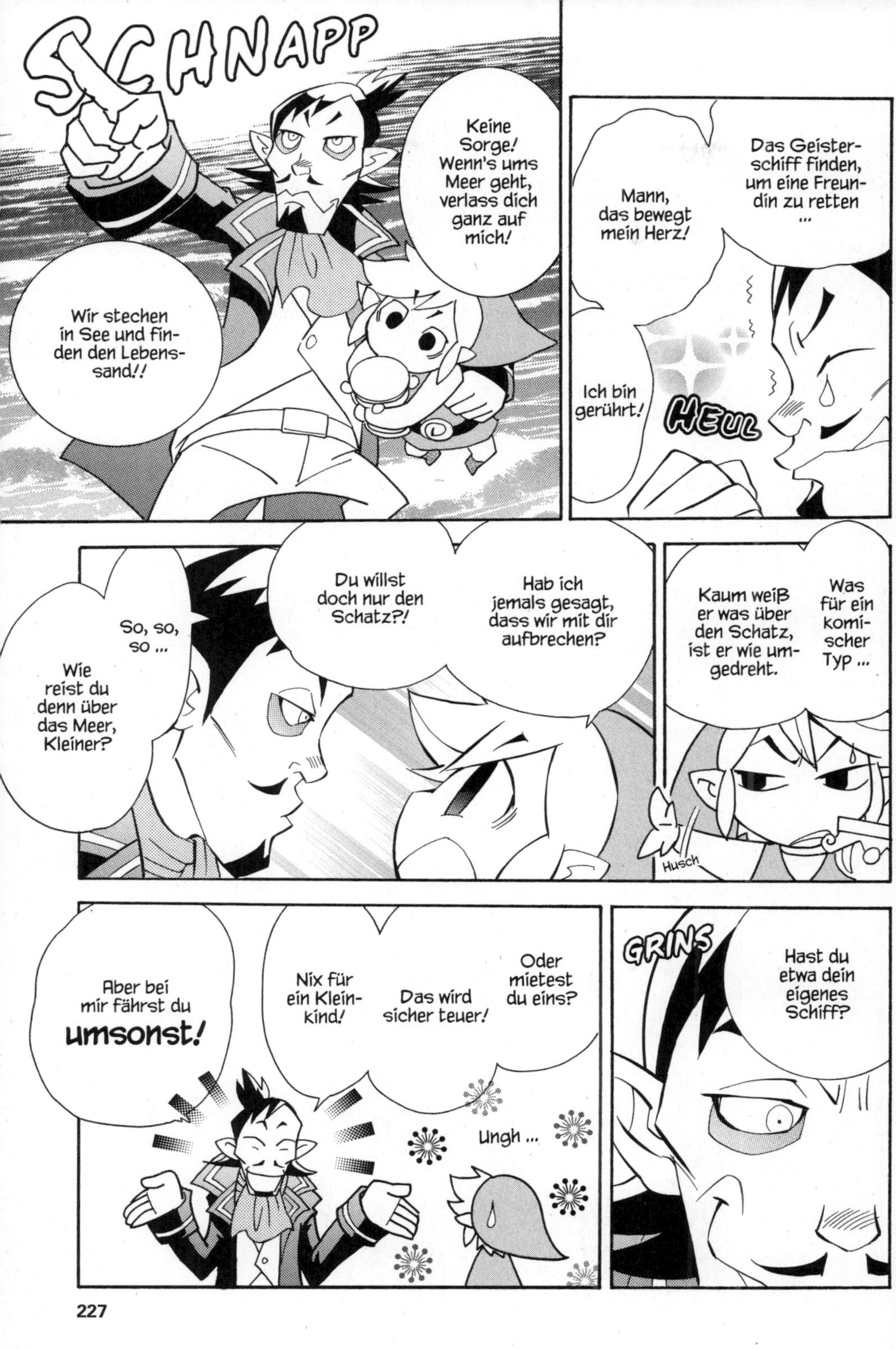
Das Geisterschiff finden, um eine Freundin zu retten ...
Mann, das bewegt mein Herz!
Ich bin gerührt!
HEUL
SCHNAPP
Keine Sorge! Wenn's ums Meer geht, verlass dich ganz auf mich!
Wir stechen in See und finden den Lebenssand!!
Was für ein komischer Typ ...
Kaum weiß er was über den Schatz, ist er wie umgedreht.
Husch
Hab ich jemals gesagt, dass wir mit dir aufbrechen?
Du willst doch nur den Schatz?!
So, so, so ...
Wie reist du denn über das Meer, Kleiner?
GRINS
Hast du etwa dein eigenes Schiff?
Oder mietest du eins?
Das wird sicher teuer!
Nix für ein Kleinkind!
Aber bei mir fährst du **umsonst!**
Ungh ...

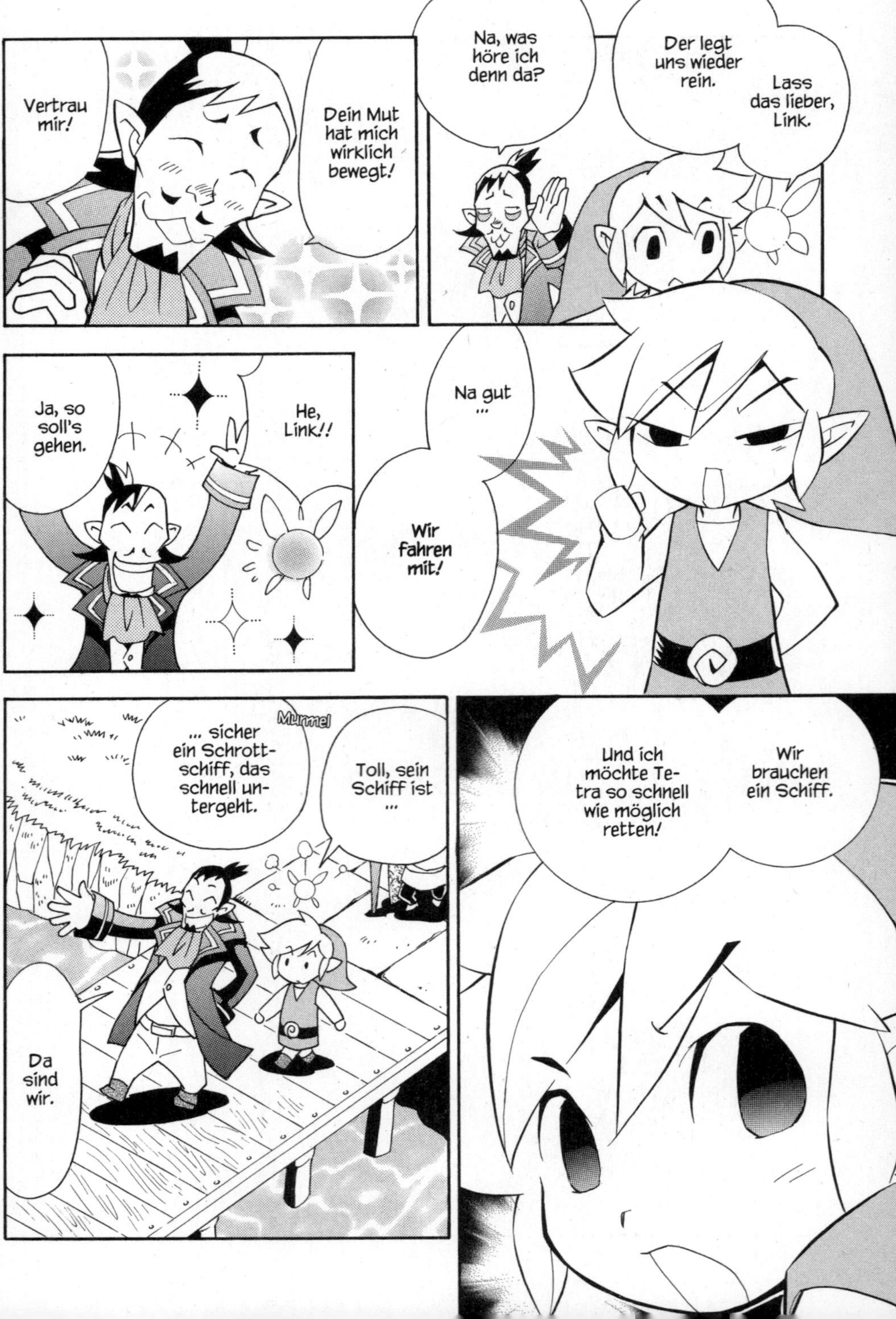
Lass das lieber, Link.
Der legt uns wieder rein.
Na, was höre ich denn da?
Dein Mut hat mich wirklich bewegt!
Vertrau mir!
Na gut ...
Wir fahren mit!
He, Link!!
Ja, so soll's gehen.
Wir brauchen ein Schiff.
Und ich möchte Tetra so schnell wie möglich retten!
Toll, sein Schiff ist ...
Murmel
... sicher ein Schrottschiff, das schnell untergeht.
Da sind wir.

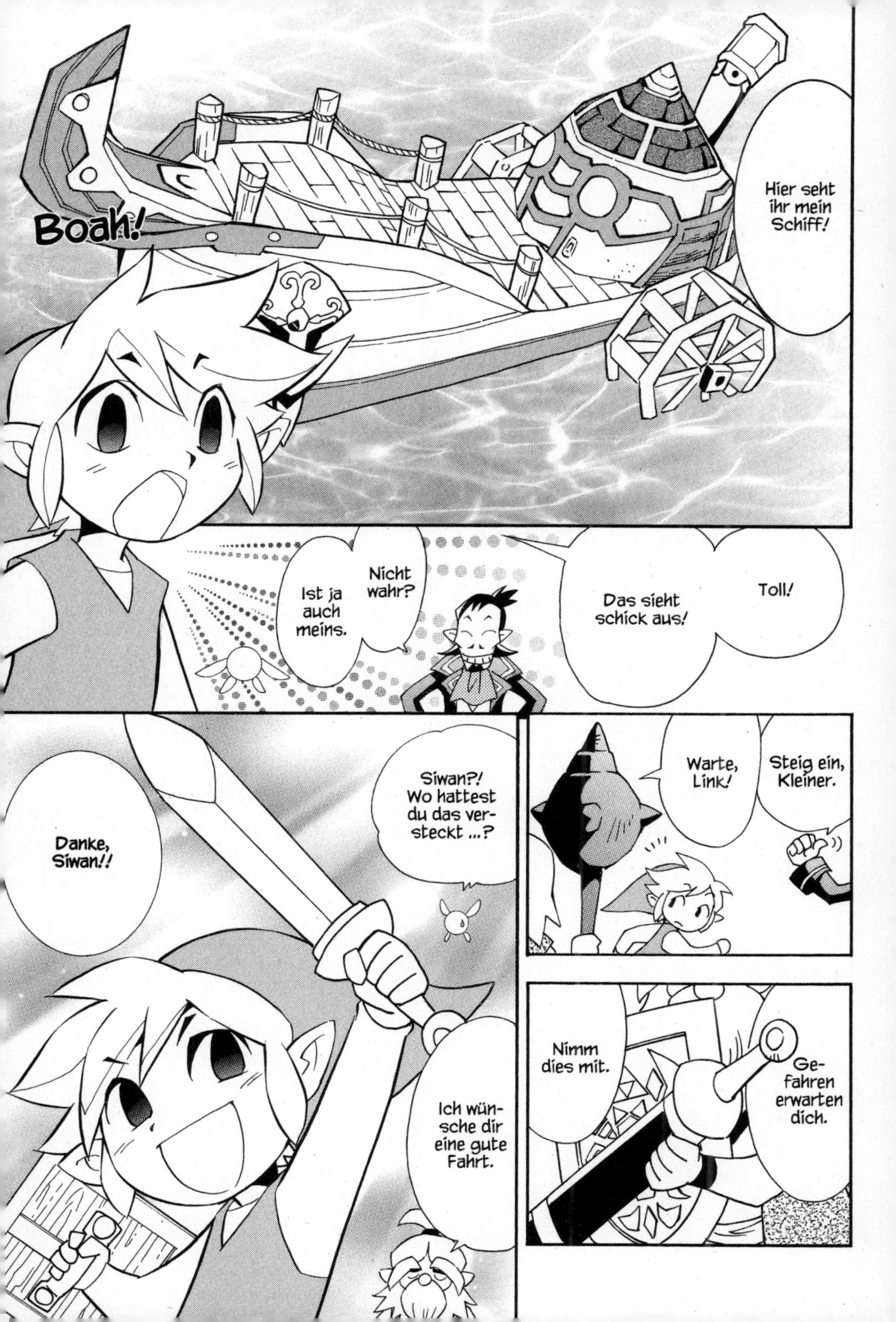

Hier seht ihr mein Schiff!
Boah!
Toll!
Das sieht schick aus!
Nicht wahr?
Ist ja auch meins.
Steig ein, Kleiner.
Warte, Link!
Gefahren erwarten dich.
Nimm dies mit.
Ich wünsche dir eine gute Fahrt.
Siwan?! Wo hattest du das versteckt ...?
Danke, Siwan!!

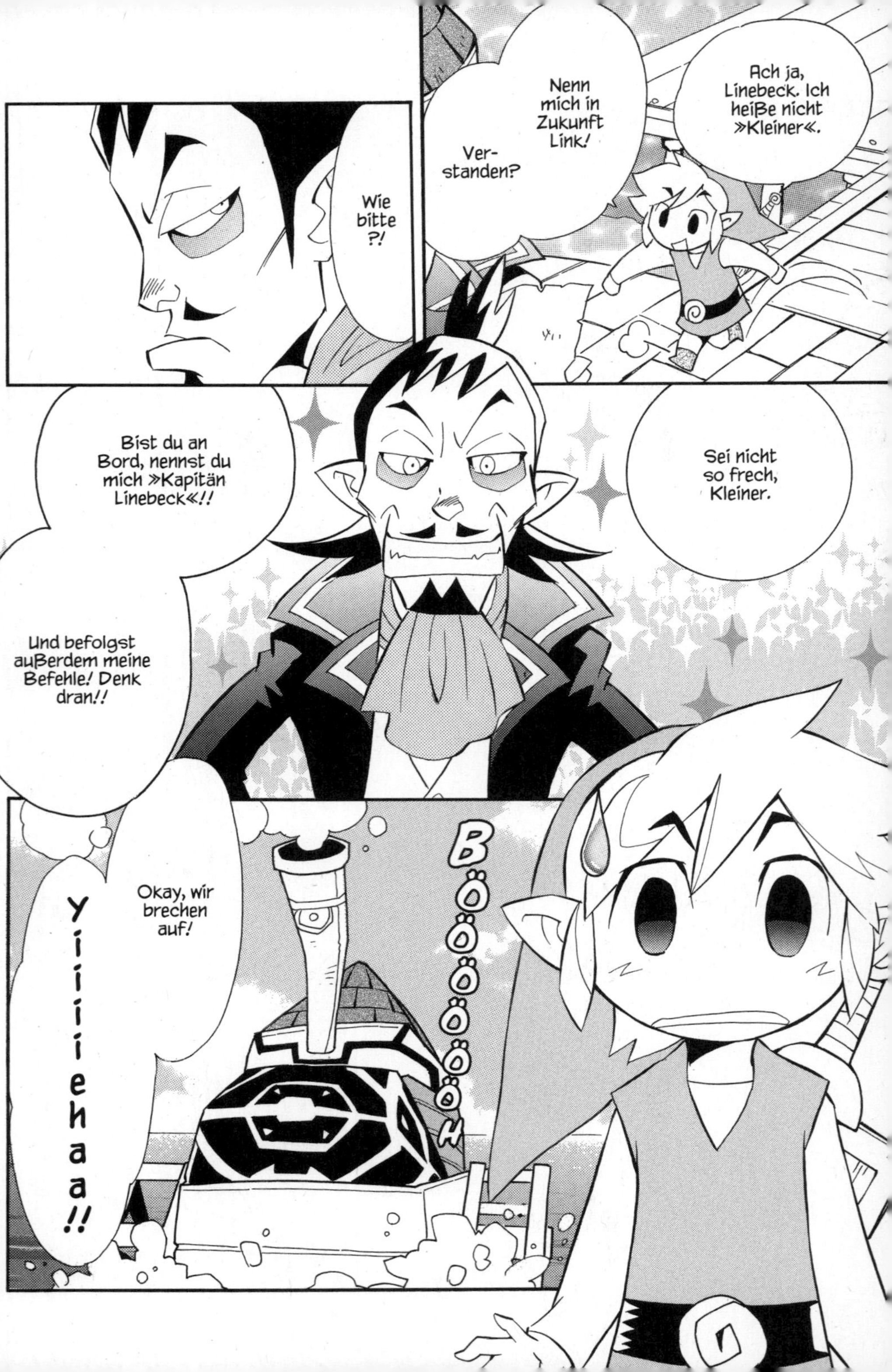
Ach ja, Linebeck. Ich heiße nicht »Kleiner«.
Nenn mich in Zukunft Link!
Ver-standen?
Wie bitte?!
Sei nicht so frech, Kleiner.
Bist du an Bord, nennst du mich »Kapitän Linebeck«!!
Und befolgst außerdem meine Befehle! Denk dran!!
BÖÖÖÖÖÖÖÖH
Okay, wir brechen auf!
Yiiiiiehaa!!

4. Kapitel: Insel des Feuers

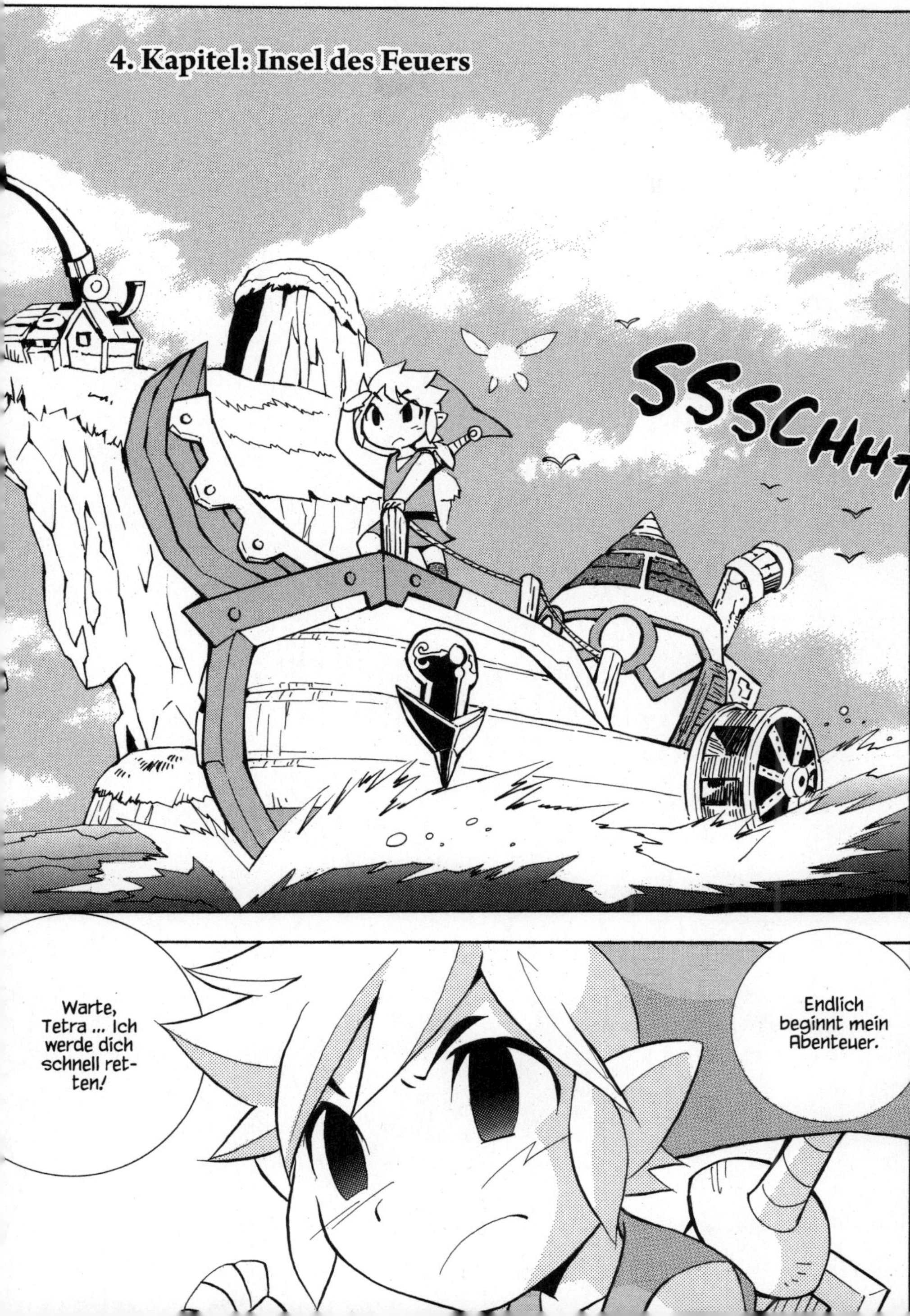

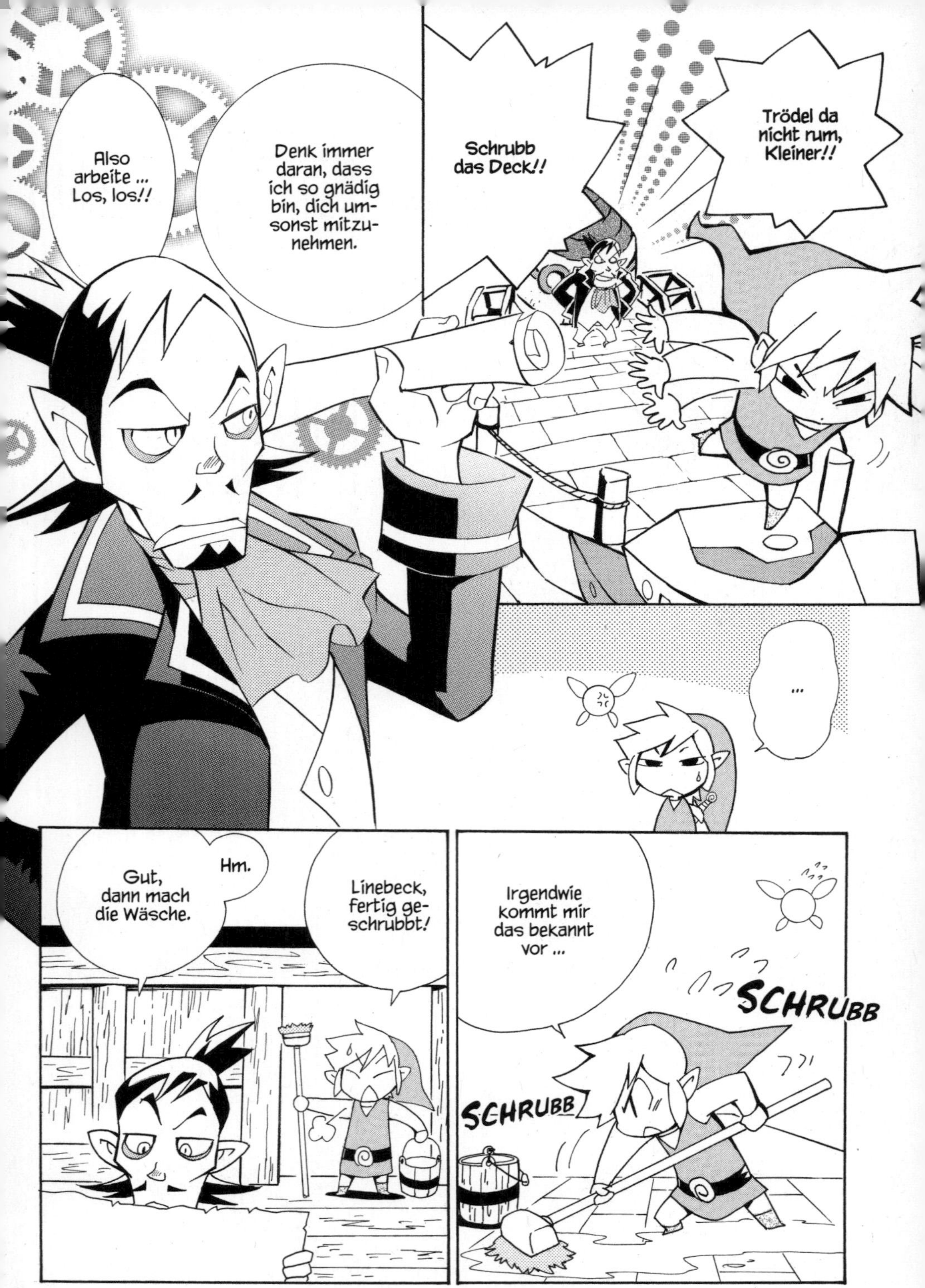
Also arbeite ... Los, los!!
Denk immer daran, dass ich so gnädig bin, dich umsonst mitzunehmen.
Schrubb das Deck!!
Trödel da nicht rum, Kleiner!!
...
Gut, dann mach die Wäsche.
Hm.
Linebeck, fertig geschrubbt!
Irgendwie kommt mir das bekannt vor ...
SCHRUBB
SCHRUBB

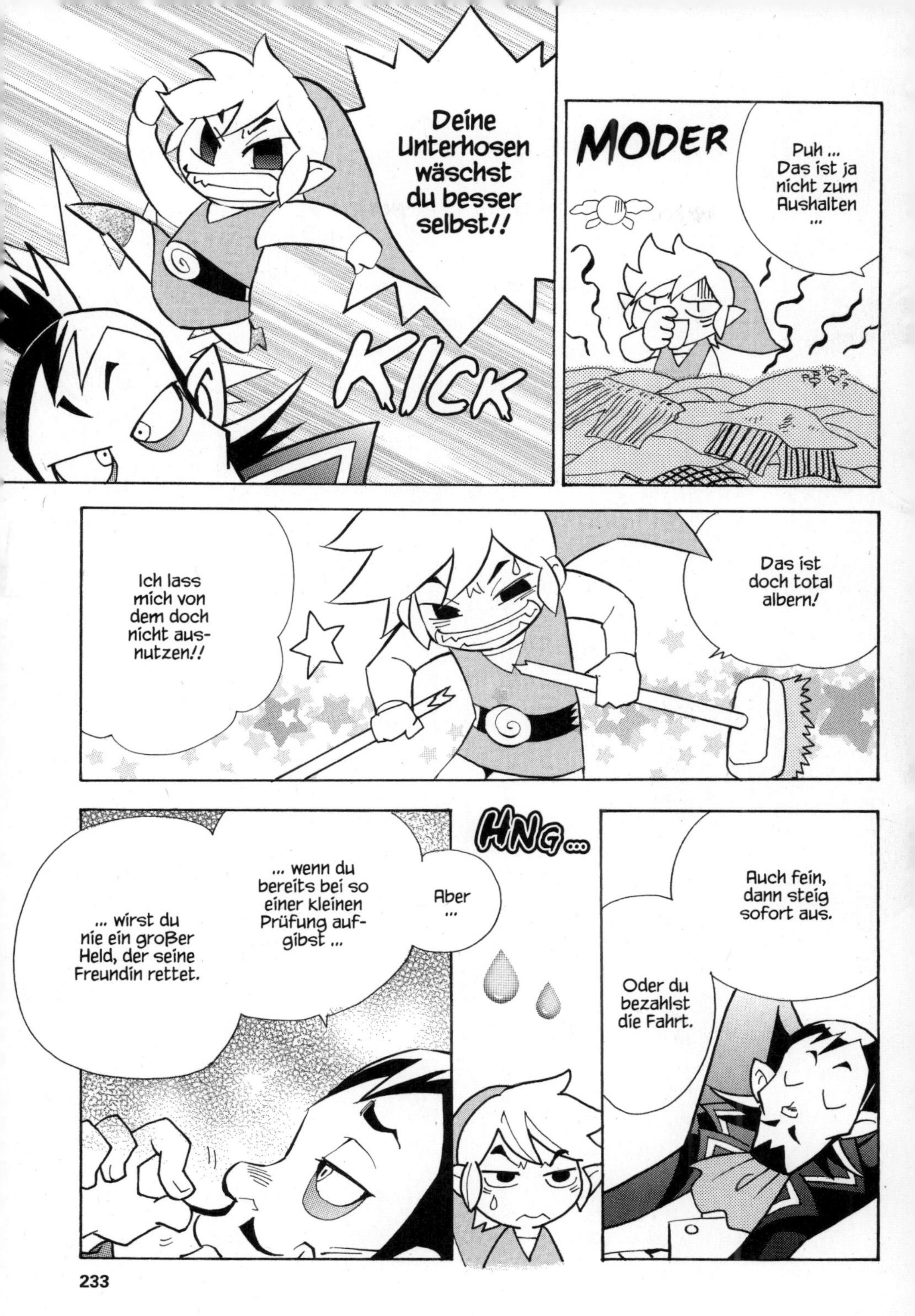
Deine Unterhosen wäschst du besser selbst!!
KICK
MODER
Puh ... Das ist ja nicht zum Aushalten ...
Das ist doch total albern!
Ich lass mich von dem doch nicht ausnutzen!!
Auch fein, dann steig sofort aus.
Oder du bezahlst die Fahrt.
HNG ...
Aber ...
... wenn du bereits bei so einer kleinen Prüfung aufgibst ...
... wirst du nie ein großer Held, der seine Freundin rettet.

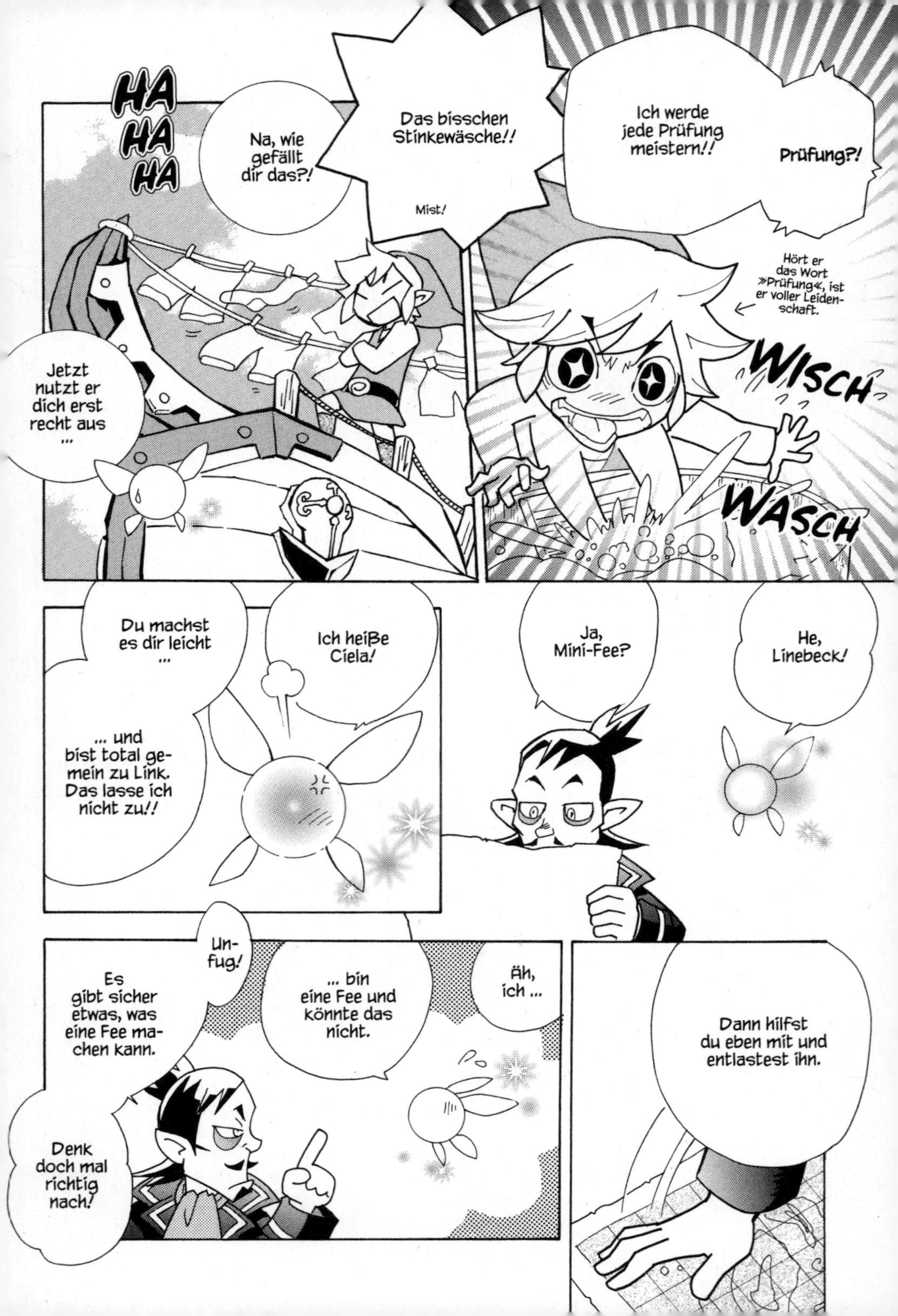
HA HA HA
Na, wie gefällt dir das?!
Mist!
Jetzt nutzt er dich erst recht aus ...
Das bisschen Stinkewäsche!!
Ich werde jede Prüfung meistern!!
Prüfung?!
Hört er das Wort »Prüfung«, ist er voller Leidenschaft.
WISCH
WASCH
He, Linebeck!
Ja, Mini-Fee?
Ich heiße Ciela!
Du machst es dir leicht ...
... und bist total gemein zu Link. Das lasse ich nicht zu!!
Dann hilfst du eben mit und entlastest ihn.
Äh, ich ...
... bin eine Fee und könnte das nicht.
Unfug!
Es gibt sicher etwas, was eine Fee machen kann.
Denk doch mal richtig nach!

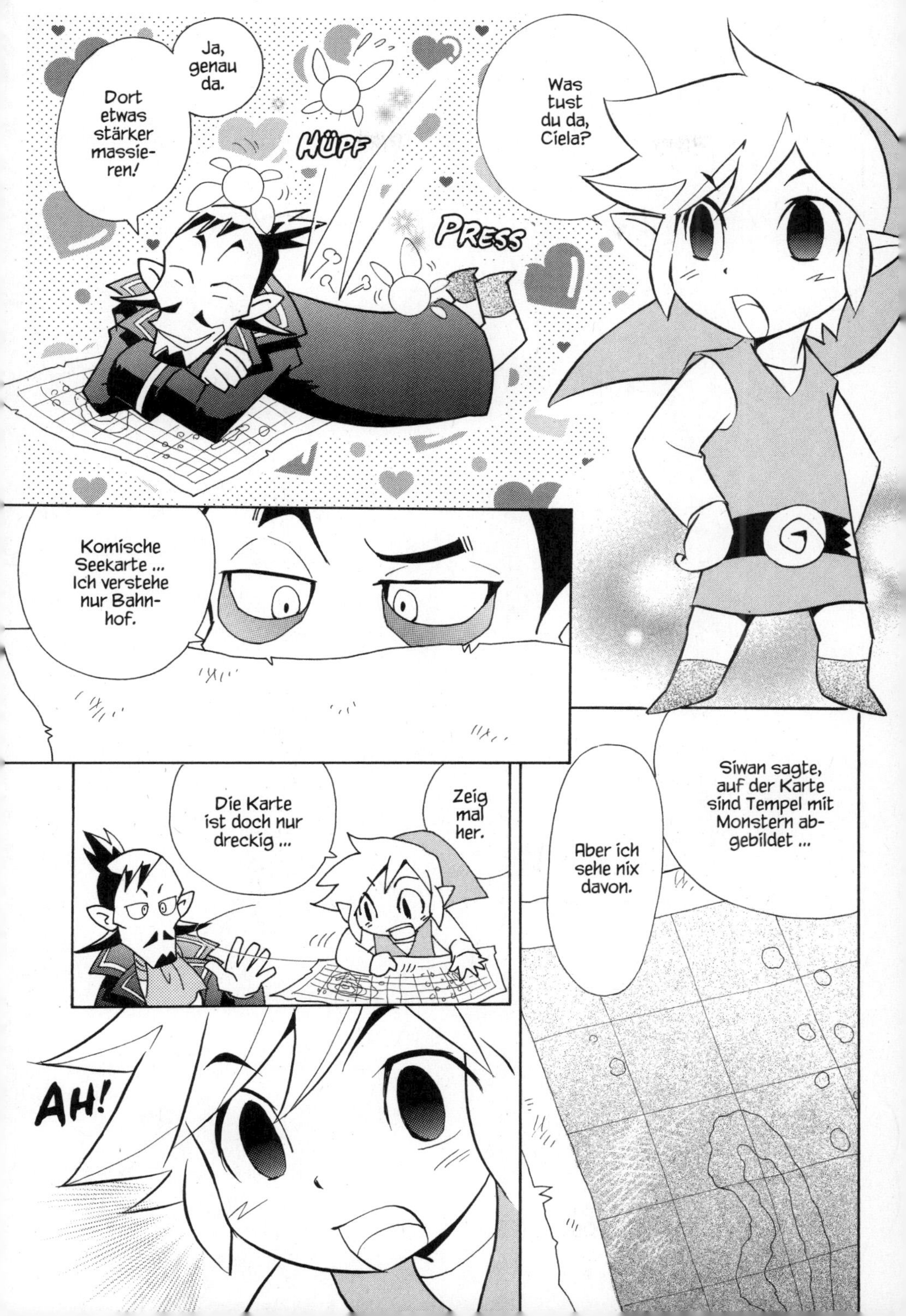
Was tust du da, Ciela?
Ja, genau da.
Dort etwas stärker massieren!
HÜPF
PRESS
Komische Seekarte ... Ich verstehe nur Bahnhof.
Siwan sagte, auf der Karte sind Tempel mit Monstern abgebildet ...
Aber ich sehe nix davon.
Zeig mal her.
Die Karte ist doch nur dreckig ...
AH!

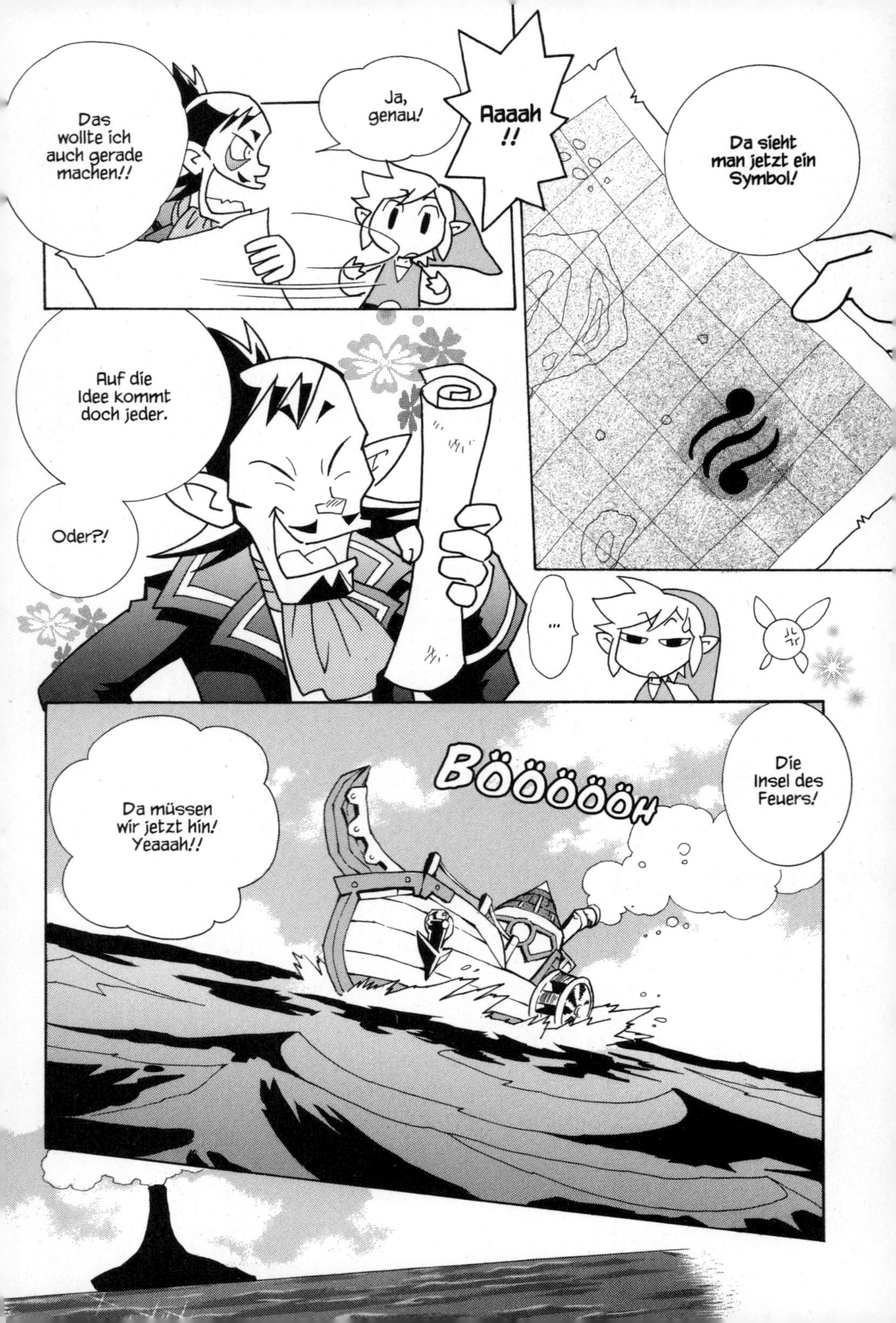
Das wollte ich auch gerade machen!!
Ja, genau!
Aaaah!!
Da sieht man jetzt ein Symbol!
Auf die Idee kommt doch jeder.
Oder?!
...
Da müssen wir jetzt hin! Yeaaah!!
BÖÖÖÖÖÖH
Die Insel des Feuers!

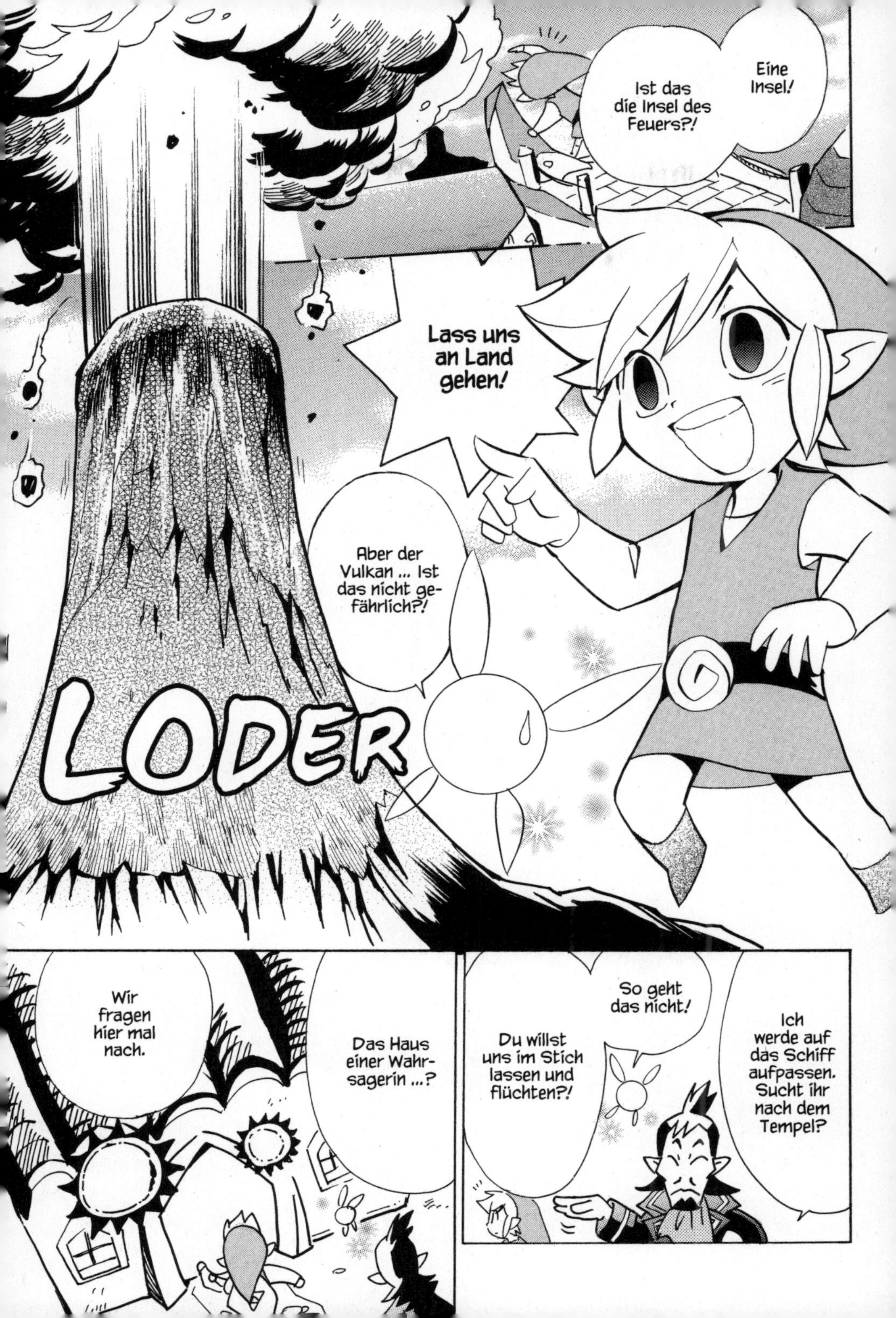
Eine Insel!
Ist das die Insel des Feuers?!
Lass uns an Land gehen!
Aber der Vulkan ... Ist das nicht gefährlich?!
LODER
Ich werde auf das Schiff aufpassen. Sucht ihr nach dem Tempel?
So geht das nicht!
Du willst uns im Stich lassen und flüchten?!
Das Haus einer Wahrsagerin ...?
Wir fragen hier mal nach.

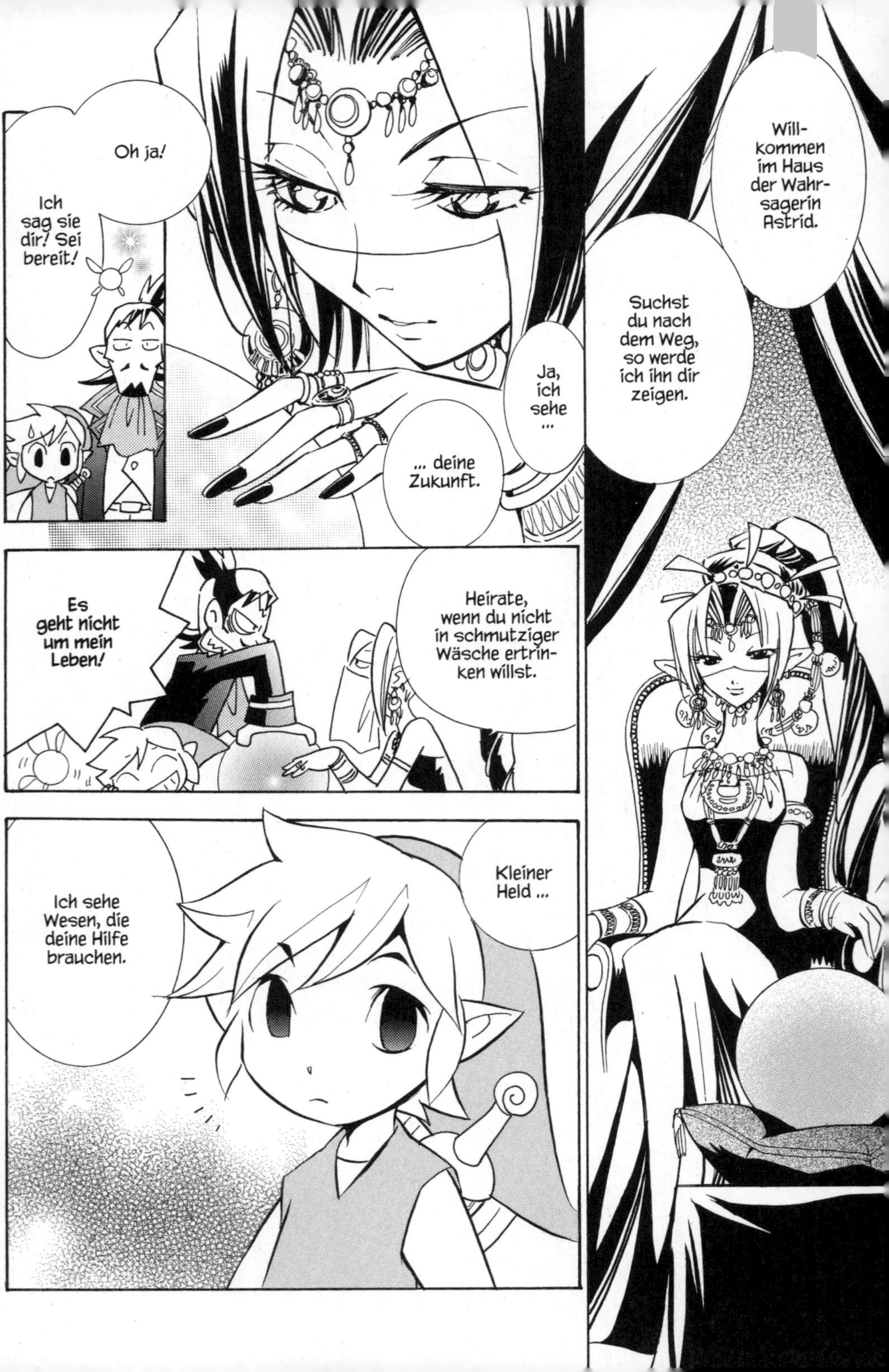
Willkommen im Haus der Wahrsagerin Astrid.
Suchst du nach dem Weg, so werde ich ihn dir zeigen.
Ja, ich sehe ...
... deine Zukunft.
Oh ja!
Ich sag sie dir! Sei bereit!
Heirate, wenn du nicht in schmutziger Wäsche ertrinken willst.
Es geht nicht um mein Leben!
Kleiner Held ...
Ich sehe Wesen, die deine Hilfe brauchen.

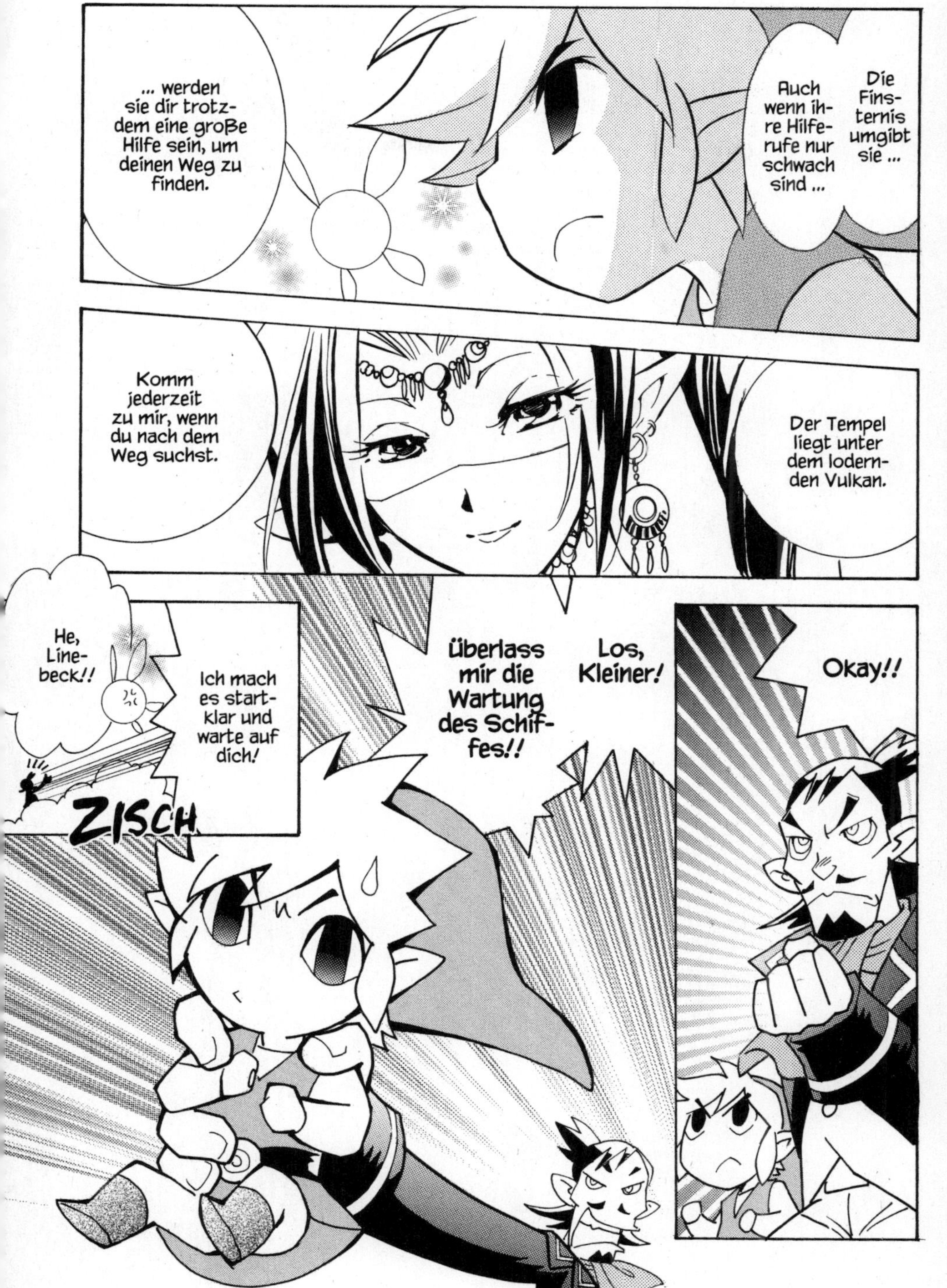

Die Finsternis umgibt sie ...
Auch wenn ihre Hilferufe nur schwach sind ...
... werden sie dir trotzdem eine große Hilfe sein, um deinen Weg zu finden.
Der Tempel liegt unter dem lodernden Vulkan.
Komm jederzeit zu mir, wenn du nach dem Weg suchst.
Okay!!
Los, Kleiner!
Überlass mir die Wartung des Schiffes!!
Ich mach es startklar und warte auf dich!
He, Linebeck!!
ZISCH

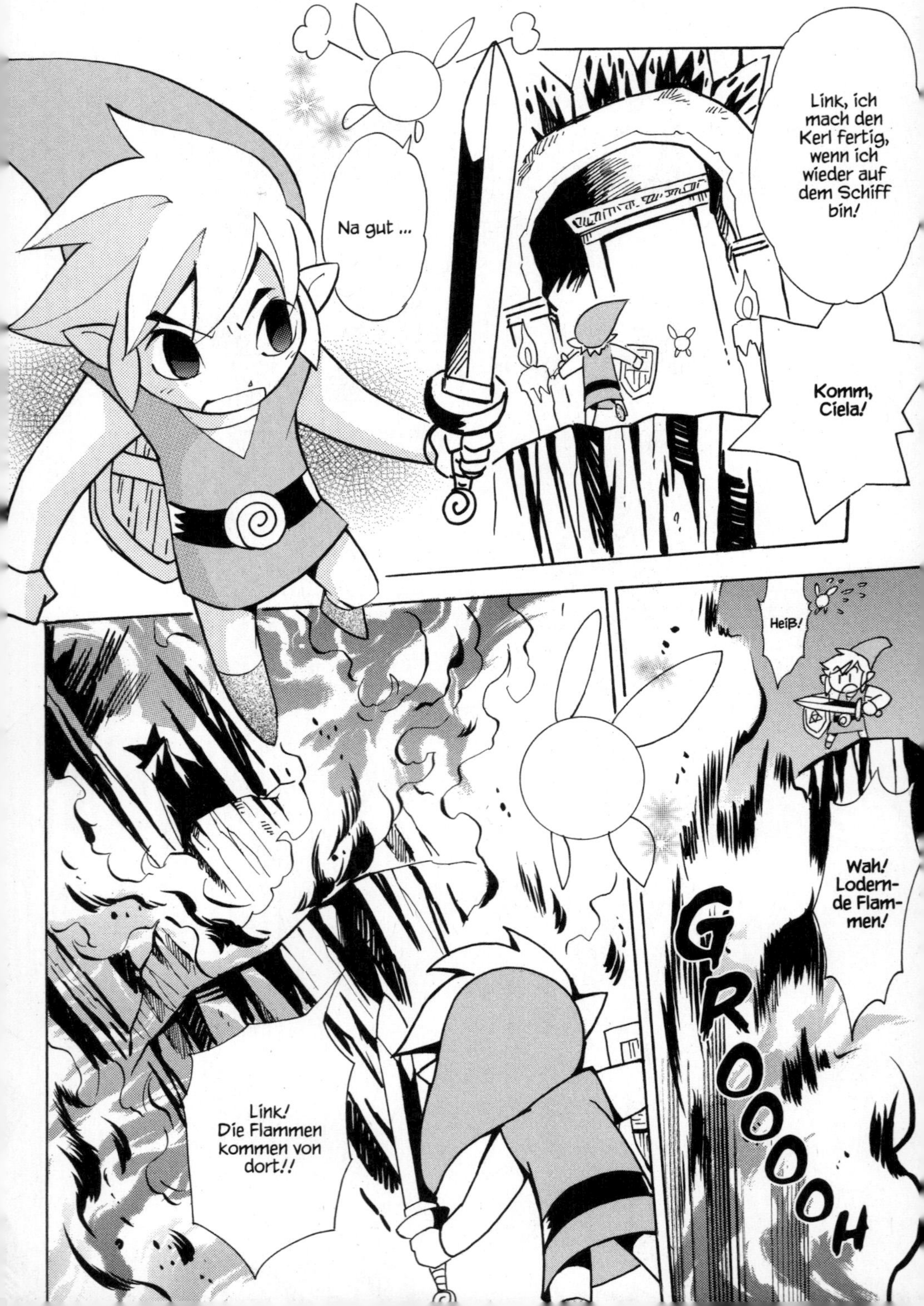
Link, ich mach den Kerl fertig, wenn ich wieder auf dem Schiff bin!
Na gut ...
Komm, Ciela!
Heiß!
Wah! Lodern-de Flam-men!
GROOOOOH
Link! Die Flammen kommen von dort!!

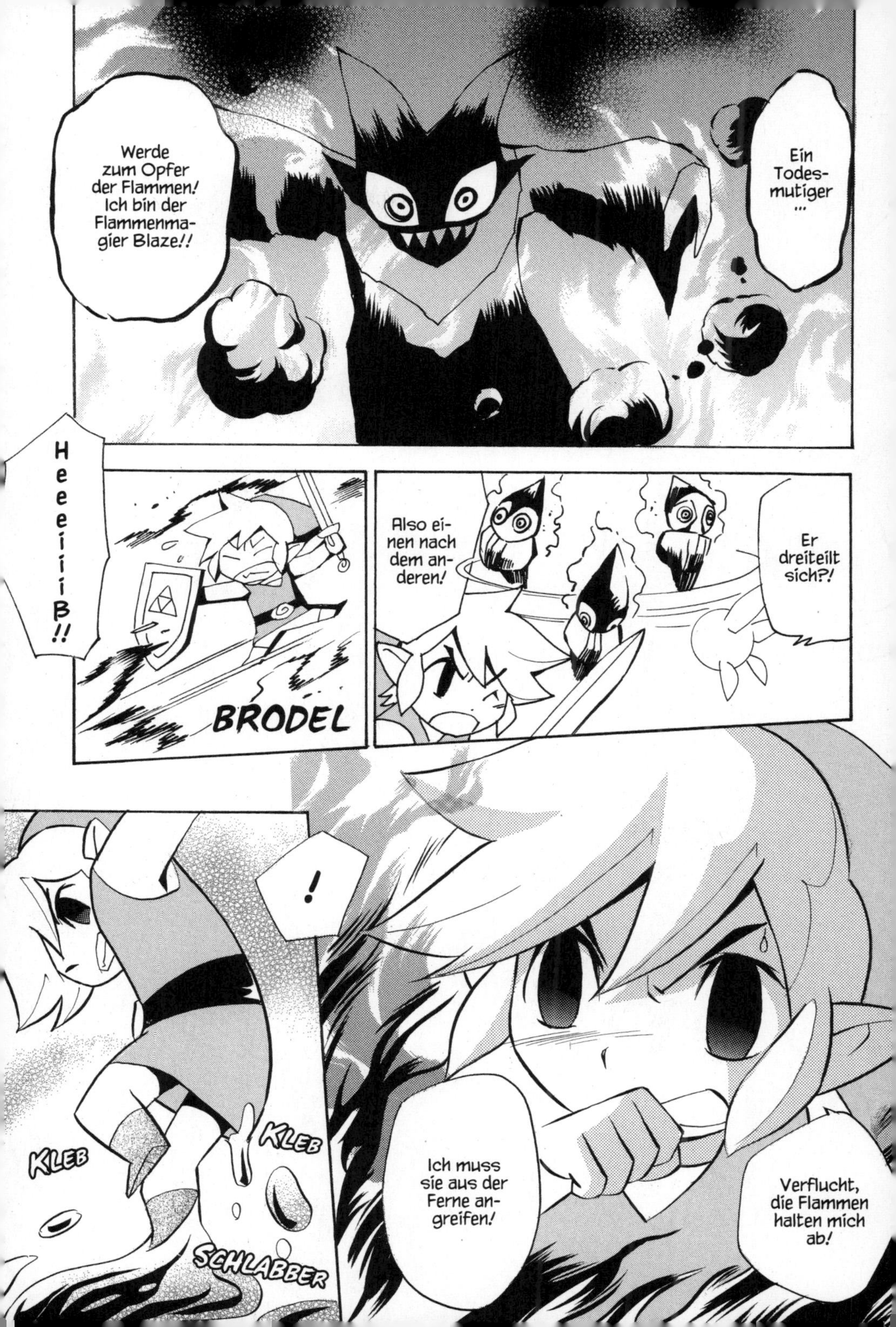
Ein Todesmutiger ...
Werde zum Opfer der Flammen! Ich bin der Flammenmagier Blaze!!
Er dreiteilt sich?!
Also einen nach dem anderen!
Heeeiiiiß!!
BRODEL
!
Verflucht, die Flammen halten mich ab!
Ich muss sie aus der Ferne angreifen!
KLEB
KLEB
SCHLABBER

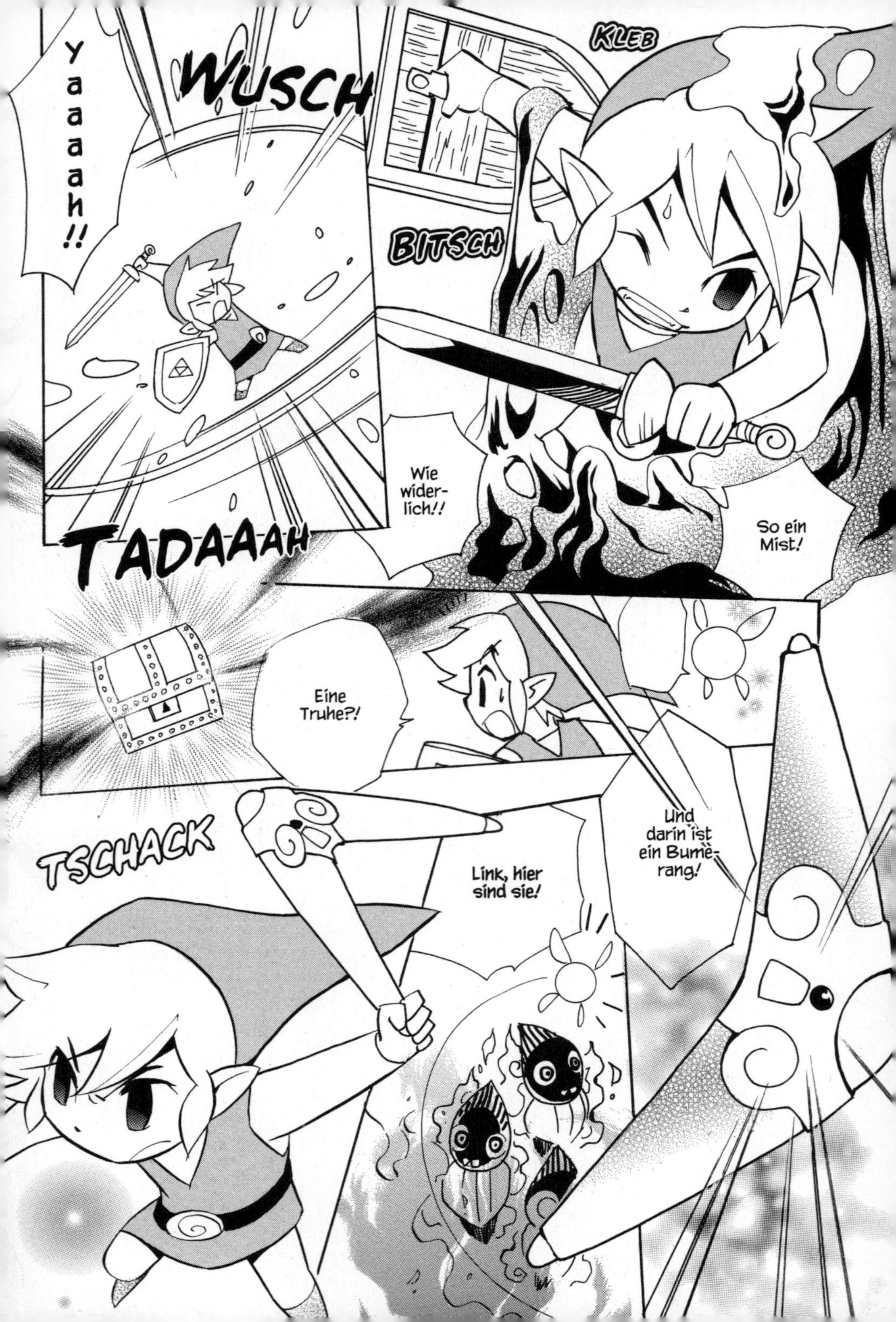

KLEB
WUSCH
Yaaaaah!!
BITSCH
So ein Mist!
Wie widerlich!!
TADAAAH
Eine Truhe?!
Und darin ist ein Bumerang!
Link, hier sind sie!
TSCHACK

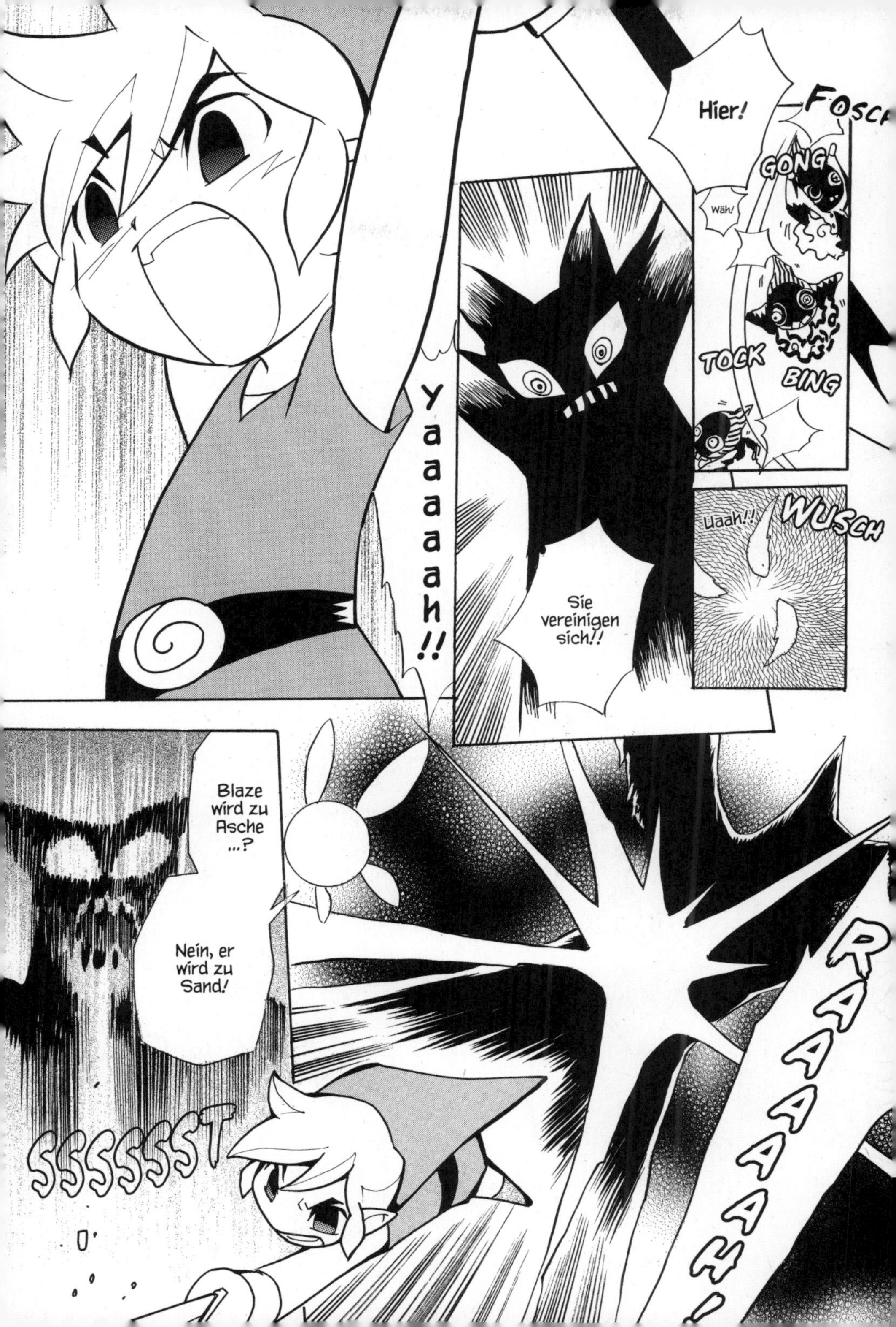

Hier!
FOSCH
GONG
Wäh!
TOCK
BING
WUSCH
Uaah!!
Sie vereinigen sich!!
Yaaaaah!!
RAAAAAAH!
Blaze wird zu Asche ...?
Nein, er wird zu Sand!
SSSSSSST

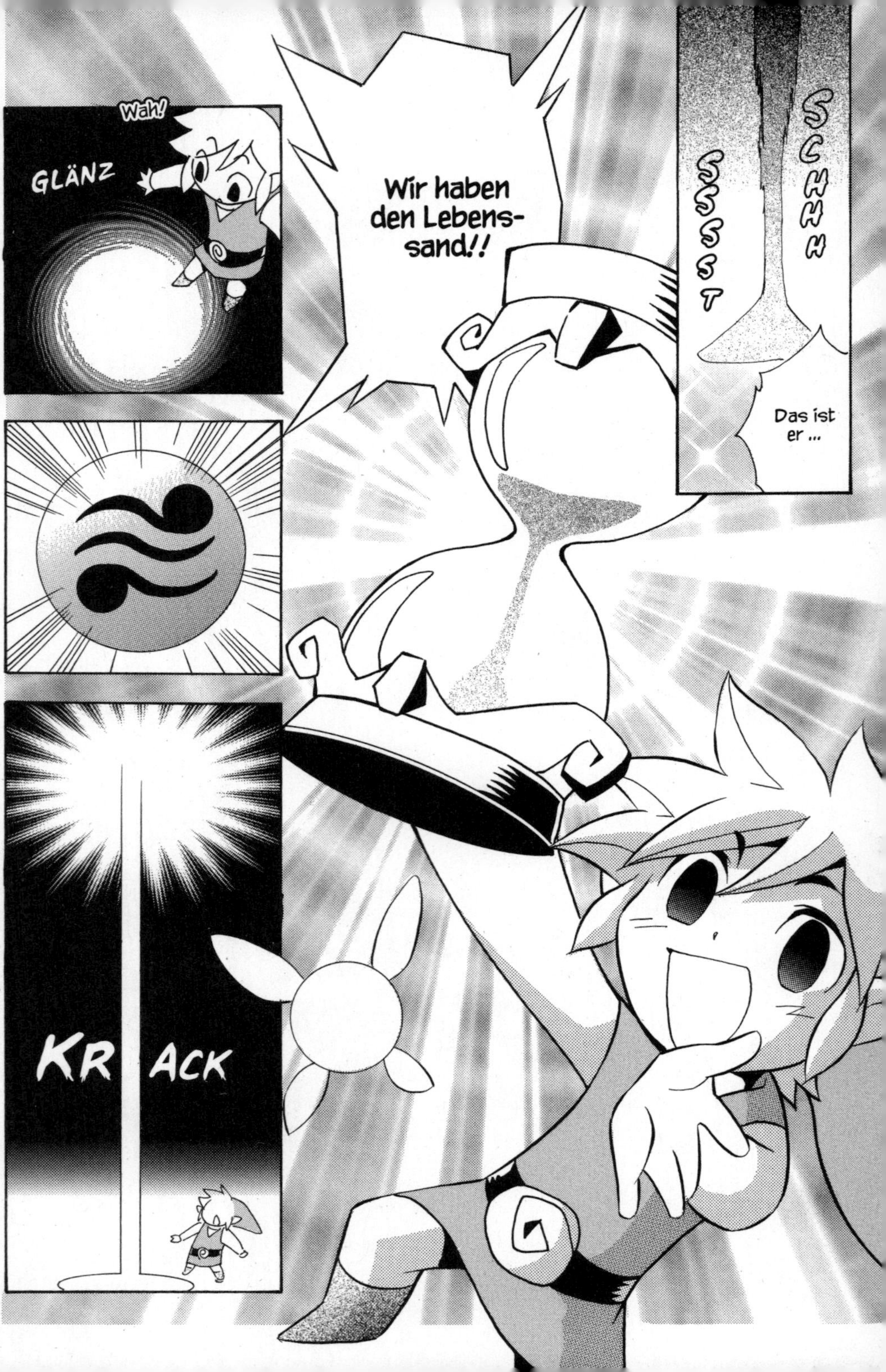

SSSSST
SCHHHH
Das ist er ...
Wir haben den Lebens-sand!!
Wah!
GLÄNZ
KRACK

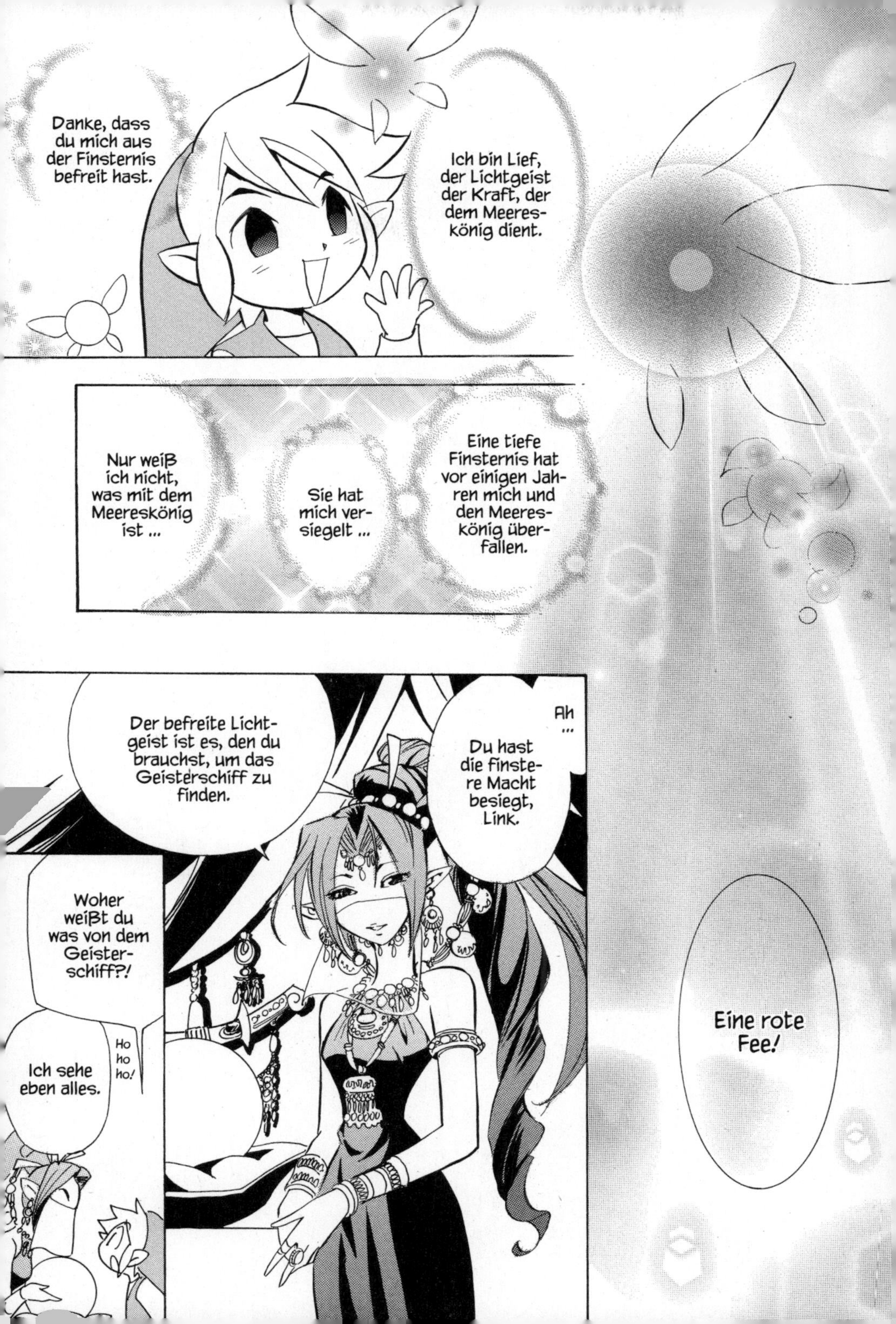

Eine rote Fee!
Ich bin Lief, der Lichtgeist der Kraft, der dem Meeres-könig dient.
Danke, dass du mich aus der Finsternis befreit hast.
Eine tiefe Finsternis hat vor einigen Jah-ren mich und den Meeres-könig über-fallen.
Sie hat mich ver-siegelt ...
Nur weiß ich nicht, was mit dem Meereskönig ist ...
Ah ...
Du hast die finste-re Macht besiegt, Link.
Der befreite Licht-geist ist es, den du brauchst, um das Geisterschiff zu finden.
Woher weißt du was von dem Geister-schiff?!
Ho ho ho!
Ich sehe eben alles.

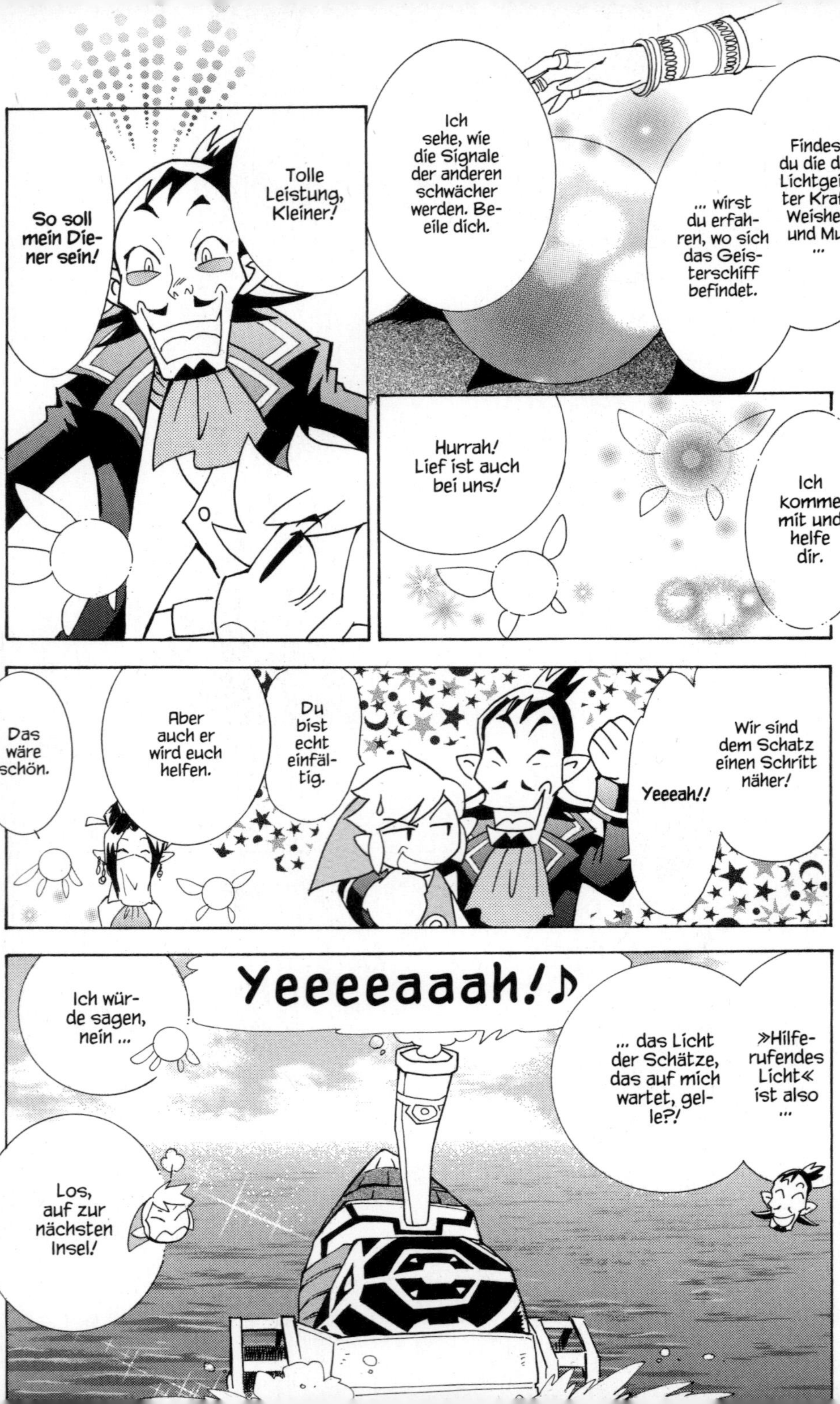
Findest du die drei Lichtgeister Kraft, Weisheit und Mut ...
... wirst du erfahren, wo sich das Geisterschiff befindet.
Ich sehe, wie die Signale der anderen schwächer werden. Beeile dich.
Tolle Leistung, Kleiner!
So soll mein Diener sein!
Ich komme mit und helfe dir.
Hurrah! Lief ist auch bei uns!
Wir sind dem Schatz einen Schritt näher!
Yeeeah!!
Du bist echt einfältig.
Aber auch er wird euch helfen.
Das wäre schön.
»Hilferufendes Licht« ist also ...
... das Licht der Schätze, das auf mich wartet, gelle?!
Yeeeeaaaah!♪
Ich würde sagen, nein ...
Los, auf zur nächsten Insel!

5. Kapitel: Kanoneninsel

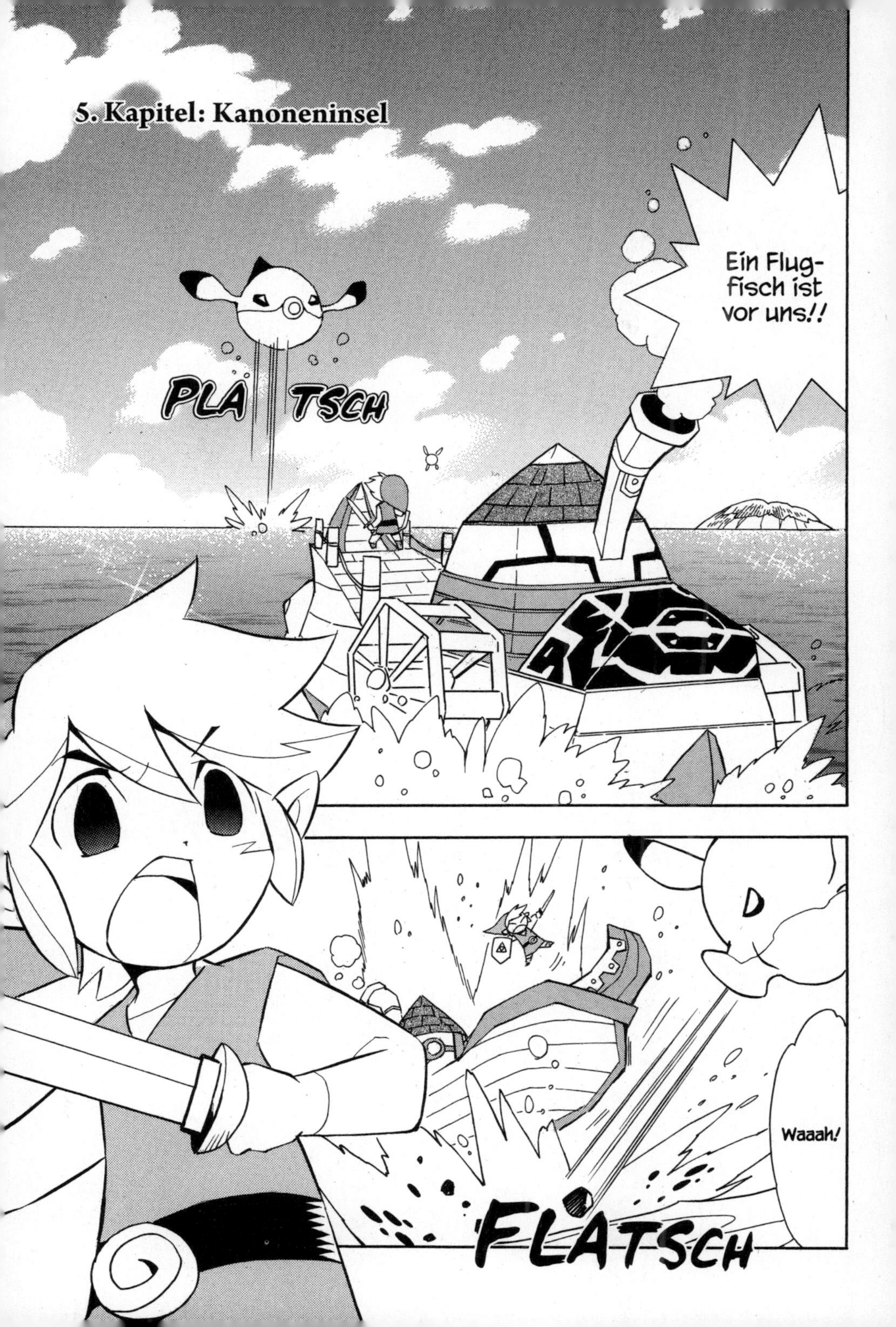

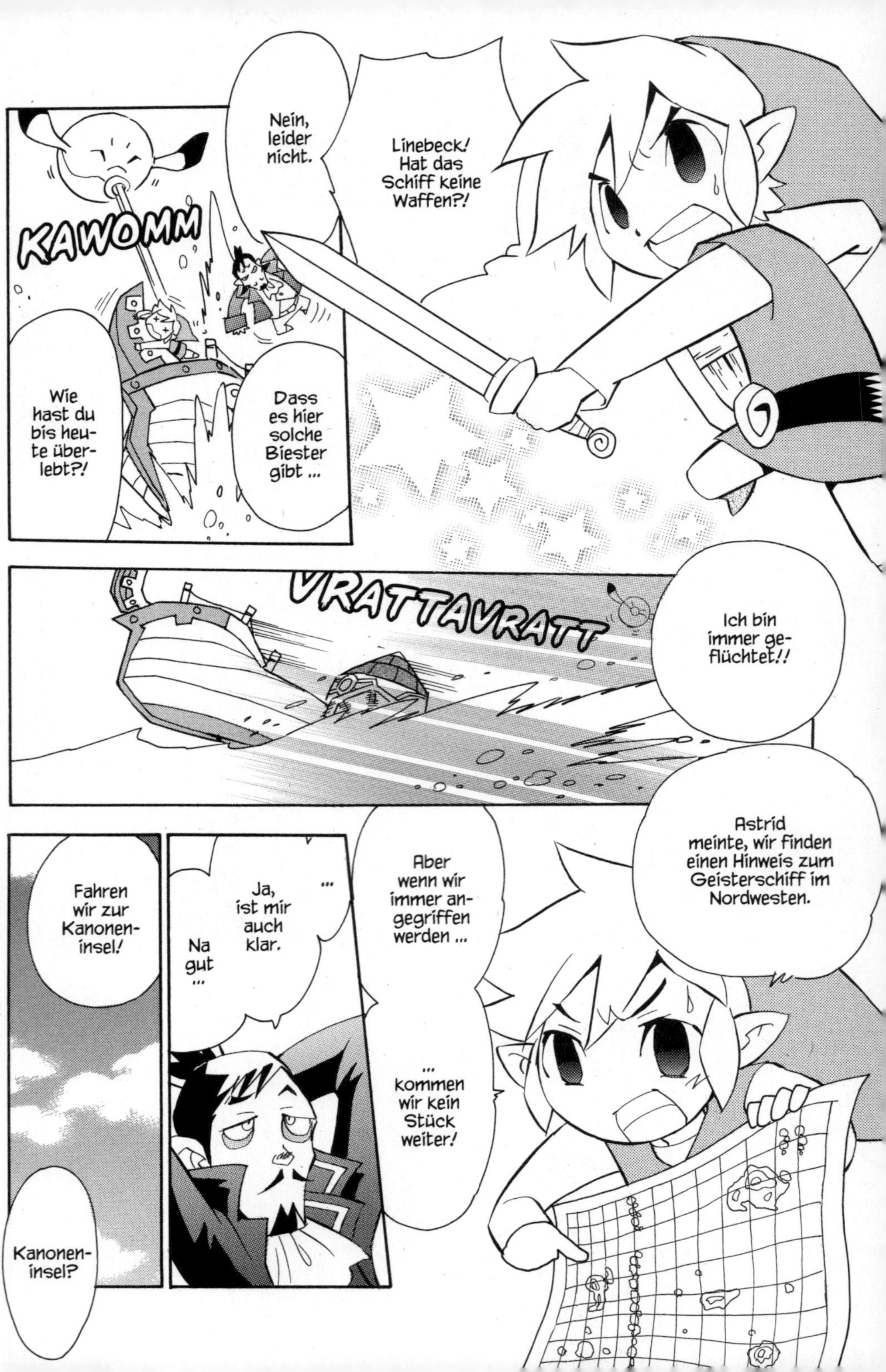
Linebeck! Hat das Schiff keine Waffen?!
Nein, leider nicht.
KAWOMM
Dass es hier solche Biester gibt ...
Wie hast du bis heute überlebt?!
VRATTAVRATT
Ich bin immer geflüchtet!!
Astrid meinte, wir finden einen Hinweis zum Geisterschiff im Nordwesten.
Aber wenn wir immer angegriffen werden ...
... kommen wir kein Stück weiter!
Ja, ist mir auch klar.
...
Na gut ...
Fahren wir zur Kanoneninsel!
Kanoneninsel?

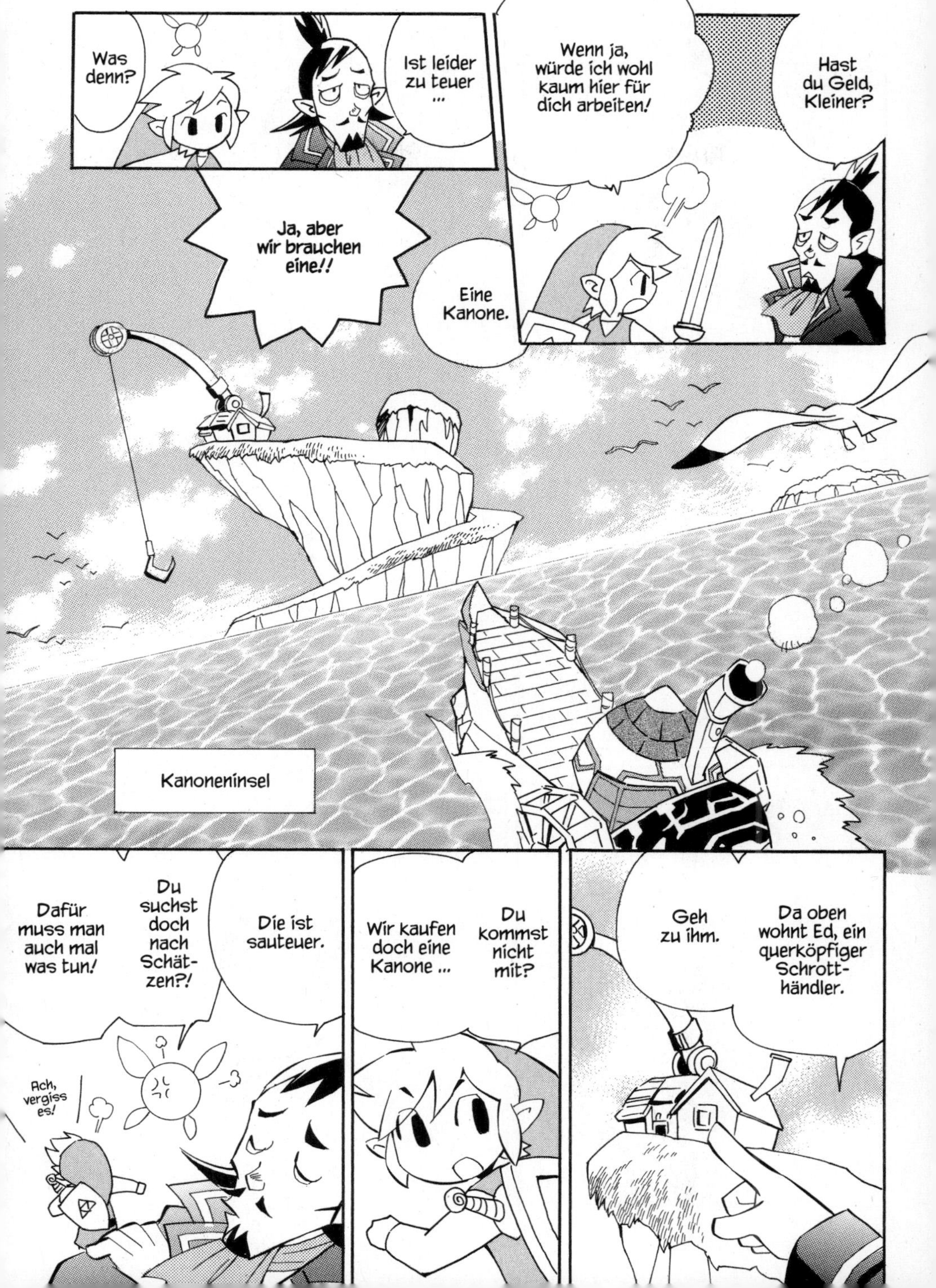
Hast du Geld, Kleiner?
Wenn ja, würde ich wohl kaum hier für dich arbeiten!
Ist leider zu teuer ...
Was denn?
Eine Kanone.
Ja, aber wir brauchen eine!!
Kanoneninsel
Da oben wohnt Ed, ein querköpfiger Schrotthändler.
Geh zu ihm.
Du kommst nicht mit?
Wir kaufen doch eine Kanone ...
Die ist sauteuer.
Du suchst doch nach Schätzen?!
Dafür muss man auch mal was tun!
Ach, vergiss es!

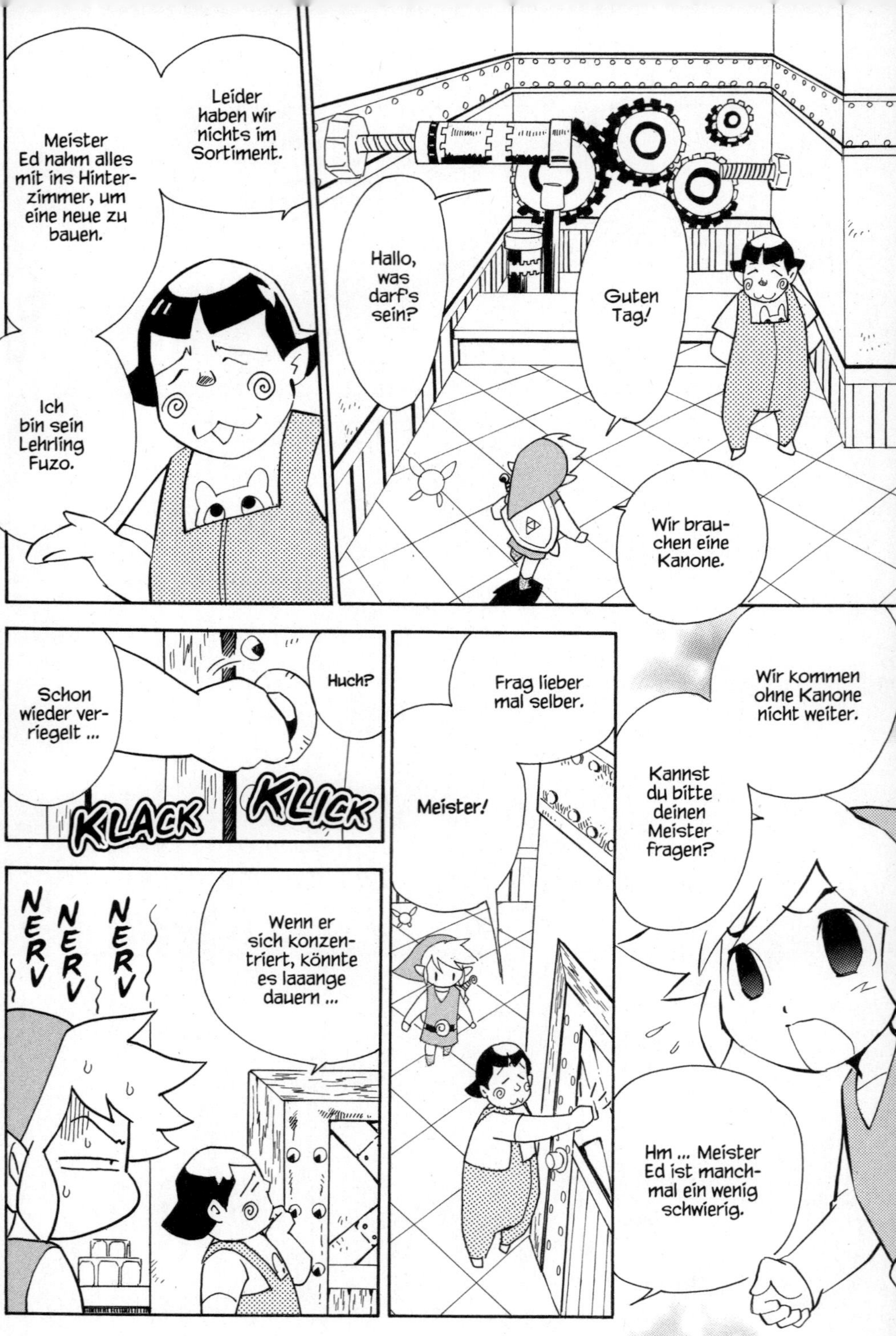
Guten Tag!
Hallo, was darf's sein?
Wir brauchen eine Kanone.
Leider haben wir nichts im Sortiment.
Meister Ed nahm alles mit ins Hinterzimmer, um eine neue zu bauen.
Ich bin sein Lehrling Fuzo.
Wir kommen ohne Kanone nicht weiter.
Kannst du bitte deinen Meister fragen?
Hm ... Meister Ed ist manchmal ein wenig schwierig.
Frag lieber mal selber.
Meister!
Huch?
Schon wieder verriegelt ...
KLICK
KLACK
Wenn er sich konzentriert, könnte es laaange dauern ...
NERV
NERV
NERV

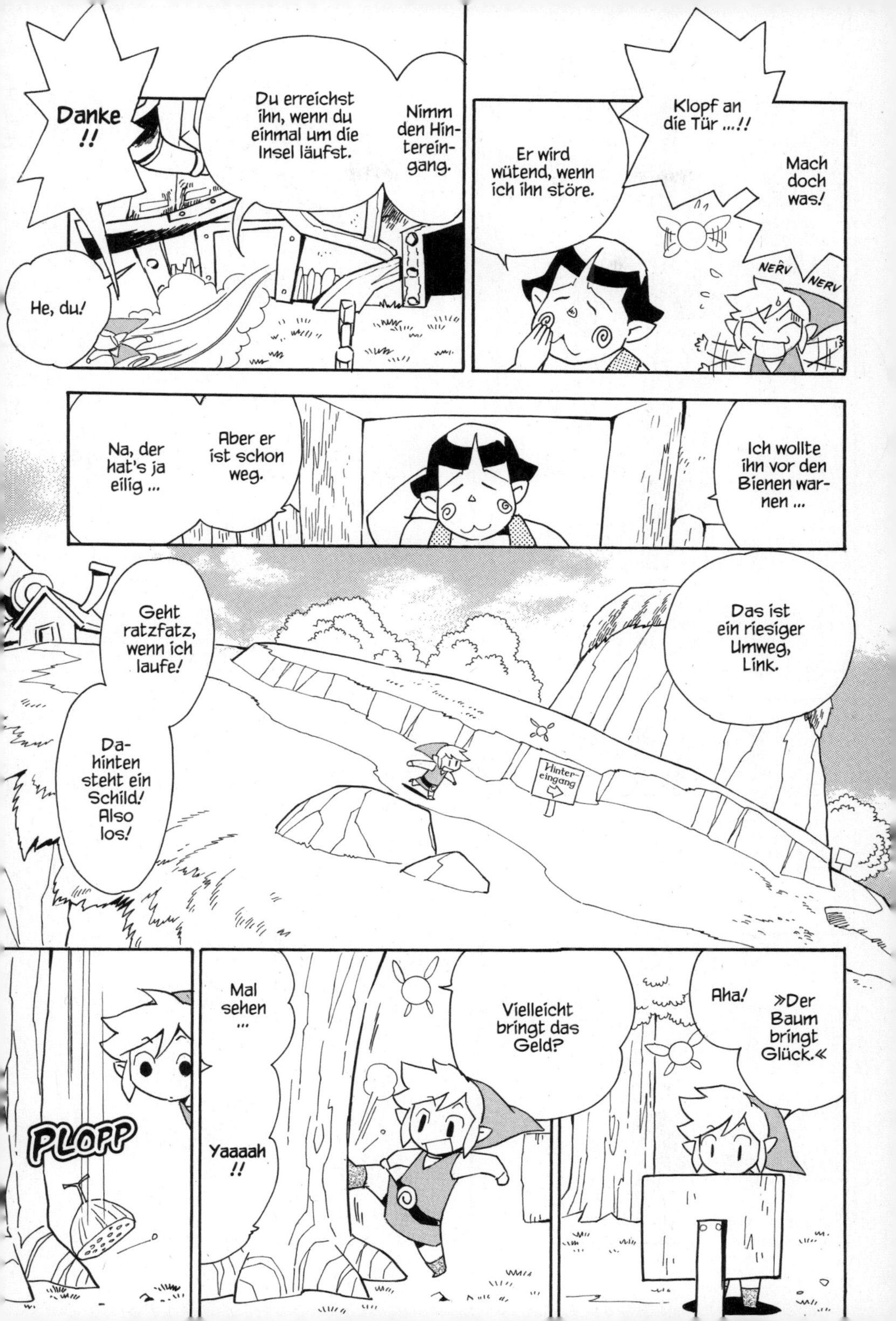
Danke !!
Du erreichst ihn, wenn du einmal um die Insel läufst.
Nimm den Hintereingang.
He, du!
Klopf an die Tür ...!!
Er wird wütend, wenn ich ihn störe.
Mach doch was!
NERV NERV
Na, der hat's ja eilig ...
Aber er ist schon weg.
Ich wollte ihn vor den Bienen warnen ...
Geht ratzfatz, wenn ich laufe!
Das ist ein riesiger Umweg, Link.
Dahinten steht ein Schild! Also los!
Hintereingang
Mal sehen ...
Vielleicht bringt das Geld?
Aha!
»Der Baum bringt Glück.«
PLOPP
Yaaaah !!

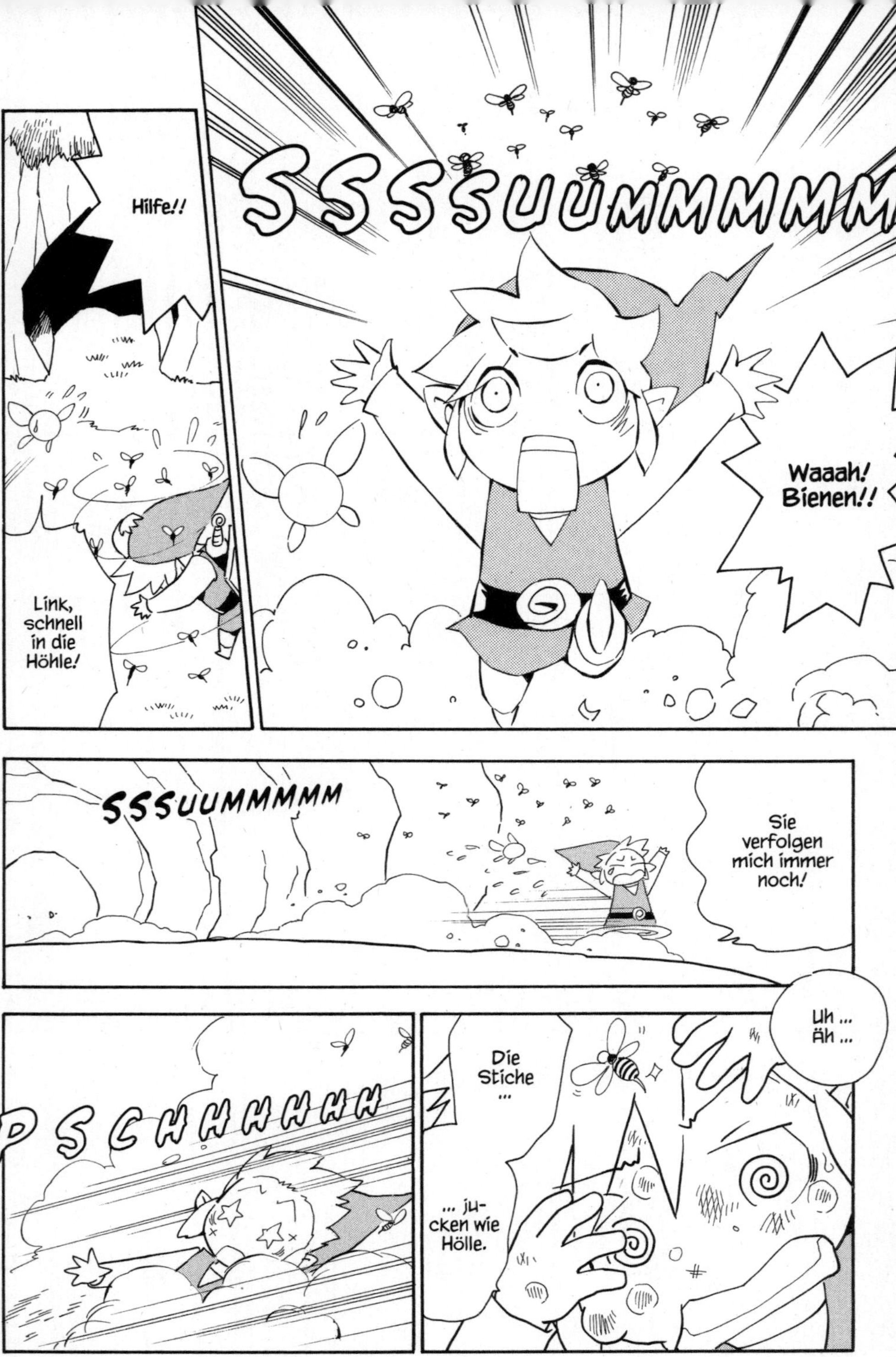
SSSSUUMMMMMM
Hilfe!!
Waaah! Bienen!!
Link, schnell in die Höhle!
SSSUUMMMMM
Sie verfolgen mich immer noch!
PSCHHHHHH
Uh ... Äh ...
Die Stiche ...
... jucken wie Hölle.

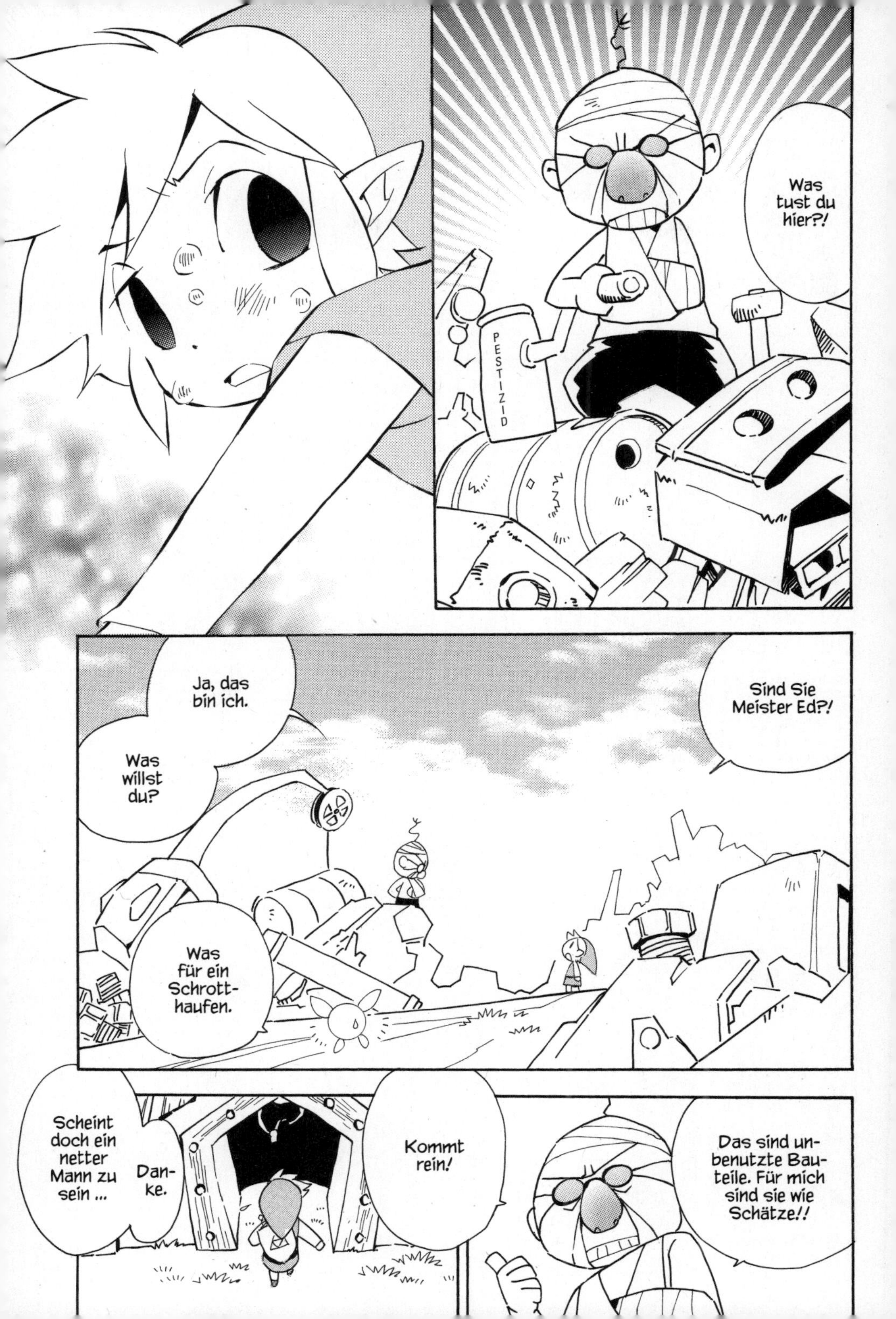
Was tust du hier?!
PESTIZID
Sind Sie Meister Ed?!
Ja, das bin ich.
Was willst du?
Was für ein Schrotthaufen.
Das sind unbenutzte Bauteile. Für mich sind sie wie Schätze!!
Kommt rein!
Danke.
Scheint doch ein netter Mann zu sein ...

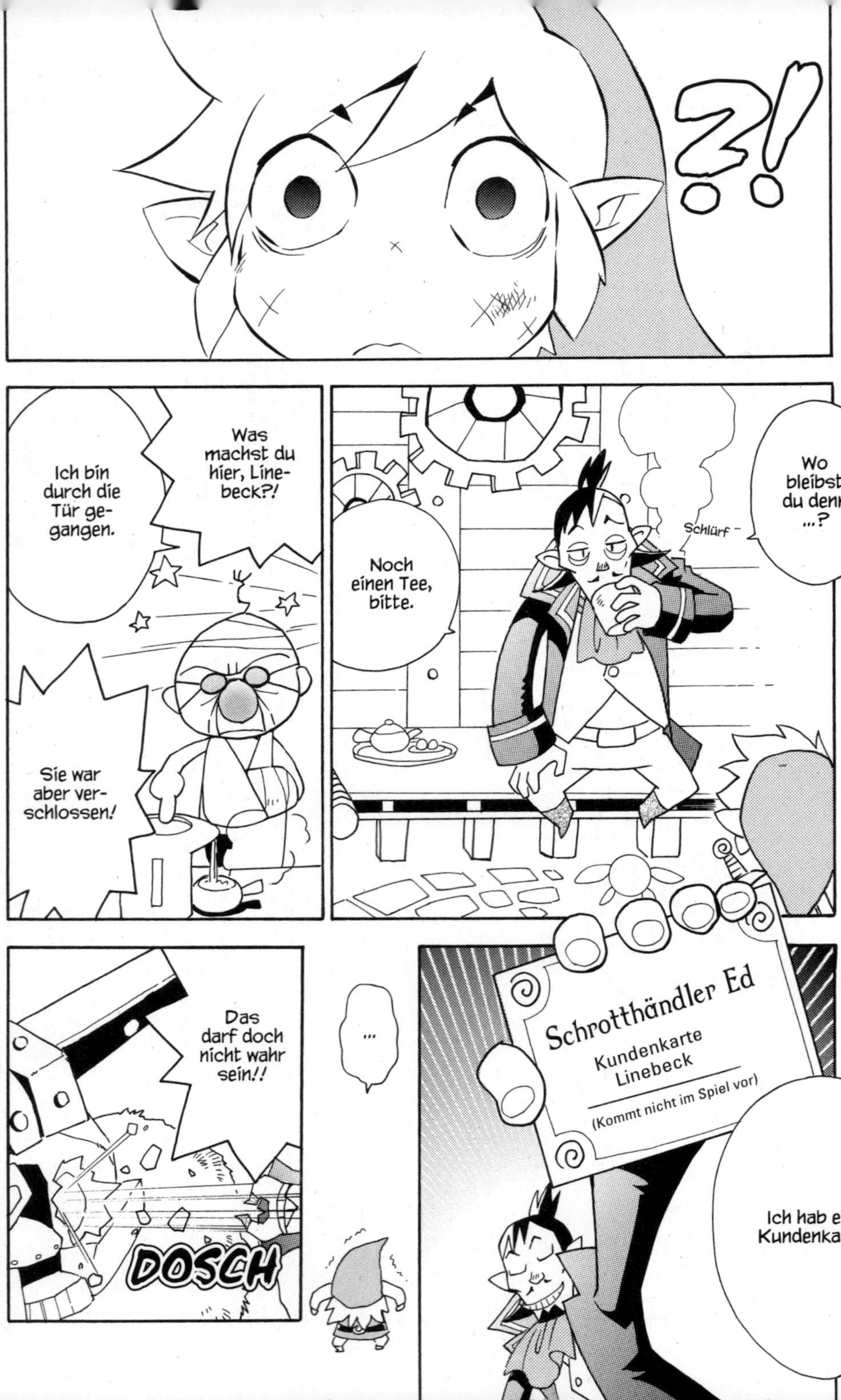
?!
Wo bleibst du denn ...?
Schlürf
Noch einen Tee, bitte.
Was machst du hier, Linebeck?!
Ich bin durch die Tür gegangen.
Sie war aber verschlossen!
Schrotthändler Ed
Kundenkarte
Linebeck
(Kommt nicht im Spiel vor)
Ich hab eine Kundenkarte!
...
Das darf doch nicht wahr sein!!
DOSCH

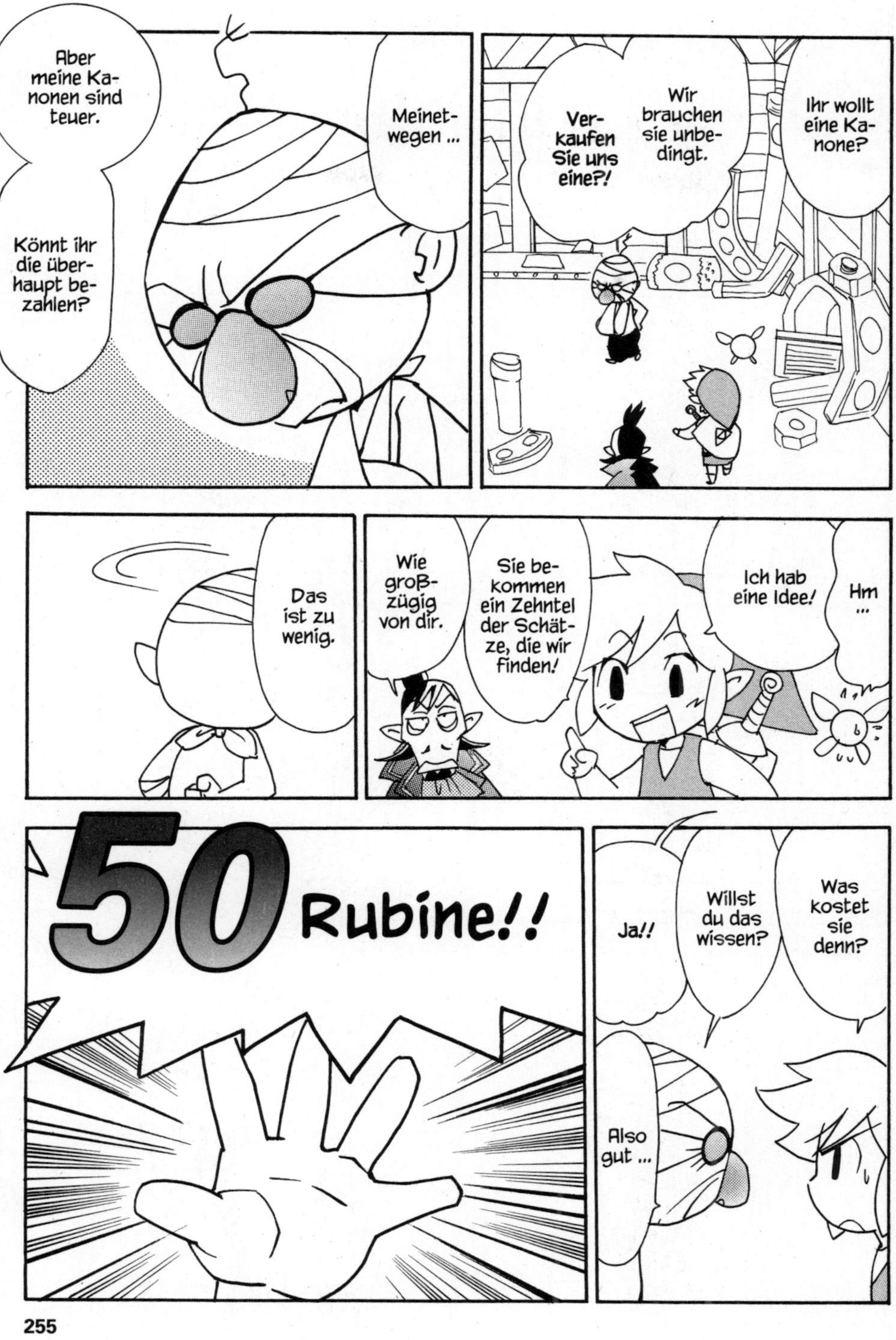

Ihr wollt eine Kanone?
Wir brauchen sie unbedingt.
Verkaufen Sie uns eine?!
Meinetwegen ...
Aber meine Kanonen sind teuer.
Könnt ihr die überhaupt bezahlen?
Hm ...
Ich hab eine Idee!
Sie bekommen ein Zehntel der Schätze, die wir finden!
Wie großzügig von dir.
Das ist zu wenig.
Was kostet sie denn?
Willst du das wissen?
Ja!!
Also gut ...
50 Rubine!!

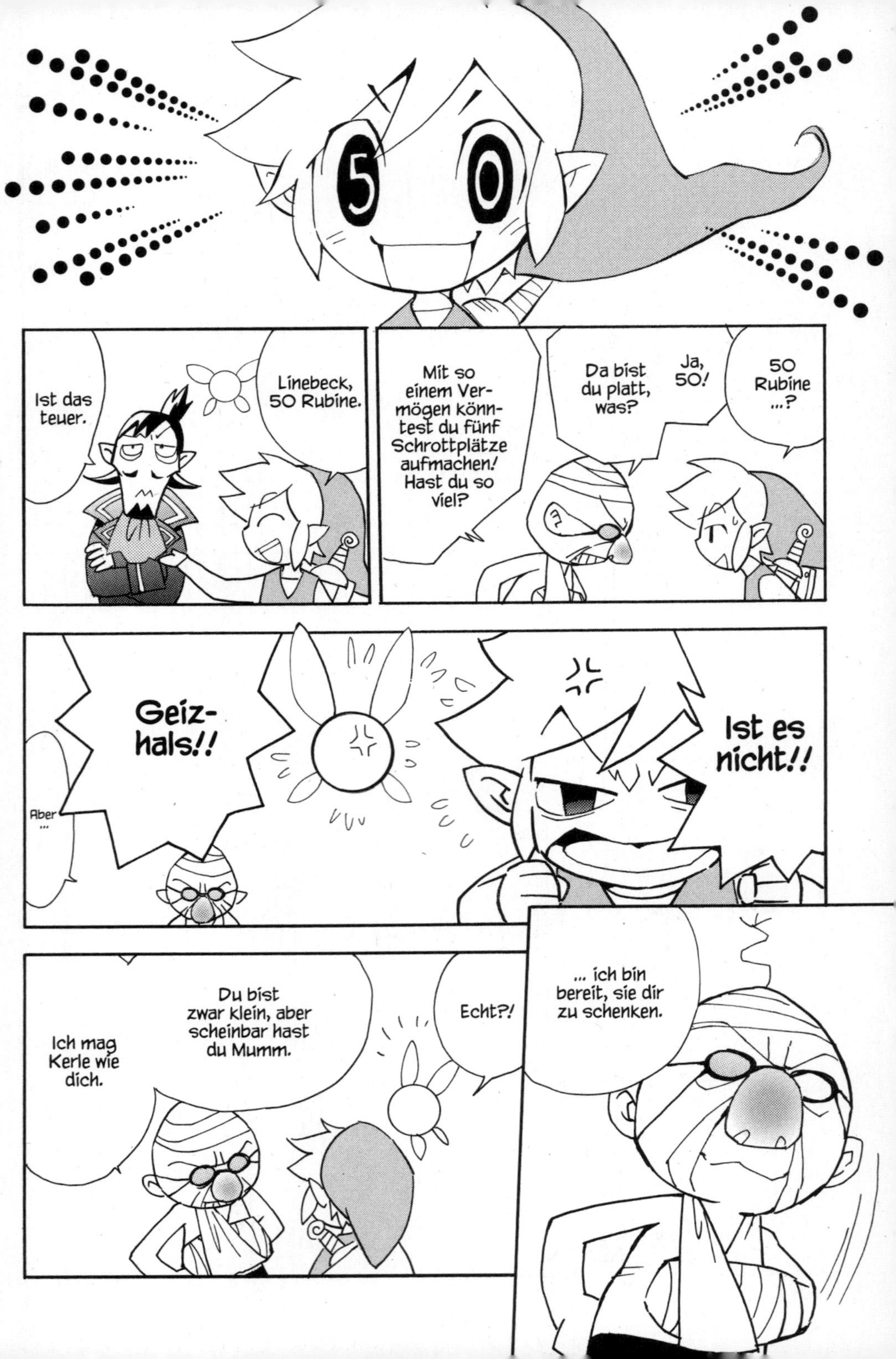

50 Rubine ...?
Ja, 50!
Da bist du platt, was?
Mit so einem Vermögen könntest du fünf Schrottplätze aufmachen! Hast du so viel?
Linebeck, 50 Rubine.
Ist das teuer.
Ist es nicht!!
Geiz-hals!!
Aber ...
... ich bin bereit, sie dir zu schenken.
Echt?!
Du bist zwar klein, aber scheinbar hast du Mumm.
Ich mag Kerle wie dich.

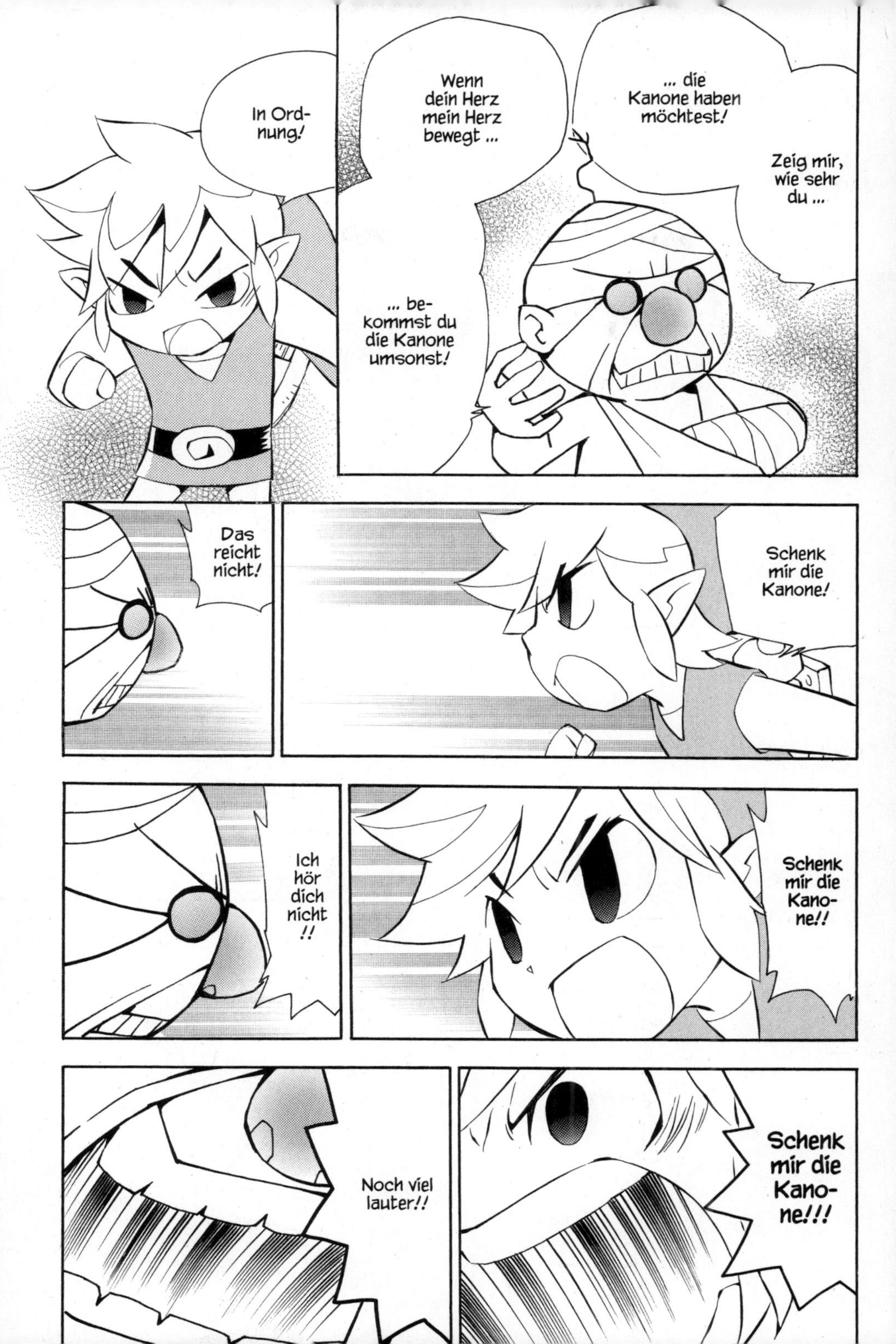

Zeig mir, wie sehr du ...
... die Kanone haben möchtest!
Wenn dein Herz mein Herz bewegt ...
... bekommst du die Kanone umsonst!
In Ordnung!
Schenk mir die Kanone!
Das reicht nicht!
Schenk mir die Kanone!!
Ich hör dich nicht!!
Schenk mir die Kanone!!!
Noch viel lauter!!

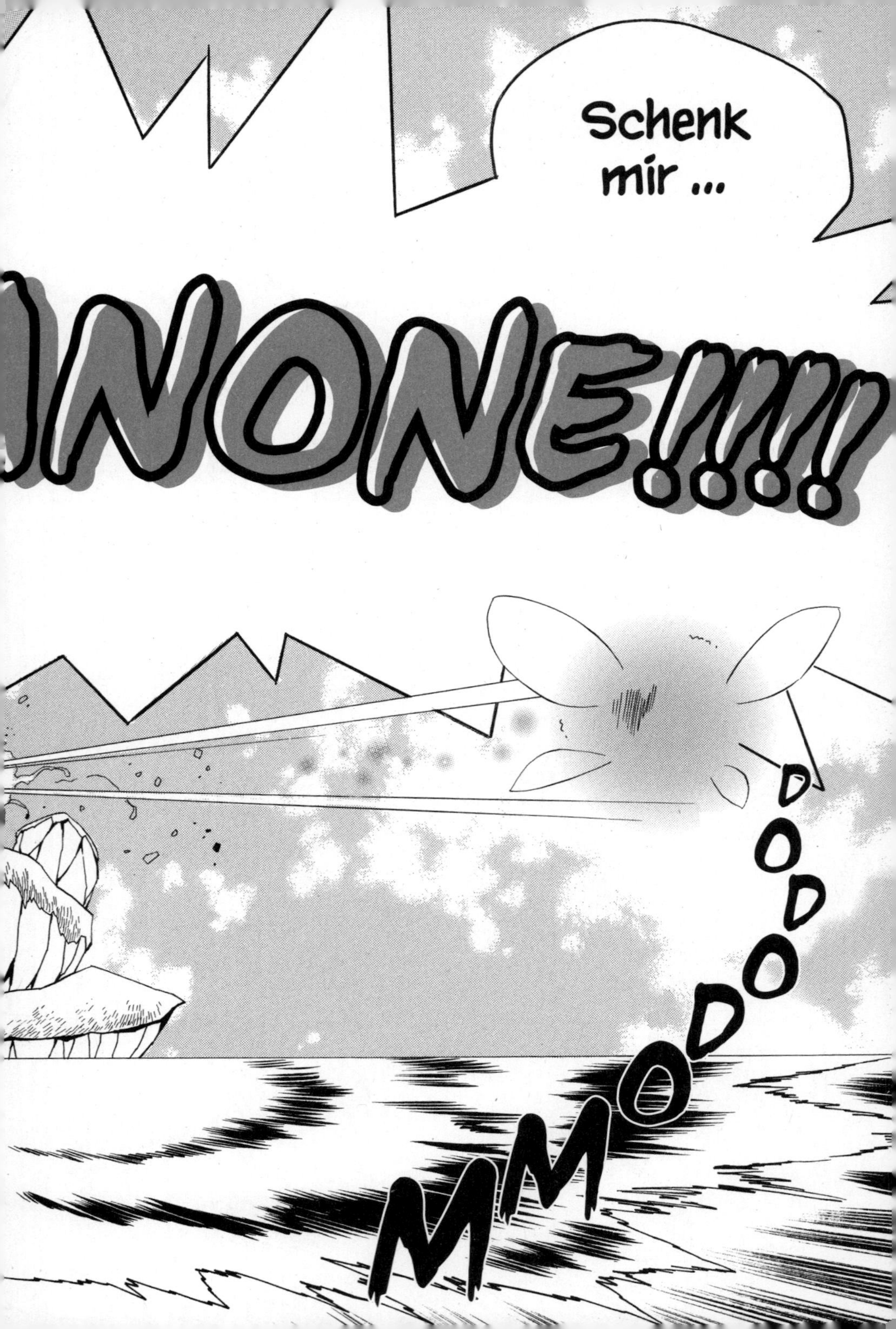
Schenk mir ...
NONE!!!!
DODODODODOMMM

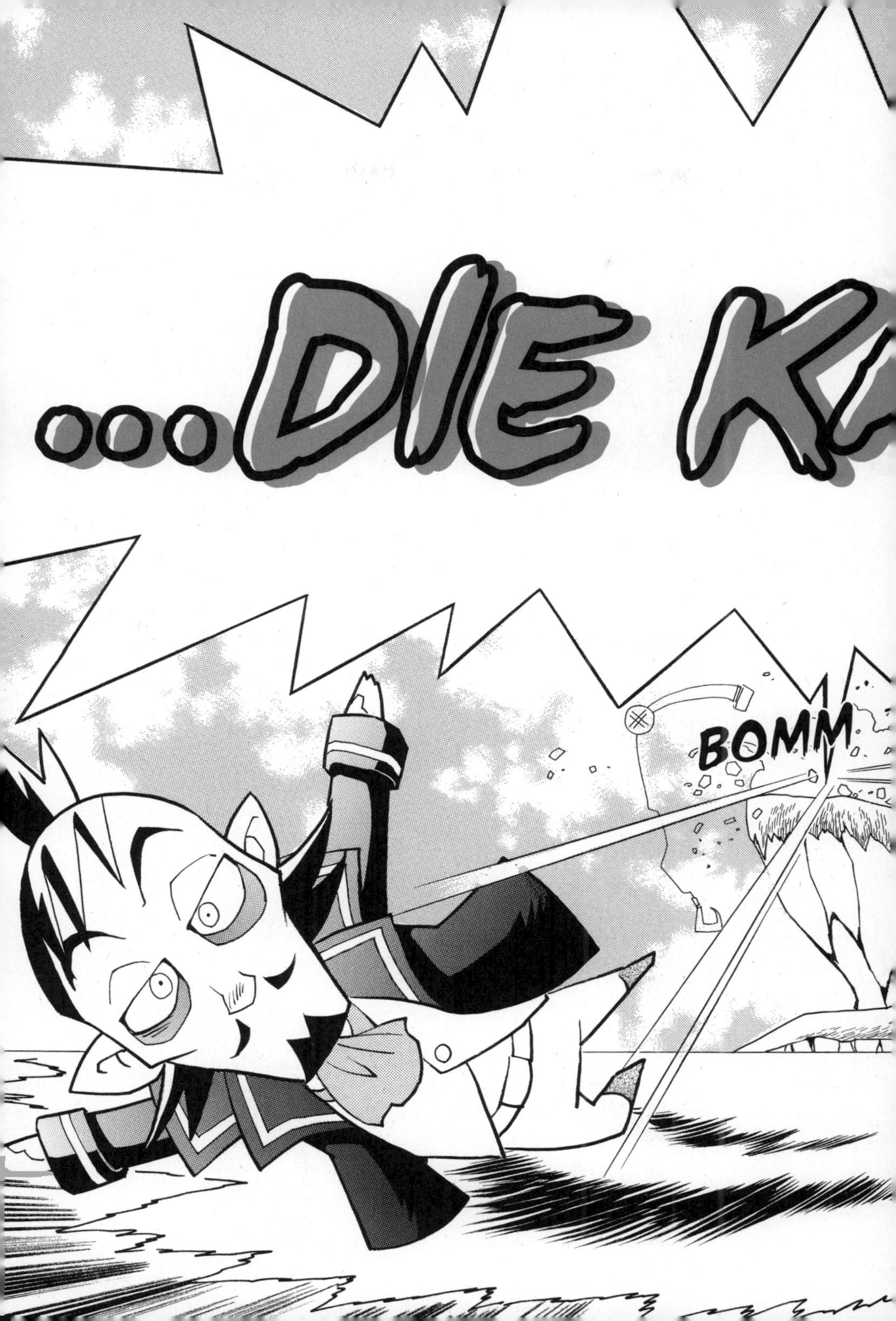
...DIE K
BOMM

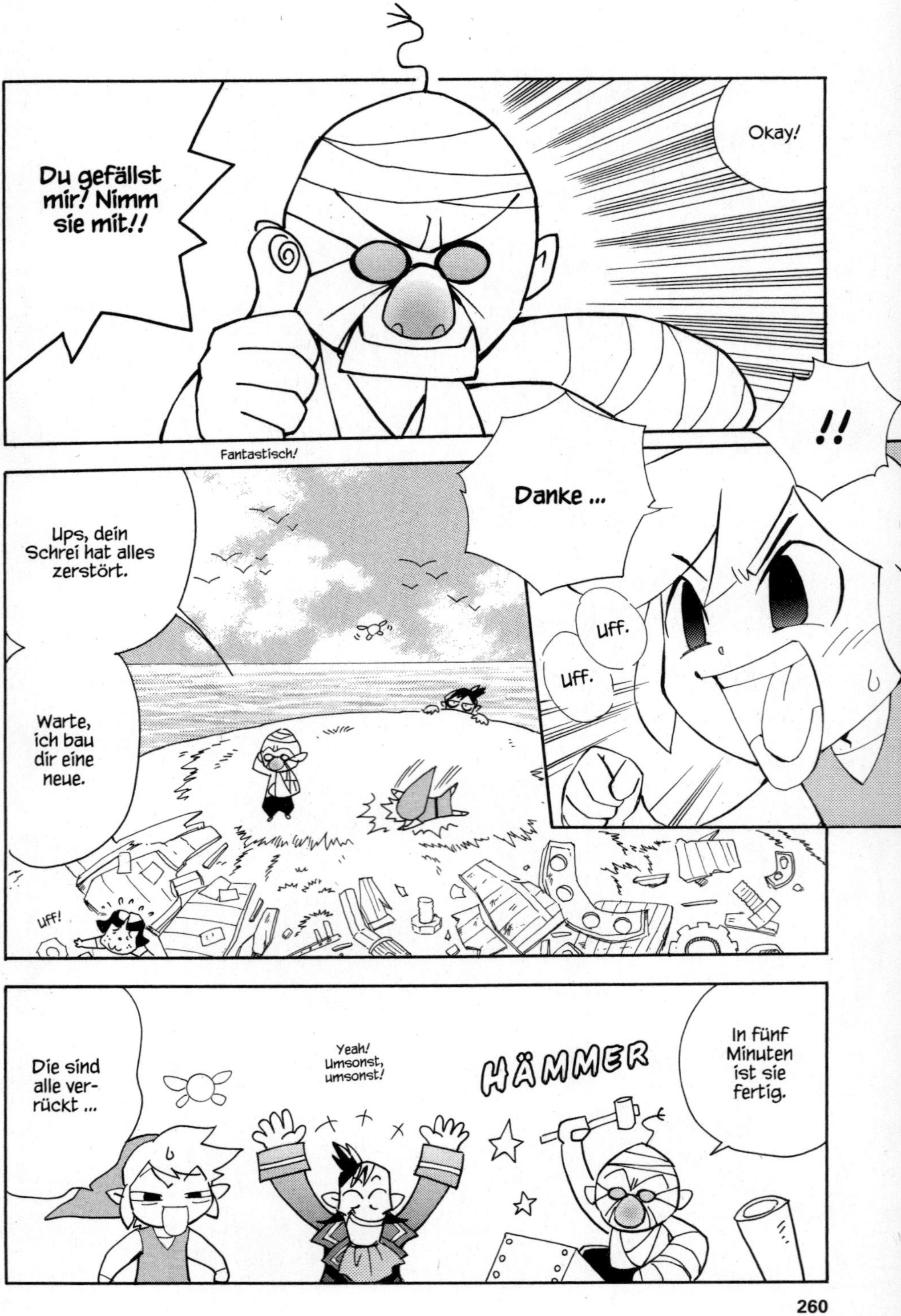
Okay!
Du gefällst mir! Nimm sie mit!!
Fantastisch!
!!
Danke ...
Uff.
Uff.
Ups, dein Schrei hat alles zerstört.
Warte, ich bau dir eine neue.
Uff!
In fünf Minuten ist sie fertig.
HÄMMER
Yeah! Umsonst, umsonst!
Die sind alle verrückt ...

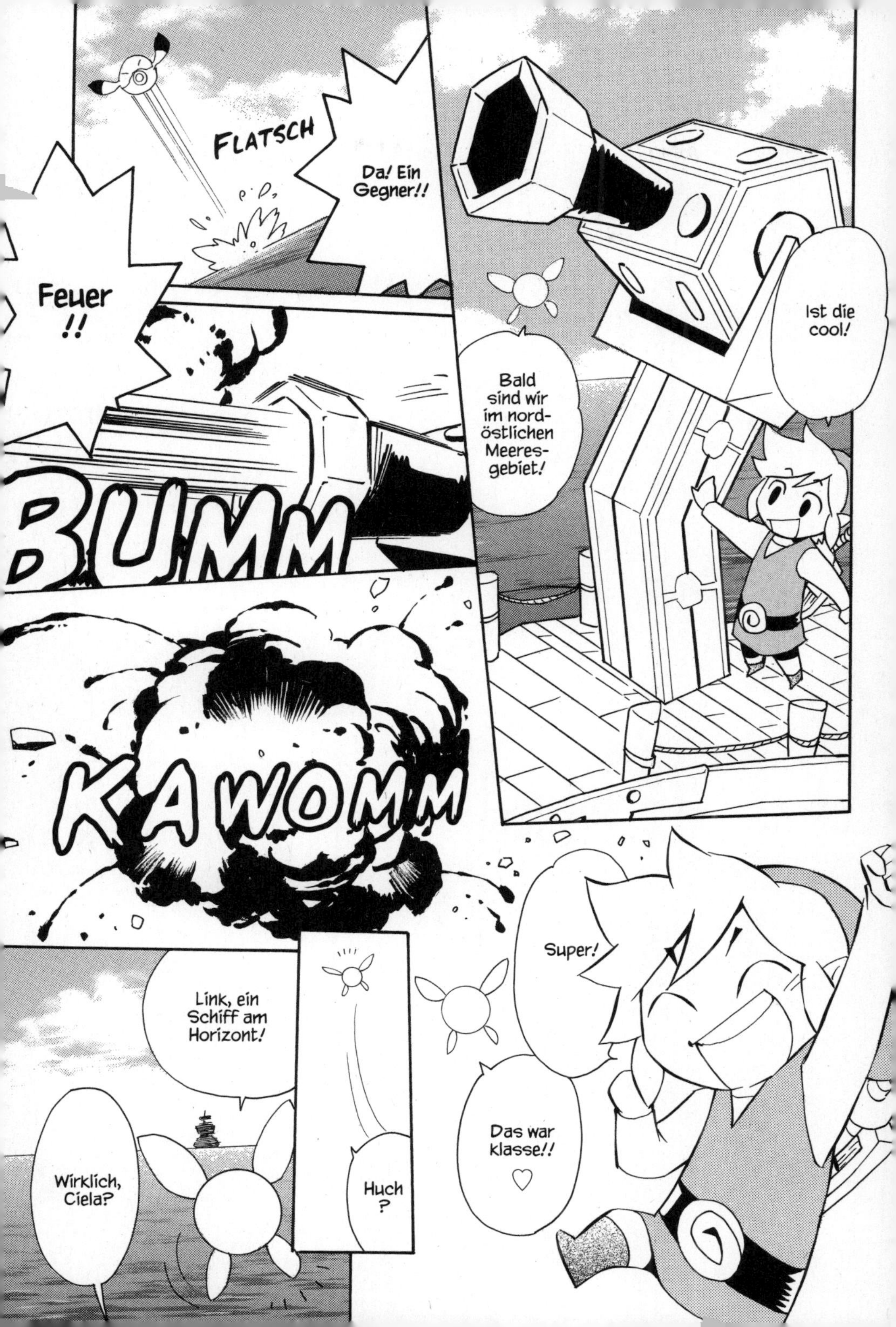

Ist die cool!
Bald sind wir im nordöstlichen Meeresgebiet!
Da! Ein Gegner!!
Feuer !!
BUMM
KAWOMM
FLATSCH
Super!
Das war klasse!! ♡
Huch ?
Link, ein Schiff am Horizont!
Wirklich, Ciela?

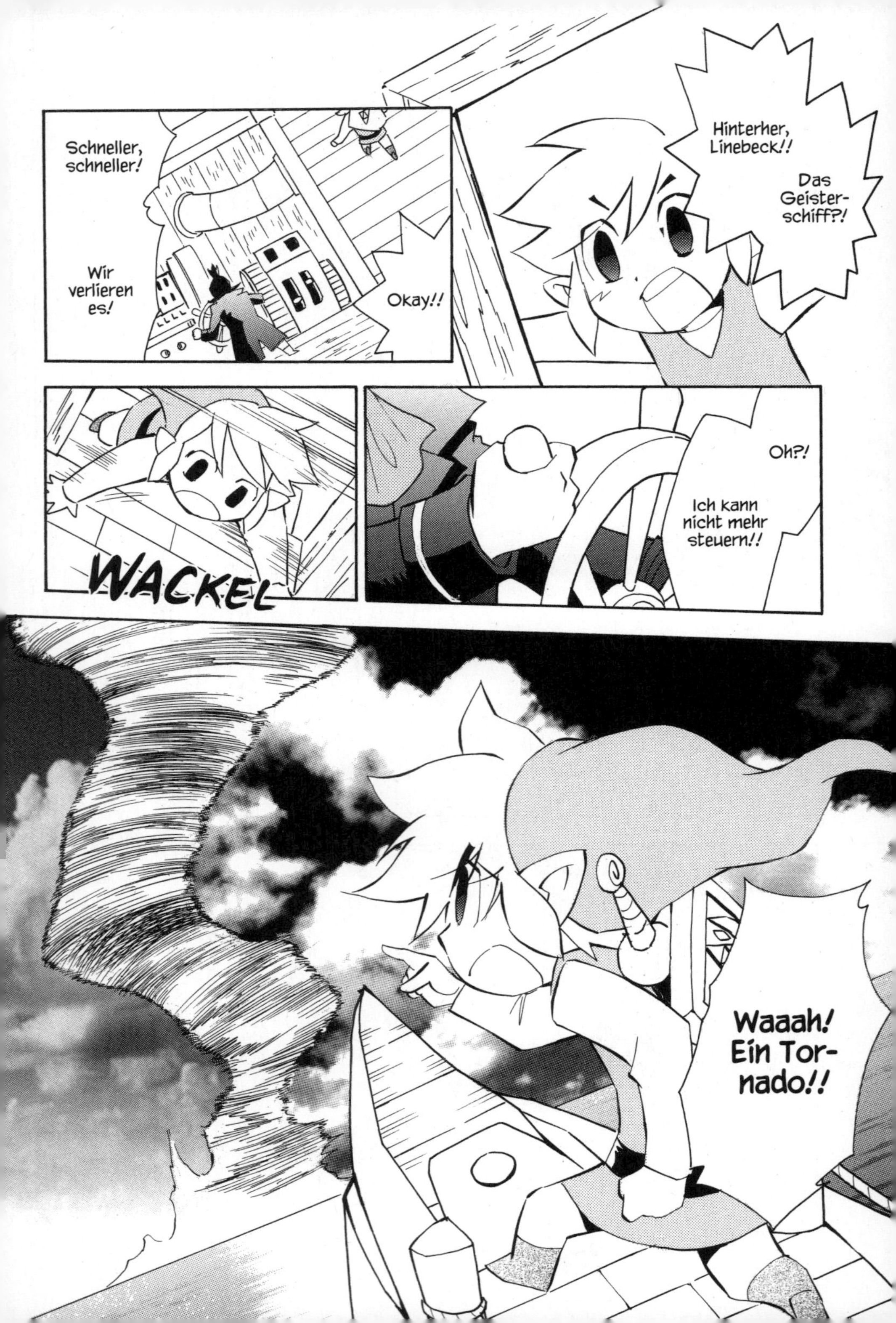
Hinterher, Linebeck!!
Das Geisterschiff?!
Okay!!
Schneller, schneller!
Wir verlieren es!
Oh?!
Ich kann nicht mehr steuern!!
WACKEL
Waaah! Ein Tornado!!

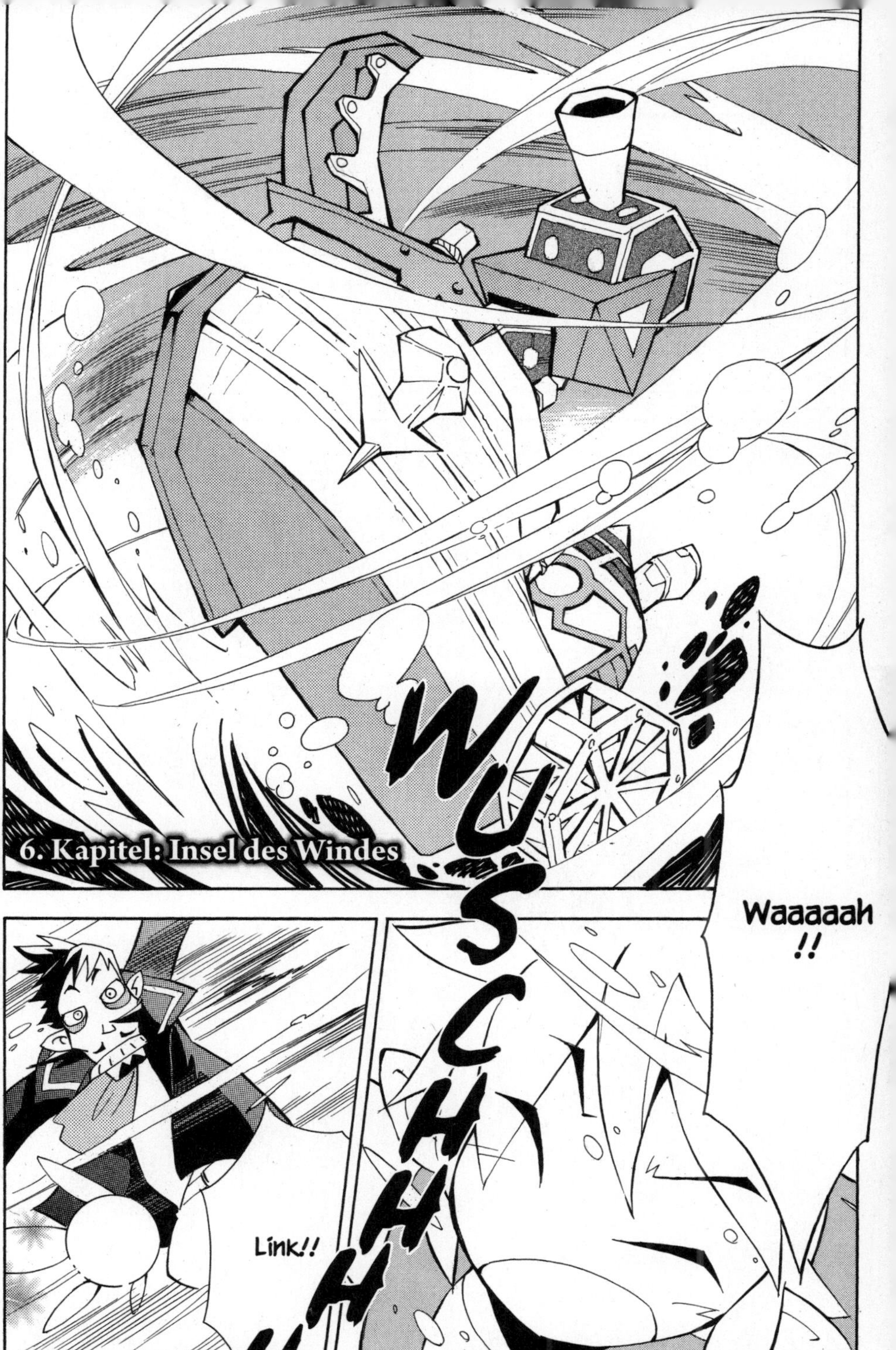
6. Kapitel: Insel des Windes
WUSCHHHHH
Waaaaah!!
Link!!

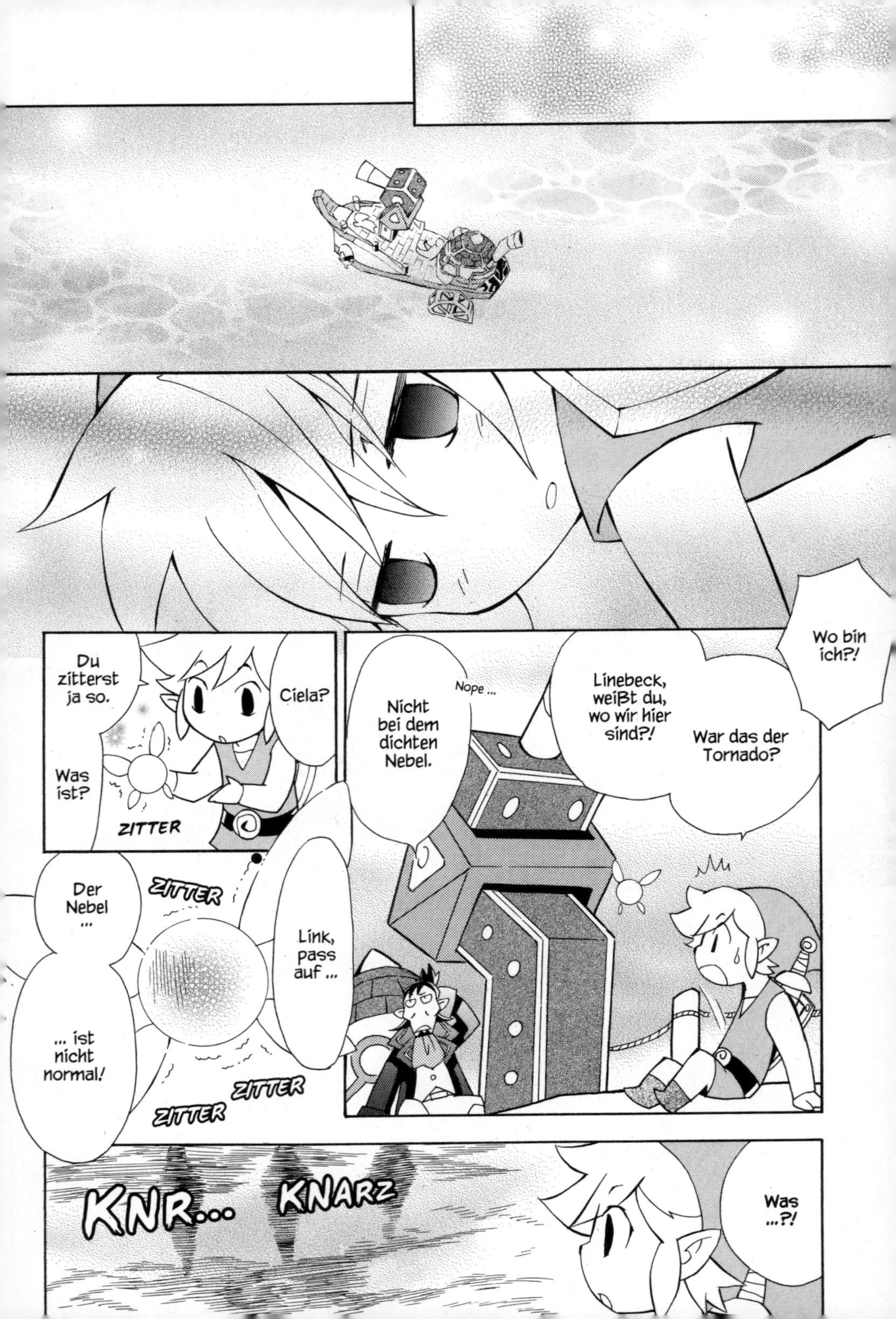

Wo bin ich?!
Linebeck, weißt du, wo wir hier sind?!
War das der Tornado?
Nope ...
Nicht bei dem dichten Nebel.
Ciela?
Du zitterst ja so.
Was ist?
ZITTER
Link, pass auf ...
ZITTER
Der Nebel ...
... ist nicht normal!
ZITTER
ZITTER
Was ...?!
KNARZ
KNR...

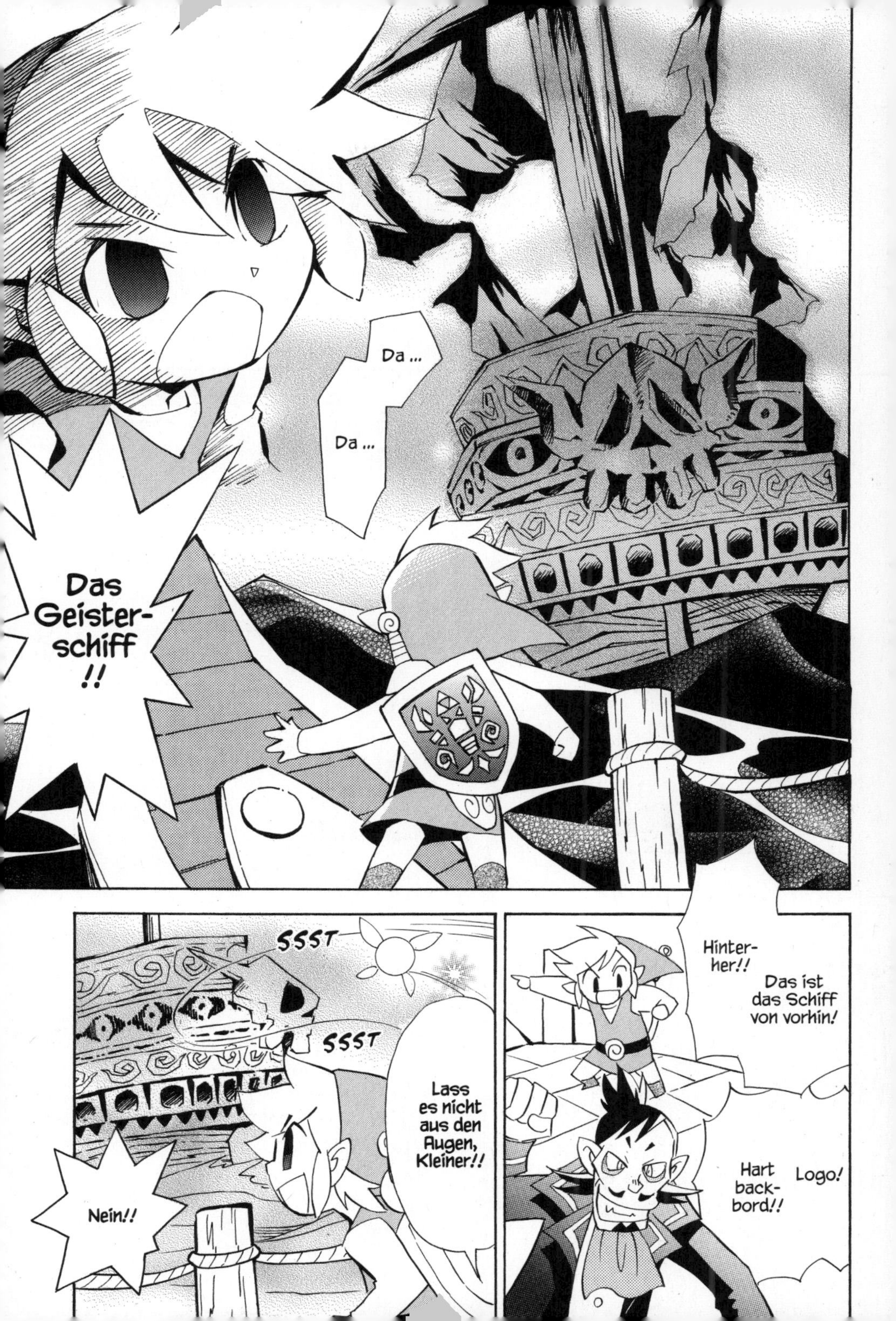
Da ...
Da ...
Das Geister-schiff!!
Hinter-her!!
Das ist das Schiff von vorhin!
Logo!
Hart back-bord!!
SSST
SSST
Lass es nicht aus den Augen, Kleiner!!
Nein!!

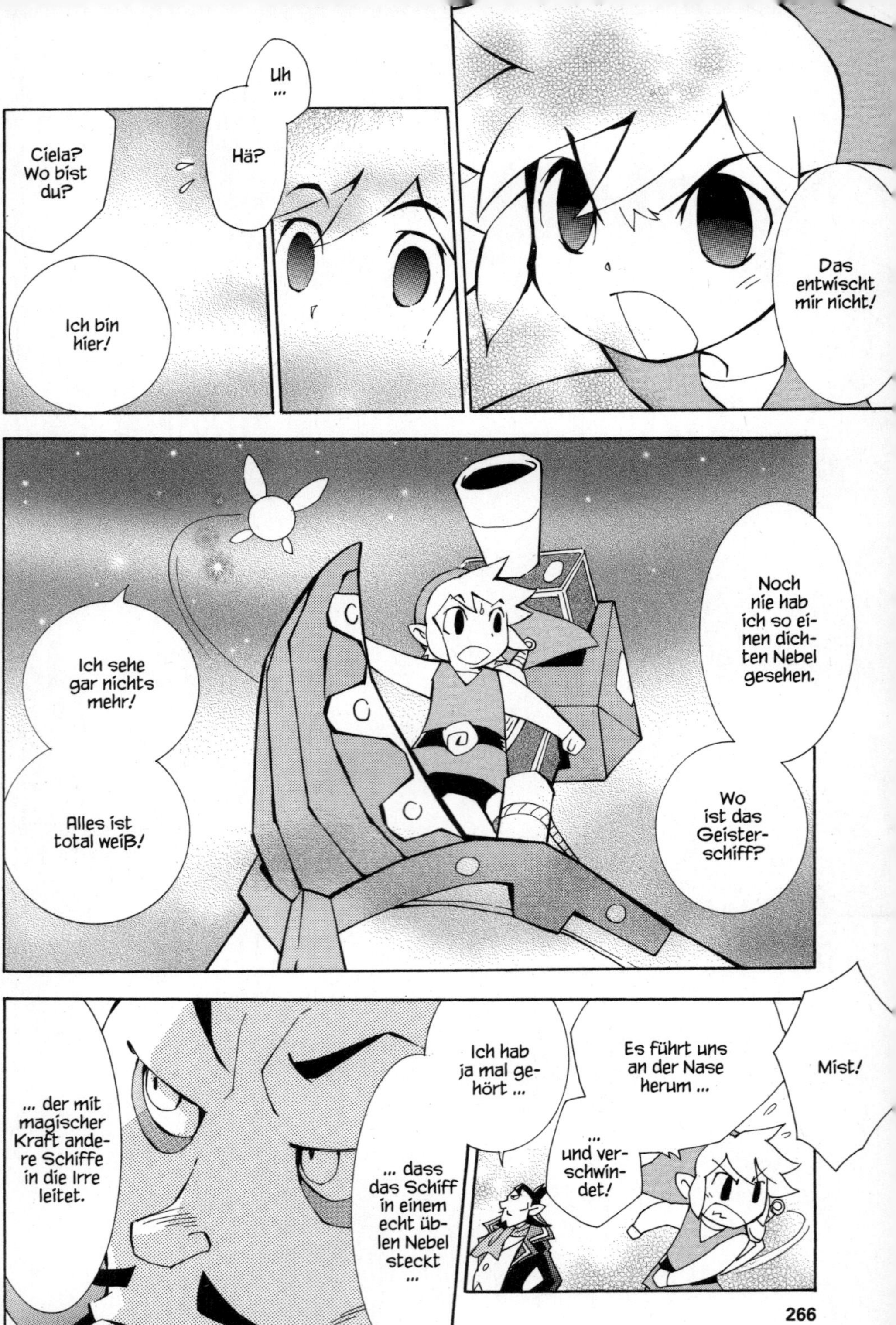
Das entwischt mir nicht!
Uh ...
Hä?
Ciela? Wo bist du?
Ich bin hier!
Noch nie hab ich so einen dichten Nebel gesehen.
Wo ist das Geisterschiff?
Ich sehe gar nichts mehr!
Alles ist total weiß!
Mist!
Es führt uns an der Nase herum ...
... und verschwindet!
Ich hab ja mal gehört ...
... dass das Schiff in einem echt üblen Nebel steckt ...
... der mit magischer Kraft andere Schiffe in die Irre leitet.

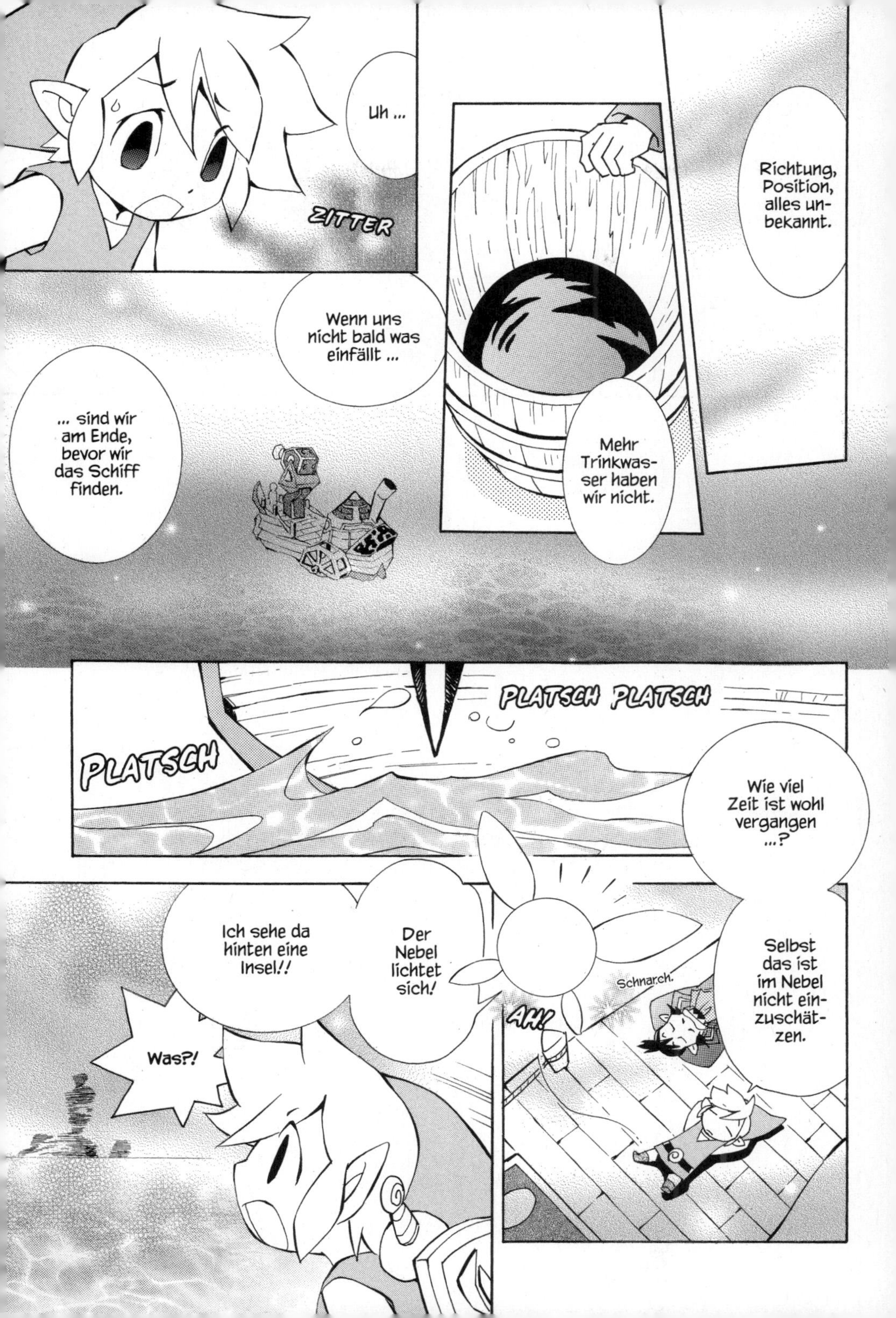
Richtung, Position, alles unbekannt.
Mehr Trinkwasser haben wir nicht.
Uh ...
ZITTER
Wenn uns nicht bald was einfällt ...
... sind wir am Ende, bevor wir das Schiff finden.
PLATSCH PLATSCH
PLATSCH
Wie viel Zeit ist wohl vergangen ...?
Selbst das ist im Nebel nicht einzuschätzen.
Schnarch.
AH!
Der Nebel lichtet sich!
Ich sehe da hinten eine Insel!!
Was?!

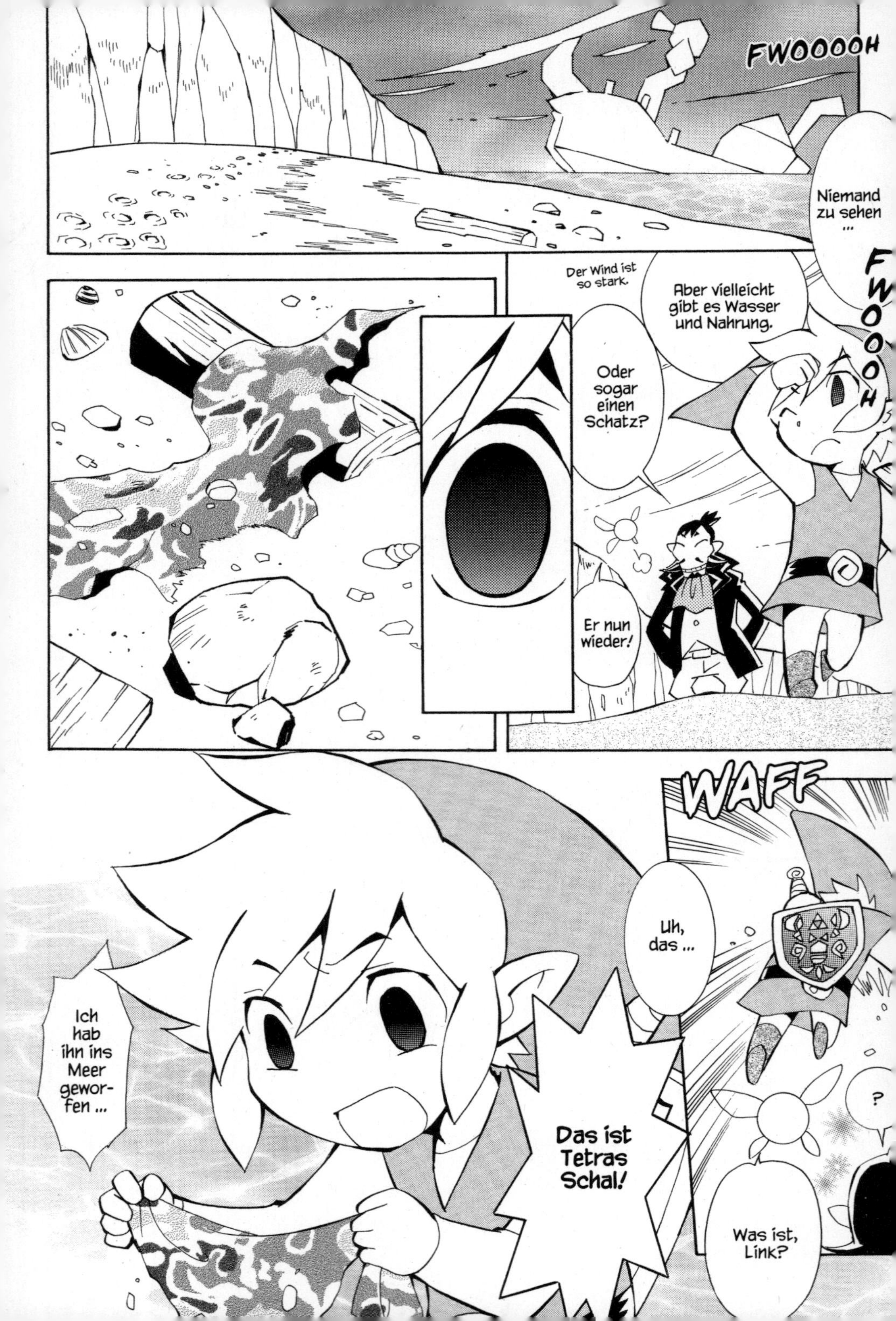
FWOOOOH
Niemand zu sehen ...
FWOOOOH
Aber vielleicht gibt es Wasser und Nahrung.
Der Wind ist so stark.
Oder sogar einen Schatz?
Er nun wieder!
WAFF
Uh, das ...
?
Was ist, Link?
Das ist Tetras Schal!
Ich hab ihn ins Meer geworfen ...

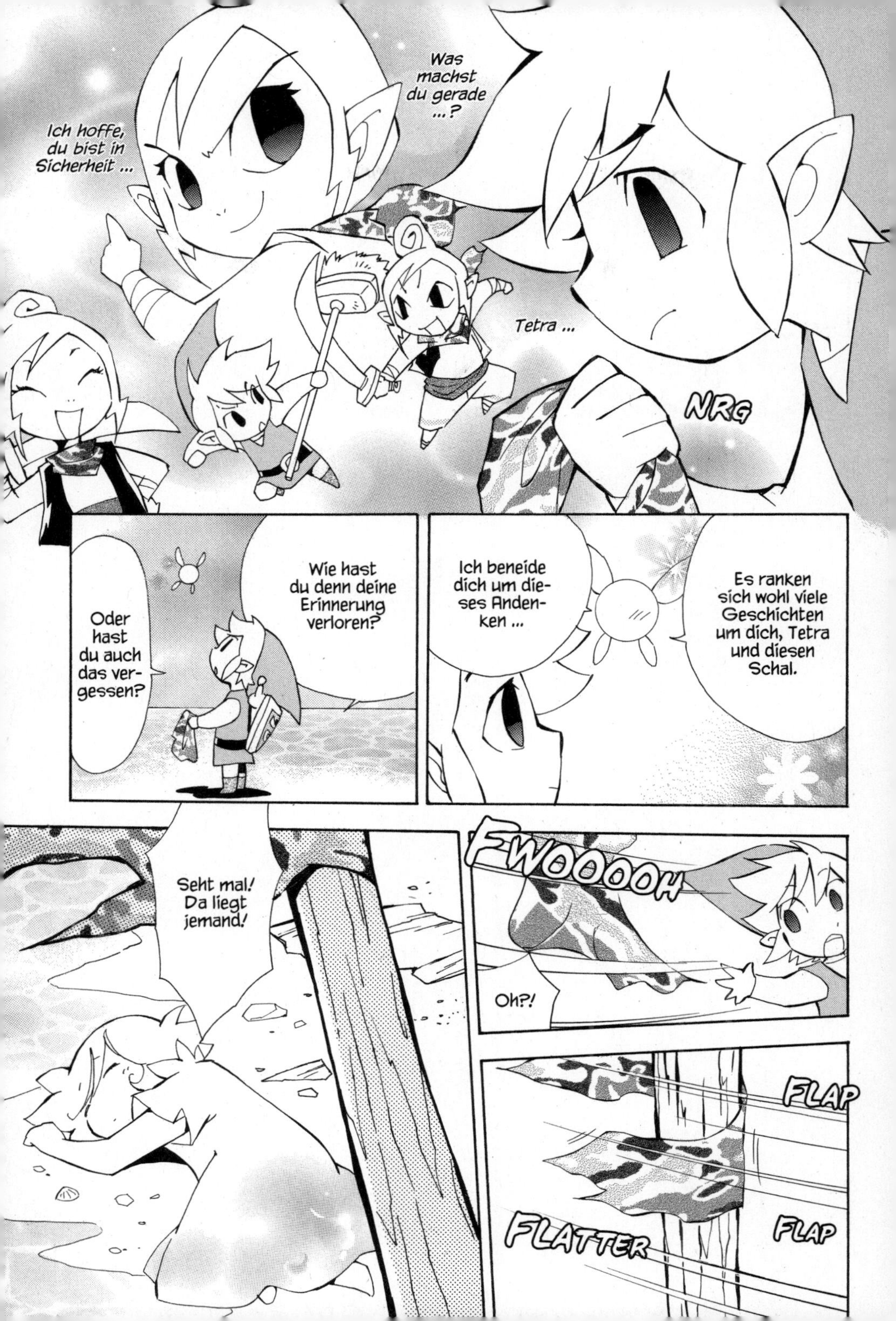

Tetra ...
NRG
Was machst du gerade ...?
Ich hoffe, du bist in Sicherheit ...
Es ranken sich wohl viele Geschichten um dich, Tetra und diesen Schal.
Ich beneide dich um dieses Andenken ...
Wie hast du denn deine Erinnerung verloren?
Oder hast du auch das vergessen?
FWOOOOH
Oh?!
FLAP
FLAP
FLATTER
Seht mal! Da liegt jemand!

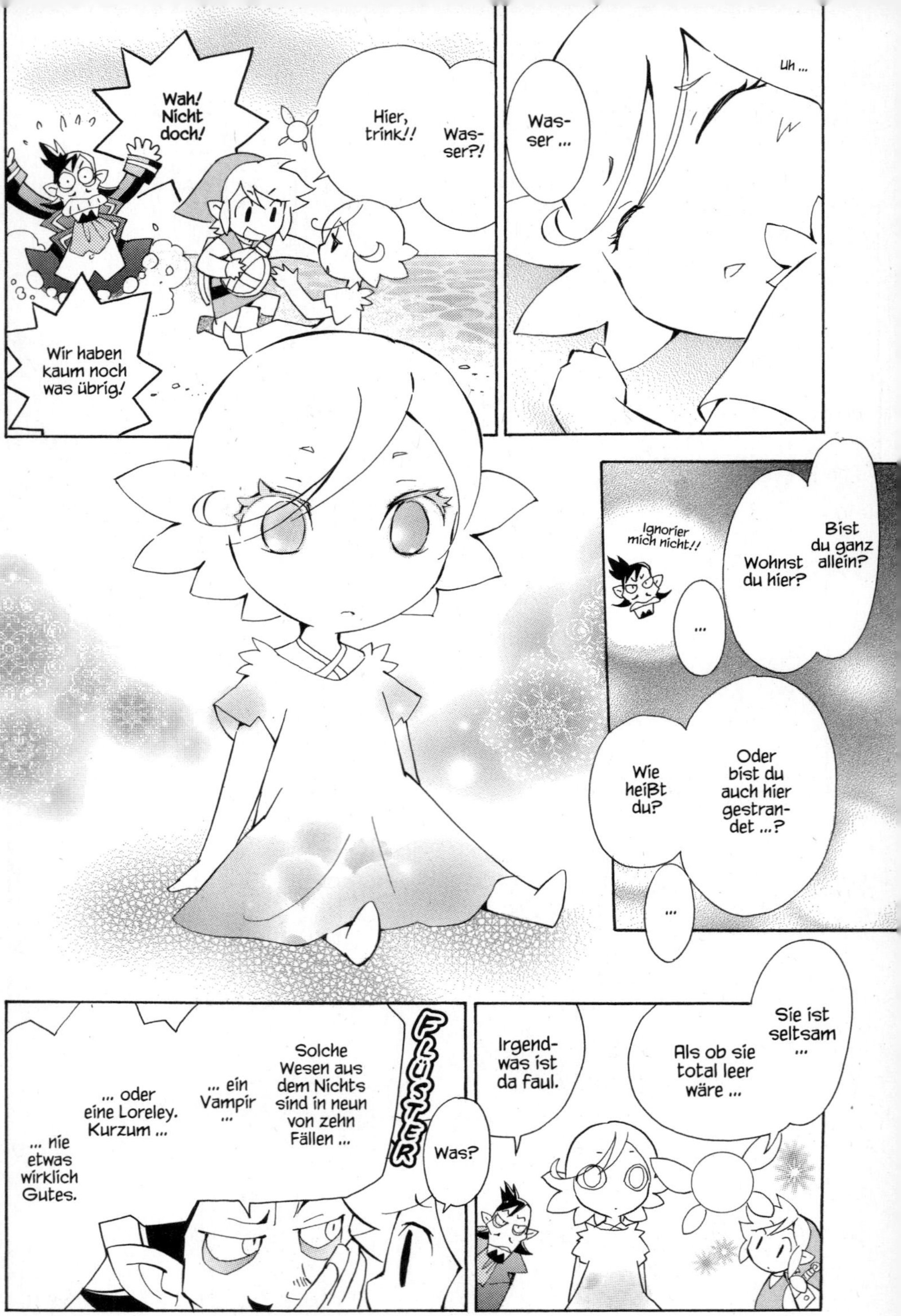

Uh ...
Wasser ...
Wasser?!
Hier, trink!!
Wah! Nicht doch!
Wir haben kaum noch was übrig!
Bist du ganz allein?
Wohnst du hier?
...
Ignorier mich nicht!!
Oder bist du auch hier gestrandet ...?
Wie heißt du?
...
Sie ist seltsam ...
Als ob sie total leer wäre ...
Irgendwas ist da faul.
Was?
FLÜSTER
Solche Wesen aus dem Nichts sind in neun von zehn Fällen ...
... ein Vampir ...
... oder eine Loreley. Kurzum ...
... nie etwas wirklich Gutes.

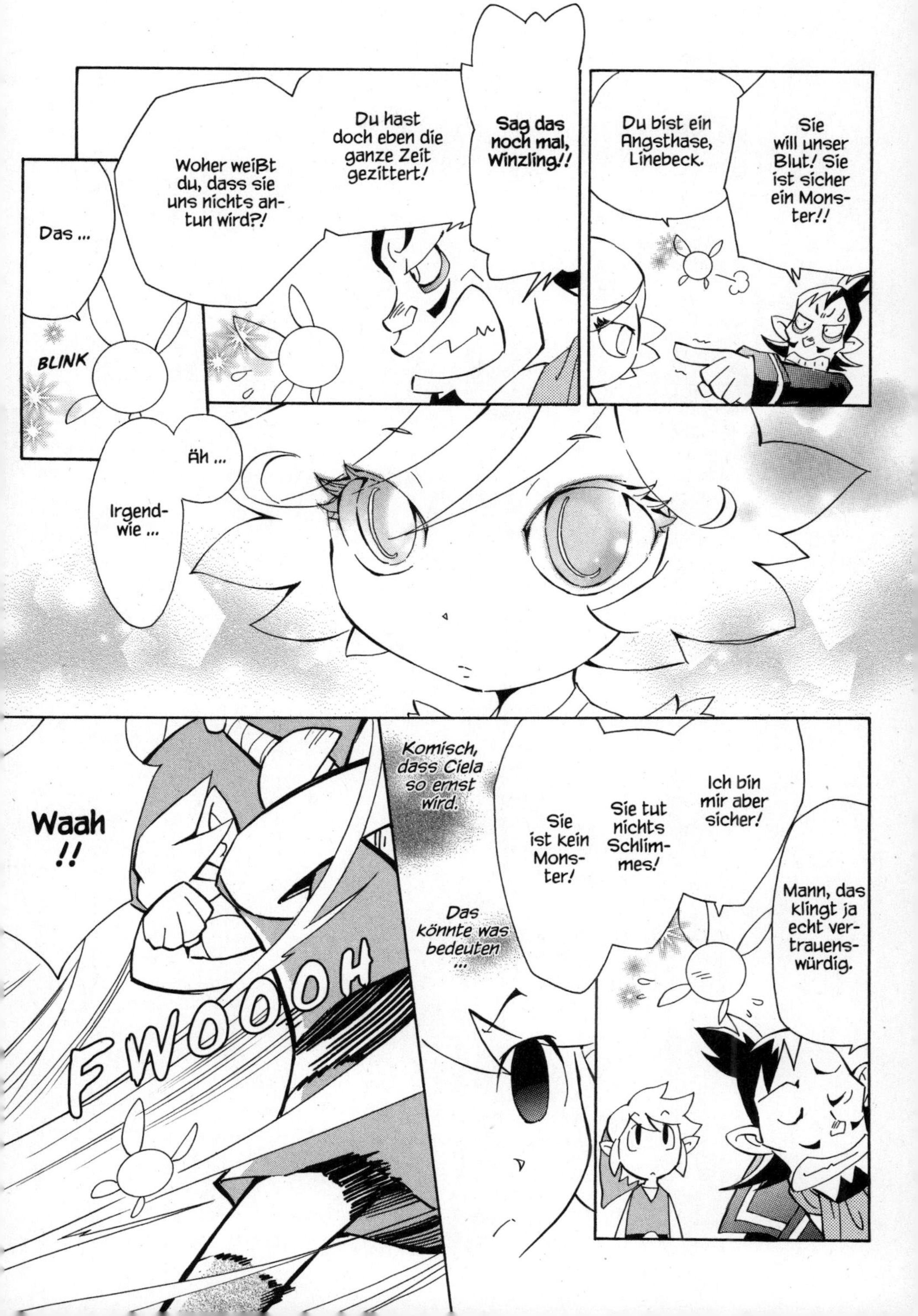
Sie will unser Blut! Sie ist sicher ein Monster!!
Du bist ein Angsthase, Linebeck.
Sag das noch mal, Winzling!!
Du hast doch eben die ganze Zeit gezittert!
Woher weißt du, dass sie uns nichts antun wird?!
Das ...
BLINK
Äh ...
Irgendwie ...
Ich bin mir aber sicher!
Sie tut nichts Schlimmes!
Sie ist kein Monster!
Mann, das klingt ja echt vertrauenswürdig.
Komisch, dass Ciela so ernst wird.
Das könnte was bedeuten ...
Waah !!
FWOOOOH

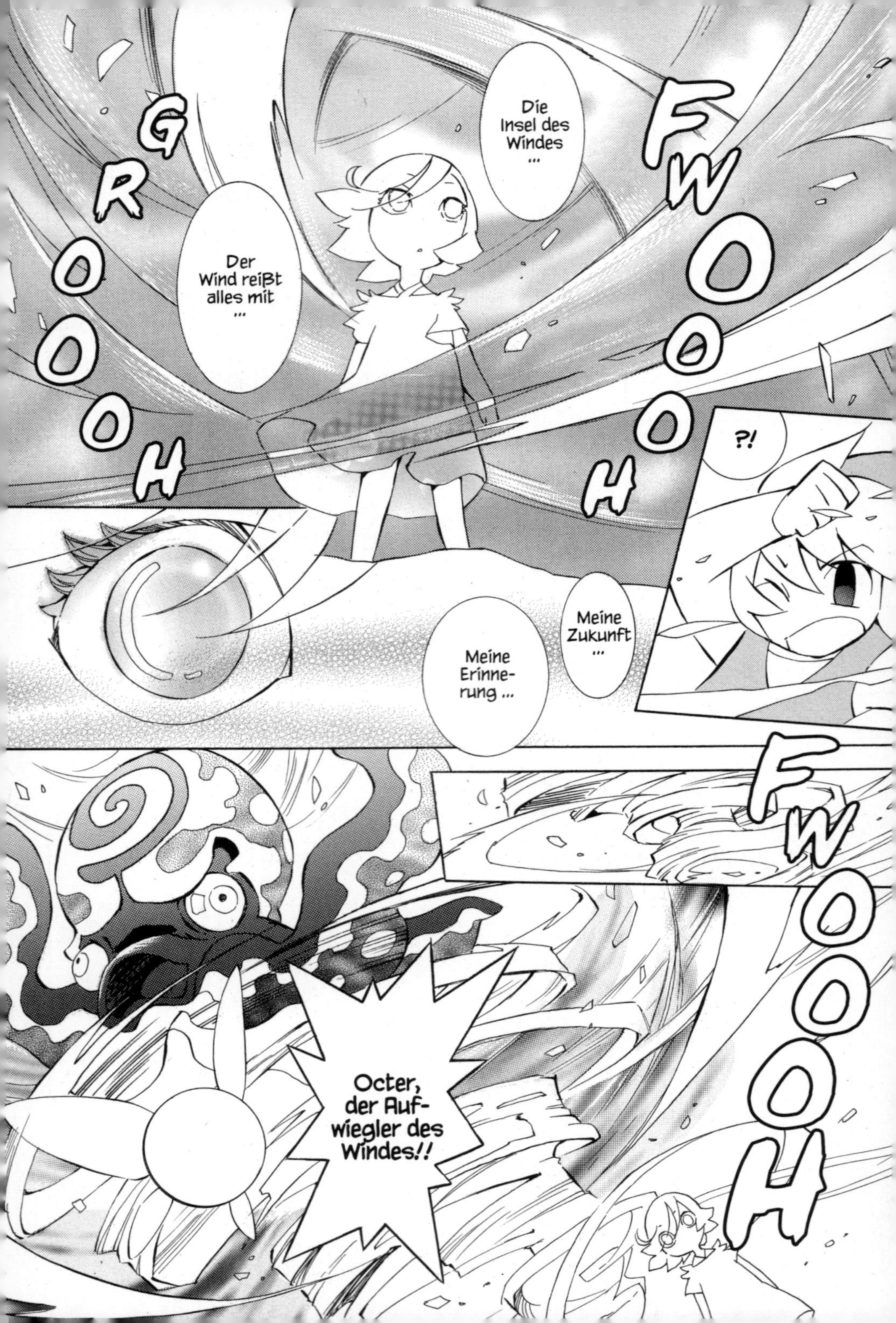
FWOOOOH
Die Insel des Windes ...
GROOOOH
Der Wind reißt alles mit ...
?!
Meine Zukunft ...
Meine Erinnerung ...
FWOOOOH
Octer, der Aufwiegler des Windes!!

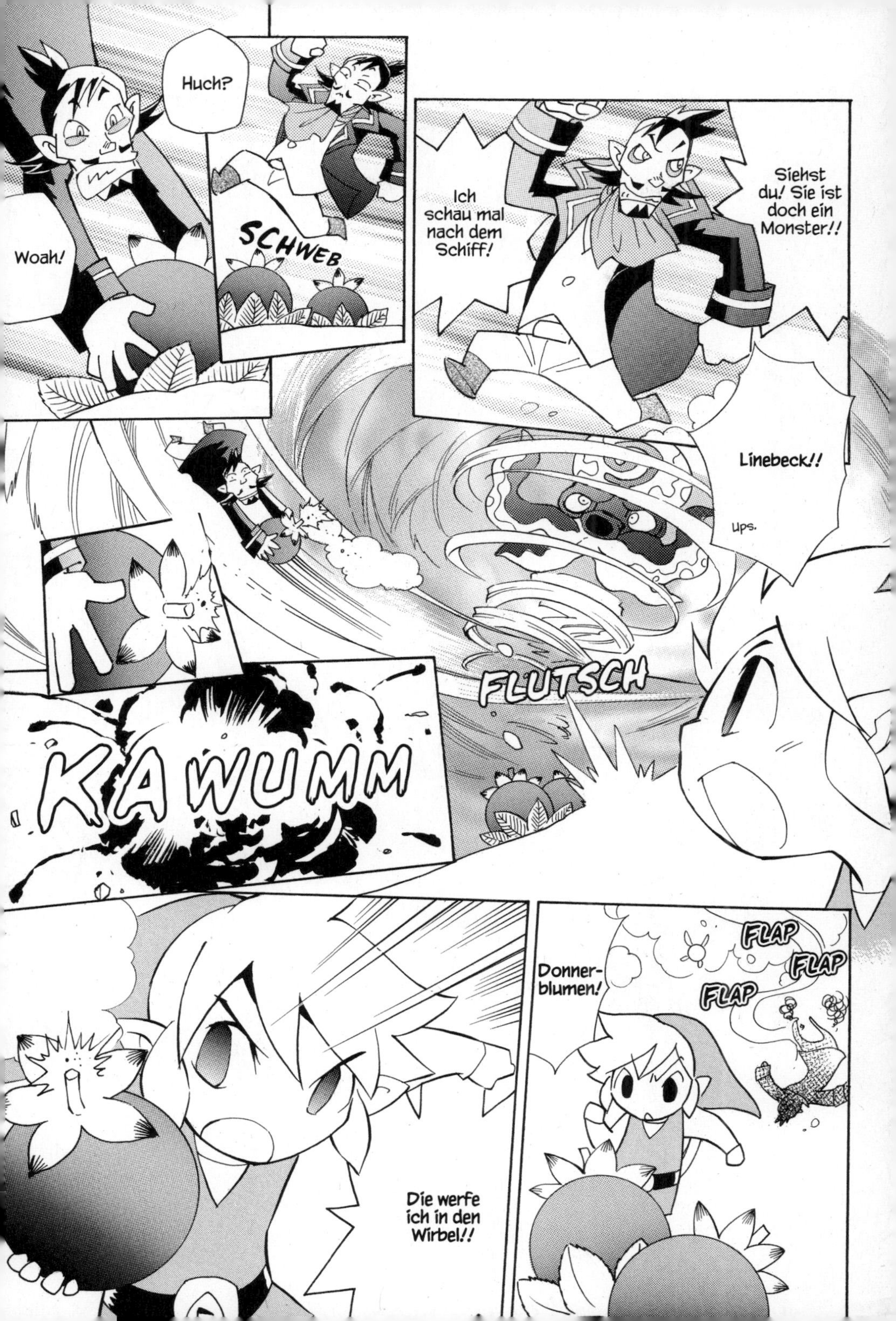

Woah!
Huch?
SCHWEB
Ich schau mal nach dem Schiff!
Siehst du! Sie ist doch ein Monster!!
Linebeck!!
Ups.
FLUTSCH
KAWUMM
Die werfe ich in den Wirbel!!
Donner-blumen!
FLAP
FLAP
FLAP

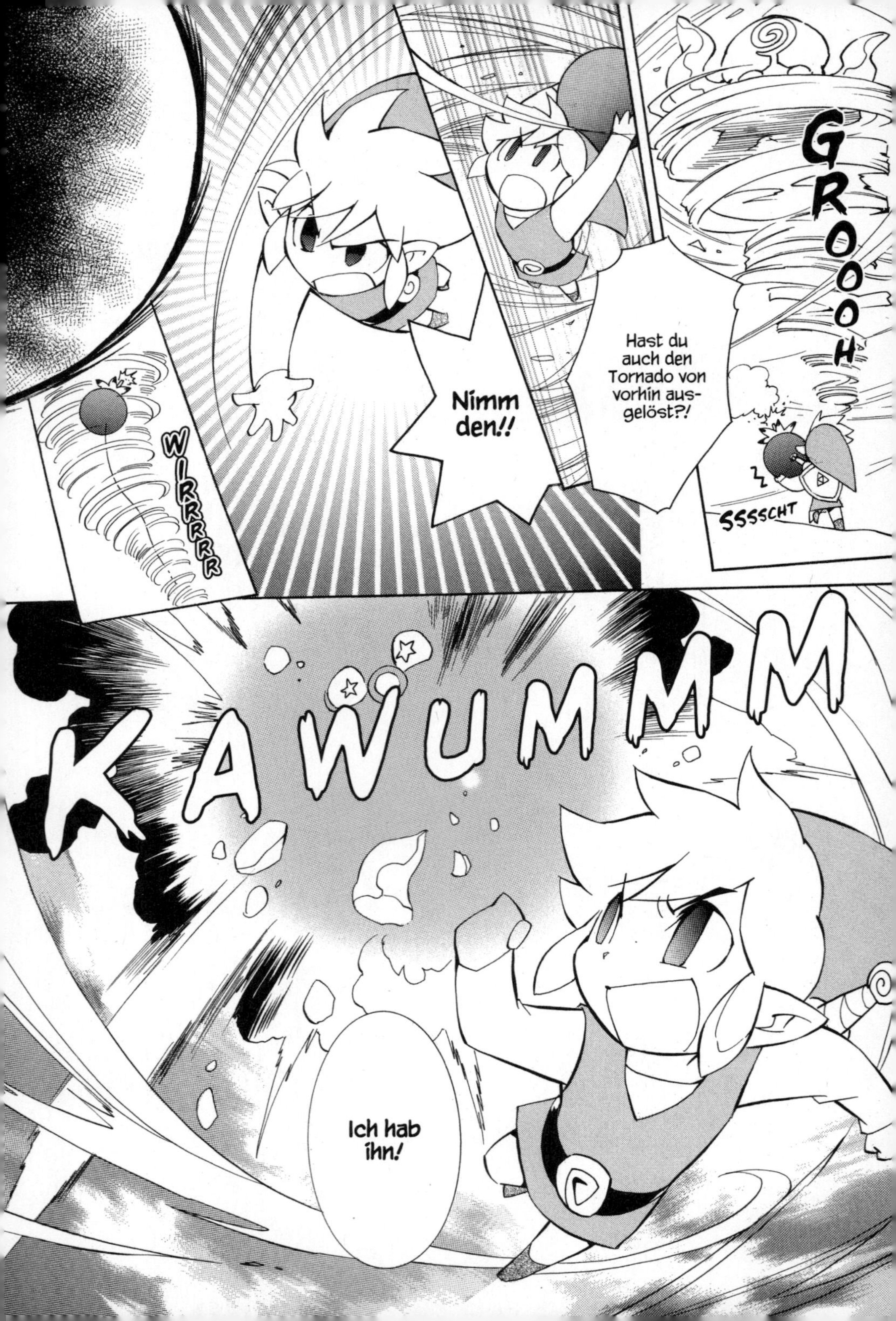
GROOOOH
Hast du auch den Tornado von vorhin aus-gelöst?!
SSSSCHT
Nimm den!!
WIRRRRRR
KAWUMMM
Ich hab ihn!

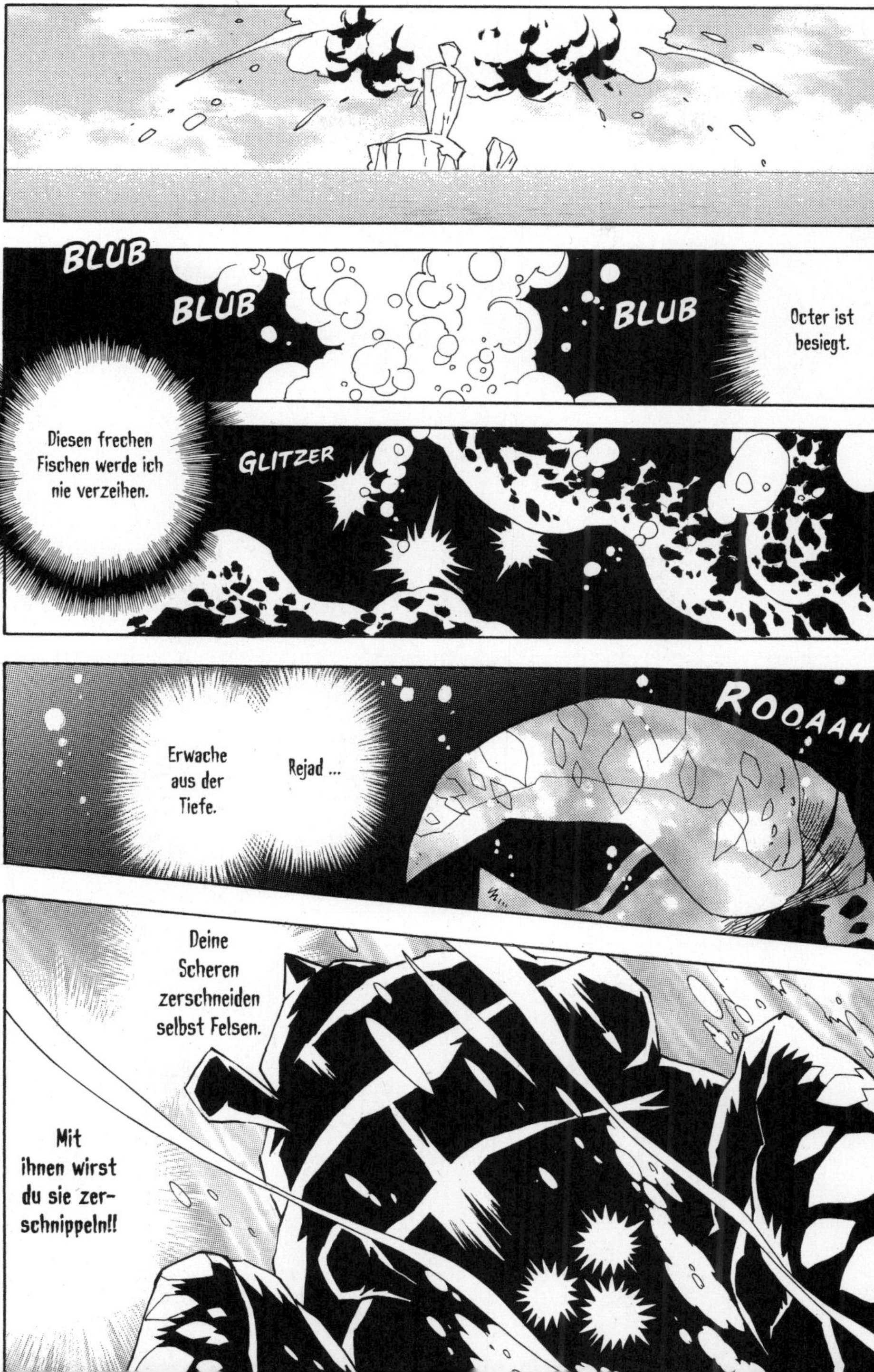
BLUB
BLUB
BLUB
Octer ist besiegt.
GLITZER
Diesen frechen Fischen werde ich nie verzeihen.
ROOAAH
Rejad ...
Erwache aus der Tiefe.
Deine Scheren zerschneiden selbst Felsen.
Mit ihnen wirst du sie zerschnippeln!!

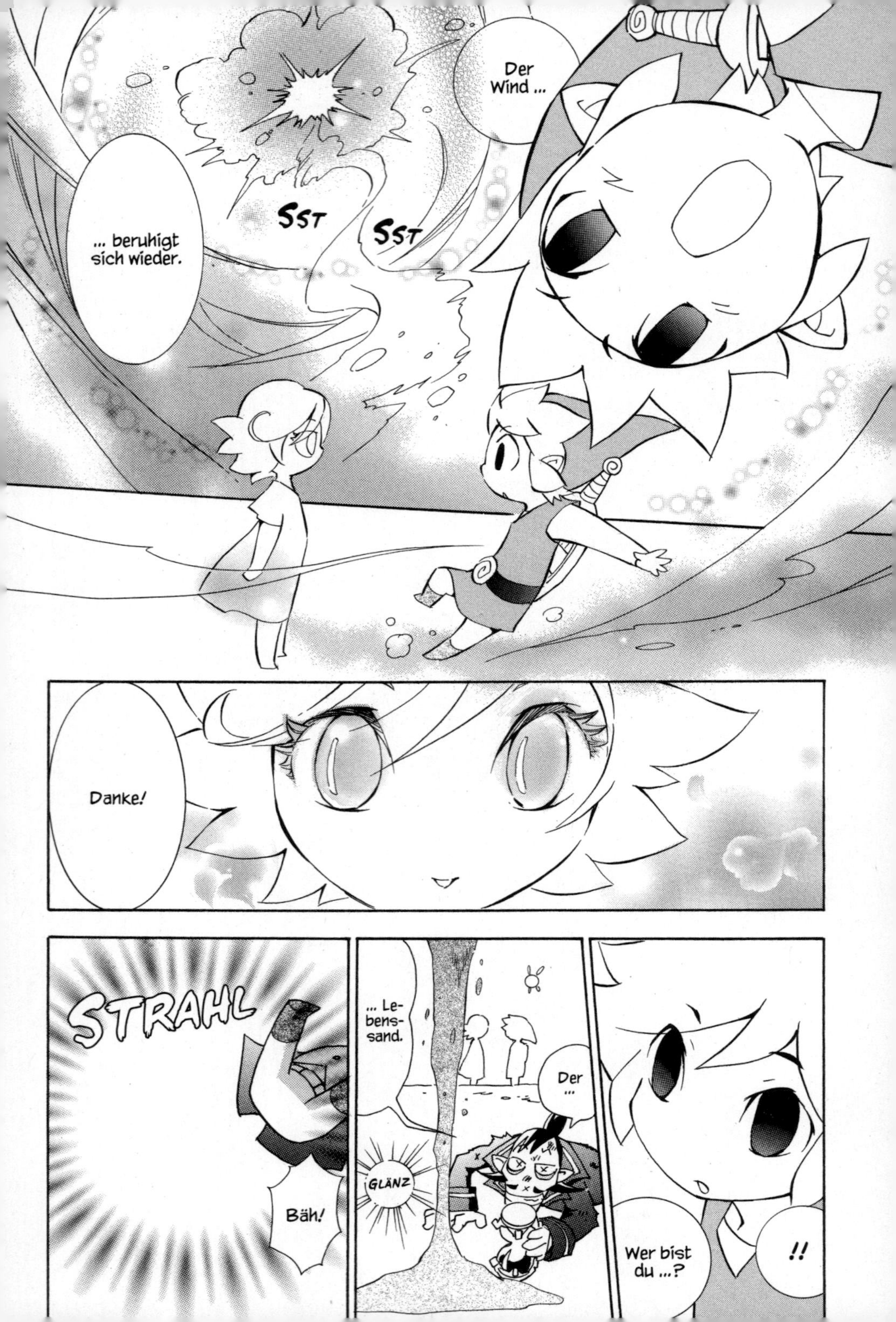
Der Wind ...
SST
SST
... beruhigt sich wieder.
Danke!
!!
Wer bist du ...?
Der ...
... Lebens-sand.
GLÄNZ
STRAHL
Bäh!

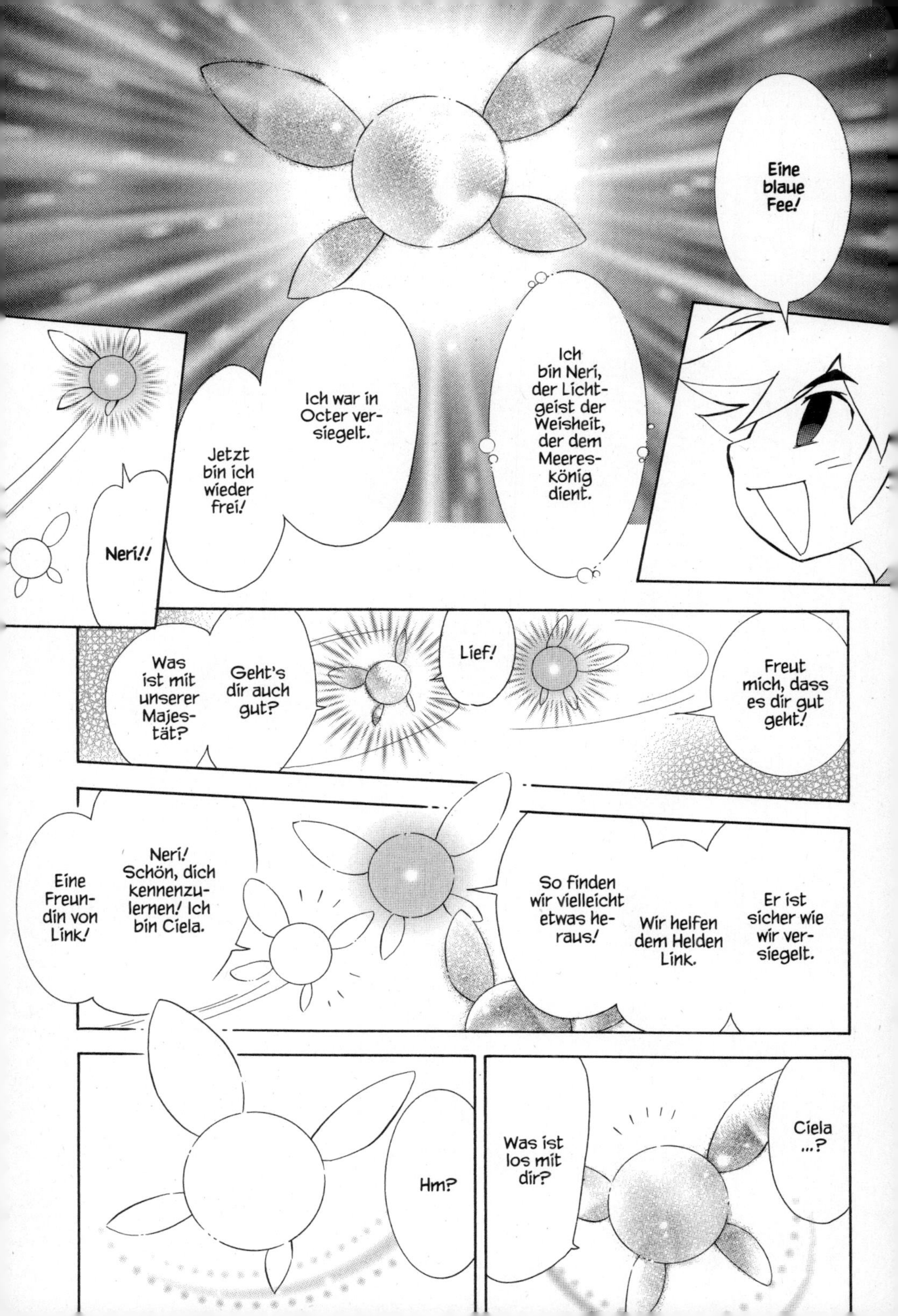
Eine blaue Fee!
Ich bin Neri, der Lichtgeist der Weisheit, der dem Meereskönig dient.
Ich war in Octer versiegelt.
Jetzt bin ich wieder frei!
Neri!!
Freut mich, dass es dir gut geht!
Lief!
Geht's dir auch gut?
Was ist mit unserer Majestät?
Er ist sicher wie wir versiegelt.
Wir helfen dem Helden Link.
So finden wir vielleicht etwas heraus!
Neri! Schön, dich kennenzulernen! Ich bin Ciela.
Eine Freundin von Link!
Ciela ...?
Was ist los mit dir?
Hm?

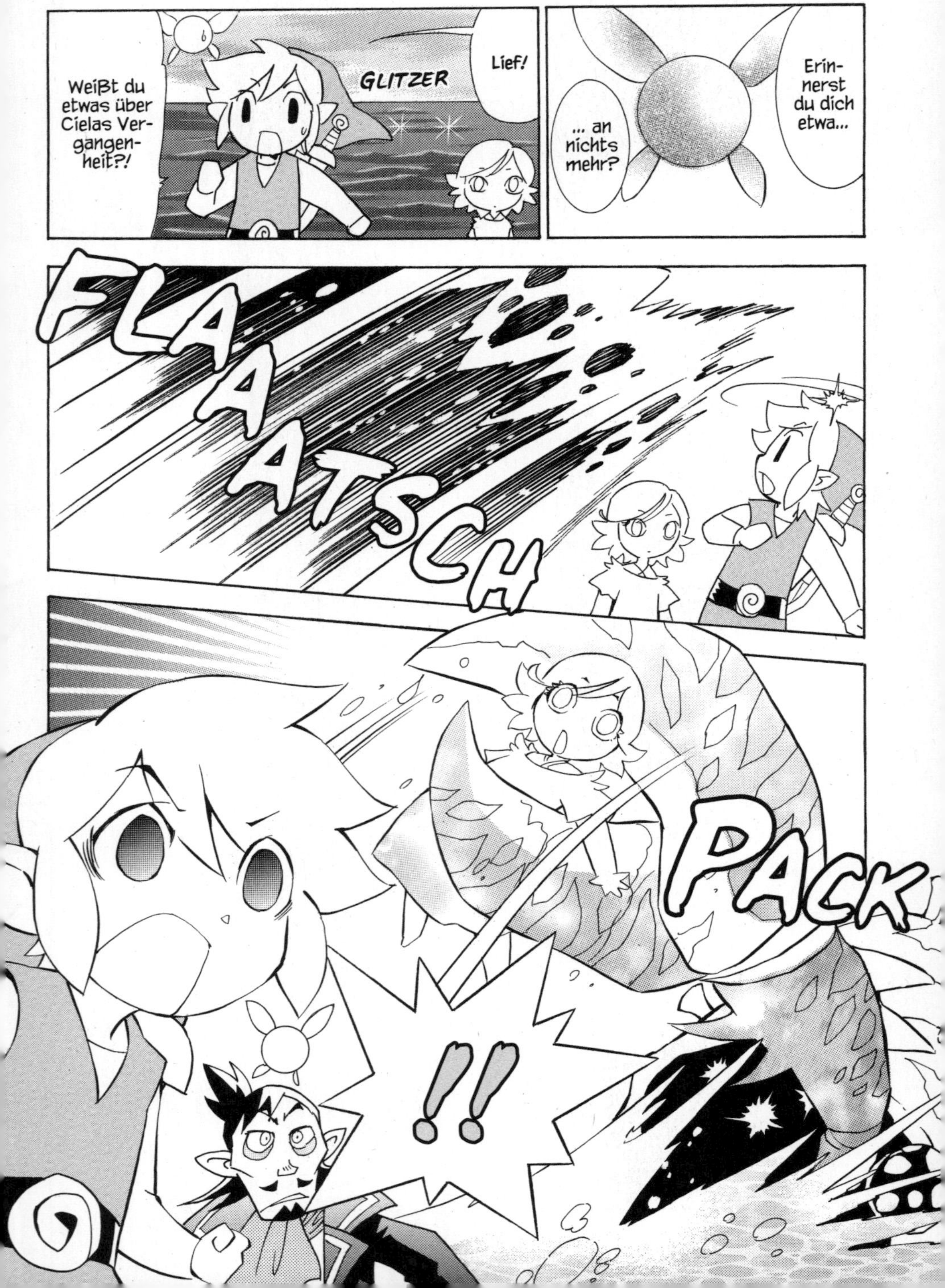
Weißt du etwas über Cielas Vergangenheit?!
GLITZER
Lief!
Erinnerst du dich etwa...
... an nichts mehr?
FLAAATSCH
PACK
!!

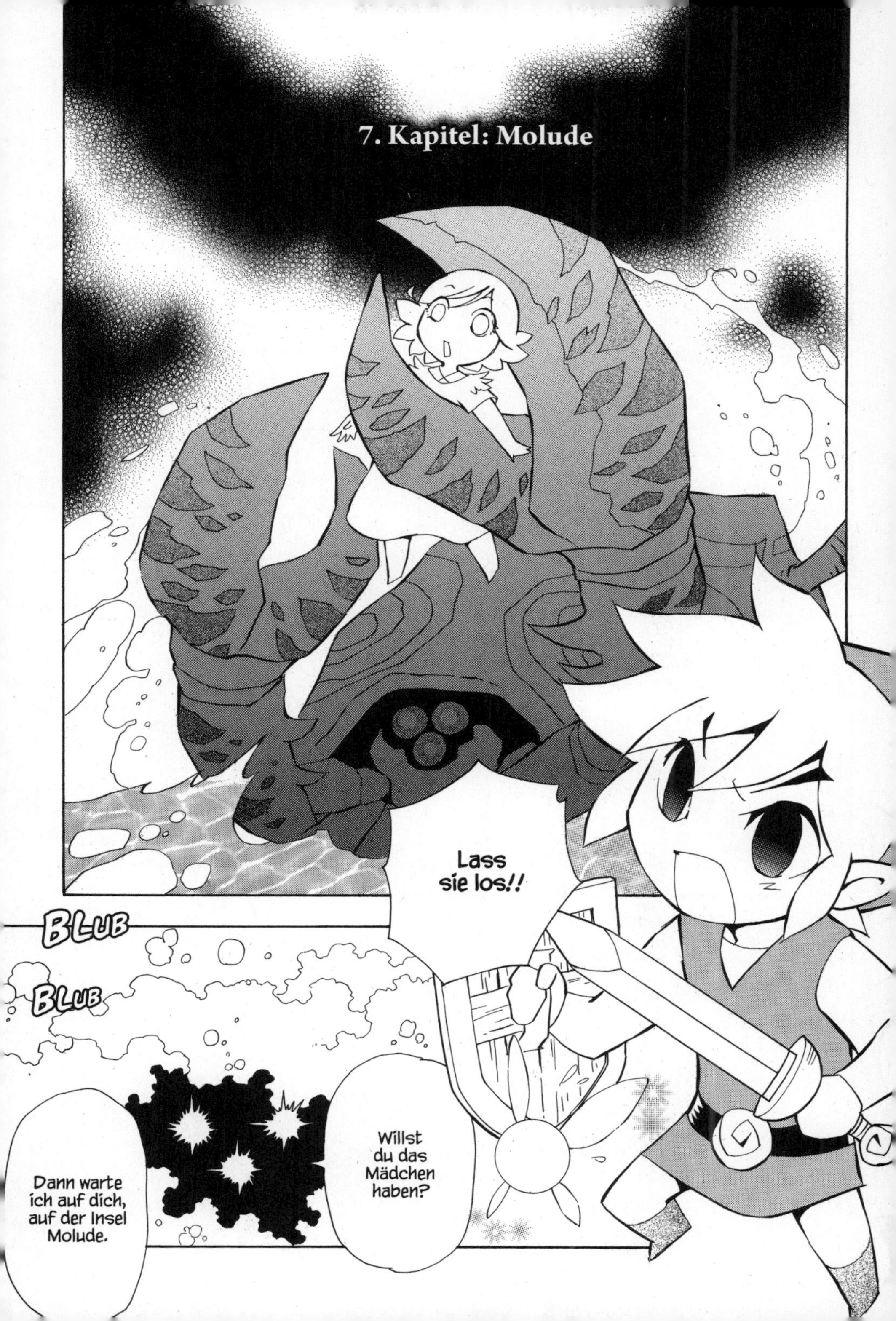
7. Kapitel: Molude
Lass sie los!!
BLUB
BLUB
Willst du das Mädchen haben?
Dann warte ich auf dich, auf der Insel Molude.

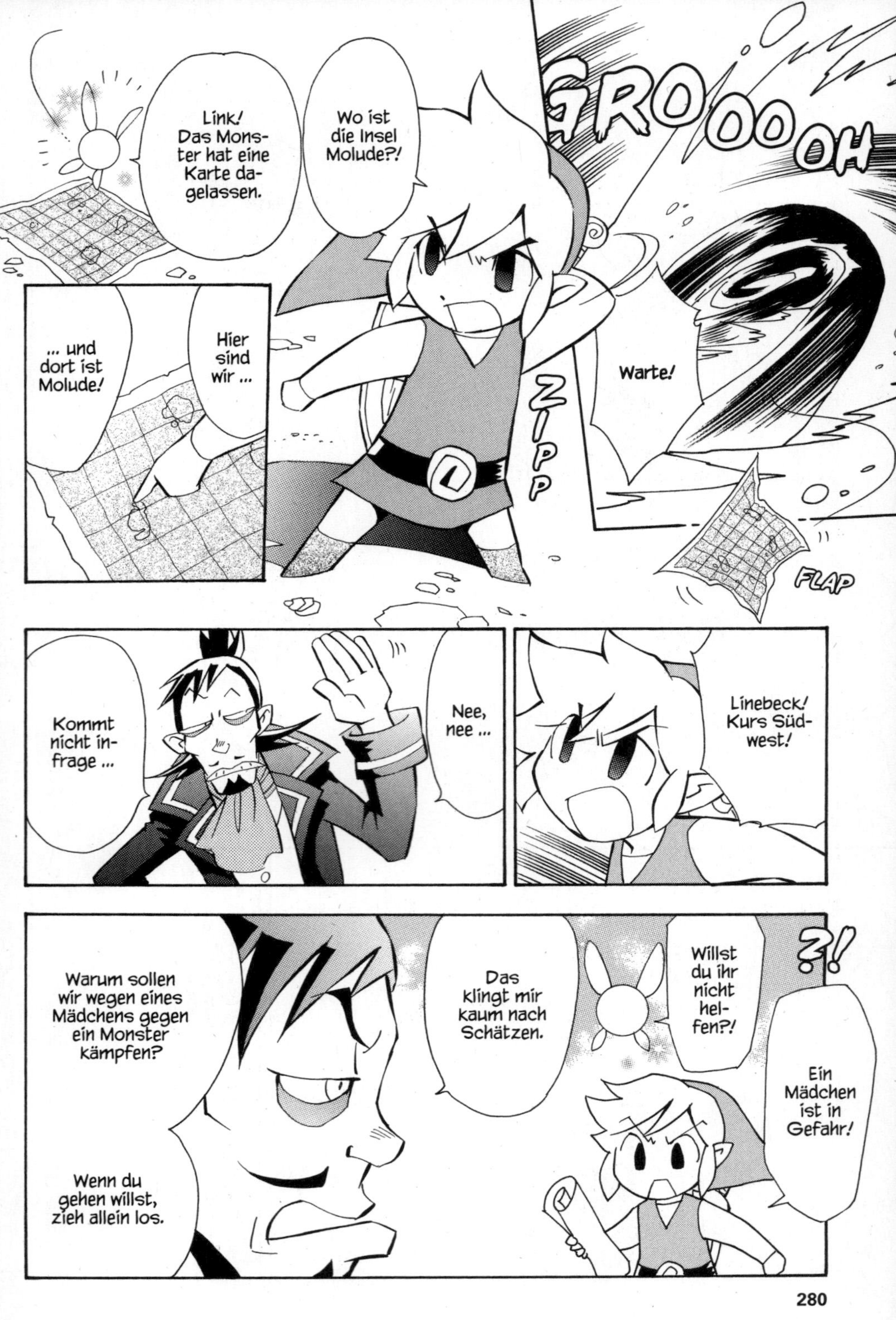

GROOOOOH
Warte!
ZIPP
FLAP
Link! Das Monster hat eine Karte dagelassen.
Wo ist die Insel Molude?!
Hier sind wir ...
... und dort ist Molude!
Linebeck! Kurs Südwest!
Nee, nee ...
Kommt nicht infrage ...
?!
Ein Mädchen ist in Gefahr!
Willst du ihr nicht helfen?!
Das klingt mir kaum nach Schätzen.
Warum sollen wir wegen eines Mädchens gegen ein Monster kämpfen?
Wenn du gehen willst, zieh allein los.

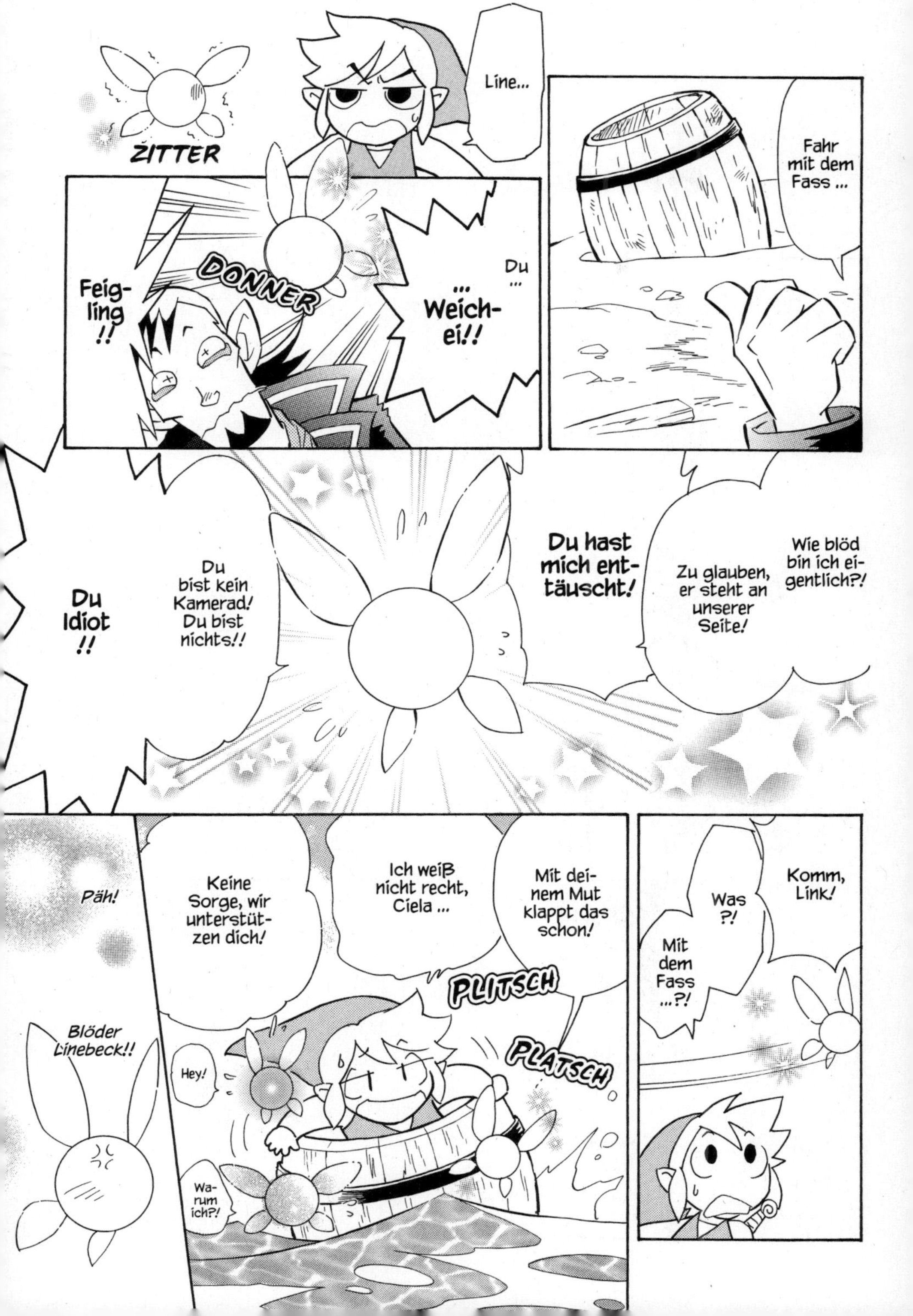
Fahr mit dem Fass ...
Line...
ZITTER
Du ... ... Weichei!!
DONNER
Feigling!!
Wie blöd bin ich eigentlich?!
Zu glauben, er steht an unserer Seite!
Du hast mich enttäuscht!
Du bist kein Kamerad! Du bist nichts!!
Du Idiot!!
Komm, Link!
Was ?!
Mit dem Fass ...?!
Mit deinem Mut klappt das schon!
Ich weiß nicht recht, Ciela ...
Keine Sorge, wir unterstützen dich!
PLITSCH
PLATSCH
Hey!
Warum ich?!
Päh!
Blöder Linebeck!!

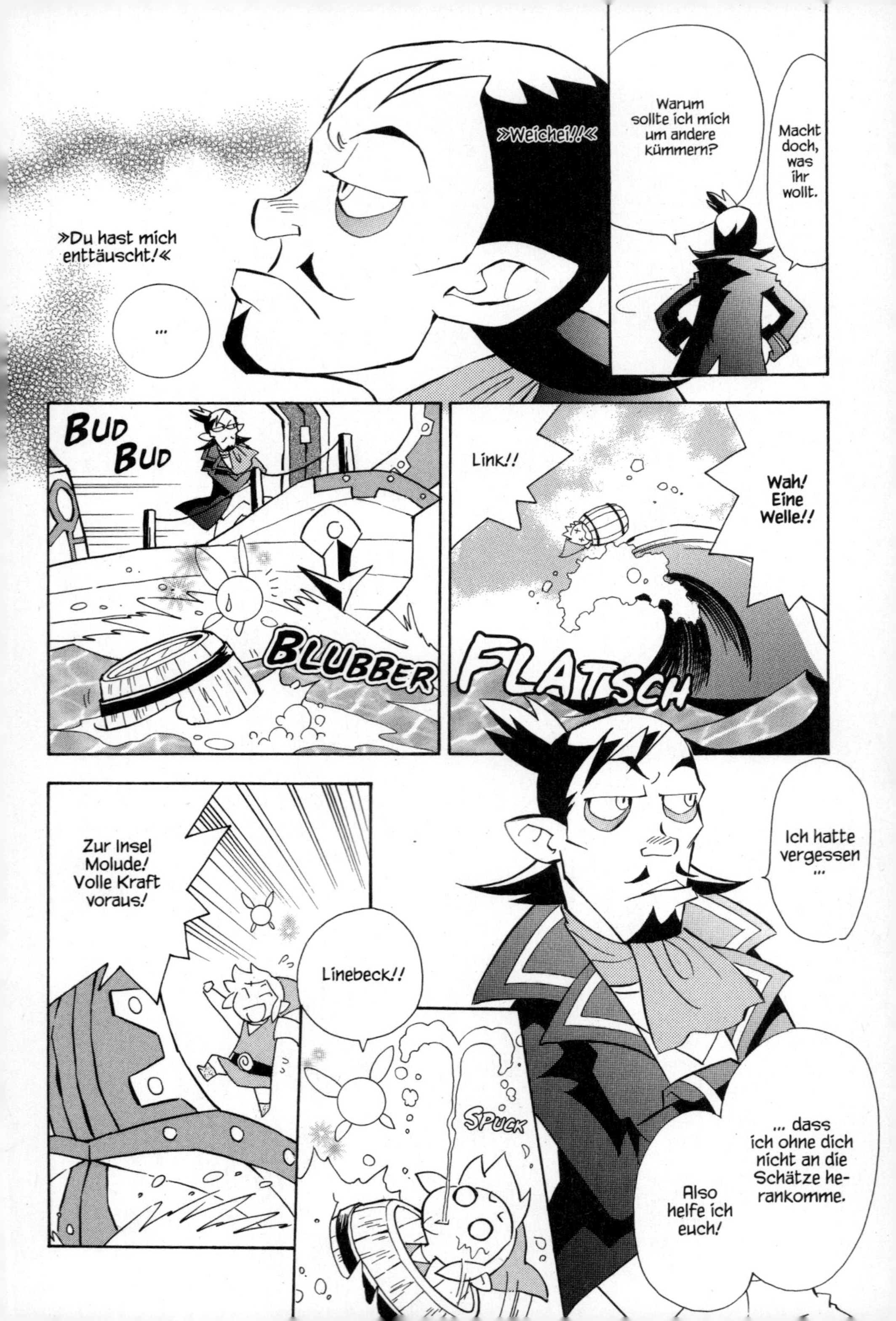
Warum sollte ich mich um andere kümmern?
Macht doch, was ihr wollt.
»Weichei!!«
»Du hast mich enttäuscht!«
...
Link!!
Wah! Eine Welle!!
FLATSCH
BUD BUD
BLUBBER
Ich hatte vergessen ...
... dass ich ohne dich nicht an die Schätze herankomme.
Also helfe ich euch!
Linebeck!!
SPUCK
Zur Insel Molude! Volle Kraft voraus!

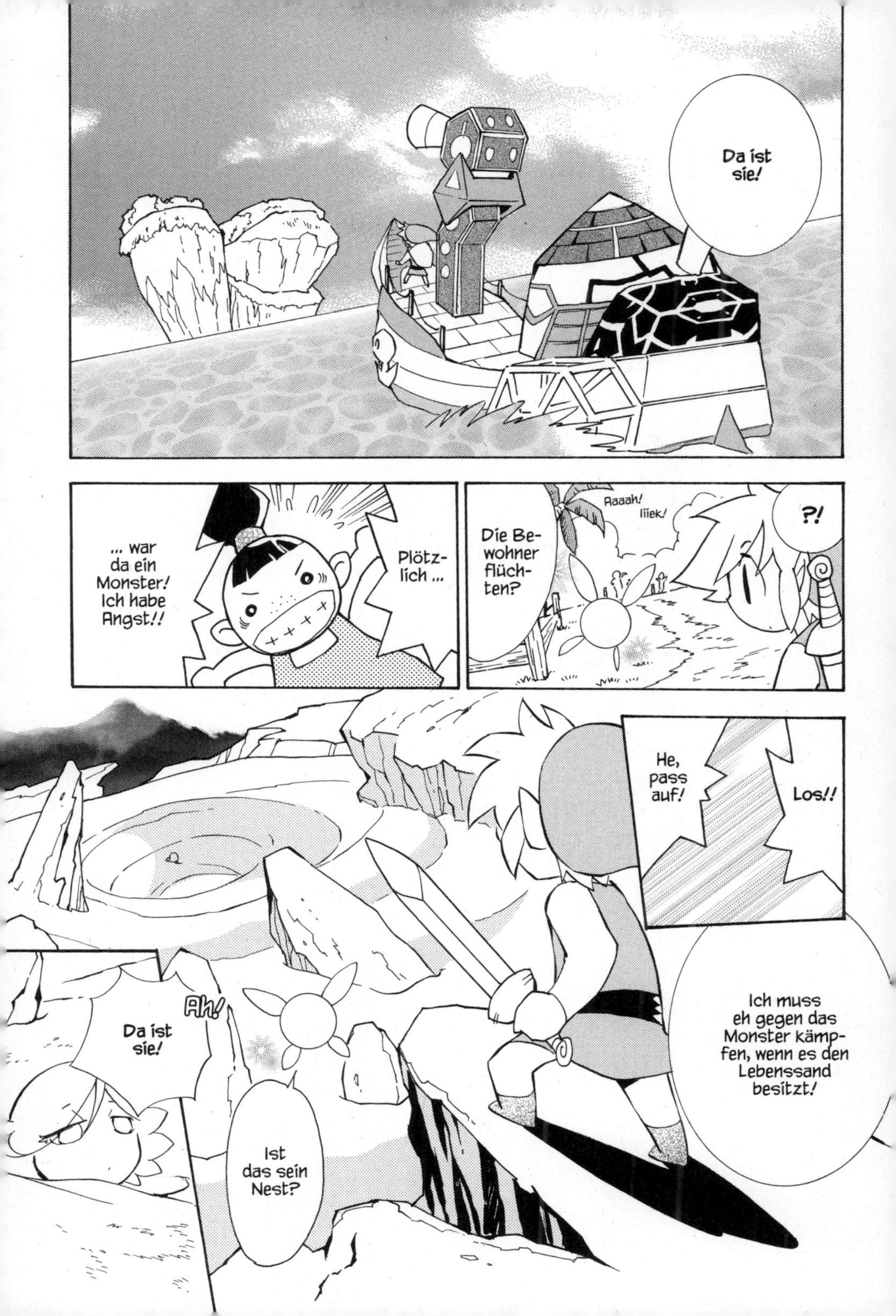

Da ist sie!
?!
Aaaah!
Iiiek!
Die Bewohner flüchten?
Plötzlich ...
... war da ein Monster! Ich habe Angst!!
Los!!
He, pass auf!
Ich muss eh gegen das Monster kämpfen, wenn es den Lebenssand besitzt!
Ah!
Da ist sie!
Ist das sein Nest?

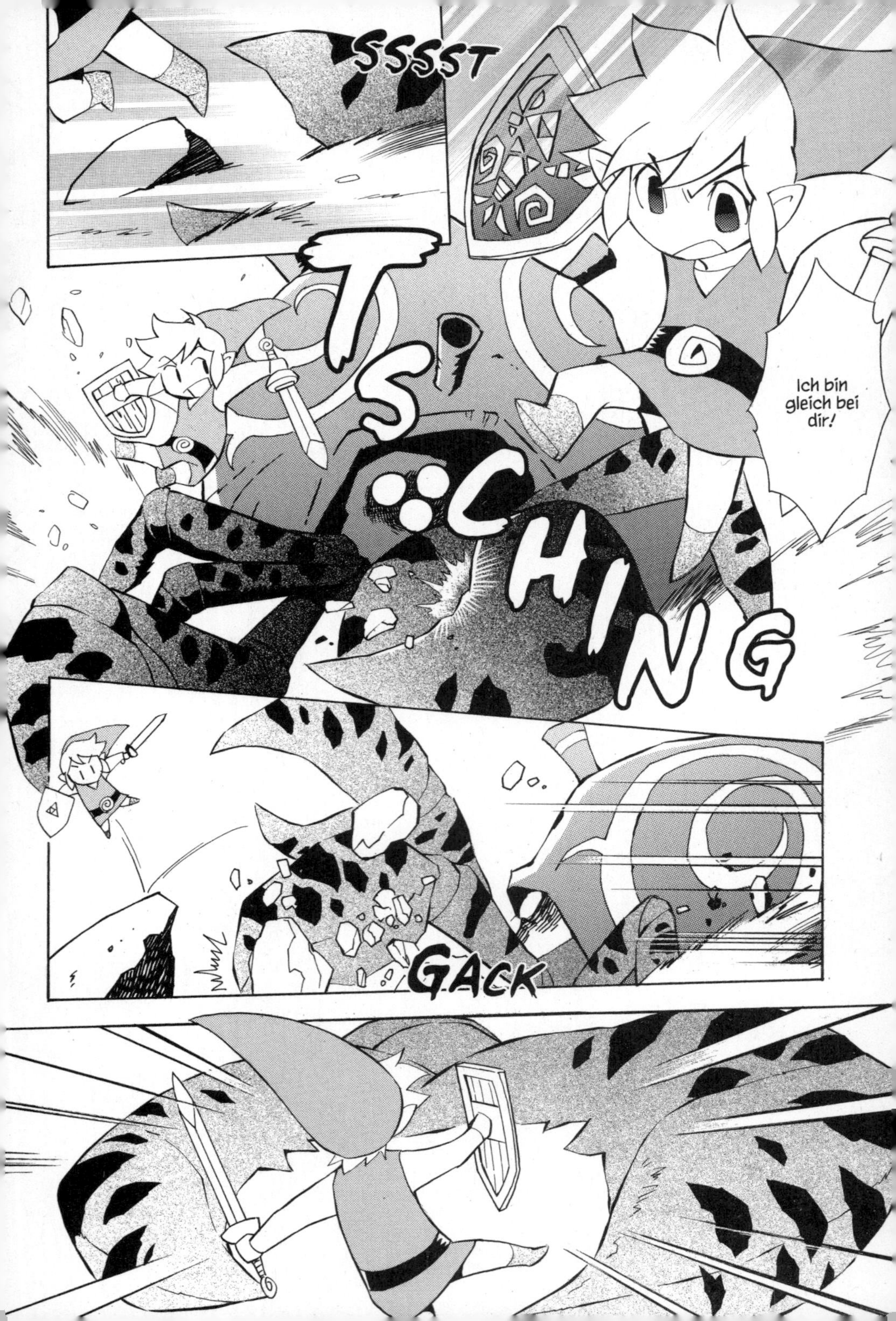
SSSST
TSCHING
Ich bin gleich bei dir!
GACK

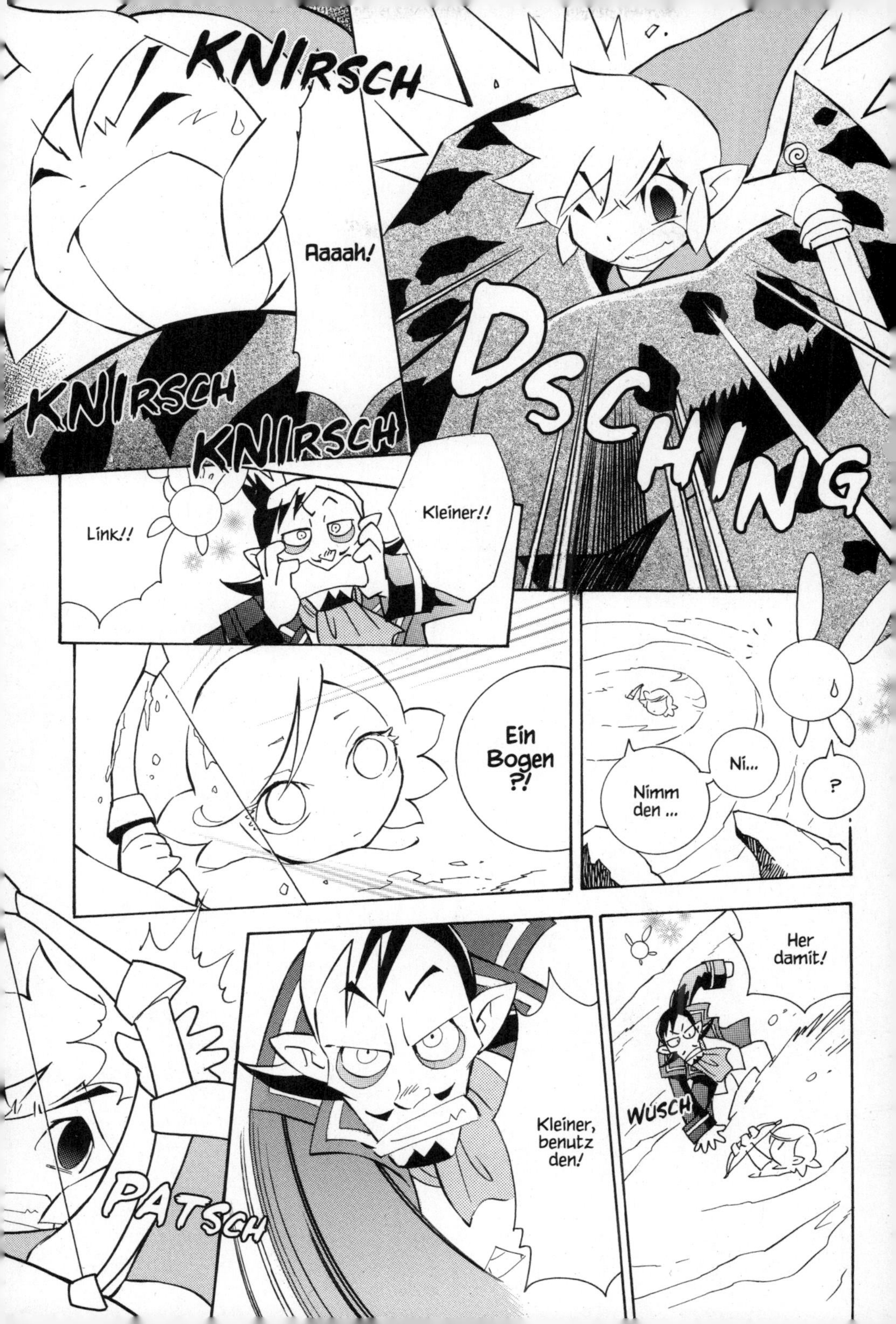
DSCHING
KNIRSCH
Aaaah!
KNIRSCH
KNIRSCH
Kleiner!!
Link!!
?
Ni...
Nimm den ...
Ein Bogen ?!
Her damit!
WUSCH
Kleiner, benutz den!
PATSCH

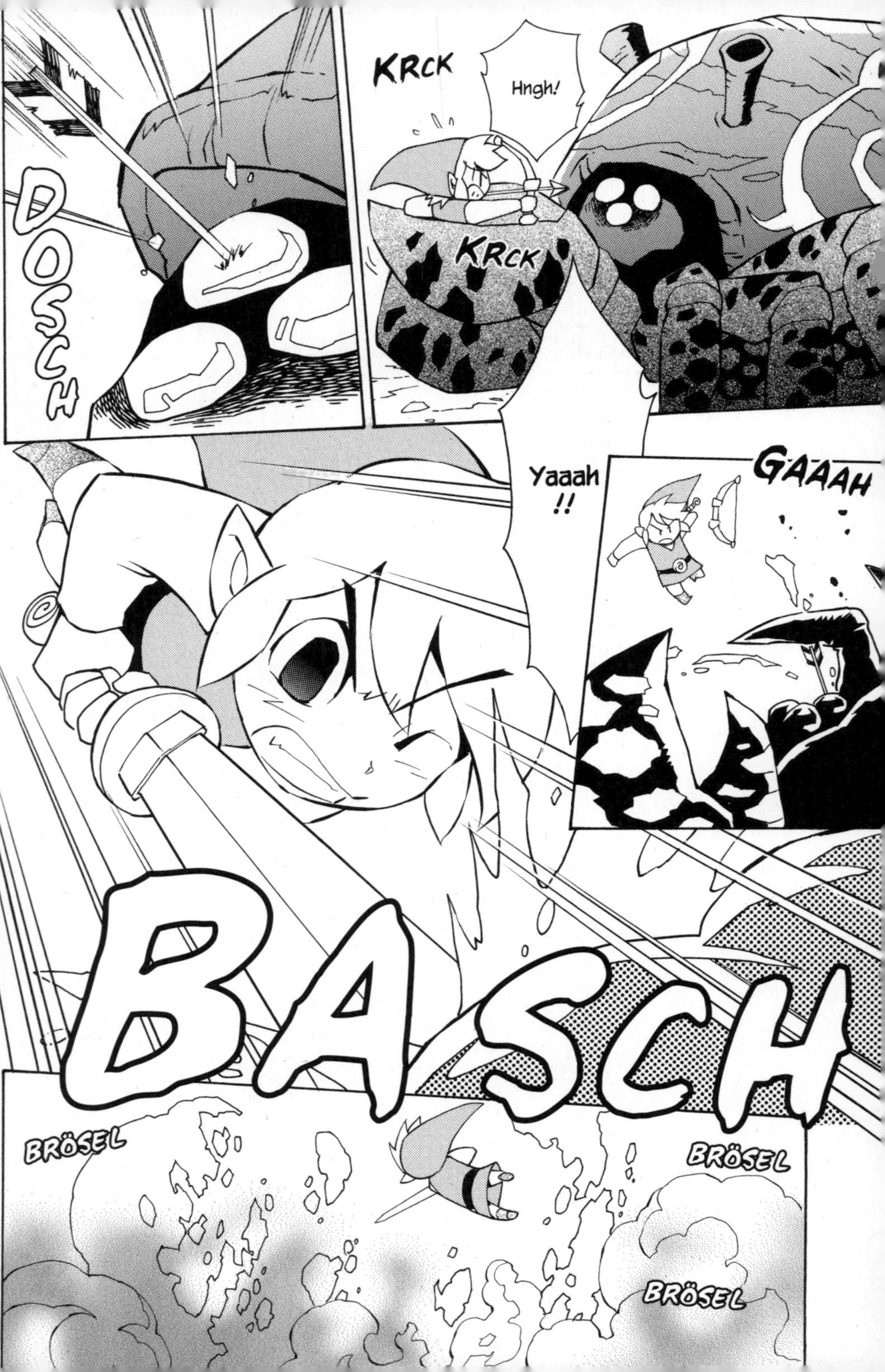
DOSCH
KRCK
Hngh!
KRCK
Yaaah !!
GAAAH
BASCH
BRÖSEL
BRÖSEL
BRÖSEL

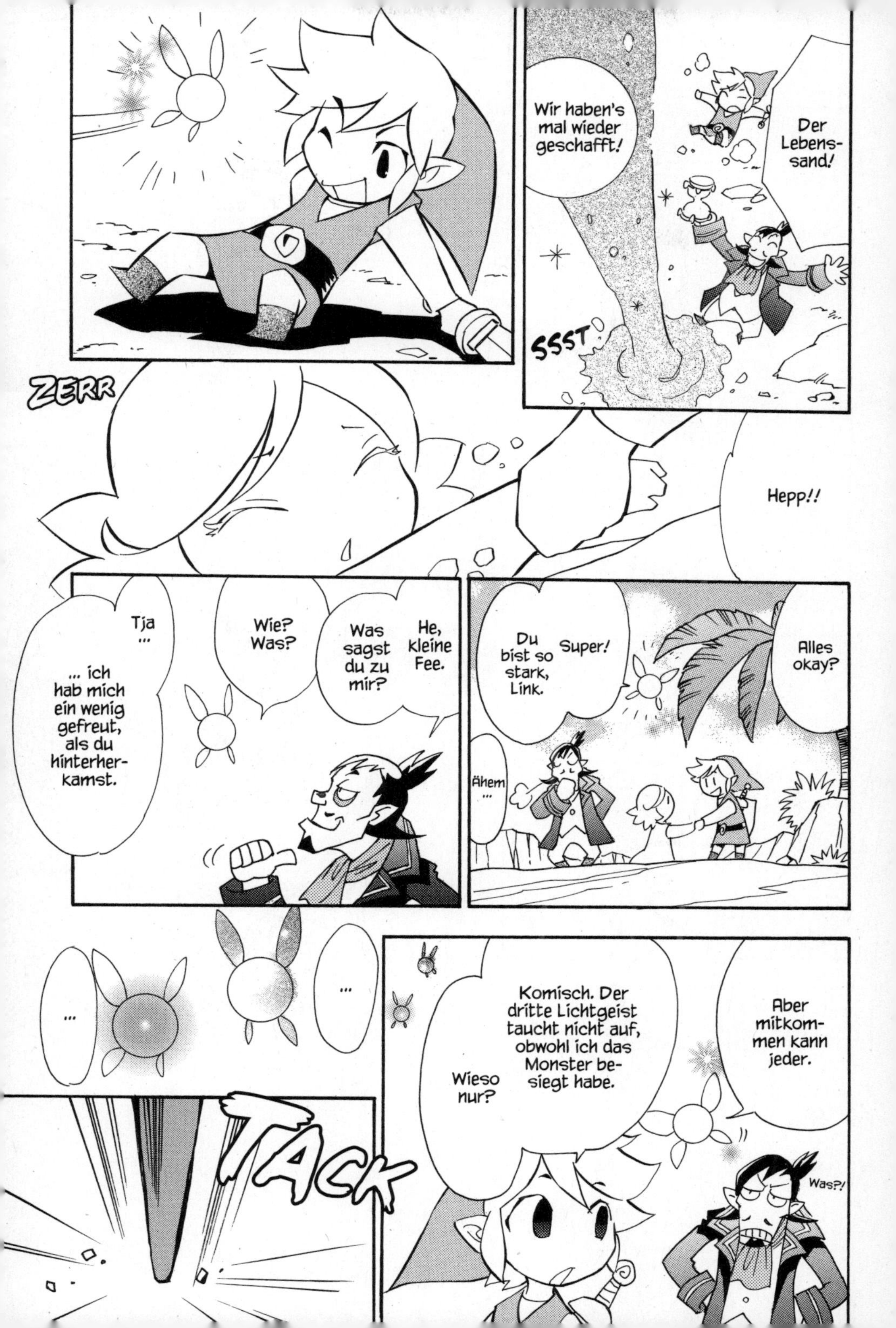
Der Lebens-
sand!
Wir haben's mal wieder geschafft!
SSST
Hepp!!
ZERR
Alles okay?
Super!
Du bist so stark, Link.
Ähem ...
He, kleine Fee.
Was sagst du zu mir?
Wie? Was?
Tja ...
... ich hab mich ein wenig gefreut, als du hinterher-
kamst.
Aber mitkom-
men kann jeder.
Was?!
Komisch. Der dritte Lichtgeist taucht nicht auf, obwohl ich das Monster be-
siegt habe.
Wieso nur?
...
...
TACK

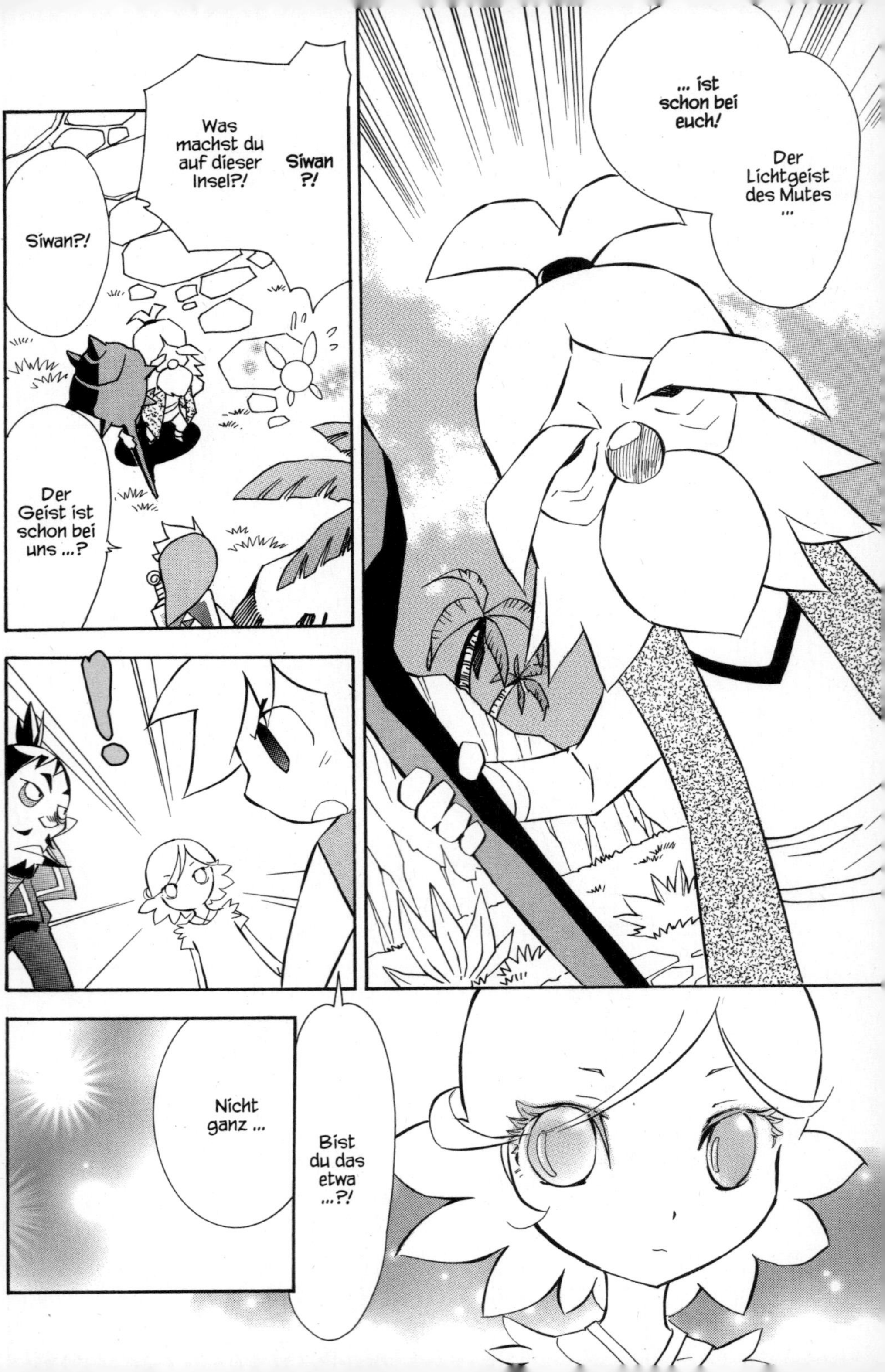
Der Lichtgeist des Mutes ...
... ist schon bei euch!
Siwan ?!
Was machst du auf dieser Insel?!
Siwan?!
Der Geist ist schon bei uns ...?
Bist du das etwa ...?!
Nicht ganz ...

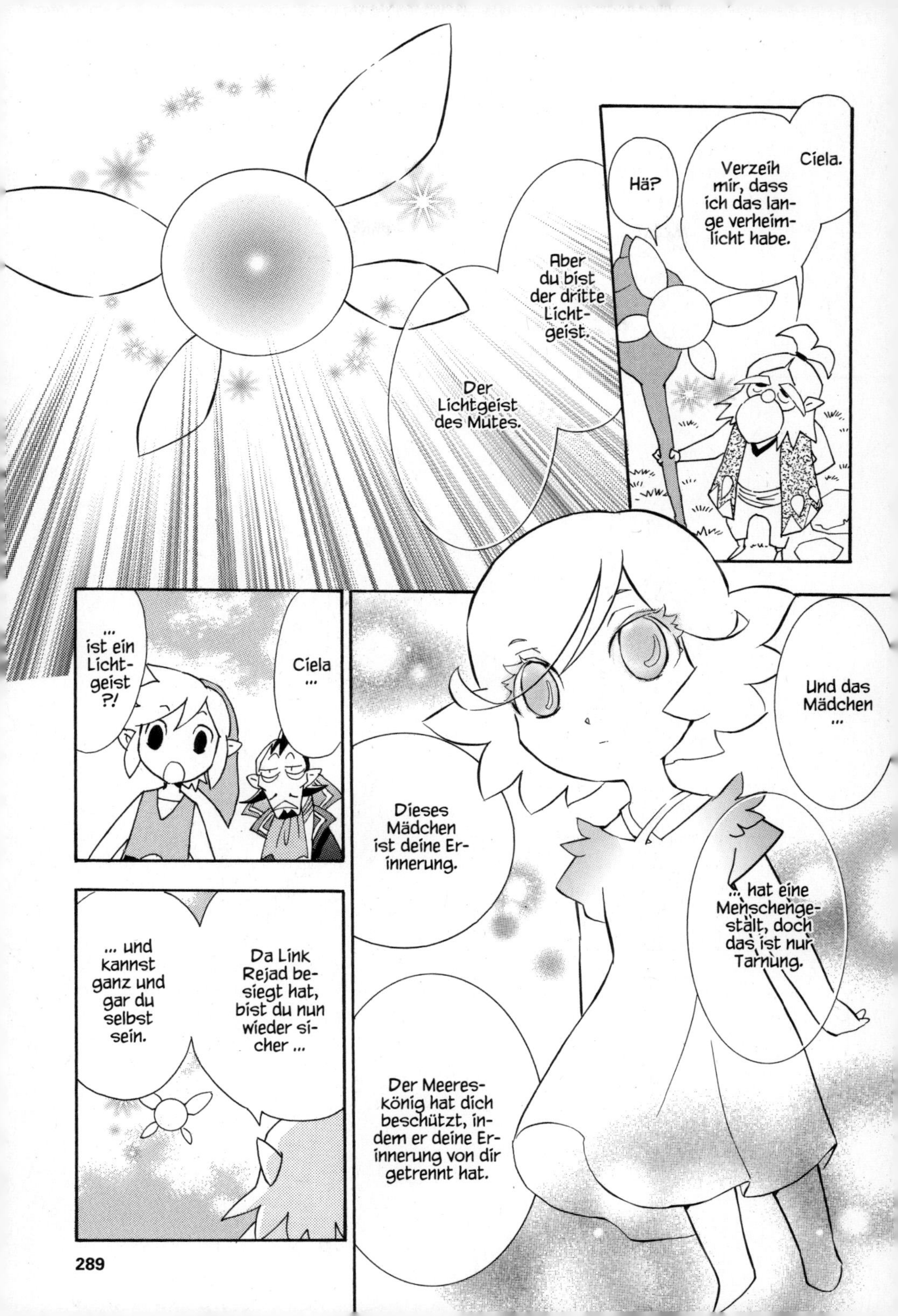
Ciela.
Verzeih mir, dass ich das lange verheimlicht habe.
Hä?
Aber du bist der dritte Lichtgeist.
Der Lichtgeist des Mutes.
Und das Mädchen ...
... hat eine Menschengestalt, doch das ist nur Tarnung.
Dieses Mädchen ist deine Erinnerung.
Der Meereskönig hat dich beschützt, indem er deine Erinnerung von dir getrennt hat.
Ciela ...
... ist ein Lichtgeist ?!
Da Link Rejad besiegt hat, bist du nun wieder sicher ...
... und kannst ganz und gar du selbst sein.

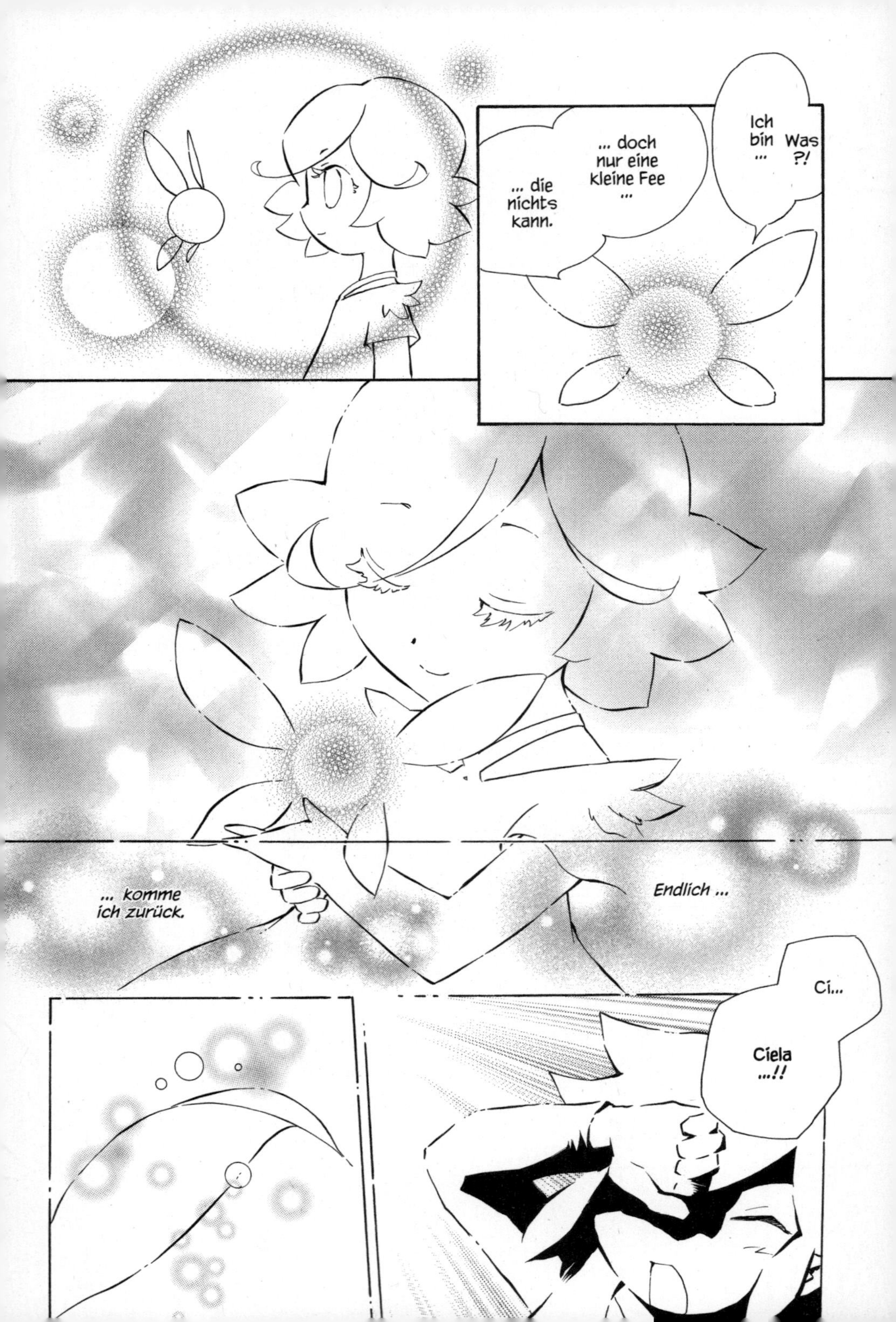
Was?!
Ich bin ...
... doch nur eine kleine Fee ...
... die nichts kann.
Endlich ...
... komme ich zurück.
Ci...
Ciela ...!!

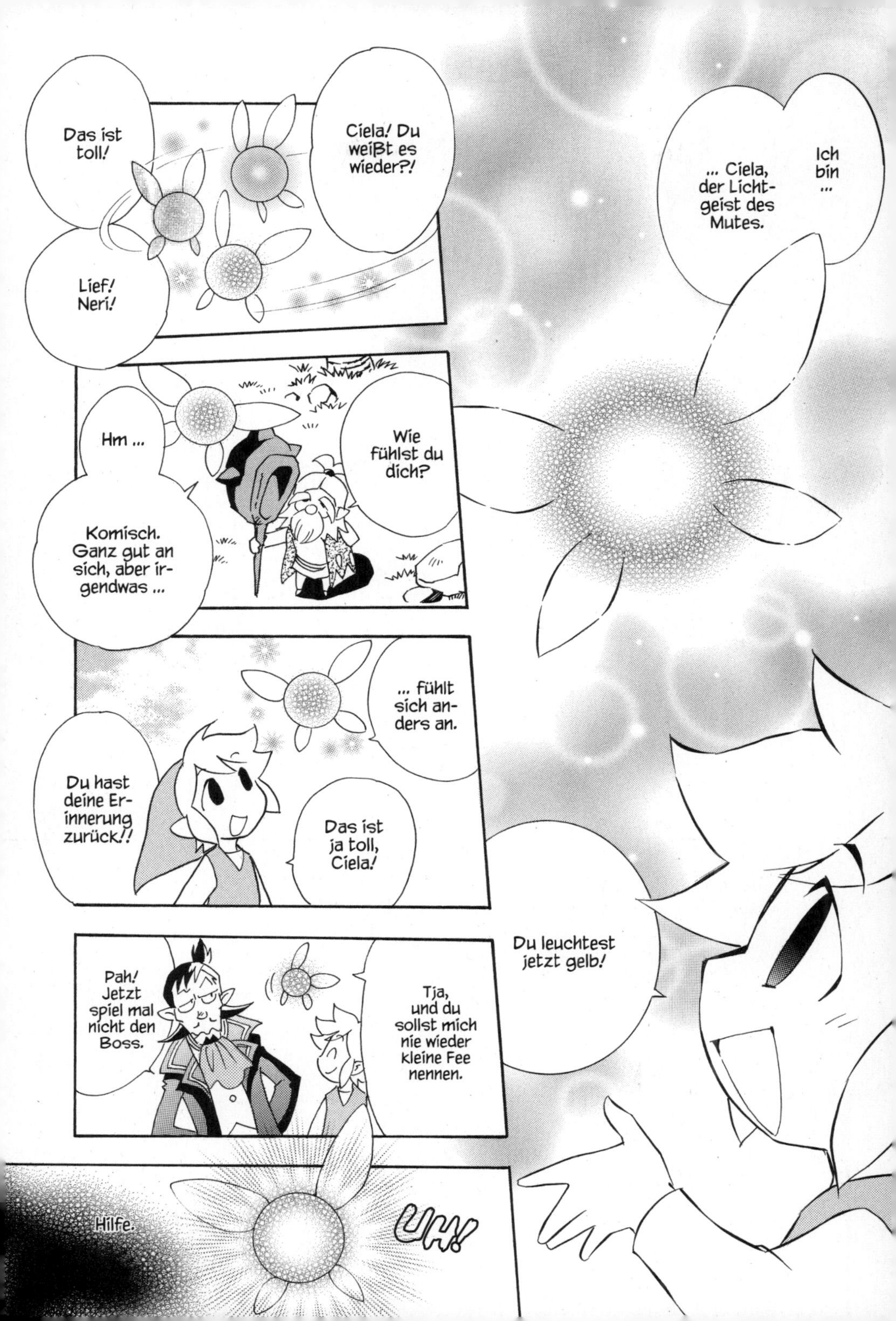

Ich bin ...
... Ciela, der Lichtgeist des Mutes.
Ciela! Du weißt es wieder?!
Das ist toll!
Lief! Neri!
Wie fühlst du dich?
Hm ...
Komisch. Ganz gut an sich, aber irgendwas ...
... fühlt sich anders an.
Du leuchtest jetzt gelb!
Das ist ja toll, Ciela!
Du hast deine Erinnerung zurück!!
Tja, und du sollst mich nie wieder kleine Fee nennen.
Pah! Jetzt spiel mal nicht den Boss.
UH!
Hilfe.

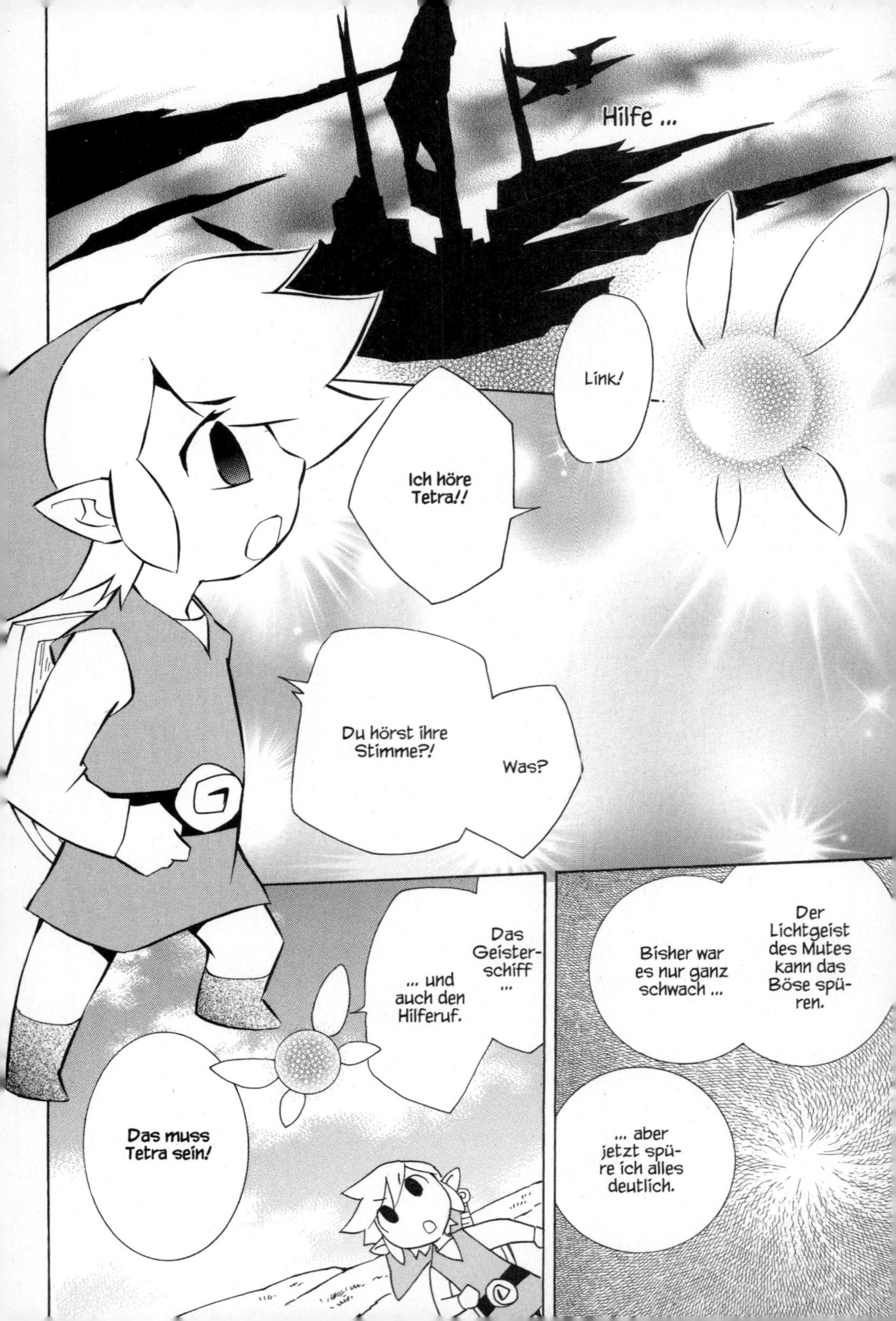
Hilfe ...
Link!
Ich höre Tetra!!
Was?
Du hörst ihre Stimme?!
Der Lichtgeist des Mutes kann das Böse spüren.
Bisher war es nur ganz schwach ...
... aber jetzt spüre ich alles deutlich.
Das Geisterschiff ...
... und auch den Hilferuf.
Das muss Tetra sein!

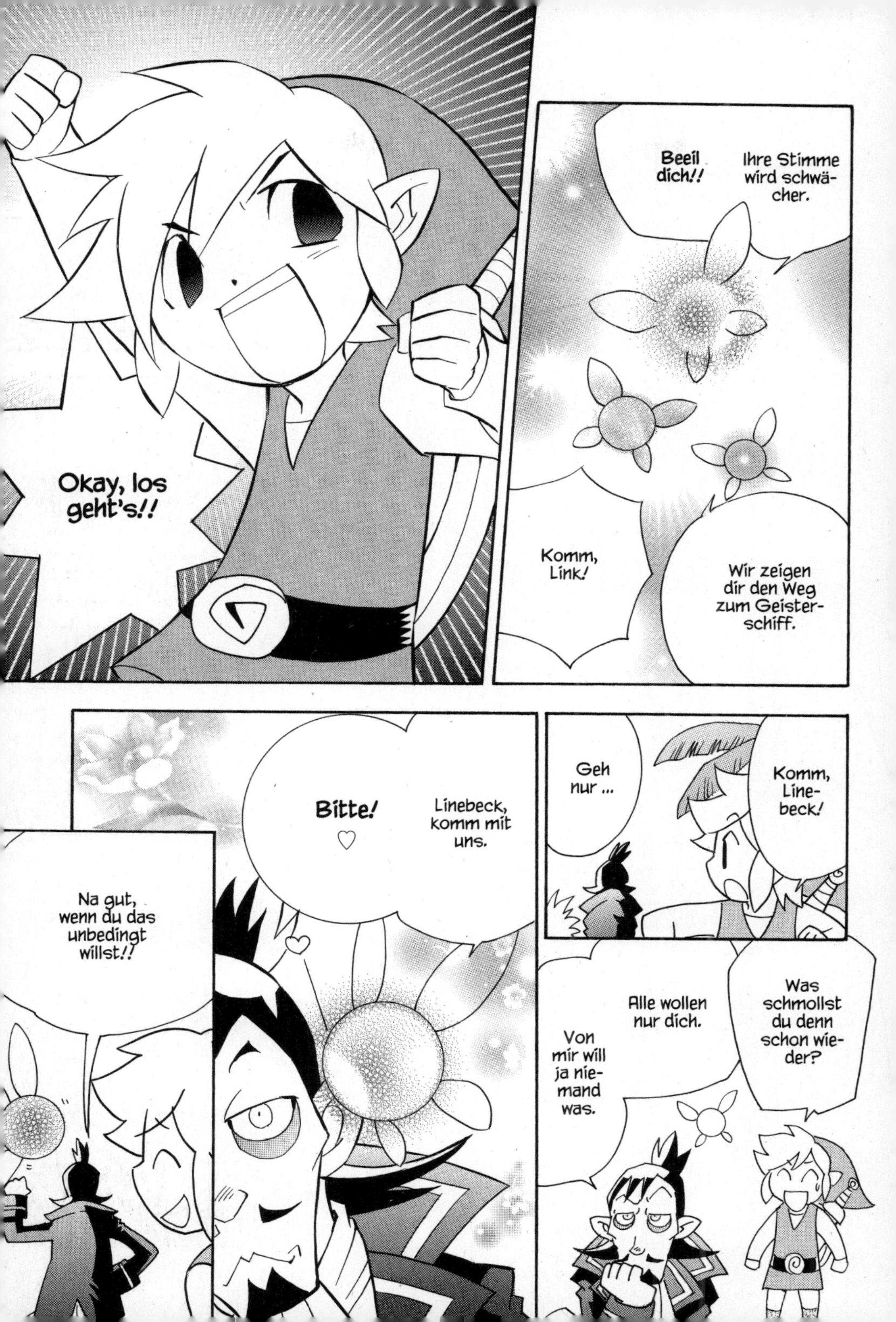

Ihre Stimme wird schwächer.
Beeil dich!!
Wir zeigen dir den Weg zum Geisterschiff.
Komm, Link!
Okay, los geht's!!
Komm, Linebeck!
Geh nur ...
Linebeck, komm mit uns.
Bitte! ♡
Was schmollst du denn schon wieder?
Alle wollen nur dich.
Von mir will ja niemand was.
Na gut, wenn du das unbedingt willst!!

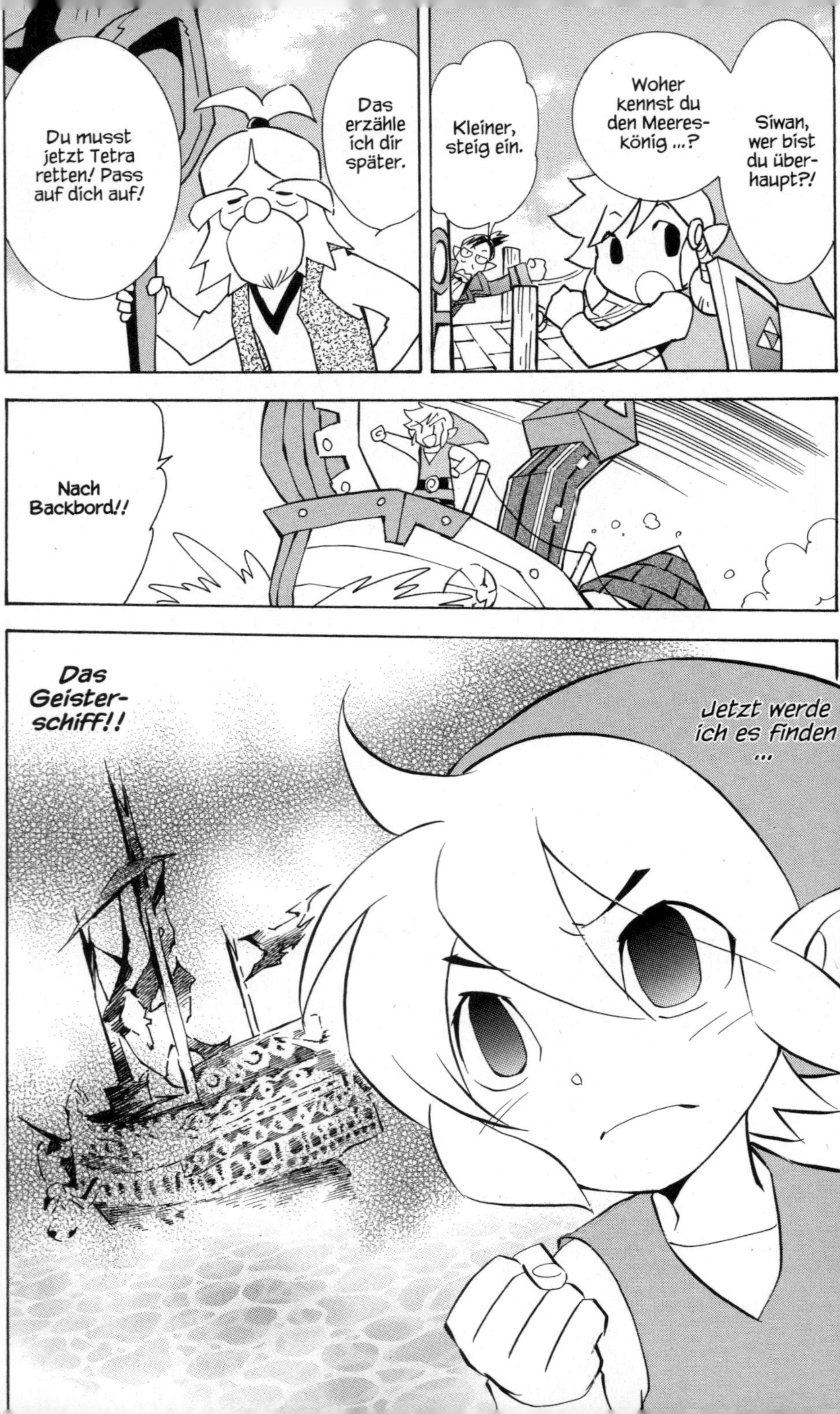
Siwan, wer bist du überhaupt?!
Woher kennst du den Meereskönig ...?
Kleiner, steig ein.
Das erzähle ich dir später.
Du musst jetzt Tetra retten! Pass auf dich auf!
Nach Backbord!!
Jetzt werde ich es finden ...
Das Geisterschiff!!

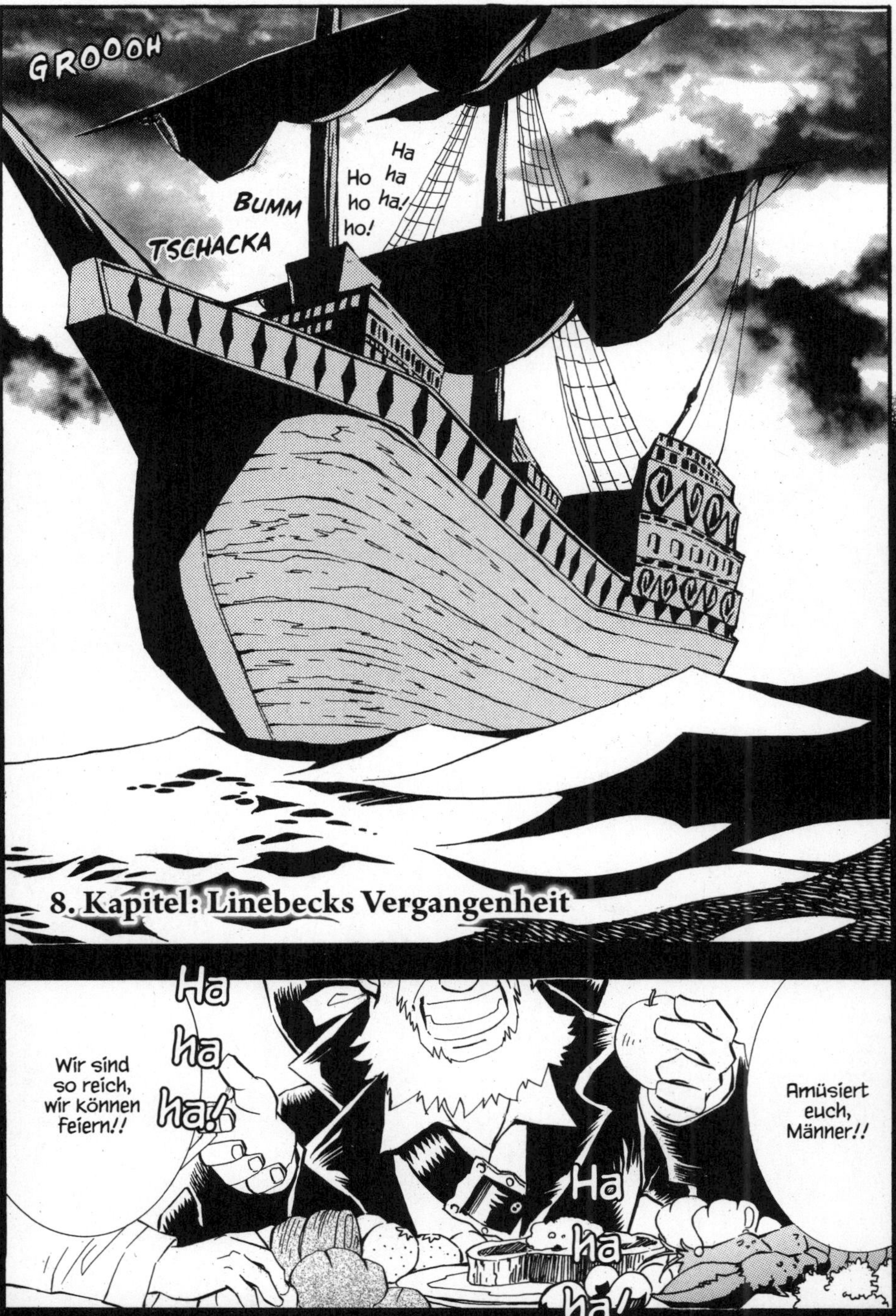

8. Kapitel: Linebecks Vergangenheit

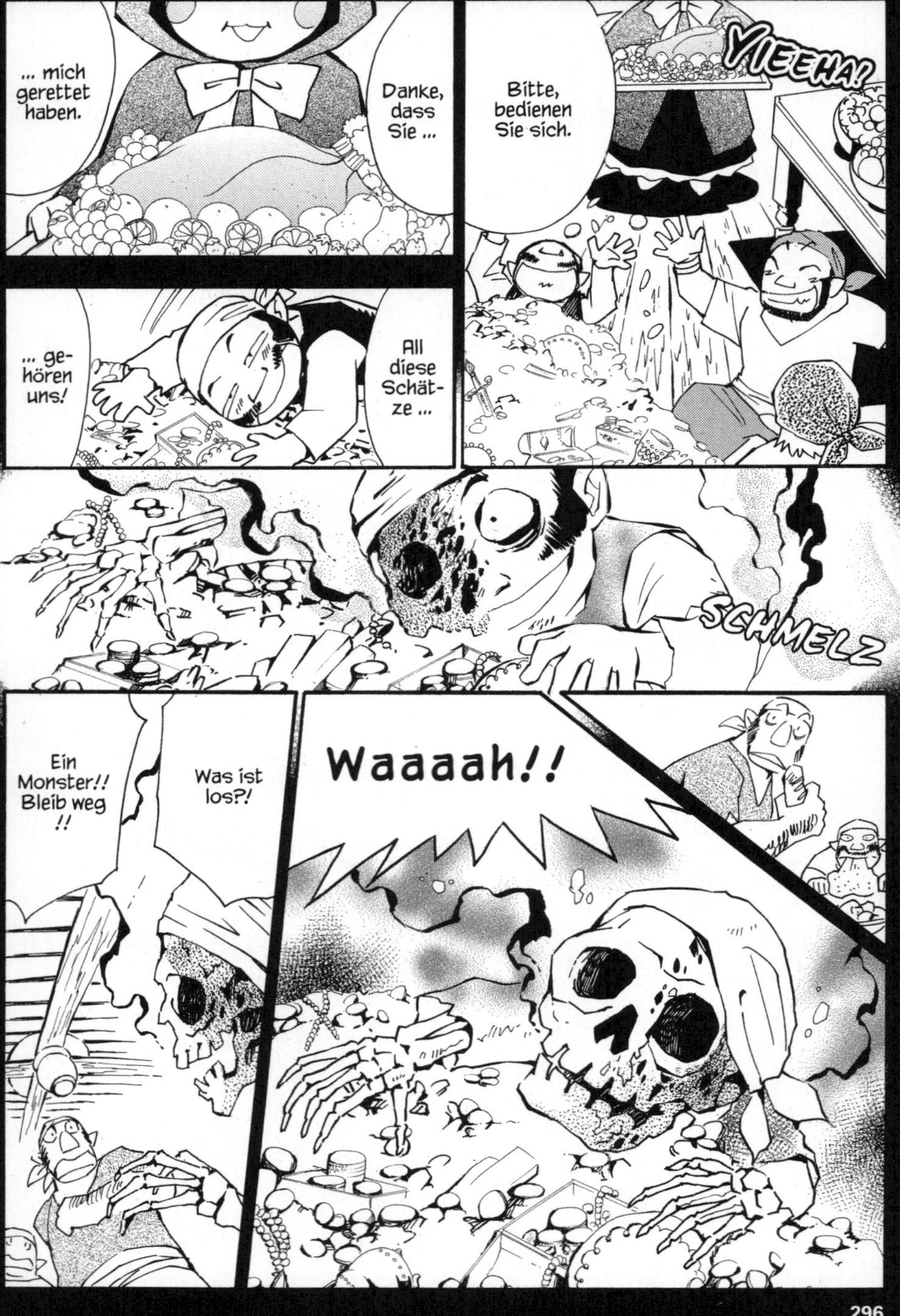
YIEEHA!
Bitte, bedienen Sie sich.
Danke, dass Sie ...
... mich gerettet haben.
All diese Schätze ...
... gehören uns!
SCHMELZ
Waaaah!!
Was ist los?!
Ein Monster!! Bleib weg !!

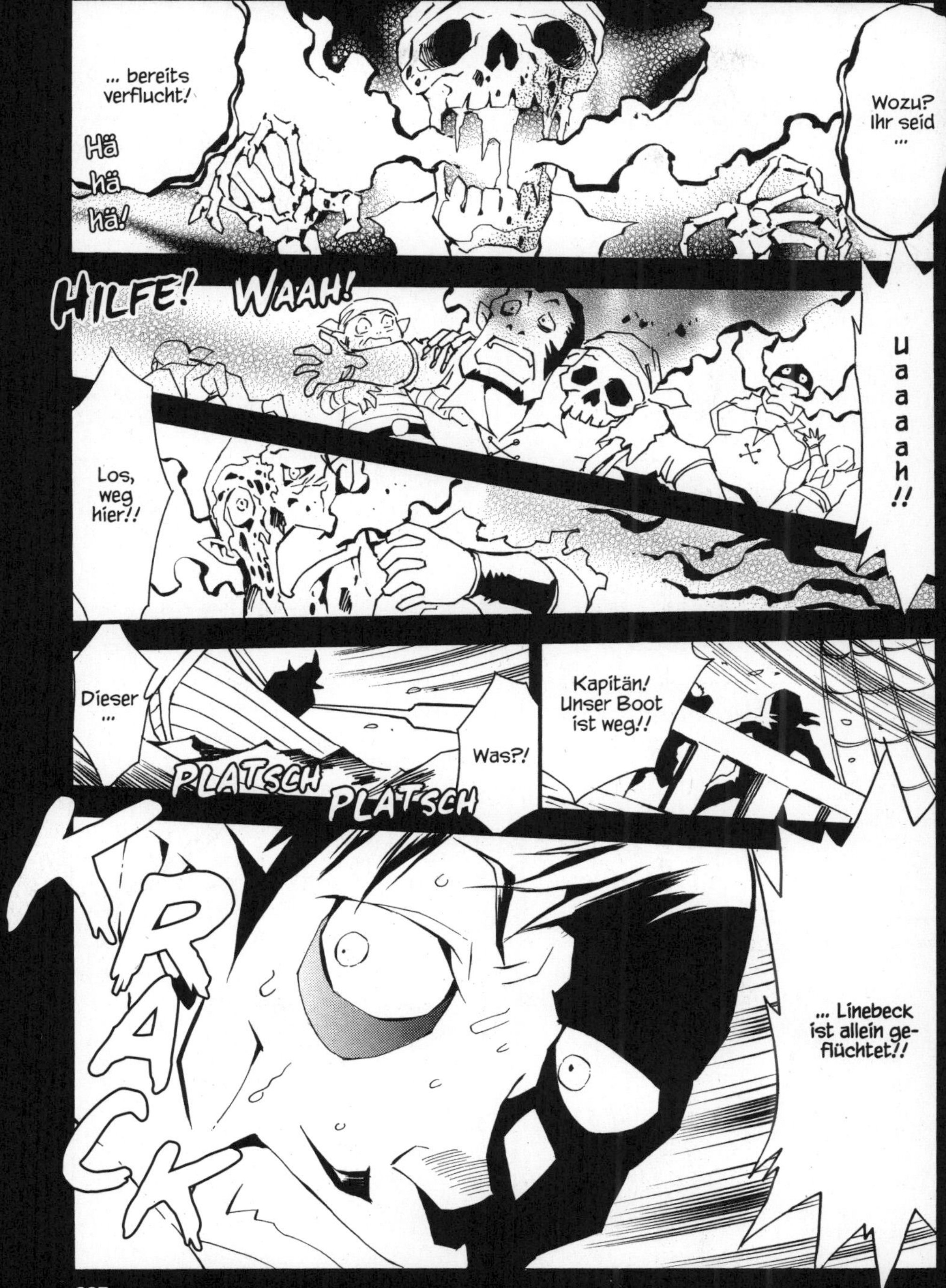
Wozu? Ihr seid ...
... bereits verflucht!
Hä hä hä!
Uaaaaah!!
WAAH!
HILFE!
Los, weg hier!!
Kapitän! Unser Boot ist weg!!
Was?!
Dieser ...
PLATSCH
PLATSCH
... Linebeck ist allein ge-flüchtet!!
KRACK

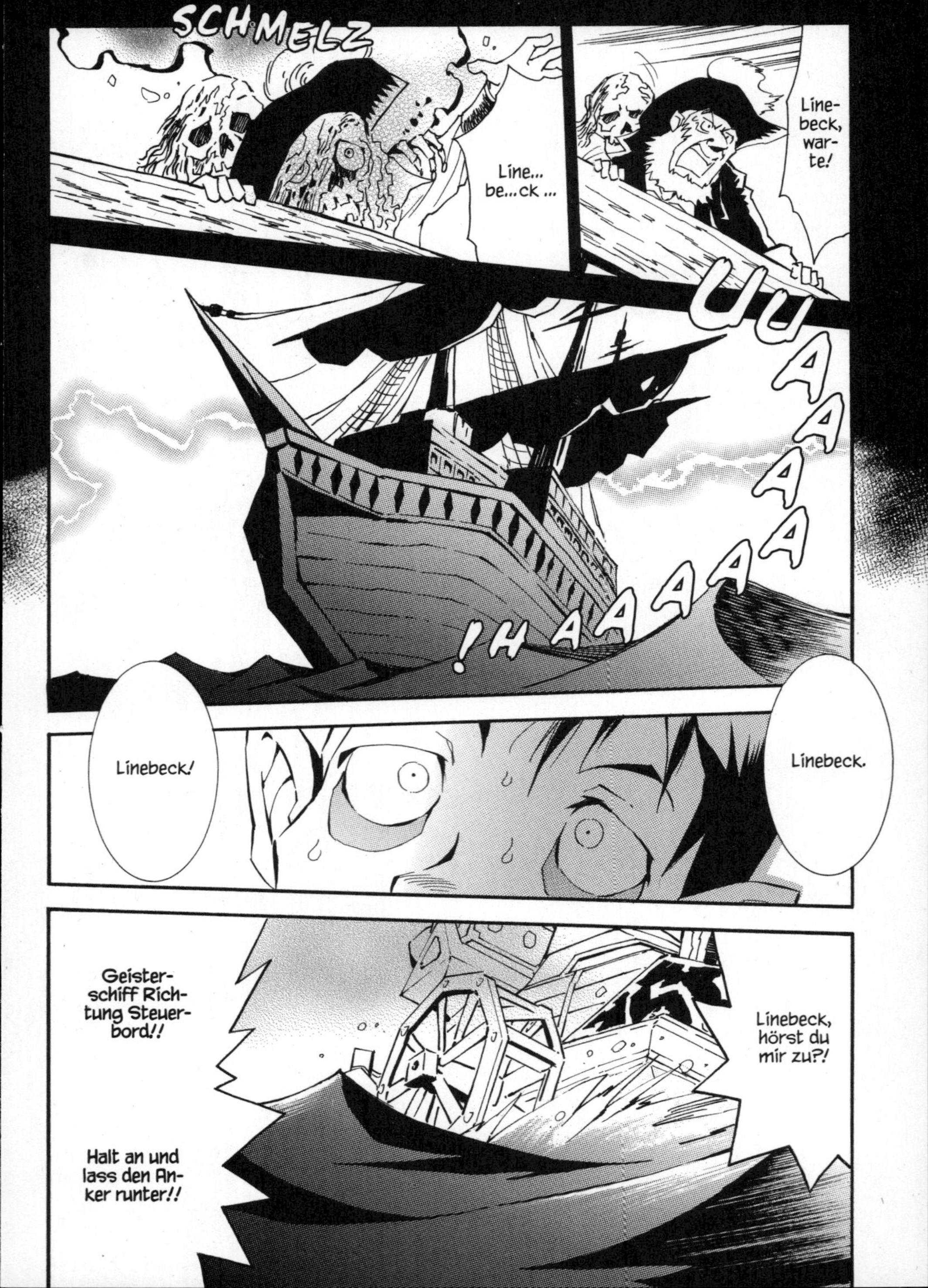
Linebeck, warte!
SCHMELZ
Line... be...ck ...
UUAAAAAAAAAAH!
Linebeck.
Linebeck!
Linebeck, hörst du mir zu?!
Geisterschiff Richtung Steuerbord!!
Halt an und lass den Anker runter!!

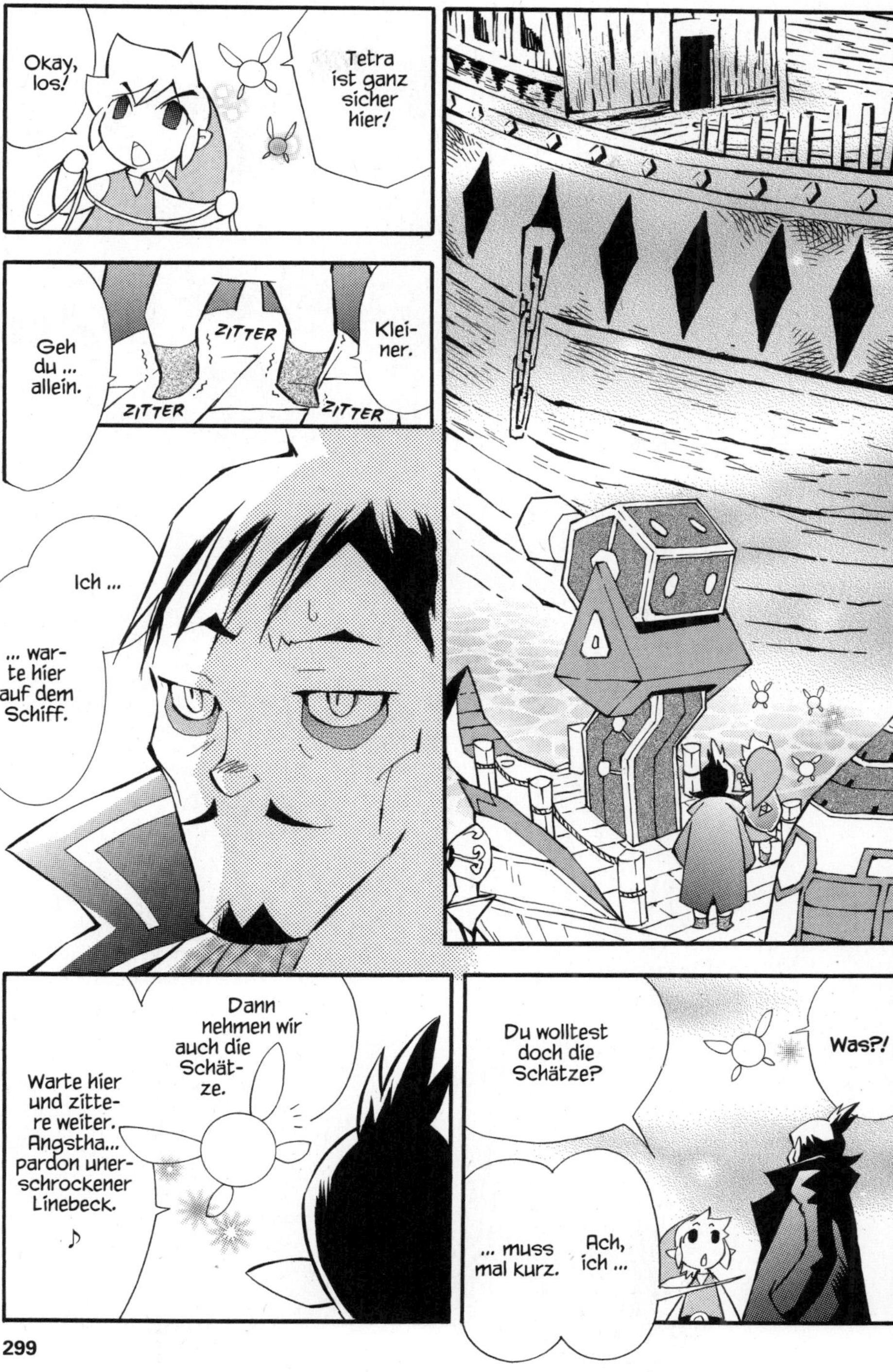
Tetra ist ganz sicher hier!
Okay, los!
Klei-ner.
ZITTER
Geh du ... allein.
ZITTER
ZITTER
Ich ...
... war-te hier auf dem Schiff.
Was?!
Du wolltest doch die Schätze?
Ach, ich ...
... muss mal kurz.
Dann nehmen wir auch die Schät-ze.
Warte hier und zitte-re weiter. Angstha... pardon uner-schrockener Linebeck.
♪

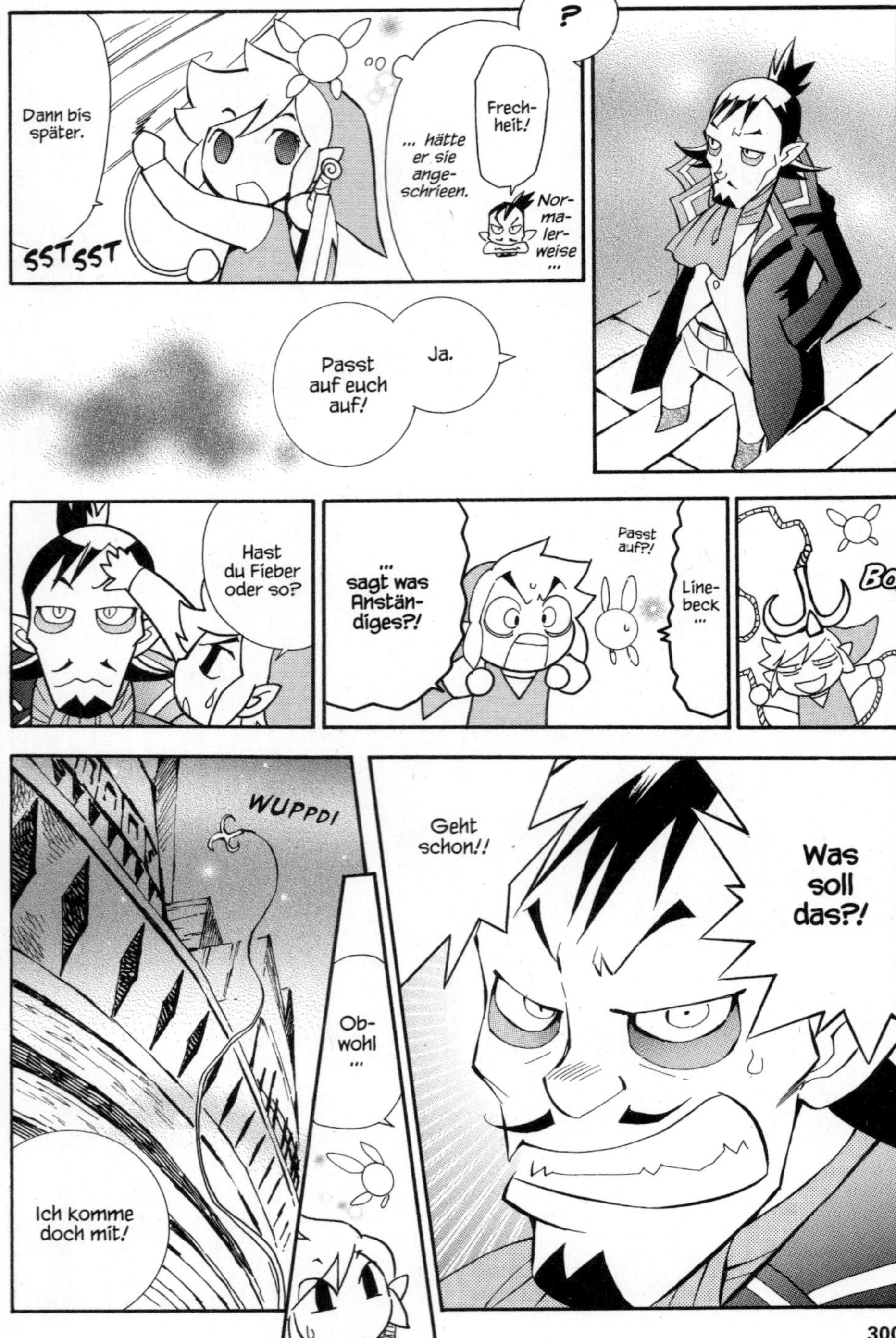
?
Frech-
heit!
Nor-
ma-
ler-
weise
...
... hätte
er sie
ange-
schrieen.
Dann bis
später.
SST SST
Ja.
Passt
auf euch
auf!
BONG
Line-
beck
...
Passt
auf?!
...
sagt was
Anstän-
diges?!
Hast
du Fieber
oder so?
Was
soll
das?!
Geht
schon!!
Ob-
wohl
...
WUPPDI
Ich komme
doch mit!

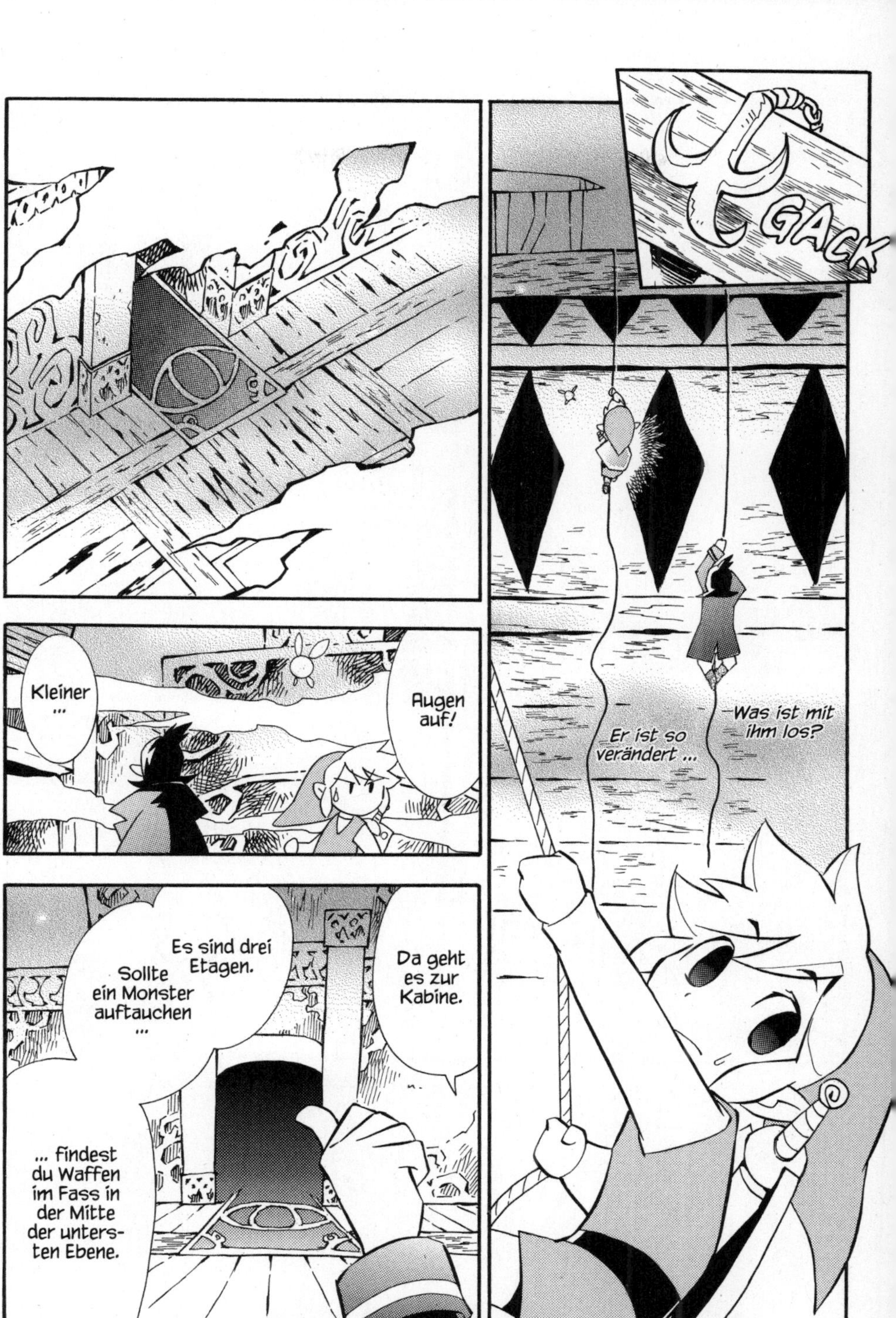
GACK
Was ist mit ihm los?
Er ist so verändert ...
Augen auf!
Kleiner ...
Da geht es zur Kabine.
Es sind drei Etagen.
Sollte ein Monster auftauchen ...
... findest du Waffen im Fass in der Mitte der untersten Ebene.

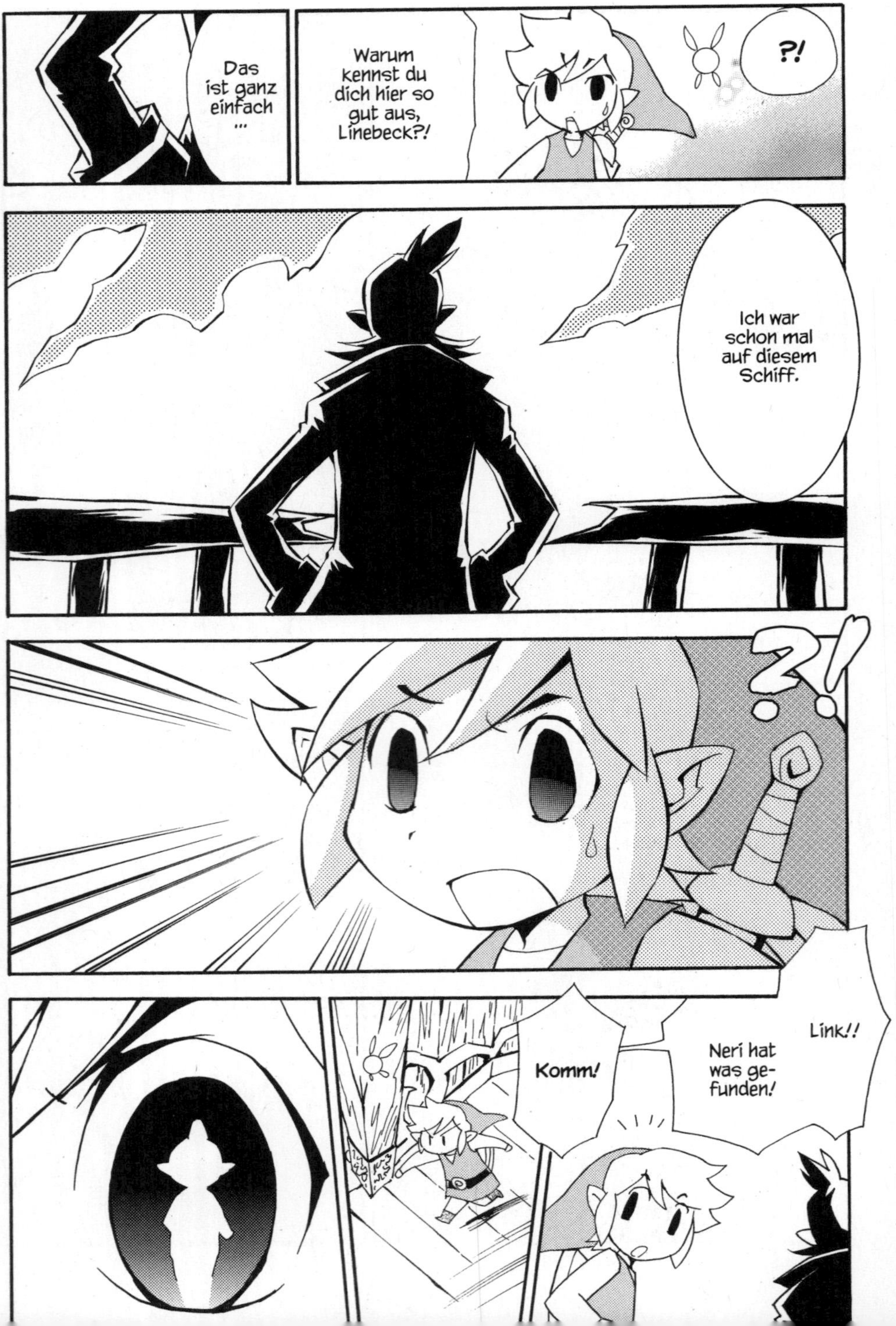

?!
Warum kennst du dich hier so gut aus, Linebeck?!
Das ist ganz einfach ...
Ich war schon mal auf diesem Schiff.
?!
Link!!
Neri hat was gefunden!
Komm!

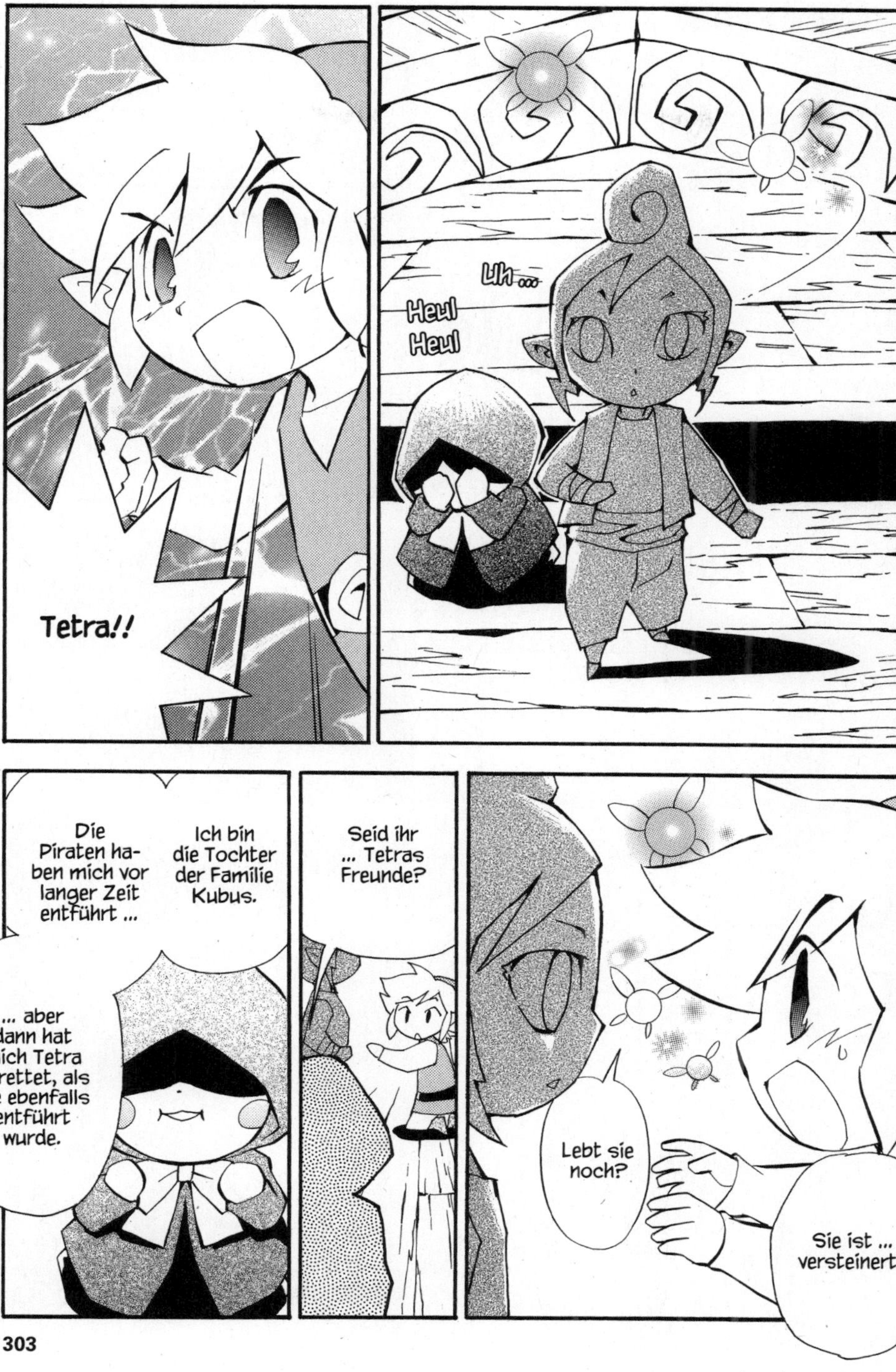

Uh ...
Heul
Heul
Tetra!!
Sie ist ... versteinert?
Lebt sie noch?
Seid ihr ... Tetras Freunde?
Ich bin die Tochter der Familie Kubus.
Die Piraten haben mich vor langer Zeit entführt ...
... aber dann hat mich Tetra gerettet, als sie ebenfalls entführt wurde.

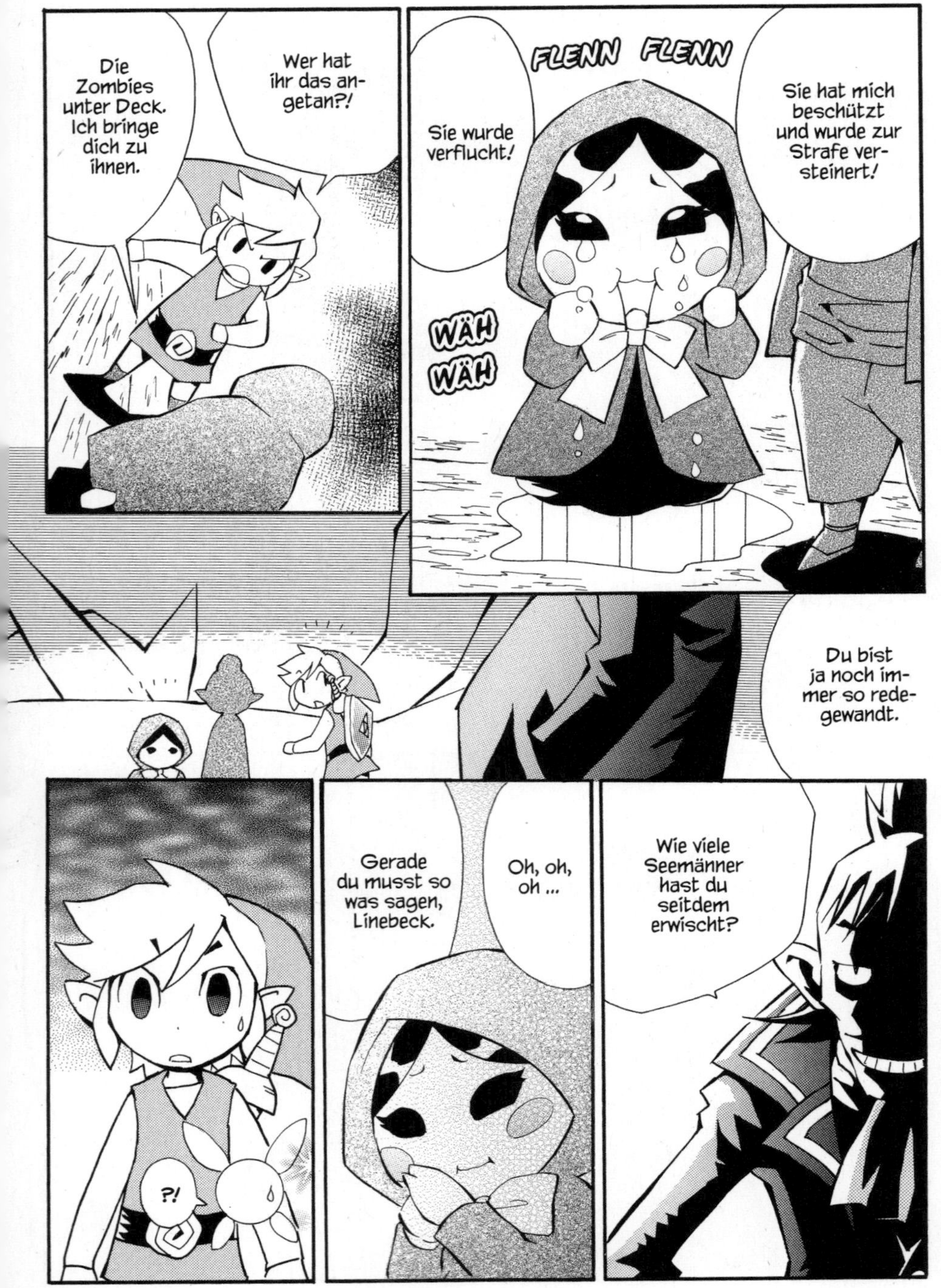
Wer hat ihr das angetan?!
Die Zombies unter Deck. Ich bringe dich zu ihnen.
Sie wurde verflucht!
FLENN FLENN
WÄH WÄH
Sie hat mich beschützt und wurde zur Strafe versteinert!
Du bist ja noch immer so redegewandt.
?!
Gerade du musst so was sagen, Linebeck.
Oh, oh, oh ...
Wie viele Seemänner hast du seitdem erwischt?

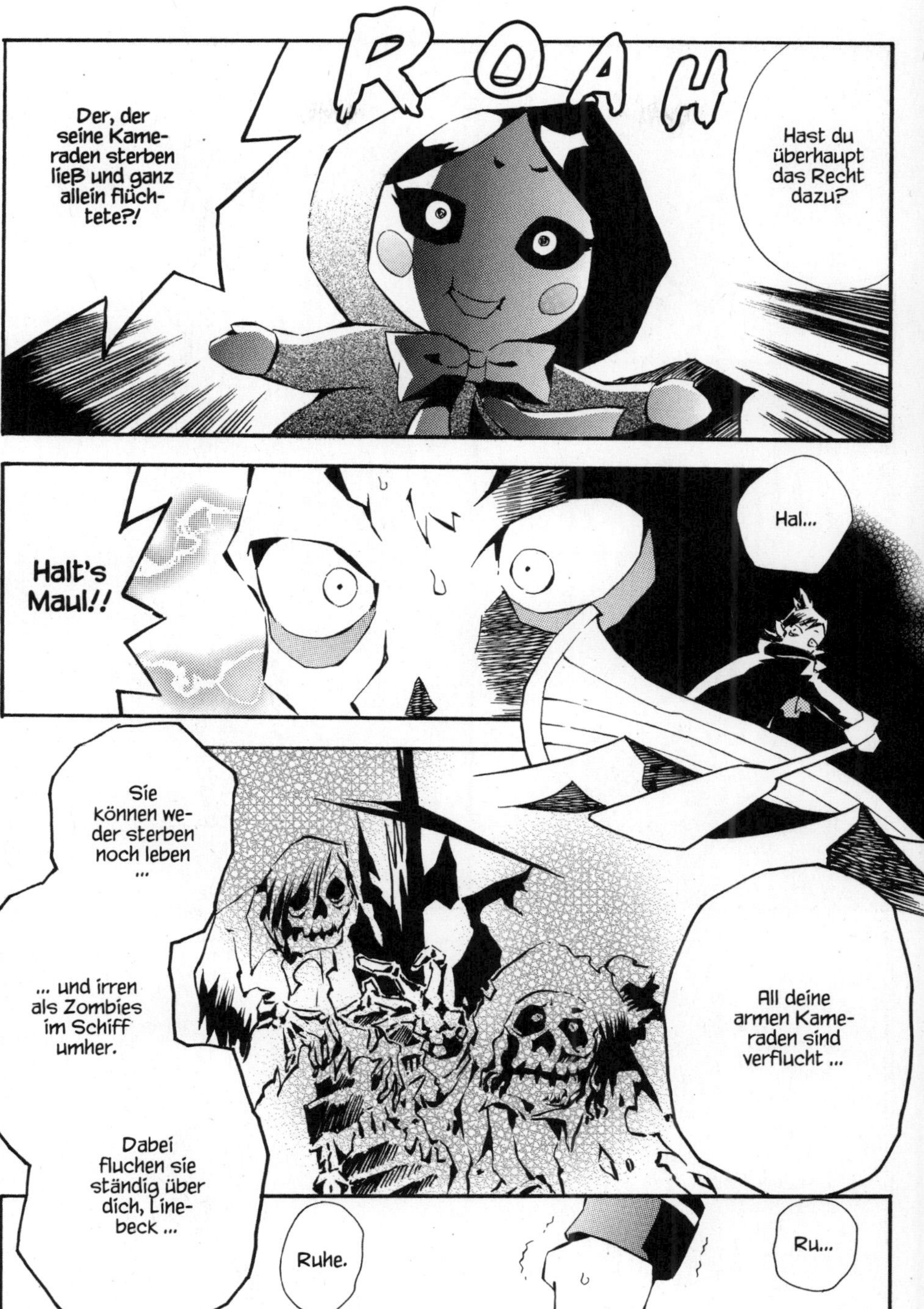
ROAH
Hast du überhaupt das Recht dazu?
Der, der seine Kameraden sterben ließ und ganz allein flüchtete?!
Hal...
Halt's Maul!!
All deine armen Kameraden sind verflucht ...
Sie können weder sterben noch leben ...
... und irren als Zombies im Schiff umher.
Dabei fluchen sie ständig über dich, Linebeck ...
Ru...
Ruhe.

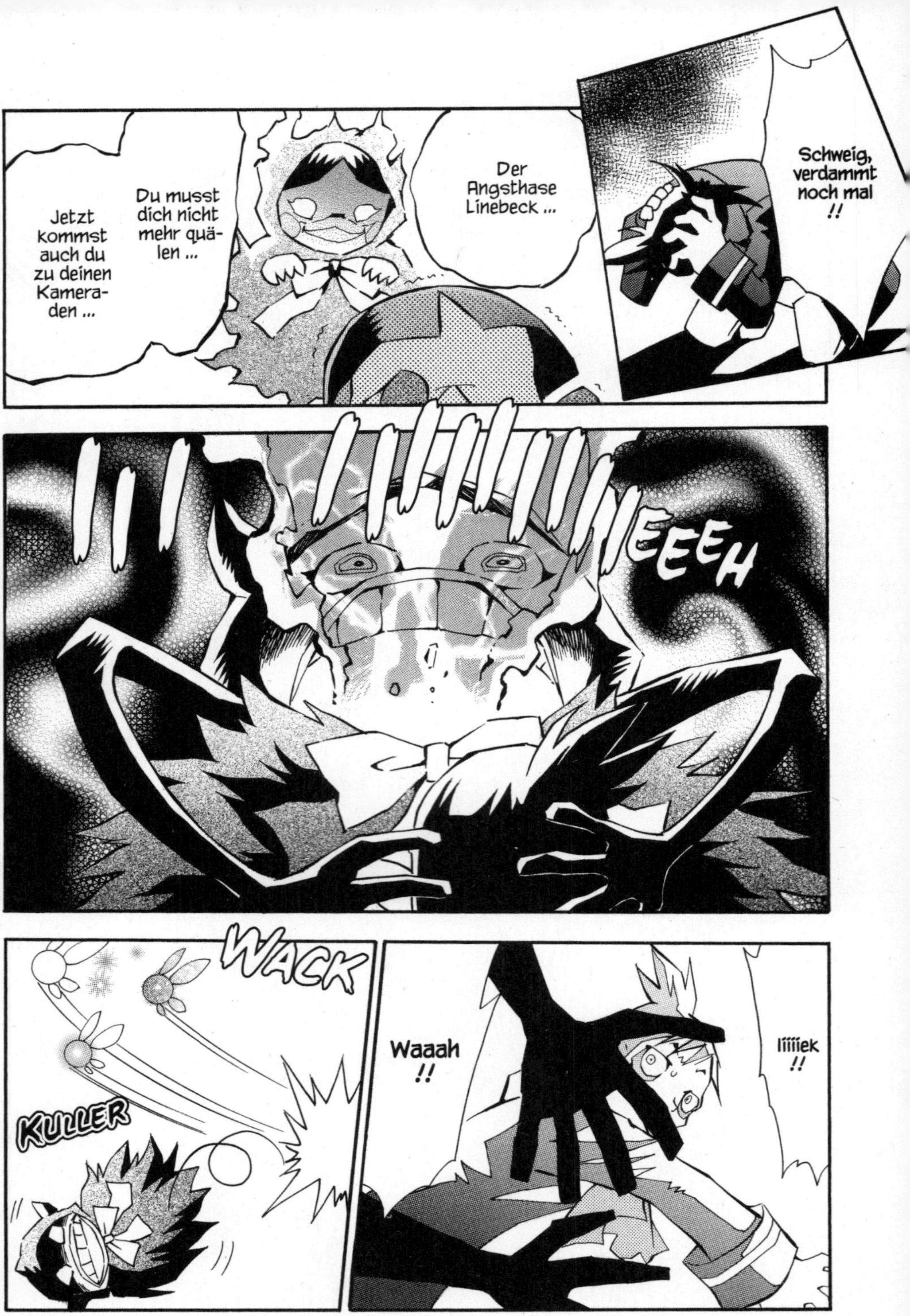
Schweig, verdammt noch mal !!
Der Angsthase Linebeck ...
Du musst dich nicht mehr quälen ...
Jetzt kommst auch du zu deinen Kameraden ...
IIIIIIIIIIIIIIEEEEH
WACK
Iiiiiek !!
Waaah !!
KULLER

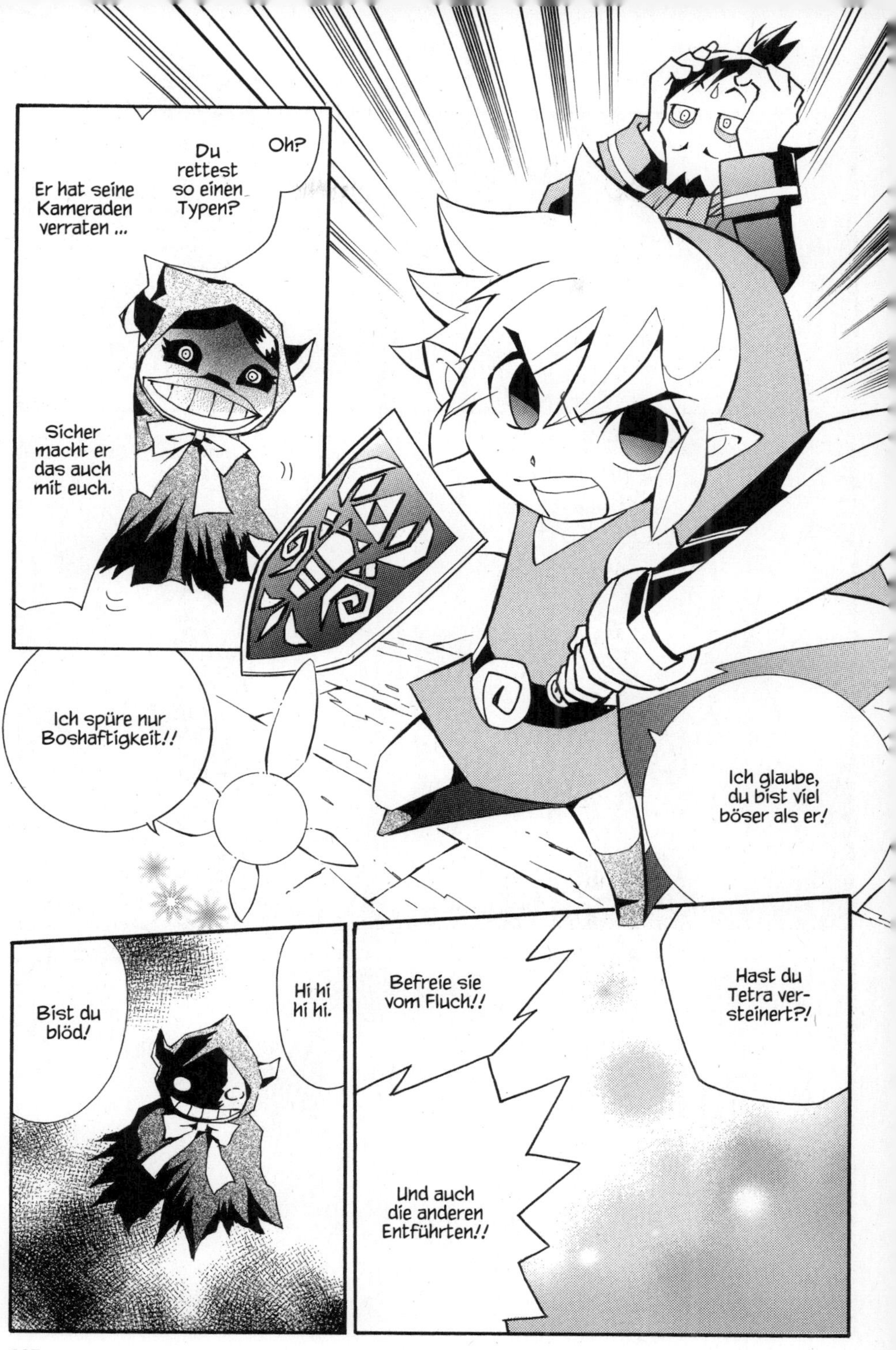

Oh?
Du rettest so einen Typen?
Er hat seine Kameraden verraten ...
Sicher macht er das auch mit euch.
Ich glaube, du bist viel böser als er!
Ich spüre nur Boshaftigkeit!!
Hast du Tetra versteinert?!
Befreie sie vom Fluch!!
Und auch die anderen Entführten!!
Hi hi hi hi.
Bist du blöd!

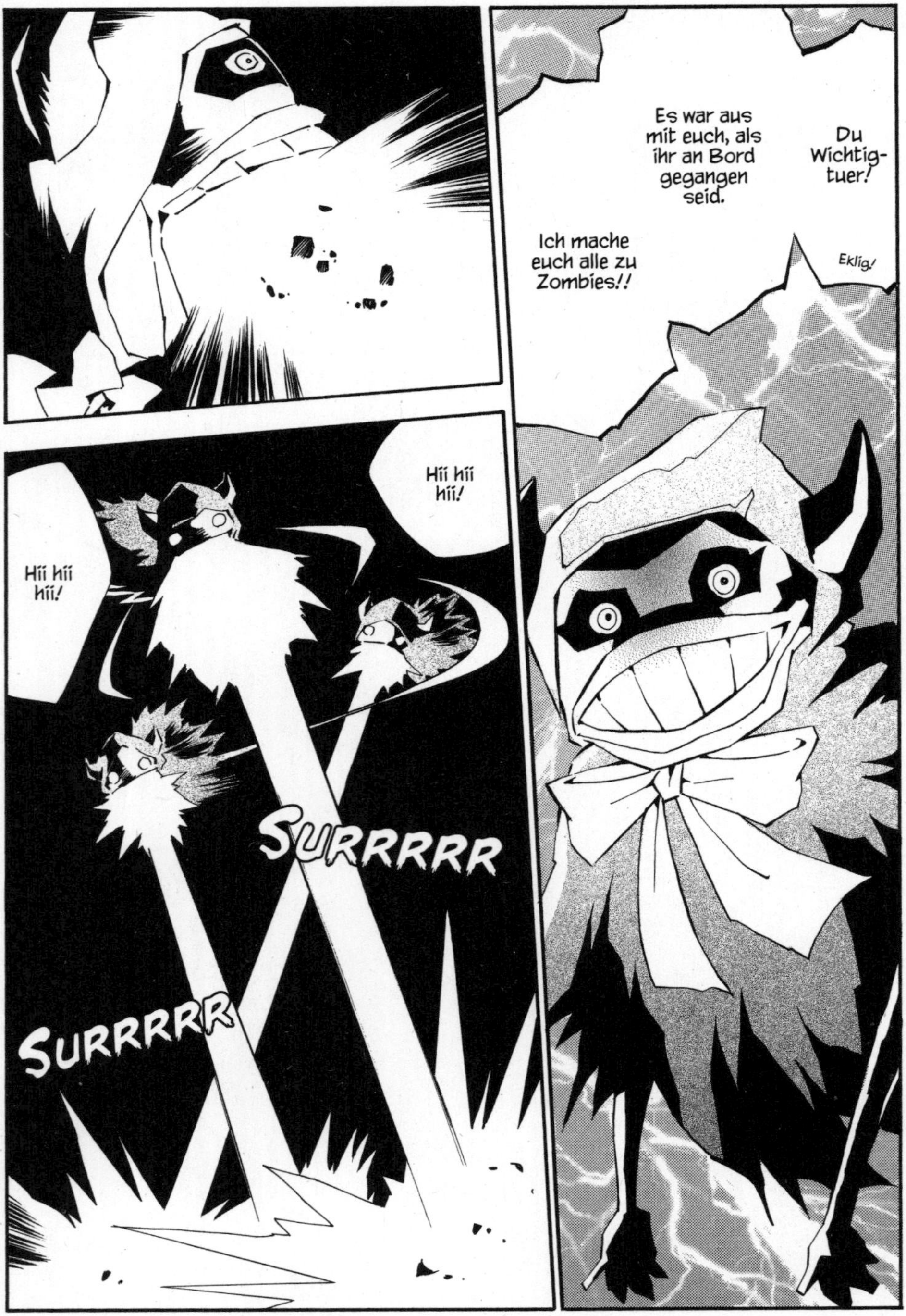

Du Wichtigtuer!
Es war aus mit euch, als ihr an Bord gegangen seid.
Eklig!
Ich mache euch alle zu Zombies!!
Hii hii hii!
Hii hii hii!
SURRRRRR
SURRRRRR

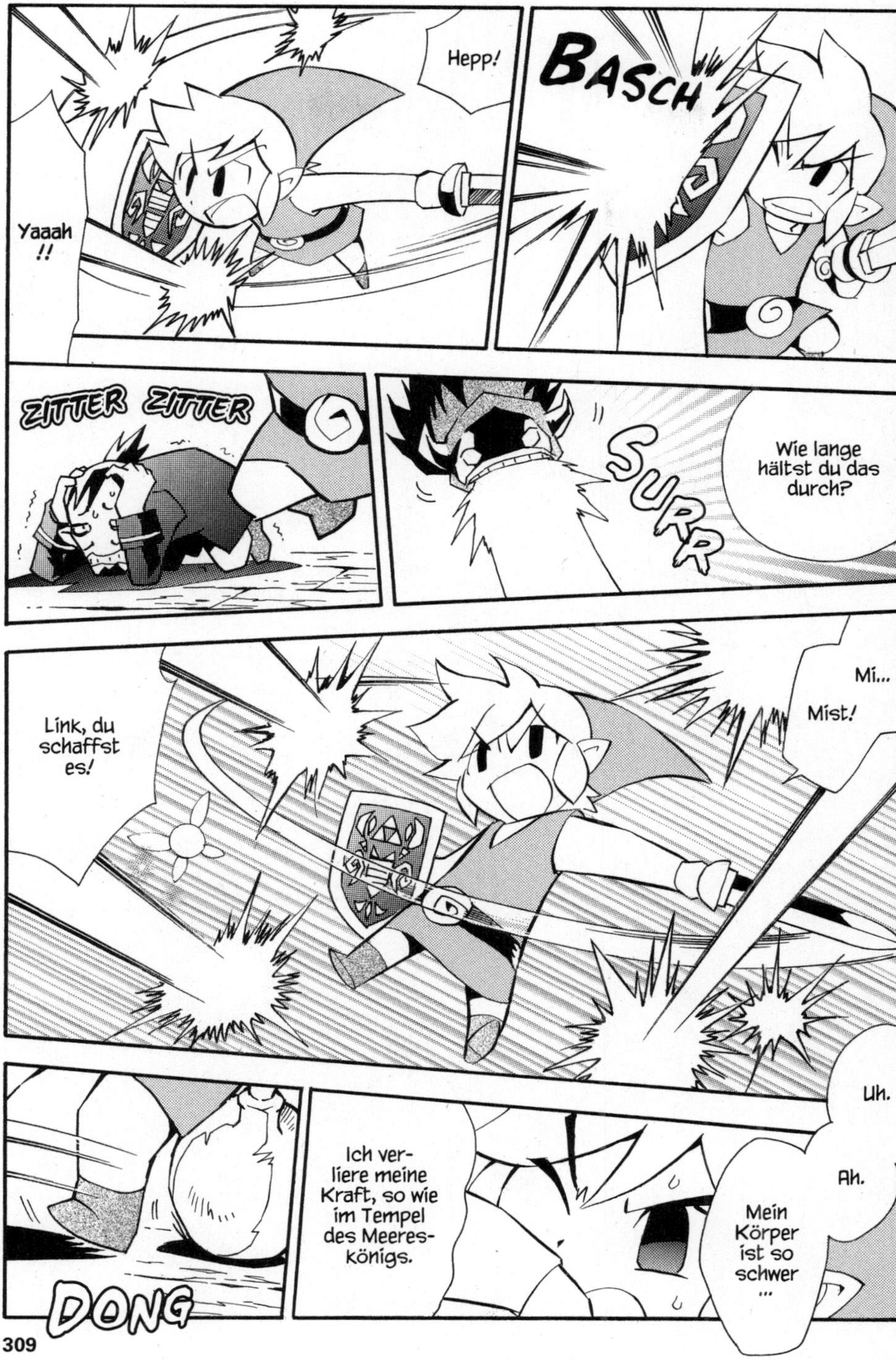
BASCH
Hepp!
Yaaah!!
Wie lange hältst du das durch?
SURR
ZITTER ZITTER
Mi...
Mist!
Link, du schaffst es!
Uh.
Ah.
Mein Körper ist so schwer ...
Ich verliere meine Kraft, so wie im Tempel des Meereskönigs.
DONG

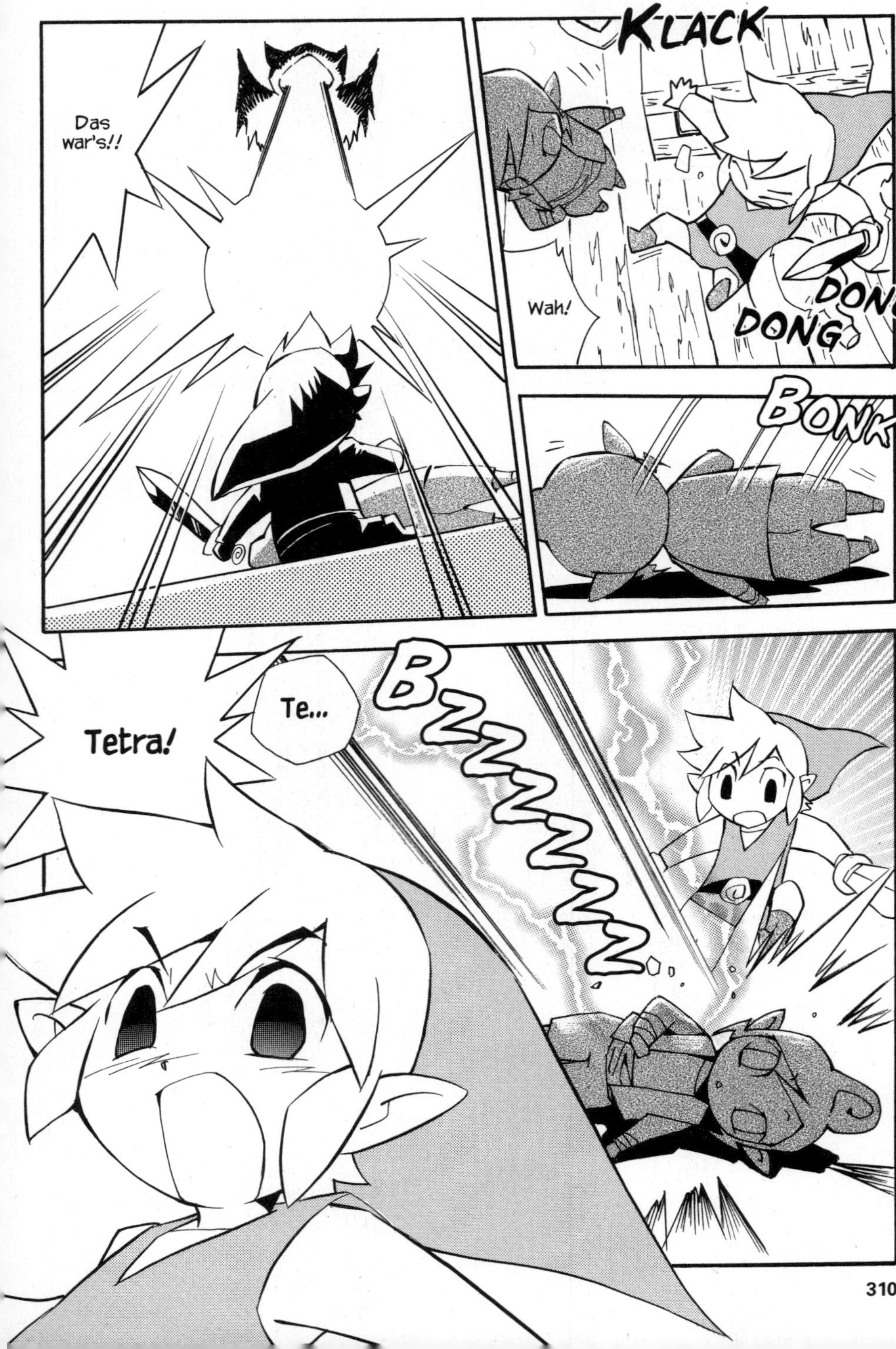
KLACK
Wah!
DONG
DONG
Das war's!!
BONK
BZZZZZZZ
Te...
Tetra!

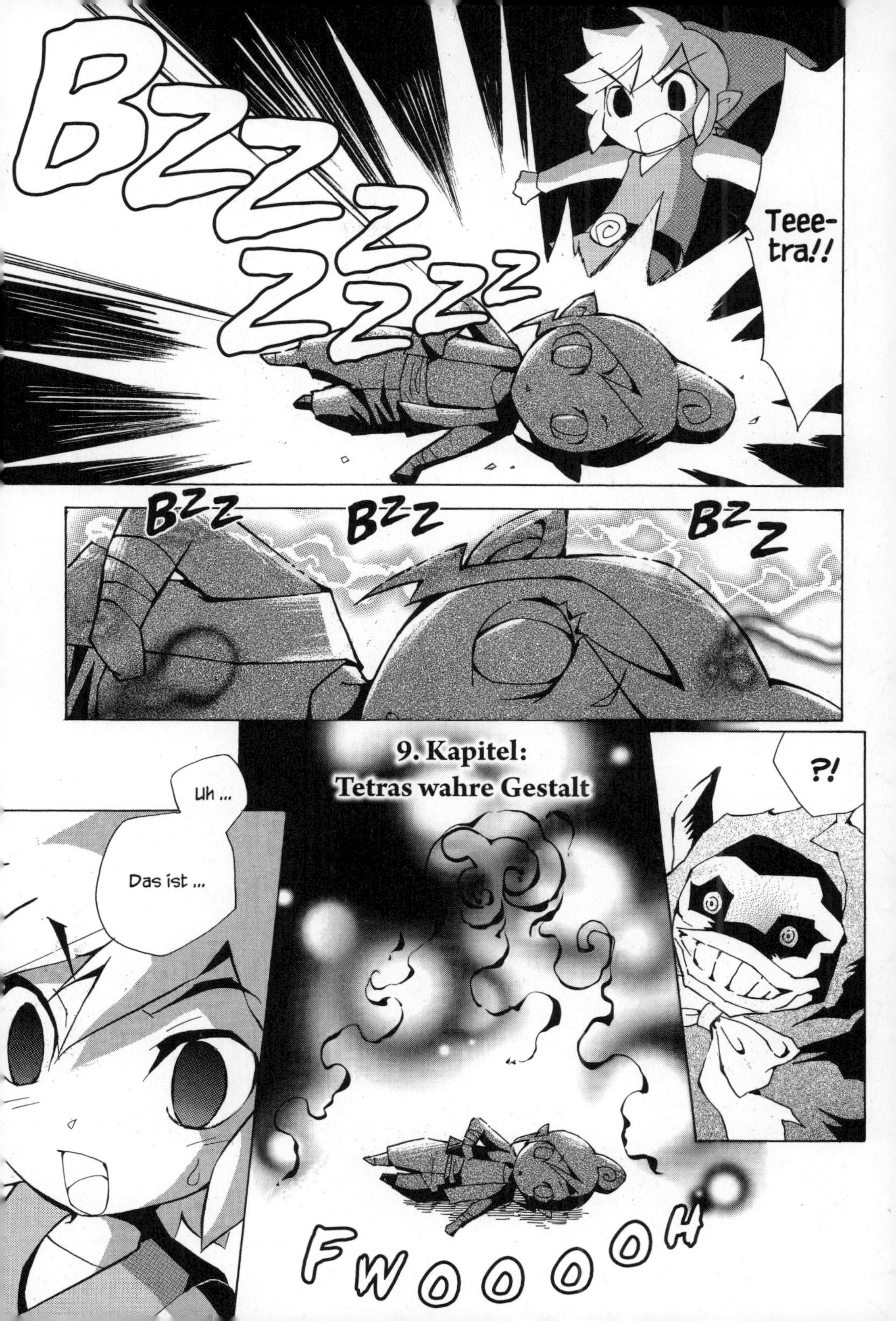

BZZZZZZZ
Teeetra!!
BZZ
BZZ
BZZ
9. Kapitel:
Tetras wahre Gestalt
?!
Uh ...
Das ist ...
FWOOOOOH

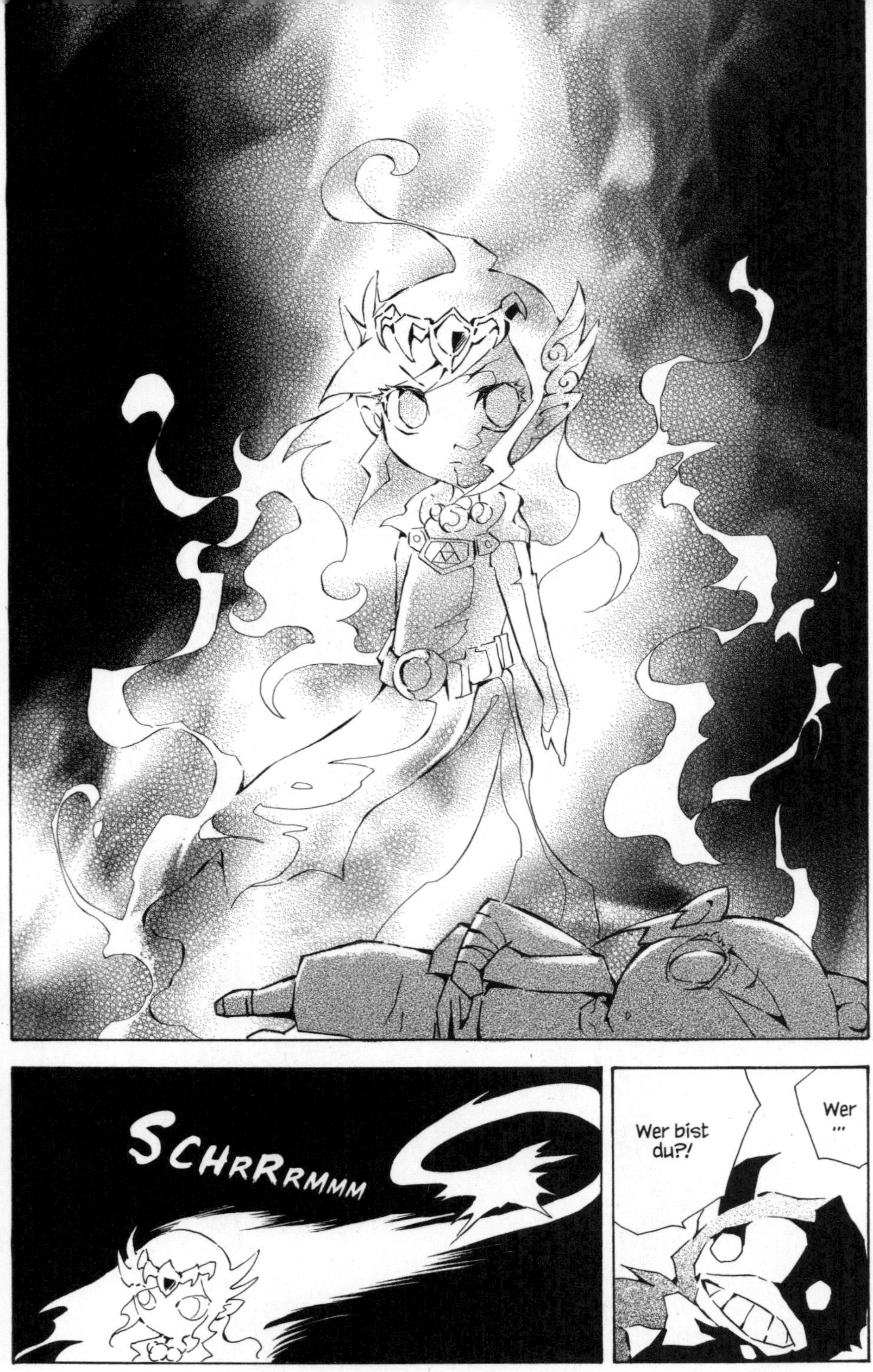
Wer ...
Wer bist du?!
SCHRRRMMM

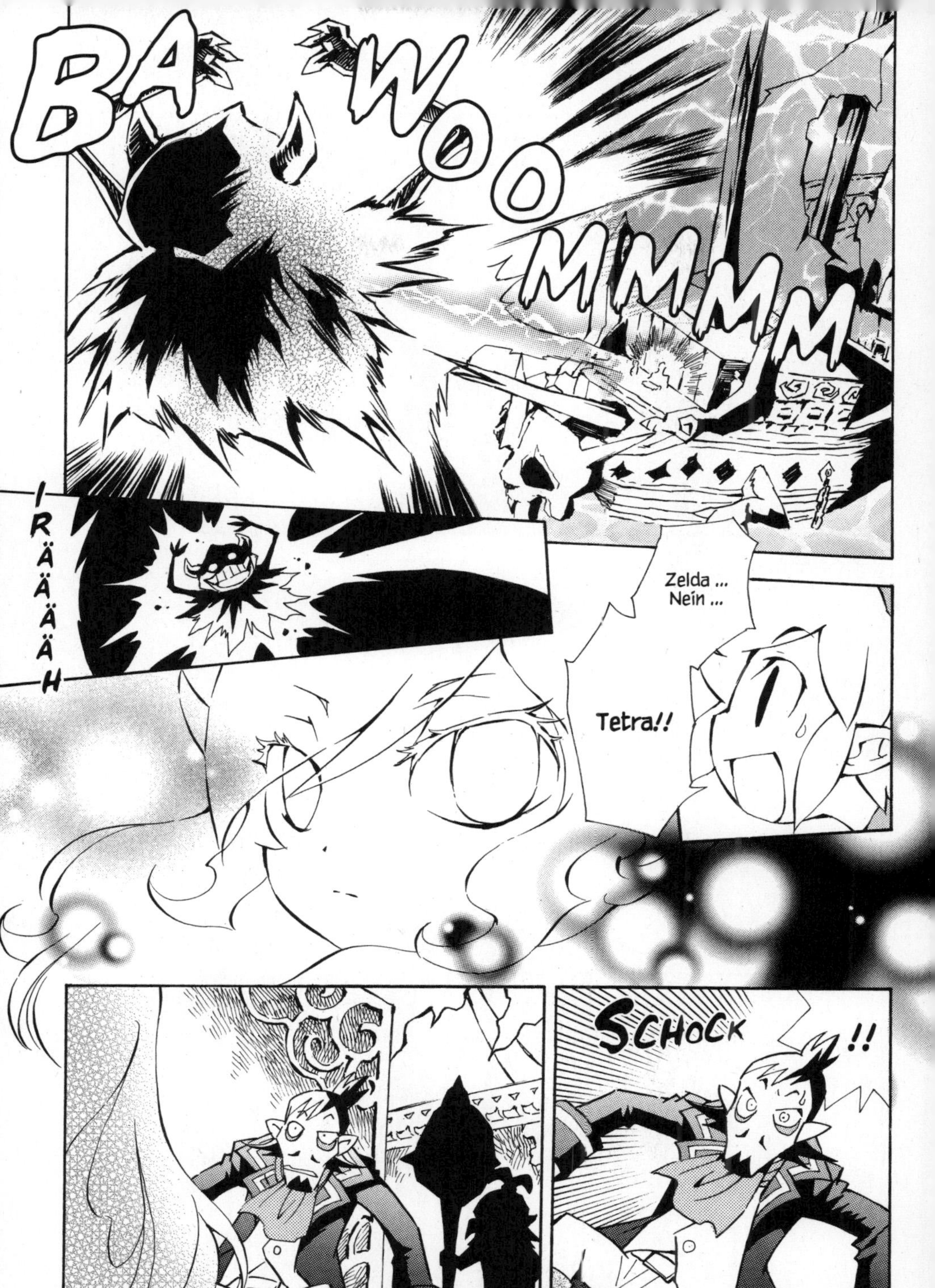
BA WOOMMMMMM
IRÄÄÄÄH
Zelda ... Nein ...
Tetra!!
SCHOCK !!

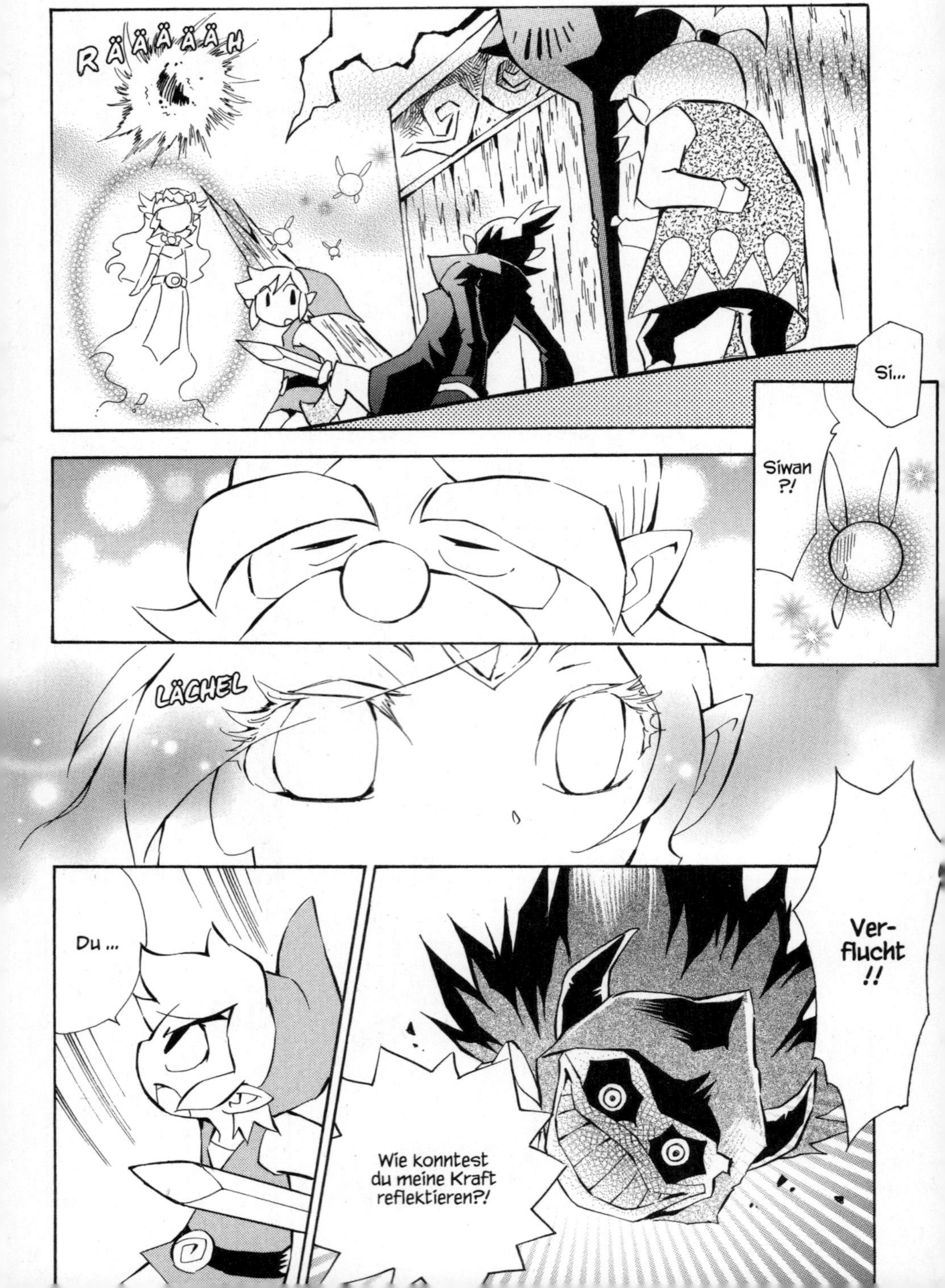
RÄÄÄÄÄH
Si...
Siwan ?!
LÄCHEL
Verflucht !!
Wie konntest du meine Kraft reflektieren?!
Du ...

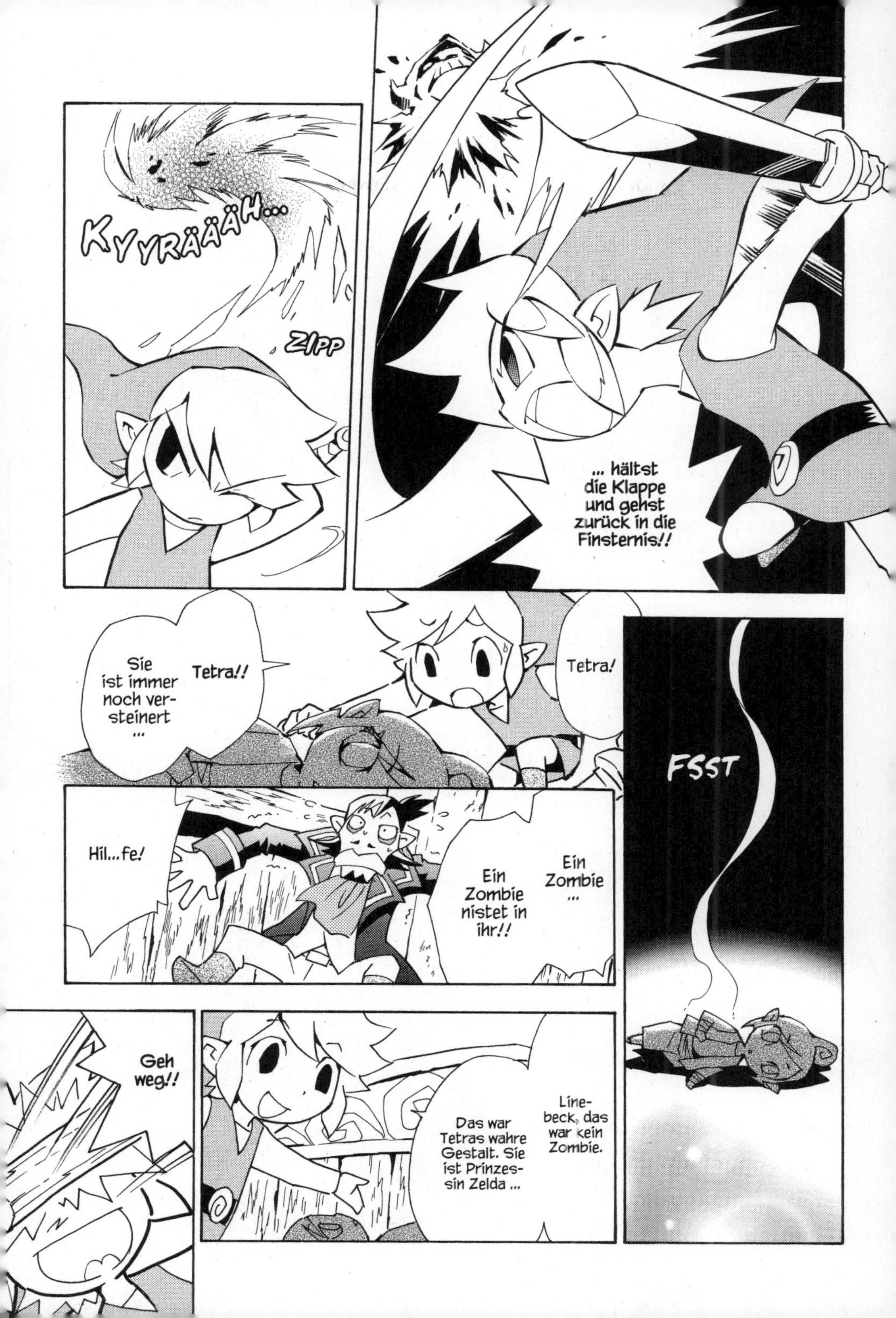

... hältst die Klappe und gehst zurück in die Finsternis!!
Kyyrääääh...
Zipp
FSST
Tetra!
Tetra!!
Sie ist immer noch versteinert ...
Ein Zombie ...
Ein Zombie nistet in ihr!!
Hil...fe!
Linebeck, das war kein Zombie.
Das war Tetras wahre Gestalt. Sie ist Prinzessin Zelda ...
Geh weg!!

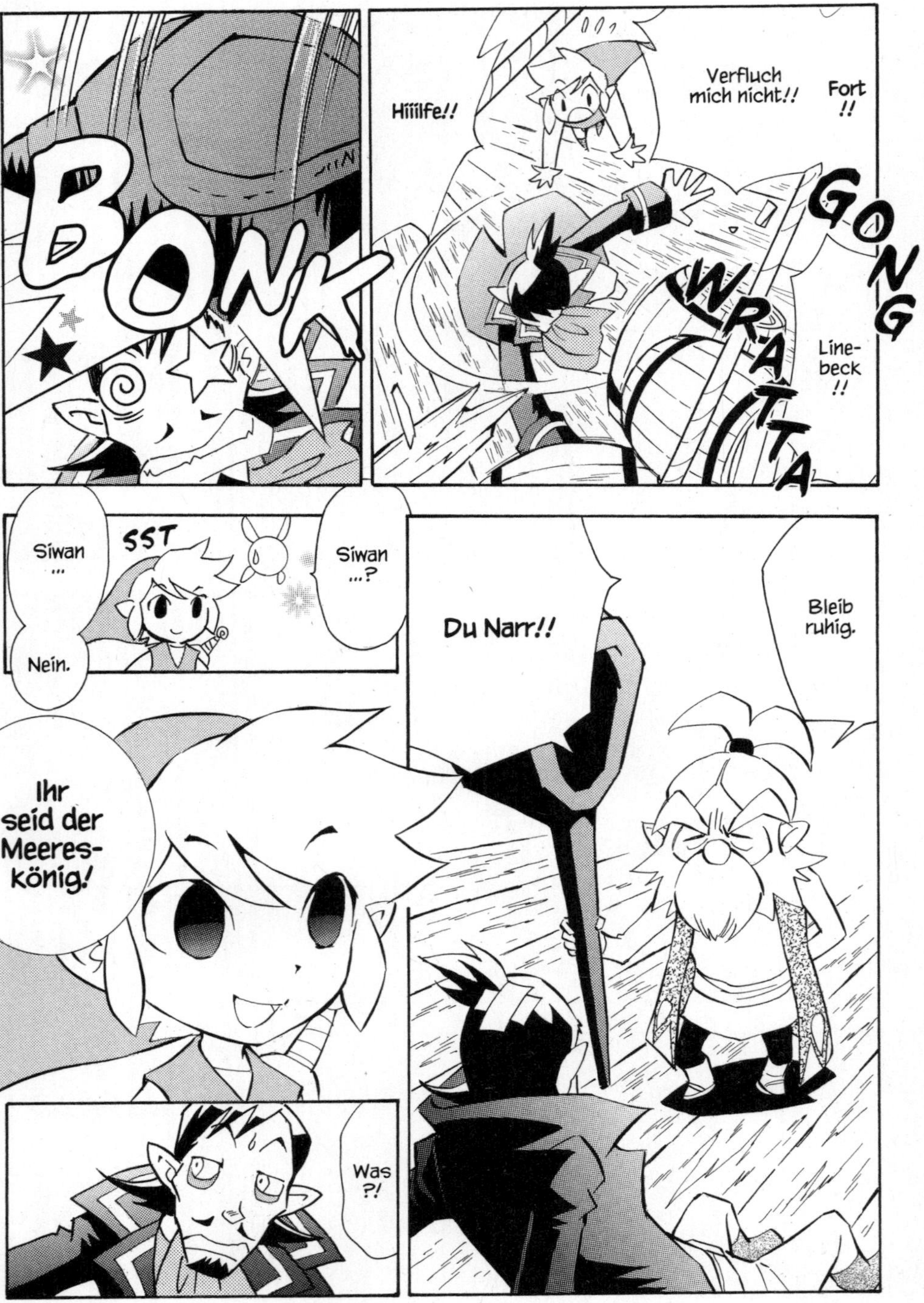
BONK
Hiiilfe!!
Verfluch mich nicht!!
Fort !!
GONG
WRATTA
Linebeck !!
Siwan ...
SST
Siwan ...?
Nein.
Du Narr!!
Bleib ruhig.
Ihr seid der Meereskönig!
Was ?!

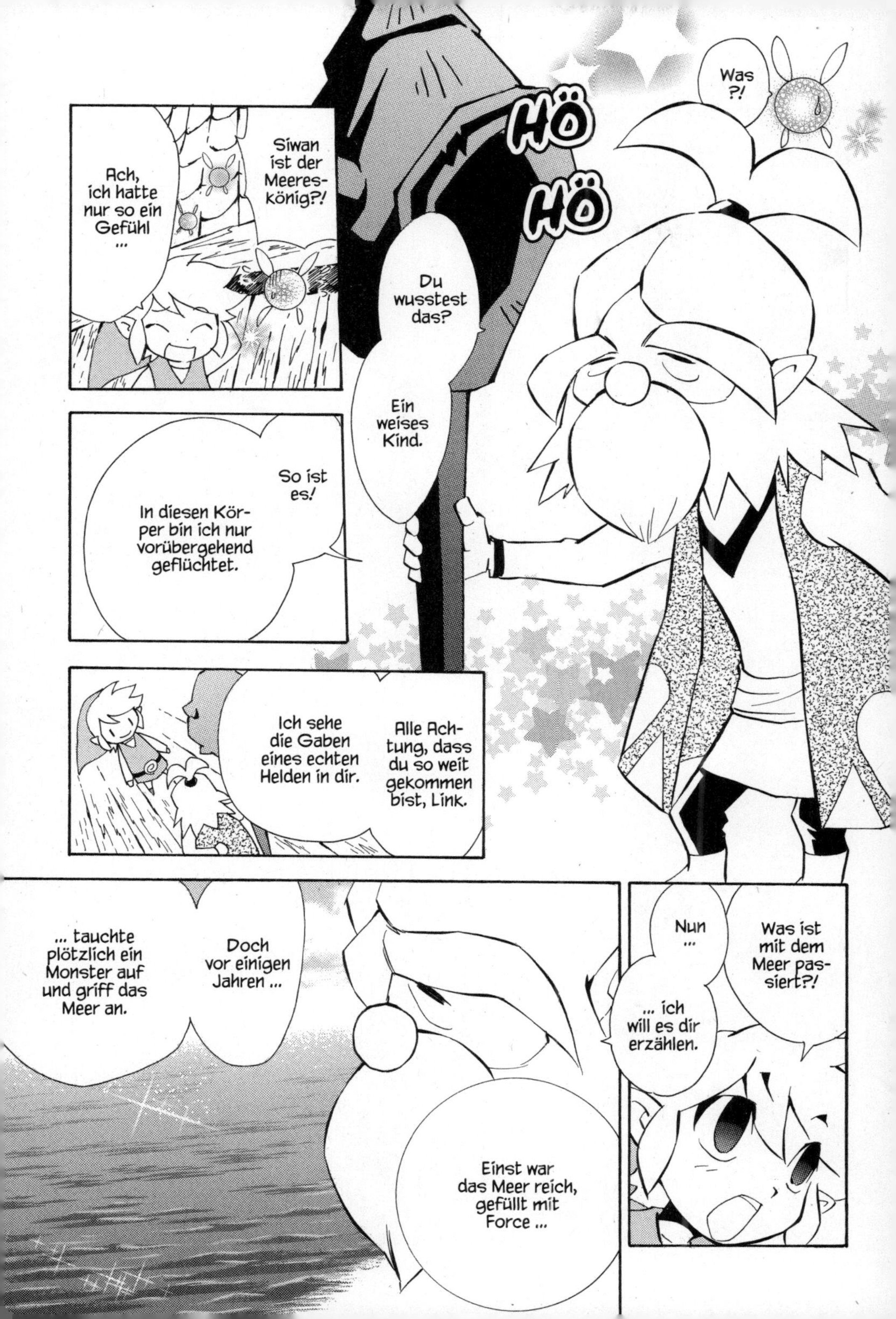
Was ?!
HÖ HÖ
Du wusstest das?
Ein weises Kind.
Siwan ist der Meeres-König?!
Ach, ich hatte nur so ein Gefühl ...
So ist es!
In diesen Kör-per bin ich nur vorübergehend geflüchtet.
Alle Ach-tung, dass du so weit gekommen bist, Link.
Ich sehe die Gaben eines echten Helden in dir.
Was ist mit dem Meer pas-siert?!
Nun ...
... ich will es dir erzählen.
Einst war das Meer reich, gefüllt mit Force ...
Doch vor einigen Jahren ...
... tauchte plötzlich ein Monster auf und griff das Meer an.

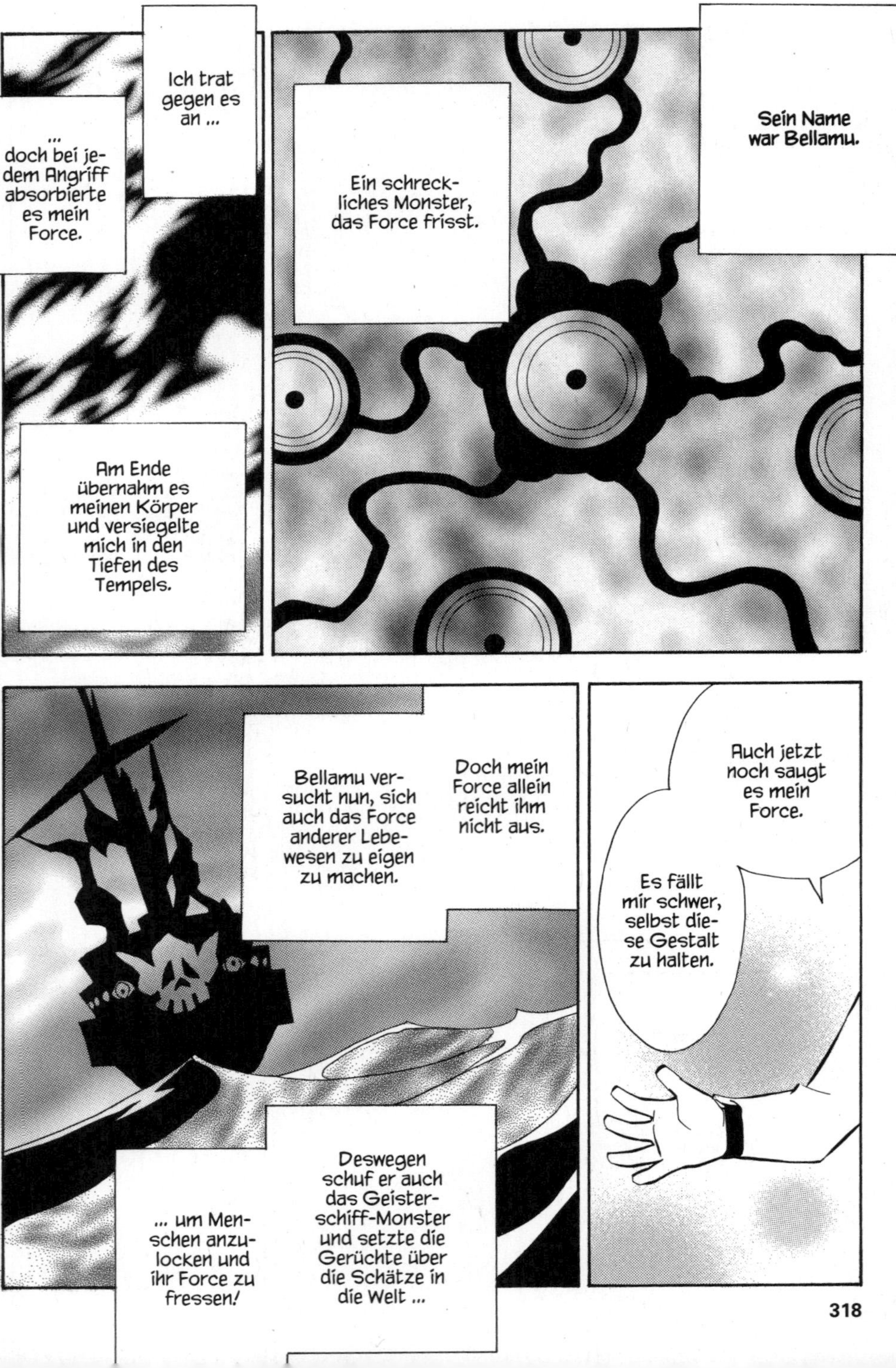
Ich trat gegen es an ...
... doch bei jedem Angriff absorbierte es mein Force.
Am Ende übernahm es meinen Körper und versiegelte mich in den Tiefen des Tempels.
Ein schreckliches Monster, das Force frisst.
Sein Name war Bellamu.
Doch mein Force allein reicht ihm nicht aus.
Bellamu versucht nun, sich auch das Force anderer Lebewesen zu eigen zu machen.
Deswegen schuf er auch das Geisterschiff-Monster und setzte die Gerüchte über die Schätze in die Welt ...
... um Menschen anzulocken und ihr Force zu fressen!
Auch jetzt noch saugt es mein Force.
Es fällt mir schwer, selbst diese Gestalt zu halten.

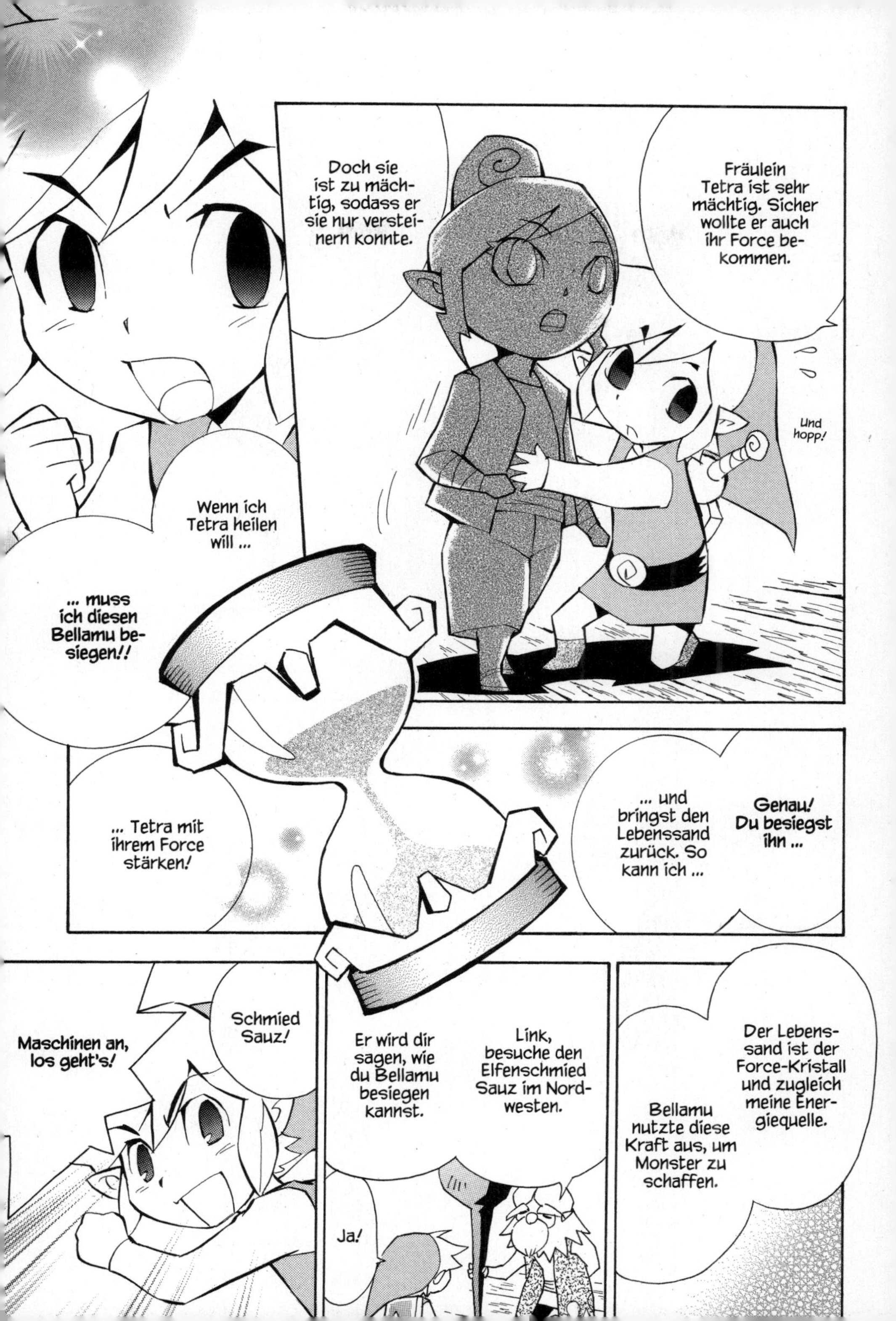
Fräulein Tetra ist sehr mächtig. Sicher wollte er auch ihr Force bekommen.
Doch sie ist zu mächtig, sodass er sie nur versteinern konnte.
Und hopp!
Wenn ich Tetra heilen will ...
... muss ich diesen Bellamu besiegen!!
Genau! Du besiegst ihn ...
... und bringst den Lebenssand zurück. So kann ich ...
... Tetra mit ihrem Force stärken!
Der Lebenssand ist der Force-Kristall und zugleich meine Energiequelle.
Bellamu nutzte diese Kraft aus, um Monster zu schaffen.
Link, besuche den Elfenschmied Sauz im Nordwesten.
Er wird dir sagen, wie du Bellamu besiegen kannst.
Ja!
Schmied Sauz!
Maschinen an, los geht's!

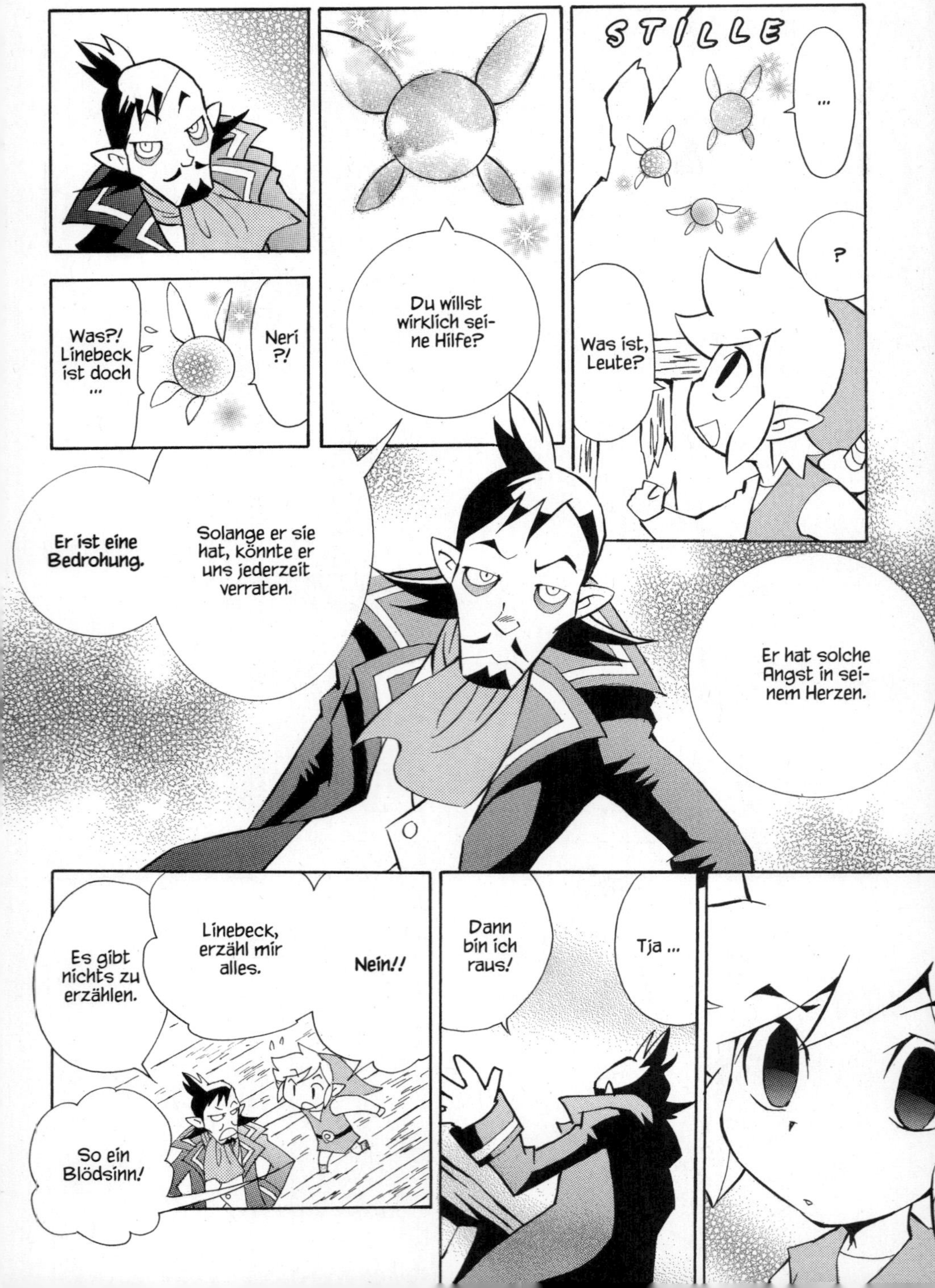

STILLE
...
?
Was ist, Leute?
Du willst wirklich seine Hilfe?
Neri ?!
Was?! Linebeck ist doch ...
Er hat solche Angst in seinem Herzen.
Solange er sie hat, könnte er uns jederzeit verraten.
Er ist eine Bedrohung.
Tja ...
Dann bin ich raus!
Nein!!
Linebeck, erzähl mir alles.
Es gibt nichts zu erzählen.
So ein Blödsinn!

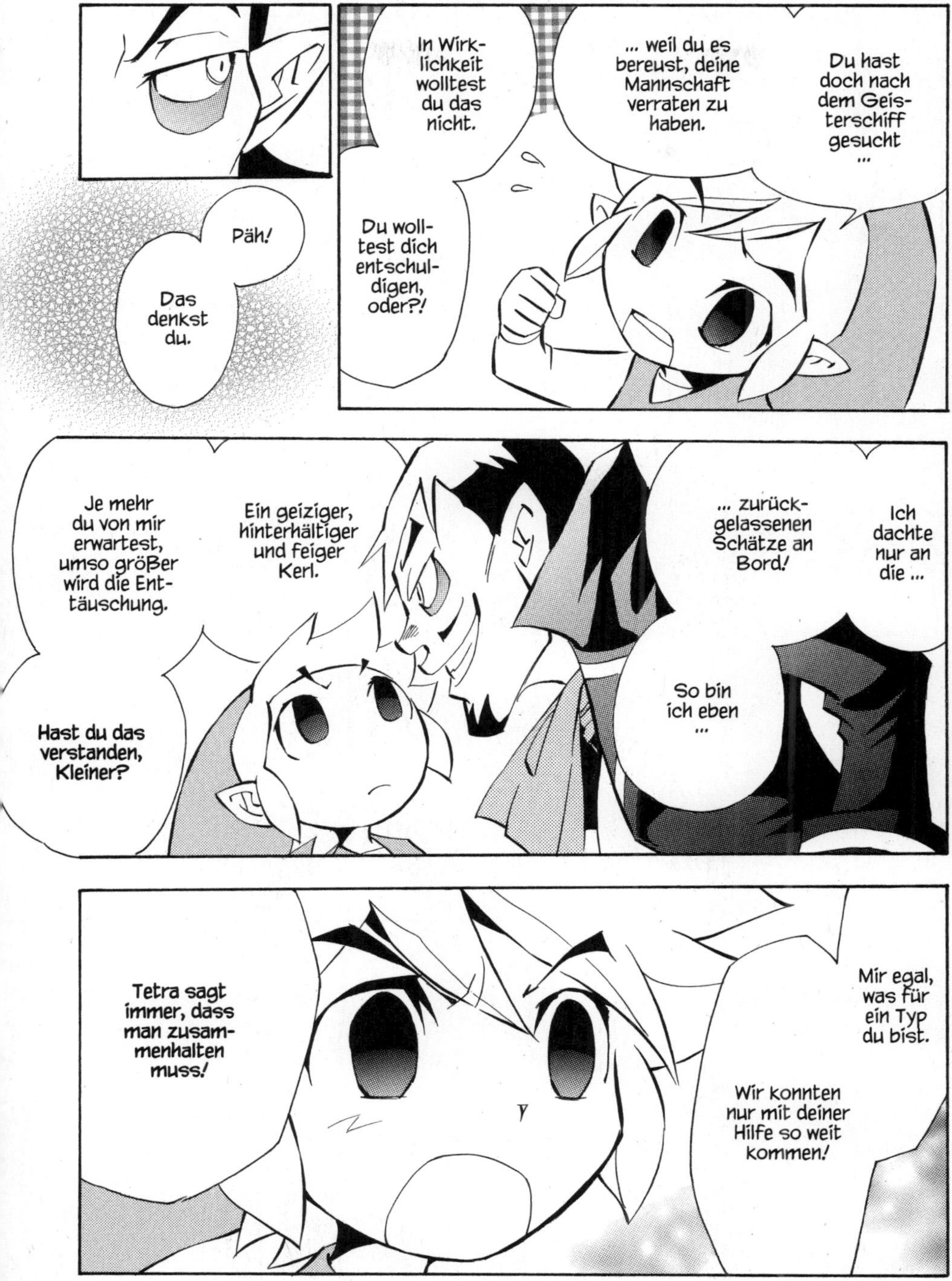
Du hast doch nach dem Geisterschiff gesucht ...
... weil du es bereust, deine Mannschaft verraten zu haben.
In Wirklichkeit wolltest du das nicht.
Du wolltest dich entschuldigen, oder?!
Päh!
Das denkst du.
Ich dachte nur an die ...
... zurückgelassenen Schätze an Bord!
So bin ich eben ...
Ein geiziger, hinterhältiger und feiger Kerl.
Je mehr du von mir erwartest, umso größer wird die Enttäuschung.
Hast du das verstanden, Kleiner?
Mir egal, was für ein Typ du bist.
Wir konnten nur mit deiner Hilfe so weit kommen!
Tetra sagt immer, dass man zusammenhalten muss!

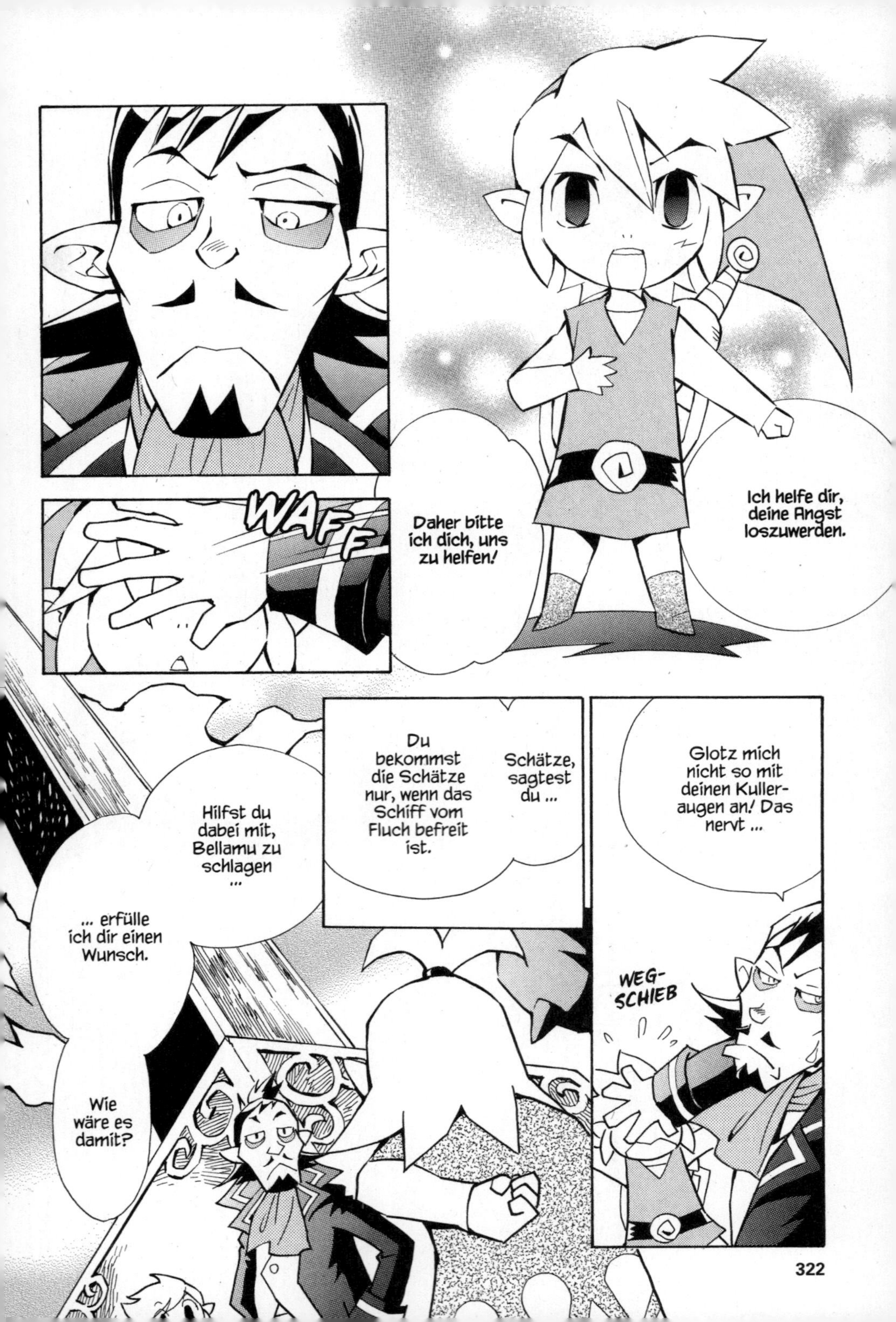

Ich helfe dir, deine Angst loszuwerden.
Daher bitte ich dich, uns zu helfen!
WAFF
Glotz mich nicht so mit deinen Kuller-augen an! Das nervt ...
WEG-SCHIEB
Schätze, sagtest du ...
Du bekommst die Schätze nur, wenn das Schiff vom Fluch befreit ist.
Hilfst du dabei mit, Bellamu zu schlagen ...
... erfülle ich dir einen Wunsch.
Wie wäre es damit?

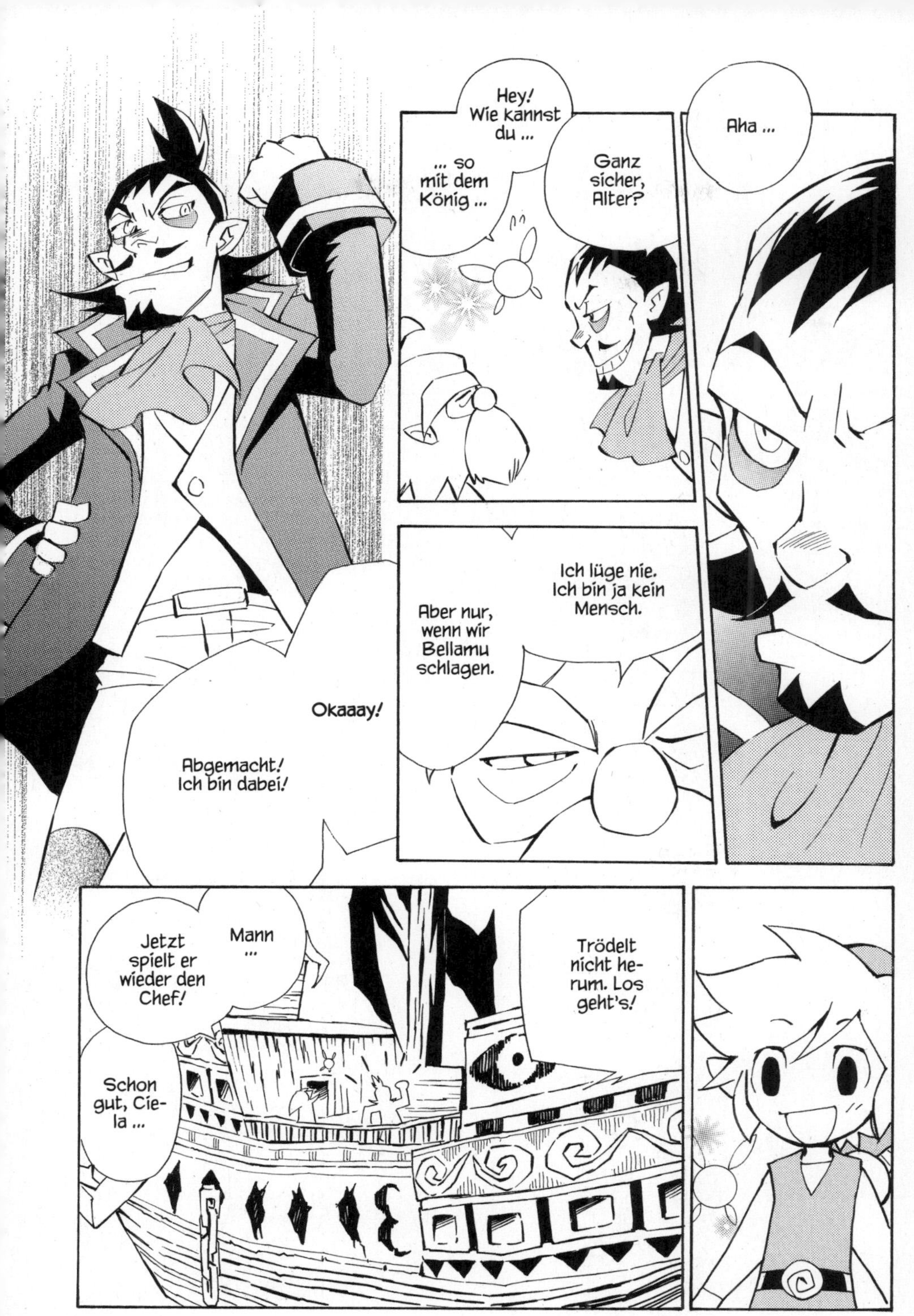
Aha ...
Ganz sicher, Alter?
Hey! Wie kannst du ...
... so mit dem König ...
Ich lüge nie. Ich bin ja kein Mensch.
Aber nur, wenn wir Bellamu schlagen.
Okaaay!
Abgemacht! Ich bin dabei!
Trödelt nicht herum. Los geht's!
Mann ...
Jetzt spielt er wieder den Chef!
Schon gut, Ciela ...

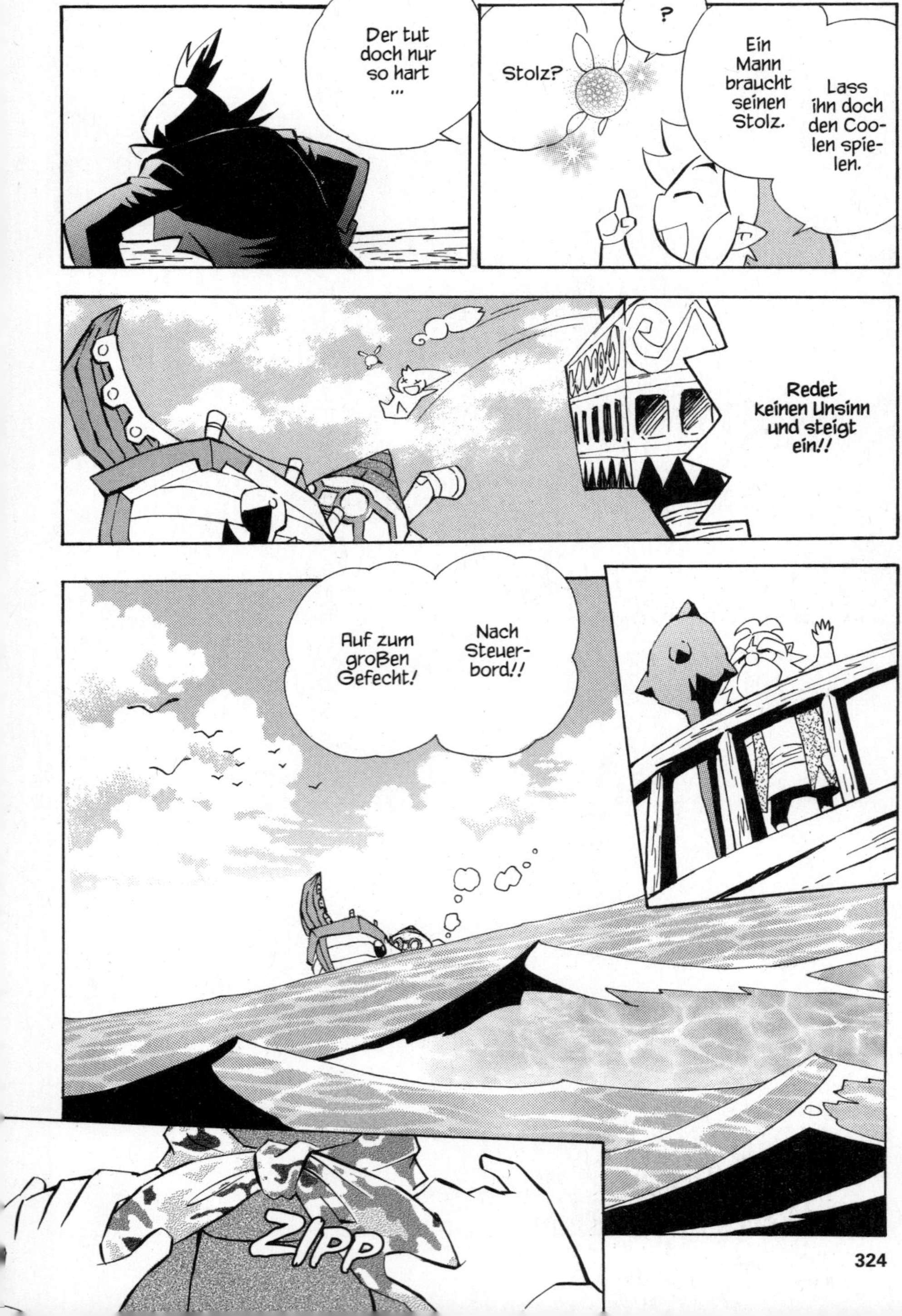
Lass ihn doch den Coolen spielen.
Ein Mann braucht seinen Stolz.
?
Stolz?
Der tut doch nur so hart ...
Redet keinen Unsinn und steigt ein!!
Nach Steuerbord!!
Auf zum großen Gefecht!
ZIPP

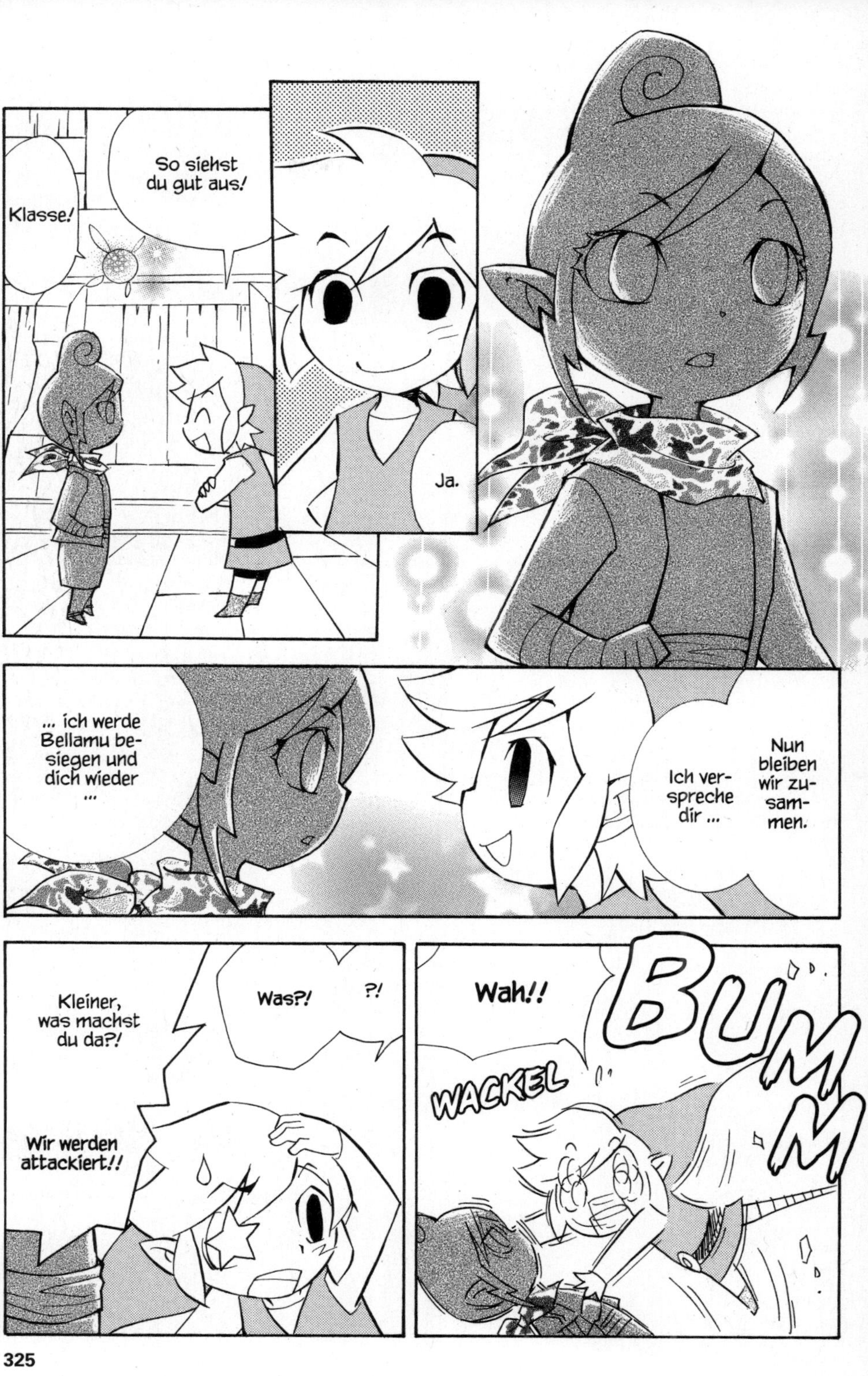

Ja.
So siehst du gut aus!
Klasse!
Nun bleiben wir zusammen.
Ich verspreche dir ...
... ich werde Bellamu besiegen und dich wieder ...
Wah!!
BUMM
WACKEL
Kleiner, was machst du da?!
Was?!
?!
Wir werden attackiert!!

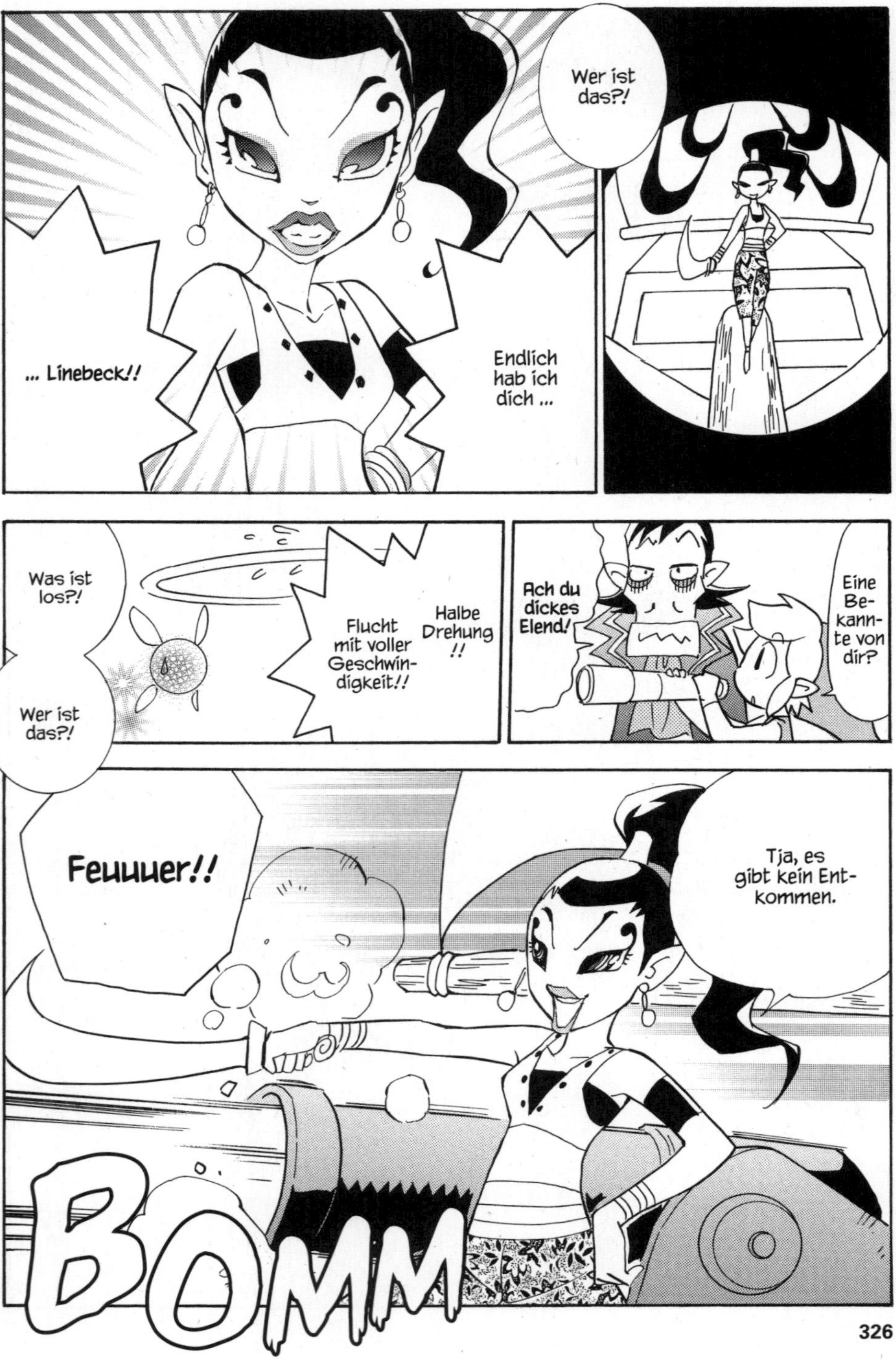

... Linebeck!!
Endlich hab ich dich ...
Wer ist das?!
Was ist los?!
Wer ist das?!
Flucht mit voller Geschwin-digkeit!!
Halbe Drehung !!
Ach du dickes Elend!
Eine Be-kann-te von dir?
Feuuuer!!
Tja, es gibt kein Ent-kommen.
BOMM

10. Kapitel: Piratin Jolene

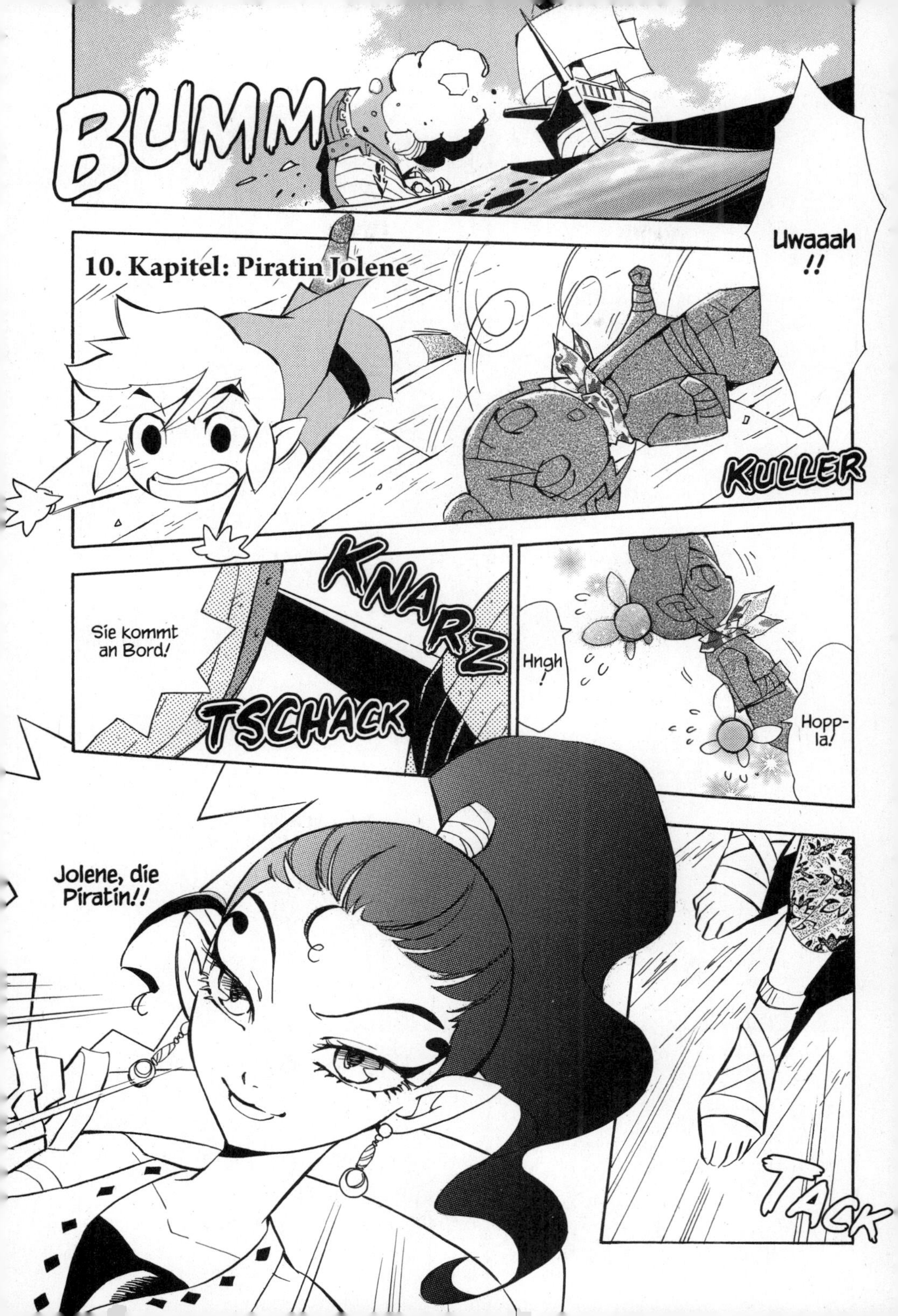

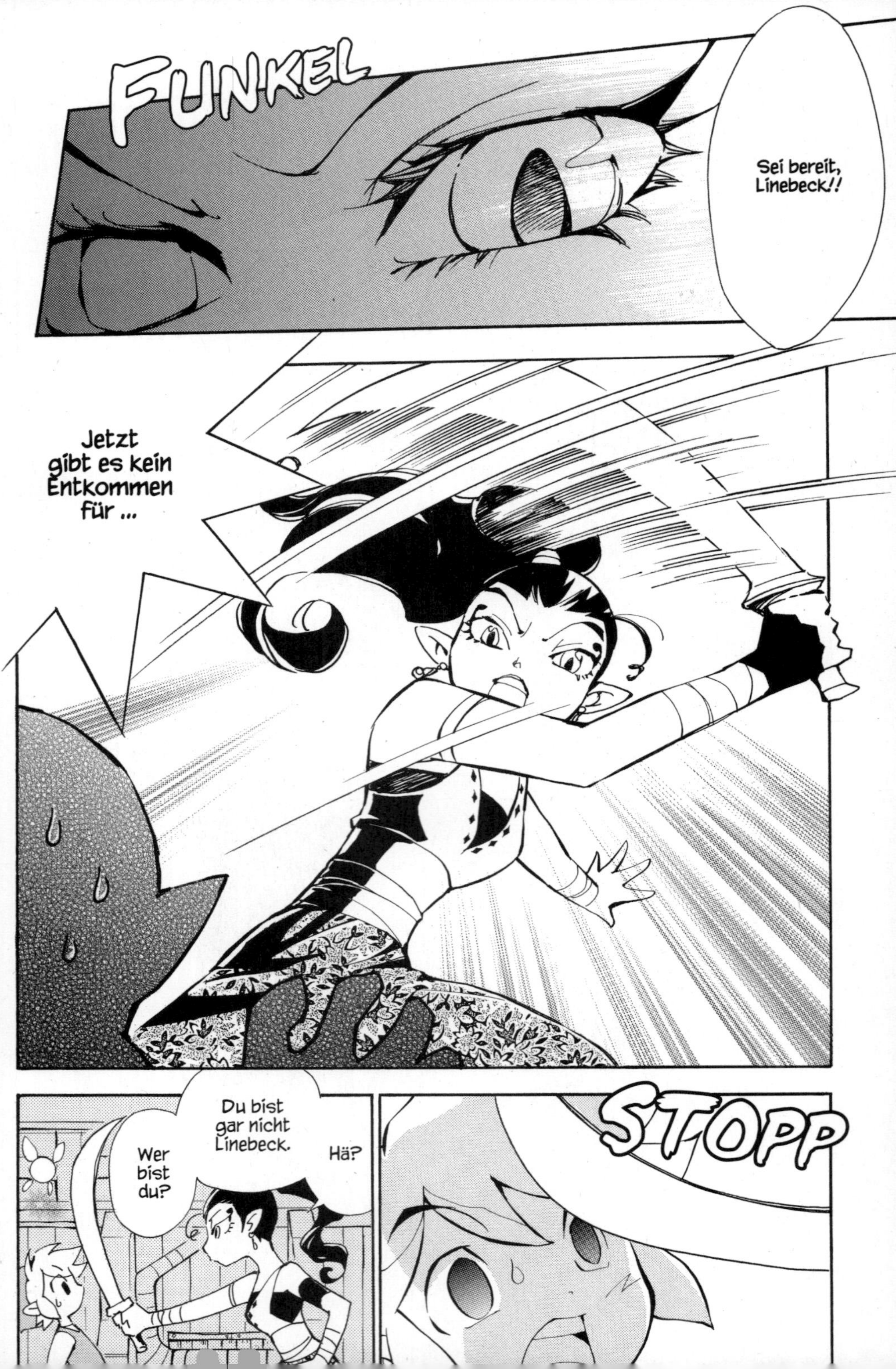
Sei bereit, Linebeck!!
FUNKEL
Jetzt gibt es kein Entkommen für ...
STOPP
Hä?
Du bist gar nicht Linebeck.
Wer bist du?

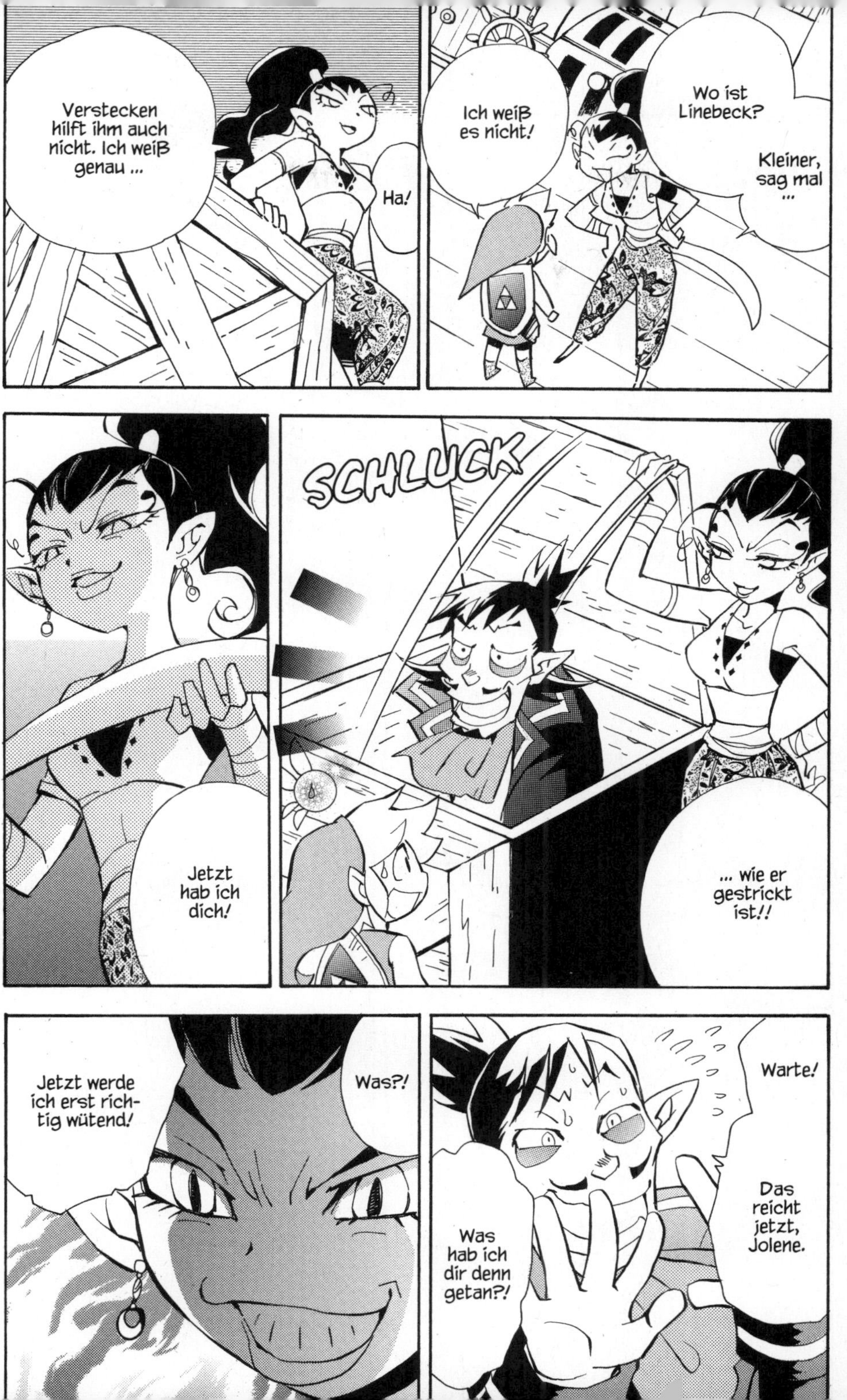
Wo ist Linebeck?
Kleiner, sag mal ...
Ich weiß es nicht!
Ha!
Verstecken hilft ihm auch nicht. Ich weiß genau ...
... wie er gestrickt ist!!
SCHLUCK
Jetzt hab ich dich!
Warte!
Das reicht jetzt, Jolene.
Was hab ich dir denn getan?!
Was?!
Jetzt werde ich erst richtig wütend!

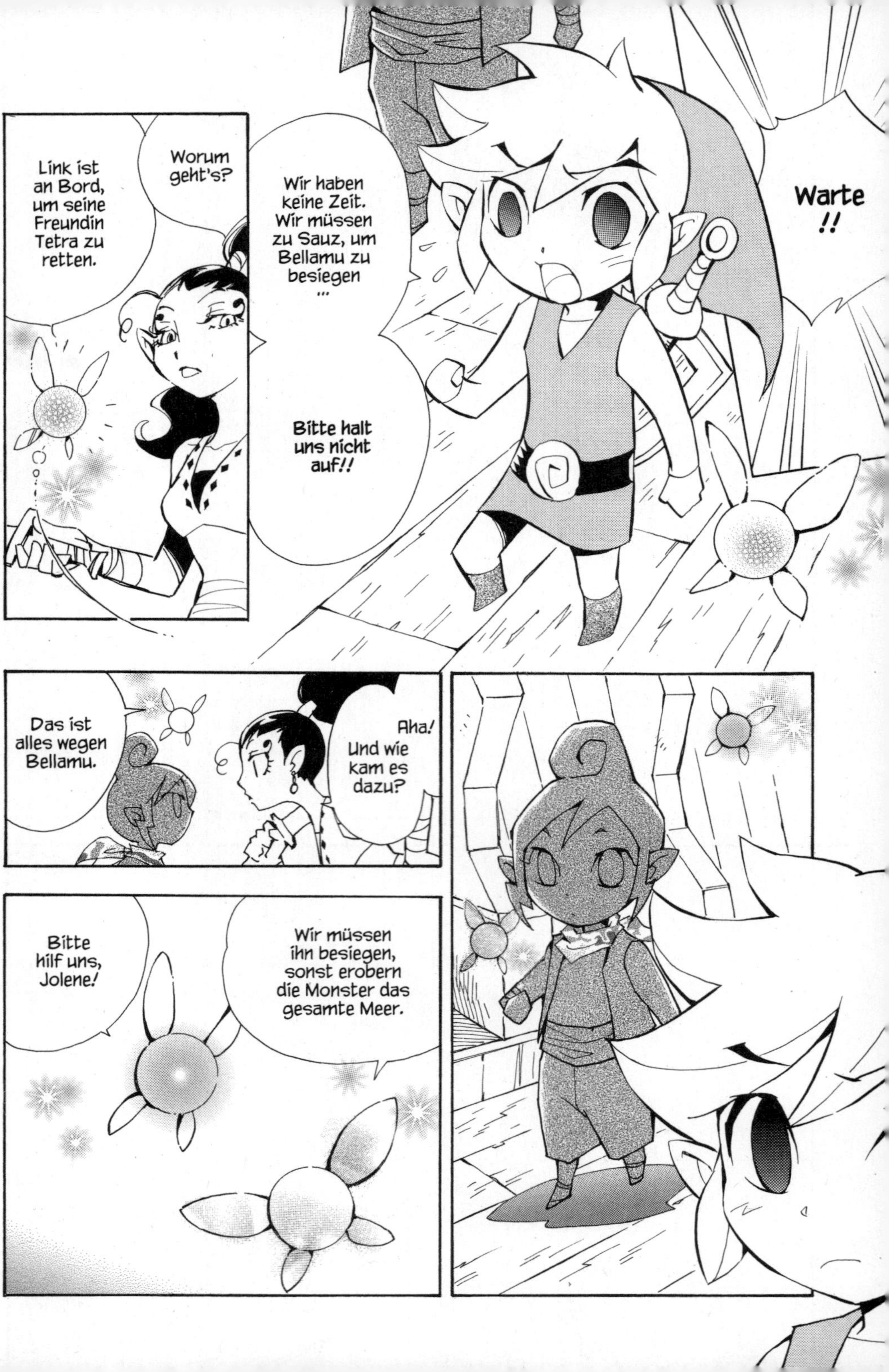
Warte!!
Wir haben keine Zeit. Wir müssen zu Sauz, um Bellamu zu besiegen ...
Bitte halt uns nicht auf!!
Worum geht's?
Link ist an Bord, um seine Freundin Tetra zu retten.
Aha! Und wie kam es dazu?
Das ist alles wegen Bellamu.
Wir müssen ihn besiegen, sonst erobern die Monster das gesamte Meer.
Bitte hilf uns, Jolene!

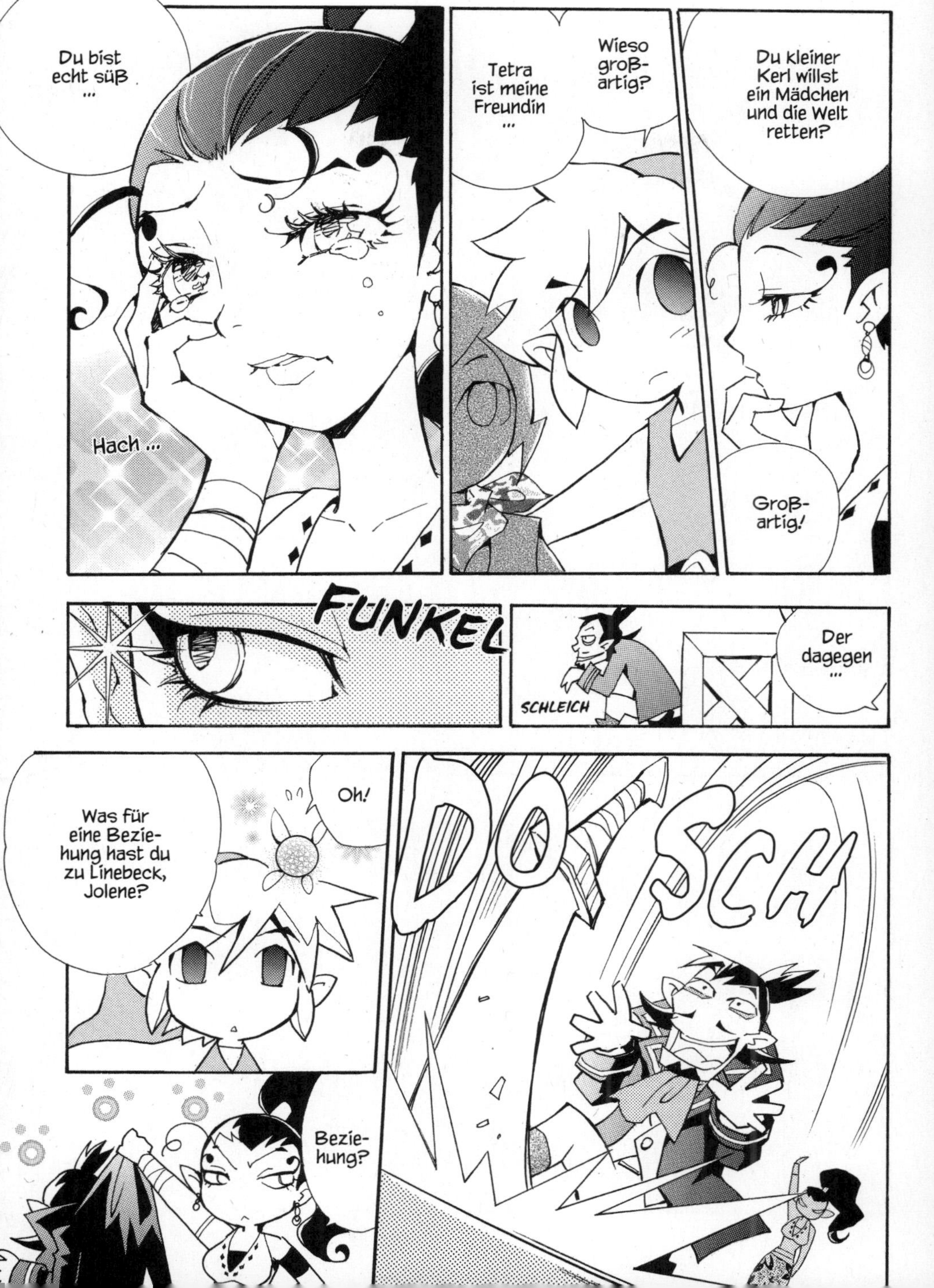
Du kleiner Kerl willst ein Mädchen und die Welt retten?
Groß-artig!
Wieso groß-artig?
Tetra ist meine Freundin ...
Du bist echt süß ...
Hach ...
Der dagegen ...
SCHLEICH
FUNKEL
DOSCH
Oh!
Was für eine Bezie-hung hast du zu Linebeck, Jolene?
Bezie-hung?

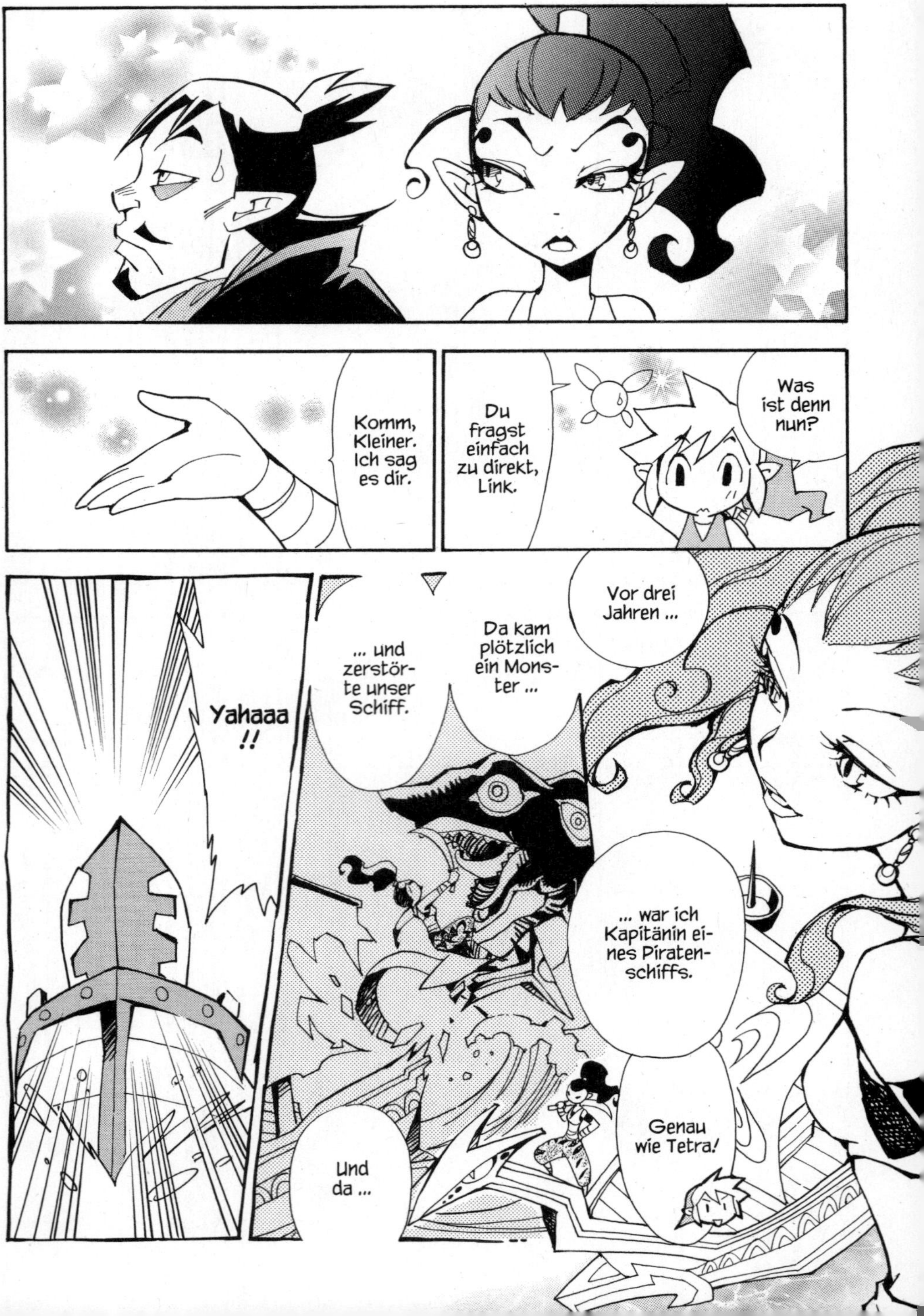
Was ist denn nun?
Du fragst einfach zu direkt, Link.
Komm, Kleiner. Ich sag es dir.
Vor drei Jahren ...
... war ich Kapitänin eines Piratenschiffs.
Genau wie Tetra!
Da kam plötzlich ein Monster ...
... und zerstörte unser Schiff.
Und da ...
Yahaaa!!

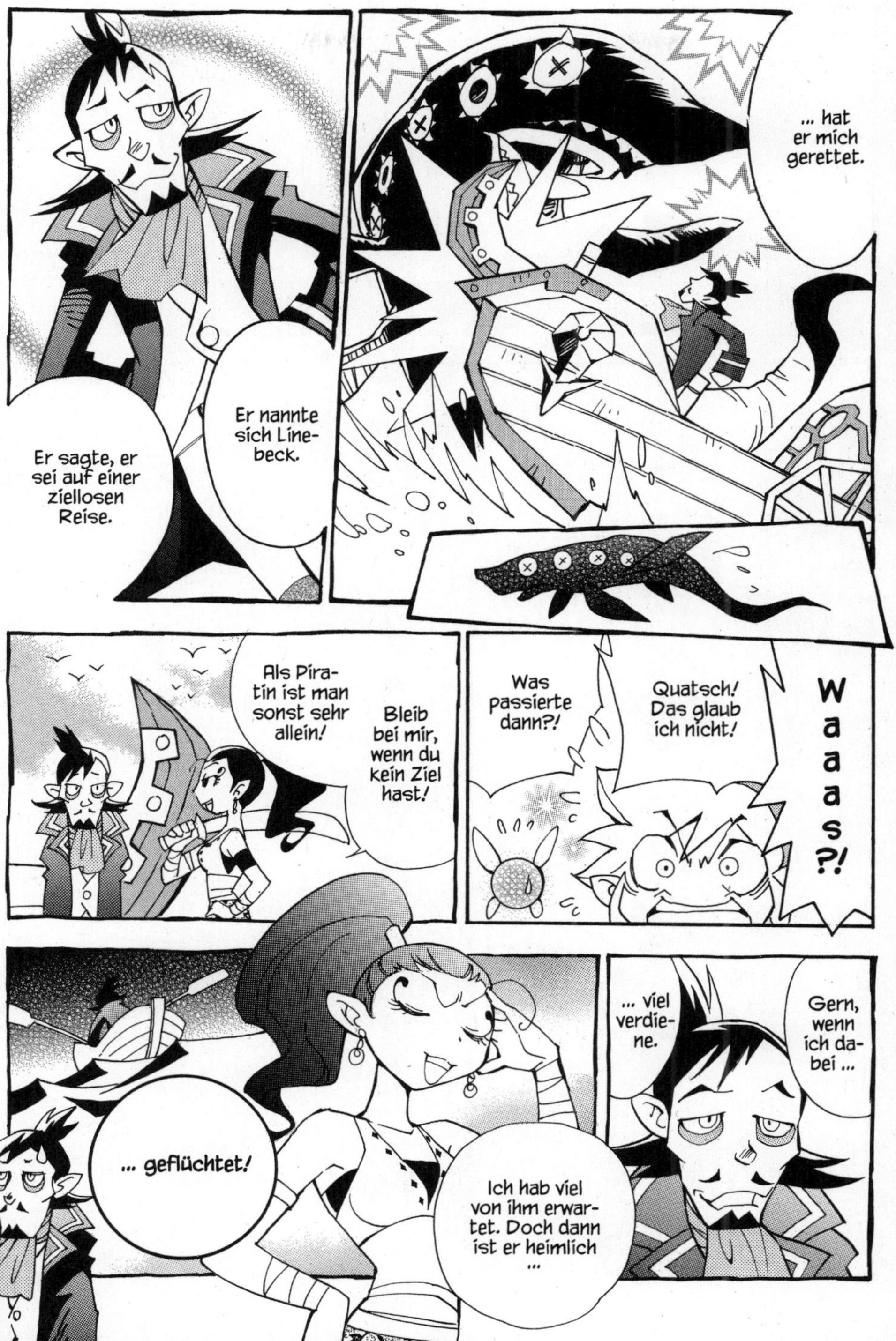
... hat er mich gerettet.
Er nannte sich Linebeck.
Er sagte, er sei auf einer ziellosen Reise.
Waaas?!
Quatsch! Das glaub ich nicht!
Was passierte dann?!
Als Piratin ist man sonst sehr allein!
Bleib bei mir, wenn du kein Ziel hast!
Gern, wenn ich dabei ...
... viel verdiene.
Ich hab viel von ihm erwartet. Doch dann ist er heimlich ...
... geflüchtet!

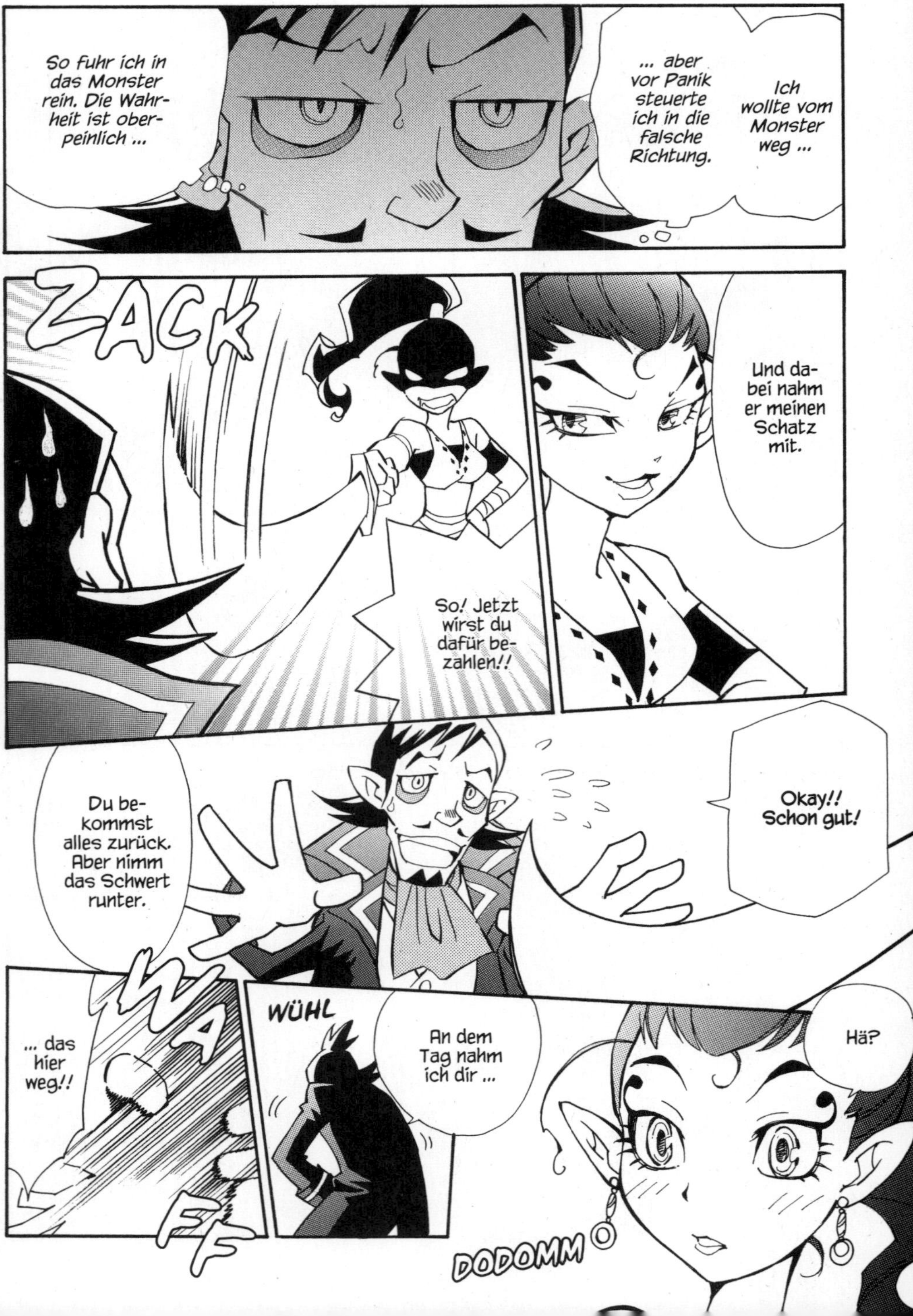
Ich wollte vom Monster weg ...
... aber vor Panik steuerte ich in die falsche Richtung.
So fuhr ich in das Monster rein. Die Wahrheit ist oberpeinlich ...
Und dabei nahm er meinen Schatz mit.
ZACK
So! Jetzt wirst du dafür bezahlen!!
Okay!! Schon gut!
Du bekommst alles zurück. Aber nimm das Schwert runter.
Hä?
DODOMM
WÜHL
An dem Tag nahm ich dir ...
WA
... das hier weg!!
FF

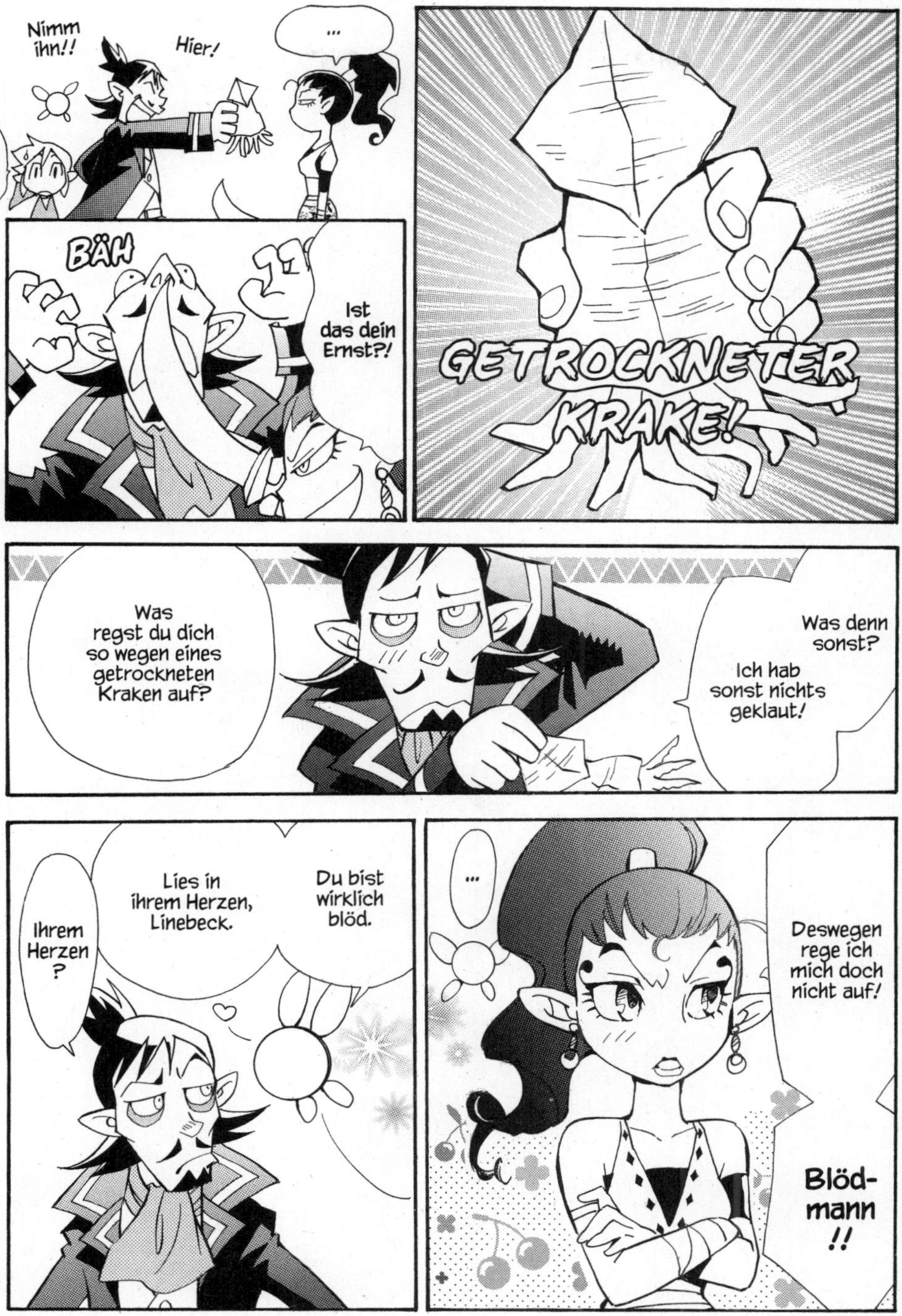
...
Hier!
Nimm ihn!!
Drei Jahre alt?!
GETROCKNETER KRAKE!
Ist das dein Ernst?!
BÄH
Was denn sonst? Ich hab sonst nichts geklaut!
Was regst du dich so wegen eines getrockneten Kraken auf?
...
Deswegen rege ich mich doch nicht auf!
Blödmann!!
Du bist wirklich blöd.
Lies in ihrem Herzen, Linebeck.
Ihrem Herzen?

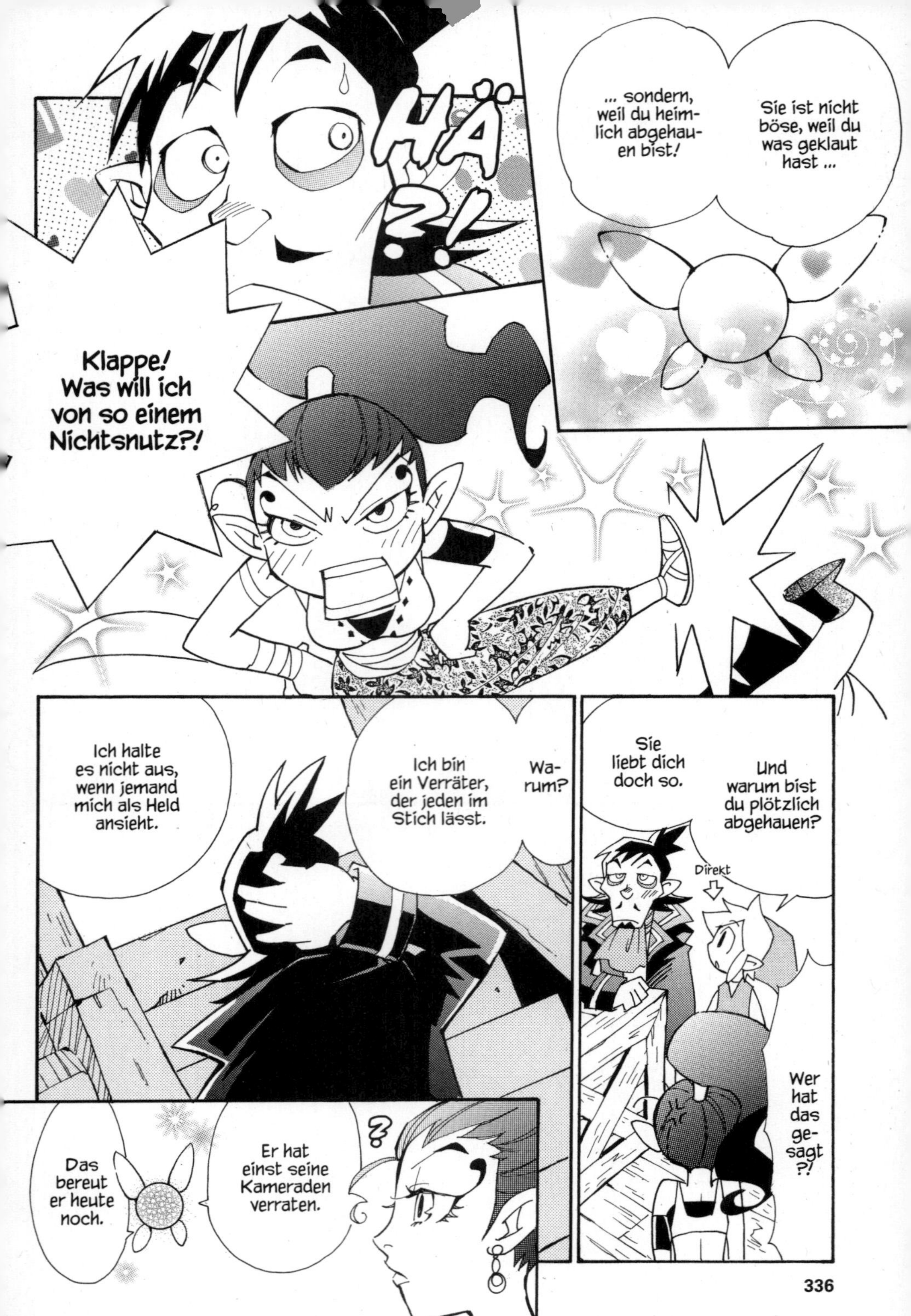
Sie ist nicht böse, weil du was geklaut hast ...
... sondern, weil du heimlich abgehauen bist!
HÄ?!
Klappe! Was will ich von so einem Nichtsnutz?!
Und warum bist du plötzlich abgehauen?
Sie liebt dich doch so.
Direkt
Wer hat das gesagt?!
Warum?
Ich bin ein Verräter, der jeden im Stich lässt.
Ich halte es nicht aus, wenn jemand mich als Held ansieht.
Er hat einst seine Kameraden verraten.
Das bereut er heute noch.

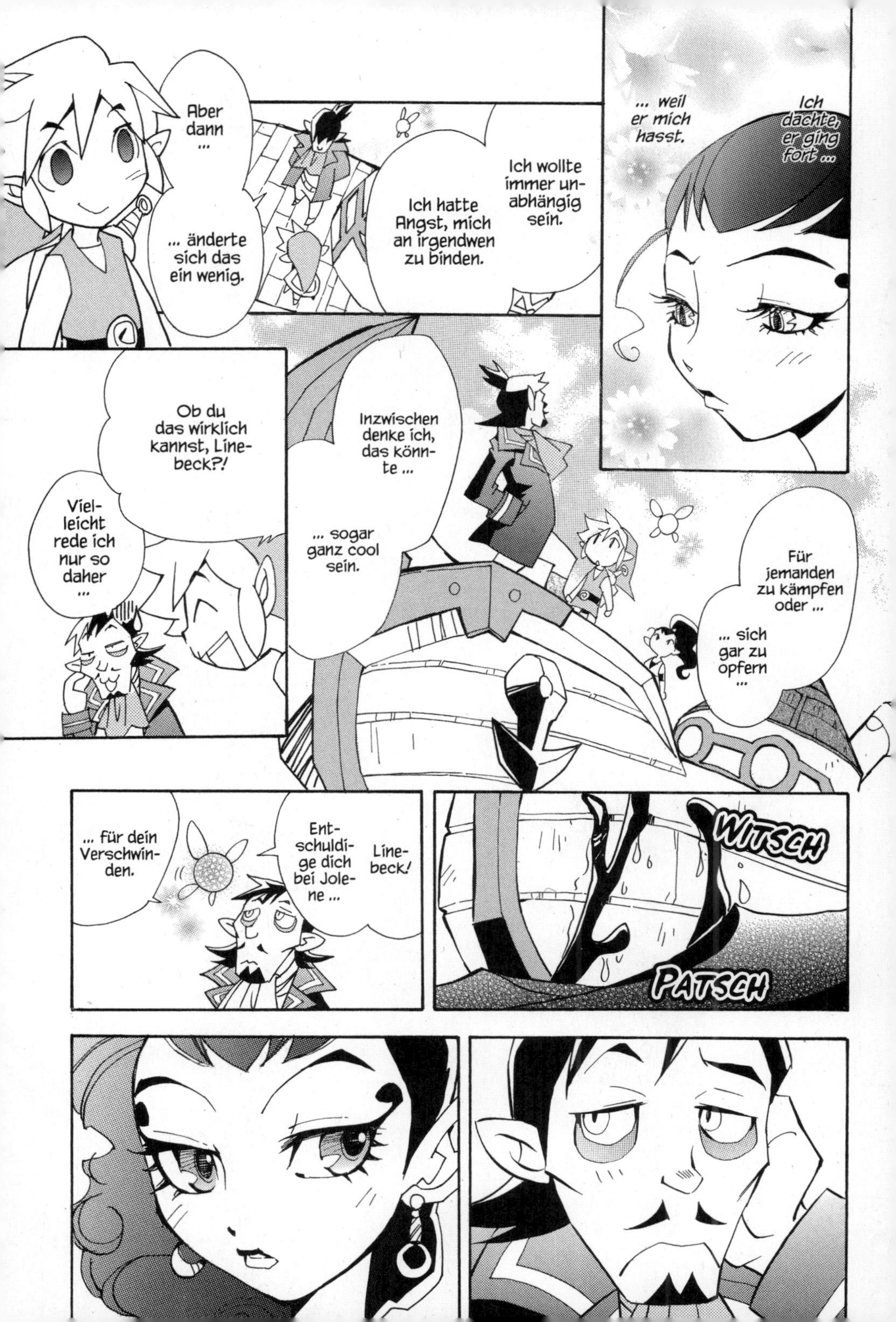

Ich dachte, er ging fort ...
... weil er mich hasst.
Ich wollte immer unabhängig sein.
Ich hatte Angst, mich an irgendwen zu binden.
Aber dann ...
... änderte sich das ein wenig.
Für jemanden zu kämpfen oder ...
... sich gar zu opfern ...
Inzwischen denke ich, das könnte ...
... sogar ganz cool sein.
Ob du das wirklich kannst, Linebeck?!
Vielleicht rede ich nur so daher ...
WITSCH
PATSCH
Linebeck!
Entschuldige dich bei Jolene ...
... für dein Verschwinden.

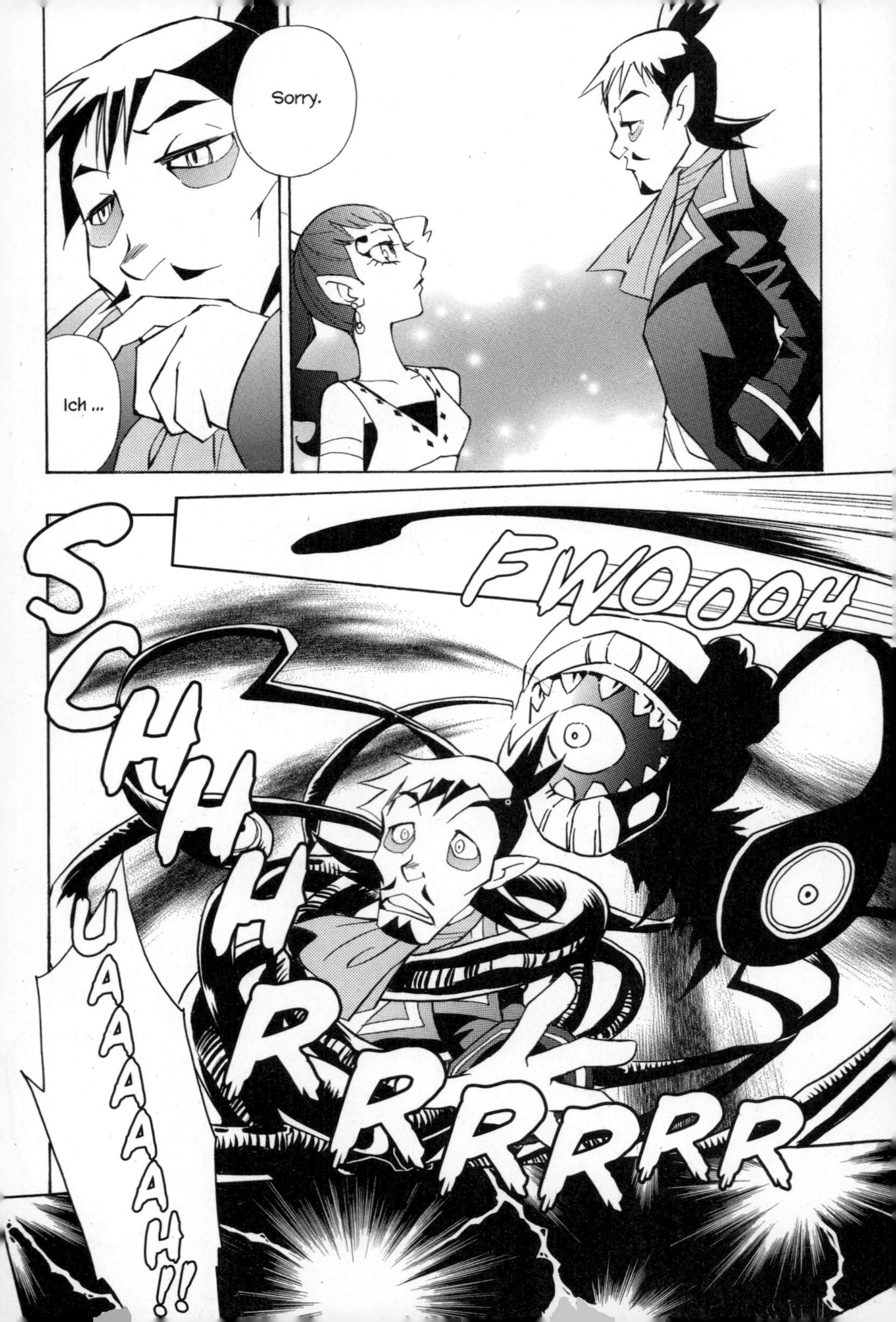
Sorry.
Ich ...
FWOOOH
SCHHHRRRRRR
UAAAAAAAH!!

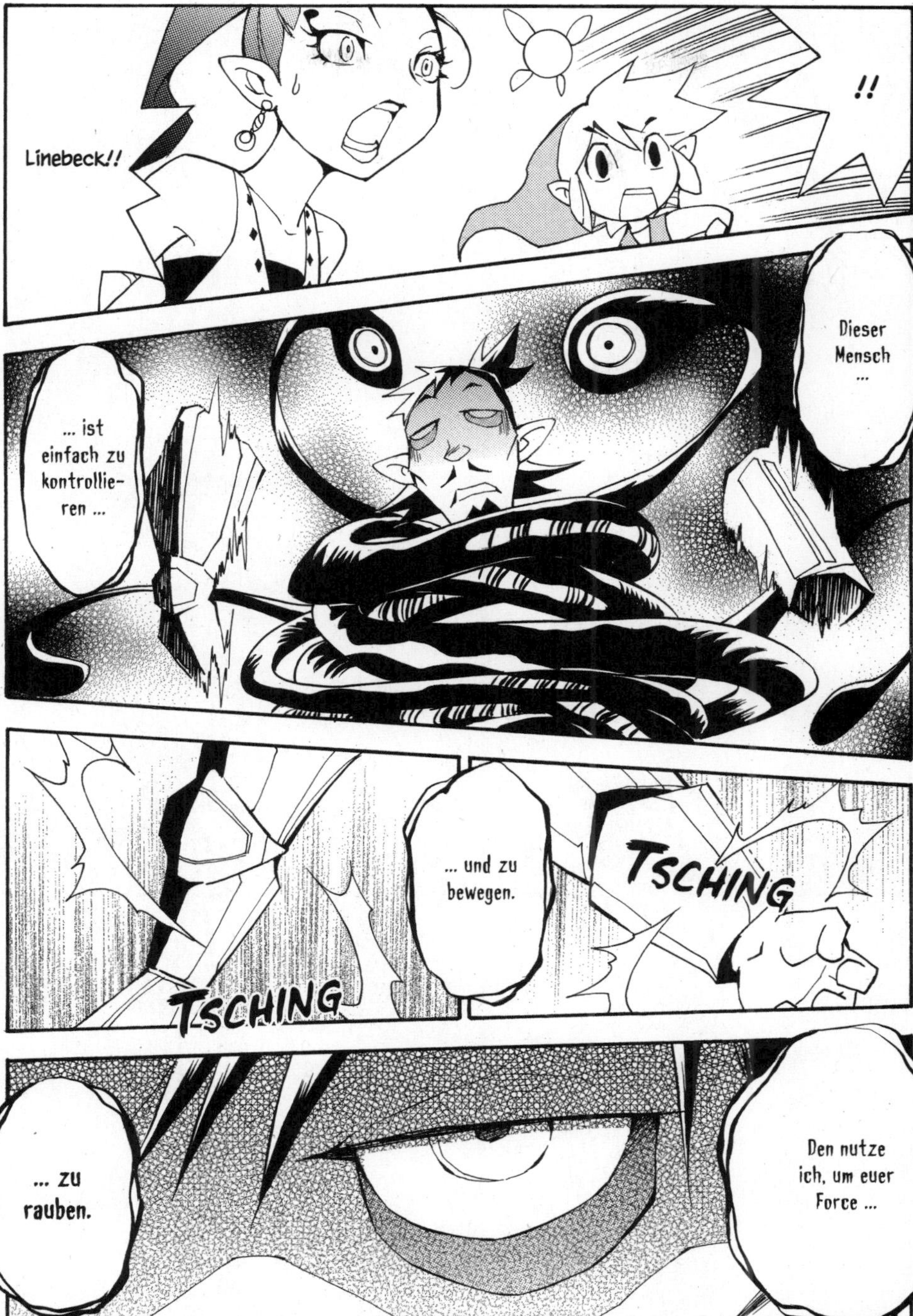
!!
Linebeck!!
Dieser Mensch ...
... ist einfach zu kontrollieren ...
TSCHING
... und zu bewegen.
TSCHING
Den nutze ich, um euer Force ...
... zu rauben.

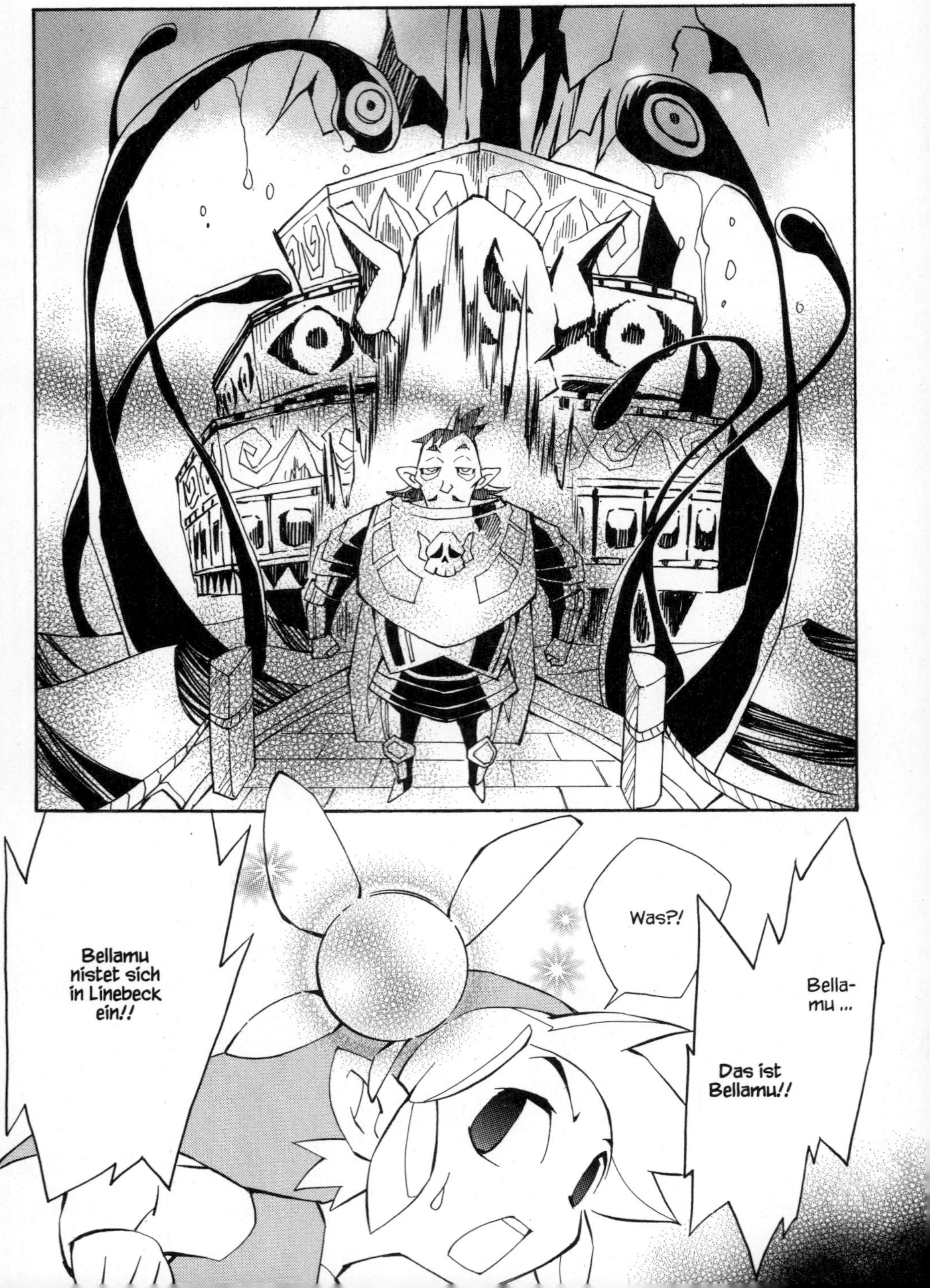

Was?!
Bella- mu ...
Das ist Bellamu!!
Bellamu nistet sich in Linebeck ein!!

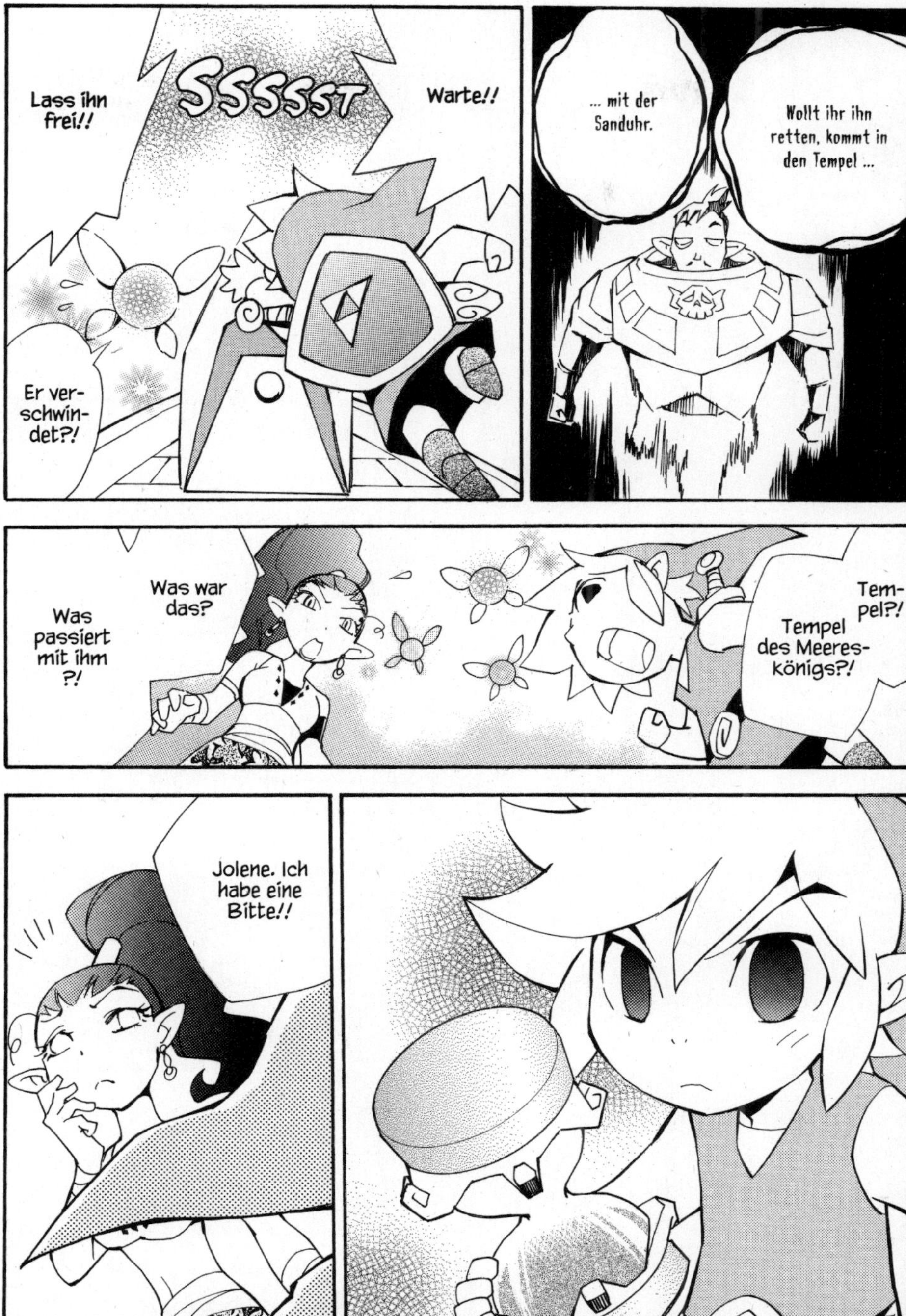
Wollt ihr ihn retten, kommt in den Tempel ...
... mit der Sanduhr.
Warte!!
SSSSST
Lass ihn frei!!
Er verschwindet?!
Tempel?! Tempel des Meereskönigs?!
Was war das?
Was passiert mit ihm?!
Jolene. Ich habe eine Bitte!!

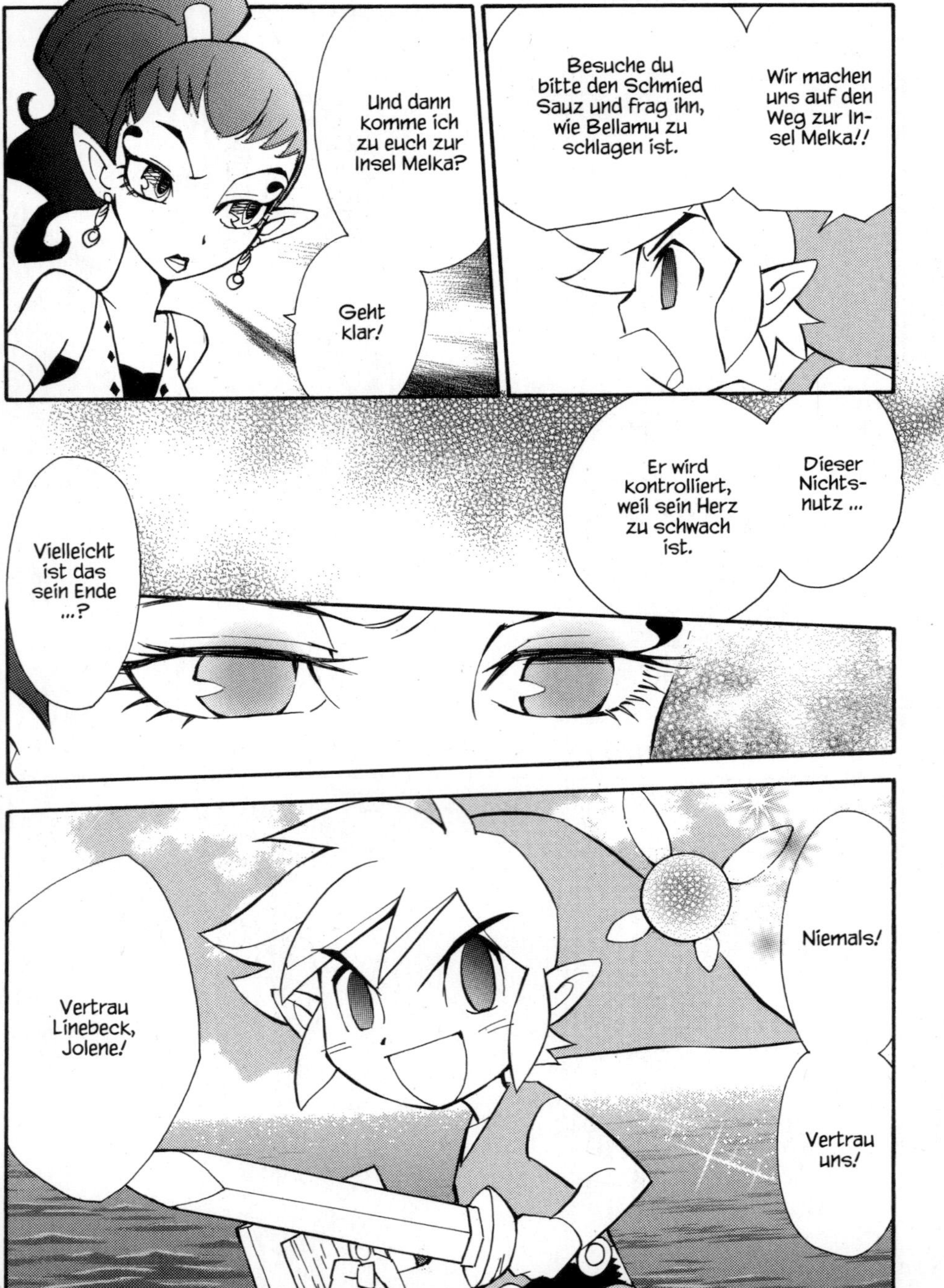
Wir machen uns auf den Weg zur Insel Melka!!
Besuche du bitte den Schmied Sauz und frag ihn, wie Bellamu zu schlagen ist.
Und dann komme ich zu euch zur Insel Melka?
Geht klar!
Dieser Nichtsnutz ...
Er wird kontrolliert, weil sein Herz zu schwach ist.
Vielleicht ist das sein Ende ...?
Niemals!
Vertrau uns!
Vertrau Linebeck, Jolene!

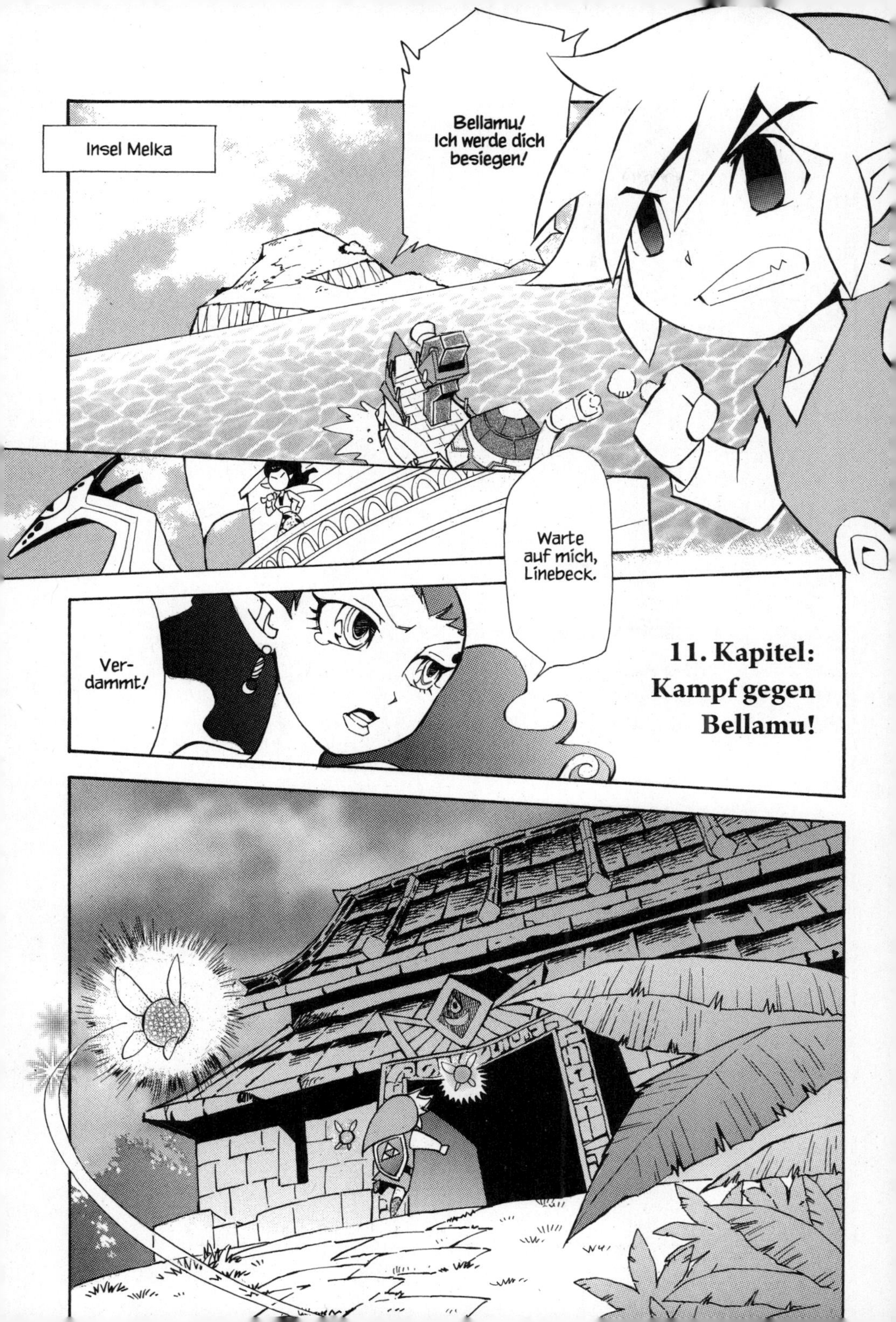

Insel Melka
Bellamu! Ich werde dich besiegen!
Warte auf mich, Linebeck.
Ver-dammt!
11. Kapitel: Kampf gegen Bellamu!

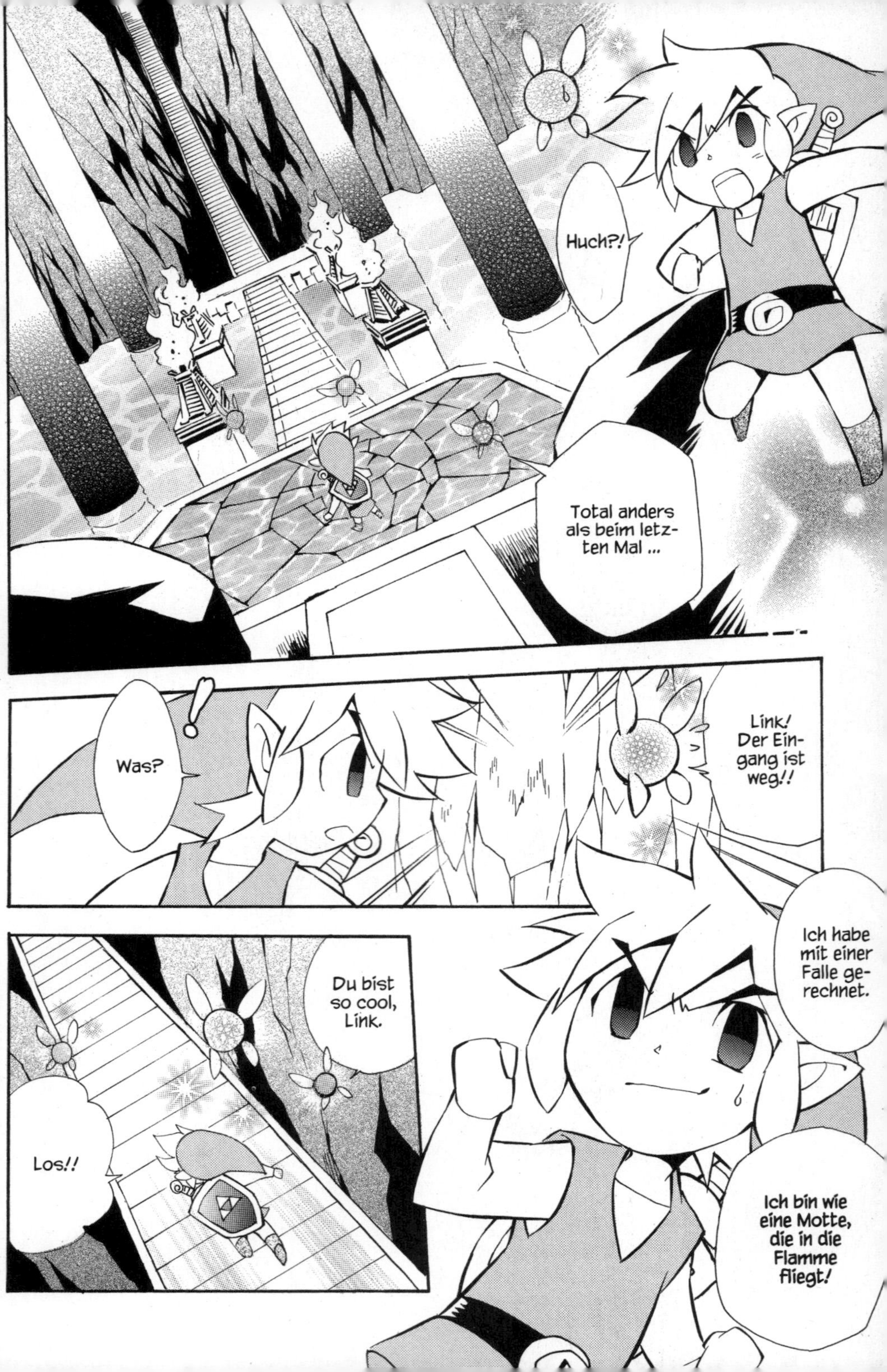
Huch?!
Total anders als beim letzten Mal ...
Link! Der Eingang ist weg!!
Was?
Ich habe mit einer Falle gerechnet.
Ich bin wie eine Motte, die in die Flamme fliegt!
Du bist so cool, Link.
Los!!

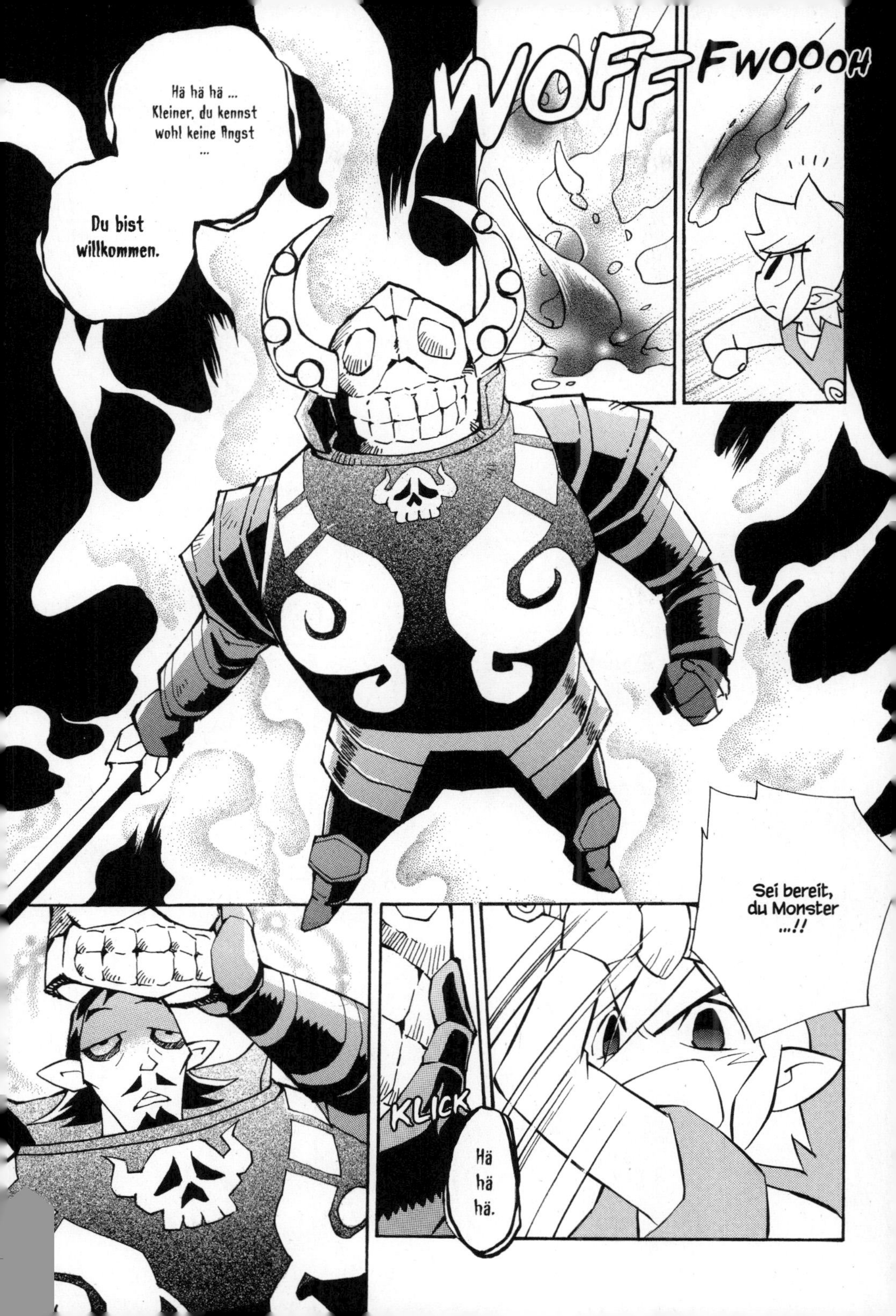

WOFF
FWOOOH
Hä hä hä ...
Kleiner, du kennst wohl keine Angst ...
Du bist willkommen.
Sei bereit, du Monster ...!!
KLICK
Hä hä hä.

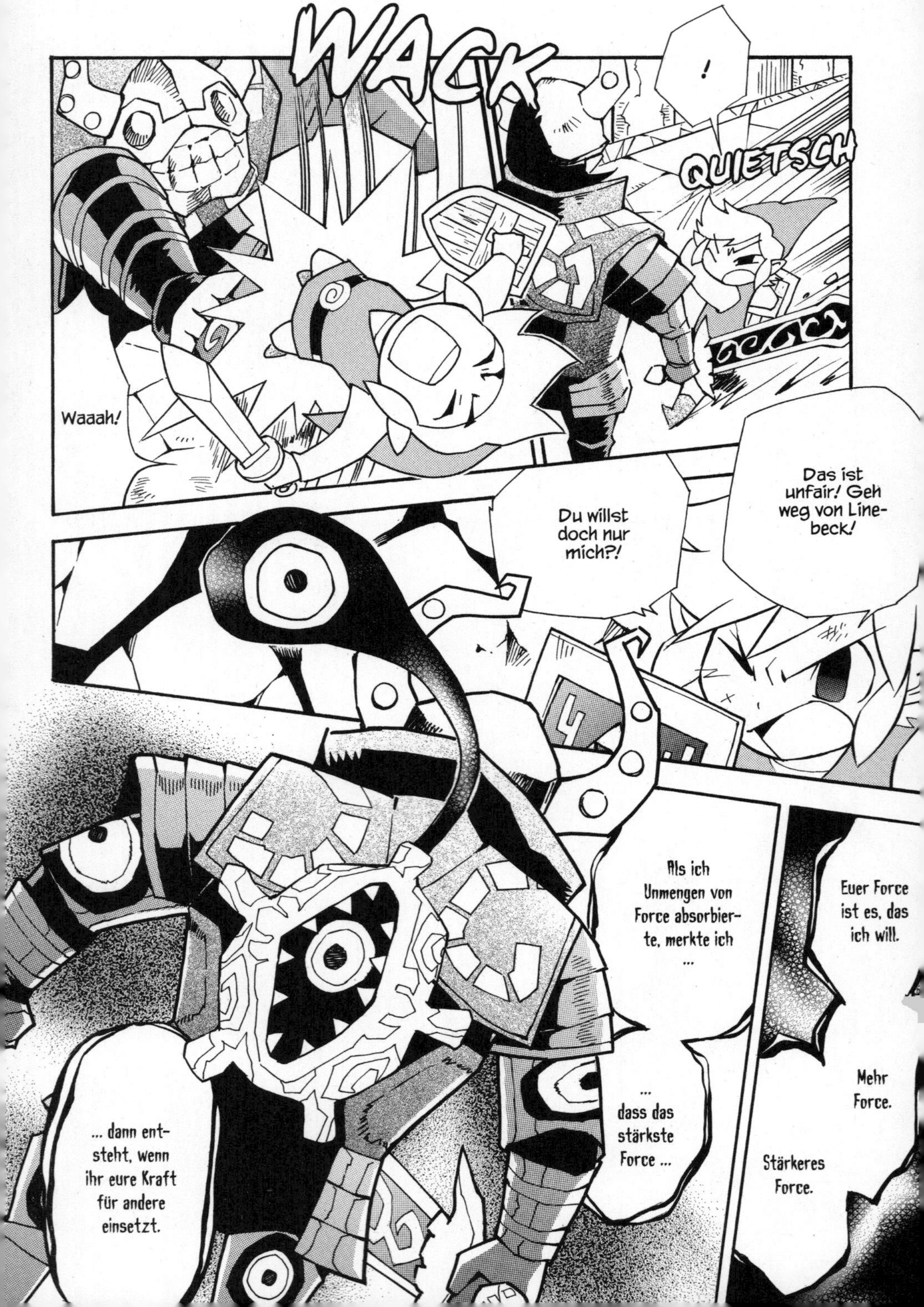
WACK
!
QUIETSCH
Waaah!
Das ist unfair! Geh weg von Linebeck!
Du willst doch nur mich?!
Euer Force ist es, das ich will.
Mehr Force.
Stärkeres Force.
Als ich Unmengen von Force absorbierte, merkte ich ...
... dass das stärkste Force ...
... dann entsteht, wenn ihr eure Kraft für andere einsetzt.

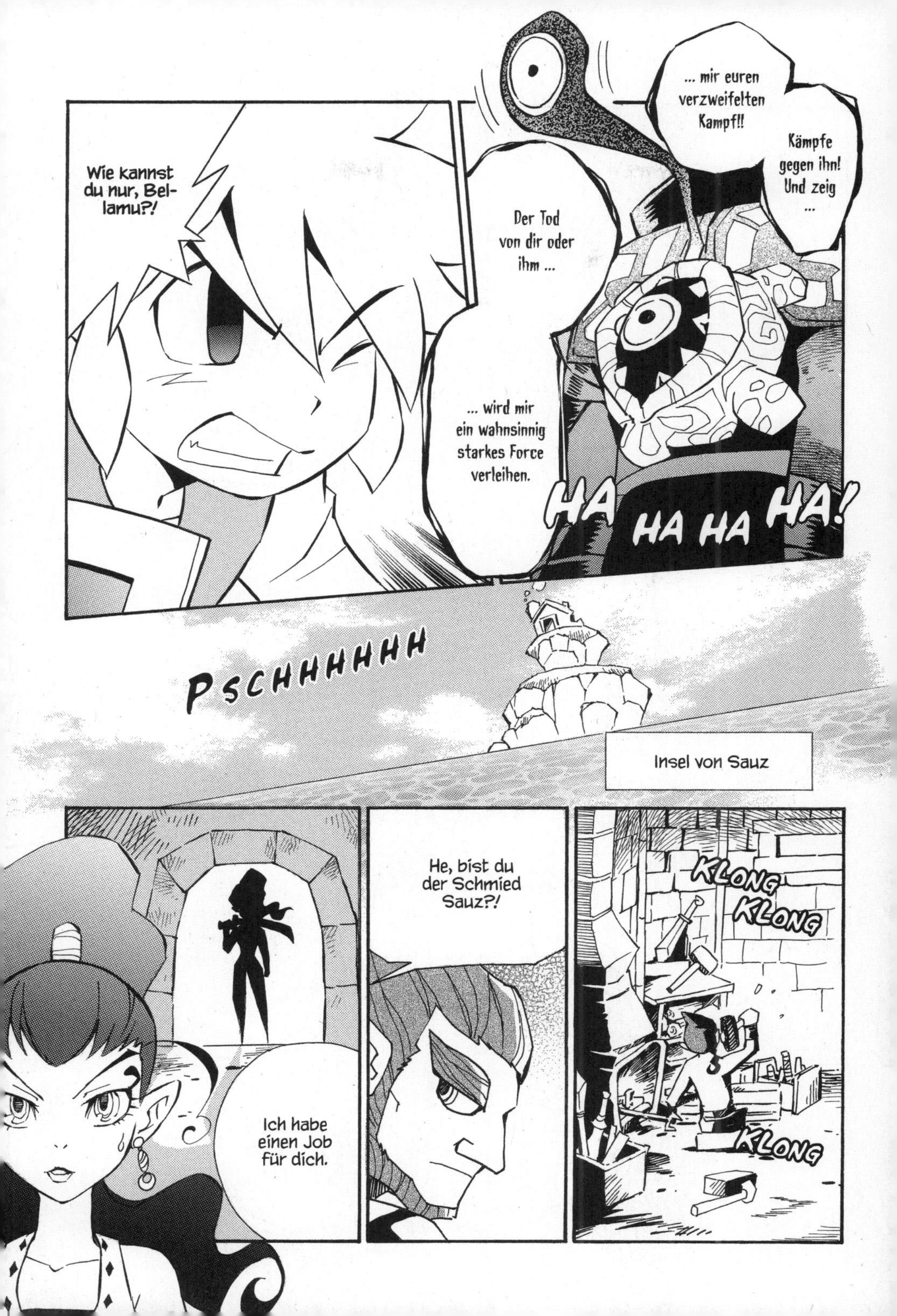
Kämpfe gegen ihn! Und zeig ...
... mir euren verzweifelten Kampf!!
Der Tod von dir oder ihm ...
... wird mir ein wahnsinnig starkes Force verleihen.
HA HA HA HA!
Wie kannst du nur, Bellamu?!
PSCHHHHHHH
Insel von Sauz
KLONG KLONG
KLONG
He, bist du der Schmied Sauz?!
Ich habe einen Job für dich.

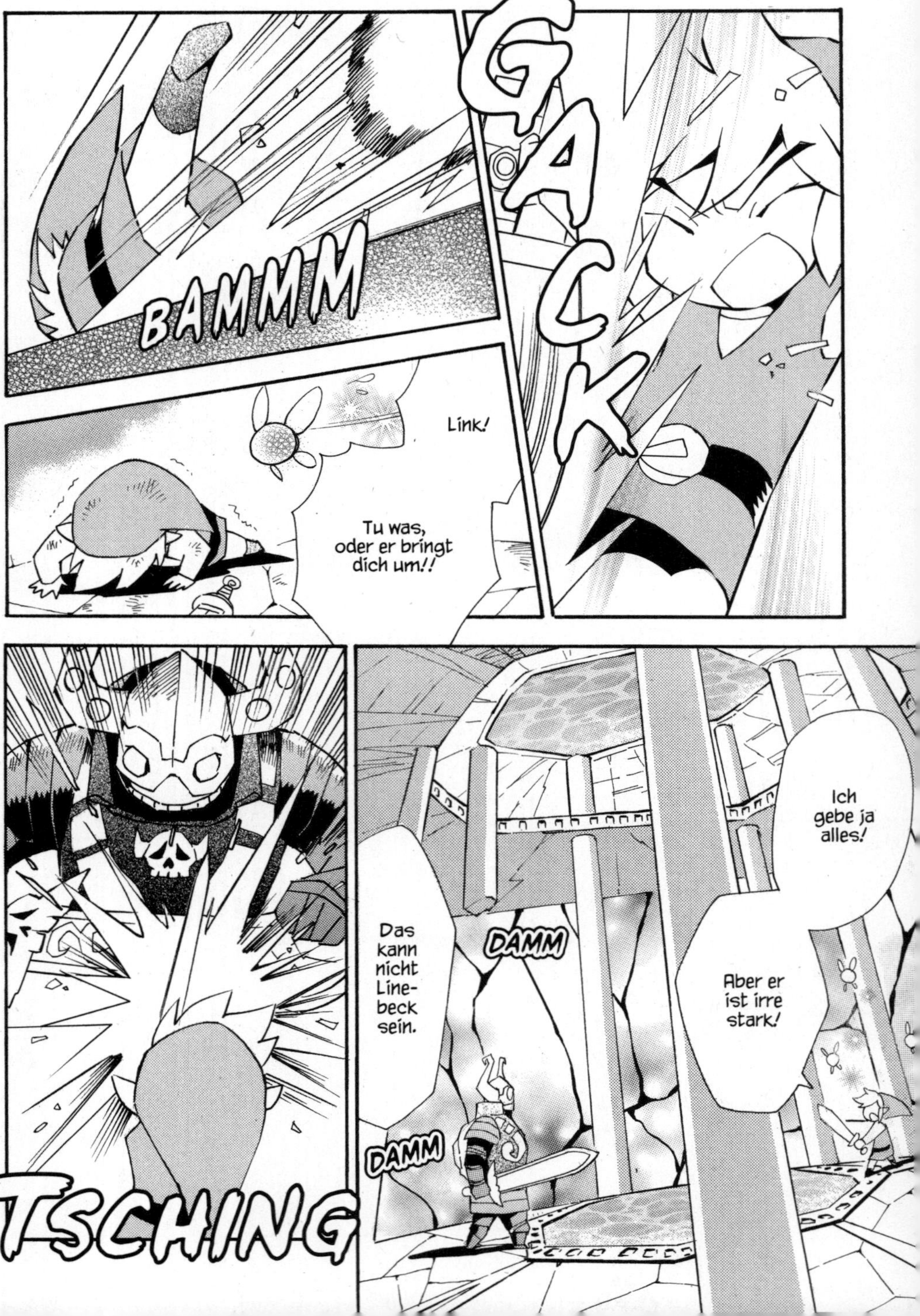
GACK
BAMMM
Link!
Tu was, oder er bringt dich um!!
Ich gebe ja alles!
Aber er ist irre stark!
Das kann nicht Linebeck sein.
DAMM
DAMM
TSCHING

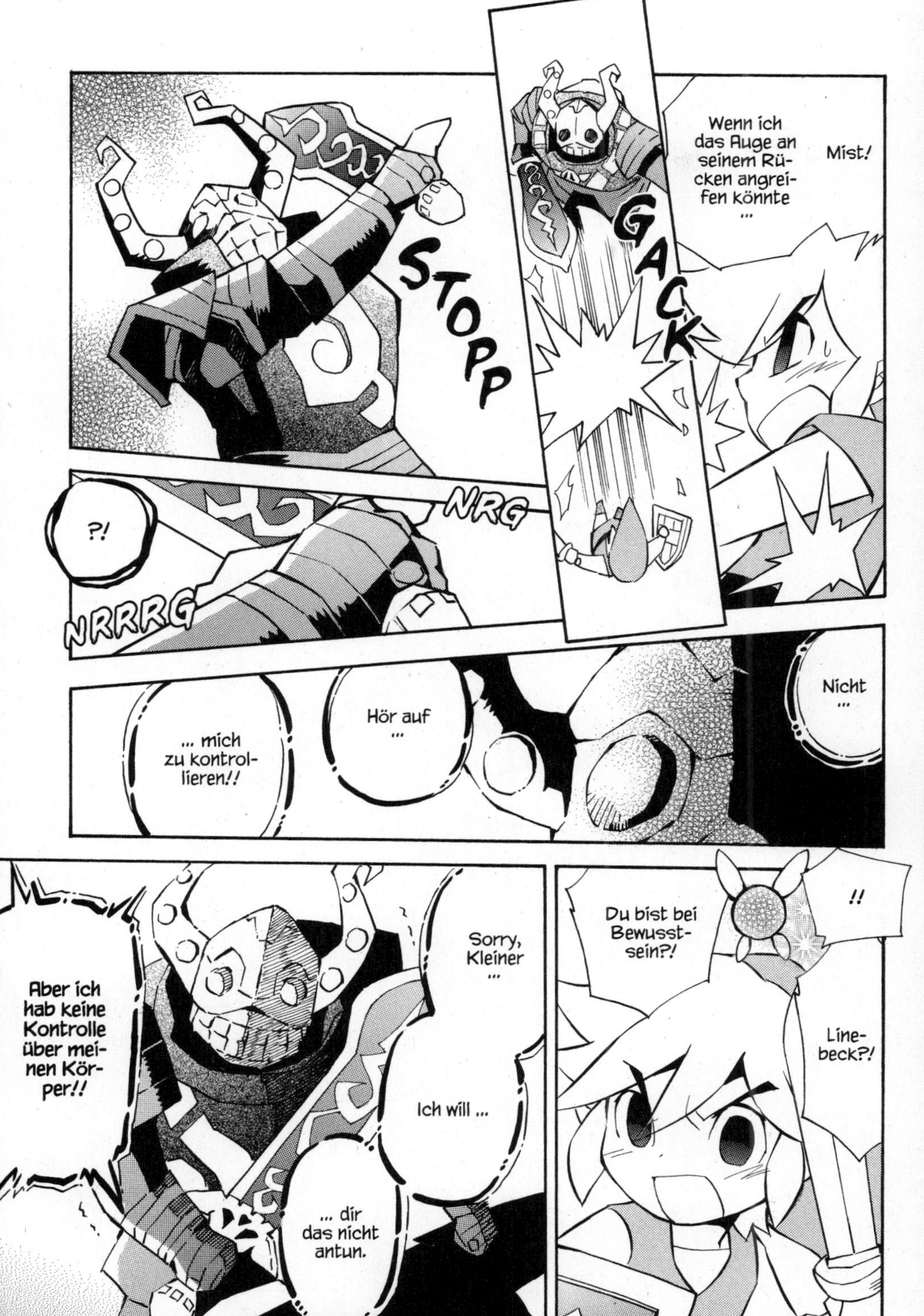
Mist!
Wenn ich das Auge an seinem Rücken angreifen könnte ...
GACK
STOPP
?!
NRG
NRRRG
Nicht ...
Hör auf ...
... mich zu kontrollieren!!
!!
Du bist bei Bewusstsein?!
Linebeck?!
Sorry, Kleiner ...
Aber ich hab keine Kontrolle über meinen Körper!!
Ich will ...
... dir das nicht antun.

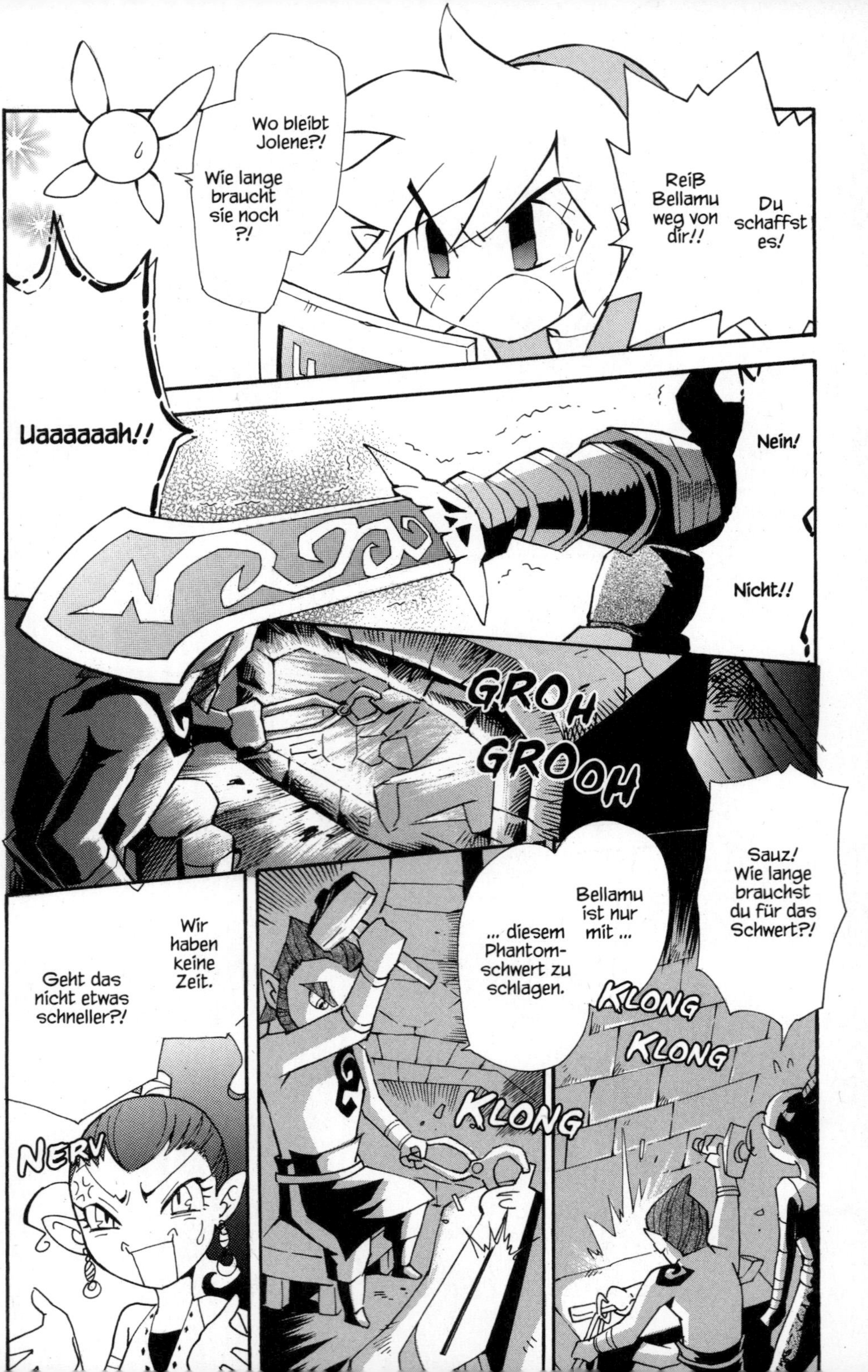
Du schaffst es!
Reiß Bellamu weg von dir!!
Wo bleibt Jolene?!
Wie lange braucht sie noch ?!
Nein!
Nicht!!
Uaaaaaah!!
GROH
GROOH
Sauz! Wie lange brauchst du für das Schwert?!
Bellamu ist nur mit ...
... diesem Phantom-schwert zu schlagen.
KLONG
KLONG
KLONG
Wir haben keine Zeit.
Geht das nicht etwas schneller?!
NERV

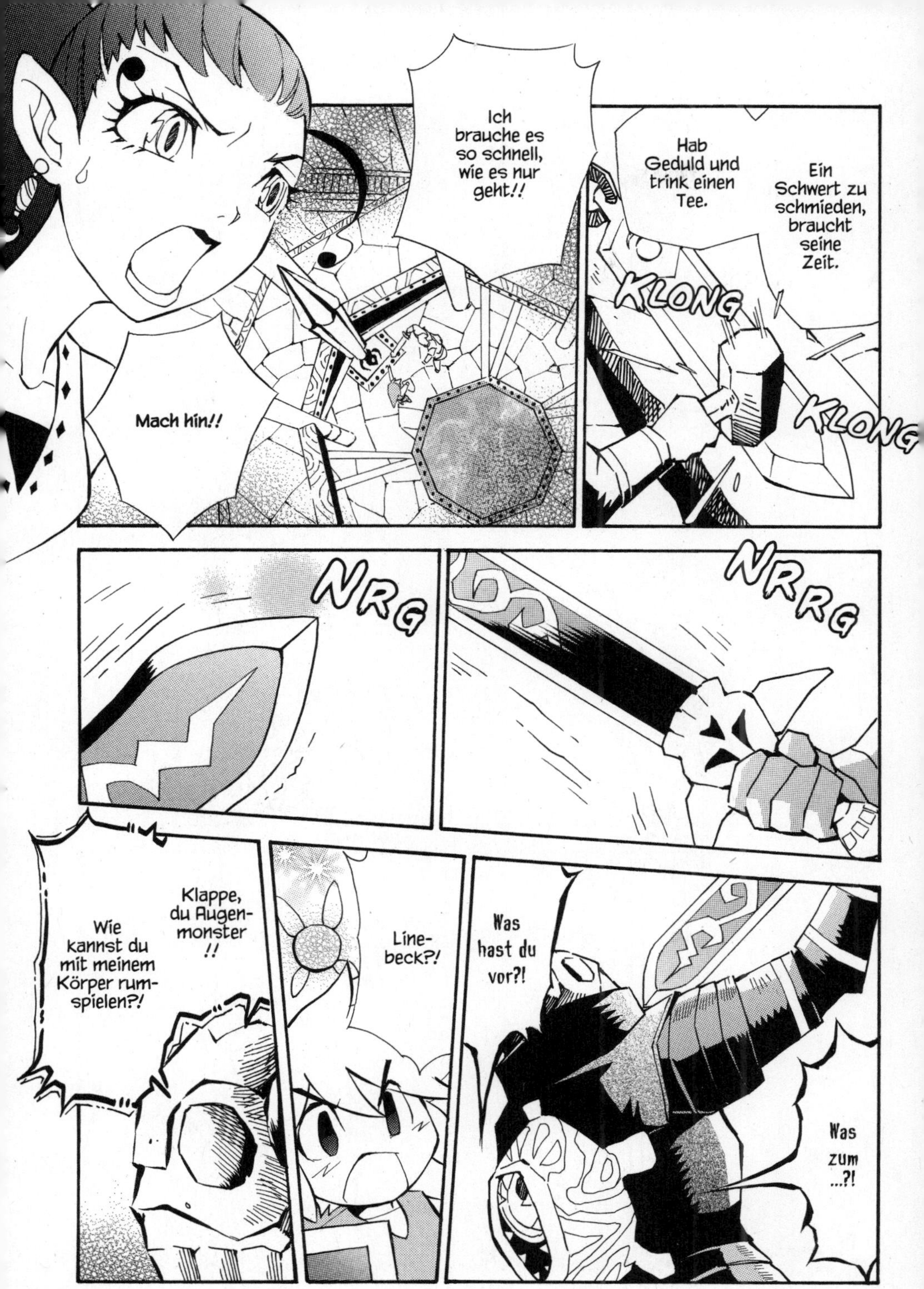
Ein Schwert zu schmieden, braucht seine Zeit.
Hab Geduld und trink einen Tee.
KLONG
KLONG
Ich brauche es so schnell, wie es nur geht!!
Mach hin!!
NRRG
NRG
Was zum ...?!
Was hast du vor?!
Linebeck?!
Klappe, du Augenmonster!!
Wie kannst du mit meinem Körper rumspielen?!

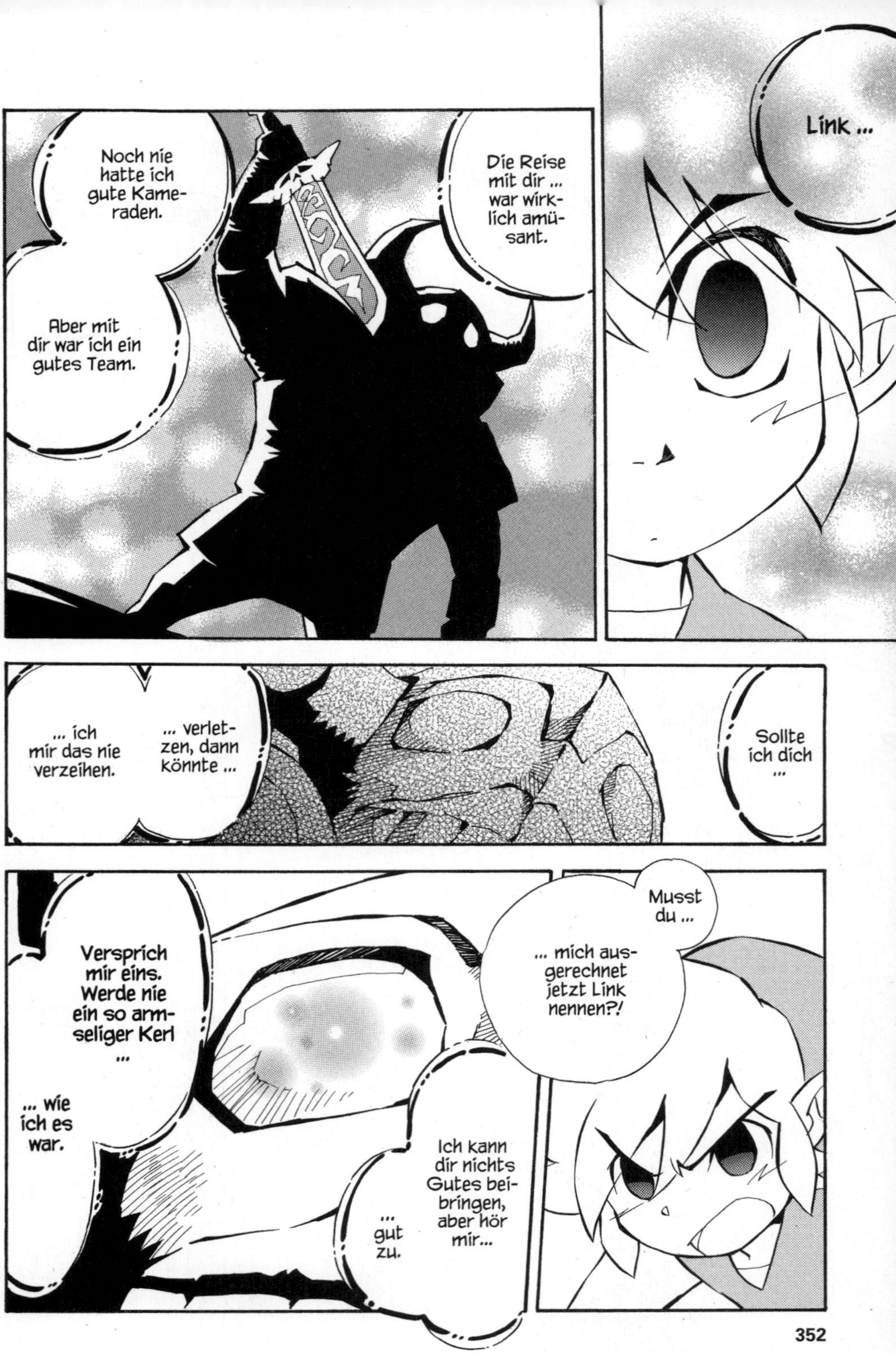
Link ...
Die Reise mit dir ... war wirklich amüsant.
Noch nie hatte ich gute Kameraden.
Aber mit dir war ich ein gutes Team.
Sollte ich dich ...
... verletzen, dann könnte ...
... ich mir das nie verzeihen.
Musst du ...
... mich ausgerechnet jetzt Link nennen?!
Ich kann dir nichts Gutes beibringen, aber hör mir...
... gut zu.
Versprich mir eins. Werde nie ein so armseliger Kerl ...
... wie ich es war.

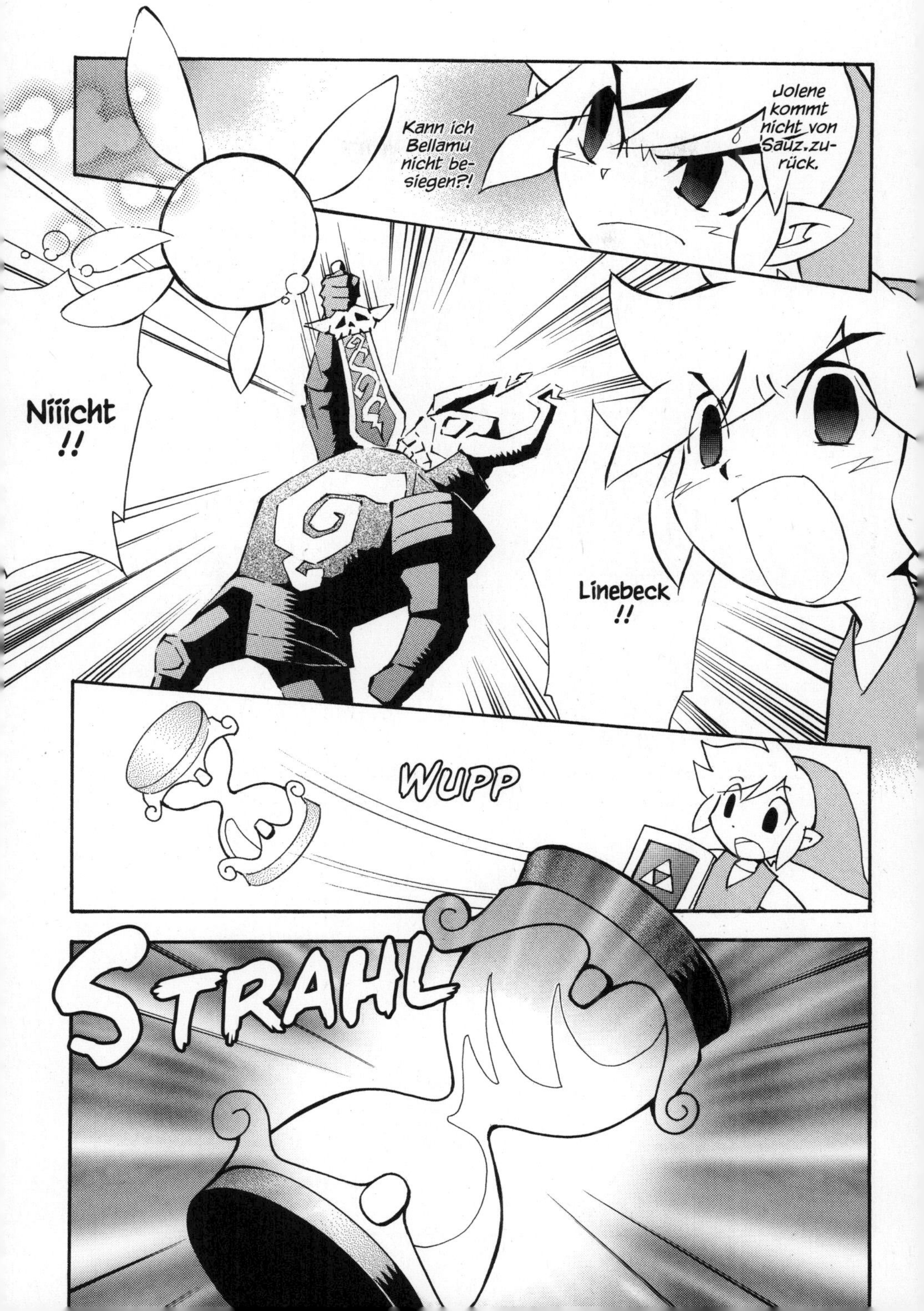
Jolene kommt nicht von Sauz zurück.
Kann ich Bellamu nicht besiegen?!
Linebeck !!
Niiicht !!
WUPP
STRAHL

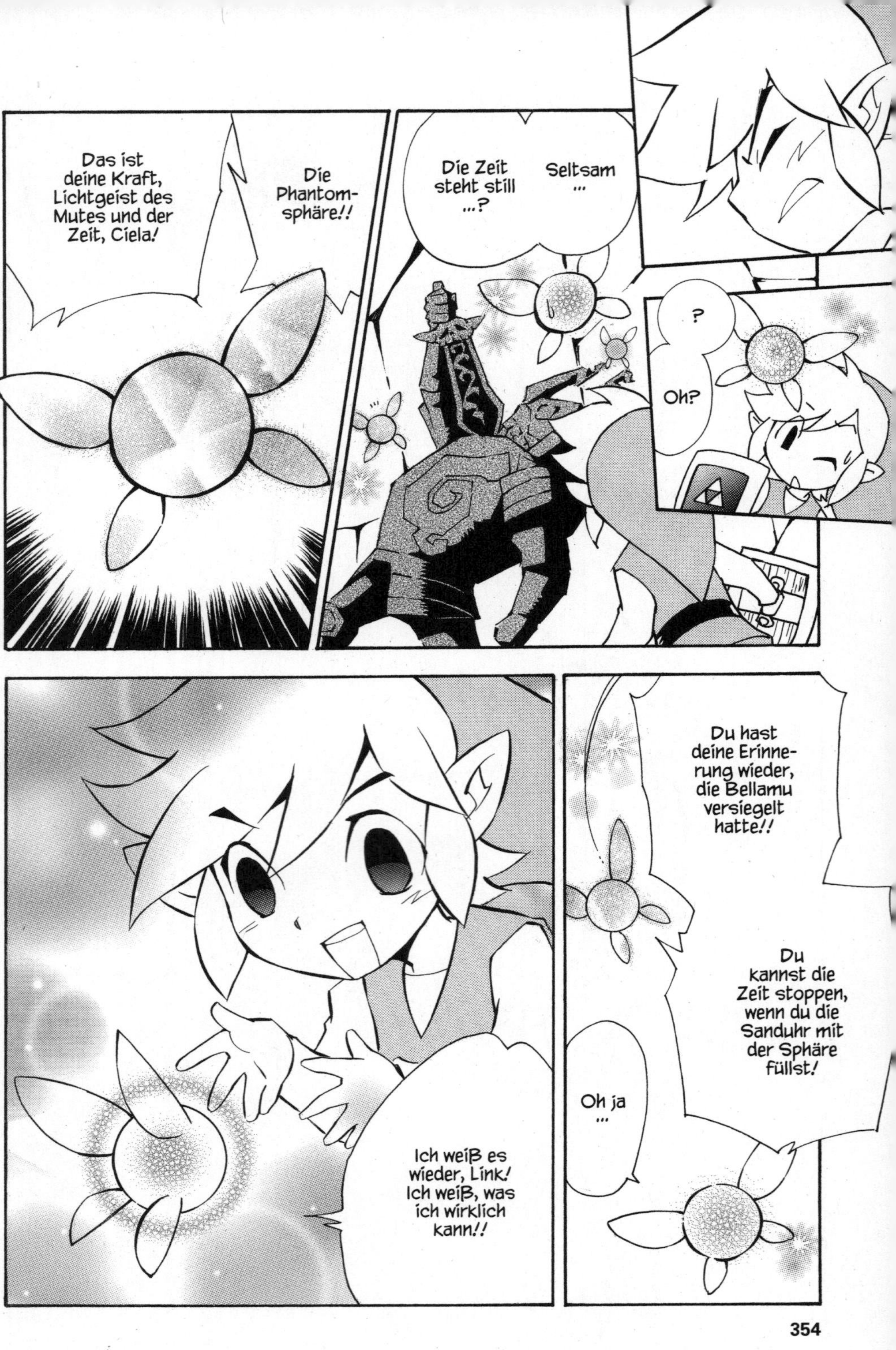
?
Oh?
Seltsam ...
Die Zeit steht still ...?
Die Phantomsphäre!!
Das ist deine Kraft, Lichtgeist des Mutes und der Zeit, Ciela!
Du hast deine Erinnerung wieder, die Bellamu versiegelt hatte!!
Du kannst die Zeit stoppen, wenn du die Sanduhr mit der Sphäre füllst!
Oh ja ...
Ich weiß es wieder, Link! Ich weiß, was ich wirklich kann!!

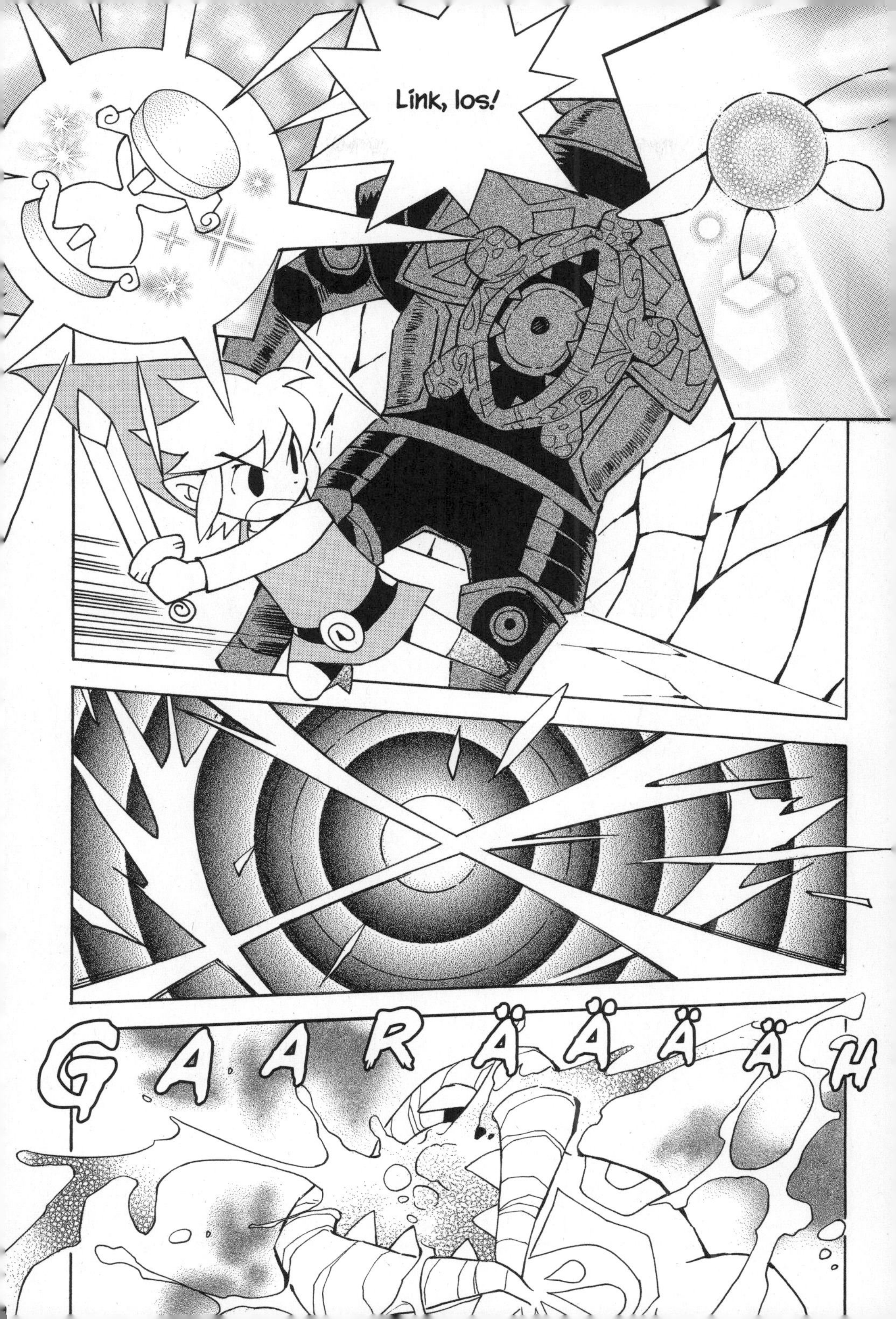
Link, los!
GAARÄÄÄÄH

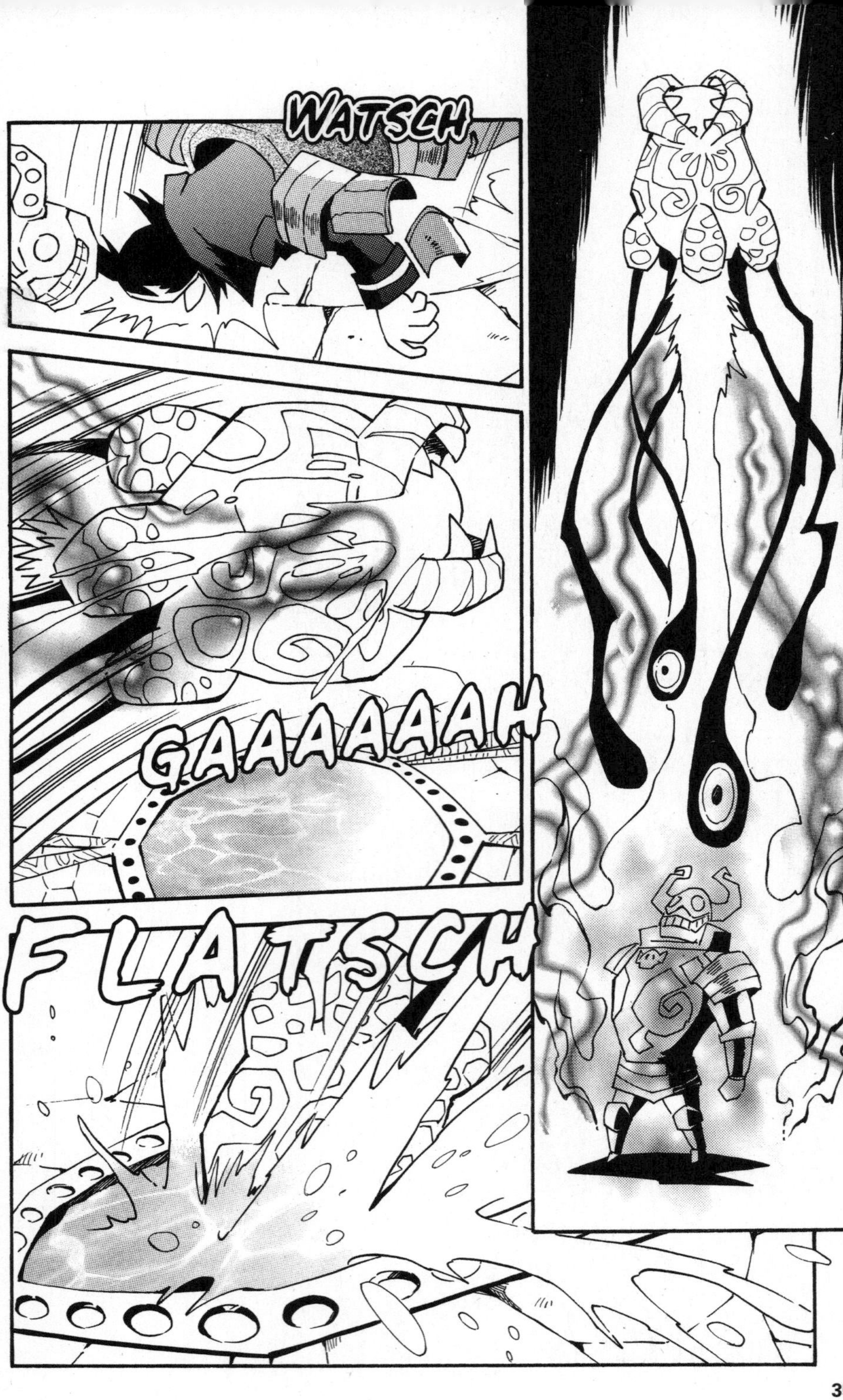
WATSCH
GAAAAAAH
FLATSCH

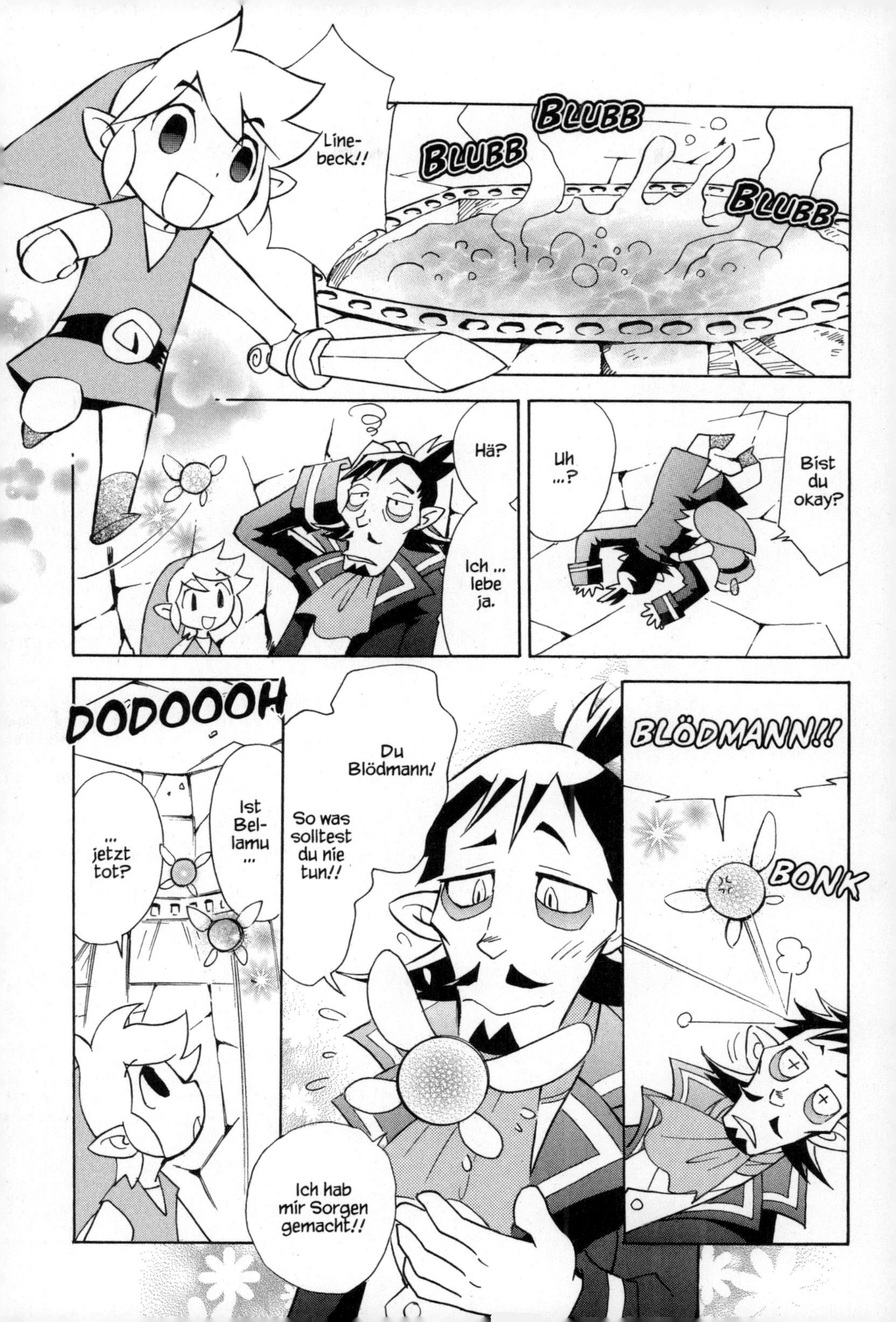

BLUBB
BLUBB
BLUBB
Line-
beck!!
Bist
du
okay?
Uh
...?
Hä?
Ich ...
lebe
ja.
BLÖDMANN!!
BONK
Du
Blödmann!
So was
solltest
du nie
tun!!
Ich hab
mir Sorgen
gemacht!!
DODOOOH
Ist
Bel-
lamu
...
...
jetzt
tot?

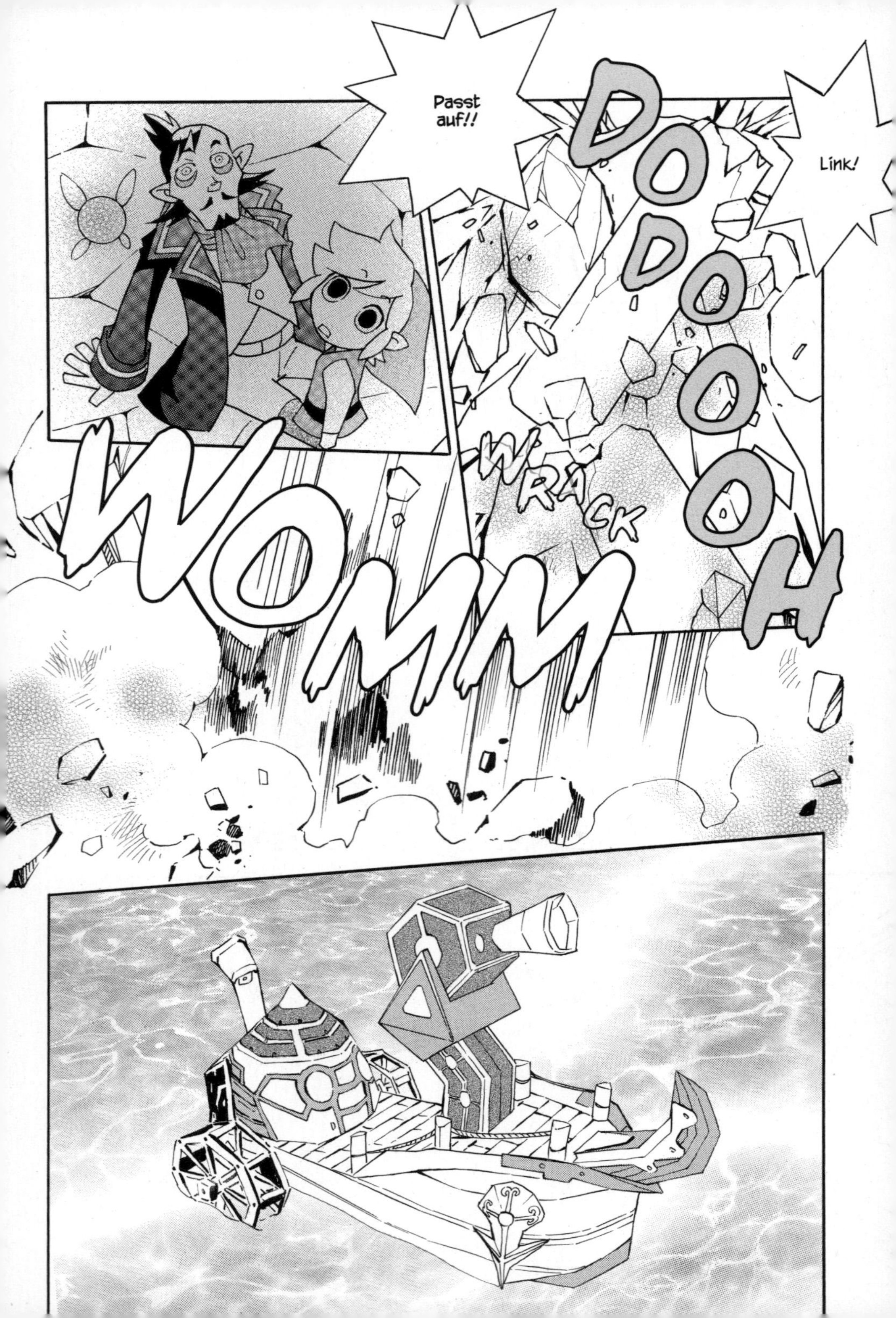

Link!
Passt auf!!
DODODOOOOOH
WRACK
WOMM

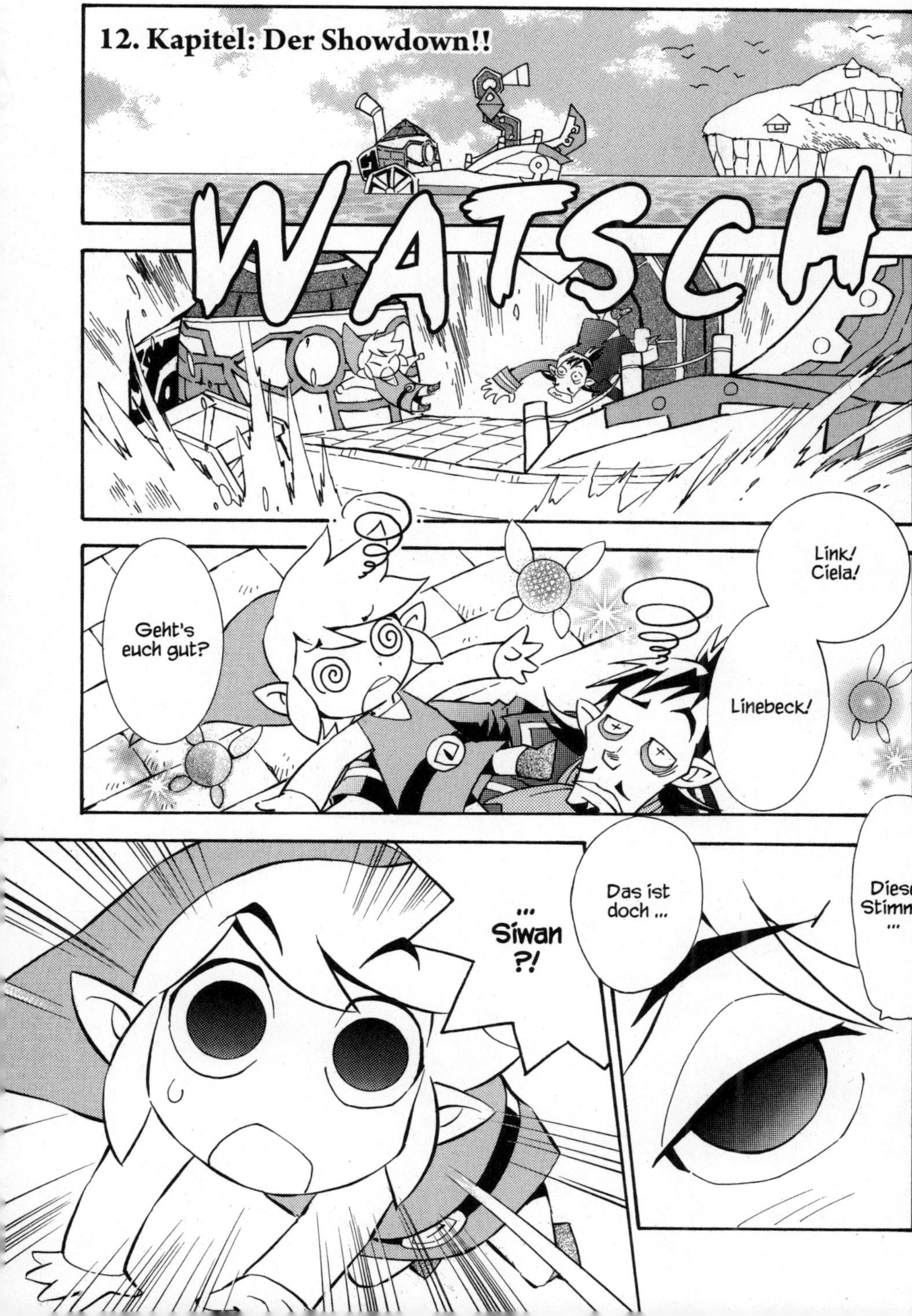
12. Kapitel: Der Showdown!!
WATSCH
Link! Ciela!
Linebeck!
Geht's euch gut?
Diese Stimme ...
Das ist doch ...
... Siwan ?!

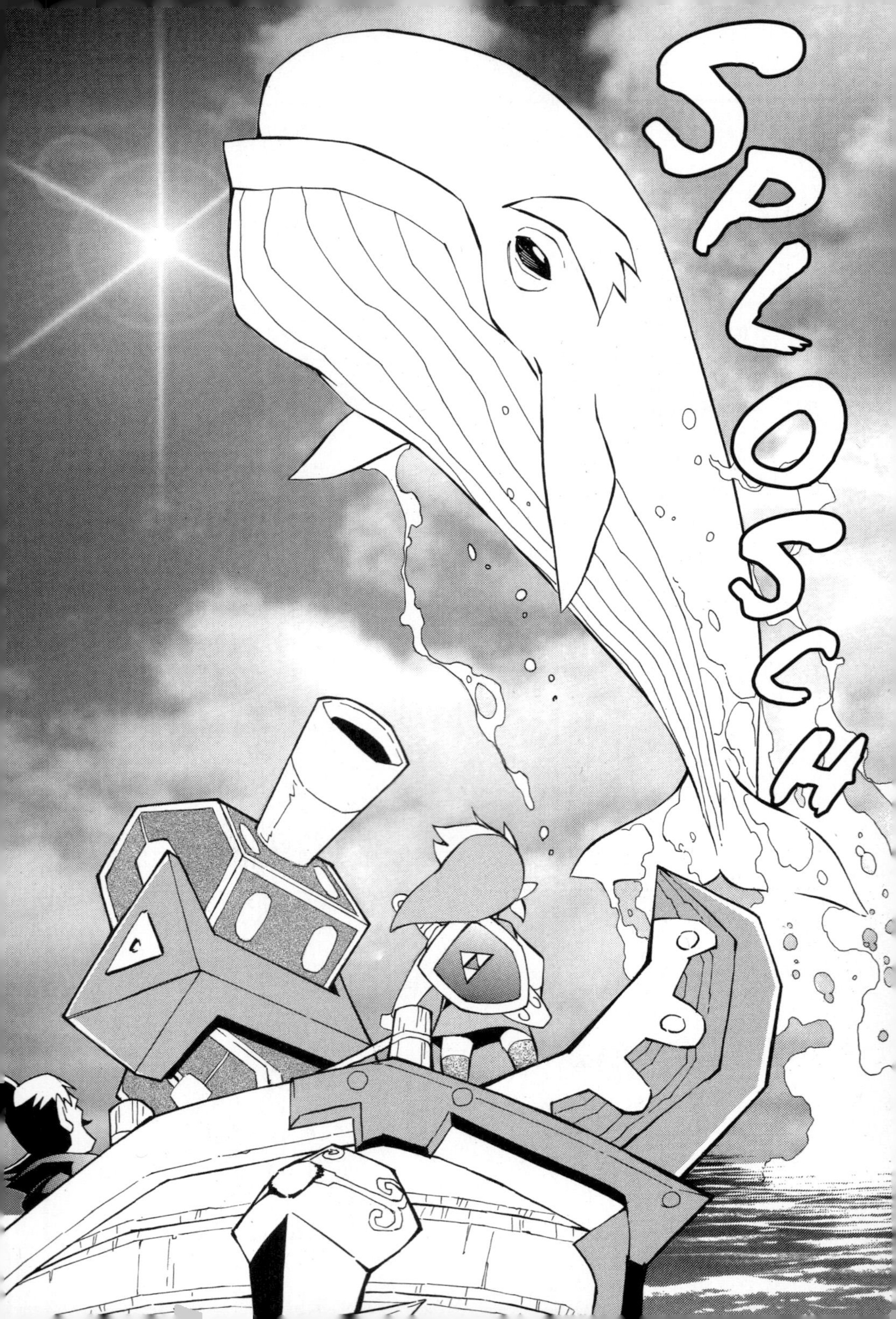
SPLOSCH

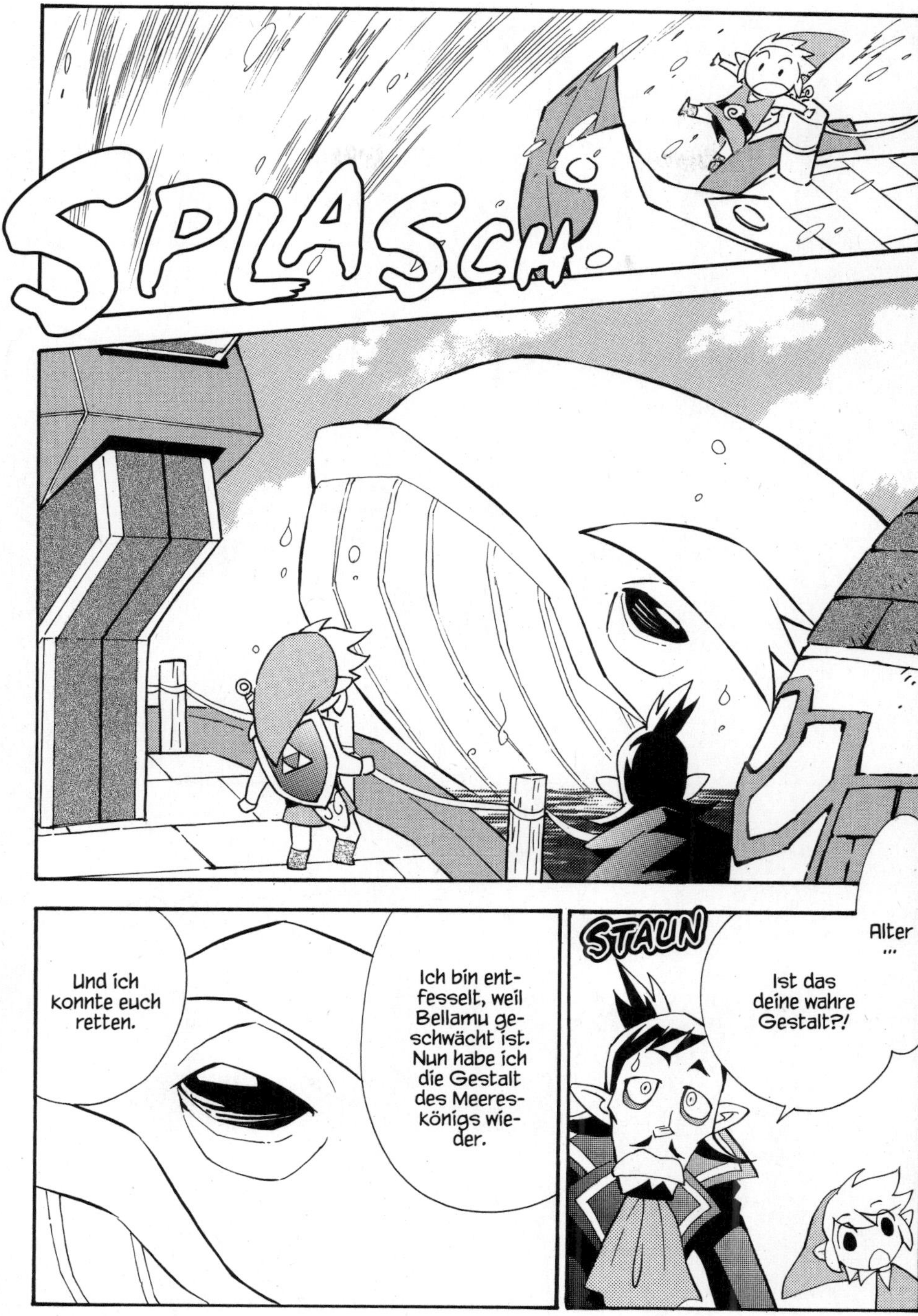
SPLASCH
Und ich konnte euch retten.
Ich bin entfesselt, weil Bellamu geschwächt ist. Nun habe ich die Gestalt des Meereskönigs wieder.
STAUN
Alter ...
Ist das deine wahre Gestalt?!

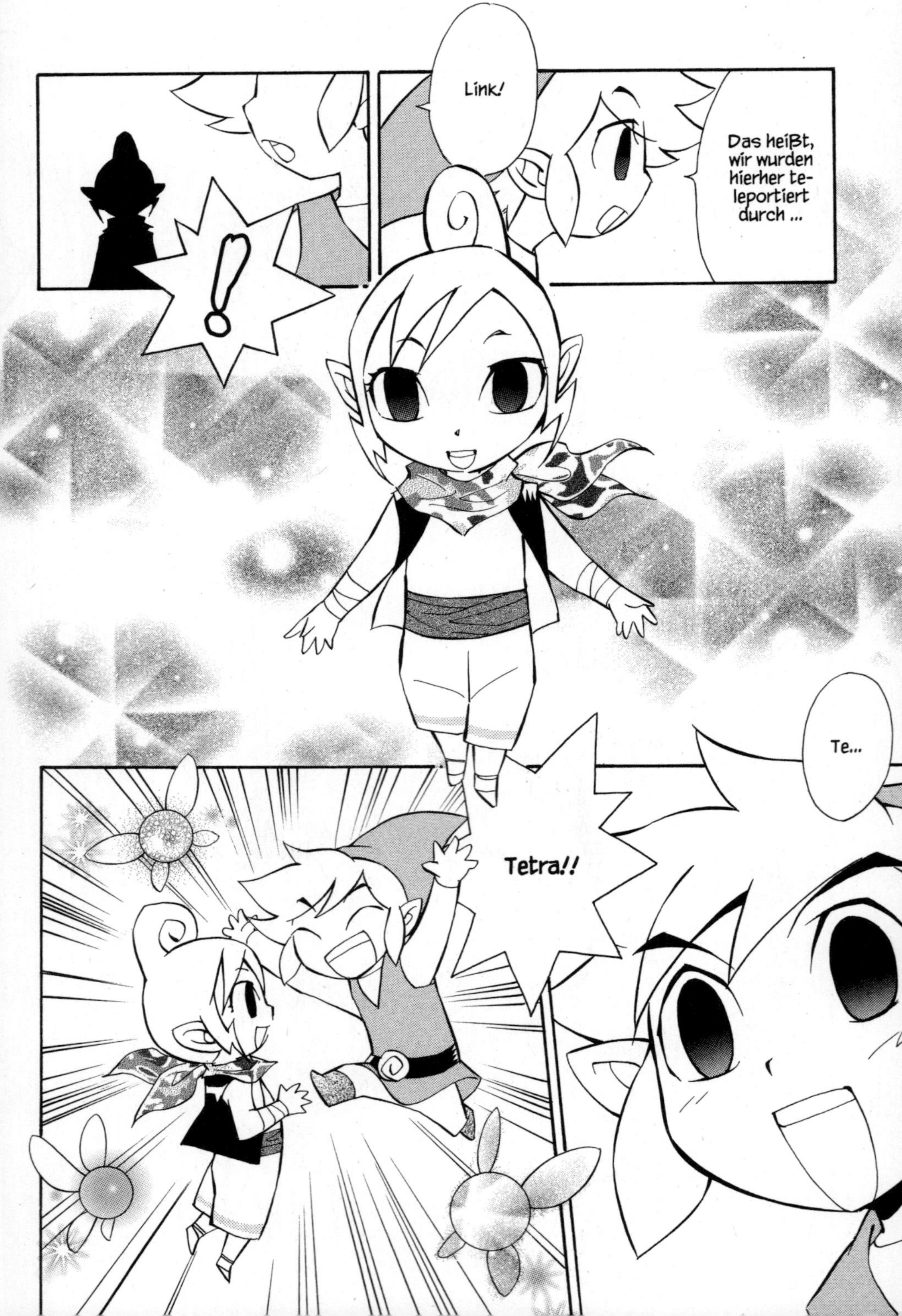
!
Link!
Das heißt,
wir wurden
hierher te-
leportiert
durch ...
Te...
Tetra!!

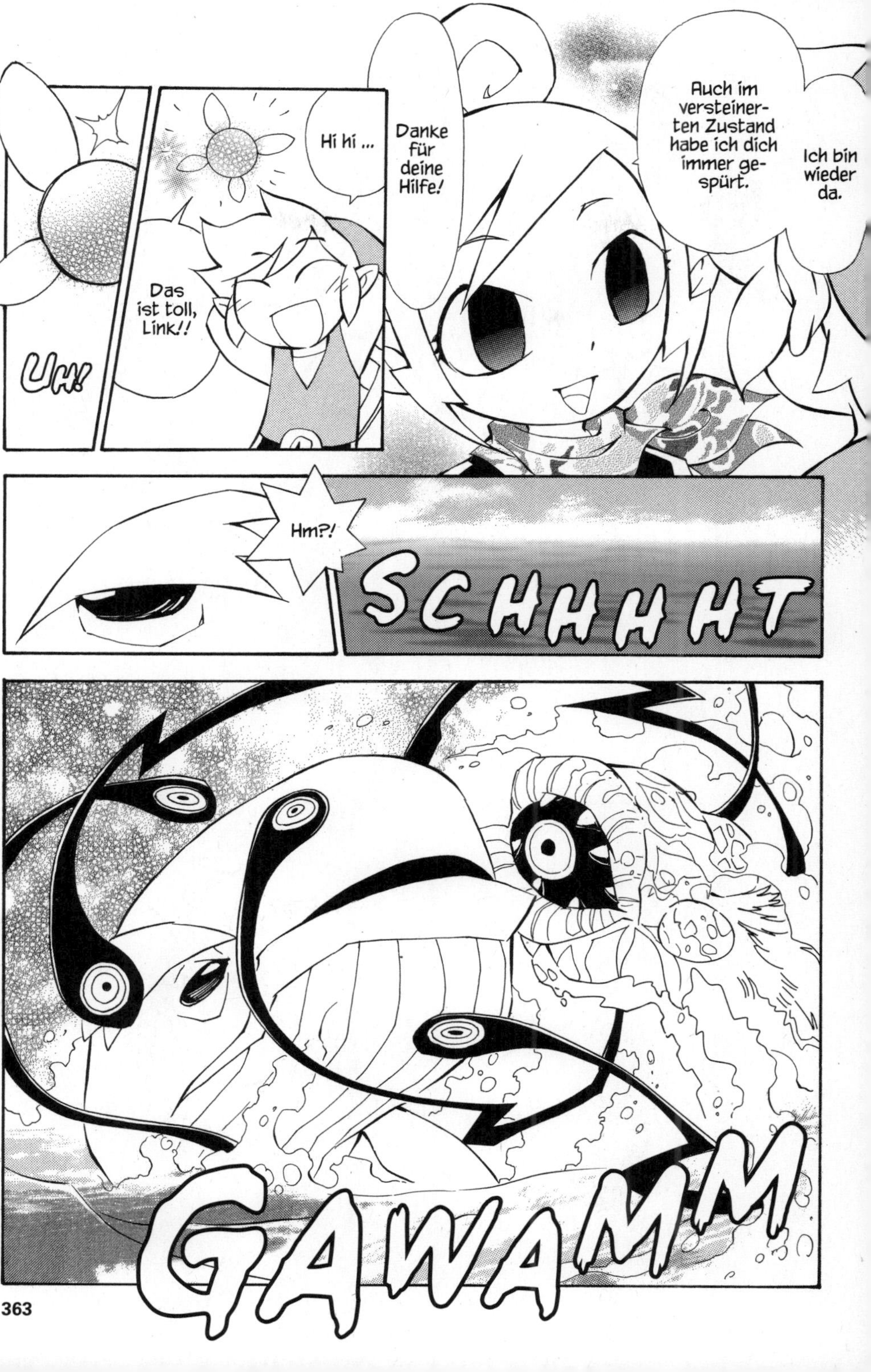
Ich bin wieder da.
Auch im versteinerten Zustand habe ich dich immer gespürt.
Danke für deine Hilfe!
Hi hi ...
Das ist toll, Link!!
UH!
Hm?!
SCHHHHT
GAWAMM

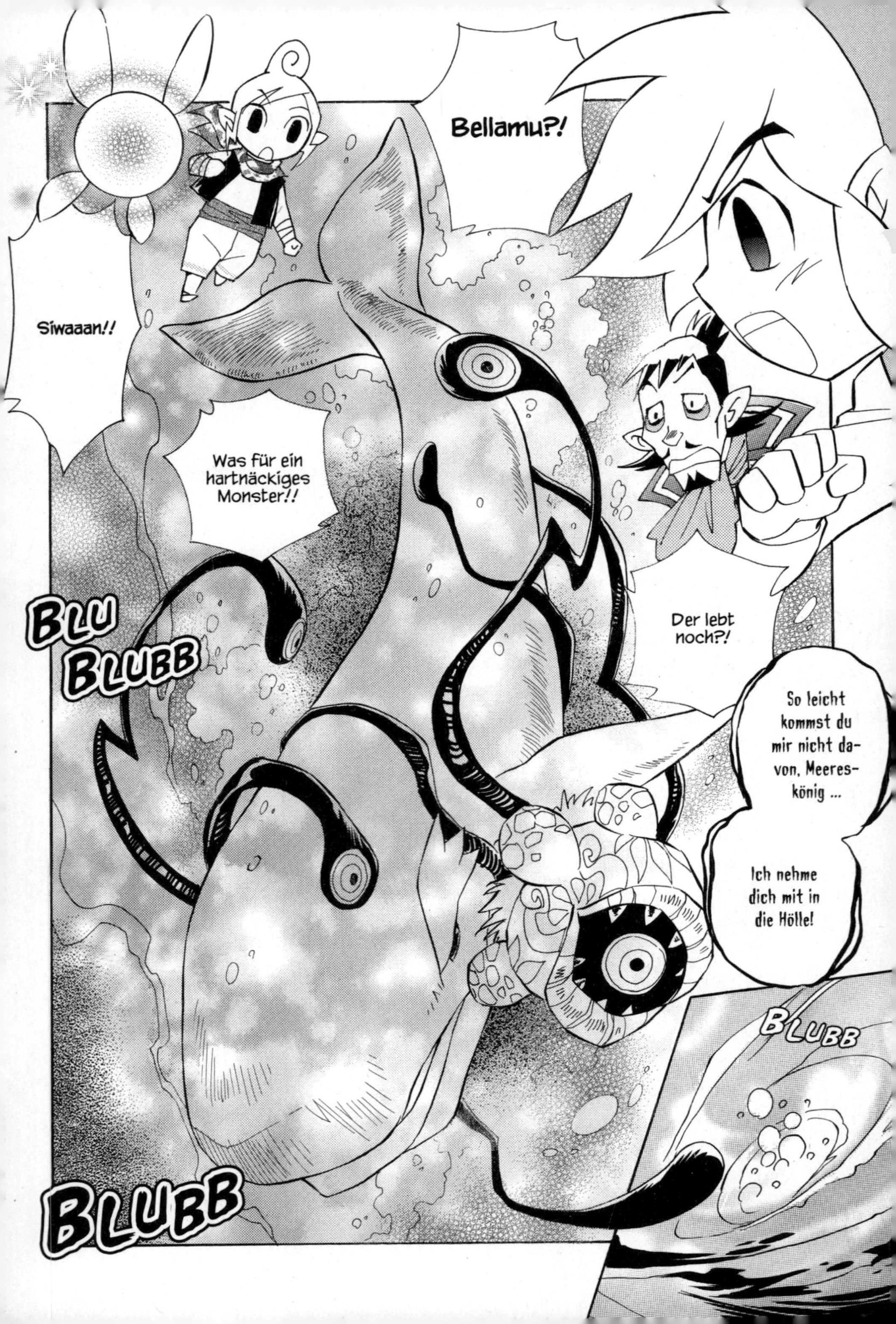
Bellamu?!
Siwaaan!!
Was für ein hartnäckiges Monster!!
Der lebt noch?!
So leicht kommst du mir nicht davon, Meereskönig ...
Ich nehme dich mit in die Hölle!
BLU BLUBB
BLUBB
BLUBB

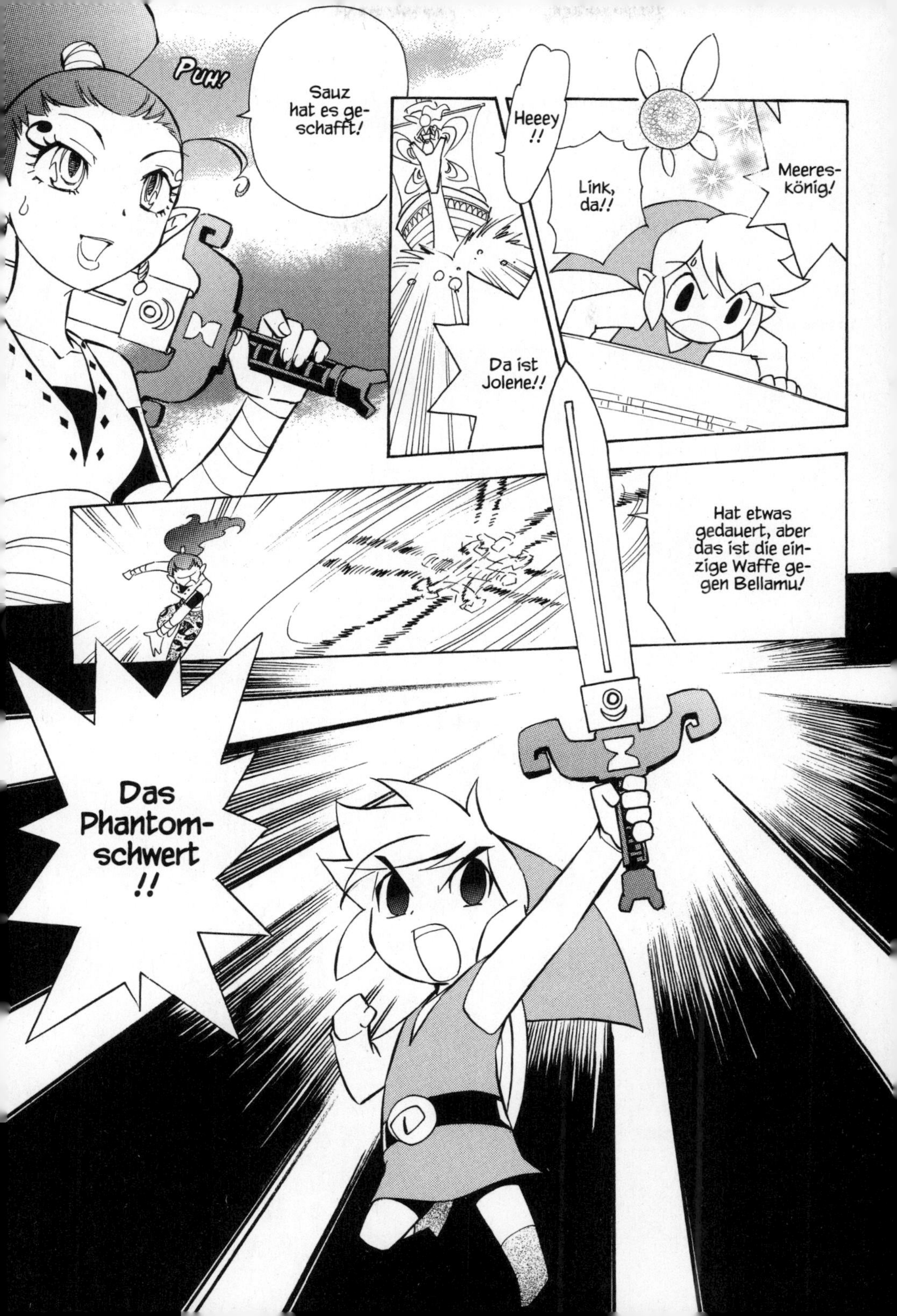
Meeres-
könig!
Link,
da!!
Heeey
!!
Da ist
Jolene!!
PUH!
Sauz
hat es ge-
schafft!
Hat etwas
gedauert, aber
das ist die ein-
zige Waffe ge-
gen Bellamu!
Das
Phantom-
schwert
!!

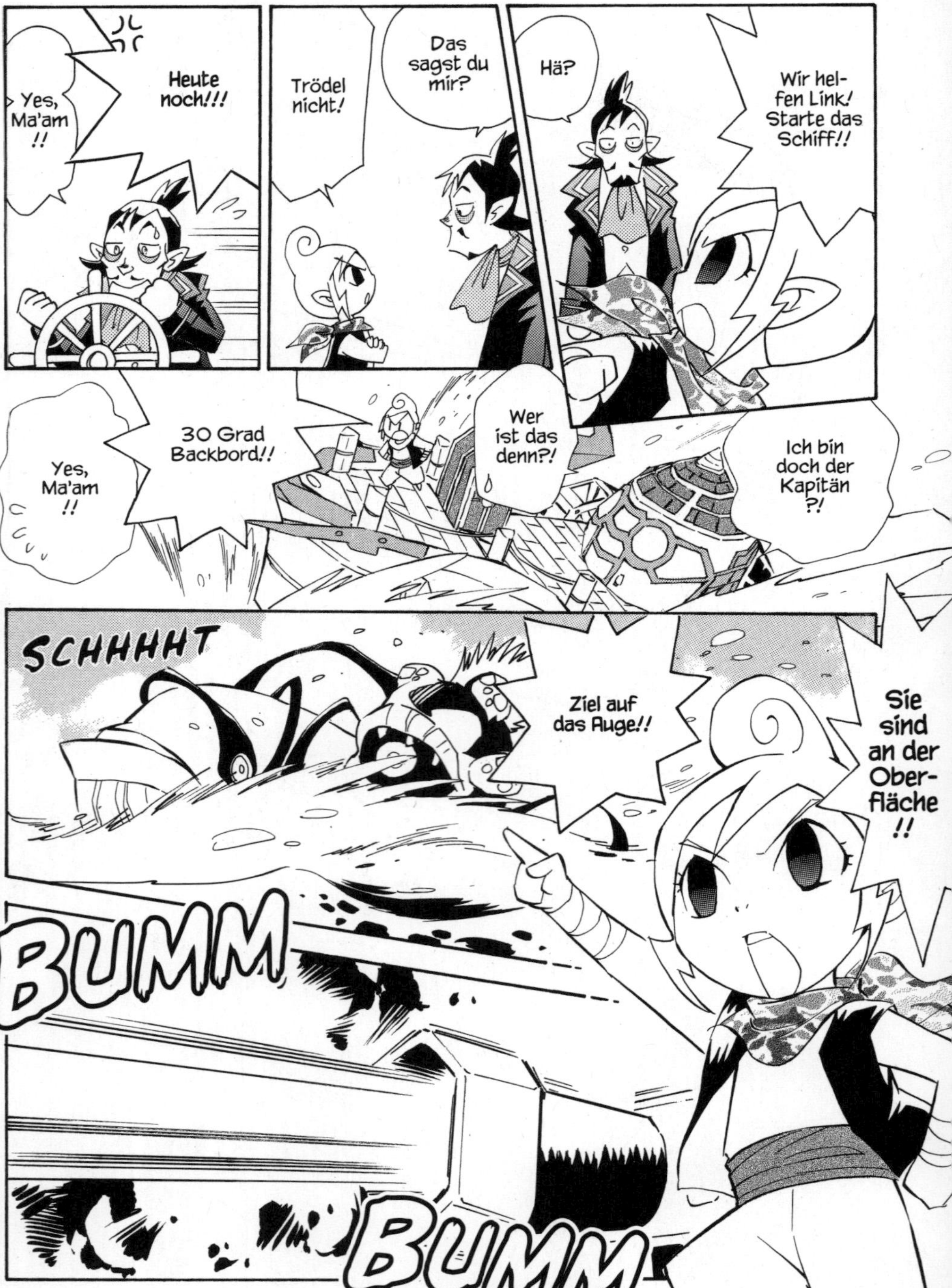
Wir helfen Link! Starte das Schiff!!
Hä?
Das sagst du mir?
Trödel nicht!
Heute noch!!!
Yes, Ma'am!!
Ich bin doch der Kapitän?!
Wer ist das denn?!
30 Grad Backbord!!
Yes, Ma'am!!
Sie sind an der Oberfläche!!
Ziel auf das Auge!!
SCHHHHT
BUMM
BUMM

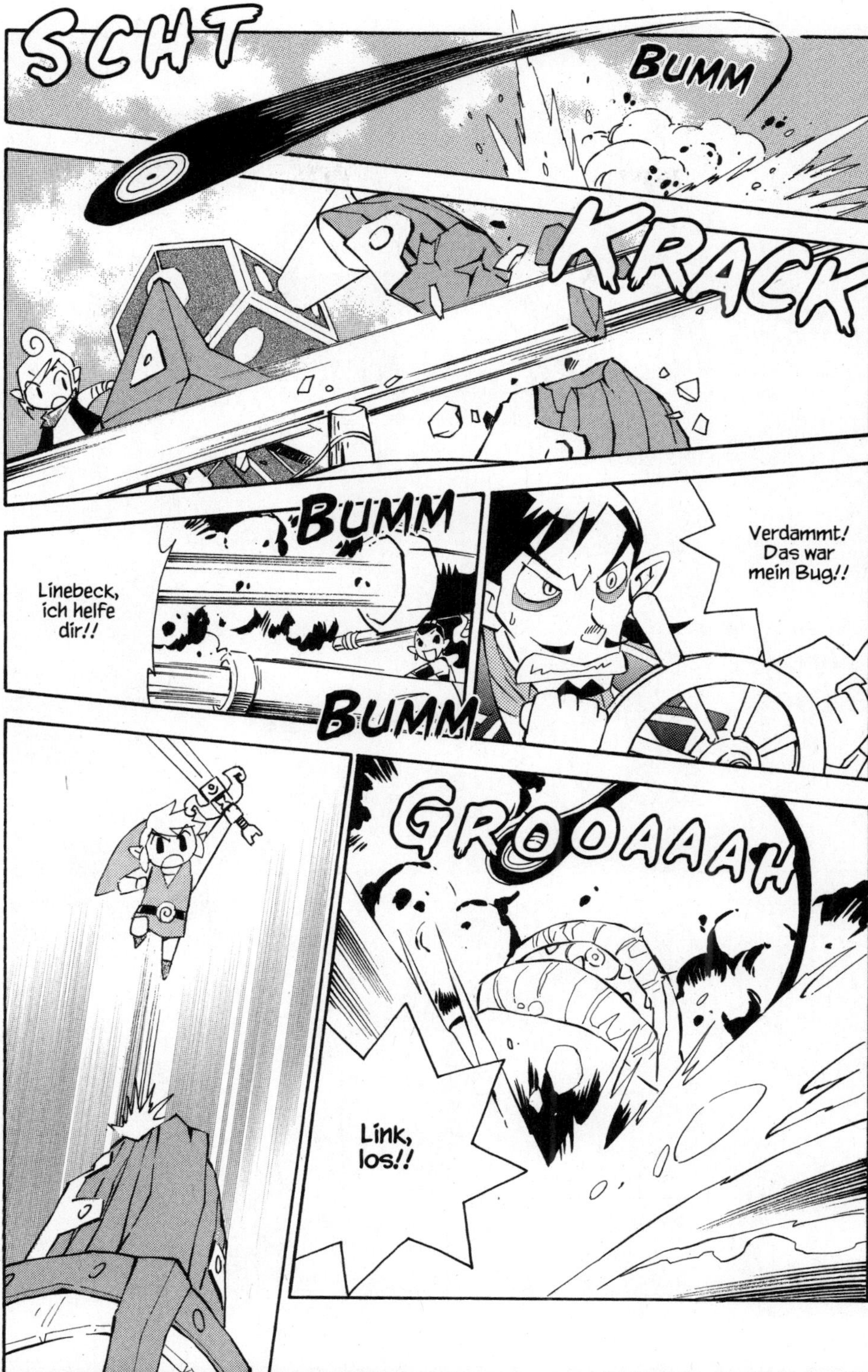
SCHT
BUMM
KRACK
BUMM
Verdammt! Das war mein Bug!!
Linebeck, ich helfe dir!!
BUMM
GROOAAAAH
Link, los!!

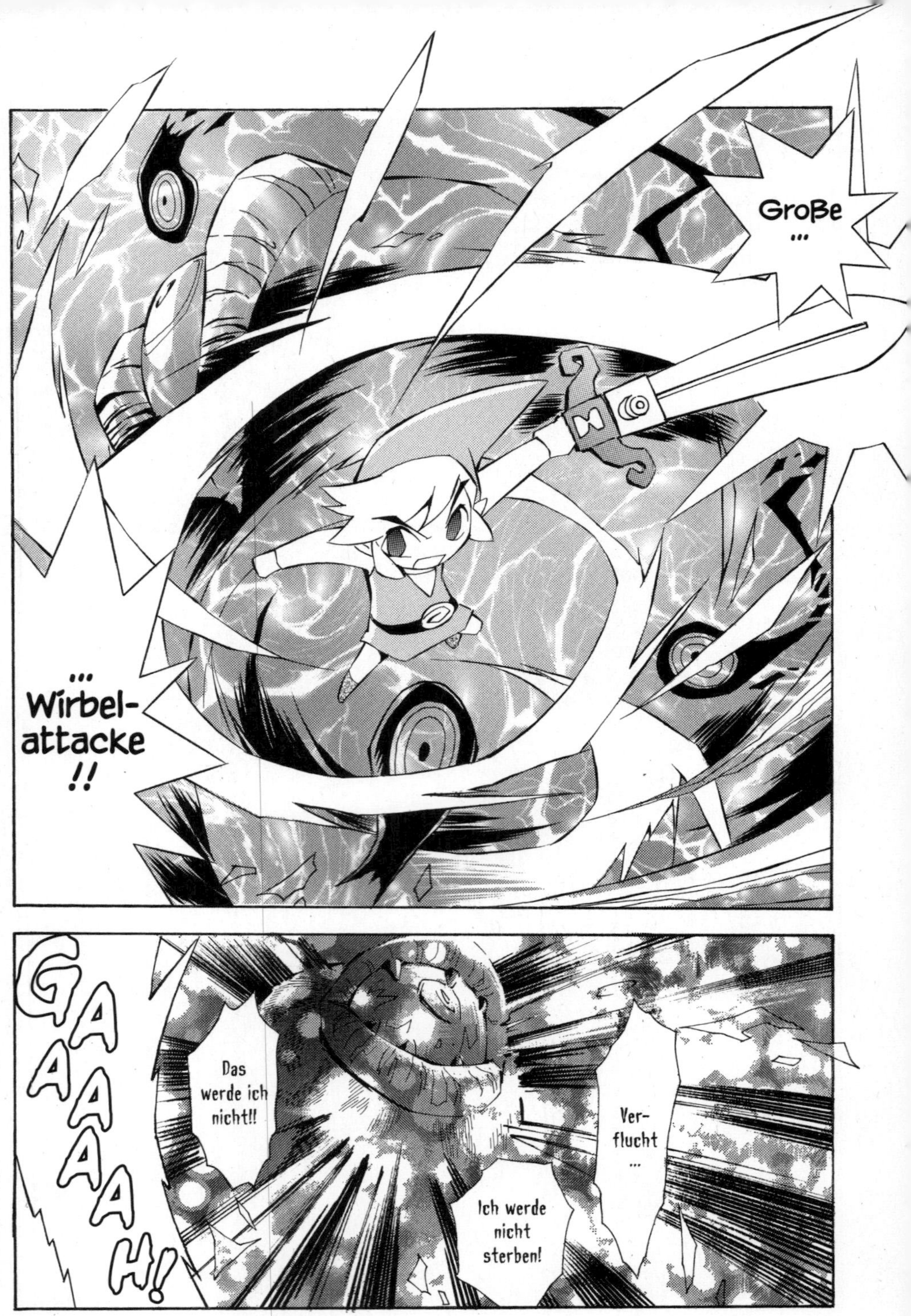

Große ...
... Wirbel-attacke !!
Ver-flucht ...
Ich werde nicht sterben!
Das werde ich nicht!!
GAAAAAH!

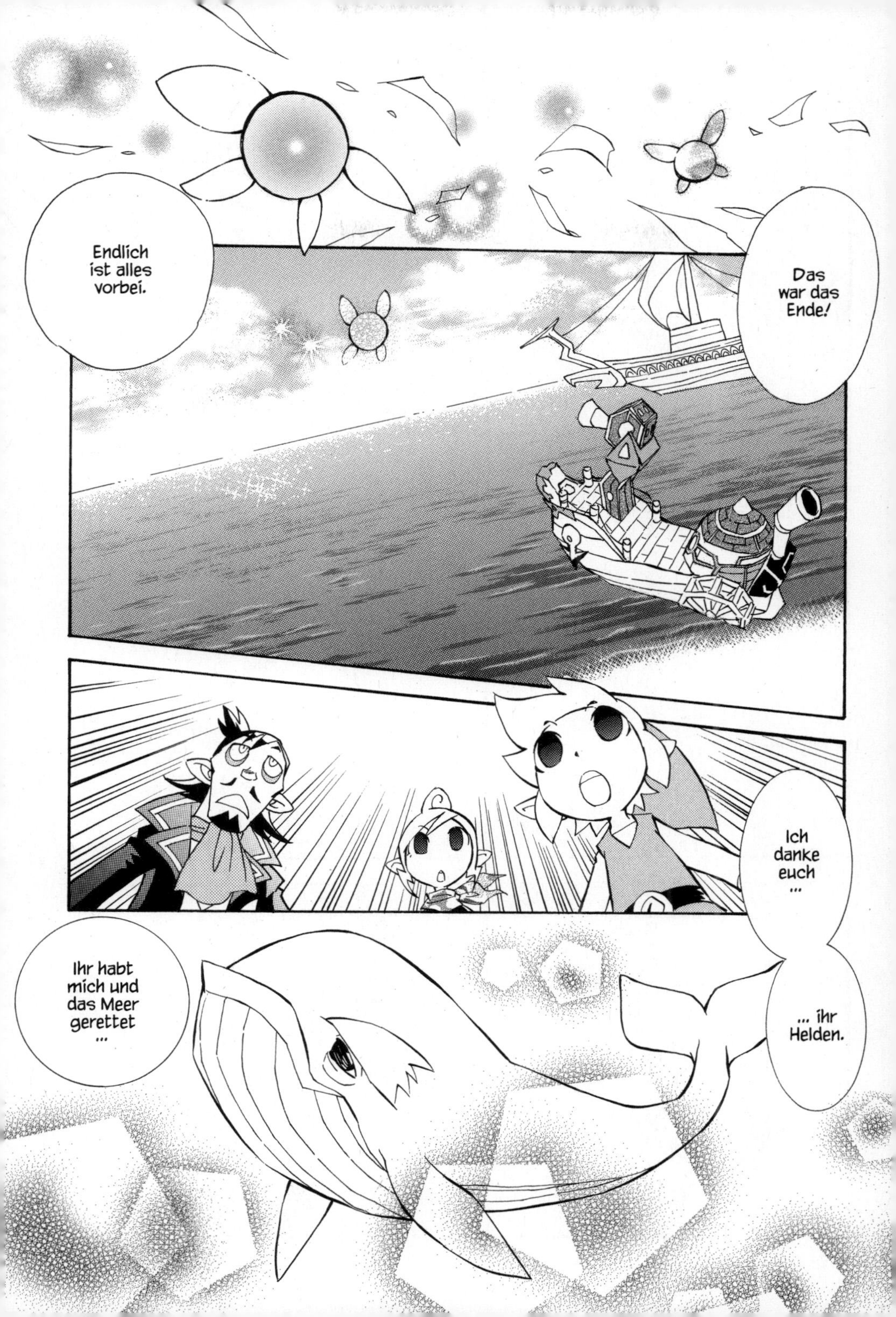

Das war das Ende!
Endlich ist alles vorbei.
Ich danke euch ...
... ihr Helden.
Ihr habt mich und das Meer gerettet ...

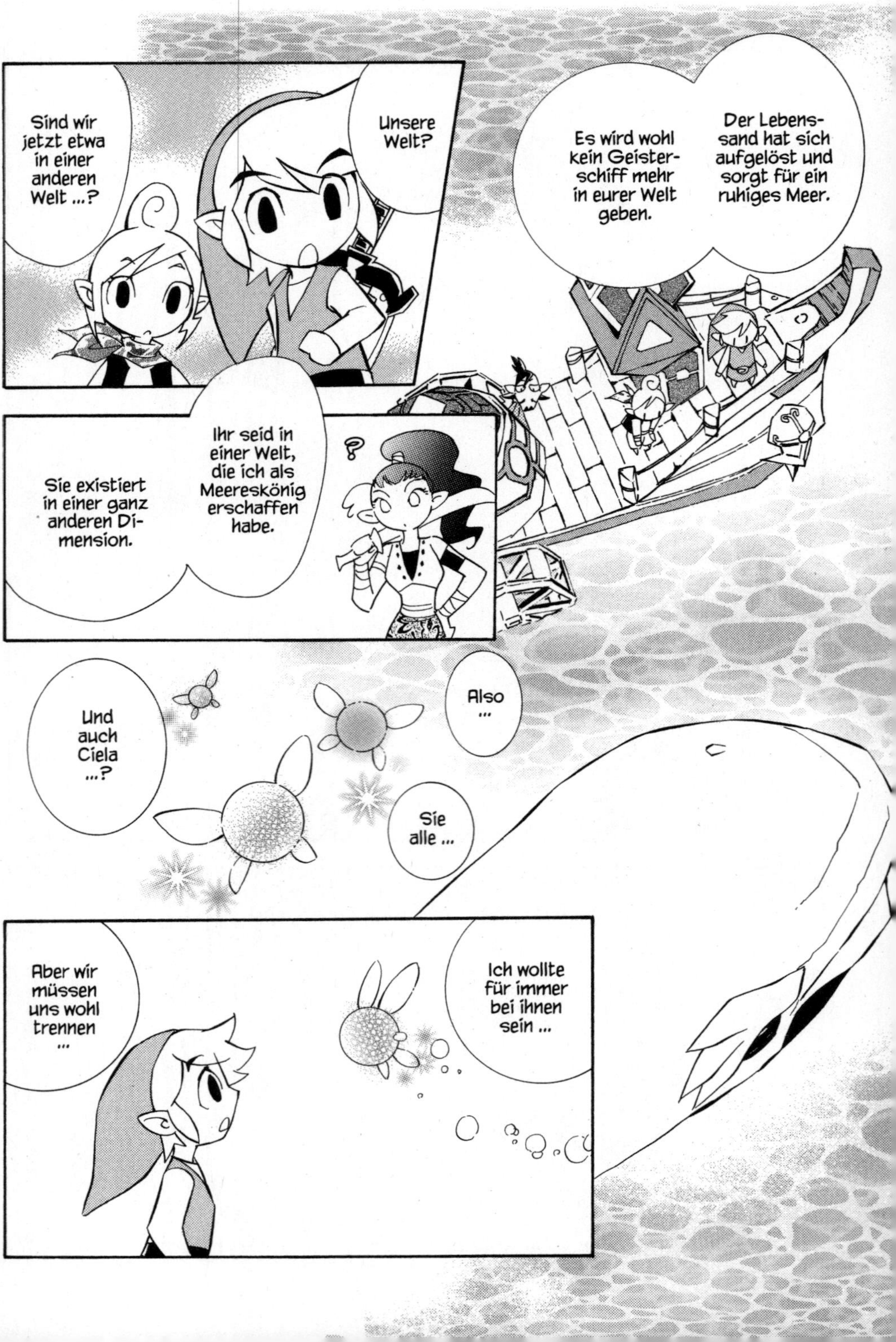
Der Lebenssand hat sich aufgelöst und sorgt für ein ruhiges Meer.
Es wird wohl kein Geisterschiff mehr in eurer Welt geben.
Unsere Welt?
Sind wir jetzt etwa in einer anderen Welt ...?
Ihr seid in einer Welt, die ich als Meereskönig erschaffen habe.
Sie existiert in einer ganz anderen Dimension.
Also ...
Sie alle ...
Und auch Ciela ...?
Ich wollte für immer bei ihnen sein ...
Aber wir müssen uns wohl trennen ...

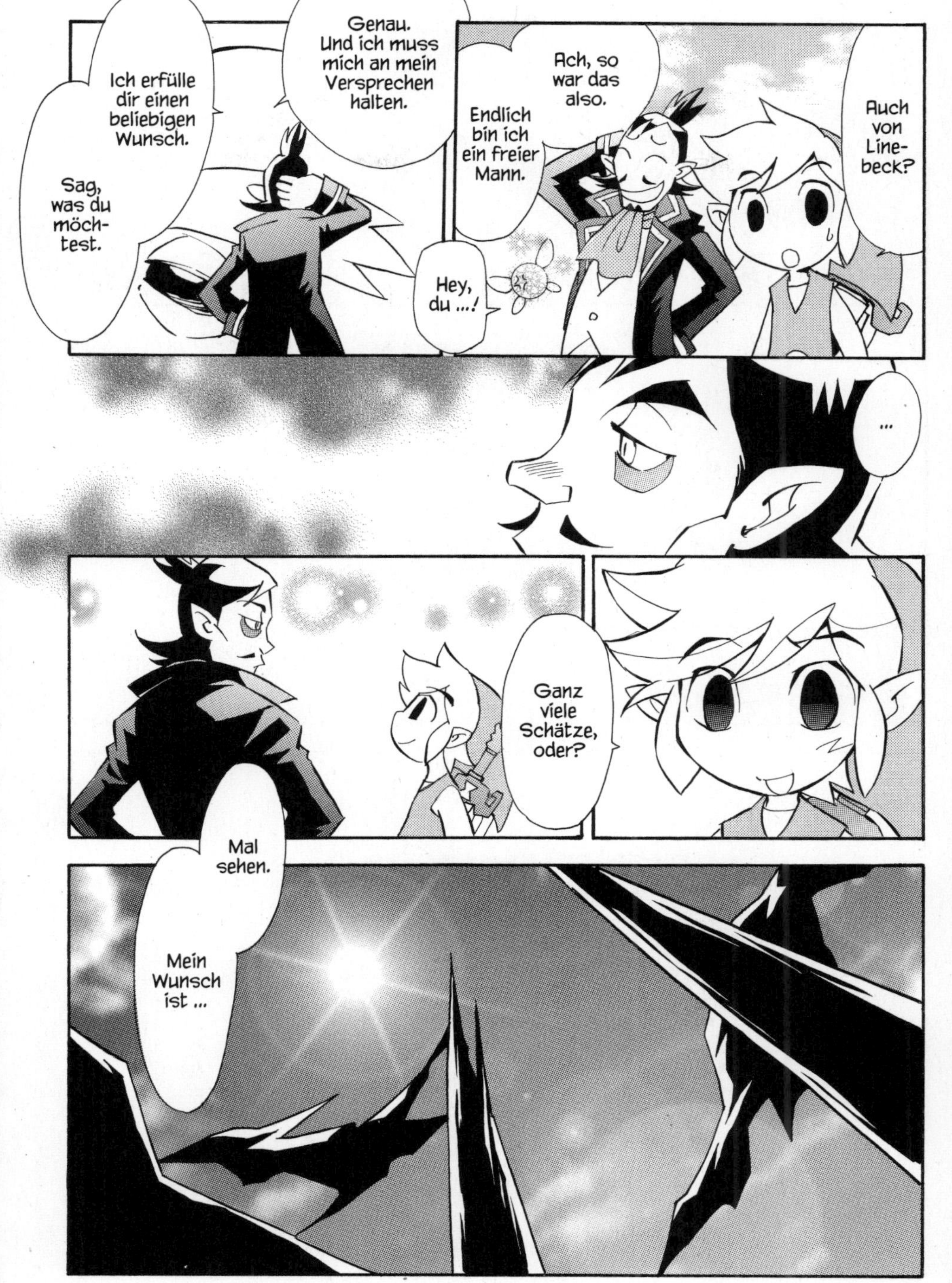
Auch von Line-beck?
Ach, so war das also.
Endlich bin ich ein freier Mann.
Genau. Und ich muss mich an mein Versprechen halten.
Ich erfülle dir einen beliebigen Wunsch.
Sag, was du möch-test.
Hey, du ...!
...
Ganz viele Schätze, oder?
Mal sehen.
Mein Wunsch ist ...

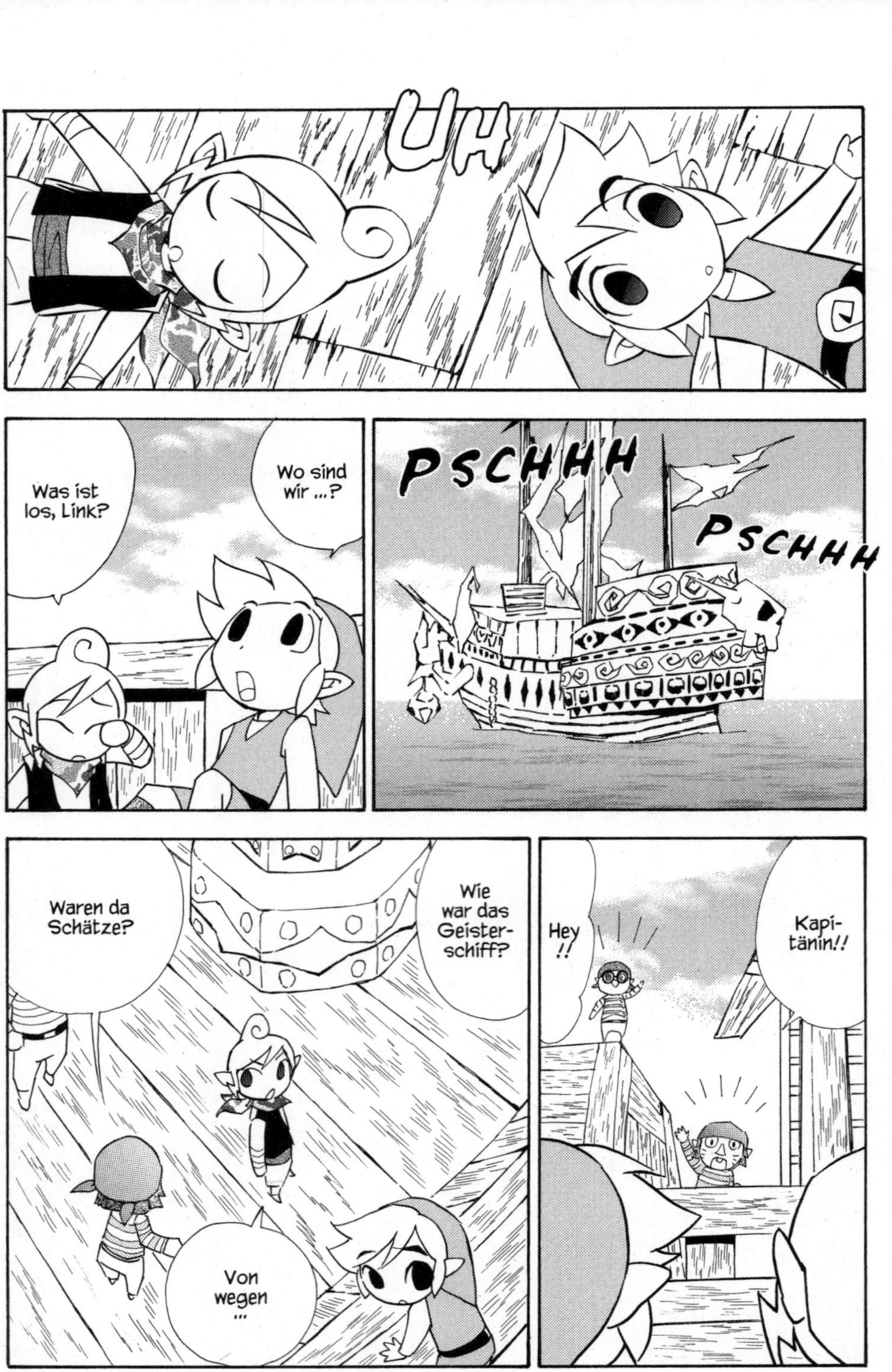
UH
Wo sind wir ...?
Was ist los, Link?
PSCHHH
PSCHHH
Wie war das Geisterschiff?
Waren da Schätze?
Von wegen ...
Kapitänin!!
Hey!!

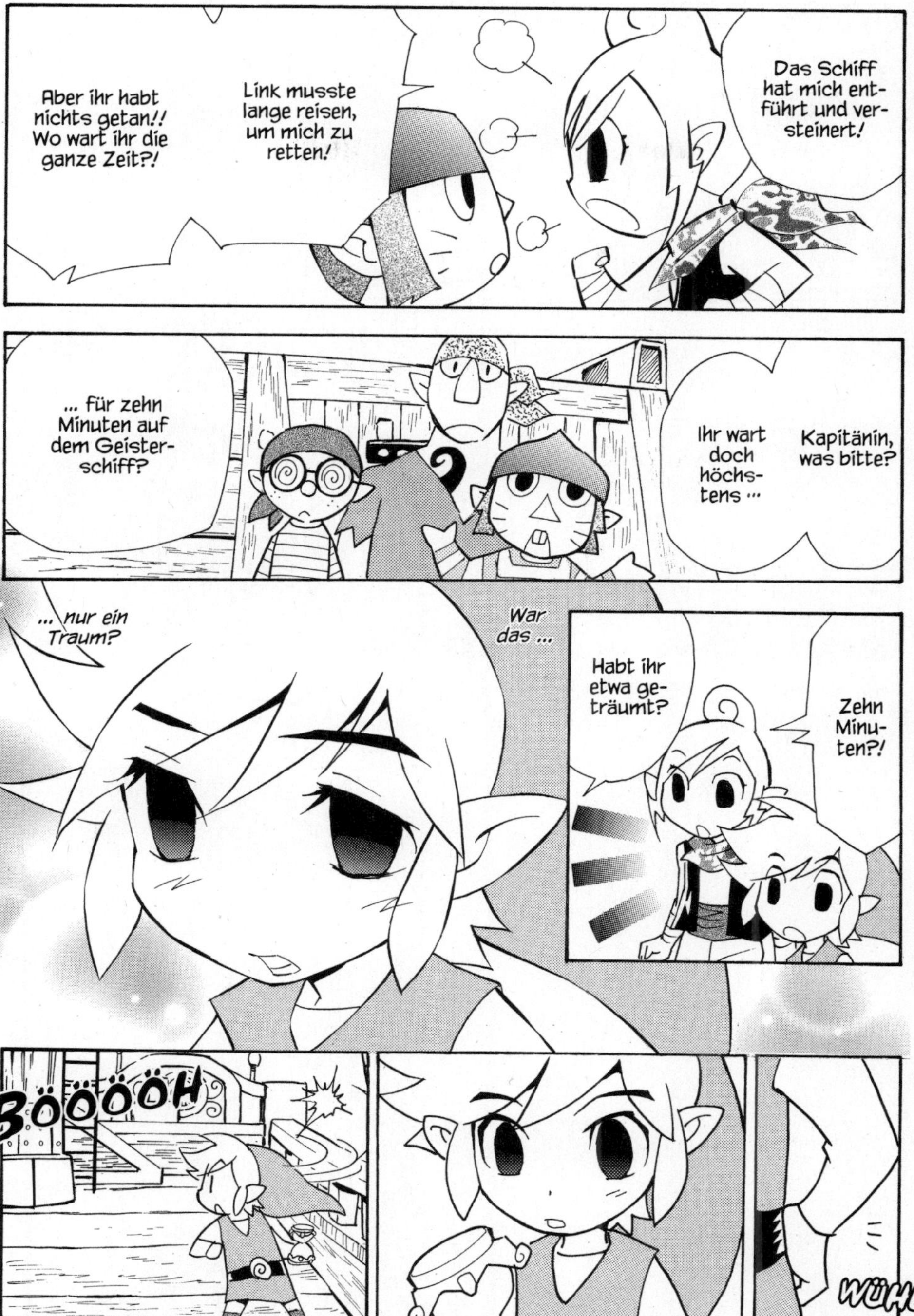
Das Schiff hat mich entführt und versteinert!
Link musste lange reisen, um mich zu retten!
Aber ihr habt nichts getan!! Wo wart ihr die ganze Zeit?!
Kapitänin, was bitte?
Ihr wart doch höchstens ...
... für zehn Minuten auf dem Geisterschiff?
Zehn Minuten?!
Habt ihr etwa geträumt?
War das ...
... nur ein Traum?
BÖÖÖÖH
WÜHL

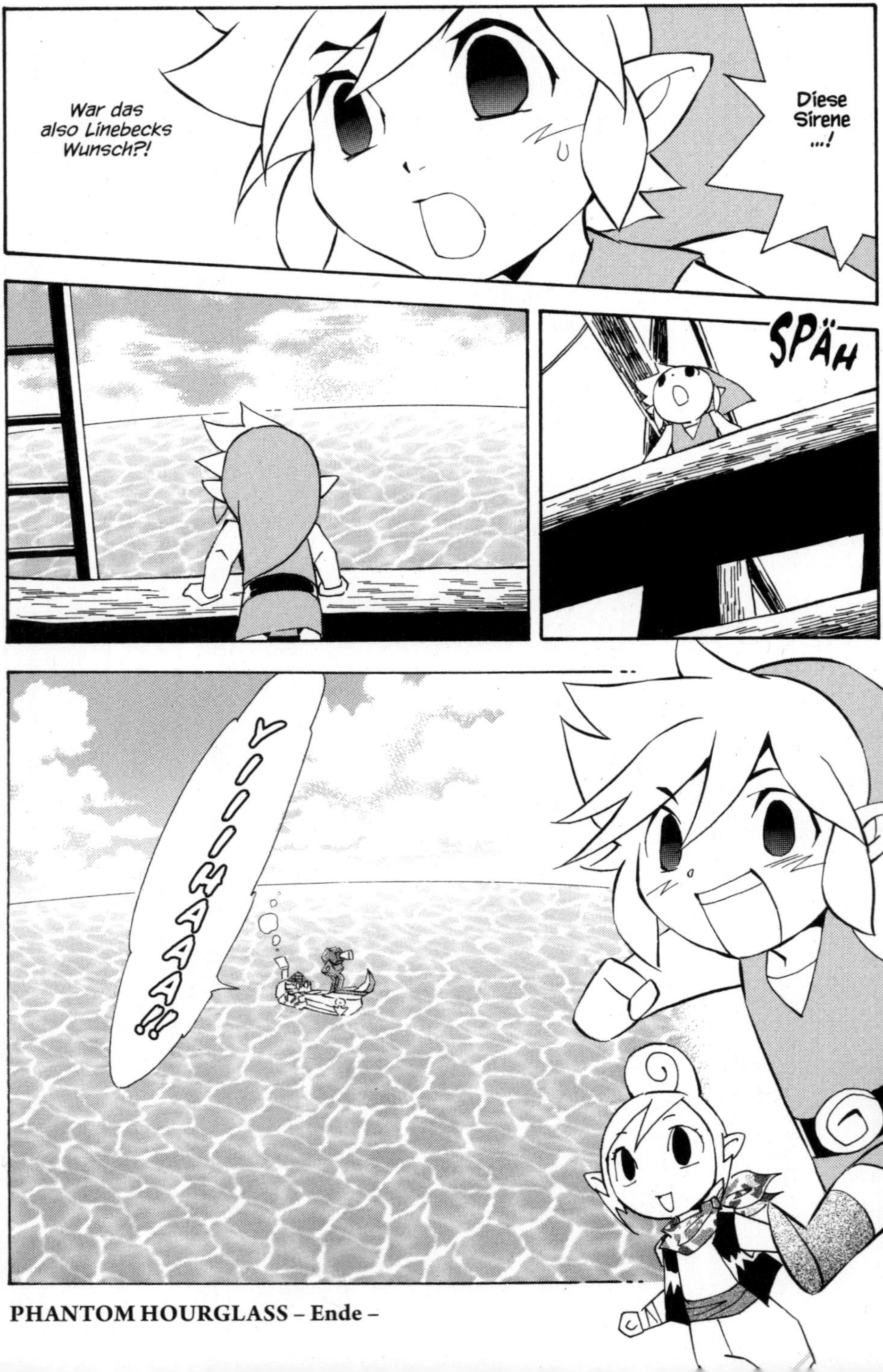

PHANTOM HOURGLASS – Ende –

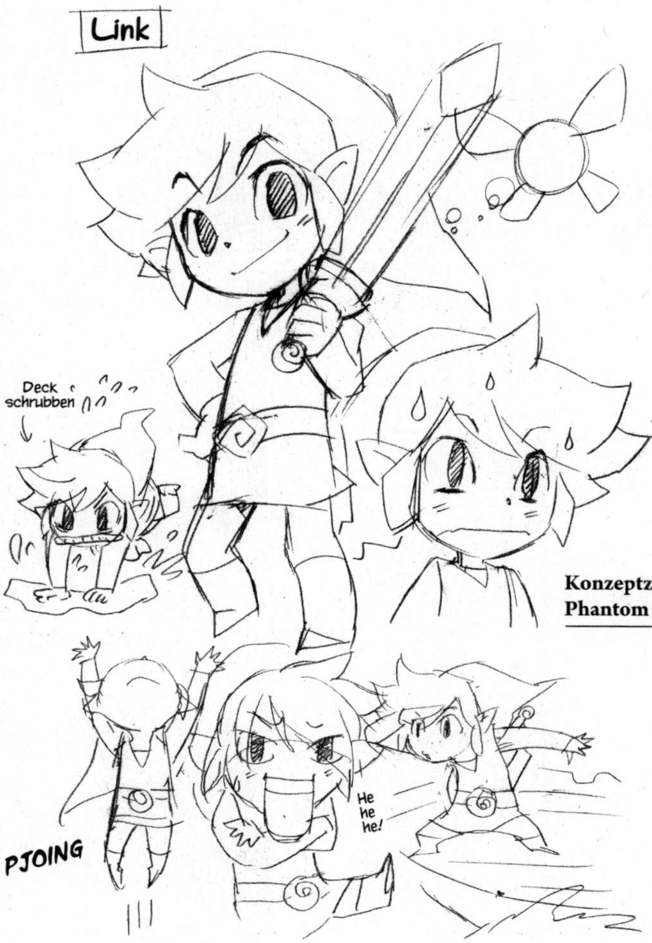

Konzeptzeichnungen zu Phantom Hourglass 1

Konzeptzeichnungen zu Phantom Hourglass ❷

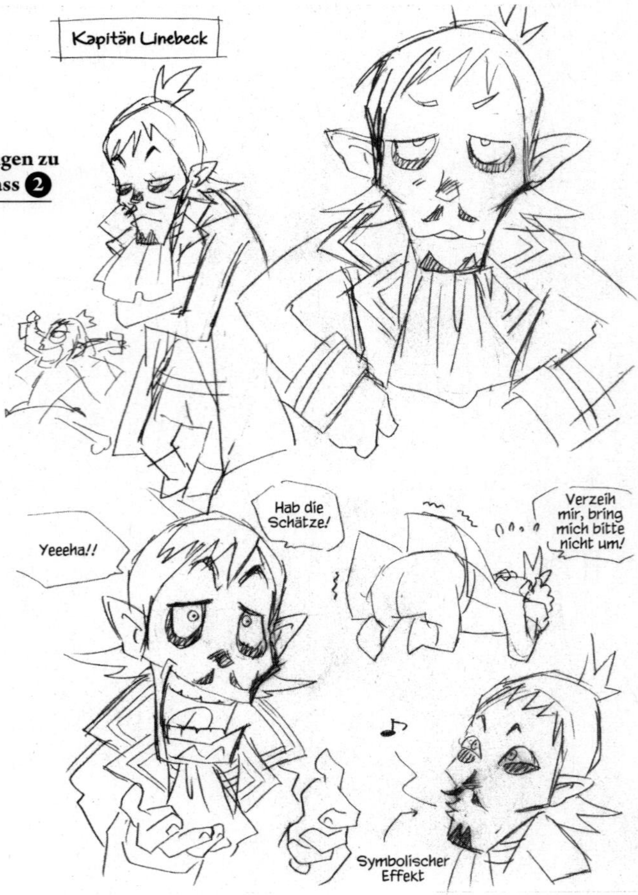

Konzeptzeichnungen zu Phantom Hourglass 3

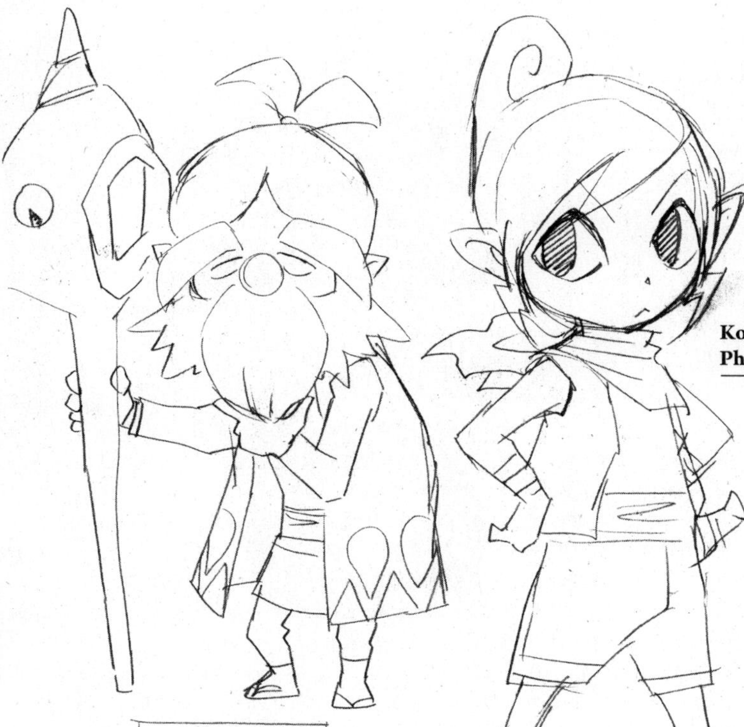

Dies ist der Ort, an dem *The Legend of Zelda* gezeichnet wird!

Anlässlich der Erscheinung dieser Perfect Edition durften wir Himekawa-sensei* an ihrem Arbeitsplatz, den sonst kaum jemand zu Gesicht bekommt, besuchen und bezüglich der Entstehung und der bisherigen Links interviewen.

*Anrede für Künstler, Lehrer, Ärzte etc.

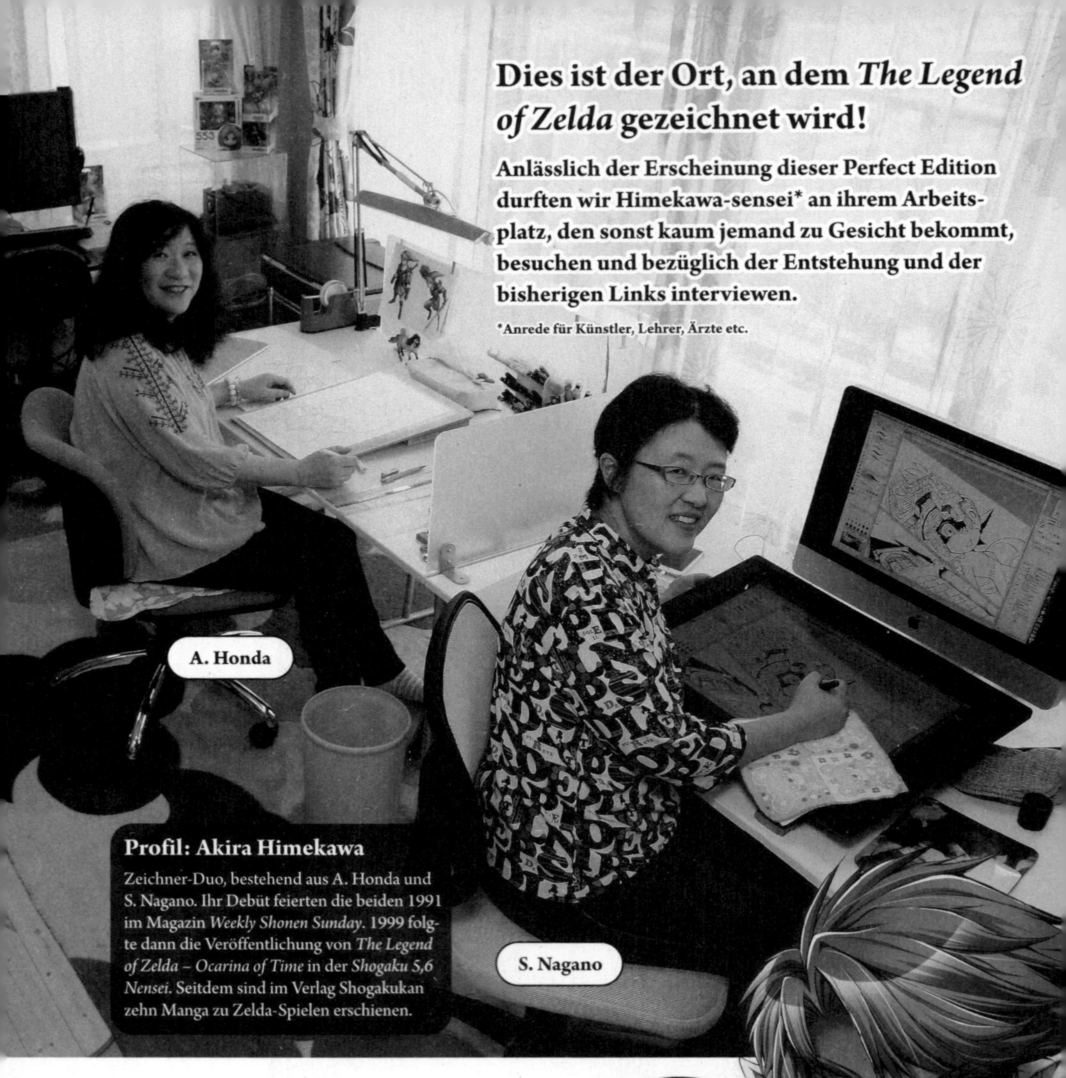

Profil: Akira Himekawa

Zeichner-Duo, bestehend aus A. Honda und S. Nagano. Ihr Debüt feierten die beiden 1991 im Magazin *Weekly Shonen Sunday*. 1999 folgte dann die Veröffentlichung von *The Legend of Zelda – Ocarina of Time* in der *Shogaku 5,6 Nensei*. Seitdem sind im Verlag Shogakukan zehn Manga zu Zelda-Spielen erschienen.

So entstand der Manga *The Legend of Zelda* …

An einem Tag im Jahre 1998 stießen die beiden Künstlerinnen gemeinsam auf eine TV-Werbung, die für sie zu einer schicksalhaften Begegnung wurde. Es handelte sich hierbei um die Story des jungen Links aus *Ocarina of Time*, der hoch zu Ross sein Schwert schwang. Das war der Moment ihres ersten Kennenlernens mit Link. Seitdem befassen sie sich mit der Umsetzung seiner Videogame-Welten in Mangaform.

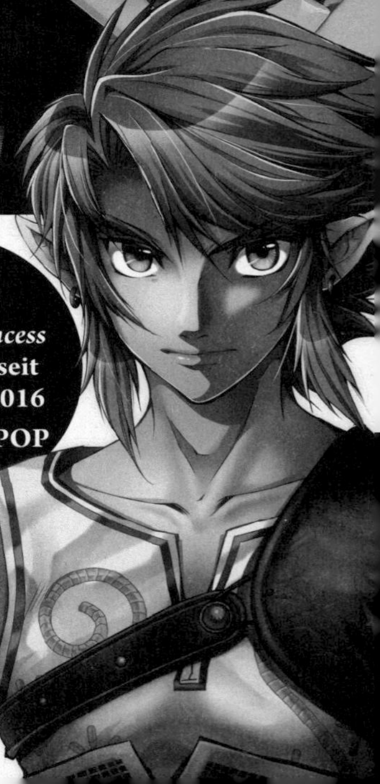

Link aus *Twilight Princess* – erscheint seit November 2016 bei TOKYOPOP

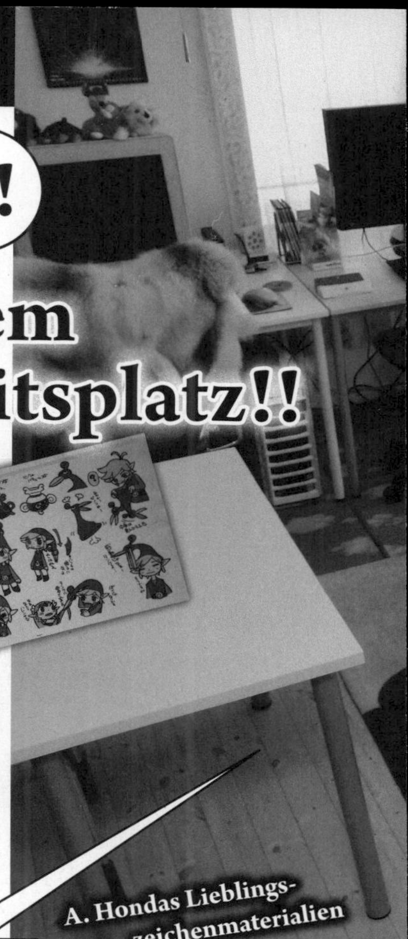

Akira Himekawa!

Wir waren an ihrem Arbeitsplatz!!

A So viel Material zu *The Minish Cap*!!

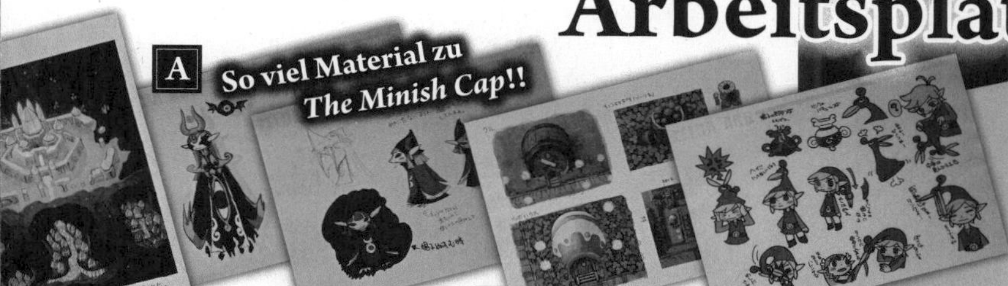

Papier nur für *Zelda*! B

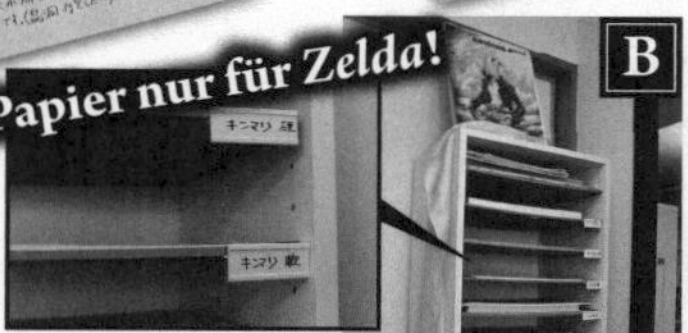

▲ Die Papiersorte »Kinmari« wurde speziell für *The Legend of Zelda* ausgewählt.

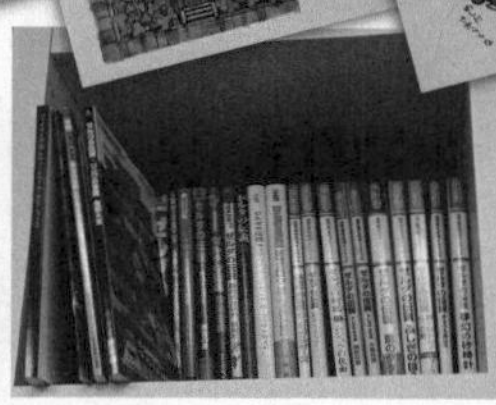

▲ In strukturierten Regalen reihen sich viele Bücher aneinander. Darunter befinden sich Referenzwerke und Lösungsbücher zu *The Minish Cap* und Fotoalben von Tieren.

Übersicht des Arbeitsplatzes

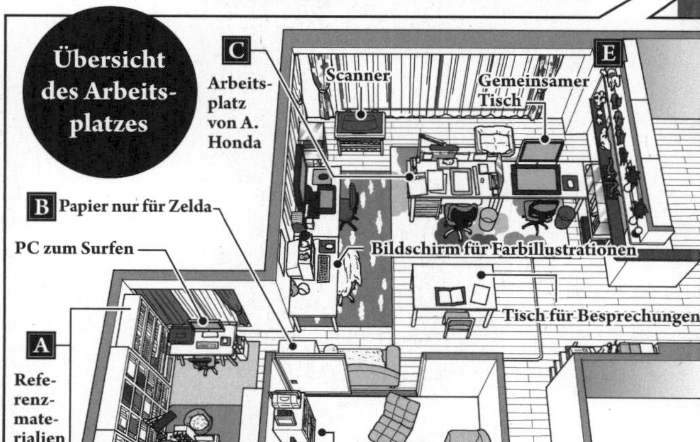

A. Hondas Lieblingszeichenmaterialien C

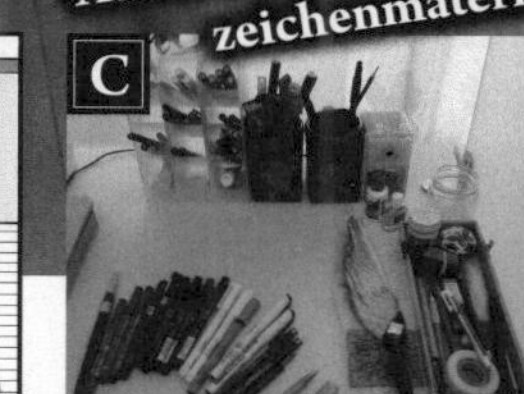

D S. Naganos Lieblingszeichenmaterialien

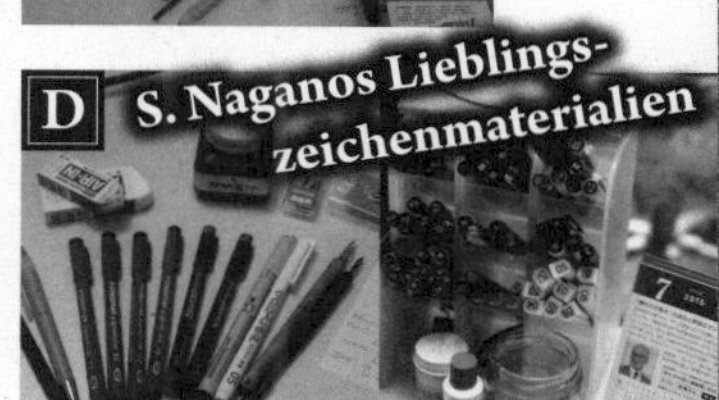

E Die Lieblinge unter den Pferdefiguren …

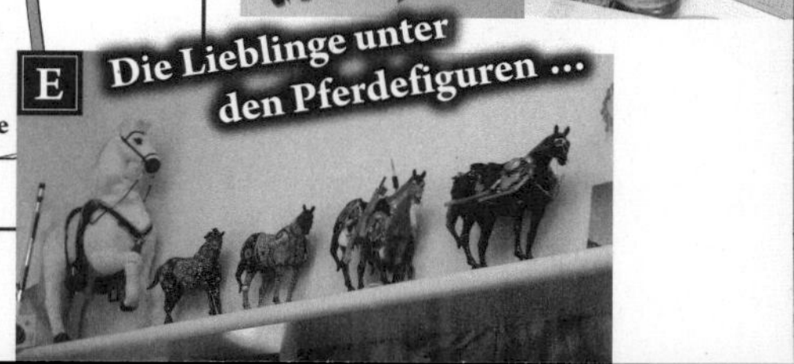

Foto: Tamaki Okuda Aufbau/Text: Atsuko Toyama Illustration: Mari Sugiyama

Twilight Princess

Das Mangaka-Duo verrät alles über seine Arbeit!

Wir wollten wissen, wie der Arbeitsablauf bei der aktuellen Serie *Twilight Princess* aussieht! Und haben erfahren, was alle Leser schon immer wissen wollten: Wie entsteht ein Manga?!

1 Besprechung

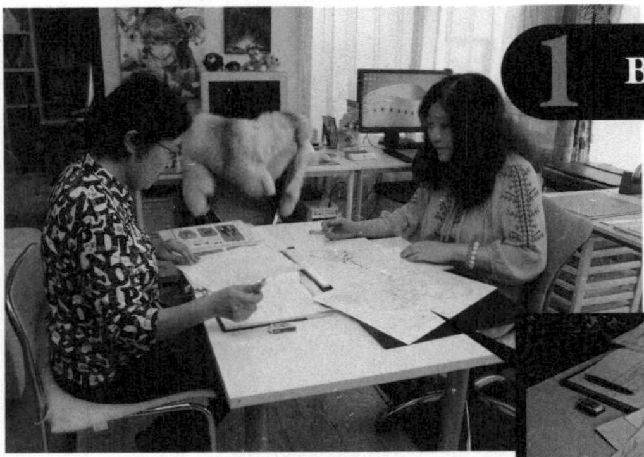

◀ Zu Beginn recherchieren die beiden in Nachschlagewerken, zeichnen Skizzen und besprechen die Details.

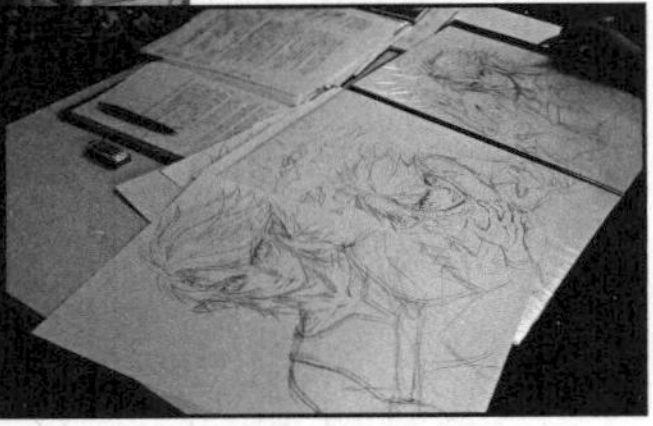

2 Plot schreiben

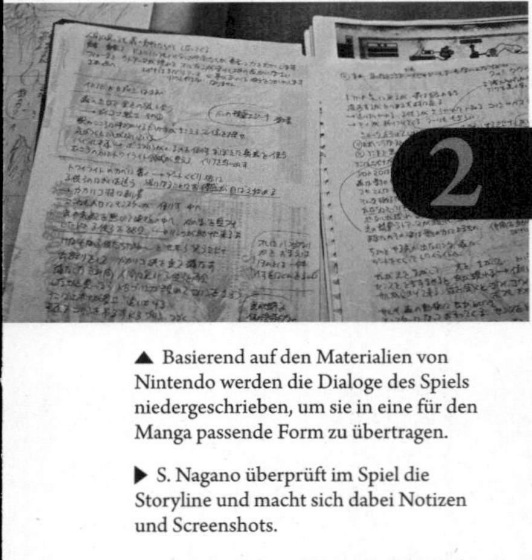

▲ Basierend auf den Materialien von Nintendo werden die Dialoge des Spiels niedergeschrieben, um sie in eine für den Manga passende Form zu übertragen.

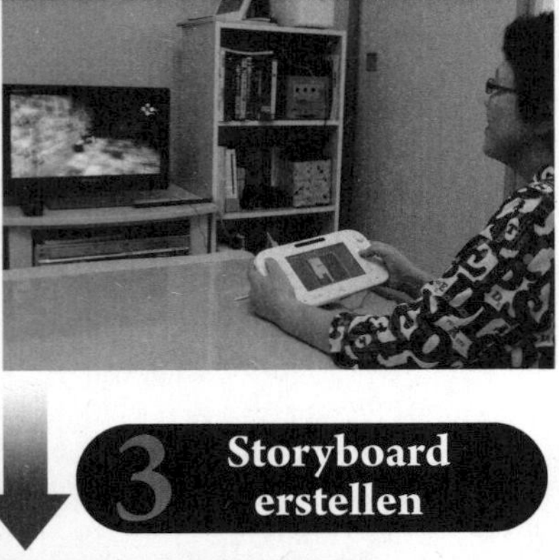

▶ S. Nagano überprüft im Spiel die Storyline und macht sich dabei Notizen und Screenshots.

3 Storyboard erstellen

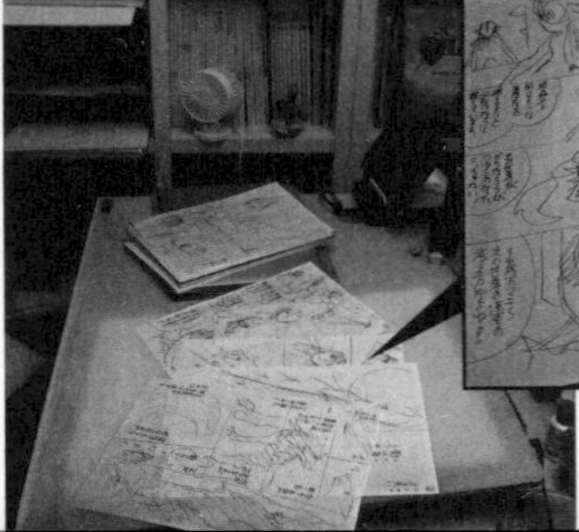

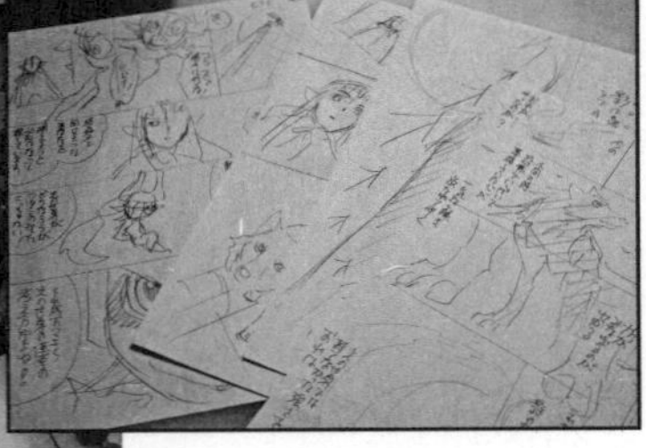

◀ Hierbei wird zunächst an die Szenerie gedacht und dann bestimmt, an welche Stelle welche Elemente kommen. In der Regel wird diese Arbeit im Storyboard-Bereich erledigt.

Seit November 2016 bei TOKYOPOP!!

Making of *The Legend of Zelda*

Analog

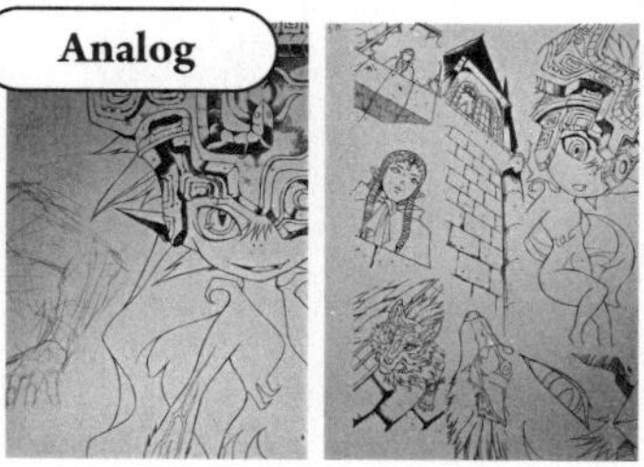

◀ Nach den Vorzeichnungen wird direkt analog getuscht (auf Kinmari-Papier – nur für die Serie).

4 Vorzeichnung & Tusche

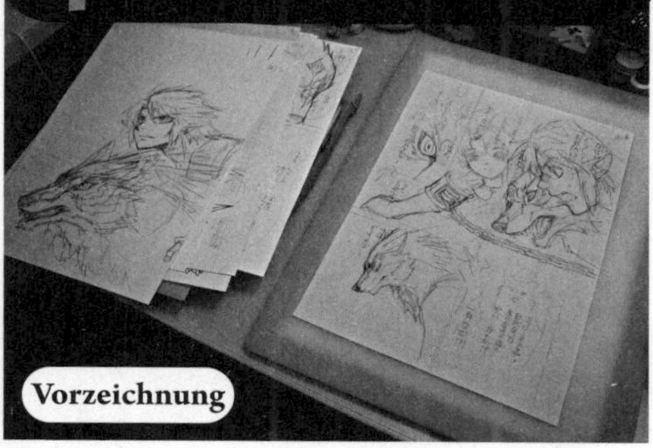

Vorzeichnung

Grafiktablett

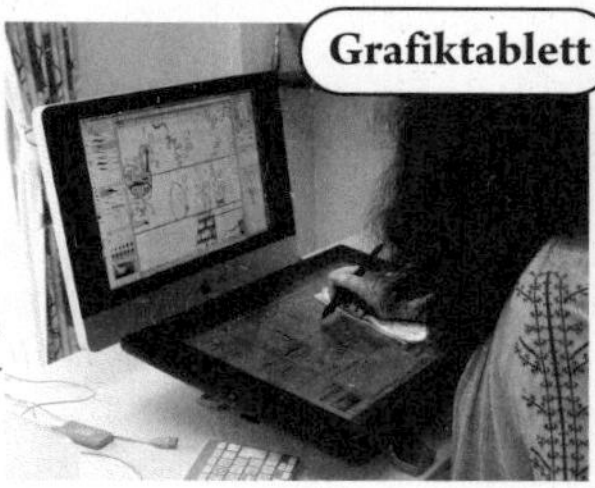

▶ Manchmal werden die Vorzeichnungen aber auch mit dem Grafiktablett getuscht. (Bei digitaler Bearbeitung können auch die Assistenten im Ausland mitarbeiten.)

▲ Ist das Storyboard fertig, geht es weiter mit den Vorzeichnungen. Im Anschluss werden diese mit 600 dpi eingescannt. Das Tuschen erfolgt in der Regel analog, um das richtige Flair zu erzeugen.

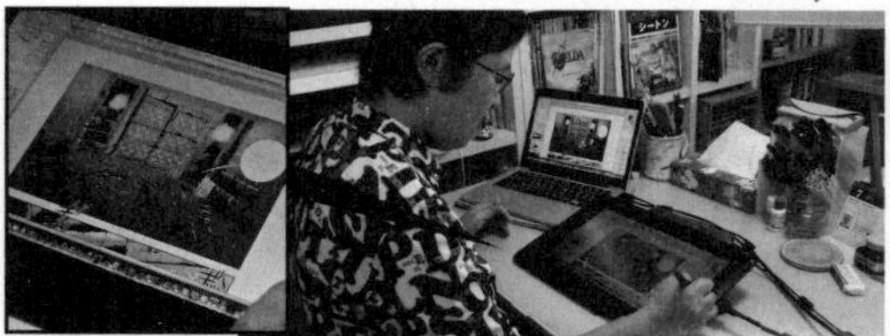

5 Manuskripte anfertigen

▼ Die analogen und digitalen Manuskripte werden zusammengefügt und finalisiert.

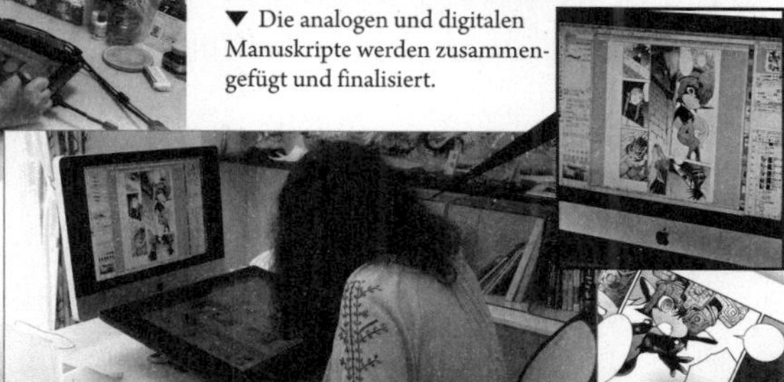

▲ Feinheiten wie Rasterfolien und Effekte werden (am iMac, Macbook oder Windows-7-Rechner) hinzugefügt.

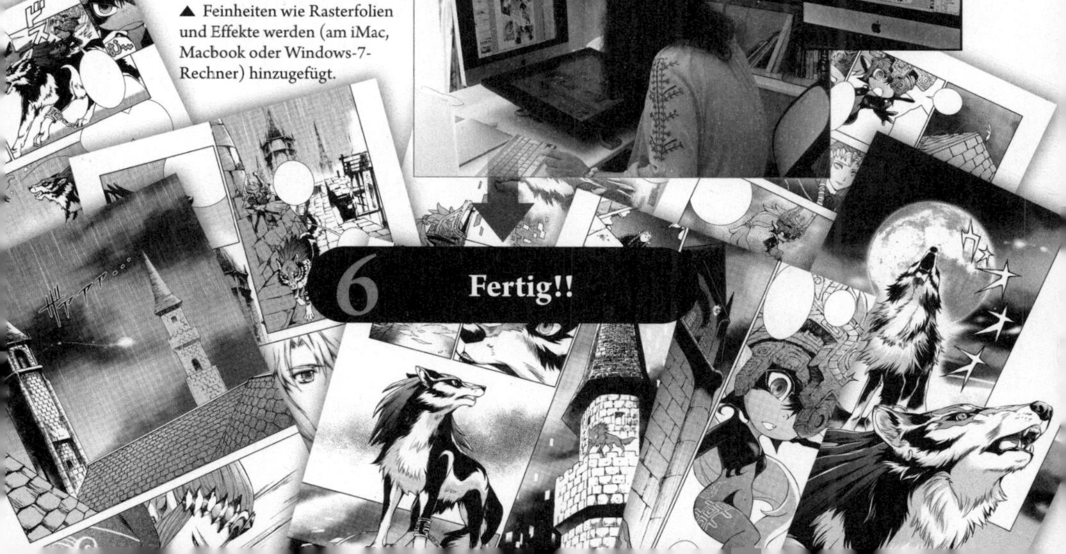

6 Fertig!!

Mit Kommentaren von Himekawa-sensei!

Übersicht aller Links!!

Das Mangaka-Duo hat bereits acht Zelda-Titel fertig gezeichnet. Entsprechend der Vorlagen hat sich Link von Mal zu Mal verändert.

Majora's Mask

Dezember 2009

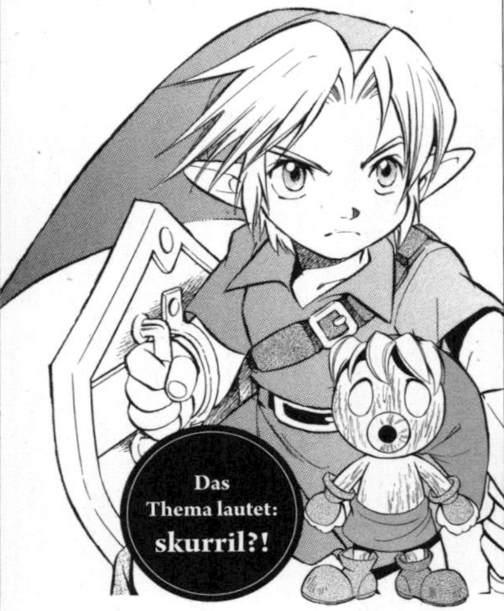

▲ Äußerlich ein Kind, doch innerlich bereits erwachsen – mit dieser konträren Eigenschaft befindet sich Link in der Vergangenheit und einem unheimlichen Setting.

Ocarina of Time 1, 2

Band 1: August 2009
Band 2: Oktober 2009

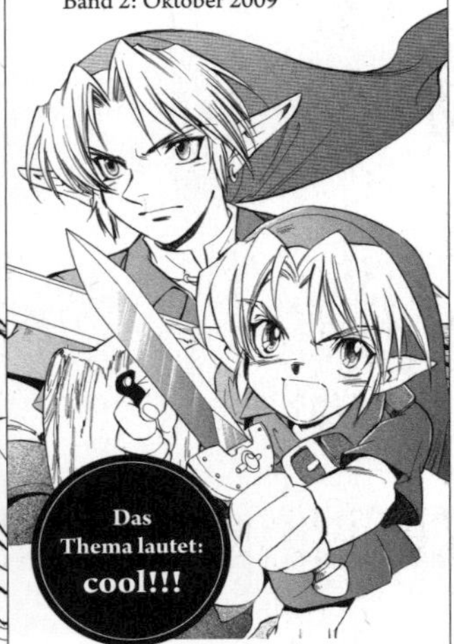

▲ Ein kindgerechter und freundlicher Held und ein erwachsener Vorzeige-Held. Die Links in dieser Serie sind wirklich sagenhaft. Der Königsweg einer Fantasy-Geschichte!

A Link to the Past

Februar 2011

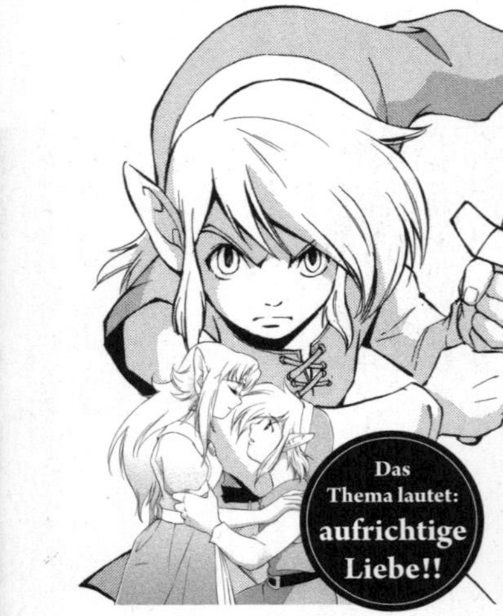

▲ Die ganze Atmosphäre wurde klassisch dargestellt, damit der Manga zeitlos wirkt. Prinzessin Zelda hat eine sanfte Persönlichkeit und es geht viel um ihre Liebe zu Link.

Four Swords 1, 2

Band 1: November 2010
Band 2: Dezember 2010

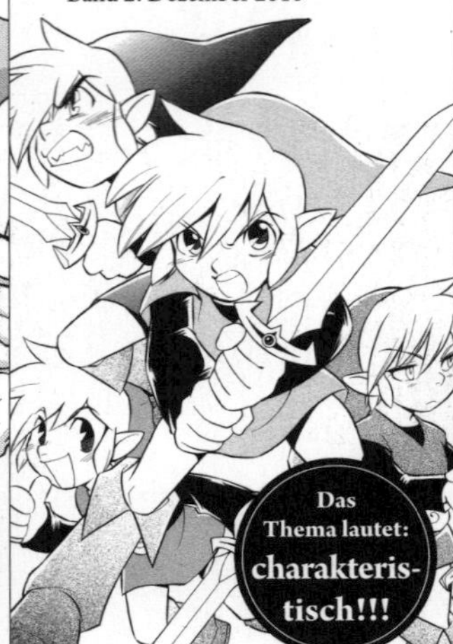

▲ Die vier Helden sehen äußerlich zwar gleich aus, sind innerlich jedoch sehr unterschiedlich. Wir haben dies klar herausgearbeitet und darauf geachtet, dass alle beliebt sind.

Oracle of Seasons / Oracle of Ages

Oracle of Seasons: Februar 2010
Oracle of Ages : April 2010

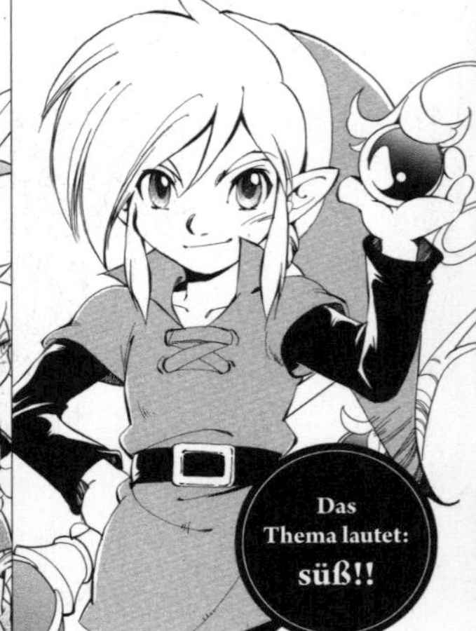

▲ Hier geht es um die Natur. Daher haben wir uns für einen Jungen entschieden, der in einem Märchen vorkommen könnte. In diesem Werk konnten wir unseren Zeichenstil am besten darstellen.

Phantom Hourglass

März 2011

▶ Es geht um den jungen Link und den alten Linebeck. Links Augen fielen uns zunächst schwer zu zeichnen, sodass wir dachten: »Was zum Henker?!«

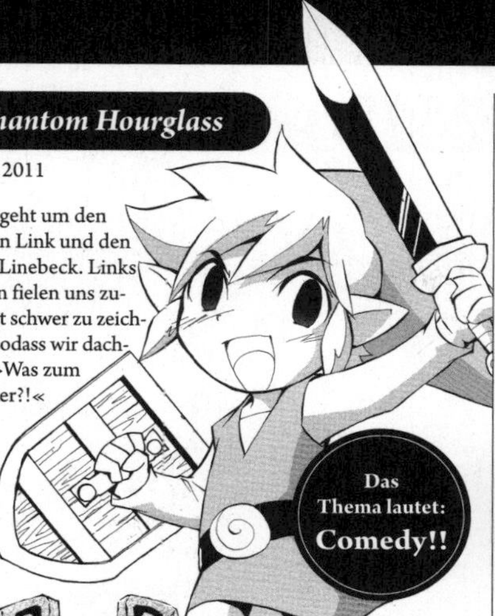

Das Thema lautet: **Comedy!!**

The Minish Cap

Januar 2011

▶ Vollkommen und märchenhaft! Es gab hierzu unglaublich viel Material, daher konnten wir das Werk bis ins Detail darstellen.

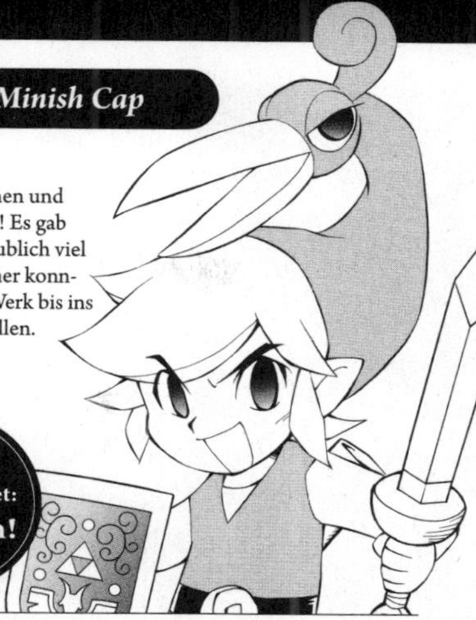

Das Thema lautet: **Märchen!**

Twilight Princess

Band 1: Dezember 2016

▼ Eine Dark-Fantasy-Story für erwachsenere Leser! Link lässt sich auf ein riskantes Abenteuer ein. Dieser Titel ist die bisher härteste Herausforderung für uns.

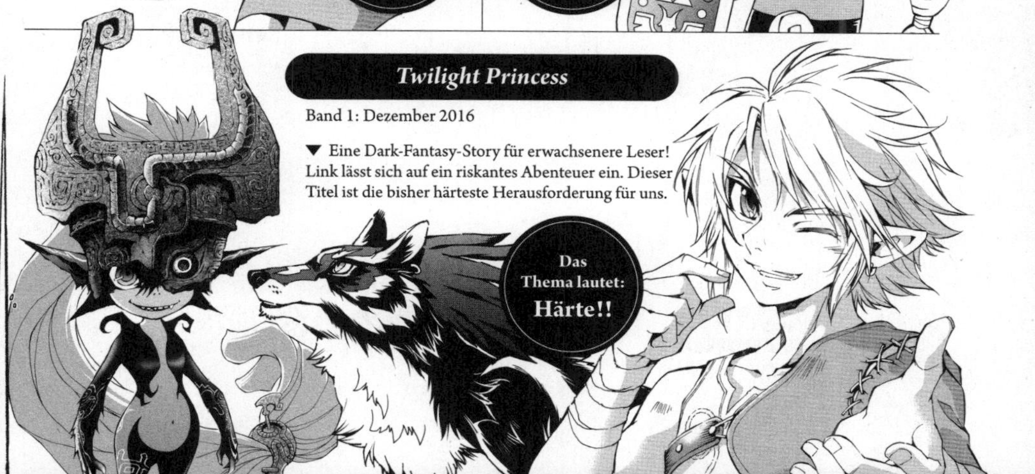

Das Thema lautet: **Härte!!**

Wusstet ihr das?!

Nur im Manga!

Dies sind die Charaktere, die nicht in den Spielen, sondern nur in den Manga auftauchen.

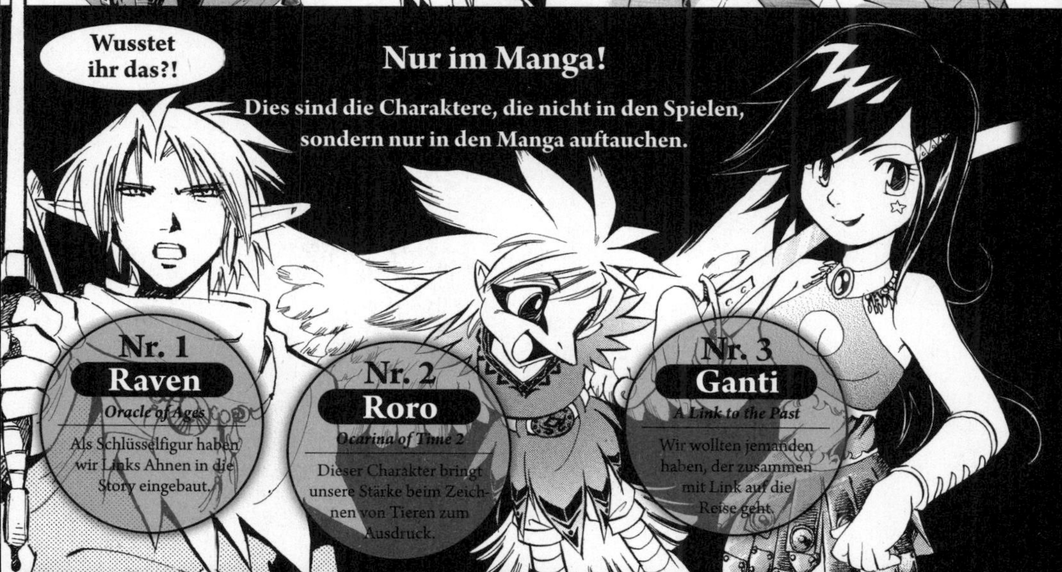

Nr. 1 Raven

Oracle of Ages

Als Schlüsselfigur haben wir Links Ahnen in die Story eingebaut.

Nr. 2 Roro

Ocarina of Time 2

Dieser Charakter bringt unsere Stärke beim Zeichnen von Tieren zum Ausdruck.

Nr. 3 Ganti

A Link to the Past

Wir wollten jemanden haben, der zusammen mit Link auf die Reise geht.

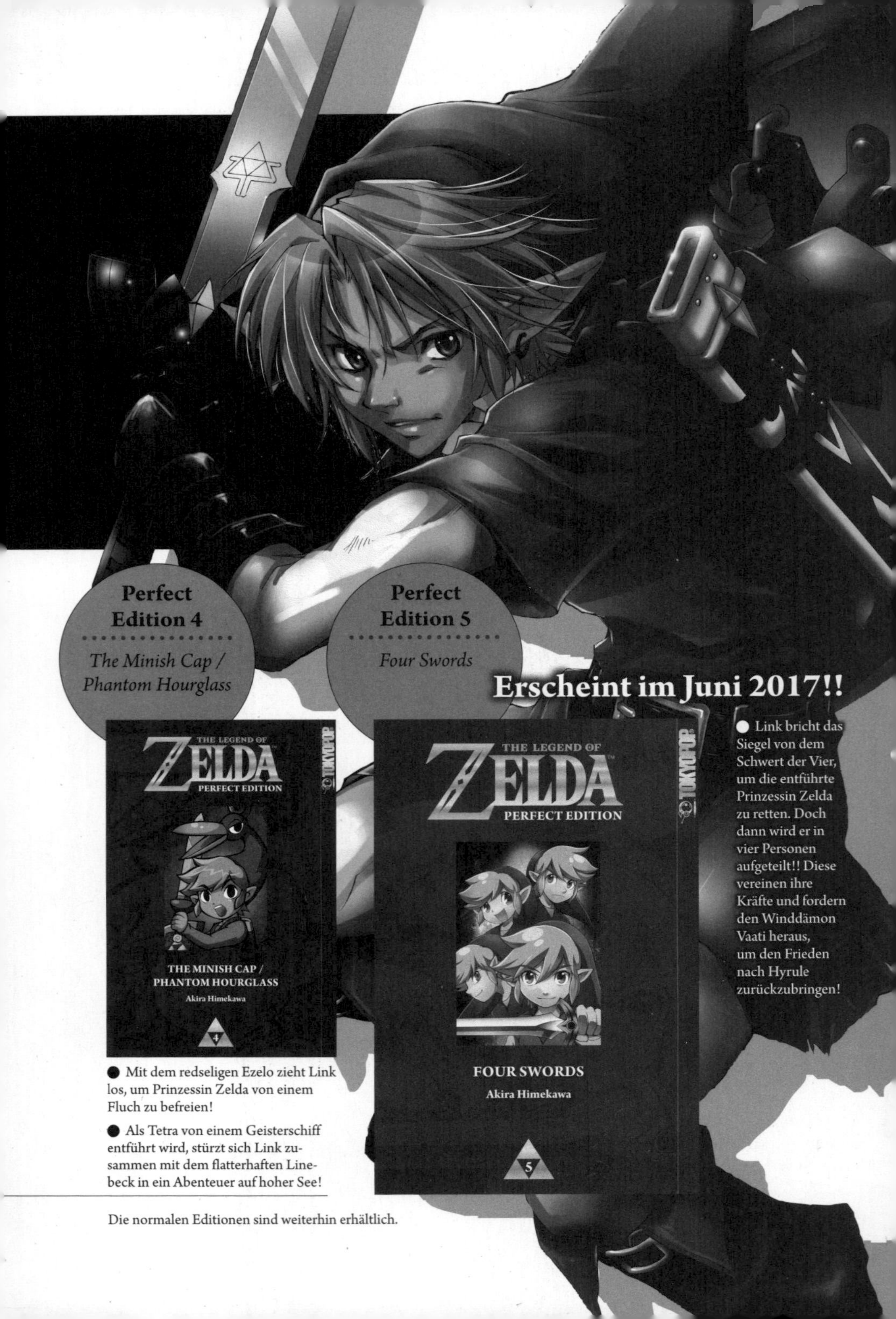
Perfect Edition 4
The Minish Cap / Phantom Hourglass
Perfect Edition 5
Four Swords
Erscheint im Juni 2017!!
THE LEGEND OF ZELDA PERFECT EDITION
TOKYOPOP
THE MINISH CAP / PHANTOM HOURGLASS
Akira Himekawa
4
● Mit dem redseligen Ezelo zieht Link los, um Prinzessin Zelda von einem Fluch zu befreien!
● Als Tetra von einem Geisterschiff entführt wird, stürzt sich Link zusammen mit dem flatterhaften Linebeck in ein Abenteuer auf hoher See!
THE LEGEND OF ZELDA PERFECT EDITION
TOKYOPOP
FOUR SWORDS
Akira Himekawa
5
● Link bricht das Siegel von dem Schwert der Vier, um die entführte Prinzessin Zelda zu retten. Doch dann wird er in vier Personen aufgeteilt!! Diese vereinen ihre Kräfte und fordern den Winddämon Vaati heraus, um den Frieden nach Hyrule zurückzubringen!
Die normalen Editionen sind weiterhin erhältlich.

THE LEGEND OF ZELDA
HYRULE HISTORIA

Akira Himekawa

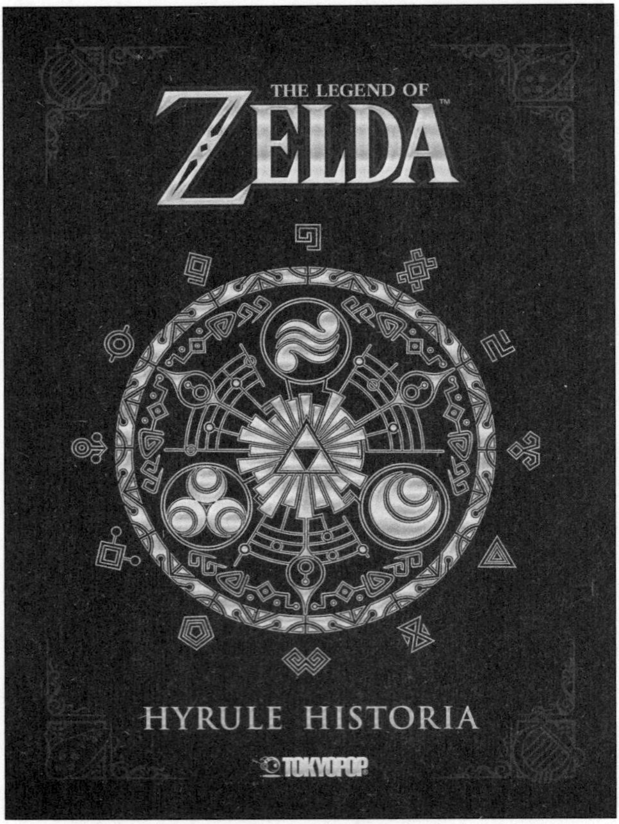

Das ultimative Nachschlagewerk!

Das großformatige Hardcover bietet alles, was Fanherzen höherschlagen lässt. Hintergrundinfos, zahlreiche Skizzen, Designs und Artworks aus den Entwicklerstudios. Eine Chronologie von Hyrule und ein Manga von Akira Himekawa machen das opulent aufgemachte Buch zum ultimativen Nachschlagewerk über eine der erfolgreichsten Game-Reihen aller Zeiten!

TOKYOPOP®

www.tokyopop.de